HISTOIRE
DE LA
MONARCHIE DE JUILLET

PAR

PAUL THUREAU-DANGIN

OUVRAGE COURONNÉ DEUX FOIS PAR L'ACADÉMIE FRANÇAISE
GRAND PRIX GOBERT, 1885 ET 1886

DEUXIÈME ÉDITION

TOME TROISIÈME

PARIS
LIBRAIRIE PLON
E. PLON, NOURRIT ET Cie, IMPRIMEURS-ÉDITEURS
RUE GARANCIÈRE, 10

1888
Tous droits réservés

HISTOIRE
DE LA
MONARCHIE DE JUILLET

LIVRE III

LA CRISE DU GOUVERNEMENT PARLEMENTAIRE

(1836-1839)

CHAPITRE PREMIER

LE PREMIER MINISTÈRE DE M. THIERS

SA POLITIQUE INTÉRIEURE.

(22 février — 6 septembre 1836.)

I. Une ère nouvelle. Que va faire M. Thiers? Attente curieuse et inquiète. Dispositions des divers groupes. Tactique du président du conseil. — II. Gages alternativement donnés aux conservateurs et à la gauche. Déclaration du ministère. Discussion sur les fonds secrets. Attitude expectante et bienveillante de l'ancienne opposition. — III. Irritation des doctrinaires. Les ardents engagent quelques escarmouches à la tribune. M. Guizot est plus réservé. Les doctrinaires, dans leur opposition, ne sont pas suivis par une partie des conservateurs. Dislocation de la vieille majorité. — IV. M. Thiers esquive la conversion des rentes. Lois utiles. Tarifs de douane. Le budget. Succès personnel et infatuation du président du conseil. — V. Attentat d'Alibaud. La société des *Familles*. Blanqui et Barbès. Leur condamnation. La suppression de la revue du 28 juillet. Effet produit. Discrédit de la politique de concession.

I

La dissolution du cabinet du 11 octobre et l'avénement du ministère de M. Thiers marquent une date importante dans l'histoire du gouvernement de Juillet. C'est la fin des luttes ouvertes, violentes, souvent sanglantes, soutenues par la royauté nouvelle contre la faction révolutionnaire; luttes périlleuses, mais non sans grandeur, qui ont abouti à la défaite de cette faction. Désormais, la monarchie semble maîtresse du présent et assurée de l'avenir; la paix extérieure n'est plus en péril; le pays jouit d'une sécurité matérielle et, par suite, d'une prospérité inconnues depuis six ans. Mais cette sécurité même engendre, dans le parti vainqueur, des divisions néfastes. A l'ère des combats tragiques, va succéder, pendant près de cinq ans, l'ère parfois plus déplaisante et même plus nuisible des crises parlementaires. Ces crises ont, dès cette époque, diminué dans beaucoup d'esprits le crédit de cette forme de gouvernement libre, que, depuis 1814, la France avait empruntée à l'Angleterre; et nous ne nous dissimulons pas qu'aujourd'hui, vues de loin, dépouillées du prestige oratoire qui enveloppait alors et voilait leurs misères, elles risquent de paraître plus laides et plus stériles encore. Conviendrait-il donc de glisser sur cette faiblesse passagère? On sait que cette histoire est, de parti pris, rebelle à de telles complaisances. Son système est de tout dire. Cette sincérité n'est-elle pas plus honnête, plus virile, plus digne du régime dont nous honorons la mémoire, plus profitable aux générations nouvelles dont il importe d'aider l'inexpérience? D'ailleurs, à qui voudra réfléchir il apparaîtra que ces crises ont été des accidents causés par l'erreur des hommes et le malheur des temps, non le résultat normal et essentiel du régime représentatif sagement contenu et intelligemment pratiqué. On y apprendra donc à mettre, dans l'avenir, la monarchie en garde contre le retour de fautes semblables, nullement à douter des institutions elles-mêmes.

Dans le ministère tel que nous l'avons vu se constituer le 22 février 1836, M. Thiers exerce, pour la première fois, en qualité de président du conseil, le pouvoir d'un chef de gouvernement et en porte la responsabilité. Jusqu'alors, il avait été ministre; il n'avait eu ni à former, ni à diriger un cabinet. Associé à des hommes considérables dont le caractère et les idées différaient beaucoup des siennes, on eût été embarrassé de dire dans quelle mesure la politique appliquée avait été la sienne ou la leur. Désormais, il va donner sa vraie mesure, et l'on pourra le juger d'après son œuvre propre : d'autant mieux qu'il ne risque pas d'être dominé ou éclipsé par aucun des collègues qu'il s'est donnés [1] ; quel que fût le mérite de ces derniers, leur renom était loin d'égaler celui de leur président, et d'ailleurs leurs origines étaient trop diverses, trop contraires même, pour que leur réunion eût une signification bien nette. Aussi, dans le cabinet, le public ne voyait-il que M. Thiers.

Cet effacement des autres ministres faisait ressortir davantage la hardiesse, d'aucuns eussent dit volontiers la présomption, avec laquelle leur jeune chef, de fortune récente et de considération encore discutée, s'était élevé au poste naguère occupé par les Périer, les Soult et les Broglie. La curiosité dont le nouveau président du conseil se trouvait l'objet n'était pas, en effet, toute bienveillante. Pour être plus populaire que M. Guizot, il n'avait pas acquis une importance morale en rapport avec son talent. Les circonstances mêmes de son avènement prêtaient aux critiques, et il semblait naturel de soupçonner quelque intrigue dans le fait de cet homme qui grandissait par la chute du cabinet dont il avait fait partie, et qui prenait parmi les adversaires les plus acharnés de ce cabinet plusieurs de ses nouveaux collègues. Pour le moins se croyait-on autorisé à y voir une ambition un peu impatiente, et l'on ne manquait pas d'y opposer le désintéressement si vrai et si fier du duc de Broglie [2], ou la retraite, moins sereine au fond, mais très-digne aussi, de

---

[1] Rappelons la composition du cabinet : M. Thiers, président du conseil et ministre des affaires étrangères; M. Sauzet, garde des sceaux; M. de Montalivet, ministre de l'intérieur; M. d'Argout, ministre des finances; M. Passy, ministre du commerce et des travaux publics; M. Pelet de la Lozère, ministre de l'instruction publique; le maréchal Maison, ministre de la guerre; l'amiral Duperré, ministre de la marine.

[2] La duchesse de Broglie écrivait, le 25 février, à M. de Barante, au sujet de son mari : « Nous retrouvons notre rôle tranquille plus et mieux que l'année dernière. Personne n'a besoin de nous pour rentrer, et nous ne serons sur le chemin de personne. J'admire avec quelle sérénité Victor reprend sa vie régulière. Il y a une grande leçon sur les vanités du monde à avoir été placé plus haut pour les bien voir. » (*Documents inédits.*)

M. Guizot; on montrait ce dernier rentrant simplement, avec sa vieille mère et ses enfants, dans sa modeste maison de la rue de la Ville-l'Évêque, et y reprenant cette vie de famille et de travail dont l'austérité puritaine imposait le respect aux plus ennemis. Chacun se disait que le jeune premier ministre, pour justifier une élévation aussi anormale, chercherait à faire quelque chose d'extraordinaire et d'éclatant. Mais que serait-ce? On l'ignorait. Il avait déjà donné assez de preuves de son agilité et de sa mobilité pour que personne ne pût prévoir, la veille, l'attitude qu'il aurait fantaisie de prendre le lendemain. On attendait : attente un peu inquiète; car, si la merveilleuse intelligence de l'homme était connue, on n'ignorait pas ce qu'il s'y mêlait d'infatuation et de légèreté aventureuse [1]. Aussi ceux-là même qui avaient, comme M. de Talleyrand, le plus poussé au changement de cabinet, tenaient-ils, aussitôt la chose faite, à dégager leur responsabilité, à se garer de toute solidarité avec le nouveau président du conseil. Dans une lettre écrite, le 2 mars, à M. de Sainte-Aulaire, la duchesse de Dino protestait avec vivacité contre les bruits qui attribuaient à son oncle le renversement du ministère précédent; ne pouvant nier cependant toute participation de M. de Talleyrand à l'élévation de M. Thiers, elle jugeait prudent de la limiter autant que possible. « Si de connaître M. Thiers depuis dix ans, disait-elle, de lui avoir toujours reconnu et beaucoup d'esprit, et beaucoup de talent, et l'humeur facile, c'est l'avoir fait ce qu'il est aujourd'hui, en effet nous sommes complices. Je ne nous connais point d'autre participation à ce qui s'est fait, et peut-être que notre amitié pour M. Thiers lui aurait souhaité une marche de plus entre celle sur laquelle il se trouvait déjà et le sommet qu'il a atteint si rapidement. Du reste, il a trop d'esprit pour ne pas mesurer la difficulté, trop de courage pour ne pas l'af-

---

[1] Quelques années plus tard, Henri Heine écrivait de M. Thiers : « La facilité avec laquelle il se meut a quelque chose d'effrayant; elle nous inspire des inquiétudes étranges. Mais elle est toujours extraordinaire et admirable, cette facilité, et, quelque légers et agiles que soient les autres Français, en les comparant à Thiers, on les prendrait pour des lourdauds allemands. » (Lettre du 20 mai 1840, *Lutèce*, p. 63 et 64.)

fronter, trop de bon sens pour s'enivrer, trop de ténacité pour se décourager. Il est possible qu'il périsse dans l'entreprise... Cette maison-ci (c'est-à-dire la maison de M. de Talleyrand) est trop dévouée au Roi pour ne pas désirer le succès de ses ministres, mais elle n'accepte aucune responsabilité, n'admet aucune solidarité. M. Thiers est trop habile pour qu'on essaye de le diriger et de l'influencer, et s'il doit l'être par quelqu'un, c'est par le Roi [1]. » M. Molé écrivait de son côté, le 9 mars, à son ami M. de Barante : « Les influences étrangères qui viennent aboutir à la rue Saint-Florentin (c'était là que demeurait M. de Talleyrand) s'étonnent et s'inquiètent de leur ouvrage. M. de Talleyrand le désavoue et fait écrire partout qu'il n'a été pour rien dans tout ce qui s'est passé. C'est l'habitude de sa vie entière de renier ou détruire ce qu'il a fait [2]. »

Cette incertitude sur la direction que suivrait M. Thiers avait pour résultat qu'aucun parti ne se pressait de prendre attitude d'opposition. C'était à croire qu'en débutant, le cabinet ne rencontrait pas d'ennemis. Quand, le 1er mars, le président du conseil ouvrit ses salons, les représentants des opinions les plus opposées s'y rendirent, depuis M. Guizot jusqu'à M. O. Barrot, chacun conduit par des raisons différentes. Les doc-

[1] « On vous aura sûrement mandé, écrivait encore la duchesse de Dino, que c'est cette maison-ci qui a tout fait : inspiré à M. Humann la conversion, dicté à M. de Broglie l'âpre gaucherie de ses discours, à la Chambre l'humeur qu'elle a prise, aux ministres la taquinerie téméraire d'avoir fait d'une question incidente une question de cabinet, au dernier cabinet la volonté de ne pas affronter la session quand le Roi les priait de rester tous, et s'y refusant par l'organe de M. de Broglie sous le prétexte assez cavalier que leurs convenances personnelles s'y opposaient. C'est cette maison-ci qui a donc aussi provoqué tous les refus qu'a essuyés M. Dupin, l'impossibilité pour M. Molé de marcher sans Thiers, et la volonté de celui-ci d'aller tout seul. Il faut convenir, en effet, que si nous avions fait tout cela, nous serions des gens bien habiles, et je suis fâchée de devoir dire, en l'honneur de la vérité, que nous ne sommes ni si coupables, ni si sorciers. » (*Documents inédits.*)

[2] Faut-il croire d'ailleurs que, rue Saint-Florentin, on avait un moment pensé à un autre président du conseil? Nous lisons, en effet, dans une lettre écrite par le duc Decazes, le 29 février 1836, à M. de Barante : « M. de Talleyrand avait rêvé la présidence du conseil sans portefeuille. Royer-Collard a fait manquer l'affaire, en en faisant honte à madame de Dino. « Y pensez-vous, madame? lui dit-il, « vous voulez donc déshonorer les derniers moments de M. de Talleyrand? Ne « voyez-vous pas qu'il peut à peine soutenir une conversation? Lui faire gouverner « la France, dans un tel état, mais c'est une dérision! » (*Documents inédits.*)

trinaires étaient sans doute au fond fort irrités de ce qu'ils appelaient volontiers la « défection » de leur ancien allié [1], mais ils jugeaient de leur dignité et de leur intérêt d'éviter une hostilité trop prompte qui eût trahi leur dépit et où ils n'eussent pas été suivis par la masse des conservateurs. Aussi prirent-ils une attitude expectante. La duchesse de Broglie, écho de son mari, écrivait, le 25 février, à M. de Barante : « Ce ministère-ci a une attitude peu brillante ; on désire sa durée, on lui souhaite bon succès et bonnes intentions, mais on doute beaucoup [2]. » De Saint-Pétersbourg, le sage et fin M. de Barante écrivait à M. Guizot, en voilant le conseil sous la forme d'un éloge : « Je suis sûr que vous ne serez ni impatient ni ardent. » Le *Journal des Débats* se proclamait prêt à soutenir le cabinet, tant que celui-ci resterait fidèle à la politique de ses prédécesseurs, et souhaitait de pouvoir demeurer longtemps ministériel. Il feignait, non sans malice, de croire impossible que M. Thiers désavouât son propre passé, en changeant cette politique, et écartait, comme une injure pour le président du conseil, les espérances manifestées par l'opposition. « Ce que le ministère a à faire, disait-il, c'est de décourager au plus vite ces espérances. »

Dans le tiers parti, satisfaction vive et sincère. Ce groupe était heureux de voir dans le cabinet trois des siens, MM. Passy, Sauzet, Pelet de la Lozère ; plus heureux encore d'en voir exclus tous les doctrinaires [3]. C'était, pour lui, la revanche du « ministère des trois jours ». Il ne se sentait pas gêné par le souvenir de la guerre si rude que M. Thiers lui avait faite naguère à la

---

[1] Le duc de Broglie lui-même, bien qu'il fût personnellement désintéressé du pouvoir et supérieur aux petites rancunes, ne s'exprimait pas sans amertume sur la formation du nouveau cabinet ; il écrivait à un de ses amis, le 1er mars 1836 : « Vous connaissez le dénoûment de notre crise ministérielle. Jugez-en. Vous aurez quelque peine à le concilier avec les notions les plus élémentaires du gouvernement représentatif. Je ne me charge ni d'excuser ni d'expliquer la conduite de personne. Il faudrait une bien longue narration pour vous expliquer la série d'intrigues dont ceci est le malheureux résultat. » (*Documents inédits.*)

[2] *Documents inédits.*

[3] Le *Constitutionnel* disait, le 23 février 1836 : « Le fait très-grave, c'est l'exclusion des doctrinaires. Le personnel du cabinet nouveau ne fût-il pas satisfaisant, le pays l'accueillerait avec faveur, seulement à cause de ce qui ne s'y trouve pas. »

tribune, ou du mépris que, tout récemment encore, cet homme d'État lui témoignait dans ses conversations [1]. Le *Constitutionnel* se chargeait de présenter le nouveau président du conseil comme un homme de Juillet qui sortait enfin, le front levé, de sa longue captivité doctrinaire; durant cette captivité, il avait été forcé de sacrifier aux faux dieux et de voter, le cœur déchiré, les lois de septembre et toutes les mesures de rigueur qui avaient marqué cette fatale époque; mais il venait maintenant, le rameau d'olivier à la main, tout réparer, tout apaiser, brûlant d'embrasser des frères dont il avait été trop longtemps l'adversaire. Le *Constitutionnel* en était tout attendri.

Quant à la gauche dynastique, elle se flattait d'attirer et de compromettre M. Thiers, en lui offrant sa protection : elle comptait qu'une fois séparé de ses alliés du 11 octobre, il serait fatalement conduit à s'appuyer sur elle; d'ailleurs, ce ministre ne lui rendait-il pas tout de suite un inappréciable service, en rompant le faisceau formé par Casimir Périer et maintenu depuis lors à si grand'peine? « Il ne faut pas, disait M. O. Barrot, qu'on nous accuse de ne vouloir d'aucun gouvernement. Soutenons ce ministère, et nous l'enlevons à la Doctrine [2]. » Aussi les journaux de gauche, à l'exception des républicains du *National* et du *Bon Sens*, quittèrent immédiatement le ton d'opposition à outrance qui avait été si longtemps le leur, se montrèrent aimables pour le nouveau cabinet, affectèrent de voir dans le seul fait de son avénement une sorte de détente, et indiquèrent seulement que, plus tard, ils lui demanderaient l'abrogation des lois de septembre et l'extension du droit électoral.

---

[1] Pendant la crise même d'où était sorti le ministère, un jour que M. Thiers, au milieu d'un groupe, s'égayait sur le tiers parti en masse, et en détail sur MM. Dupin, Sauzet et Passy, un ami de ce dernier, M. Legrand de l'Oise, s'approcha de lui : « Et pourtant, lui dit-il, le tiers parti est à vos pieds. — Je l'y laisse », répondit brusquement M. Thiers. A la même époque, comme il était question d'un ministère Dupin, où M. Sauzet prendrait le ministère de la justice, M. Thiers s'était écrié : « M. Sauzet garde des sceaux, quelle délicieuse bouffonnerie! » Or ce fut précisément le poste que M. Sauzet occupa dans le cabinet du 22 février. (*Notes inédites de M. Duvergier de Hauranne.*)

[2] Lettre de M. Bresson à M. de Barante, du 7 mars 1836. (*Documents inédits*).

M. Thiers ne pouvait cependant se faire illusion sur les difficultés que voilait cet accueil, en apparence si unanimement bienveillant. Les divers partis prétendaient tous lui imposer leurs conditions, et celles-ci étaient contradictoires et inconciliables. Les conservateurs n'étaient disposés à le soutenir qu'autant qu'il resterait fidèle à la politique de résistance, et il pouvait s'en fier à la vigilance peu indulgente des doctrinaires, pour signaler toute déviation. Si la gauche lui permettait les transitions et les dissimulations nécessaires, c'était dans l'espoir qu'il se dirigerait réellement vers elle. Entre les deux, à la vérité, était le tiers parti, mais il ne pouvait suffire, ni comme qualité ni comme quantité; lui-même d'ailleurs était malaisé à satisfaire : jaloux, si les ministres ménageaient trop les doctrinaires; épouvanté, s'ils penchaient trop vers la gauche.

Pour sortir d'embarras, M. Thiers imagina tout de suite une tactique d'autant plus intéressante à étudier qu'elle lui servira dans l'avenir, toutes les fois qu'il se retrouvera au pouvoir. Elle ne consistait pas à prendre nettement parti dans un sens ou dans l'autre. Le nouveau président du conseil ne songeait pas à rester enchaîné à cette politique de résistance qui lui paraissait un peu vieillie et qui, en le brouillant avec la gauche, l'eût placé sous la protection et la dépendance des doctrinaires. Il n'avait pas davantage dessein de passer nettement à l'ancienne opposition et d'y chercher une majorité nouvelle qu'il aurait eu peine à trouver; son passé conservateur si proche l'eût gêné pour cette complète évolution; et d'ailleurs il ne lui convenait pas plus d'être à la merci de M. Odilon Barrot qu'à celle de M. Guizot. La majorité fixe que, d'ordinaire, les hommes d'État désirent comme un appui, M. Thiers semblait plutôt la redouter comme un lien. Il lui suffisait d'empêcher qu'on n'en formât une contre lui, se fiant à sa prestesse pour manœuvrer entre les divers groupes et y trouver, au jour le jour, des majorités formées d'éléments multiples et variables. Le morcellement extrême de l'assemblée paraissait faciliter cette tactique [1]. Le jeu du ministre

---

[1] Un contemporain décomposait ainsi la Chambre : 150 députés dévoués à l'ancien cabinet, 50 faisant partie de la réunion Ganneron, 70 du tiers parti pro-

était de plaire simultanément, ou tout au moins successivement, aux conservateurs et aux hommes de gauche, disant aux premiers : « Ma présence vous garantit contre un ministère Barrot; » aux seconds : « Je vous ai débarrassés des doctrinaires; » à ceux-là : « Ne me connaissez-vous pas pour avoir combattu cinq ans à votre tête? » à ceux-ci : « Ne suis-je pas, de tous les ministres, depuis Casimir Périer, le premier qui ne vous traite pas en ennemis? » se faisant honneur auprès des uns de ne rien abandonner des armes de la résistance; donnant à entendre aux autres que cette fermeté n'était que transitoire. Sans doute, il ne croyait pas lui-même qu'un tel manége, si habile fût-il, pût durer indéfiniment. L'heure viendrait où don Juan serait contraint de se prononcer entre les filles qu'il courtisait. Pour laquelle? Il ne le savait peut-être pas bien lui-même. Il se réservait de se décider suivant les circonstances et les chances de succès, résolu d'ailleurs à reculer ce moment le plus possible, et se flattant qu'il trouverait, d'ici là, l'occasion de quelque coup d'éclat qui en imposerait à l'opinion et le dispenserait de compter avec aucun parti.

II

Ce fut d'abord aux conservateurs que M. Thiers jugea nécessaire de donner des gages. Le jour même où il venait de prendre le pouvoir, le 22 février, quand il se rendit à la Chambre, l'attitude de l'ancienne majorité le frappa. Autour de M. Guizot qui était entré la tête haute, une foule empressée. Le nouveau président du conseil se trouva au contraire si délaissé, qu'un doctrinaire, M. Duvergier de Hauranne, le prit en compassion et vint s'asseoir un moment auprès de lui; M. Thiers le remercia, en lui serrant la main avec effusion. « La force des choses, lui dit-il en manière d'excuse, m'a porté là malgré moi, mais je ne

prement dit se réunissant rue de Choiseul, 70 de la gauche Odilon Barrot, 25 de l'extrême gauche, 20 légitimistes.

veux changer ni de principes, ni d'amis; vous allez en juger par ma déclaration [1]. » Celle-ci, en effet, fut telle, que M. Guizot lui-même en eût accepté tous les termes. « Vous n'oublierez pas, je l'espère, — disait le président du conseil en parlant de lui et de ses collègues, — que, pour la plupart, nous avons administré le pays au milieu des plus grands périls, et que, dans ces périls, nous avons combattu le désordre de toutes nos forces... Ce que nous étions il y a un an, il y a deux ans, nous le sommes aujourd'hui. Pour moi, j'ai besoin de le dire tout de suite et tout haut, car je ne veux rester obscur pour personne : je suis ce que j'étais, ami fidèle et dévoué de la monarchie de Juillet, mais convaincu aussi de cette vieille vérité, que, pour sauver une révolution, il faut la préserver de ses excès. » M. Thiers, ne craignant même pas de faire allusion aux lois de septembre, si attaquées par la gauche, continuait ainsi : « Quand ces excès se sont produits dans les rues ou dans l'usage abusif des institutions, j'ai contribué à les réprimer par la force et par la législation. Je m'honore d'y avoir travaillé de concert avec la majorité de cette Chambre, et, s'il le fallait, je m'associerais encore aux mêmes efforts pour sauver notre pays des désordres qui ont failli le perdre. Voilà ce que j'avais besoin de dire, et de dire à haute et intelligible voix... » Plus loin, à la vérité, il paraissait vouloir adoucir un peu ce programme de combat, par des paroles de conciliation et de pacification. « Nous ne voulons pas, disait-il, perpétuer la division des esprits, éterniser les haines. Non, messieurs, les troubles qui ont affligé notre beau pays paraissent toucher à leur terme; des jours meilleurs nous sont promis, et nous ne viendrons pas inutilement affliger la paix, des images et des souvenirs de la guerre. » Toutefois, comme s'il craignait qu'on ne vît là une intention de distinguer sa politique de celle du 11 octobre, il ajoutait aussitôt : « Ici encore, nous serons fidèles à la pensée du dernier cabinet. » La déclaration apportée, le lendemain, à la Chambre des pairs fut plus formelle encore. Non-seulement le ministre y rappelait

---

[1] *Notes inédites de M. Duvergier de Hauranne.*

la part qu'il avait prise aux lois de résistance, mais il annonçait la volonté de les appliquer. « Nous ne souffrirons pas, disait-il, qu'on s'associe pour des machinations factieuses, qu'on discute publiquement le principe du gouvernement établi, qu'on propose publiquement ou un autre prince ou une autre forme de gouvernement, et, pour empêcher de tels désordres, s'ils pouvaient se reproduire, nous en appellerions aux juridictions établies. » Il ajoutait seulement que, « dans sa conviction, il y aurait peu à faire pour obtenir de tels résultats ». Loin de contredire leur chef, les ministres venus du tiers parti s'attachaient à établir, dans leurs conversations, que leur avénement à la place des doctrinaires n'impliquait aucun changement de système. « Il n'y a rien de changé, disait M. Sauzet, si ce n'est qu'à la place de cinq personnes désagréables à la Chambre, on a mis, sur le banc des ministres, cinq personnes qui lui sont agréables [1]. » Le langage de M. Thiers ne pouvait que plaire à l'ancienne majorité : il devait être naturellement moins agréable au centre gauche et à la gauche. A le prendre même à la lettre, n'eût-il pas été un démenti à toutes les espérances que ces partis avaient fondées sur le nouveau cabinet? Mais, de ce côté, on ne parut pas vouloir l'interpréter ainsi, ou tout au moins on évita de s'en plaindre tout haut.

Ce n'était pas la seule épreuve à laquelle M. Thiers devait mettre la bonne volonté de l'ancienne opposition. Quelques jours plus tard, la Chambre discutait la loi sur les chemins vicinaux [2]. M. Odilon Barrot avait présenté un amendement qui enlevait au préfet, pour le transporter au conseil général, le droit de distribuer les subventions. Le débat se poursuivait, fort calme, quand M. Thiers intervint tout à coup et prit à partie le chef de la gauche avec une rudesse qui surprit tout le monde et que l'ardeur même des opinions centralisatrices professées par le président du conseil, ne suffisait pas à faire comprendre. Le *Journal des Débats* proposa aussitôt son explication : « Cette vivacité, disait-il, aurait paru dépasser peut-être ce que pou-

---

[1] *Notes inédites de M. Duvergier de Hauranne.*
[2] 3 mars 1836.

vait exiger le besoin de la discussion particulière et un peu subalterne dont il s'agissait, si l'on n'avait pas cru voir que le dissentiment de la circonstance présente rappelait tout d'un coup à M. le président du conseil beaucoup d'autres dissentiments d'une nature plus grave et que personne n'a encore pu oublier. M. Thiers semblait presque revenu aux jours où, dans sa lutte incessante contre le désordre et contre les principes générateurs de tout désordre, il avait à gauche ses adversaires les plus déclarés et comptait pour lui les hommes qu'on appelle aujourd'hui l'ancienne majorité [1]. » Autour de M. Odilon Barrot, on fut tout d'abord quelque peu effaré de cette sortie. Mais des négociateurs officieux s'interposèrent, avec des explications conciliantes; celles-ci furent acceptées, et, malgré les provocations railleuses du *National*, les journaux de la gauche dynastique laissèrent passer l'attaque sans la relever.

Ce silence, rapproché de l'attitude gardée en face des déclarations du ministère, révélait toute une tactique de la part des anciens opposants. Ceux-ci croyaient, ou du moins feignaient de croire que les paroles de M. Thiers étaient une comédie destinée à faciliter certaines évolutions, et qu'entre le ministère et eux, il y avait un sous-entendu autorisant toutes leurs espérances. C'est ce que l'un des députés de la gauche, qui aimait à jouer les enfants terribles, M. de Sade, ne craignit pas d'exprimer tout haut, à la tribune, quelques semaines plus tard. « Nous savons bien, dit-il, que M. le président du conseil nous a fait certaines déclarations pour nous annoncer qu'il ne comptait rien changer à sa politique, et que son ministère n'était que la continuation du ministère précédent; mais nous savons aussi ce que valent ces déclarations de tribune. Il faut ménager les transitions, et, comme on l'a dit, c'était une dernière politesse qu'on faisait à ses amis, avant de se séparer d'eux [2]. »

Les doctrinaires n'étaient pas d'humeur à faciliter cette tactique de la gauche. Dès le premier jour, leurs journaux s'étaient

---

[1] *Journal des Débats* du 4 mars 1836.
[2] Séance du 24 mars.

employés à compromettre M. Thiers en appuyant sur ses déclarations, à provoquer l'ancienne opposition en lui demandant quelle comédie cachait sa satisfaction feinte, à empêcher enfin qu'il restât entre eux aucun sous-entendu. Cela ne suffit pas. M. Guizot et ses amis résolurent de continuer avec plus d'éclat la même manœuvre à la tribune de la Chambre. Une demande de fonds secrets leur fournit l'occasion qu'ils cherchaient. Le rapport de la commission, rédigé par l'un d'eux, M. Dumon, posa tout d'abord la question avec une netteté calculée pour interdire toute échappatoire. Après avoir rappelé que le vote des fonds secrets était un vote de confiance, il concluait à l'accorder, par la raison que le cabinet avait formellement promis de continuer le « système » du 11 octobre et du 13 mars. Il insistait sur cet engagement, puis donnait à entendre que ceux qui, après une telle déclaration, soutiendraient le ministère, se rallieraient, par cela même, au « système » et feraient amende honorable de l'avoir autrefois attaqué.

Le débat, ainsi préparé, s'ouvre le 24 mars. Après quelques discours sans grand intérêt, M. Guizot paraît à la tribune, et chacun a aussitôt le sentiment qu'une grosse partie se joue. Dans son discours, aucune apparence d'attaque contre M. Thiers, mais tout y est combiné pour l'enchaîner à sa déclaration du 22 février. L'orateur rappelle comment cette déclaration a été faite pour rassurer ceux qui avaient pu craindre qu'un changement de cabinet n'amenât un changement de système; il insiste sur ce que cette politique, à laquelle on a promis de demeurer fidèle, est la sienne, celle qu'il a toujours pratiquée et dont il se pose encore comme le champion et le docteur; il se félicite enfin, non sans ironie, d'y voir ralliés des hommes qui l'ont si longtemps combattue. De là, il s'élève à une magnifique apologie de cette politique, revendiquant fièrement pour elle l'honneur d'être le vrai « progrès », appuyant avec intention sur son caractère de résistance, confessant le mal de la « révolution qui pèse encore sur toutes les têtes, qui trouble et égare la raison de l'homme », proclamant bien haut la nécessité de réagir contre ce mal. Rarement sa parole a été aussi élevée, aussi imposante ; rarement il a été aussi maître de sa pensée et aussi libre de l'exprimer tout entière, et cette liberté contraste avec les réticences et les équivoques dans lesquelles on sent M. Thiers obligé de s'envelopper. Sans malice trop visible et tout en semblant planer dans la seule région des principes, bien au-dessus des questions de personne, M. Guizot accomplit peu à peu, autour du cabinet et contre la gauche, la manœuvre qu'il avait en vue. « Ne vous y trompez pas, s'écrie-t-il en terminant, quelles que soient leur nécessité et leur légitimité, les révolutions ont toujours ce grave inconvénient qu'elles ébranlent le pouvoir et qu'elles l'abaissent : et quand le pouvoir a été ébranlé et abaissé, ce qui importe par-dessus tout à la société, à ses libertés comme à son repos, à son avenir comme à son présent, c'est de raffermir et de relever ce pouvoir, de lui rendre de la stabilité et de la dignité, de la tenue et de la considération. Voilà ce qu'a fait la Chambre depuis 1830, voilà ce qu'elle a commencé, car Dieu me garde de dire que tout soit fait! Non, tout est commencé parmi nous, rien n'est fait, tout est à continuer ». L'effet est immense : l'ancienne majorité éclate en une superbe et puissante acclamation; la gauche est comme écrasée; au centre gauche et sur le banc des ministres, l'embarras est visible [1]. Malgré l'émotion de la Chambre, M. Odilon Barrot essaye de répondre immédiatement. Mais son discours n'est pas fait pour diminuer la gêne du cabinet. En effet, le chef de la gauche proteste que son parti n'a rien abandonné de ses anciennes préventions contre la politique de résistance, et il donne à entendre que s'il ménage le nouveau ministère, c'est qu'il a lieu d'espérer le changement de cette politique.

Le soir, dans les salons parlementaires, on ne cause que de la séance. L'avis général est que, sans avoir été directement attaqué, M. Thiers sort de là gravement atteint. M. Guizot a

---

[1] « Les huit ministres avaient l'air, sur leurs bancs, de huit criminels attachés au carcan. On ne peut en effet, si l'on n'a été présent, se figurer, et l'accent de M. Guizot, et l'enthousiasme de la majorité. » (*Notes inédites de M. Duvergier de Hauranne.*)

parlé en chef de la majorité et s'est approprié la politique que le ministère se vantait de continuer. Si le président du conseil accepte cette situation, il se trouve diminué; s'il proteste, ne risque-t-il pas de tomber à gauche? En tout cas, après cette rencontre de M. Guizot et de M. O. Barrot, il semble impossible de réunir plus longtemps les amis de l'un et de l'autre autour du même ministère : il faut choisir. Aussi attend-on avec curiosité la séance du lendemain, pour voir comment M. Thiers se tirera de cette difficulté.

La trouve-t-il au-dessus de ses forces? à la surprise générale, il prend le parti de se taire et se fait remplacer à la tribune par le garde des sceaux, M. Sauzet. Celui-ci, venu du tiers parti, profite de la mission qui lui est confiée, pour donner — est-ce par l'ordre ou seulement avec la tolérance de son chef? — un coup de bascule à gauche. Au lieu de se présenter, ainsi que l'a fait M. Thiers, le 22 février, comme le continuateur de l'ancienne politique, il proclame que le ministère a une politique nouvelle. « J'ai dit sa politique, déclare-t-il, et je l'ai dit à dessein, car cette politique est la sienne, elle est à lui; il s'appartient à lui-même. » Puis il ajoute : « A chaque époque ses nécessités : nous ne pouvons être ni le ministère du 13 mars, ni le ministère du 11 octobre. Nés dans d'autres circonstances, nous ne sommes et nous ne devons être que le ministère du 22 février. Et ces paroles, messieurs, ont leur portée; elles vous annoncent en effet que, quand l'administration nouvelle s'est formée, elle a porté son attention sur l'état des esprits, sur la politique à suivre, sur les combinaisons ministérielles et parlementaires qui convenaient à la situation présente et à l'époque même où le cabinet était constitué. » Tâchant ensuite de définir cette nouvelle politique, le ministre lui donne surtout un caractère de détente, de conciliation, de rapprochement entre les partis autrefois divisés : phraséologie un peu vague et molle, mais d'où ressort le désir de répudier la thèse de M. Guizot. C'est d'ailleurs à ce dernier qu'il fait allusion, sans le nommer, quand il s'écrie : « Nous voulons que notre amour pour la conciliation soit efficace, et nous pensons tous que ce serait un gouvernement insensé que celui qui, au moment où les esprits se rapprochent, les irriterait par les souvenirs du passé, voudrait les contraindre à confesser des erreurs, leur imposerait des amendes honorables et des génuflexions, et chercherait péniblement de quel côté furent les torts dans le passé. » Pendant ce discours, la partie la plus conservatrice de l'ancienne majorité laisse voir sa surprise et son mécontentement. De temps à autre, au contraire, la gauche applaudit. Que vont faire les doctrinaires? Protesteront-ils? Proclameront-ils que le ministère a cessé de mériter leur confiance et qu'ils lui refusent les fonds secrets? M. Guizot, à qui ce rôle eût naturellement appartenu, répugne à une déclaration de guerre si ouverte et si prompte. La majorité de la commission cherche à se concerter; peu s'en faut que le rapporteur, M. Dumon, ne demande la parole. Mais, pendant qu'on hésite, le président met aux voix le crédit : voté aussi bien par ceux qui ont approuvé le garde des sceaux que par ceux qui avaient acclamé M. Guizot, il est adopté par 251 voix contre 99, majorité trop forte pour avoir une signification bien précise.

Ce vote ne mit pas fin à l'émotion produite par le discours de M. Sauzet. Le soir, aux Tuileries, il y eut une sorte de protestation des membres de l'ancienne majorité. « Nous formions un cercle autour du Roi, rapporte l'un d'eux, et successivement nous lui faisions, sur ce qui s'était passé le matin, des plaintes qu'il paraissait fort bien écouter [1]. » Cet incident devenait le sujet de toutes les polémiques de la presse. A l'inverse de ce qui s'était produit après la déclaration du 22 février, c'était maintenant à la gauche de triompher, et le *Journal des Débats* dénonçait avec insistance l'espèce de répudiation qui avait été faite du 13 mars et du 11 octobre : « Voyez la joie de l'opposition, disait-il; les espérances qu'elle a aujourd'hui, les avait-elle il y a deux mois [2]? »

M. Thiers s'inquiéta-t-il de se trouver trop porté à gauche? On le vit s'efforcer de détruire, par ses conversations parti-

---

[1] *Notes inédites de M. Duvergier de Hauranne.*
[2] 28 mars 1836.

culières, l'effet produit à la tribune. Il invita les membres du centre à venir chez lui et, avec son adroite souplesse, chercha à leur persuader que le discours du garde des sceaux n'avait pas la portée qu'on lui attribuait. En même temps, il écrivait à notre ambassadeur à Saint-Pétersbourg, M. de Barante, qu'il savait en correspondance avec les doctrinaires : « Il n'y a pas un seul fait, un seul qui puisse fournir prétexte fondé aux accusations de déviation. Le langage a été adouci, parce que le temps le comportait ainsi. Nous ne pouvons pas parler aujourd'hui comme du temps des émeutes. Mais, sauf la douceur des formes, le fond est le même [1]. » Cela ne suffisant pas, M. Thiers résolut de faire donner, du haut de la tribune, un nouveau coup de bascule, cette fois à droite. Le ministre de l'intérieur, M. de Montalivet, en apportant, le 29 mars, aux pairs, le projet relatif aux fonds secrets, protesta que le cabinet resterait fidèle aux principes qui, depuis six années, avaient dirigé la politique du gouvernement et rendu au pays sa tranquillité comme sa force au pouvoir. Cette déclaration, qui semblait destinée à effacer celle de M. Sauzet, parut assez importante pour que la commission voulût en prendre acte dans le rapport. Le ministre fut d'ailleurs amené à la confirmer, non sans éclat, dans la discussion publique [2]. Et même, pour donner un gage

---

[1] Lettre du 15 avril 1836. (*Documents inédits.*)

[2] Dans cette discussion, qui s'ouvrit le 21 avril, M. de Tascher rappela la contradiction qui avait apparu entre le langage de M. Thiers et celui de M. Sauzet. « Prenant au sérieux, dit-il, le gouvernement représentatif, la présidence du conseil et les paroles du chef du cabinet, je déclare devant la Chambre, qui peut-être ne me désavouera pas, que je vote le crédit demandé, dans la confiance que la marche du ministère, moins vacillante que ses paroles, restera fidèle au système auquel la Chambre des pairs s'est constamment associée depuis cinq ans. » Loin de repousser une confiance ainsi motivée, M. de Montalivet déclara que le cabinet suivrait avec fermeté, avec énergie, les principes qui avaient dirigé le gouvernement depuis le 13 mars 1831 ; il affirma qu'il s'était mis en mesure, non-seulement de maintenir les lois de défense sociale, mais encore de les exécuter avec cette constance qui est la meilleure alliée de la modération. A l'entendre, le discours de M. Sauzet avait différé par la forme, non par le fond, de celui de M. Thiers ; le garde des sceaux avait voulu dire seulement que l'apaisement des esprits n'exigeait plus autant d'énergie dans l'application des mêmes principes. Faisant allusion à la façon dont ce discours avait paru proclamer une politique nouvelle, datant du 22 février : « Acceptons, dit-il, la date indiquée par mon éloquent ami, M. le garde des sceaux, non comme une date de scission ou de reproche, mais comme

plus décisif aux conservateurs, il se prononça très-nettement, « non-seulement en son nom, mais au nom du cabinet tout entier », contre l'amnistie. La déclaration était d'autant plus remarquable que cette amnistie figurait depuis longtemps en tête du programme de la gauche, que le tiers parti l'avait soutenue, et que quelques-uns des ministres actuels, M. Sauzet entre autres, en avaient été les champions. « Que serait-ce aujourd'hui que l'amnistie, s'écria M. Montalivet, sinon la négation de la répression en matière politique? Le gouvernement ne peut l'admettre. » Au tour de la gauche à être désappointée. Cette fois même, quelques-uns de ses journaux, en dépit des explications atténuantes aussitôt fournies par les officieux du tiers parti, ne purent contenir l'explosion de leur mauvaise humeur. Le *Courrier français*, qui, au lendemain du discours de M. Sauzet, s'était montré presque ministériel, déclara que ce nouveau manifeste détruisait ses illusions, et qu'il ne voulait pas, en affectant de conserver encore quelque espérance, se rendre complice d'une déception.

Le double jeu du président du conseil se manifestait jusque dans ses invitations à dîner. Un jour, il avait à sa table la fine fleur de l'ancienne majorité et même des doctrinaires; alors il semblait n'être que l'homme du 13 mars, du 11 octobre; la gauche, le tiers parti même étaient traités lestement et de haut. Le lendemain, autour de la même table, s'asseyaient MM. Dufaure, Vivien, Étienne; cette fois le 13 mars et le 11 octobre avaient fait leur temps, et la chute irrémédiable des doctrinaires égayait la conversation. Dans ces libres propos, l'ancienne opposition avait le sentiment qu'elle était mieux partagée que l'ancienne majorité. Cela l'aidait à se consoler du déplaisir que lui causaient certaines déclarations de tribune. D'ailleurs, quand ce déplaisir était trop vif, il restait toujours au cabinet un moyen de l'apaiser, c'était de lui distribuer des places,

---

une date d'espérance et d'avenir. » Puis il ajoutait : « Si la révolte venait de nouveau à éclater sur nos places publiques, nous retrouverions toute l'énergie qui a signalé le ministère du 13 mars et celui du 11 octobre. »

d'offrir aux personnes la compensation de la résistance que l'on croyait encore prudent de faire aux idées. M. Thiers aimait cet expédient. Il se fiait d'ailleurs, un peu présomptueusement peut-être, à son adresse à manier les hommes, pour se faire servir par ses nouvelles recrues, sans se laisser compromettre par elles. Ce genre d'avances n'était pas moins goûté de ceux à qui elles étaient faites. Il leur semblait que c'était, de la part du président du conseil, une manière de leur dire, en clignant de l'œil et en leur faisant des signes d'intelligence : « Vous voyez bien qu'au fond et malgré les protestations apparentes, nous sommes avec vous, ou que tout au moins nous marchons vers vous. » Outre le côté pratique de ces avantages, les anciens opposants y trouvaient une revanche d'amour-propre, prêts à beaucoup pardonner au ministre qui leur rouvrait enfin cette porte des fonctions publiques, si sévèrement fermée pour eux, depuis la chute de M. Laffitte.

En dépit donc de la mauvaise humeur plus ou moins passagère que pouvait lui causer telle ou telle déclaration de tribune, la gauche ne sortait pas d'une attitude expectante où dominaient la bienveillance et surtout l'espoir d'attirer peu à peu à elle le ministère. Aussi, l'année suivante, quand M. Thiers ne sera déjà plus au pouvoir, M. Barrot pourra-t-il définir ainsi la conduite que ses amis et lui avaient tenue en face du ministère du 22 février : « Bien que ce ministère ait paru craindre beaucoup plus d'être appuyé qu'attaqué par nous, quoiqu'il ait eu grand soin de désavouer tout contact avec les opinions auxquelles j'ai l'honneur d'être associé, cependant cette opposition qu'on représente comme si violente, lui a-t-elle créé des entraves ? Lui a-t-elle fait une guerre systématique ? Non, nous avons mis l'arme au bras et attendu. » Il rappellera même, pour mieux faire sentir le mérite de cette « réserve » et de cette « modération », que « ses amis les plus avancés les lui avaient reprochées ». En effet, le *National* et les autres journaux d'extrême gauche ne se faisaient pas faute de railler avec mépris une tactique qu'ils trouvaient niaise, et où ils dénonçaient une sorte de trahison [1]. Mais ces railleries étaient sans effet. La gauche dynastique n'en persistait pas moins dans son attitude, tout en s'étonnant parfois de ne plus se voir dans l'opposition [2].

III

Les doctrinaires étaient moins disposés que la gauche à prendre en confiance ou même seulement en patience le jeu de M. Thiers. A leurs ressentiments personnels se joignait l'inquiétude plus désintéressée de voir altérer la politique de résistance. Entre leurs journaux et ceux du tiers parti, devenus à peu près les officieux de M. Thiers, les polémiques étaient de plus en plus aigres. Pas de jour où le *Constitutionnel* ne fît honneur aux nouveaux ministres d'avoir renversé la « puissance doctrinaire ». De son côté, le *Journal des Débats* disait, avec une mordante ironie : « Le ministère, nous en sommes convaincus, n'a pas

---

[1] « L'opposition dynastique, — écrivait Carrel dans le *National*, à la date du 31 mars 1836, — ressemble à une bande de déserteurs qui se seraient introduits dans une ville assiégée, en jetant leurs armes à la porte, et qui, reçus par la garnison comme transfuges, crieraient aux gens du dehors qu'ils sont maîtres de la place. Oui, la gauche dynastique s'est fait recevoir dans la ville assiégée, mais elle y est entrée désarmée, elle a courbé la tête sous les lois de septembre, sous la censure, sous les violations du pacte fondamental qu'elle avait dénoncées avec fureur ; elle a passé sous les Fourches Caudines de la Doctrine, portant au dos son *Compte rendu* comme un écriteau infâme. Elle a l'honneur insigne de manger aujourd'hui le pain des vainqueurs ; elle a ramassé les os de leur table... Elle a pitié de nous, pauvres esprits qui consentons à nous morfondre encore dans une opposition systématique... On ne sait ce qui doit inspirer le plus de pitié de cette morgue ou de cette niaiserie. » Carrel terminait en raillant ces « hommes habiles du tiers parti et de la gauche dynastique » qui ont pris « pour général en chef M. Thiers, leur plus insultant adversaire ». Quelques semaines plus tard, le 6 mai, il disait encore : « Doctrinaires, tiers parti, gauche dynastique, tant que l'œuvre législative des six ans demeure, tout nous est indifférent. »

[2] M. Léon Faucher, rédacteur d'un journal de gauche, écrivait alors à un de ses amis : « On dirait que la presse a fait peau neuve. Le *Journal des Débats* a des velléités d'opposition ; le *Temps* et le *Constitutionnel* accourent à l'appui du ministère. M. Barrot fréquente le salon de M. Sauzet et celui de M. Thiers ; M. Guizot n'y paraît plus. Le monde politique est à moitié renversé. » (*Léon Faucher, Biographie et Correspondance*, t. I, p. 44.)

établi ses calculs de durée sur cette espèce de chaos de toutes les opinions; il ne cherche pas à donner des espérances à tout le monde et à ne mécontenter comme à ne satisfaire pleinement personne; il est franc, il est loyal; nous le croyons, c'est malgré lui que les partis le caressent et le ménagent. Il sentira pourtant qu'il faut sortir de cette position équivoque, que les affaires du pays sont trop sérieuses pour être menées comme une intrigue de théâtre, et que, si aujourd'hui tout le monde est content, demain tout le monde craindra d'avoir été dupe [1]. » Toutefois le *Journal des Débats* ne voulait pas laisser dire que « les doctrinaires fussent dans l'opposition ». « Des amis imprudents du ministère, ajoutait-il, voudraient les y mettre... Ils resteront toujours dans les rangs de l'ancienne majorité. Ils ne feront la guerre que pour se défendre et non pour attaquer [2]. » Attitude peu nette qui fournissait prétexte aux railleries des ministériels. « Qui pourrait dire, demandait le *Constitutionnel,* ce que pense et veut aujourd'hui le parti doctrinaire? Il est content, et il est fâché; il fait des compliments au ministère, et il lui dit des méchancetés; il loue la majorité, et il la blâme; il félicite l'opposition de se prêter à la conciliation générale, et il la raille de sa patience; il est pour la paix et la concorde, et il désire la guerre. » Ce qui s'écrivait dans les journaux n'était rien à côté de ce qui se disait dans le laisser-aller des conversations. Chacun pouvait entendre, dans les couloirs du Palais-Bourbon ou dans les salons ministériels, M. Thiers s'exprimer, avec une vivacité et une amertume croissantes, sur le compte de M. Guizot et de ses amis : il ne faisait exception que pour le duc de Broglie, dont il louait la modération et le désintéressement [3]. Les doctrinaires ne demeuraient pas en reste d'épigrammes dédaigneuses. Ces propos, tenus des deux parts, aussitôt colportés dans le monde politique, parfois même reproduits dans les journaux, n'étaient pas faits pour rapprocher les esprits. Les rapports extérieurs de

---

[1] 13 mars 1836.

[2] 12 mai 1836.

[3] « Guizot se plaint de ce que Thiers aurait cherché à séparer Broglie de lui. » Lettre du duc Decazes à M. de Barante, du 12 mai 1838. (*Documents inédits.*)

société ne se trouvaient pas cependant rompus. « On se voit encore, écrivait un témoin, mais tout juste ce qu'il faut pour ne pas être obligé d'expliquer pourquoi l'on ne se voit plus, et cela en évitant tous les sujets de conversation qui sont pourtant dans l'esprit de chacun [1]. »

La bataille, ainsi plus ou moins sourdement engagée aux abords du Parlement, ne pouvait pas ne pas y pénétrer de temps à autre. M. Dupin, ami et protecteur du cabinet, s'adressant au Roi, le jour de sa fête, et portant la parole au nom de la Chambre dont il était le président, ne se priva pas d'introduire, dans cette harangue officielle, des allusions blessantes pour les doctrinaires. A l'entendre, le pays avait montré sa volonté de ne pas « s'abandonner à cet esprit de système qui brave la puissance des faits, et qui, sous le mysticisme calculé d'obscures théories, couvre souvent de funestes doctrines et nourrit de fatales pensées ». Cette frasque présidentielle fit un tel scandale, que MM. Jaubert et Piscatory en saisirent le lendemain la Chambre et provoquèrent des explications fort aigres, qui naturellement n'aboutirent pas. Les députés qui avaient ouvert ce débat représentaient la partie la plus jeune et la plus ardente du groupe doctrinaire, celle qui se résignait le moins volontiers à la réserve conseillée par les sages. En dépit des consignes, ils ne pouvaient s'empêcher de lancer parfois quelque trait, ou même d'engager quelque escarmouche, non plus seulement contre le président de la Chambre, mais contre le président du conseil. M. Thiers, qui, de 1833 à 1836, s'était trouvé à la tête du département des travaux publics, avait particulièrement compté sur l'achèvement de certains monuments de Paris, entre autres de l'Arc de l'Étoile et de la Madeleine, pour marquer avec éclat ses débuts ministériels. Il s'y était attaché comme à son œuvre personnelle, avait conçu à ce sujet un plan financier, hardi pour l'époque, en avait dirigé et pressé l'exécution avec son activité toujours un peu impatiente des obstacles et même des règles. Il en était résulté, ce qui se produit d'ailleurs dans

---

[1] Lettre de la duchesse de Dino à M. de Barante, 28 février 1836. (*Documents inédits.*)

presque tous les travaux de ce genre, plusieurs modifications des plans primitivement approuvés et quelques mécomptes sur le chiffre des dépenses. Le ministère du 22 février se vit par suite obligé de demander, pour terminer les constructions, un crédit de 4 millions et demi. En majorité dans la commission saisie de ce projet, les jeunes doctrinaires l'examinèrent avec un esprit peu bienveillant. Le rapport, rédigé par le plus militant d'entre eux, le comte Jaubert, s'étendit avec complaisance sur les irrégularités commises, grossissant les torts, ne parlant pas des services rendus : c'est à peine si l'on voulait bien ne pas mettre en cause la probité du ministre; mais on insistait sur la nécessité de lui donner un « sévère avertissement ». M. Thiers fut atteint au vif et se défendit avec une émotion irritée; après avoir longuement réfuté les reproches : « J'ajouterai en finissant, dit-il, que je proteste contre tous les avertissements qu'on voudrait nous donner... Ce n'est pas quand on est animé des meilleures intentions, du désir d'honorer son pays et son temps, quand on a entrepris des travaux pareils avec tout le zèle que j'y ai mis, ce n'est pas après des peines et des tourments de toute espèce, qu'on peut consentir à recueillir un blâme. Non, je ne l'ai pas mérité; je ne puis le subir. Si l'on veut m'imposer un blâme, qu'on le produise par un vote, je me soumettrai au jugement de la Chambre. Mais un avertissement sévère infligé par une commission! Non! je le répète, je ne l'accepte pas; je le repousse de toutes mes forces [1]. » Ni la Chambre, ni l'opinion ne donnèrent raison, en cette circonstance, à ceux qui avaient soulevé le débat. Si le moment était venu de s'attaquer au ministère, ce ne devait pas être par une taquinerie de ce genre. Les doctrinaires ne retirèrent donc de cette petite campagne ni grand honneur, ni grand profit. Le seul résultat fut d'aigrir encore davantage leurs rapports avec le président du conseil.

M. Guizot n'avait pris personnellement aucune part à l'incartade de ses jeunes amis [2]. Au fond, sans doute, et malgré les

[1] Séance du 16 mars 1836.
[2] C'est ce qui faisait dire à M. Thiers : « Mes anciens collègues sont mieux

apparences que de part et d'autre on tâchait de garder, entre lui et M. Thiers il y avait eu de l'irréparable, et l'on pouvait considérer la séparation comme étant d'ores et déjà consommée[1]; mais, à défaut de bienveillance pour le ministère, le chef des doctrinaires était trop soucieux de la dignité de son propre rôle pour se commettre dans une mesquine querelle. S'attachant à garder cette attitude de surveillance expectante, sans apparente animosité, qu'il avait prise dès le début, il ne paraissait que rarement à la tribune, et la plus grande partie de la session s'écoula sans qu'il se trouvât en contradiction directe avec M. Thiers. Il était sans doute intervenu dans le débat sur les fonds secrets, et l'on se rappelle avec quel éclat, mais il avait affecté plutôt de protéger le cabinet que de le critiquer, et le président du conseil avait évité de lui répondre. Ce fut seulement à la veille de la séparation des Chambres que, sur un terrain fort imprévu, les deux grands orateurs se rencontrèrent face à face. Il s'agissait du budget de l'Algérie. On avait entendu successivement les adversaires et les partisans de l'occupation, d'un côté MM. Duvergier de Hauranne, Desjobert, le comte Jaubert, de l'autre M. Delaborde, M. Thiers, le maréchal Clauzel, quand M. Guizot demanda la parole[2]. Il se prononça hautement pour le maintien et même le développe-

---

pour moi que leurs amis. Ceux-ci sont aigres et tracassiers. » Lettre particulière à M. de Barante, 15 avril 1836. (*Documents inédits*.)

[1] Pendant la crise qui avait précédé la formation du ministère, M. Thiers avait témoigné de sa rivalité jalouse à l'égard de M. Guizot, et celui-ci y avait été sensible. Un incident, entre autres, l'avait particulièrement irrité. Au moment où le ministère Dupin paraissait fait, la question de la présidence de la Chambre s'était trouvée posée, et le nom de M. Guizot avait été prononcé. M. Thiers sembla d'abord admettre cette candidature, disant que quant à lui, il n'était pas fait pour ce poste. Mais, dès le lendemain, poussé par son entourage et soucieux de ne pas laisser arriver M. Guizot avant lui, il fit poser sa candidature par ses amis, sans même en avertir les doctrinaires : « C'est moi, disait-il, qui dois être le chef du ministère prochain : il faut donc que la Chambre, en m'investissant d'avance de sa confiance, me désigne elle-même au choix du Roi. Nommer Guizot plutôt que moi, ce serait le faire premier ministre, et je ne dois pas le souffrir. » M. Guizot ne voulut pas lutter, mais il fut blessé et s'en exprima avec beaucoup d'amertume. En fin de compte, M. Dupin ayant refusé le ministère et gardé la présidence, la question se trouva supprimée, mais le ressentiment n'en subsista pas moins. (*Notes inédites de M. Duvergier de Hauranne.*)

[2] 10 juin 1836.

ment de notre conquête; seulement, inquiet des projets qu'il supposait au maréchal Clauzel, nommé récemment gouverneur général, — et le désastre de Constantine devait prochainement prouver que ses inquiétudes n'étaient pas sans fondement, — il crut devoir donner des conseils de prudence. Opposant à la politique « agitée, guerroyante, jalouse d'aller vite et loin », qu'il craignait de voir prévaloir, « une conduite plus lente, plus pacifique, plus modérée », il recommanda instamment la seconde. « Il n'y a encore aucun parti fâcheux irrévocablement pris, disait-il en finissant, aucune faute décisive; mais nous sommes sur une route périlleuse; nous pourrions y être entraînés. La Chambre peut beaucoup pour avertir et retenir le gouvernement; je la conjure d'y employer toute sa sagesse. » M. Thiers, dont l'imagination était alors fort échauffée à la pensée de faire grand en Algérie, qui prétendait tout y diriger lui-même et qui encourageait, avec plus d'ardeur que de réflexion, les desseins téméraires du maréchal Clauzel[1], reçut, non sans une impatience visible, ces conseils qu'il appela des « leçons »; sa réponse fut aigre et roide. M. Guizot répliqua brièvement, avec une modération un peu hautaine. La Chambre n'était pas appelée à se prononcer entre les contradicteurs, puisque M. Guizot concluait au vote des crédits demandés par le ministre; mais elle assistait, avec une curiosité émue, au premier choc de ces deux anciens alliés. « L'ardeur de la rivalité, — écrivait un témoin au sortir de la séance, — déguisée sous des apparences un peu forcées de modération, de réserve et de courtoisie, se trahissait comme malgré eux, dans l'étroite enceinte de la question qu'ils avaient prise pour

---

[1] Nous lisons, à la date du 12 mai 1836, dans le journal de M. de Viel-Castel : « M. Thiers, dont l'esprit mobile accepte, avec une facilité surprenante, toutes les impressions qu'on essaye de produire sur sa vive imagination, est, en ce moment, saisi d'un véritable enthousiasme pour Alger. Au fond, il connaît très-peu la question. Mais on lui a monté la tête... Il trouve que jusqu'à présent, les affaires d'Alger ont été très-mal conduites; il veut désormais se charger de les diriger. » M. Guizot écrivait de son côté à M. de Barante, à la date du 14 juin : « Thiers a eu un moment l'esprit très-échauffé sur l'Afrique et quelque vague désir de faire là, en personne peut-être, une seconde expédition d'Égypte. » (*Documents inédits.*)

champ de bataille. Elle donnait à leur geste, à leur accent, à leur parole, une animation toute particulière; elle imprimait un caractère plus énergique à leur éloquence si diverse. Un sentiment inexprimable d'intérêt et d'anxiété régnait dans la Chambre et les tribunes, où l'on paraissait s'attendre à voir le débat se transformer, d'un moment à l'autre, en une grande discussion de politique générale [1]. »

Dans leur évolution vers une opposition plus ou moins déclarée, les doctrinaires n'étaient pas suivis par toute l'ancienne majorité. Nombre de bonnes gens à vue courte et à cœur timide se laissaient prendre aux équivoques de M. Thiers. D'ailleurs, pour avoir combattu quelque temps sous les ordres de M. Guizot, ces conservateurs n'avaient presque rien de commun avec lui, plus effarouchés que curieux des doctrines, plus jaloux qu'admirateurs des supériorités intellectuelles, amenés à la résistance, au lendemain de 1830, moins par conviction que par intérêt, moins par courage que par peur, moins par volonté propre et réfléchie que par docilité un peu subalterne à l'impérieuse impulsion de Périer et de ses successeurs. Les doctrinaires, importants par le talent, mais peu nombreux, n'avaient guère fait d'adeptes parmi ceux dont ils semblaient avoir été les chefs : ils leur étaient plutôt superposés que mêlés. On eût dit une sorte d'état-major commandant à une armée d'une autre nationalité [2]. Situation toute particulière qui aide à comprendre la facilité relative avec laquelle M. Thiers parvint à détacher de M. Guizot une partie de ceux qui le suivaient la veille. Le même phénomène devait se produire plus tard, sous M. Molé.

Vers la fin de la session de 1836, cette division dans le sein

---

[1] Journal inédit de M. le baron de Viel-Castel.
[2] La Revue des Deux Mondes prétendant faire, en 1837, le dénombrement des doctrinaires, membres de la Chambre des députés, n'en comptait que treize : MM. Guizot, Duchâtel, Duvergier de Hauranne, Dumon, d'Haubersaert, Guizard, Janvier, Jaubert, Piscatory, de Rémusat, Renouard, Vitet, Saint-Marc Girardin. Encore ce dernier ne nous paraît-il pas pouvoir être compris dans ce groupe. Par contre, on eût pu ajouter d'autres personnages ne faisant pas partie de la Chambre des députés, comme le duc de Broglie.

de l'ancienne majorité était assez visible pour ne pas échapper aux observateurs. Un des amis du duc de Broglie, étranger à la Chambre, mais spectateur attentif et avisé de ce qui s'y passait, écrivait alors, en parlant des doctrinaires : « Sans doute, les hommes d'élite qui forment la tête de ce parti seront toujours puissants par leur talent, leur union et la considération qui s'attache à leur caractère, mais la masse de leurs adhérents s'éclaircit peu à peu par la défection de tous ceux dont la possession du pouvoir leur avait procuré l'appui et qui, après leur chute, ne leur sont restés fidèles qu'autant qu'on a pu croire que leurs successeurs n'auraient pas la majorité. Chaque jour révèle les progrès de cette défection : elle s'étend même à certains hommes qu'on aurait dû présumer inséparablement liés à la Doctrine. Tout cela ne se passe pas grossièrement ; on y met des façons. On parle toujours avec estime et respect de MM. de Broglie et Guizot; mais on gémit, en secouant la tête, des imprudences et des maladresses de leurs amis. On vante avec exagération le talent et l'habileté de M. Thiers. On dit hautement qu'on ne veut pas faire une opposition de personnes, comme s'il y en avait d'autres. Puis, pour se faire illusion à soi-même, pour se persuader qu'on reste fidèle à ses principes, on ne manque pas d'aller dire à M. Thiers qu'on ne le soutiendra qu'autant qu'il soutiendra lui-même les principes de l'ancienne majorité. On affecte de le séparer de ses collègues du tiers parti et de ne s'exprimer sur ces derniers qu'avec des termes de dédain et de mépris [1]. » Les doctrinaires voyaient cet abandon, et le courage de plusieurs en était parfois abattu. « Les nôtres, écrivait M. Guizot le 18 juin 1836, partent assez épars et découragés. Selon leur usage, ils le paraissent encore plus qu'ils ne le sont, car c'est leur plaisir d'amplifier leur disposition à force d'en parler [2]. »

Il y avait là autre chose que le mécompte d'un groupe particulier; il y avait la dislocation du grand parti de gouvernement

---

[1] *Journal inédit de M. de Viel-Castel*, 23 juin 1836.
[2] *Lettres de M. Guizot à sa famille et à ses amis*, recueillies par madame DE WITT, p. 160.

et de résistance dont la laborieuse formation, sous Casimir Périer, avait sauvé la monarchie, la société et la France en péril, et que, pendant trois ans et demi, le ministère du 11 octobre avait eu tant de peine à maintenir. De toutes les conséquences que pouvait avoir la politique équivoque du 22 février, nulle n'était plus funeste. Si M. Thiers fût nettement passé à gauche, c'eût été un malheur; son exemple eût, peut-être, entraîné quelques défections; mais le parti conservateur, même s'il était devenu minorité, n'en serait pas moins demeuré uni et compacte : il aurait pu être réduit, non décomposé. Telle n'était pas la conduite du président du conseil; il prétendait demeurer conservateur, tout en attirant à lui les gauches, parlait un double langage, en disait assez pour tromper une partie de ses alliés de la veille, trop pour ne pas inquiéter les autres. Ainsi, il faisait pis que de combattre la majorité conservatrice; il l'égarait et la divisait, commençant l'œuvre dissolvante qu'il reprendra toutes les fois que les événements le porteront au pouvoir, en 1840 et en 1871, aussi bien qu'en 1836.

IV

M. Thiers ne sentait pas le malheur de cette dissolution du parti conservateur, ou tout au moins ne s'en inquiétait pas. Bien au contraire, il y voyait une facilité de plus pour ses évolutions. Sans avoir une majorité à lui, il trouvait, pour tous les votes qu'il demandait à la Chambre, des majorités d'autant plus étendues qu'elles étaient composées d'éléments plus divers. Elles lui servaient à franchir lestement les obstacles sur lesquels on eût pu s'attendre à le voir trébucher.

Au nombre de ces obstacles, était la proposition de conversion des rentes. On n'a pas oublié dans quelles conditions elle se présentait. Peu de semaines auparavant, la Chambre l'avait jugée si urgente, que, pour ne pas la laisser ajourner, elle avait brisé le ministère du 11 octobre. Or, si certains membres de la nouvelle administration, comme M. Passy ou M. Sauzet, avaient soutenu alors la conversion, d'autres, comme M. d'Argout et surtout M. Thiers, l'avaient vivement combattue [1]. Le cabinet se décida à accepter le principe de la mesure, mais à en renvoyer à plus tard la discussion et l'exécution ; le seul engagement qu'il prit fut de présenter lui-même un projet de conversion dans la session suivante, « si les circonstances le permettaient ». Certes, on avait beau jeu à montrer que c'était, sous une étiquette fort peu différente, le même ajournement qui avait été refusé au précédent cabinet ; on avait beau jeu également à mettre les divers ministres en face des opinions contradictoires qu'ils avaient naguère manifestées ; ils firent une figure assez embarrassée, et M. Thiers ne put se soustraire à ces attaques qu'en répondant : « Ce qui importe, ce n'est pas ce que nous avons pu dire autrefois, ce que nous avons pu vouloir en d'autres temps, c'est ce que nous voulons aujourd'hui. » Mais, en fin de compte, tout le monde se prêta ou se résigna à l'expédient proposé, et la résolution d'ajournement fut votée à une immense majorité : à peine trente ou quarante membres des deux extrémités se levèrent-ils à la contre épreuve [2].

En même temps qu'il trouvait moyen d'écarter les questions gênantes, le ministère faisait voter plusieurs lois utiles, dont quelques-unes, il est vrai, lui venaient de ses prédécesseurs : loi supprimant les maisons de jeu [3] et les loteries d'immeubles, comme avait été supprimée, l'année précédente, la loterie

---

[1] Non-seulement M. Thiers avait combattu à la tribune la conversion, quand il faisait partie du ministère du 11 octobre ; mais, ce ministère une fois dissous, il disait tout haut dans les couloirs de la Chambre : « Maintenant que je ne suis plus ministre, je pourrai du moins dire tout ce que je pense de cette absurde conversion. Croyez-moi, c'est la mesure la plus inepte, la plus folle, la plus funeste qu'on puisse imaginer. » (*Notes inédites de M. Duvergier de Hauranne.*)

[2] Séances du 21 et du 22 mars 1836.

[3] Cette loi stipulait que toutes les maisons de jeu seraient fermées le 1er janvier 1838. Le 31 décembre 1837, les habitués furent donc prévenus que les jeux s'arrêteraient à minuit précis. Ils se pressèrent nombreux à cette suprême veillée de la roulette. Le jeu continua jusqu'à la dernière seconde, avec une intensité fiévreuse. Un ouvrier qui avait perdu tout ce qu'il avait se tua en sortant de l'un des tripots du Palais-Royal. A l'instant fixé par la loi, la police fit évacuer toutes les maisons, et la foule assista, gouailleuse et méprisante, à la dispersion des joueurs et surtout des joueuses.

royale ; lois relatives aux chemins de fer de Paris à Versailles, et de Montpellier à Cette ; loi augmentant les ressources de notre matériel naval ; loi du 21 mai 1836, sur les chemins vicinaux, qui devait donner un grand développement à la construction de ces chemins, et dont les dispositions fondamentales subsistent encore aujourd'hui.

Parmi toutes ces lois alors soumises aux Chambres, il n'en fut pas de plus longuement discutées que celles qui modifiaient certains tarifs de douane[1]. Sous l'Empire et la Restauration, ces tarifs étaient nettement protecteurs et même souvent prohibitifs. On avait pu croire un moment que la secousse de 1830 aurait son contre-coup sur cette partie de notre législation comme sur tant d'autres, que la liberté commerciale paraîtrait le corollaire logique de la liberté politique, et qu'en frappant l'aristocratie on n'épargnerait pas ce qu'on se plaisait à appeler la « féodalité industrielle ». L'école du *Globe,* que la révolution faisait arriver au pouvoir, ne s'était-elle pas prononcée théoriquement pour le libre-échange ? Mais il fut bientôt visible que cette prétendue « féodalité » était plus que jamais puissante dans les Chambres, influente sur le gouvernement. Ne semblait-elle même pas avoir gagné, sous ce régime bourgeois, tout ce qu'avait perdu l'aristocratie de naissance ? Aussi les premières tentatives faites pour modifier la législation douanière furent-elles d'abord repoussées. Cependant, quand M. Duchâtel, qui avait été, avant 1830, un économiste libéral, devint ministre du commerce en 1834, il tâcha, prudemment, sans prétention absolue, sans brusque changement, d'abaisser quelques tarifs, de supprimer quelques prohibitions. Il y était parvenu sur certains points, et avait déposé, à la veille de quitter le pouvoir, deux projets de loi sanctionnant ou complétant les réductions de droits que la législation d'alors lui permettait d'opérer provisoirement par simple ordonnance. Ce sont ces projets qui vinrent en discussion sous le ministère du 22 février. Le débat, qui n'occupa pas moins de dix-sept séances, fut à la fois acharné et un peu confus. Tous

---

[1] Avril et mai 1836.

les partis semblaient mêlés, chaque député prenant position, non d'après le groupe politique auquel il appartenait, mais d'après les intérêts de la région qu'il représentait. Manufacturiers et agriculteurs étaient unis pour faire tête aux économistes. Le cabinet fut loin d'avoir une attitude une et décidée : le ministre du commerce, M. Passy, eût été volontiers favorable aux idées de M. Duchâtel, et il intervint à plusieurs reprises dans ce sens; mais, à côté de lui, M. Thiers, qui ne monta pas moins de cinq fois à la tribune, se montrait, dès cette époque, un « protectionniste » passionné. De là, quelque tiraillement dans la direction donnée à la Chambre, et quelque incertitude dans ses votes. On n'eût pu dire pour laquelle des deux doctrines elle se prononçait. Parmi les réductions proposées, les unes furent admises, les autres repoussées. Néanmoins, si petit qu'il fût, c'était un premier pas dans la voie de la liberté commerciale [1].

La session se termina par le budget, qui fut voté rapidement, tel à peu près que le gouvernement l'avait présenté. La Chambre, fatiguée, n'était pas en goût de discuter longuement. Le seul épisode à signaler fut un débat provoqué par une sortie de M. Laffitte. Celui-ci, aigri par sa chute et surtout par sa déconsidération, avait prétendu reprocher à la royauté nouvelle de n'avoir pas diminué le budget de l'ancienne. « Quant à moi, s'était-il écrié, la rougeur m'en monte au front ; et je le déclare : si tel devait être le résultat financier de cette glorieuse révolution, je le dis avec douleur, mais je croirais devoir demander pardon à Dieu et à mes concitoyens de la part que j'ai pu y prendre. » M. Berryer saisit habilement l'occasion qui lui était ainsi offerte de faire, aux dépens du régime actuel, l'apologie des budgets de la Restauration. M. Thiers répondit aussitôt, en attaquant cette dernière et en faisant ressortir la sagesse heureuse avec laquelle la monarchie de Juillet venait, au lendemain de la révolution, de rétablir l'ordre, la prospérité et l'économie des finances nationales. Les deux orateurs firent assaut d'éloquence. C'était merveille de les voir manier et re-

---

[1] Cf. pour les renseignements plus détaillés sur cette question spéciale l'ouvrage de M. Amé sur les *Tarifs des douanes*.

manier les chiffres, en quelque sorte les animer et les échauffer. Rarement, sur ce terrain d'ordinaire aride, on avait assisté à un aussi brillant tournoi oratoire. Au fond, la querelle était un peu vaine : chacun des champions avait raison, sinon dans la critique, trop souvent injuste, qu'il faisait de la politique financière du régime opposé, du moins dans les louanges qu'il donnait au gouvernement de ses préférences [1]. Et, quant à la question qui faisait plus particulièrement l'objet du débat, au chiffre comparé des budgets avant et après 1830, si la Restauration était digne d'éloge pour être demeurée longtemps au-dessous du milliard et l'avoir à peine dépassé dans les deux dernières années de son existence, la monarchie de Juillet n'avait pas moins de mérite d'être revenue, en 1834, 1835 et 1836, après les surélévations momentanées, conséquences inévitables de la révolution, à un chiffre de très-peu supérieur à celui de 1829 [2]. Étant donné

---

[1] Nous avons déjà parlé et nous parlerons encore de la politique financière si honorable et si féconde des dix premières années de la monarchie de Juillet. Quant à la Restauration, quelques chiffres suffiront à donner une idée de ce que fut sa bienfaisante action. Elle trouva, à son début, le crédit de la France en un tel état, qu'elle dut négocier à 52 fr. 50 ses premiers emprunts à 5 pour 100. En 1830, un emprunt à 4 pour 100 était adjugé au-dessus du pair à 102 fr. 7 c. et demi, fait sans analogue dans notre histoire financière. Bien loin d'avoir augmenté la dette que lui avaient imposée les invasions de 1814 et de 1815, elle l'avait réduite d'environ 29 millions de rente, soit de 600 millions en capital, et M. Roy, lors de son dernier passage au ministère des finances, pouvait annoncer, pour un avenir prochain, l'extinction de la dette par le seul jeu de l'amortissement. Elle avait dégrevé la propriété foncière. Enfin les revenus indirects étaient montés de 397 millions à 583. Aussi tous les auteurs spéciaux ont-ils rendu hommage à l'envi, sur ce point, à la vieille monarchie, et l'un des plus compétents, M. Paul Leroy-Beaulieu, a-t-il écrit : « Jamais nos finances n'ont été conduites avec autant de prévoyance, de rigueur, d'honorable et nécessaire parcimonie, que par MM. Louis, Corvetto et de Villèle. »

[2] Voici, pour les années 1815 à 1819, les chiffres officiels et définitifs des dépenses donnés par le *Compte de l'administration des finances pour l'année* 1869 :

1815,	913 millions	1820,	906 millions	1825,	981 millions
1816,	1055 —	1821,	908 —	1826,	976 —
1817,	1189 —	1822,	949 —	1827,	986 —
1818,	1433 —	1823,	1118 —	1828,	1024 —
1819,	896 —	1824,	986 —	1829,	1014 —

Voici maintenant le chiffre des dépenses de 1830 à 1836 :

1830,	1095 millions	1833,	1134 millions	1835,	1047 millions
1831,	1249 —	1834,	1063 —	1836,	1065 —
1832,	1174 —				

l'accroissement continu des dépenses publiques qui est, dans tous les pays, la contre-partie nécessaire du progrès matériel, l'économie du second régime n'apparaît pas moindre que celle du premier : économie mieux appréciée encore après ce qu'on a vu depuis. Toutefois, ce résultat montre combien l'opposition libérale d'avant 1830 parlait légèrement, sans justice et sans vérité, quand elle avait alors dénoncé les prétendus gaspillages de la royauté et promis, pour le jour où elle serait au pouvoir, un gouvernement à beaucoup meilleur marché.

M. Thiers prenait part à toutes ces discussions, prêt à parler sur chaque sujet, avec une abondance, une lucidité, une prestesse incomparables, s'amusant de cette variété même, et mettant sa coquetterie à paraître expert dans les spécialités les plus diverses. Le public admirait, surpris, une intelligence si prompte et une si universelle aptitude. Sans y voir au fond beaucoup plus clair dans la politique du ministre, il se laissait charmer par la parole de l'orateur et était ébloui, alors même qu'il demeurait inquiet. M. Guizot, témoin peu suspect, constatait que « le dernier mois de la session avait été bon pour M. Thiers personnellement ». « Il a eu du talent, ajoutait-il, du savoir-faire, de la mesure ;... sa position à lui, dans la Chambre, a gagné quelque chose [1]. » Le jeune président du conseil jouissait de ce succès : il en était même un peu grisé. Sentant que l'on ne voyait que lui dans le cabinet, il était plus que jamais disposé à tout rapporter à soi [2]. On eût dit parfois qu'il prétendait occuper seul la scène, suffire à tous les rôles, trop prompt à croire que les autres ne feraient que des sottises, et que toute œuvre à laquelle il ne mettrait pas lui-même la main serait

[1] *Lettres de M. Guizot à sa famille et à ses amis*, p. 159.
[2] La *Revue des Deux Mondes* exprimait, vers cette époque, l'effet produit sur une partie des spectateurs par cette personnalité excessive de M. Thiers, quand elle disait de lui : « Il se flatte, il se mire ; s'il veut vous convaincre, il en appelle à lui ; s'il combat l'aristocratie, il vous dit qu'il n'a pas de penchant pour elle, parce que moins qu'un autre il voudrait la trouver sur son chemin ; s'il veut vous effrayer de la guerre, il vous déclare que, pour lui, il a plus besoin de la paix que tout autre, car elle convient à ses études, à ses loisirs et à ses goûts. Tout part de sa personne, tout y revient aboutir. »

manquée [1], ne se gênant pas du reste, dans son salon, pour parler légèrement de ses collègues. Le premier résultat était qu'il se dispersait et se perdait dans les détails de trop d'affaires diverses ; le second, que les autres ministres, humiliés, envahis et annulés, supportaient mal une telle ingérence ; quelques-uns parlaient même de se retirer [2]. Mais M. Thiers, tout à la joie confiante de ses succès personnels, ne voyait pas, autour de lui, ces déplaisirs, ou du moins croyait pouvoir n'en pas tenir compte.

V

La session n'était pas encore terminée, qu'un nouvel attentat contre la vie du Roi vint réveiller brusquement M. Thiers de son optimisme. Le 25 juin 1836, à six heures du soir, Louis-Philippe, accompagné de la Reine et de Madame Adélaïde, sortait en voiture des Tuileries, quand une détonation se fit entendre. Le coup était tiré de si près, que la voiture fut remplie de fumée ; les balles effleurèrent la tête du Roi : personne cependant ne fut blessé. L'assassin, aussitôt reconnu et arrêté, encore porteur d'une canne-fusil, se trouvait être un jeune homme de vingt-six ans, d'une figure régulière et calme, nommé Louis Alibaud ; ancien sous-officier, ayant reçu quelque instruction, non sans courage, il s'était jeté, sous l'excitation

---

[1] C'est ce qui faisait écrire à M. Sainte-Beuve : « Thiers juge trop sévèrement les hommes, ou du moins trop exclusivement : il est trop prompt à les déclarer bêtes. » (*Cahiers de Sainte-Beuve*, p. 106.)

[2] Nous lisons dans le *Journal de M. de Viel-Castel* : « 22 avril 1836. M. de Montalivet est peu satisfait de l'outrecuidance et du ton de supériorité du président du conseil. — 12 juin. Montalivet, Duperré, Pelet de la Lozère sont blessés du ton de prépotence, de la légèreté dédaigneuse du président du conseil et de son ingérence perpétuelle dans les affaires de tous les départements. » (*Documents inédits.*) — M. Guizot écrivait, à la date du 18 juin : « Les difficultés intérieures et les bruits de désorganisation se renouvellent. M. Passy parle ouvertement de sa retraite, comme très-prochaine ; il est dégoûté, ennuyé, malade. M. Sauzet réclame l'accomplissement de toutes les promesses qu'il a faites et va jusqu'à dire que, si on ne les tient pas, il sera contraint aussi de se retirer. Je ne crois pas à la fermeté de toutes ces exigences, cependant elles sont réelles. »

de 1830, dans les idées démagogiques, et s'y était comme infecté d'un fanatisme sombre, sauvage, haineux, qui avait absolument perverti son esprit et sa conscience. Interrogé tout d'abord sur le mobile de son crime : « J'ai voulu tuer le Roi, dit-il, parce qu'il est l'ennemi du peuple. J'étais malheureux par la faute du gouvernement ; et, comme le Roi en est le chef, j'ai résolu de le tuer. » Plus tard, devant la Chambre des pairs, à laquelle il fut déféré, il répondit au président, qui lui demandait depuis quand il avait formé son criminel dessein : « Depuis que le Roi a mis Paris en état de siége, qu'il a voulu gouverner au lieu de régner ; depuis qu'il a fait massacrer les citoyens dans les rues de Lyon et au cloître Saint-Merry. Son règne est un règne de sang, un règne infâme. » Appelé à répondre à l'accusation, il déclara, avec un orgueil farouche, « n'avoir jamais eu l'idée de disputer sa tête », et se posa en homme qui, ayant perdu la partie, ne se refuse pas à payer l'enjeu ; il prétendit seulement lire, sous couleur de défense, une revendication hautaine du droit de régicide. Dans sa prison, pendant que l'aumônier lui parlait de Jésus-Christ, il murmurait tout bas : « Jésus-Christ était démocrate comme moi, et, s'il l'eût fallu, comme moi, il fût devenu régicide. » Condamné à la peine des parricides, il monta sans faiblesse sur l'échafaud : « Je meurs pour la liberté, s'écria-t-il, pour le bien de l'humanité, pour l'extinction de l'infâme monarchie ! »

L'instruction n'avait pas découvert de complices qui pussent être judiciairement poursuivis. « Le chef de la conspiration, avait dit Alibaud, c'est ma tête ; les complices, ce sont mes bras. » Mais la responsabilité morale du parti révolutionnaire ne pouvait être contestée, et cette responsabilité apparaissait d'autant plus lourde qu'on prétendait reconnaître chez le jeune meurtrier plus de qualités naturelles. Les phrases de journaux qui se retrouvaient dans ses réponses ne révélaient-elles pas d'où venaient les sophismes et les excitations qui l'avaient égaré et fanatisé ? Tout républicain qu'il se prétendit, Béranger confessait alors, dans l'intimité, non sans humiliation ni dégoût, que son parti n'était pas étranger à ce crime. « Vous me dites, —

écrivait-il à un de ses amis, le 29 juin, quatre jours après l'attentat, — qu'on ne veut, où vous êtes, ni de la république, ni du carlisme; je crois que c'est partout de même. Mais aussi convenez que les républicains s'y prennent bien pour augmenter le dégoût, en ce qui les regarde. Encore un assassinat! Comme ces hommes sont en dehors de leur époque et de leur nation! Quand on pense à qui l'on doit ces affreux effets de la dépravation morale et intellectuelle, on est tenté de maudire les instruments de liberté qui nous sont confiés[1]. » Ne vit-on pas du reste, au lendemain même de l'attentat, s'étaler dans la presse républicaine le scandale d'une sorte de complicité rétrospective? Sauf l'éloge du crime, que ces journaux hésitèrent à entreprendre ouvertement, ils firent tout pour exalter le criminel, lui attribuant le plus noble caractère, l'enveloppant de je ne sais quelle héroïque auréole, prêtant à son forfait une grandeur farouche et même une sorte de loyale audace, montrant, dans le trop juste châtiment qui le frappait, une cruauté légale, appelant sur la « jeune victime » la pitié, la sympathie et presque l'admiration du public; on eût dit vraiment que leur préoccupation était de lui susciter des imitateurs. Poursuivis, de ce chef, pour offense envers la morale publique et apologie du crime d'assassinat, les gérants du *National* et du *Bon Sens* furent condamnés, en cour d'assises, à trois mois de prison et 1,000 francs d'amende[2].

Le gouvernement savait mieux que tout autre qu'il n'était pas en face d'un cas isolé et monstrueux. Certaines découvertes lui avaient permis en effet, dans ces derniers temps, d'entrevoir ce qui se passait dans les sociétés secrètes, leur organisation nouvelle, les complots qui s'y tramaient, les rêves de sang et de meurtre dont s'y nourrissaient les imaginations. A la suite du procès d'avril, les révolutionnaires avaient compris qu'ils ne pouvaient plus rien faire de la Société des *Droits de l'homme*. Comme elle avait elle-même succédé, après la défaite de 1832, à la Société des *Amis du peuple*, ainsi de ses débris se forma une

---

[1] *Correspondance de Béranger*.
[2] **Arrêts du 30 juillet et du 8 août 1836.**

autre association, celle des *Familles*. Plus préoccupées de conspiration secrète que d'agitation extérieure, les *Familles* prirent, pour échapper à la police, des précautions qu'avaient négligées les sociétés précédentes. Plus de chefs connus, de listes écrites, de réunions, de revues, d'ordres du jour. Les affiliés, recrutés un à un, après enquête et épreuve, reliés au comité supérieur par une hiérarchie mystérieuse, n'étaient en rapport qu'avec leur chef immédiat; ils ne devaient se réunir qu'au jour du combat et avaient pour instruction de se munir d'ici là de poudre et d'armes. Au commencement de 1836, les adhérents étaient environ un millier : ce chiffre, bien inférieur aux quatre mille sectionnaires des *Droits de l'homme*, ne devait guère être dépassé par les sociétés secrètes jusqu'en 1848. Il était trop faible pour engager une vraie bataille, mais suffisait pour tenter un mauvais coup [1]. A côté des *Familles*, et en rapports plus ou moins étroits avec elles, s'étaient formées d'autres associations, dont quelques-unes tâchaient de se recruter dans l'armée.

On ne retrouvait pas, à la tête des sociétés nouvelles, les personnages politiques relativement importants qui composaient l'état-major des *Droits de l'homme*. Les uns étaient en prison ou en fuite, les autres, découragés ou dégoûtés. Ceux qui les remplaçaient étaient plus obscurs. Deux cependant, fondateurs et véritables chefs des *Familles*, ont acquis une notoriété révolutionnaire telle que l'histoire ne peut les passer sous silence : ce sont Blanqui et Barbès. L'un avait alors trente-six ans, l'autre vingt-six : très-différents, mais se complétant l'un l'autre pour la vilaine besogne qu'ils entreprenaient; celui-là, petit, pâle, chétif, nerveux, la figure souffrante, l'œil soupçonneux et sombre, la lèvre marquée d'un pli qui trahissait l'amertume de l'âme; celui-ci, de grande taille, le regard ouvert, la démarche hardie; le premier, homme de tête, laborieux, patient, taciturne, de vie pauvre et même, au dire de ses partisans, austère; sans cesse en travail souterrain de complot; ami de l'ombre et du

---

[1] Sur l'organisation de la Société des *Familles*, voyez l'ouvrage déjà cité de Lucien DE LA HODDE sur l'*Histoire des sociétés secrètes de 1830 à 1848*, p. 199 à 207.

mystère; habile à répandre autour de lui le fiel dont son âme débordait [1], à irriter toutes les passions cupides, envieuses et haineuses; exerçant sur le personnel vulgaire des sociétés secrètes une sorte d'ascendant fascinateur; lançant les autres en avant, sans leur livrer tout le secret du rôle qu'il se réservait; ne croyant qu'à la force violente; ne rêvant que de dictature sanglante et destructive; se consolant de ne pas dominer encore la société qu'il détestait, en lui faisant peur; capable de tout pour arriver à son but, et flatté qu'on le sût tel; — le second, homme d'action, esprit étroit et court, mais tempérament énergique, indomptable; toujours prêt à payer de sa personne; n'hésitant à commettre aucune violence ni à affronter aucun péril; sans respect de la vie des autres, mais sans souci de la sienne propre; apportant, dans les haines les plus féroces, une sorte de sérénité, et, au service de sophismes pervers, je ne sais quelle droiture et simplicité généreuses; devenu ainsi très-populaire dans le parti démagogique qui s'est servi de ses défauts et a tâché de se parer de ses qualités.

D'où venaient ces deux démagogues? Né à Nice, fils d'un conventionnel, Auguste Blanqui était arrivé à Paris, avec son frère aîné, dans les dernières années de la Restauration. Sans fortune, mais intelligents, les deux jeunes gens s'étaient mêlés d'abord aux écrivains de l'opposition libérale et avaient été attachés, en qualité de sténographes, à la rédaction du *Globe*. Par son travail, l'aîné devint bientôt un économiste distingué. Pendant ce temps, le cadet s'était jeté dans les sociétés secrètes et les conspirations. Dès 1827, il avait été blessé dans une émeute, et en 1831 subissait sa première condamnation, commençant ainsi cette lutte acharnée avec la loi et la justice qui devait remplir sa vie entière, et dans laquelle il subira, comme autant de glorieuses blessures, une condamnation à mort, deux condamnations perpétuelles, et six autres condamnations formant un total de dix-huit années de prison [2]. Exis-

---

[1] Ledru-Rollin a dit de Blanqui : « Son âme est pétrie de fiel et de sang. »
[2] Voici le détail : 12 janvier 1831, un an de prison, pour insulte aux magistrats; 12 janvier 1832, un an de prison, pour cris séditieux et complot; 11 août 1836,

tence étrange, dont on n'aurait pas cependant une notion complète, si l'on n'ajoutait que ce conspirateur si farouche, si redoutable, n'a pas été parfois sans relation avec la police secrète [1].

Barbès, venu à Paris comme étudiant, avait de la fortune. On comprendrait mal ce qui a conduit un jeune homme riche, dont la nature était par certains côtés généreuse, à devenir l'émule d'un Blanqui, à se mettre hors la loi et la société, si l'on ne trouvait dans les drames intimes qui avaient troublé sa famille le secret de cette sorte de déclassement. On a raconté qu'il était le fils d'un prêtre; son père se serait marié aux colonies, pendant la Révolution, en cachant son caractère sacerdotal à la jeune fille qui s'était éprise de lui; quand la malheureuse sut plus tard à qui elle s'était unie, son horreur fut telle, qu'elle en mourut, laissant deux fils et deux filles aux soins d'un homme troublé lui-même par le remords; le veuf étant revenu dans le midi de la France, une de ses filles inspira une passion qu'elle partageait à un jeune homme distingué et d'une famille honorable; le mariage allait se faire, quand fut découvert le secret du prêtre marié : le fiancé rompit aussitôt avec éclat; le père se tua de désespoir [2]. C'est probablement sous l'impression de ces événements que Barbès conçut une rancune mortelle contre la société qui n'avait pas pardonné à son père la honte de son sacrilège.

---

deux ans de prison, pour société secrète et fabrication clandestine de poudre; 31 janvier 1840, à la suite de l'émeute du 12 mai 1839, condamnation à mort, commuée en déportation perpétuelle; 2 avril 1849, dix ans de détention, à raison de l'attentat du 15 mai; 17 juillet 1861, quatre ans de prison, pour société secrète; 29 avril 1872, déportation dans une enceinte fortifiée, à raison de la tentative insurrectionnelle du 31 octobre 1870. Il avait été nommé membre de la Commune, mais se trouvait alors en prison hors de Paris.

[1] Le 31 mars 1848, le premier numéro de la *Revue rétrospective* publiait un rapport secret, adressé, le 22 octobre 1839, à M. Duchâtel au sujet de la conspiration du 12 mai précédent. Barbès déclara aussitôt que Blanqui seul avait pu écrire ce rapport. Grand scandale dans le monde des clubs. Blanqui se défendit mal. Il paraît aujourd'hui avéré que, soit pour obtenir quelques adoucissements au régime de la détention, soit pour d'autres motifs, ce personnage rendit plusieurs services de ce genre à la police de Louis-Philippe.

[2] Ces faits sont rapportés par Daniel STERN, dans son *Histoire de la révolution de 1848*, t. II, p. 5 à 7.

Un corps de doctrine, il n'en faut pas chercher chez les fondateurs des *Familles*. Socialistes, mais plus hommes de destruction que de système, ce qui domine en eux, c'est le parti pris d'exaspérer toutes les haines, toutes les révoltes, toutes les souffrances, pour les pousser furieuses à l'assaut d'une société, cause de tout mal. Par moments même, il semble que ce soit à un immense massacre qu'ils convient le peuple. Qu'on en juge par la proclamation suivante, écrite tout entière de la main de Barbès et qui, d'après divers indices, a dû être rédigée en prévision d'une réussite de l'attentat Fieschi [1] : « Citoyens, le tyran n'est plus ; la foudre populaire l'a frappé ; exterminons maintenant la tyrannie. Citoyens, le grand jour est venu, le jour de la vengeance, le jour de l'émancipation du peuple... Aux armes, républicains, aux armes! La grande voix du peuple se fait entendre ; elle demande vengeance. Frappons, au nom de l'égalité. Ils sont là, nos tyrans, prêts à couronner, par un dernier forfait, leurs crimes innombrables. Que nos bras les fassent rentrer dans le néant! Héros du vice et de l'aristocratie, le courage n'anima jamais leurs cœurs ; les voyez-vous, tremblants et pâles ?... Peuple, redresse-toi ; à toi seul appartient le souverain pouvoir... Le cœur te manquerait-il, quand tu n'as qu'à lever la main pour écraser tes faibles ennemis? Te rappelles-tu comme ils t'ont outragé? les bagnes où ils t'ont plongé? le coup sanglant dont ils t'ont meurtri le visage? les droits de l'homme dont ils t'ont dépouillé? Ils t'ont flétri du nom de prolétaire! Lève-toi, frappe. Vois-tu les vaincus de juin et d'août, les victimes de Saint-Merry et de la rue Transnonain, qui te montrent leurs plaies sanglantes?... Elles demandent du sang aussi. Frappe! Frappe encore! Vois les enfants écrasés sous la pierre, les femmes enceintes te présentent leurs flancs ouverts, les cheveux blancs de ces vieillards traînés sans pitié dans la boue! Tu n'as pas encore frappé! Qu'attends-tu? Viens, que ta colère purifie cette terre souillée par le crime, comme la foudre purifie l'atmosphère. Immole tous les ennemis de l'égalité et de la

---

[1] Cette pièce fut saisie en 1836, dans un logement que Barbès avait occupé à la fin de juillet 1835.

liberté. Frapper les oppresseurs de l'humanité n'est que justice ; tu te reposeras ensuite dans ta force et ta grandeur... Mais maintenant point de pitié! Mets nus tes bras, qu'ils s'enfoncent tout entiers dans les entrailles de tes bourreaux. » Est-ce là ce qui a valu à Barbès d'être appelé le « Bayard de la démocratie[1] »? On nous permettra de préférer celui de la vieille monarchie.

Ces excitations atroces, ces aspirations au massacre n'étaient pas une monstruosité passagère; elles étaient alors le langage courant des sociétés secrètes. L'une d'elles, celle des *Légions révolutionnaires,* en rapport étroit avec les *Familles,* s'exprimait ainsi dans une proclamation : « Vrais organes du peuple révolutionnaire, disons enfin : Point d'espérance hors du prolétaire. Loin de nous, comme rebelles à la voix de la nature, ceux qui ne vivent pas du produit de leur travail!... Vous ne formerez pas seulement une société régicide, mais surtout le corps exterminateur par lequel, après la victoire, doivent être anéanties les menées secrètes des nouveaux exploiteurs qui ne manqueront point de se présenter... »

Les associations nouvelles, de quelque mystère qu'elles s'enveloppassent, ne purent longtemps échapper à la vigilance de la police. Dès les premiers mois de 1836, celle-ci commençait à saisir des dépôts d'armes et de munitions. A Tours, elle surprenait, dans le 14ᵉ régiment de ligne, l'existence d'une société révolutionnaire dont les membres furent, les uns déférés au conseil de guerre, les autres envoyés en Afrique. En mars, elle fut conduite, par la découverte d'une fabrique clandestine de poudre, à s'emparer des chefs des *Familles,* et ceux-ci, Blanqui et Barbès en tête, furent condamnés à des peines variant de deux ans à huit mois de prison. Peu après, elle était mise sur la trace d'un complot formé pour s'emparer, à quatre heures du matin, des Tuileries et de la famille royale; les meneurs des *Familles* avaient réussi à entraîner dans ce complot un certain nombre d'officiers et de sous-officiers de la garnison de Paris ; ils se flattaient d'enlever,

---

[1] Louis Blanc a écrit que « Barbès unissait le courage du chevalier au dévouement du martyr », et Proudhon l'a proclamé le « Bayard de la démocratie ».

par ce moyen, les régiments de deux ou trois casernes. Si peu que le mal eût gagné dans l'armée, on craignit le mauvais effet d'une telle révélation ; l'affaire fut étouffée : les officiers et sous-officiers compromis furent envoyés sans bruit en Algérie ou dans d'autres corps, et quelques régiments changèrent de garnison.

Le gouvernement était sous le coup de l'émotion que lui avaient causée ces découvertes successives, sinistrement couronnées, le 25 juin, par le crime d'Alibaud, quand le bruit se répandit qu'un nouvel attentat se préparait pour la fête du 28 juillet. Cette fête devait être célébrée avec un éclat particulier ; on avait annoncé l'intention d'inaugurer l'Arc de l'Étoile qui venait d'être terminé. Les conspirateurs, disait-on, s'étaient procuré le moyen de pénétrer en grand nombre et avec des armes cachées dans l'enceinte réservée pour la cérémonie ; de là, ils comptaient avoir toute facilité pour se précipiter sur le Roi ; d'autres se mêleraient au défilé de la garde nationale, avec leurs fusils chargés. La police crut d'abord pouvoir écarter le péril par des précautions rigoureuses. Mais les avis sinistres redoublèrent ; ils arrivaient de toutes parts et jusque de l'étranger[1]. Était-on sûr de prévoir toutes les formes du danger? Au lendemain de l'attentat d'Alibaud et à l'anniversaire de celui de Fieschi, n'était-on pas autorisé à ne croire, en ce genre, aucun crime impossible? D'autre part, décommander la cérémonie, n'était-ce pas un aveu d'insécurité aussi inquiétant qu'humiliant, et qui ferait le plus fâcheux effet au dedans et au dehors? Grande fut l'anxiété du gouvernement. M. Thiers, dans une dépêche adressée à ses ambassadeurs, a rapporté ainsi ce qui se passa dans le conseil : « Les ministres se sont rassemblés à l'insu du Roi ; ils ont conféré entre eux, et, après une

---

[1] M. d'Argout, alors ministre des finances, écrivait, quelques jours après, à M. Dupin : « De sinistres avis nous parvenaient de tous côtés. Il nous en arrivait d'Italie, de Suisse, d'Espagne et d'Angleterre, tous concordants et précis. Partout, nos contumaces, des réfugiés polonais et italiens, des gens de la jeune Italie annonçaient un nouvel attentat plus habilement combiné que les précédents, et dont le succès n'était pas mis en doute. La correspondance des départements en disait autant. Ajoutez l'arrivée à Paris d'une multitude de bandits et la découverte des traces de projets plus exécrables les uns que les autres. » (*Mémoires de M. Dupin*, t. III, p. 216.)

longue et mûre délibération, ils ont décidé de ne pas compromettre de nouveau la fortune du pays, par un de ces rendez-vous qui exaltent toutes les imaginations, et provoquent souvent au crime des monomanes qui, en temps ordinaire, n'y songeraient pas. Ils se sont rendus chez le Roi et lui ont exposé une résolution irrévocable à cet égard. Le Roi a été simple et n'a montré aucune exagération de courage; il a discuté les raisons des ministres, il a cédé avec une répugnance visible, mais avec la simplicité d'un esprit parfaitement raisonnable et qui fait, en chaque occasion, plutôt ce qui lui semble sage que ce qui lui plaît personnellement. Il était touché aussi du danger de ceux qui l'auraient entouré, et il s'est rendu à toutes les raisons réunies qu'on a fait valoir auprès de lui[1]. » Le *Moniteur* du 23 juillet annonça donc que la revue n'aurait pas lieu.

Peut-être tout n'était-il pas bien sérieux dans les menaces devant lesquelles le gouvernement reculait. Quelques mois plus tard, le 15 décembre, comparaissaient en cour d'assises deux jeunes gens poursuivis pour avoir été engagés dans le complot qui avait fait ajourner la fête du 28 juillet. Il fut établi, en pleine audience, que le complot, — au moins en ce qui touchait ces jeunes gens, les seuls sur lesquels on eût pu mettre la main, — était imaginaire; ils avaient écrit eux-mêmes les lettres anonymes qui les avaient dénoncés à la police. Comme on demandait à l'un d'eux pour quel motif il avait joué cette étrange comédie : « Par fanfaronnade, répondit-il, pour me donner un nom. »

Quoi qu'il en soit, l'effet de la mesure prise par le gouvernement fut considérable et pénible, d'autant plus pénible qu'il

---

[1] Dépêche de M. Thiers à M. de Barante, du 4 août 1836. (*Documents inédits.*) — Un autre ministre, M. d'Argout, dans la lettre où il rendait compte à M. Dupin de ce qui s'était passé, présentait aussi la décision comme ayant été prise en dehors du Roi et même malgré lui. (*Mémoires de M. Dupin*, t. III, p. 216.) — Cependant M. de Nouvion, ordinairement bien informé, affirme, sans nous dire d'après quel témoignage, que la décision avait été prise par le Roi, mais que le ministère avait résolu de la donner comme sienne, afin d'éviter les commentaires malveillants. (*Histoire du règne de Louis-Philippe*, t. IV, p. 50.) Cette version nous paraît difficilement conciliable avec le récit fort précis donné, sur le moment même, par M. Thiers.

venait s'ajouter à l'impression toute récente du coup de feu tiré contre le Roi. L'esprit public, encore malade des suites de la révolution, manquait surtout de sang-froid, porté tantôt à trop espérer, tantôt à douter de tout. Déjà M. Guizot avait noté, avec tristesse, que l'indignation provoquée par la tentative d'Alibaud était « une indignation effrayée, abattue, comme de gens qui ne voulaient pas croire à tout le mal, et qui, le voyant, ne croient plus à aucun remède [1] ». M. Thiers constatait, de son côté, à la même époque, que « la première impression avait été celle de l'abattement ». « Il y avait, ajoutait-il, une sorte de découragement dans les esprits, en voyant ces tentatives sans cesse renaissantes et qui n'avaient échoué que par une sorte de miracle ; il y avait humiliation, en pensant au spectacle que notre pays donnait au monde [2]. » L'incident de la revue n'était pas fait pour rétablir la confiance. « Les esprits, disait un témoin, au lendemain de la note du *Moniteur*, sont en proie à une sorte de terreur sourde. Les bruits les plus sinistres circulent. On ne se rend pas compte si le danger est passé [3]. » M. Duchâtel écrivait de Paris, le 26 juillet, à un de ses amis politiques : « La situation est très-grave, plus grave qu'à aucune époque depuis 1830. L'inquiétude est universelle ; il en est de même du blâme... La revue contremandée est un événement immense et déplorable. » Puis il concluait ainsi, non sans quelque exagération : « Tenez que l'opinion des hommes les plus graves, aussi bien que celle du public, est que nous n'avons pas eu une situation plus mauvaise depuis le pillage de l'archevêché [4]. »

Tous ces événements ne semblaient pas de nature à affermir

---

[1] Lettre du 3 juillet 1836 à la duchesse de Broglie.
[2] Dépêche à M. de Barante, du 28 juin 1836. — M. Thiers ajoutait, deux jours plus tard, dans une lettre confidentielle au même M. de Barante : « Le dernier attentat a jeté une sombre tristesse dans les esprits. Cette persévérance du crime, même après Fieschi, cette persévérance atroce et inouïe a pénétré tout le monde d'une singulière anxiété. Elle nous agite surtout, nous gens responsables, qui ne savons guère de nouvelles précautions à prendre ni de mesures efficaces à demander aux Chambres. » (*Documents inédits.*)
[3] *Documents inédits.*
[4] *Ibid.*

le crédit du ministère. N'étaient-ils pas une sorte de démenti apporté aux déclarations de M. Thiers? Celui-ci avait annoncé le désarmement ou l'impuissance des partis révolutionnaires, et il lui était répondu par des complots et un attentat; il avait beaucoup parlé de détente, de conciliation, et il se voyait obligé de reprendre les poursuites contre les journaux et contre les sociétés secrètes; il avait prétendu inaugurer une politique de confiance, et la suppression de la revue était le plus solennel témoignage de défiance qu'aucun cabinet eût donné depuis 1830. Ce qui se passait n'était-il pas plutôt la justification du fameux discours de M. Guizot sur la persistance du mal révolutionnaire et la nécessité de la résistance? Dans la lettre citée déjà plus haut, M. Duchâtel écrivait : « Le système de la conciliation a porté de beaux fruits. Je suis très-étonné du changement qui s'est fait pendant mon absence. Je ne croyais pas que le système de résistance fût sitôt remis en honneur. Le grand discours de M. Guizot était plus vrai et plus actuel que nous le pensions à la fin de la session. » Aussi conçoit-on que M. Guizot lui-même se sentit confirmé dans ses inquiétudes et dans ses principes : « Je suis épouvanté, disait-il, des dispositions intérieures, de l'état moral de ces milliers peut-être d'inconnus, sans foi, sans loi, sans cœur, sans pain, qui errent au milieu de cette société molle et incertaine. Que de temps, que d'efforts, que de protection divine et de sagesse humaine il faudra pour guérir en même temps et ces plaies hideuses et cette maladie générale de langueur! Je ne ressens ni doute, ni découragement, tout au contraire; plus je vais, plus je crois à notre médecine et à ses principes; mais, à mesure que ma foi s'affermit, ma connaissance du mal s'étend; et, bien convaincu que ce que nous faisons est bon, je suis de plus en plus frappé du peu que nous faisons, et je demande au maître, au service duquel nous sommes, les inspirations et les forces qu'il peut seul nous donner pour suffire à la tâche dont il nous a chargés. »

Faut-il croire que M. Thiers lui-même, dans le premier émoi de ces avertissements, ait eu des doutes sur sa nouvelle politique et se soit demandé si la vérité n'était pas plutôt dans la politique qu'il avait abandonnée? Le bruit courut, peu après l'attentat d'Alibaud, que le chef du cabinet avait en quelque sorte abjuré, en plein conseil, la foi qu'il avait eue un moment dans les idées et les hommes du tiers parti ; on crut remarquer, pendant plusieurs jours, qu'il ménageait les doctrinaires et avait des pourparlers avec quelques-uns d'entre eux ; on allait jusqu'à préciser les conditions du rapprochement : c'eût été la nomination de M. Guizot à la présidence de la Chambre et l'entrée de plusieurs de ses amis, notamment de M. Duchâtel, dans le cabinet[1]. Vers la même époque, les journaux du tiers parti, le *Constitutionnel* entre autres, naguère si dociles et si confiants à l'égard du ministère, commencèrent à lui parler sur un ton de mise en demeure et même de menace qui trahissait leurs inquiétudes. Qu'y avait-il de réel dans cette velléité de revirement qui, en tout cas, ne dura pas? M. Guizot, dans ses Mémoires, a contesté que des ouvertures eussent été faites à lui ou à ses amis. Cela ne veut pas dire que M. Thiers, dont on sait la mobilité, n'ait pas été un moment tenté de revenir sur ses pas. Quoi qu'il en soit, le seul fait que le bruit en ait couru et ait pris une telle consistance révèle que, dans le sentiment public, cette évolution était indiquée par les circonstances, et que la politique de conciliation, ou plutôt de concession, apparaissait insuffisante en face du péril de nouveau manifesté.

De tout cela, le ministère sortait affaibli : il avait perdu les avantages que lui avaient donnés, à la fin de la session, les succès oratoires de M. Thiers. M. Guizot s'en apercevait, et le constatait, probablement sans déplaisir : « Le ministère a beaucoup perdu, écrivait-il, le 6 août, à M. Piscatory. C'est un

---

[1] *Journal inédit de M. le baron de Viel-Castel.* — Il paraît que, même avant l'attentat d'Alibaud, M. Thiers, inquiet des exigences du tiers parti, avait eu quelque velléité de se rapprocher des doctrinaires. Le duc Decazes écrivait à M. de Barante, le 16 juin 1836 : « Thiers se loue de Broglie et de Duchâtel; il est bien loin de repousser une réconciliation avec Guizot. Nous avons dîné hier ensemble chez madame de Boigne, avec Rémusat et Dumon, auquel il a tendu la main en entrant dans le salon. Il me disait avec plaisir tout à l'heure que Duvergier de Hauranne était venu hier lui tendre la main et le complimenter après sa réponse à Laffitte. Il cherche, entre nous, et trouverait avec bonheur une manière de caser noblement et convenablement Guizot. »

pouvoir décrié. Tout le monde le dit et tout le monde s'arrête là. Mais les choses font leur chemin, même sans qu'on les pousse, et si d'ici à la session le cabinet n'a pas quelque bonne fortune qui le relève, il ira se décriant et s'abaissant de plus en plus. »

CHAPITRE II

LE PREMIER MINISTÈRE DE M. THIERS
LA POLITIQUE EXTÉRIEURE.

(22 février — 6 septembre 1836.)

I. Le gouvernement se rapproche des puissances continentales. M. Thiers veut « faire du cardinal Fleury ». Satisfaction des trois puissances. Mécontentement de l'Angleterre. — II. Occupation de Cracovie. Attitude conciliante de M. Thiers. — III. Le contre-coup de la révolution de 1830, en Suisse. L'agitation pour la réforme fédérale. La question des réfugiés. La politique du gouvernement français se modifie peu à peu. Démarches comminatoires de M. Thiers. La Suisse cède. Son irritation. Affaire Conseil. — IV. M. Thiers repousse l'intervention en Espagne. Il propose le mariage d'Isabelle et de don Carlos. Éloge fait, à Berlin et à Vienne, du roi Louis-Philippe. — V. Pourquoi M. Thiers se rapprochait-il des puissances continentales? Le duc d'Orléans. On désire, aux Tuileries, un mariage avec l'archiduchesse Thérèse. Résistance à Vienne. M. Thiers se flatte d'enlever le mariage. Voyage du duc d'Orléans et du duc de Nemours. Leur succès à Berlin et à Vienne. Pourparlers relatifs au mariage avec l'archiduc Charles et M. de Metternich. Les princes à Milan. L'effet de l'attentat d'Alibaud. Derniers efforts de M. Thiers. Refus de l'archiduc Charles. Le roi de Prusse propose la princesse Hélène de Mecklembourg-Schwerin. — VI. M. Thiers veut se venger. Il revient à l'idée d'une intervention en Espagne. Le Roi consent à l'organisation d'une légion étrangère. Désaccord entre le Roi et son ministre. Ce désaccord s'aggrave après l'insurrection de la Granja. Démission du ministère. Effet produit à l'étranger et en France.

I

Si M. Thiers se bornait, dans les affaires intérieures, à vivre d'expédients, d'ajournements et d'équivoques, sans rien tenter d'éclatant ni de décisif, était-ce qu'il se réservait de chercher au dehors le succès qui devait illustrer son administration? Les circonstances dans lesquelles il avait remplacé le duc de Broglie au ministère des affaires étrangères, les influences qui l'avaient poussé à ce poste, indiquaient à elles seules un changement de politique. Il semblait que ce fût un pas décisif vers le système diplomatique que le Roi, depuis quelques années, avait tâché de faire prévaloir sur les idées différentes de son ministre doctrinaire, système tendant à rapprocher la France des puissances continentales. M. Thiers s'était laissé persuader par M. de Talleyrand qu'il était seul capable de réconcilier la révolution de Juillet avec ces puissances. « Monsieur, l'Europe vous attend », lui avait dit sentencieusement le vieux diplomate. Aussi le président du conseil marqua-t-il, dès le premier jour, par son langage, cette direction nouvelle donnée à la politique française. Au lieu de s'attacher, comme l'avait fait M. de Broglie, à former la ligue des États libéraux en opposition à l'alliance des cours absolutistes, et de proclamer leur antinomie en quelque sorte essentielle et permanente [1], il écrivait à ses ambassadeurs : « Il ne faut pas nous placer entre deux camps, l'un composé des trois cours du Nord, l'autre des deux puissances maritimes, et se préparant, par des hostilités de langage ou de visage, à des hostilités plus réelles. Si le temps le voulait, il faudrait resserrer

---

[1] Cf. notamment les instructions données, le 3 avril 1833, à M. de Sainte-Aulaire, quand il alla prendre possession de l'ambassade de Vienne. « L'antagonisme de la France et de l'Autriche, y lit-on, se rattache à la différence absolue des principes de leurs gouvernements, de l'esprit des populations, de tout ce qui constitue la force morale de l'un et de l'autre, de tout ce qui fait qu'indépendamment des accidents de la politique intérieure, la France en réalité n'a pas cessé, depuis un demi-siècle, d'être à la tête du mouvement des idées nouvelles, tandis que l'Autriche, au contraire, a constamment favorisé le maintien ou le rétablissement des anciennes institutions... L'hostilité morale, existant entre la France et l'Autriche, ne se rattachant pas à des motifs accidentels, mais au fond même de la situation, ce serait se faire une dangereuse illusion que de compter, pour la faire cesser, sur des motifs puisés dans les vicissitudes ordinaires de la politique. Cette hostilité durera tant que les deux pays continueront à marcher à la tête des deux ordres d'opinions et d'idées qui partagent aujourd'hui l'Europe en deux camps ennemis... Il ne saurait être question, pour longtemps, à moins de circonstances bien extraordinaires, de travailler à opérer un rapprochement intime entre deux pays séparés par des divisions aussi profondes... Le rôle de l'ambassadeur du Roi auprès de la cour impériale est d'observer attentivement les manœuvres ténébreuses d'un cabinet où viendront toujours aboutir tous les fils des combinaisons dirigées contre la France... » (*Mémoires inédits du comte de Sainte-Aulaire.*)

l'alliance anglaise; mais, tout le monde se rapprochant de nous, il ne faut pas repousser ceux qui tendent vers nous et faire du Tœplitz en sens contraire [1]. » Le ministre revenait souvent sur le « danger » de cette séparation de l'Europe en « deux camps ennemis [2] ». Il exprimait du reste ainsi l'idée personnelle du roi Louis-Philippe, qui faisait assurer le gouvernement prussien de son désir de « faire cesser les deux camps qui divisent l'Europe et de les fondre en un seul, en se rapprochant de plus en plus des trois puissances continentales [3] ». M. Thiers protestait encore de la « satisfaction bien vive avec laquelle il avait vu les grands États de l'Europe, prenant envers nous une attitude plus amicale, nous mettre en mesure de leur prouver que nos sentiments à leur égard n'étaient pas tels qu'ils avaient pu se le figurer. Je n'ai pas besoin d'ajouter, disait-il, que plus ils avanceront dans cette voie nouvelle, plus ils nous trouveront disposés à y marcher avec eux. Notre vœu le plus sincère est d'imprimer à nos rapports avec les cabinets étrangers un caractère de confiance bienveillante [4]. »

M. de Broglie, à la fin de son ministère, avait, lui aussi, rêvé d'un rapprochement avec l'une des cours continentales, avec l'Autriche; mais c'était dans le dessein de séparer celle-ci des deux autres cours, de la rattacher à l'alliance franco-anglaise. Ce projet, si lointain qu'en fût la réalisation dans la pensée du ministre, n'avait pas laissé que de préoccuper le gouvernement prussien. Quand M. de Barante était passé par Berlin, en décembre 1835, M. Ancillon lui avait demandé, avec inquiétude, s'il était vrai que nous eussions le désir de faire « une trouée entre les trois cours, de tâter l'Autriche pour la ramener à une alliance avec l'Angleterre et la France », affirmant que « ce serait une vue erronée, que l'on échouerait dans ce des-

---

[1] Lettre particulière de M. Thiers à M. de Barante, ambassadeur à Saint-Pétersbourg, en date du 15 avril 1836. (*Documents inédits.*)

[2] Lettre de M. Thiers à M. de Sainte-Aulaire, destinée à être communiquée à M. de Metternich. (*Mémoires inédits du comte de Sainte-Aulaire.*)

[3] Dépêche d'Ancillon, du 3 avril 1836. (HILLEBRAND, *Geschichte Frankreichs*, t. I, p. 590.)

[4] Dépêche de M. Thiers, en date du 15 avril 1836. (*Documents inédits.*)

sein ¹ ». M. Thiers se hâta de dissiper ces alarmes. « L'idée de diviser les cours continentales, écrivait-il à l'un de ses ambassadeurs, d'en détacher une ou deux sur les trois, serait un projet, et je ne suis pas disposé pour les projets. Je les trouve en général ridicules, et inexécutables la plupart du temps. J'ai toujours été en guerre avec les faiseurs de projets, et je ne le deviendrai pas moi-même. Sur les trois cours du Nord, s'il y en avait une seule qui tendît vers nous plus visiblement qu'aucune autre, alors on pourrait peut-être exécuter le projet auquel vous faites allusion. Mais sur les trois, deux, la Prusse et l'Autriche, sont également bien, sans qu'on puisse distinguer entre les deux. Il y a bon sens, bon vouloir de leur part. Il n'y a donc aucune manière de faire une scission pour ajouter une troisième alliance à l'alliance des deux cours de France et d'Angleterre. Tout cela, d'ailleurs, ce sont des agitations d'esprit, et il n'en faut ni de corps ni d'esprit ². »

Cette dernière formule était faite pour aller au cœur de M. de Metternich. M. Thiers insistait sur cette idée, sachant qu'il n'en était pas de plus agréable aux puissances dont il voulait se rapprocher. Il se déclara résolu à éviter les « motifs de

---

¹ Dépêche de M. de Barante au duc de Broglie, en date du 20 décembre 1835. (*Documents inédits.*) — Il est vrai qu'en 1836, il y avait peu de chances d'opérer cette dissolution. Une dépêche de M. de Barante, adressée à M. Thiers, le 22 mars 1836, indiquait judicieusement d'où venait la difficulté : « Dans la situation présente, toutes choses restant ce qu'elles sont, en quoi pourrait servir à une des trois puissances de se détacher des deux autres? Si elle avait un dessein à exécuter, si elle entrevoyait un péril dont elle eût à se garder, je conçois qu'elle vînt chercher notre aide et notre appui. Mais il n'y a rien de pareil en ce moment, chacun veut le *statu quo*, chacun se trouve bien de l'équilibre européen et en souhaite la préservation actuelle. Or, rien, selon les cabinets de Berlin et de Vienne, ne peut mieux maintenir cet équilibre que l'union des trois cours du Nord, destinée à arrêter les invasions révolutionnaires, et l'alliance de la France avec l'Angleterre, qui retiendra la Russie dans ses projets d'invasion ou de conquête... Si nous faisions quelques tentatives, si l'on nous voyait quelque désir de dénouer les liens qui unissent les cabinets du Nord, ces liens en deviendraient plus serrés et plus intimes, car nous donnerions ainsi l'indice d'un esprit d'inquiétude ou de projets ultérieurs. » Rappelons-le, du reste, quand le duc de Broglie songeait à détacher l'Autriche des autres puissances, c'était seulement en vue de la question d'Orient et pour le jour où cette question se poserait. Il n'y avait donc pas contradiction entre lui et M. de Barante.

² Lettre particulière de M. Thiers à M. de Barante, en date du 15 avril 1836. (*Documents inédits.*)

controverse », les « questions périlleuses », à les « résoudre par des transactions » ou à les « éluder », en se fiant au « temps [1] ». « La conservation du *statu quo,* disait-il encore, voilà, suivant moi, la vraie sagesse. Quand on a cru que la paix était le meilleur des systèmes, il faut la vouloir franchement. Être tranquille de corps, et ne pas l'être d'esprit, serait la plus triste des façons d'être. Puisque nous n'armons pas des armées, il est inutile de nous adresser des notes qui seraient la guerre de plume, en attendant la guerre du canon. » Puis, après cette déclaration où les hommes d'État du continent pouvaient voir un désaveu de certaines notes de M. de Broglie, M. Thiers concluait ainsi : « Il n'y a aujourd'hui rien à faire en Europe qu'à attendre et, en attendant, à améliorer notre situation intérieure, à nous renforcer, à devenir riches et forts. Il faut faire du cardinal Fleury. Nous verrons ensuite. Quand l'imprévu surviendra, il nous trouvera préparés par le repos et une longue paix. Voilà mon système. Ceux qui pensent et agissent autrement sont des brouillons [2]. » Que M. Thiers eût tort, que ce ne fût pas la conduite la plus sage à ce moment, nous ne le prétendons certes pas : mais le cardinal Fleury était bien le dernier homme d'État sous le patronnage duquel on se fût attendu à voir se placer le jeune, mobile et aventureux ministre.

Les puissances continentales ne devaient voir qu'avec plaisir le pouvoir aux mains d'un personnage ainsi disposé. A l'ambassade d'Autriche, où il y avait réception le soir même de la constitution du cabinet, on affectait de faire un pompeux éloge de M. Thiers. De Vienne, M. de Metternich exprimait l'espoir que le Roi, débarrassé des doctrinaires, « trouverait plus de facilité avec le nouveau ministre des affaires étrangères [3] ».

---

[1] Dépêche précitée du 15 avril 1836.
[2] Lettre précitée, en date du 15 avril 1836.
[3] Cependant, quand il envisageait les choses au point de vue de la politique intérieure de la France, M. de Metternich regrettait qu'on eût fait de M. Thiers un président du conseil. Cela lui paraissait « un véritable danger pour la durée du nouveau ministère ». « Je n'ai rien, ajoutait-il, contre l'homme personnellement; mes doutes ne portent pas sur ses facultés intellectuelles, mais il me semble avoir trop peu de poids. Aussi ne lui vois-je d'autre soutien que celui que lui prêtera la couronne, et les hommes qui vivent de fonds prêtés ne sont jamais

M. Ancillon, ministre dirigeant de Prusse, saluait l'avénement de ce cabinet comme « un vrai progrès en bien » ; « à Berlin, d'ailleurs, écrivait M. Bresson, on voit, dans le changement ministériel, la prépondérance de l'influence royale, et l'on s'en montre joyeux [1]. » Il n'était pas jusqu'à Saint-Pétersbourg où M. de Nesselrode et le prince Orloff ne témoignassent leur satisfaction « des rapports faciles qu'on allait entretenir » avec le nouveau ministère [2]. Les ambassadeurs des trois cours, ravis de n'avoir plus affaire au duc de Broglie [3], s'empressaient à cajoler son successeur. Entre eux et lui, s'établissaient tout d'abord des relations que l'esprit brillant, le caractère facile du jeune ministre, l'animation et l'abandon de sa conversation rendaient aussi agréables que commodes. On les voyait faire de la propagande en sa faveur, parmi les députés et les pairs. « Vous avez tort, disait M. de Werther à l'un deux, de regretter le dernier cabinet. Sans doute, MM. les doctrinaires sont des gens de mérite; mais ce sont presque des républicains. Si on les croyait, le Roi n'aurait pas la plus petite part au gouvernement [4]. » La duchesse de Dino avait mis M. Thiers en rapport avec la princesse de Lieven, grande dame russe, fort mêlée alors à la diplomatie européenne : il dînait chez elle et

forts par eux-mêmes... Mais tout en France est placé en dehors des calculs, j'accepte donc le nouveau président du conseil, et j'attends l'événement... » (*Mémoires de M. de Metternich*, t. VI, p. 137, 138.)

[1] Lettre de M. Bresson à M. de Barante, en date du 7 mars 1836. (*Documents inédits.*)

[2] Dépêches de M. de Barante, en date des 9 et 23 mars 1836. (*Documents inédits.*) — Cf. aussi HILLEBRAND, *Geschichte Frankreichs*, 1830-70, t. I, p. 606. — Il est vrai que le czar Nicolas, plus passionné que ses ministres, se plaignait au contraire qu'on montrât, à Vienne et à Berlin, trop de condescendance pour Paris.

[3] « MM. d'Apponyi et de Werther ne se cachaient pas du plaisir que leur causait l'avénement de M. Thiers. » Lettre de M. Bresson du 7 mars. (*Documents inédits.*) — La duchesse de Dino, fort suspecte, il est vrai, et passionnée en cette affaire, écrivait à M. de Sainte-Aulaire, le 2 mars, que « les rapports du corps diplomatique avec M. de Broglie » étaient devenus « tellement désagréables, que tout autre ministre, quel qu'il fût, aurait paru aux ambassadeurs étrangers un ange du ciel ». (*Mémoires inédits du comte de Sainte-Aulaire.*) — Plus tard, en 1842, M. de Metternich, causant avec M. de Flahaut, du duc de Broglie, lui disait : « Le duc de Broglie, ah! nous avons bien contribué dans le temps à le renverser. On nous avait persuadé que cela serait utile à notre politique. »

[4] *Notes inédites de M. Duvergier de Hauranne.*

la recevait chez lui. Spectacle piquant, en vérité, que celui du parvenu de la révolution de Juillet, devenu, pour ainsi dire, le favori des diplomates de la Sainte-Alliance. Il était du reste beaucoup plus sensible que ne l'eût été le duc de Broglie à ces coquetteries aristocratiques, si nouvelles pour lui. C'était un sujet de sarcasme pour ses anciens collaborateurs du *National* : « On sait, écrivait Carrel, que M. Thiers est le très-humble serviteur des grands seigneurs hongrois, prussiens, russes, anglais, qui veulent bien lui pardonner d'être plébéien comme nous [1]. »

L'Angleterre, par contre, était inquiète et mécontente : elle comprenait que la première conséquence d'un rapprochement entre la France et les puissances continentales était, sinon une rupture, du moins un relâchement entre les deux États occidentaux. M. Thiers n'avait-il pas dit assez haut pour être entendu des ambassadeurs étrangers : « Après la révolution, l'alliance anglaise a pu être nécessaire, parce que nous avions besoin d'un appui et que les autres puissances nous repoussaient : alors survint München-Graetz, auquel nous opposâmes la quadruple alliance ; mais les choses sont bien changées [2]... » Il ne déplaisait pas à nos nouveaux amis de nous voir en froid avec les anciens. M. de Metternich ne manquait pas une occasion de nous signaler le « métier de dupe » que nous faisions avec l'Angleterre. « Dans la plupart des affaires que vous traitez de compte à demi avec elle, disait-il à notre ambassadeur, vous avez des vues et des intérêts opposés. Vous vous en apercevrez tôt ou tard. Vous vous brouillerez nécessairement, un jour, en Orient, en Suisse, en Espagne. Pour la Suisse et pour l'Orient, peut-être parviendrez-vous à vous raccommoder et à vous remettre ensemble ; mais pour l'Espagne, jamais. Une fois brouillés, le mal sera sans remède. Souvenez-vous de ce que je

---

[1] *National*, 3 mai 1836. — C'est ce qui fera dire plus tard au vicomte de Launay (madame de Girardin) : « M. Thiers croit aux grands seigneurs ; quand un lord daigne lui écrire pour le mystifier, cela le flatte. » (T. III, p. 76.)

[2] Dépêches de Sales, du 29 janvier 1836, et de Werther, du 22 mars, citées par HILLEBRAND (*Geschichte Frankreichs*, t. I, p. 598).

vous dis [1]. » Prophétie qui devait se réaliser avec une singulière précision.

Parfois cependant, quand cette altération de nos rapports avec l'Angleterre devenait trop visible, M. Thiers s'en alarmait, et pour la politique de son pays, et pour sa propre popularité : il s'épuisait alors en protestations auprès de l'ambassadeur britannique, l'assurant que l'intimité des deux pays ne recevrait aucune atteinte [2]. Il n'hésitait même pas à porter ces protestations à la tribune ; c'est ainsi que, le 1er juin 1836, il saisissait l'occasion d'une attaque véhémente du duc de Fitz-James contre l'Angleterre, pour faire une éclatante apologie de l'alliance des deux monarchies libérales, et pour rappeler de quel secours cette alliance nous avait été dans les trois grandes questions de Belgique, d'Espagne et d'Orient. En même temps, à la vérité, il se félicitait d'avoir « des rapports, tous les jours meilleurs, avec le reste de l'Europe », et proclamait que la « méfiance » des premiers jours allait sans cesse diminuant. Il se défendait d'avoir, pour acheter cette bienveillance, « abjuré la révolution de Juillet », de « s'en être montré embarrassé ». S'il « est arrivé, ajoutait-il, que, de toutes les parties de l'Europe, il y a eu concours vers nous, confiance, empressement », cela tient à notre « sagesse », à notre résolution « pacifique », à la volonté où nous étions, « tout en maintenant la révolution chez nous, de ne pas la porter chez les autres ». La vérité était que M. Thiers, tout en estimant que le duc de Broglie avait tenu trop exclusivement à l'alliance britannique, ne désirait pas la rompre. Il se flattait d'être bien avec toutes les puissances. Seulement, tandis qu'il ne donnait que de belles paroles à l'Angleterre, il accordait aux

---

[1] *Mémoires inédits du comte de Sainte-Aulaire*, et aussi *Mémoires de Metternich*, t. VI, p. 137.

[2] *Documents inédits.* — C'est sans doute à la suite de quelque protestation de ce genre que lord Palmerston écrivait, le 5 mars 1836 : « Thiers est tout à fait pour l'alliance anglaise. Madame Lieven et Talleyrand seront désappointés. Ils se sont efforcés de se débarrasser de Broglie, comme ils ont tâché de me mettre dehors, dans l'espoir de briser ainsi l'alliance entre l'Angleterre et la France. » (BULWER, *the Life of Palmerston*, t. III, p. 16.) Cette confiance de Palmerston ne devait pas durer.

autres États des gages plus positifs. C'est ce qui apparut aussitôt dans les questions alors soulevées à Cracovie, en Suisse et en Espagne.

II

Au moment même où M. Thiers prenait le pouvoir, arrivait la nouvelle de l'occupation, par les troupes autrichiennes, russes et prussiennes, de la petite république de Cracovie. Cette ville et sa banlieue, peuplées d'environ cent mille habitants, avaient été reconnues, en 1815, comme un État souverain, jouissant d'une complète indépendance, sous la protection des trois puissances qui l'entouraient : combinaison assez bizarre, née en réalité de l'impossibilité de s'entendre sur celle de ces puissances à qui l'on aurait attribué ce territoire. L'article 9 du traité de Vienne portait qu'aucune force armée ne pourrait jamais être introduite sur le sol de la république, « sous quelque prétexte que ce fût ». Seulement, le même article interdisait à la république de « donner asile à des transfuges ou gens poursuivis par la loi », appartenant à l'une des puissances protectrices. Or, comme il eût été facile de le prévoir, Cracovie était devenue le foyer du patriotisme polonais. Après l'insurrection de 1830 et 1831, les réfugiés y avaient afflué; bien plus, ils ne s'étaient pas gênés pour fomenter de là des complots et lancer des invectives contre les oppresseurs de leur nation. Tout récemment, la fête du Czar y avait été l'occasion de désordres et de manifestations outrageantes. Irritées de cette conduite, les trois puissances avaient résolu, dans l'entrevue de Tœplitz, à la fin de 1835, de prendre des mesures de rigueur. Ces mesures étaient demandées surtout par l'Autriche, plus intéressée à cause du voisinage de la Galicie.

Le 9 février 1836, sommation fut faite au sénat de la république d'avoir à expulser, dans les huit jours, tous les réfugiés, faute de quoi l'Autriche, la Russie et la Prusse y pourvoiraient elles-mêmes. Le délai était illusoire. Les autorités de Cracovie, se fiant à l'inviolabilité de leur territoire, à l'irrésolution habituelle des puissances, à la protection des États occidentaux, essayèrent une réponse évasive et dilatoire. Mais les trois cours étaient résolues à tout brusquer; le 17 février, les Autrichiens, bientôt suivis des Russes et des Prussiens, envahirent la république. Avis fut donné à Paris de l'occupation : on prétendit même se faire valoir auprès de nous de cette politesse, en nous faisant remarquer qu'on n'avait pas pris cette peine avec le gouvernement de Londres[1]. Tout, en cette affaire, le sans gêne avec lequel aucun compte n'avait été tenu des stipulations du traité de 1815, comme la brutalité de l'exécution, était fait pour émouvoir l'opinion française, alors si susceptible en ce qui touchait à la Pologne. Cette opinion n'était-elle pas encore tout échauffée des polémiques de presse et des débats parlementaires qu'avait soulevés le discours provocant du Czar à la municipalité de Varsovie[2]? Mais M. Thiers ne voulait pas risquer de se brouiller avec les trois puissances, particulièrement avec l'Autriche, qui avait joué le premier rôle dans cette entreprise. Il ne lui paraissait pas d'ailleurs que nous fussions bien venus à invoquer les traités de 1815, après n'avoir pas permis qu'on nous les opposât en Belgique. Il chargea donc son ambassadeur de déclarer à M. de Metternich « qu'il n'engagerait point de controverse sur le sens de quelques phrases plus ou moins vagues du traité de Vienne »; il reconnaissait que « la conduite turbulente d'un certain nombre de réfugiés polonais à Cracovie autorisait les cours voisines à exiger que ce foyer d'agitation fût dissous ». Il se bornait à demander que

---

[1] Interrogé sur la raison de ce traitement différent, un diplomate autrichien avait répondu « que cette communication était, non de droit, mais de pure confiance; que la confiance ne se commandait point; que le cabinet français s'était toujours montré bienveillant pour l'Autriche, que le Roi et ses ministres avaient toujours cru ce qui était vrai, et compris ce qui était nécessaire; tandis que lord Palmerston avait, en toute occasion, témoigné malveillance, méfiance, hauteur; qu'ainsi l'on avait cru devoir rendre procédés pour procédés. » Dépêche de M. de Barante à M. Thiers, du 20 avril 1836. (*Documents inédits*.)

[2] Voir sur ces incidents, qui s'étaient produits à la fin de 1835 et au commencement de 1836, ce qui a été dit plus haut, t. II, p. 419 et 420.

« la ville et le territoire de la république fussent évacués promptement, et que les mesures de rigueur n'atteignissent que des hommes réellement dangereux ». Quant à ceux des réfugiés qui, par leur infortune et leur caractère, méritaient quelque intérêt, il pourrait consentir à les recevoir en France[1]. Notre modération fut d'autant plus remarquée qu'au même moment, sous le coup des interpellations irritées de son parlement, lord Palmerston proclamait à la tribune que l'occupation de Cracovie était une violation ouverte des traités. M. de Metternich se félicita fort de nous trouver si faciles. Du moment que nous ne nous associions pas aux protestations de l'Angleterre, il pouvait les négliger et même y répondre de haut. Il nous déclara « n'avoir rien de plus à cœur que la prompte évacuation de la république », sans fixer du reste aucun délai précis, et nous promit quelque adoucissement dans les mesures d'exécution[2]. Pendant ce temps, les puissances se trouvaient à l'aise pour mener à fin leur entreprise : elles expulsèrent tous les réfugiés, et ne commencèrent à retirer leurs troupes qu'après avoir terminé à Cracovie tout ce qu'elles avaient dessein d'y faire. Encore l'évacuation ne fut-elle pas complète et y laissa-t-on une petite garnison autrichienne. Au parlement français, ceux qui eussent été le plus disposés à réclamer pour les Polonais, étaient en même temps les plus désireux de ne pas causer d'embarras à M. Thiers : ils se turent; ou du moins la question ne fut soulevée qu'en juin, lors de la discussion du budget : alors tout paraissait à peu près fini, et le ministre se tira facilement d'affaire[3].

[1] *Mémoires inédits de M. de Sainte-Aulaire.* — Cf. aussi dépêches de M. Thiers à M. de Barante et à M. de Sainte-Aulaire, en date des 3, 12 et 14 mars 1836. (*Documents inédits.*)

[2] Dépêche de M. Thiers à M. de Barante, du 15 avril 1836. (*Documents inédits.*)

[3] L'incident de Cracovie ne fut pas le seul où M. Thiers se montra disposé à faire passer son désir de plaire aux puissances continentales, même à la Russie, avant les sympathies alors si vives de l'opinion française pour la Pologne. Il écrivait, le 2 mai 1836, à notre ambassadeur à Saint-Pétersbourg : « J'ai provoqué, avant toute demande du comte Pahlen, la dispersion des Polonais qui avaient signé la grande confédération. J'ai agi spontanément, parce que je regarde comme une violation du droit des gens de laisser organiser sur son territoire

III

La direction nouvelle donnée par M. Thiers à la diplomatie de la monarchie de 1830 apparut mieux encore dans les rapports avec la Confédération helvétique. Pour bien comprendre cette question qui devait, jusqu'en 1848, occuper souvent le gouvernement français, il convient de revenir un peu en arrière. La Suisse était un des pays où le contre-coup des événements de Juillet s'était le plus fait sentir. Dans plusieurs cantons, des révolutions avaient aussitôt violemment renversé les constitutions aristocratiques établies après 1815. A ces révolutions locales se joignit bientôt, en 1831 et 1832, une agitation pour la réforme du pacte fédéral. La constitution d'un gouvernement central, en état de jouer un rôle actif au dehors et d'imposer au dedans sa volonté aux cantons, était depuis longtemps le premier article du programme radical. Pendant la première révolution française, par l'effet de la contagion, la Suisse avait été transformée en république une et indivisible. C'était faire violence à la tradition historique, au génie de la race et même à la nature des lieux. Aussi, en 1803, les populations reçurent-elles comme un bienfait l'Acte de médiation par lequel Napoléon Ier rétablit l'indépendance des cantons et organisa la Confédération helvétique. Le pacte fédéral, décrété, en 1815, par le congrès de Vienne, était, à peu de chose près, fondé sur les mêmes principes. Si peu heureuse qu'eût été la première expérience du régime unitaire, le parti radical refit campagne dans ce sens aussitôt après 1830. Il fut appuyé, dans une certaine mesure, par les libéraux, qui, sans vouloir détruire complétement l'autonomie cantonale, cherchaient à

des moyens d'insurrection contre les gouvernements avec lesquels on est en paix. Je serai attaqué à la tribune et je me défendrai sans embarras et sans crainte, sur ce sujet. Trente-deux Polonais ont été frappés; vingt-et-un ont voulu quitter la France; onze sont renvoyés de Paris dans des dépôts, et dans des dépôts différents. Nous ne leur laisserons jamais organiser l'insurrection chez nous. » (*Documents inédits.*)

augmenter notablement les attributions du gouvernement fédéral ; leur prétention était de transformer la Suisse, jusqu'alors confédération d'États, en un État confédéré [1]. Au moyen de ce pouvoir central fortifié, ils comptaient imposer les réformes démocratiques à certains cantons demeurés fidèles aux vieilles idées.

Les puissances, qui déjà n'avaient pas vu sans déplaisir les révolutions cantonales, s'émurent plus encore de ce projet de révolution fédérale. Une Suisse unitaire et radicale leur paraissait devoir changer, à leur détriment, les conditions de l'équilibre et de la sécurité de l'Europe, M. de Metternich, plus que tout autre, attentif à ce qui se passait de ce côté, s'inquiétait d'un tel voisinage pour les possessions italiennes de l'Autriche. Le roi de Prusse avait un intérêt particulier à la question, étant demeuré, par une combinaison bizarre, souverain du canton de Neuchâtel, qui cependant faisait partie de la Confédération. Quant au Czar, il prétendait continuer, à l'égard de la petite république, le rôle de protecteur et surtout de surveillant qu'avait assumé Alexandre après 1814. Enfin tous, et avec eux le gouvernement anglais [2], soutenaient que le pacte fédéral, sanctionné par l'Europe, en 1815, ne pouvait être modifié sans son aveu ; qu'il était la condition essentielle de l'indépendance et de la neutralité alors garanties par les puissances signataires du traité de Vienne. Des remontrances furent donc adressées à la Suisse, et, pour les appuyer, la plus proche intéressée, l'Autriche, ordonna quelques concentrations de troupes sur sa frontière.

La France de Juillet, sans trop se demander si, dans l'agitation unitaire, il n'y avait pas plus de passion de secte que d'esprit de liberté, se crut d'abord tenue à protéger ce mouvement né de sa propre révolution. Il lui semblait que les mêmes raisons qui lui faisaient soutenir les patriotes de Bruxelles ne lui permettaient pas d'abandonner les radicaux de Berne.

---

[1] M. Rossi, alors réfugié à Genève, fut le rapporteur d'un projet de révision dans ce sens. Ce fut même l'échec de ce projet qui le détermina à s'établir en France.

[2] Dépêche de lord Palmerston du 9 juillet 1832. (HILLEBRAND, *Geschichte Frankreichs*, t. I, p. 609.)

N'était-ce pas d'ailleurs une façon d'augmenter sa clientèle en Europe, de faire une recrue pour la ligue libérale qu'elle rêvait d'opposer à la coalition des puissances absolutistes? Et puis, ne fallait-il pas avant tout faire échec à l'influence autrichienne qui prétendait s'exercer en maîtresse jusque sur nos frontières? Ces considérations parurent décisives à Casimir Périer et au duc de Broglie[1]. Ils ne se contentèrent pas de proclamer que la Suisse était, avec la Belgique et le Piémont, l'un des pays où ils ne toléreraient jamais l'intervention d'une puissance étrangère; notre ambassadeur, le marquis de Rumigny, pensa suivre ses instructions en soutenant, ouvertement et souvent même avec un zèle un peu intempérant, le mouvement de réforme fédérale. Sentant la France derrière lui, le gouvernement helvétique répondit d'assez haut aux puissances, revendiqua le droit de régler à sa guise sa constitution intérieure, et fit même mine de mettre la main sur la garde de son épée, en appelant sous les drapeaux une partie de son armée. Notre attitude avait peut-être préservé la Suisse d'une intervention européenne; mais elle ne parvint pas à triompher de l'attachement des cantons pour leur indépendance; malgré l'appui de notre ambassadeur, la révision, discutée dans deux diètes successives, ne put aboutir (1833).

A cette question constitutionnelle s'en joignit bientôt une autre qui touchait plus encore les autres puissances. La Suisse était devenue, à la suite des insurrections avortées ou réprimées dans divers pays d'Europe, l'asile des pires refugiés. Ceux-ci, protégés par les radicaux indigènes, conspiraient ouvertement contre les gouvernements voisins. Ils ne s'en tenaient pas à des menaces en l'air. En janvier 1834, une expédition armée, préparée par Mazzini, tenta, sans succès il est vrai, d'envahir le Piémont. Peu après, la main des mêmes réfugiés fut visible dans les insurrections de Lyon et de Paris. Tous les États

---

[1] M. de Broglie avait eu, à Coppet, occasion de lier des rapports personnels avec plusieurs des libéraux de Genève, de Berne et de Lausanne. C'est pour cela que Louis-Philippe, causant, un peu plus tard, en 1835, avec des ambassadeurs étrangers, se plaignait de la « marotte suisse » de son ministre. (HILLEBRAND, *Geschichte Frankreichs*, p. 612.)

étaient menacés par eux. Au mois d'avril 1834, ils s'étaient constitués en *Jeune France, Jeune Italie, Jeune Allemagne, Jeune Pologne*, fractions diverses de la *Jeune Europe*. Il s'y joignit bientôt une *Jeune Suisse* qui devait s'emparer du pouvoir fédéral, afin de le mettre au service de la révolution universelle. Chose étrange de voir cette nation, autrefois si exclusivement renfermée dans le soin de ses propres affaires, si ombrageuse et si méfiante à l'égard de l'étranger, se livrer aux démagogues cosmopolites, débarqués de la veille sur son sol. Elle les laissait non-seulement la compromettre par leurs attentats contre les autres gouvernements, mais expérimenter sur elle les théories subversives qu'ils n'avaient pu faire triompher dans leurs propres pays. On eût dit que la Suisse n'existait plus que pour les réfugiés, pour être leur asile, leur domaine et aussi leur instrument.

L'Autriche, dont la police avait suivi de près cette agitation, entreprit, en 1834, pour obtenir l'expulsion des réfugiés, une croisade diplomatique, où elle fut secondée par la Russie, la Prusse, les États de l'Allemagne du Sud, le Piémont et le royaume de Naples. Seules la France et l'Angleterre refusèrent de s'y associer. Ce ne pouvait être, de notre part, sympathie pour des hommes qui, au même moment, fomentaient chez nous la révolte et même l'assassinat. Mais l'intérêt de ne pas laisser s'exercer à nos portes l'ingérence autrichienne l'emporta sur toute autre considération. Le duc de Broglie, alors ministre, écrivait, le 19 février 1834, à M. de Sainte-Aulaire, qui eût désiré voir le gouvernement français se rapprocher, sur cette question, du cabinet de Vienne : « L'influence que nous exerçons en Suisse tient précisément à ce qu'on nous y considère comme des protecteurs éventuels contre les exigences de quelques gouvernements. » Peu après, M. de Rigny déclarait aussi aux autorités fédérales que « la protection de la France ne leur manquerait pas contre quiconque voudrait attenter à leur indépendance[1] ». En même temps, notre ambassadeur,

---

[1] *Mémoires inédits du comte de Sainte-Aulaire.*

M. de Rumigny, appuyait ouvertement, en Suisse, les défenseurs des réfugiés, et incitait la diète à repousser les demandes des puissances.

L'Autriche n'avait été qu'à moitié fâchée de notre refus : elle se flattait de réussir sans nous et par suite contre nous. Sa campagne fut vivement conduite; des notes très-roides menacèrent la Suisse, si elle ne cédait, du blocus de toutes ses frontières, sauf du côté de la France. Sous cette pression, et malgré notre ambassadeur, la diète finit par adopter une déclaration contre les réfugiés (1834). M. de Metternich triompha, pendant que M. de Rumigny ne dissimulait pas son désappointement. A Vienne, cependant, on ne tarda pas à s'apercevoir que le succès remporté était plus apparent que réel. En effet, la diète n'avait voté qu'une invitation aux autorités locales de prendre des mesures contre les réfugiés, invitation qui n'emportait pas contrainte et à laquelle résistèrent quelques-uns des cantons, entre autres celui de Berne, où était le principal centre révolutionnaire. Force fut donc à l'Autriche de reprendre son action diplomatique contre les autorités bernoises, qui finirent par céder (1835).

C'est vers la fin de cette année 1835 qu'on commence à entrevoir une modification dans les tendances de la politique française en Suisse. Louis-Philippe aimait ce pays où lui aussi avait trouvé autrefois asile; mais il se faisait moins illusion que quelques-uns de ses ministres sur les périls du radicalisme. « Beau pays, disait-il plus tard à M. Guizot, et bon peuple! vaillant, laborieux, économe; un fond de traditions et d'habitudes fortes et honnêtes. Mais ils sont bien malades; l'esprit radical les travaille; ils ne se contentent pas d'être libres et tranquilles; ils ont des ambitions de grand État, des fantaisies systématiques de nouveau gouvernement. Dans mes jours de mauvaise fortune, j'ai trouvé chez eux la meilleure hospitalité; tout en en jouissant, je voyais bien à regret fermenter parmi eux des idées, des passions, des projets de révolution analogue à la nôtre, et qui ne pouvaient manquer d'attirer sur eux, d'abord la guerre civile, puis la guerre étrangère[1]. » En outre, le Roi, bien loin de chercher les occasions de faire échec aux puissances continentales, désirait au contraire s'en rapprocher. Fallait-il d'ailleurs s'étonner qu'il se sentît peu encouragé à continuer sa protection aux complices de ses assassins? Chaque jour donc, il avait plus de doute sur la politique jusqu'alors suivie en Suisse par son gouvernement, et tâchait de la faire modifier. Il ne s'en cachait pas aux ambassadeurs étrangers[2]. Il finit même par obtenir de M. de Broglie qu'il remplaçât, à l'ambassade de Berne, M. de Rumigny, trop compromis avec les radicaux, par M. de Montebello, dont les sympathies étaient tout opposées.

Tel était l'état des choses, quand M. Thiers arriva au pouvoir. Aussitôt, il s'engagea résolûment dans la direction nouvelle que le Roi avait indiquée. Il ne voulut pas sans doute agir de concert avec les puissances, comme le lui demandait M. de Metternich[3]; seulement, pour ne pas avoir l'air de suivre l'Autriche, il la dépassa. Il demanda, plus haut et plus rudement qu'elle, l'expulsion des réfugiés, sans s'inquiéter de n'être plus suivi par le gouvernement anglais qui déclarait, à la Chambre des communes, « n'être pour rien en cette affaire ». M. Thiers écrivait, le 26 avril 1836, à M. de Montebello : « La faction radicale se montre d'autant plus entreprenante qu'elle s'imagine qu'en dépit de ses excès et des complications où sa conduite pourrait entraîner la Suisse, la France, qui voit dans ce pays un boulevard du coté de l'est, se trouverait engagée, par son propre intérêt, à le défendre contre toute action hostile ou répressive de l'étranger. C'est une illusion qu'il importe de détruire... Le parti radical est insensé de croire qu'il y ait possibilité pour lui de s'établir en Suisse d'une manière solide et durable, lorsque, partout ailleurs, ses adhérents

---

[1] *Mémoires de M. Guizot*, t. VIII, p. 417.
[2] HILLEBRAND, *Geschichte Frankreichs*, t. Ier p. 609-612.
[3] Lettre au comte Apponyi, du 14 avril 1836. (*Mémoires de M. de Metternich*, t. VI, p. 142.) — M. Thiers écrivait à notre ambassadeur, le 25 juin 1836 : « J'ai refusé toute démarche commune, faite en nom collectif. Si l'Autriche trouve notre conduite bonne et sensée, et veut l'imiter, soit! Mais il ne nous convient pas de faire avec elle un petit fragment de Sainte-Alliance. » (*Documents inédits.*)

en sont réduits à n'oser lever la téte... Quand, en France, les factions sont terrassées, quand le pouvoir y est fermement dirigé dans le sens de l'ordre et de la modération, il est ridicule de penser qu'un petit pays comme la Suisse puisse, entre les mains d'une poignée d'agitateurs, remuer à son gré le reste de l'Europe... » Et quelques semaines plus tard, le 7 juin 1836, M. Thiers déclarait ne pas vouloir souffrir que, « contrairement à tout principe de justice et de droit international, la Suisse devînt un foyer d'agitation révolutionnaire, un lieu de rassemblement pour les factieux de tous les pays, quand partout la Révolution, terrassée au profit de l'ordre, est impuissante et réduite à n'oser relever la téte [1] » .

Les autorités fédérales essayèrent d'abord de satisfaire la France par une déclaration analogue à celle dont s'était contentée l'Autriche en 1834 : cette déclaration « engageait, de la manière la plus pressante, les gouvernements cantonaux à faire arrêter et à tenir à la disposition du pouvoir central les réfugiés les plus dangereux » ; mais on n'y ajoutait pas le *conclusum* qui eût dû être voté par la diète pour imposer la mesure aux cantons. M. Thiers insista vivement pour obtenir ce *conclusum,* et il fit adresser, le 18 juillet, au gouvernement suisse, une note sévère qui se terminait ainsi : « Le Directoire comprendra sans doute que, si les gages que l'Europe attend de lui devaient se borner à des déclarations, sans qu'aucun moyen de coercition vînt les appuyer au besoin, les puissances intéressées à ce qu'il n'en soit pas ainsi seraient pleinement en droit de ne plus compter que sur elles-mêmes, pour faire justice des réfugiés qui conspirent en Suisse contre leur tranquillité et pour mettre un terme à la tolérance dont ces incorrigibles ennemis du repos des gouvernements continueraient à être l'objet. Il n'est pas moins évident que la France n'aurait plus qu'à pourvoir, dans le même but, en ce qui la concerne, à ce que lui prescrirait l'intérêt non moins légitime de sa propre sécurité. » Charmée de rencontrer,

---

[1] Ces dépêches ne furent pas connues du public sur le moment. M. Guizot les apporta à la tribune, le 3 février 1848, pour se défendre contre M. Thiers redevenu l'avocat des radicaux suisses.

dans notre ministre, un chef de file si résolu et si inattendu, les puissances continentales lui envoyèrent aussitôt leurs vives félicitations et donnèrent ordre à leurs agents à Berne d'appuyer la démarche de l'ambassadeur français. M. de Metternich complimentait, non sans quelque ironie, M. de Sainte-Aulaire sur notre conversion si soudaine, et il témoignait même quelque inquiétude que notre fougueux ministre n'eût dépassé la mesure [1]. M. de Nesselrode rendait hommage à la « manière sage et salutaire dont nous exercions notre influence [2] ». Chez les radicaux suisses, nos clients de la veille, la surprise, la colère furent extrêmes. Les journaux, les clubs éclatèrent en invectives enflammées contre le gouvernement français, et sommèrent les autorités fédérales d'exiger le renvoi de M. de Montebello. M. Thiers, ne se laissant pas arrêter par ces clameurs, ordonna à son ambassadeur d'être plus pressant encore. « Il faut, dit-il, faire entendre à la Suisse un langage franc, quoique dur. Si elle n'écoute pas nos conseils, elle peut se considérer comme brouillée avec la France, et sa résistance sera immédiatement suivie d'un blocus hermétique. » Ainsi pressée, la diète finit par céder, et vota, le 11 août, le *conclusum* exigé.

La question des réfugiés n'était pas la seule qui eût occupé M. Thiers. Le territoire de Porrentruy avait été, en 1815, détaché de la France et réuni au canton de Berne, sous la condition expresse que les habitants ne seraient point troublés dans l'exercice du culte catholique. M. Thiers, continuant du reste sur ce point ce qu'avait commencé avant lui le duc de Broglie, estima que cette clause lui donnait le droit de réclamer contre l'espèce de constitution civile que les autorités bernoises avaient prétendu imposer au clergé de cette région. Dès mars 1836, il leur rappela que, « dans la religion catholique, la discipline ecclésiastique ne pouvait être régulièrement changée qu'en s'entendant avec le Saint-Siége », et déclara que l'honneur de la France était intéressé à ne pas souffrir qu'il fût porté atteinte

---

[1] *Mémoires inédits du comte de Sainte-Aulaire*, et dépêche de M. Thiers à M. de Barante, du 15 août 1836. (*Documents inédits.*)
[2] Dépêche de M. de Barante, du 21 mai 1836. (*Documents inédits.*)

à des droits garantis par elle. Le gouvernement bernois fut obligé de reconnaître la justesse de cette thèse et de renoncer, au moins pour le moment, aux mesures qu'il avait prises : succès qui nous valut « les plus vives félicitations[1] » de l'Autriche et de la Prusse.

Ces diverses contestations ne furent pas sans laisser entre les deux pays des relations singulièrement aigries et tendues. Les Suisses se prétendaient atteints dans leur indépendance et juraient de défendre, comme autrefois à Sempach et à Morgarten, leur liberté menacée. Le gouvernement français, naguère si populaire parmi eux, était maudit. Nos journaux de gauche faisaient écho aux menaces et aux injures des radicaux de Berne et de Zurich. A les entendre, le ministère avait méconnu les traditions de la politique de Juillet, trahi ses devoirs de gouvernement libéral, pour se mettre à la remorque de la Sainte-Alliance et se faire la « maréchaussée des rois absolus ». Polémiques singulièrement violentes auxquelles l'affaire de l'espion Conseil, désagréable épilogue de ce conflit, vint fournir un nouvel aliment.

Les menées des réfugiés en Suisse, les complots qui s'y tramaient si librement contre la vie même de Louis-Philippe, avaient obligé le gouvernement français à y entretenir une police secrète : c'était une mesure de légitime défense sur l'emploi de laquelle il eût été niais d'éprouver quelque scrupule; seulement, en semblable matière, les gouvernements ont toujours tort quand ils sont maladroits. Peu après l'attentat d'Alibaud, un agent, nommé Conseil, avait été envoyé à Berne, avec mission de gagner la confiance des réfugiés les plus dangereux et de découvrir ainsi s'il se préparait quelque nouveau crime. Il devait en outre se conduire de façon à justifier une demande d'expulsion qui serait adressée au gouvernement fédéral en temps opportun; il pourrait ainsi suivre les réfugiés dans leur nouvel asile, en Angleterre probablement, et continuer sa surveillance. En effet, le 19 juillet 1836, sur l'invita-

---

[1] Dépêche de M. Thiers à M. de Barante, 14 juillet 1836. (*Documents inédits*.)

tion de M. de Montalivet, M. Thiers, qu'on n'avait pas mis dans la confidence de cette manœuvre de police, faisait demander au directoire fédéral l'expulsion du « sieur Conseil, réfugié politique en Suisse ». Tandis que cette demande était examinée, Conseil agissait avec tant de sottise et de lâcheté, qu'il se laissait arracher par des réfugiés le secret de son véritable rôle ; non content de leur livrer ses papiers, il les complétait par un récit détaillé de ses rapports avec le gouvernement français, et il affirmait même que l'ambassade de France à Berne venait de lui remettre tout récemment un passe-port avec un faux nom et une fausse date. Les réfugiés, fort empressés à se porter à leur tour accusateurs contre le gouvernement qui les accusait naguère, livrèrent Conseil avec ses papiers et ses révélations au directoire fédéral. Celui-ci, bien loin d'étouffer le scandale, sembla s'attacher à lui donner plus de retentissement : acceptant la dénonciation des réfugiés, il la soumit à la diète, qui chargea une commission de faire une enquête et un rapport ; croyait-il trouver là une revanche de la mortification diplomatique que le gouvernement français venait de lui faire subir ? Si M. Thiers avait été au courant du vrai caractère de Conseil, peut-être eût-il su, au premier bruit, prendre des mesures pour arrêter l'affaire ; mais, dans l'ignorance étrange où on le laissait, il déclara aussitôt au chargé d'affaires de Suisse que Conseil n'appartenait pas à la police française, et qu'il ne voyait aucune raison de ménager ce vulgaire imposteur. La vérité lui fut enfin connue quand il n'était plus temps de rien empêcher : les faits avaient été livrés au public, et ils provoquaient, chez les radicaux suisses, une explosion inouïe de colère, d'injures et de menaces contre la France ; à les entendre, on se fût cru à la veille d'une déclaration de guerre ; l'ambassadeur de France en était réduit à prendre des précautions pour sa sécurité personnelle. Cette affaire, que M. Thiers n'eut pas le temps de terminer, devait être léguée, dans ce fâcheux état, à ses successeurs.

IV

En Espagne, depuis que M. Mendizabal avait pris le pouvoir, le 14 septembre 1835, les choses allaient de mal en pis. Toute l'influence était passée à l'Angleterre, qui, avec son esprit pratique habituel, cherchait à se faire concéder des avantages commerciaux. En même temps, champ libre était laissé à la révolution que le ministre espagnol suivait avec docilité, quand il ne la devançait pas étourdiment, s'employant à désorganiser toutes les forces monarchiques et sociales, dépouillant et persécutant le clergé, provoquant la révision du statut royal dans un sens démocratique. Les démagogues, enhardis plutôt que satisfaits, excitaient de sanglantes émeutes dans les villes de l'est et du sud, aux cris de : « Vive la Constitution de 1812! » Quant aux carlistes, soutenus par les puissances continentales, ils se maintenaient dans les provinces basques, lançaient leurs expéditions jusqu'aux portes de Madrid, et luttaient avec les « Christinos » de sauvage cruauté. Partout l'anarchie, la décomposition, et les signes d'une ruine qui semblait prochaine et fatale.

C'est dans ces conditions qu'en mars 1836, lord Palmerston, qui n'avait pas voulu de l'intervention, quand elle eût pu profiter à un gouvernement modéré, ami de la France, nous proposa brusquement une sorte d'action circonscrite et bizarrement qualifiée de *translimitation*. La flotte anglaise devait débarquer quelques soldats de marine pour défendre ou reprendre les places maritimes. On nous invitait de notre côté à occuper Fontarabie, le port du Passage et la vallée du Bastan. Si engagé qu'il eût été jusqu'alors dans la politique d'intervention, M. Thiers se rallia cette fois facilement au sentiment contraire du Roi et des autres ministres. Par une dépêche en date du 18 mars 1836, il déclina formellement la proposition de lord Palmerston, qui en fut irrité. Mais le ministre français n'était pas disposé à s'inquiéter beaucoup de cette irritation. Sa préoccupation principale était de se mettre en bons termes avec les puissances continentales. Il avait soin de se faire auprès d'elles un titre de son refus. « J'ai dit au comte Apponyi, écrivait-il, le 3 mai, à l'ambassadeur français à Vienne, que nous ne songions pas à intervenir en Espagne. Je l'ai dit, et c'est la vérité pure. Nous n'y pensons pas du tout. Pour abréger une guerre qui sera un long va-et-vient et qui ne peut aboutir au triomphe de don Carlos, nous n'irons pas compliquer la politique européenne. Je serais plus porté qu'un autre à cette opération; mais le Roi et les Chambres n'en veulent à aucun prix, et je ne puis pas, contre tout le monde, faire une chose d'ailleurs fort contestable... L'Angleterre y avait pensé, nous l'avons calmée. Dites de cela ce qui sera utile. Parlez du présent, laissez l'avenir libre, mais éloignez cet avenir qui en effet l'est beaucoup [1]. »

M. Thiers faisait plus encore pour témoigner aux puissances de son désir d'entente. Un jour, sans aucun préliminaire, sans avoir pris les ordres du Roi, il arrivait chez le comte Apponyi, lui faisait jurer un secret inviolable et lui remettait un papier sur lequel étaient écrits de sa main quatre articles, portant : 1° abdication de don Carlos en faveur de son fils aîné; 2° mariage de celui-ci avec Isabelle, le jeune prince devant être roi et non pas seulement mari de la Reine; 3° le *Statuto reale*, ou toute autre charte constitutionnelle, garanti à l'Espagne; 4° régence de la reine Christine. Informé de cette démarche, Louis-Philippe blâma son ministre de s'être ainsi avancé, sans s'être entendu avec l'Angleterre, fort ombrageuse en cette matière, et d'avoir si légèrement laissé à l'ambassadeur un écrit de sa main. Un peu penaud, M. Thiers courut redemander son papier au comte Apponyi. Celui-ci le lui rendit avec une grande bonhomie, non sans aviser en même temps M. de Metternich. Le chancelier devait goûter le principe de la transaction; il répétait souvent que, dans une guerre civile, quand les deux principes sont mâle et femelle, il n'y avait rien de mieux que de les

[1] *Mémoires inédits du comte de Sainte-Aulaire.*

marier ensemble. Seulement quelques-unes des conditions ne lui plaisaient pas, entre autres celle qui maintenait la régence aux mains de la reine Christine; il fit des objections. En même temps, il eut soin de raconter à l'ambassadeur anglais à Vienne l'offre que lui faisait M. Thiers. Lord Palmerston, dont la méfiance n'avait pas besoin d'être excitée, fut donc informé que nous cherchions à nous entendre à son insu avec l'Autriche [1]. Est-ce pour cela qu'il accusait alors partout Louis-Philippe de vouloir abandonner la cause d'Isabelle?

Tant de gages ainsi donnés, dans les affaires de Cracovie, de Suisse, d'Espagne, ne laissaient pas indifférentes les deux grandes puissances allemandes. Sans oublier complétement M. Thiers, c'était surtout au Roi qu'elles savaient gré de ce changement. A Berlin, le ministre dirigeant, M. Ancillon, ne tarissait pas, dans ses dépêches, sur les « intentions droites », le « tact exquis « et le « coup d'œil politique » de Louis-Philippe. « Sa sagesse, disait-il, son habileté, les principes conservateurs qu'il adopte pour se conserver lui-même, sont aujourd'hui les meilleurs garants que l'Europe puisse avoir du maintien de la paix et de l'ordre. » Le ministre prussien prenait au besoin, auprès du Czar, la défense du roi des Français et le présentait comme étant lassé de l'alliance anglaise. « Cette alliance monstrueuse entre deux puissances essentiellement rivales, ajoutait-il, a été conclue sous l'empire de circonstances que Louis-Philippe tâche d'effacer de plus en plus, mais qu'il ne peut pas attaquer de front. Nous ne croyons pas nous tromper en disant qu'il porte impatiemment le joug pesant de l'alliance anglaise, et qu'il serait heureux de trouver l'occasion de la secouer [2]. » Quant à M. de Metternich, il appelait Louis-Phi-

---

[1] *Mémoires inédits du comte de Sainte-Aulaire.* — Cf. aussi les *Mémoires de M. de Metternich*, t. VI, p. 149, 150. — Plus tard, après la chute du ministère du 22 février, Louis-Philippe plaisanta le comte Apponyi de la bonhomie avec laquelle il avait rendu le papier à M. Thiers. « Jamais, lui dit-il, à votre place, je ne me serais dessaisi d'une pièce originale de cette importance. » — « Profitez de la leçon, écrivit, à cette occasion, M. de Metternich à son ambassadeur; en suivant les conseils du roi Louis-Philippe, vous deviendrez un parfait diplomate. »

[2] HILLEBRAND, *Geschichte Frankreichs*, t. I, p. 590, 596, 597, 673.

lippe « la première nécessité de l'époque et la seule ancre de salut ». Annonçant à l'ambassadeur de France qu'il remettait ses troupes sur le pied de paix, et réduisait son armée d'Italie de 60,000 hommes à 20,000, il ajoutait : « Une telle mesure, prise par un cabinet connu pour sa prudence, est un bel hommage rendu à la politique de votre roi. L'Autriche a armé en 1830, elle désarme en 1836. Dans un cas comme dans l'autre, l'état de la France a motivé ses résolutions. Mesurez à cette échelle les progrès de notre confiance, et croyez qu'elle vous est désormais acquise. Oui, nous comptons sur votre sagesse; elle nous rassure sur les conséquences de la révolution de 1830. La détestable politique de la branche aînée des Bourbons perdait l'Europe; nous espérons que celle de Louis-Philippe la sauvera [1]. » Aussi le chancelier se sentait-il encouragé à continuer à l'égard du roi des Français le rôle de conseiller, de professeur de politique conservatrice, qu'il avait commencé à prendre en 1834 et 1835. Plus que jamais il s'inquiétait et s'enquérait des affaires de France, comme s'il en avait la direction; lisait les journaux de Paris, même le *Charivari;* donnait son avis sur les détails de notre politique intérieure ; poussait Louis-Philippe à « avancer d'un pas ferme » ; l'incitait, ce qui ne devait pas déplaire au prince, à gouverner lui-même, sans s'effacer derrière la prétendue « autorité ministérielle » [2]. Ces conseils

[1] HILLEBRAND, *Geschichte Frankreichs*, p. 673, et *Mémoires inédits du comte de Sainte-Aulaire.*
[2] Cf. *passim* les *Mémoires de M. de Metternich*, t. VI. — Voici un spécimen de cette correspondance : « Par mon expédition de ce jour, écrivait le prince de Metternich au comte Apponyi, le 28 mars 1836, je m'adresse de nouveau au Roi avec une grande franchise. Veuillez lui faire sentir que dans cette franchise même se trouve le gage de la confiance que j'ai dans la qualité de son esprit. Je crois lui fournir, par ce que je lui dis sur les questions de cabinet, un argument d'une grande force, qu'il pourra faire valoir pour arrêter ses ministres dans une direction essentiellement fautive et qui repose sur des éléments détestables, tels que la vanité et l'esprit de domination des individus. C'est dans un monde qui n'existe pas dans la réalité, que certains ministres ont été chercher leur utopie d'omnipotence ministérielle. Je sais bien que le modèle leur en a été fourni par l'Angleterre; mais s'ils avaient plus de pratique dans l'esprit, ils auraient découvert que les mœurs gouvernementales anglaises ne sont point et ne seront jamais véritablement applicables à la France. La cause que nous désirons servir aujourd'hui, c'est le rétablissement de l'autorité dans ce dernier pays, et Louis-Philippe doit, à cet égard, être de notre avis. La France a soif du pouvoir, et le pouvoir

étaient mêlés de compliments à l'adresse du Roi : « Veuillez le remercier, écrivait M. de Metternich, de la constance qu'il met à ne pas sortir de la ligne de conduite qu'il s'est prescrite ; ces remercîments doivent lui être adressés par tous les esprits non prévenus et par les cœurs droits [1]. »

Les gouvernements du continent ne se contentaient pas de ces éloges à huis clos. Le 1er mai 1836, jour de la fête de Louis-Philippe, le comte Apponyi, apportant solennellement au prince les vœux du corps diplomatique, s'exprimait en ces termes qui sortaient de la banalité ordinaire de ces sortes d'allocutions : « L'Europe, témoin de la marche sage et éclairée que suit le gouvernement de Votre Majesté, s'applaudit de l'ordre et de la prospérité dont la France lui est redevable ; elle y voit en même temps, avec confiance, un gage de la paix générale..... Ce bienfait est étroitement lié à la conservation des jours précieux de Votre Majesté [2]. » Quel changement pour qui se rappelait l'attitude et le langage des cours d'Europe, au lendemain de la révolution de Juillet !

est un mot vide de sens s'il n'est fondé sur l'autorité. Qu'est-ce que l'*autorité ministérielle,* surtout sous le régime du représentatif moderne qui est l'ennemi de tout maintien des hommes en place ?... Je raisonne beaucoup dans les dépêches que j'envoie à Paris, parce que je trouve le raisonnement à sa place dans nos relations avec Louis-Philippe et avec un pays où l'ordre public est redevenu un objet d'*éducation.* » (*Ibid.,* p. 139, 140.) Il paraît que M. de Talleyrand avait encouragé M. de Metternich à faire campagne contre la « fantasmagorie représentative », et avait exprimé l'avis qu'il fallait faire en France une « Restauration épurée ». « Je ne puis assez vous exprimer, écrivait M. de Metternich à son ambassadeur, combien les dernières confessions que M. de Talleyrand vous a faites sur la marche de l'opinion publique en France, m'ont intéressé. C'est une chose curieuse à suivre que le retour d'un vieux pécheur vers les bons principes. » (*Ibid.,* p. 140, 144.)

[1] *Mémoires de M. de Metternich,* p. 142.

[2] Le *National* se plaignit, à ce propos, que le comte Apponyi s'exprimât au nom du corps diplomatique, « comme si la royauté du 7 août était placée sous sa tutelle et sa surveillance ». « De quoi se mêle cet étranger ? ajoutait-il. De quel front ce hussard hongrois ose-t-il se faire juge entre les partis et les opinions qui se disputent sur le sens, sur l'interprétation et la portée de la révolution de Juillet ? » (3 août 1836.)

V

Cette politique extérieure, un peu en réaction contre ce qu'on eût pu appeler la politique de 1830, n'étonne pas de la part de Louis-Philippe; depuis longtemps, ce prince voyait, dans le rapprochement avec les puissances continentales, le complément au dehors de l'œuvre entreprise au dedans pour dégager la nouvelle monarchie de son origine révolutionnaire. Elle étonne davantage de la part de M. Thiers, si soigneux, alors même qu'il résistait au parti du désordre et de la guerre, de se poser en homme de Juillet et de flatter le sentiment « national ». Le président du conseil allait évidemment au rebours de ses tendances naturelles et risquait quelque chose de sa popularité. Ce devait être en vue d'un avantage notable. Lequel?

M. Thiers poursuivait en effet un dessein dont il attendait beaucoup pour la France, pour la monarchie et pour lui-même : il prétendait rompre avec éclat le blocus matrimonial établi autour de la dynastie nouvelle par les influences légitimistes, et aller chercher la femme du jeune duc d'Orléans au cœur même de la vieille Europe, dans la famille impériale d'Autriche. C'eût été du coup remettre la royauté de Juillet, encore contestée et dédaignée, au rang des autres royautés, et lui donner ainsi plus de prestige à l'intérieur, plus de crédit et de liberté diplomatiques à l'extérieur. N'y avait-il pas là, d'ailleurs, de quoi séduire l'imagination mobile du jeune ministre, imagination si curieuse d'étonner les autres et de s'amuser elle-même, en jouant des rôles nouveaux et imprévus? Après avoir été le premier à proposer, et à faire accepter au peuple des barricades, le roi des Français, M. Thiers ne devait-il pas trouver piquant d'être le premier à le faire rentrer en grâce auprès des dynasties d'ancien régime? Ne se mettrait-il pas ainsi hors de pair parmi les ministres de Louis-

Philippe ? Ne se créerait-il pas des titres exceptionnels, et en quelque sorte perpétuels, à la faveur, à la reconnaissance du Roi et de son héritier ?... Quoi qu'il en soit de ces divers motifs, le président du conseil s'était lancé dans cette entreprise matrimoniale avec sa vivacité accoutumée ; elle était devenue sa préoccupation principale, et il y avait subordonné toute sa politique étrangère. Malgré l'échec auquel elle devait aboutir, on pourrait même dire à cause de cet échec, cette tentative a mis dans un jour curieux les sentiments que conservaient encore les cours du continent à l'égard du gouvernement de Juillet. Il n'est donc pas sans intérêt de s'y arrêter un moment [1].

On s'imaginerait difficilement un prince plus séduisant et plus brillant que ne l'était alors le jeune duc d'Orléans. Grand, élancé, d'une figure charmante, d'une élégance suprême, excellant à tous les exercices du corps en même temps que distingué dans les travaux de l'esprit, brave au feu et galant auprès des dames, c'était, comme on a dit de lui, « le Français dans la plus aimable acception du mot [2] ». Français, il l'était surtout par un patriotisme ardent, impétueux même, qui possédait toute son âme, jamais plus heureux que quand on lui permettait de s'exposer et de se battre pour son pays. « Il me tarde de me rapprocher de l'armée, écrivait-il un jour au prince de Joinville ; comme tu le dis très-bien, c'est dans les armées que se réfugie l'esprit national ; c'est là notre place, mon cher ami, à nous qui devons être les apôtres et les ministres de cette religion des cœurs généreux [3]. » Tout jeune, à l'âge des plus vives impressions, il avait vu éclater la révolution de Juillet et en

---

[1] J'ai d'ailleurs, pour cet épisode, un guide excellent que je m'attacherai à suivre ; c'est M. le comte de Sainte-Aulaire, qui fut acteur principal de cette négociation. Le récit détaillé qu'il en fait dans ses *Mémoires inédits*, et qui, sur plus d'un point, complète ou redresse ce qui a été jusqu'ici publié, n'est pas la partie la moins agréable ni la moins piquante de cet écrit. Peu avant sa mort, l'auteur en a lu, dans une des séances privées de l'Académie française, des fragments qui ont obtenu le plus vif succès. Les documents ou conversations qui seront cités, sans indication spéciale de source, au cours des pages qui vont suivre, sont tirés de ces *Mémoires*.

[2] H. Heine, *Lutèce*, p. 264.

[3] *Revue rétrospective*.

sortir la fortune de sa maison. Doit-on s'étonner qu'il ait d'abord épousé les idées de cette révolution avec plus d'ardeur que de sagesse, déviation passagère que l'âge et surtout l'exercice du pouvoir eussent vite corrigée? D'ailleurs, à cette recherche parfois excessive de la popularité libérale, le jeune prince joignait le sens de l'autorité personnelle, l'art de se faire respecter et obéir, dons vraiment royaux que son père lui-même ne possédait pas à un si haut degré. N'ayant pas encore vingt ans et en pleine révolution, il en avait donné des preuves remarquées [1]. Depuis lors, ce je ne sais quoi d'imposant s'était encore développé. « Bien qu'il me reçût avec une exquise politesse, a écrit de lui M. de Sainte-Aulaire, et qu'il me témoignât la déférence à laquelle mon âge et la confiance du Roi me

[1] M. de Sainte-Aulaire raconte à ce sujet une anecdote intéressante. C'était dans les premiers jours d'août 1830. Le futur ambassadeur avait accepté à l'improviste de présider un banquet que les élèves de l'École polytechnique offraient au jeune duc d'Orléans. A peine celui-ci fut-il arrivé, qu'il attira M. de Sainte-Aulaire dans une embrasure et lui dit avec un ton d'autorité dont son interlocuteur fut frappé : « Puisque vous présidez le banquet, je suis bien sûr que vous avez tout prévu et qu'il ne s'y passera rien d'inconvenant. » — « Je ne pouvais en vérité, raconte M. de Sainte-Aulaire, lui donner cette assurance, et j'essayai de lui faire comprendre comment j'étais excusable de n'avoir rien prévu du tout. Coupant court à mon apologie, le prince reprit : — Les toasts, par exemple, quels seront-ils? Montrez-les-moi, je vous prie. — Sur ma réponse que je ne les avais point vus, le prince ne put contenir un mouvement d'impatience et m'enjoignit d'aller, en toute hâte, m'enquérir de ce qui avait été réglé à ce sujet par les commissaires. » M. de Sainte-Aulaire, au bout de quelques instants, rapporte au duc d'Orléans un papier sur lequel se trouvaient les toasts. Le jeune prince n'y eut pas plutôt jeté un coup d'œil, qu'il rougit et le rendit à M. de Sainte-Aulaire, avec un regard de reproche, lui indiquant du doigt cette phrase qui se trouvait dans le toast du général Gourgaud : « Le renversement des Bourbons a lavé l'affront que les étrangers ont fait à la France, en 1815. » « Je dois l'avouer à ma confusion, ajoute M. de Sainte-Aulaire, cette grosse inconvenance ne m'avait point frappé, tant j'étais étourdi du mouvement qui nous entraînait tous alors. Si l'on veut remarquer que cette même cause devait agir plus puissamment encore sur le prince royal et qu'il n'avait pas vingt ans, il faudra lui tenir compte d'avoir conservé à ce degré la possession de lui-même. Je lui en fis avec sincérité mon compliment. » M. de Sainte-Aulaire obtint, non sans peine, du général, la correction de sa phrase. Le banquet se passa donc convenablement. A la fin cependant, les têtes s'échauffaient, et peut-être aurait-on eu de la peine à mener la fête à fin sans scandale, si elle n'eût été interrompue par la nouvelle d'une émeute. La police demanda à quelques-uns des polytechniciens de se montrer au peuple pour le rappeler au sentiment de ses devoirs. Trois ou quatre de ces braves étourdis partirent aussitôt, ne doutant pas du succès. Ils furent bafoués par la populace.

donnaient des droits, je me sentais bien moins à l'aise avec lui qu'avec son père. On n'avait point avec le prince royal ces longues causeries que l'esprit de Louis-Philippe, si abondant et si orné, rendait toujours agréables et instructives, mais qui laissaient souvent une impression vague et un peu confuse. M. le duc d'Orléans écoutait avec attention, résumait, avec une netteté très-concise, ce que lui avait dit son interlocuteur, puis il exprimait, en quelques phrases, son avis ou ses ordres. Si l'on tentait de raisonner encore, quand son opinion était formée, son regard, toujours bienveillant, mais un peu distrait, avertissait qu'il avait autre chose à faire. Il n'aimait pas la discussion pour la discussion. Il ne cherchait pas, dans les affaires, l'amusement de son esprit, et cette différence capitale entre le Roi son père et lui était assurément toute à son avantage. » Les qualités du jeune prince étaient telles que les plus hostiles se voyaient obligés d'y rendre hommage. En 1833, il avait fait un voyage à Londres ; lord Palmerston écrivait, après avoir dîné avec lui, chez M. de Talleyrand : « Le duc d'Orléans a merveilleusement gagné depuis que je l'ai vu à Paris, en octobre 1830. Il était fort bien alors ; mais, depuis, il est devenu un homme. Ses agréments extérieurs se sont accrus, et il a pris les manières, la tenue qui appartiennent à sa situation ; il a vraiment l'air de l'héritier présomptif d'une couronne. D'après la courte conversation que nous avons échangée, il me semble que son esprit ne s'est pas moins développé que sa personne [1]. » Même impression chez des diplomates étrangers dont les sympathies étaient cependant toutes légitimistes [2]. A ne voir donc que le mérite personnel du prince et aussi l'éclat de la couronne à laquelle il semblait appelé, son mariage eût dû être facile. Mais il fallait compter avec le sentiment qu'éveillait, dans les vieilles maisons royales, le souvenir encore si présent de la révolution de 1830.

Depuis longtemps, aux Tuileries, on avait une préférence

[1] H. L. Bulwer, *The life of Palmerston*, t. II, p. 137.
[2] Cf. dépêche du comte de Sales du 19 août 1835. (Hillebrand. *Geschichte Frankreichs*, t. I, p. 671.)

secrète pour une alliance avec la maison d'Autriche. C'était particulièrement le désir très-vif de la reine Marie-Amélie, qui se souvenait d'être petite-fille de Marie-Thérèse. Cette arrière-pensée n'avait pas été étrangère au choix fait, en 1833, du comte de Sainte-Aulaire pour l'ambassade de Vienne. Gentilhomme de race, esprit aimable et distingué, doué de ce tact supérieur que donne l'habitude du grand monde, bien vu personnellement de la haute société européenne, même de celle qui avait le plus de préventions contre les hommes et les choses de 1830, M. de Sainte-Aulaire était un parfait diplomate, si, comme il l'a écrit un jour, « la diplomatie est le savoir-vivre ». En tout cas, plus que tout autre, il avait les qualités propres à la délicate mission dont il se trouvait chargé par la confiance de la famille royale. Dès 1833, au moment où il allait prendre possession de son poste, la Reine lui avait recommandé de bien étudier les quinze archiduchesses ou archiducs qui, par leur âge, pouvaient convenir à l'un de ses fils ou à l'une de ses filles. L'attention de l'ambassadeur s'était portée tout de suite sur l'archiduchesse Thérèse. Son père, l'archiduc Charles, frère de l'empereur François, homme de guerre estimé, passait pour libéral et ami de la France; elle-même, un peu chétive d'extérieur, avait, à défaut de qualités héroïques, une aimable douceur, une éducation excellente, partageait les sympathies françaises de son père, et témoignait, au sujet du duc d'Orléans, d'une curiosité bienveillante qui paraissait de bon augure. L'idée, soumise aux Tuileries, y avait plu. Un peu plus tard, M. de Sainte-Aulaire étant venu passer quelques mois à Paris, ce fut pour Louis-Philippe et Marie-Amélie l'occasion de longs entretiens avec l'ambassadeur, sur un projet qui leur devenait chaque jour plus cher. « Aussitôt que je me faisais annoncer, raconte ce dernier, le Roi quittait tout pour me recevoir; il allait chercher la Reine, et, de peur que nous ne fussions pas suffisamment à l'abri des importuns dans son cabinet, il nous conduisait dans quelque pièce éloignée dont il fermait la porte aux verrous; ensuite, il m'allait lui-même chercher un fauteuil qu'il plaçait entre le sien et celui de la Reine, voulant, disait-il, que je fusse bien à mon aise ; puis il m'écoutait attentivement et me laissait parler aussi longtemps que je voulais, sans m'interrompre, ce qui, vu les habitudes de Sa Majesté, témoignait assurément de l'intérêt extraordinaire qu'il mettait à l'affaire que nous traitions. Je puis au reste rendre à ces excellentes gens (s'il m'est permis de parler avec tant de familiarité de ce qu'il y a de plus grand sur la terre), je puis leur rendre ce témoignage que jamais, dans une honnête famille de bourgeois, de bons parents ne se sont occupés de l'établissement de leurs enfants avec une tendresse plus désintéressée. La haute moralité de la famille impériale d'Autriche, le salutaire exemple de ses vertus sur les jeunes archiduchesses élevées à si bonne école, toutes les considérations morales enfin, rarement appréciées par les princes en pareil cas, déterminaient la préférence du Roi et de la Reine, et laissaient peu de place aux calculs de la politique sur les avantages d'une grande alliance. » Le duc d'Orléans se montra, au début, plus froid que ses parents. Il était trop imbu des idées de 1830 pour qu'une alliance autrichienne ne lui inspirât pas quelque répugnance. En tout cas, il voulait avant tout étudier par lui-même la jeune princesse. « Épouser une femme que je ne saurais aimer, disait-il, me marier à l'ancienne méthode, c'est à quoi je ne me résignerai jamais. »

En 1833 et au commencement de 1834, le duc de Broglie, qui dirigeait alors le ministère des affaires étrangères, s'était montré peu disposé à s'occuper de cette affaire. Très-méfiant à l'égard de l'Autriche, il pressentait un refus et ne voulait pas s'y exposer. La famille royale lui savait mauvais gré de sa réserve. A peine eut-il donné, pour la première fois, sa démission, en avril 1834, que son successeur, M. de Rigny, plus docile au désir du Roi, chargea M. de Sainte-Aulaire de sonder M. de Metternich sur l'idée d'un voyage du duc d'Orléans et du duc de Nemours à Vienne. La réponse, bien que témoignant d'un peu de surprise et d'embarras, sembla d'abord assez favorable. Mais bientôt, à mesure surtout que l'arrière-pensée matrimoniale fut plus apparente, le gouvernement autrichien laissa voir ses répugnances et finit même par n'avoir qu'une pensée, faire écarter ce que M. de Metternich appelait ce « malencontreux » voyage. La mort de François II, en mars 1835, et le deuil qui s'ensuivit, vinrent tout suspendre [1].

Louis-Philippe n'avait pas renoncé à son projet; vers la fin de la même année, il tenta d'y revenir. Il exposait ainsi à M. de Sainte-Aulaire les considérations par lesquelles il pensait qu'on pouvait agir sur le gouvernement autrichien : « Je crois bien comprendre quelle est aujourd'hui ma position à l'égard des diverses puissances de l'Europe. Chacun s'est résigné, avec plus ou moins de regret, à me voir sur le trône de France; on accepte ma royauté, mais on l'accepte viagère. Quant à mon fils, les uns s'affligent, les autres se réjouissent de son renversement à ma mort, mais tous le prévoient. L'empereur de Russie n'en fait aucun doute, et il règle sa conduite sur cette pensée; il se garde de tout rapport personnel avec moi, comme si j'étais pestiféré; il se ferait couper la main plutôt que de m'écrire : Mon frère. A mon âge, avec mon caractère, de tels procédés ont peu d'inconvénients; mais il ne faudrait pas attendre d'un jeune roi tant de philosophie. Si, au moment où mon fils montera sur le trône, il trouve les choses en cet état, une catastrophe est inévitable. » Parlant spécialement de l'Autriche, le Roi ajoutait : « Je ne cherche nullement à la séparer de la Russie; jamais je n'ai songé à me mettre entre eux pour les brouiller; je veux, au contraire, cimenter entre nous une alliance commune qui rende également impossibles et une guerre de principes et une guerre de passions. J'attache la gloire de mon règne à cette œuvre pacifique, et je ne la regarderai pas comme accomplie avant que j'aie marié mon fils. Les puissances continentales ont formé contre ma famille un blocus matrimonial; il faudrait être aveugle pour ne pas voir cette manœuvre. Qu'elles y prennent garde cependant, la popularité que je compromets à vouloir retenir l'élan national me reviendrait tout entière, si j'étais capable de me laisser aller contre elles à mon

---

[1] J'ai déjà eu occasion de parler de cette première partie des négociations et de faire connaître les sentiments de M. de Metternich en cette circonstance. Cf. t. II, p. 403-404.

ressentiment. Encore une fois, je ne le ferai pas, mais je ne puis répondre de mon successeur; et, rappelez-le au prince de Metternich, mon cher comte, il n'a pas de temps à perdre, car ce n'est pas de vieillesse que je dois mourir. »

Pouvait-on espérer que cet appel fût entendu à la cour de Vienne? La mort de François II n'y avait pas accru nos chances : bien au contraire. Pour avoir remis, pendant plus d'un quart de siècle, à M. de Metternich une part si considérable de son autorité, le vieil empereur n'avait rien d'un Louis XIII auprès d'un Richelieu. Imposant par la longue expérience d'un règne de quarante-cinq ans, par la dignité habile dont il avait fait preuve en des fortunes très-diverses, laborieux, assidu sans apparat à ses devoirs de souverain, accessible à tous, il ne doutait pas, et l'on ne doutait pas autour de lui qu'il ne fût la loi vivante. La simplicité d'allures, la douceur paternelle de son pouvoir, ne pouvaient en dissimuler le caractère despotique. Tous, des plus petits aux plus grands, étaient prêts à lui obéir, apportant dans leur soumission une affection et un respect que justifiaient sa bonté et ses vertus. L'autorité même de M. de Metternich, — autorité si considérable que les archiducs se rangeaient sur son passage, dans les salons de la Burg, comme des caporaux devant un officier, — ne valait qu'autant qu'on y voyait une délégation de l'Empereur. Si donc François II s'était une fois converti par politique au mariage français, il eût été, mieux que tout autre, en mesure de l'imposer à la cour et à la société de Vienne. La cabale hostile, si puissante qu'elle fût, n'eût pas osé lui résister. Impossible de rien attendre de pareil de son successeur, Ferdinand Ier, qui était difforme et imbécile. Il avait succédé sans difficulté à son père, dont le prestige posthume couvrait en quelque sorte son infirmité; mais il était incapable de rien faire par lui-même [1]. L'autorité que le souverain n'exerçait plus n'était pas passée tout entière à M. de

---

[1] M. de Sainte-Aulaire raconte, dans ses *Mémoires*, que l'empereur Ferdinand, recevant le ministre de Belgique, lui avait parlé tout le temps de la cour de Hollande et l'avait chargé d'assurer le roi Léopold de la part qu'il avait prise à la maladie du prince d'Orange. Du reste, il était bon et jouissait même, pour ce motif, d'une sorte de popularité.

Metternich. Une puissance mystérieuse s'était élevée, devant laquelle tous s'inclinaient avec une sorte de crainte superstitieuse, et dont le chancelier prétendait n'être que l'instrument subordonné : elle s'appelait la « volonté de la famille impériale ». Qu'était-ce? On eût été embarrassé de le préciser. Toutefois il était visible que l'un des facteurs les plus influents de cette « volonté » était l'archiduchesse Sophie, femme de l'archiduc François-Charles, frère de l'Empereur et héritier du trône. Or cette princesse, imbue des idées du Czar, ennemie passionnée de la France de 1830, devait repousser, non sans horreur, toute alliance avec le fils du roi de la révolution. Pouvait-on attendre de M. de Metternich que, sur une question touchant si directement la famille impériale, il entrât en lutte avec sa future souveraine? Sans doute, il désirait plaire à Louis-Philippe, lui savait gré de sa sagesse, le payait volontiers en compliments dont nous ne contestons pas la sincérité, lui offrait même de reconnaître d'avance les droits du duc d'Orléans à la succession de la couronne; mais si, encouragé par ces politesses, l'ambassadeur de France faisait une allusion même voilée au mariage : « Pour Dieu! ne parlons pas de cela, s'écriait le chancelier brusquement et comme effrayé. Rien n'est mûr, on risquerait de tout gâter en allant trop vite... Peut-être le temps amènera-t-il des changements... Je ne parle que pour aujourd'hui; mais, à coup sûr, une démarche faite aujourd'hui compromettrait des intérêts que je voudrais pouvoir servir. »

Le gouvernement français était tenu exactement au courant de ces difficultés par son ambassadeur. Celui-ci écrivait à la Reine « qu'il n'apercevait aucune chance de succès pour le mariage si vivement désiré par elle ». Il déconseillait même le voyage du prince à Vienne. Un autre jour, causant avec le Roi, il lui disait moitié sérieusement, moitié en riant, que cette négociation ne pourrait réussir que si l'on faisait du mariage une question de paix ou de guerre. « Dieu me garde, ajoutait-il, de conseiller un tel parti : je ne voudrais cependant pas le condamner absolument, car, au fait, de toutes les guerres de l'histoire ancienne, la plus raisonnable m'a toujours semblé celle de Romulus contre les Sabins. » — « Voilà bien du duc de Broglie, repartit le Roi avec impatience ; lui aussi m'offre de commencer, mais à condition de pousser jusqu'au bout, et d'aller, en cas de refus, jusqu'à la guerre. Ce n'est point ainsi que je l'entends. » Le duc de Broglie, en effet, rentré au ministère depuis le mois de mars 1835, avait toujours aussi peu de confiance dans le projet de mariage. Il voulait bien du voyage des princes, se prêtait volontiers à faire faire sur ce sujet des ouvertures officieuses aux puissances, et non sans succès, au moins à Berlin, mais il n'entendait pas qu'on y mêlât aucune négociation matrimoniale.

Avec M. Thiers, tout changea. La présomption du nouveau président du conseil s'imaginait volontiers que les sots rencontraient seuls des obstacles insurmontables. Il se flattait qu'en substituant partout, et notamment à Cracovie, en Suisse, même en Espagne, à la roideur « libérale » avec laquelle le duc de Broglie avait traité les puissances absolutistes, une politique plus conservatrice, plus aimable, plus prompte aux concessions, il réussirait dans l'entreprise que son prédécesseur avait jugée impossible. Encore ne consentait-il pas à attendre patiemment l'effet de ce changement de politique. Vainement, de Vienne, M. de Sainte-Aulaire lui conseillait-il de laisser le temps agir, de remettre sa demande à plus tard, il décidait d'engager l'affaire tout de suite et de l'emporter de haute lutte. Le Roi s'était laissé facilement convaincre. Il n'était pas jusqu'au duc d'Orléans qui n'entrât dans les vues du ministre. Ses premières préventions contre le mariage autrichien s'étaient évanouies ; et puis, à voir les obstacles que lui opposait la cabale légitimiste, il se sentait piqué au jeu : c'était comme un défi que sa jeune vaillance avait hâte de relever, une bataille qu'il était d'autant plus impatient de livrer, qu'il savait avoir à y payer beaucoup de sa personne ; justement confiant en soi, il brûlait d'aller confondre sur place, rien qu'en se montrant, les railleurs et les calomniateurs qui colportaient de lui, dans les cours d'Europe, un portrait ridicule ou odieux.

M. Thiers fit donc reprendre sans retard, à Vienne et à Berlin, les négociations déjà engagées au sujet du voyage que les ducs d'Orléans et de Nemours avaient le désir de faire dans ces deux villes. Aucune allusion n'était faite, pour le moment, à un projet de mariage. M. de Metternich apprit, sans doute avec déplaisir, une démarche qui lui paraissait dépasser cette « amitié de raison » à laquelle il estimait que la France et l'Autriche devaient se tenir; mais impossible de refuser une telle visite : il répondit donc que les voyageurs seraient reçus comme il convenait aux bons rapports des deux gouvernements et à la parenté des deux familles royales. A Berlin, l'acceptation de la visite fut beaucoup plus cordiale; seulement on n'osa la faire connaître qu'après Vienne, et encore demanda-t-on le secret, par crainte des tracasseries de Saint-Pétersbourg [1]; les fils de Louis-Philippe furent invités à assister aux manœuvres de l'armée prussienne; le ministre dirigeant, M. Ancillon, déclara que son maître « serait enchanté de pouvoir lui-même prouver aux princes l'estime qu'il portait à leur père et combien était grande son admiration pour la façon adroite et sage dont il dirigeait les affaires au milieu de si grandes difficultés [2] ». Frédéric-Guillaume se montrait même disposé, quoique timidement, à aider au succès du mariage projeté [3]. Tout le monde, il est vrai, ne pensait pas de même, à la cour de Prusse : le prince royal écrivait à son confident Bunzen que la seule perspective de l'arrivée du duc d'Orléans et du duc de Nemours à Berlin le rendait « tout à fait mal à l'aise et misérable »; il ajoutait que l'accueil qui leur était préparé à Vienne « lui pesait tellement qu'il aurait voulu en pleurer [4] ». De Russie, le Czar faisait écho à cette mauvaise humeur; la réception que ses deux alliés s'apprêtaient à faire aux fils du Roi de 1830 lui paraissait un triste signe des temps [5].

Le 2 mai 1836, les princes se mirent en route. Le duc

---

[1] Ce fait est rapporté dans une lettre de M. Bresson à M. de Sainte-Aulaire en date du 21 juin 1836. (*Documents inédits.*)
[2] HILLEBRAND, *Geschichte Frankreichs*, t. I, p. 670.
[3] Lettre précitée de M. Bresson.
[4] HILLEBRAND, *Geschichte Frankreichs*, t. I, p. 670.
[5] *Ibid.*, p. 669.

d'Orléans se rendait compte de la gravité de sa démarche : il écrivait, en partant, au maréchal Soult : « Je compte que votre bienveillant intérêt me suivra dans cette circonstance importante de ma vie. Si je puis, en restant toujours l'homme de la France et en écartant avec soin tout ce qui pourrait ressembler à une concession et à une justification, si je puis inspirer la confiance que ma manière d'entendre les intérêts nationaux est compatible avec le repos et avec les besoins de l'Europe, j'aurai fait un grand pas pour mon avenir [1]. »

Les jeunes voyageurs commencèrent par Berlin, où ils conquirent tout de suite la sympathie du souverain et de la foule. Ce fut un « véritable triomphe », dit un historien prussien [2]. En recevant les fils de Louis-Philippe, le vieux Frédéric-Guillaume « s'étendit en éloges sur la sagesse de leur père, parla des services qu'il avait rendus à l'Europe, protesta de son affection et de son estime pour ce souverain [3] ». M. Ancillon disait à l'ambassadeur de France : « Si vos princes ne sont pas ingrats, ils doivent nous aimer un peu, car nous les aimons beaucoup. Il n'y a qu'une voix sur leur compte. » Le prince Wittgenstein disait de son côté : « Jamais je n'ai vu produire à Berlin un effet comme celui que produisent vos princes. Le Roi est enchanté. Il est impossible d'être mieux que ces jeunes gens. On voit qu'ils sont princes et qu'ils ont été élevés pour être des hommes. Leur tact naturel est infaillible, leur tenue parfaite. Sur un terrain nouveau et inconnu, ils n'ont pas bronché une fois. Aussi tout le monde est content. L'effet politique est complet. Ce voyage est un heureux événement qui tournera au bien de tous. » Après avoir rapporté ces propos, M. Bresson ajoutait : « Le Roi est véritablement sous le charme, et jamais je n'ai prévu ce que je vois de mes yeux. Nous vivrons ici longtemps sur l'effet de ce voyage [4]. » Pour confirmer son bon témoignage, M. Ancillon avait déclaré que « les mécon-

---

[1] Lettre du 29 avril 1836. (*Documents inédits.*)
[2] Hillebrand, *Geschichte Frankreichs*, t. I, p. 670.
[3] Lettre de M. Bresson à M. de Barante, du 12 mai 1836. (*Documents inédits.*)
[4] Dépêche de M. Bresson à M. Thiers, du 23 mai 1836. (*Documents inédits.*)

tents eux-mêmes étaient réduits au silence ». En effet, le prince Guillaume, bien que du parti moscovite à la cour de Berlin, écrivait à sa sœur, l'impératrice de Russie : « Le duc d'Orléans nous a tous subjugués [1]. »

Heureux début : toutefois la bataille décisive n'était pas là; elle devait se livrer à Vienne. M. de Sainte-Aulaire y avait bien préparé le terrain, faisant preuve, dans le règlement préalable des détails de la réception, d'autant de prévoyance que de fermeté, déjouant les mauvais vouloirs qui se cachaient derrière des prétentions d'étiquette, tenant la main à ce que le fils de Louis-Philippe fût reçu comme l'aurait été « le grand dauphin, fils de Louis XIV ». Bien que sorti assez heureusement de ces premières difficultés, l'ambassadeur n'en eût pas moins été d'avis que, pour cette fois, le duc d'Orléans se contentât de voir et d'être vu, et que les ouvertures expresses de mariage fussent renvoyées à plus tard. Mais tel n'était pas le sentiment du Roi, ni celui de M. Thiers, qui écrivait à M. de Sainte-Aulaire : « Vos idées d'ajournement, d'insinuations indirectes, ne sont que faiblesse et niaiserie. Il faut aborder de telles affaires de front, livrer la bataille avec toutes ses forces et compromettre hardiment le cabinet, afin que les conséquences du refus soient mieux comprises. » Quant au duc d'Orléans, il était peut-être plus impatient encore : il déclarait, de la façon la plus nette, « qu'il venait à Vienne demander une archiduchesse en mariage, et qu'il entendait en rapporter un consentement ou un refus ». L'ambassadeur n'avait donc plus qu'à servir de son mieux un dessein dont le succès immédiat ne lui paraissait guère possible.

Les princes arrivèrent à Vienne le 29 mai. Charmants auprès des femmes, sérieux avec les hommes d'État, à leur aise dans les défilés de l'étiquette, adroits et hardis aux exercices du corps, pleins de bonne grâce avec la foule, ils plurent à tous. Avec un désintéressement touchant, le jeune duc de Nemours s'effaçait derrière son frère aîné pour laisser celui-ci seul en

---

[1] Dépêche de M. de Barante à M. Thiers, du 28 mai 1836. (*Documents inédits.*)

pleine lumière[1]. Les plus hostiles, comme la princesse de Metternich et même l'archiduchesse Sophie, se voyaient obligés de reconnaître le mérite des fils de Louis-Philippe et de constater leur succès[2]. L'ambassadeur de Russie écrivait à son gouvernement que ce succès, auprès de la haute et surtout de la féminine aristocratie, avait été au delà de ce qu'il avait prévu[3].

La maison de l'archiduc Charles n'était pas celle où l'on montrait le moins de sympathie pour les princes français. Quand ceux-ci vinrent y faire visite, l'archiduchesse Thérèse, bien qu'un peu embarrassée, laissa voir, non sans une grâce naïve, son désir de plaire. Le duc d'Orléans, fidèle à sa résolution de mener les choses vivement, prit le parti de faire tout de suite sa demande au père de la princesse. La réponse de l'archiduc fut émue et affectueuse ; il ne prévoyait pas d'obstacle du côté de sa fille, mais en prévoyait de grands de la part de M. de Metternich, qui voulait marier l'archiduchesse au roi de Naples. « Malheureusement, ajoutait-il, le chancelier dispose du nom de l'Empereur, et ce nom seul suffit pour commander et obtenir l'obéissance de toute la famille impériale. » L'archiduc ne niait pas l'imbécillité du souverain, mais il répétait toujours : « Comment faire, si M. de Metternich dit que l'Empereur ne veut pas ? » Il fut convenu que l'ambassadeur de France ferait une démarche officielle auprès du chancelier d'État ; l'archiduc promit de l'appuyer, tout en demandant au duc d'Orléans de tenir secret ce qui s'était passé entre eux : à la seule pensée que M. de Metternich pourrait le savoir, ce prince, qui s'était illustré dans les grandes guerres du commencement du siècle, s'écriait tout tremblant : « Que deviendraient mes six enfants ? » M. de Sainte-Aulaire se rendit donc chez M. de

---

[1] « Nos ennemis, dit à ce propos M. de Sainte-Aulaire, s'étaient mis d'accord pour exalter le duc de Nemours aux dépens de son frère, espérant faire naître quelque mésintelligence entre les deux frères. Cet honnête calcul fut déjoué par la modestie noble et généreuse du jeune prince ; dès son arrivée, il s'était placé comme le premier aide de camp de son frère, qui, de son côté, le prévenait constamment par les attentions les plus soigneuses. »

[2] *Mémoires de Metternich*, t. VI, p. 99 à 105 et p. 147.

[3] Lettre de M. de Barante. (*Documents inédits.*)

Metternich. Celui-ci essaya d'abord de gagner du temps; mais, serré de près par l'ambassadeur, qui demandait un oui ou un non, il déclara que la réponse dépendait de la « famille impériale », sans préciser du reste ce que couvrait ce mot : quant à lui, moins que jamais il avait envie de se compromettre dans cette affaire domestique; il ne promettait même pas de plaider la cause du duc d'Orléans; tout au plus était-il disposé à exprimer l'avis « qu'aucune raison à lui connue ne s'opposait péremptoirement au mariage ».

Pendant ce temps, l'archiduc Charles informait les siens de la demande du duc d'Orléans : l'archiduchesse Thérèse s'en montra très-satisfaite; ses frères éclatèrent en transports de joie [1]. L'archiduc s'enhardit alors à parler de l'affaire au seul prince qui eût part au gouvernement, à l'archiduc Louis. Celui-ci déclara aussitôt que la volonté irrévocable de l'Empereur était opposée à ce mariage, et que la jeune princesse devait épouser le roi de Naples. Le pauvre archiduc Charles ne trouva à peu près rien à répondre et revint tristement raconter aux siens son insuccès [2]. A cette nouvelle, l'archiduchesse Thérèse se trouve mal; revenue de son évanouissement, elle déclare avec larmes « que c'est le duc d'Orléans qu'elle veut pour mari, et qu'elle n'en acceptera pas d'autre ». Son frère, l'archiduc Albert, l'encourage dans ses sentiments et supplie son père de tenter un effort auprès de l'Empereur. Ces scènes de famille se répètent pendant la nuit et la journée suivante. Enfin l'archiduc Charles, ne se sentant le cœur, ni de résister à ses enfants, ni d'affronter la « famille impériale », aboutit, comme font souvent les gens faibles, à prendre le parti le plus compromettant. « Le 10 juin au matin, raconte M. de Sainte-Aulaire,

[1] L'un de ces jeunes princes était l'archiduc Albert, le futur vainqueur de Custozza et le meilleur homme de guerre de l'Autriche contemporaine.

[2] Comme presque toujours, je m'attache au récit de M. de Sainte-Aulaire. Voici comment, de son côté, la princesse de Metternich rapporte, dans son journal, la conversation des deux archiducs : « 9 juin. Clément est allé de bonne heure chez l'archiduc Louis, qui lui a dit qu'il avait parlé à son frère l'archiduc Charles. Ce dernier a déclaré qu'il partageait entièrement la manière de voir de l'archiduc Louis, et qu'il était résolu à refuser la main de sa fille au duc d'Orléans. » (*Mémoires de Metternich*, t. VI, p. 104.)

les princes, après déjeuner, étaient dans leur salon, avec leur service et quelques étrangers; ils voient arriver l'archiduc Charles dans un état d'émotion qu'il ne cherche pas à contenir. Sans tenir compte de l'assistance, il pousse M. le duc d'Orléans dans l'embrasure d'une fenêtre; là, il l'embrasse à plusieurs reprises, en l'appelant son fils : puis, presque sans baisser la voix, il lui raconte le désespoir de l'archiduchesse Thérèse, son évanouissement, sa volonté de n'accepter que lui pour mari. Ces étranges révélations sont accompagnées, pendant dix minutes, des témoignages de la plus vive tendresse. Puis, sans rien ajouter, l'archiduc se retire en pleurant à sanglots[1]. »

Cet incident connu, il eût été difficile au gouvernement autrichien de persister dans son refus. Mais, bien que l'archiduc n'eût pas demandé le secret sur sa nouvelle démarche, et que celle-ci eût été presque publique, le duc d'Orléans, par un scrupule de délicatesse, s'opposa à ce que, dans les négociations, il fût fait aucun usage des confidences échappées au père de l'archiduchesse Thérèse. Ce jour même, M. de Sainte-Aulaire se trouvait avoir rendez-vous avec M. de Metternich, pour un entretien décisif : les princes français avaient annoncé leur départ pour le lendemain. Tout en confirmant ce qu'il avait déjà fait pressentir des dispositions peu favorables de la « famille impériale », le chancelier s'étendit sur ce qui pouvait expliquer ce refus et en atténuer la mortification. « Jamais dauphin de France, dit-il, a-t-il été reçu avec plus d'honneur? Après cela, vous avez eu l'idée d'un mariage dont les avantages et les inconvénients sont immenses. Les avantages, je ne les méconnais certes pas. J'avoue volontiers, au contraire, que l'intérêt conservateur de l'Europe conseille l'alliance des maisons d'Autriche et d'Orléans. Mais vous devez convenir aussi que cette alliance doit rencontrer des difficultés de toute

---

[1] Cet épisode paraît avoir été ignoré de la princesse de Metternich, qui, dans son journal, présente les faits sous un jour quelque peu différent. (*Mémoires de Metternich*, t. VI, p. 103 à 105.) M. de Sainte-Aulaire était mieux placé pour savoir ce qui s'était passé.

nature. Sans parler de la différence de nos systèmes politiques, sans parler des scrupules et des rancunes que la révolution de Juillet a pu nous laisser, nous avons encore les souvenirs de Marie-Antoinette et de Marie-Louise, la terreur récente produite par l'attentat de Fieschi. En présence de telles difficultés, quelle était la bonne conduite à tenir? Il fallait suivre vos conseils, mon cher ambassadeur (vous voyez que je suis bien informé), il fallait achever tranquillement le voyage, puis sonder le terrain, préparer les voies et attendre du temps ce que le temps seul peut donner. Les progrès que vous faites chaque jour sont si rapides, que l'attente n'eût pas sans doute été longue. Mais un ministre en France n'a pas de lendemain; il lui faut semer et récolter le même jour. M. Thiers ne veut pas seulement que le duc d'Orléans se marie, il veut surtout le marier. C'est pour cela qu'il a tout brusqué, en dépit de vos bons conseils. » M. de Sainte-Aulaire répliqua que, si le mariage manquait par impossibilité de s'entendre sur les conditions politiques, ou par un refus fondé soit sur la tendresse d'un père, soit sur la timidité d'une jeune fille, on pourrait se séparer bons amis. « Il en serait autrement, ajouta-t-il, si nous acquérions la certitude que notre demande est repoussée par des passions haineuses et contre-révolutionnaires. Nous n'oublierions jamais alors que cette puissance mystérieuse, appelée par les uns « la famille impériale », par les autres « l'archiduc Louis et l'archiduchesse Sophie », était hostile à la France, que nous aurions, un jour ou l'autre, à la combattre, et que, pour la sécurité de notre avenir, nous n'avions à compter que sur l'énergie et l'esprit militaire du pays. » Visiblement embarrassé de la tournure que prenait l'entretien, M. de Metternich s'empressa d'affirmer que l'on devait imputer la réponse négative de l'Empereur uniquement à la tendresse de l'archiduc et à la timidité de sa fille. Notre ambassadeur eût eu beau jeu à répondre, si le duc d'Orléans ne lui avait fermé la bouche sur ce qui s'était passé le matin même. Il se contenta de déclarer qu'il ne croyait pas aux sentiments prêtés à l'archiduc, et que, dans l'état de l'Empereur, il ne regarderait comme une réponse sérieuse que celle qui lui serait donnée, sans équivoque, par le père de la princesse. « Que faut-il donc pour vous contenter? » demanda le chancelier. « Il faut, repartit M. de Sainte-Aulaire, que vous répondiez en ces termes à ma demande officielle. » Et, prenant une feuille de papier sur le bureau du prince, il écrivit : « L'Empereur laisse l'archiduc Charles libre de consulter ses sentiments et ceux de sa fille, relativement au mariage proposé. Si leur décision est favorable, le chancelier d'État s'entendra avec l'ambassadeur de France sur les difficultés politiques que peut présenter cette affaire. » M. de Sainte-Aulaire ajouta : « Répondez-moi en ces termes, et, quoi qu'il arrive, j'ose vous promettre que la bonne intelligence des cabinets ne sera pas troublée. » M. de Metternich était fort anxieux. Cependant, se croyant assuré de dominer toujours l'archiduc Charles, il ne vit, dans ce qui lui était demandé, qu'une façon de ménager au duc d'Orléans une retraite honorable. Aussi, quelques heures plus tard, après avoir consulté la « famille impériale », il envoya à M. de Sainte-Aulaire la réponse dont celui-ci avait dicté les termes.

L'ambassadeur avait bien manœuvré : si l'on voulait aller de l'avant et tenter d'enlever le mariage, il avait en main une arme à laquelle les récentes confidences de l'archiduc donnaient une réelle valeur; si l'on préférait ne pas insister, la dignité était sauve. Ce fut à ce dernier parti que s'arrêta le duc d'Orléans. Au fond, son cœur n'était pas pris; sans contester les qualités de la douce Thérèse, il la trouvait un peu faible et craintive pour le rôle qui l'attendait en France. Archiduchesse pour archiduchesse, il se demandait s'il ne ferait pas mieux de demander l'une des filles de l'archiduc Renier, vice-roi de Lombardie et de Vénétie, chez lequel il devait s'arrêter à son retour; dans cette autre branche de la famille impériale, il avait chance de trouver autant de sympathie pour la France et plus de fermeté de caractère. Il se borna donc, sans retarder son départ de Vienne, à envoyer à l'archiduc Charles copie de la lettre du prince de Metternich, « lui laissant, disait-il, le temps de consulter ses sentiments et ceux de sa fille », et ajoutant « qu'après son retour à Paris, il interrogerait leurs cœurs et demanderait une réponse » ; il terminait en assurant l'archiduc que « ses secrets seraient religieusement gardés ». En tout cela, l'attitude du duc d'Orléans avait été excellente. Dans une situation très-difficile, au milieu de gens qui eussent été ravis de le trouver en faute, pas une de ses démarches n'avait prêté à la critique. M. de Metternich lui-même, revenant un peu plus tard sur ces faits, écrivait au comte Apponyi : « Vous savez combien je rends justice à la conduite qu'a tenue ici le duc d'Orléans; chargé d'enlever d'assaut une archiduchesse, il s'est conduit avec un tact parfait [1]. »

Sur la route d'Italie, le hasard du voyage amena, à Trente, une rencontre entre les fils de Louis-Philippe et Marie-Louise : à la vue de ces jeunes hommes, brillants de jeunesse et de santé, auxquels la vie semblait tant promettre, la mère du duc de Reichstadt ne put s'empêcher de fondre en larmes. Très-bien accueilli, à Milan, par l'archiduc Renier, le duc d'Orléans fut charmé de sa fille aînée. « L'idée de cette alliance souriait à son esprit, raconte M. de Sainte-Aulaire, et déjà il y attachait son cœur », quand tomba sur lui la nouvelle de l'attentat d'Alibaud. Désolés à la pensée que leur père avait couru un danger en leur absence, les jeunes princes n'eurent plus qu'une préoccupation : brusquer leur départ et revenir en toute hâte à Paris [2].

---

[1] *Mémoires de M. de Metternich*, t. VI, p. 161.
[2] Dans une lettre à son père, lettre dont M. de Sainte-Aulaire a eu communication, l'archiduchesse, femme de l'archiduc Renier, a fait une peinture touchante de l'effet produit sur les jeunes princes par la nouvelle qui vint, dit-elle dans sa langue si vivement originale, « culbuter en tristesse les événements de la journée ». « ...Le duc d'Orléans, raconte la princesse, vient vite à moi : je le vois tout bouleversé, les yeux rouges, enflés; je lui dis : — Mon Dieu, qu'avez-vous donc? — Je viens, madame, pour vous annoncer un affreux malheur, mais qui heureusement se termine mieux qu'on pouvait le croire. — Et, disant cela, les larmes lui coulaient des yeux; moi, je pensai de suite : Oh! *ci siamo*, il y a eu du grabuge, comme on annonçait ces jours passés qu'il s'en préparait sous main pour avant les journées. Enfin, il me dit : — On a tiré presque à bout portant sur le Roi. Il n'est pas blessé heureusement, mais il est affreux pour nous de n'avoir pas été là; de n'avoir pas pu nous mettre devant lui, etc., etc. — Le voilà qui laisse un libre cours à ses idées et à ses larmes... Jamais vous ne concevrez à quel point ils furent touchants, dans le désespoir de n'avoir pas partagé le danger de leurs parents. Tous leurs messieurs aussi étaient bouleversés, chacun à sa manière, mais tous avec dévouement et prêts à faire tout au monde pour

Cet attentat, dont l'impression fut énorme à Vienne, faisait la partie belle aux adversaires du mariage. Il ne leur en fallait pas tant pour dominer la faiblesse de l'archiduc Charles et effrayer la timidité de sa fille. « Veux-tu entrer dans une voiture à travers laquelle volent les balles des régicides? » lui demandait l'archiduchesse Sophie [1]. Quant à M. de Metternich, il s'emparait avidement de l'argument qui lui était ainsi fourni : « Quelle leçon pour les idées de mariage! écrivait-il au comte Apponyi. Comment un père et une fille pourraient-ils se décider à un établissement soumis à de telles chances [2]? » A Paris, on ne se fit pas d'illusion. « Mon cœur souffre, écrivit dès le premier jour la reine Marie-Amélie à M. de Sainte-Aulaire, et je ne me dissimule pas l'effet que produira cet événement autour de vous. » Notre gouvernement était d'ailleurs averti par l'ambassadeur de France, toujours clairvoyant et sincère, qu'à demander une réponse immédiate, on courrait à un refus, et que, si l'on voulait conserver quelque chance, il fallait se tenir coi et laisser le temps effacer cette impression fâcheuse. Néanmoins, après conférence entre la famille royale et M. Thiers, il fut décidé d'en finir et de provoquer une réponse, même au risque presque certain de la recevoir négative. L'attente, disait-on, serait « sans dignité et sans force »; elle nous « constituerait en état de dépendance » et nous « ferait vivre indéfiniment dans cet état de blocus dont on avait parlé si méchamment ». Le duc d'Orléans ajoutait « qu'il ne désirait pas assez ce mariage pour vouloir l'acheter au prix d'une longue incertitude ». « Le sort en est jeté, écrivait M. Thiers à M. de Sainte-Aulaire, il faut marcher en avant. » Voulant tenter un dernier effort, il insista, dans une lettre destinée à être mise sous les yeux de

leurs princes... M. le duc d'Orléans aurait touché un marbre réellement. D... et R... disaient que l'avoir vu hier, c'était pour l'aimer et l'estimer toujours... Mon Dieu, mon Dieu! quelle affreuse position que la leur! et surtout celle de leur père! Certes, ils ne sont pas à envier, mais bien à louer et à plaindre... Cela rend triste et bête, car c'est toujours à recommencer de vouloir dire (sic) que ce n'est pas fini, et Dieu sait comment cela finira. A présent, sauf respect, je désire assez de bien au duc d'Orléans pour ne pas lui souhaiter de régner. »

[1] HILLEBRAND, *Geschichte Frankreichs*, t. I, p. 673.
[2] *Mémoires de Metternich*, t. VI, p. 149. Cf. aussi p. 152-3.

M. de Metternich, sur les dangers politiques qu'aurait la rupture des négociations matrimoniales. « En l'état du monde, disait-il, état agité pour longtemps, vous aurez, tous les ans, deux ou trois grosses questions qu'il faut aborder, suivre, résoudre, avec une forte volonté de bonne intelligence; c'est une condition indispensable pour qu'elles n'aboutissent pas à des éclats. Voilà cinq mois depuis le 22 février. Eh bien! j'ai déjà vu à Cracrovie, en Suisse tout récemment, à Constantinople, sans compter l'énorme et éternelle affaire espagnole, j'ai déjà vu de quoi mettre le feu au monde, si nous n'étions pas les uns et les autres des gens aussi sages. Supposez des ombrages plus grands, supposez des antipathies, des ressentiments de famille, des circonstances enfin qui aient rendu plus profond l'intervalle qui nous sépare, puis imaginez un jour un gros événement au milieu, et je vous jure que je ne sais pas, absolument pas, le résultat qui s'ensuivrait. » Au contraire, « supposez la France et l'Autriche unies par un mariage, et tout change... L'Angleterre ne nous quittera pas pour cela. Nous lui donnerons la main d'une part, la donnant de l'autre à l'Autriche, l'Autriche la donnant à la Prusse et à la Russie. » Et M. Thiers déroulait une perspective de paix indéfinie, à faire pleurer de tendresse M. de Metternich. Mais le ministre français exprimait aussitôt la crainte que le chancelier autrichien ne sût pas jouer ce grand rôle jusqu'au bout : « On nous accusait, nous, et heureusement on ne nous accuse plus, d'être menés par la rue. Il y a une autre domination tout aussi dangereuse, tout aussi méprisable, mais dont le danger est caché sous des dehors moins repoussants; c'est celle des salons où l'on débite des impertinences qui valent bien, comme sagesse politique, les grossièretés de la rue. De grands politiques ont quelquefois subi cette influence; le gouvernement représentatif n'est même tout à fait bon qu'à les en affranchir. Pour moi, je méprise et déteste la rue, mais elle a du moins un avantage, c'est qu'elle a une force brutale qu'on peut, quand on sait la maîtriser, pousser loin et haut; on fait des armées avec. Les salons sont impertinents et faibles; quand on se laisse pousser et compromettre par eux, on

ne trouve rien derrière; ils n'ont jamais fourni de soldats. »
M. Thiers invitait en outre l'ambassadeur de France à laisser
voir qu'un refus « nous blesserait profondément et exercerait
sur notre politique une influence que le cabinet de Vienne
pourrait avoir à déplorer ». — « Il faut, disait-il encore, que
M. de Metternich sache qu'en cas de refus, c'en est fait de toute
amitié avec nous. Nous serons sages, mais froids et malveillants. Il verra ce que c'est que la simple froideur de la France,
dans un temps comme celui-ci. » Les considérations générales
développées par M. Thiers étaient faites pour plaire à M. de
Metternich, et il le laissa voir; mais il comptait trop sur la
sagesse de Louis-Philippe et avait reçu trop souvent confidence
de ses résolutions pacifiques, pour être beaucoup troublé des
menaces de son ministre.

En même temps que M. Thiers envoyait ces instructions à
M. de Sainte-Aulaire, le duc d'Orléans, dans une lettre digne
et noble, demandait à l'archiduc Charles sa réponse définitive :
il la désirait avant tout nette et franche. « Je suis loin, ajoutait-
il, d'avoir la prétention de réunir tout ce que vous devez désirer
dans votre gendre; je crois pourtant pouvoir vous offrir, pour
votre fille, une belle et brillante position, et une famille à qui
son union et ses habitudes morales donnent l'intérieur le plus
heureux qu'il y ait au monde. Quant à moi, je n'ai pris la
résolution de me marier qu'après m'être bien assuré que non-
seulement je comprenais et voulais remplir tous les devoirs
qu'impose cette position, mais aussi que je ne saurais manquer
à aucune de mes obligations. Rendre heureuse votre fille bien-
aimée serait mon unique occupation, mon unique pensée,
et je ne regretterais pas d'avoir été plus éprouvé que la plupart des princes de mon âge, si j'avais pu acheter à ce prix
quelque garantie de bonheur pour celle qui partagerait mon
sort. »

Les réponses furent telles qu'on s'y attendait. L'archiduc
Charles fort embarrassé, fort malheureux, s'excusant sur ce
qu'il avait rencontré « des obstacles insurmontables », déclara,
avec force protestations, que sa fille, « placée dans une situation

dont les dangers l'effrayaient, craindrait de trouver, dans le bonheur même, des causes de pénibles anxiétés auxquelles son cœur risquerait de succomber ». M. de Metternich s'attacha à rejeter toute la responsabilité du refus sur la jeune princesse : « Madame l'archiduchesse, écrivait-il à son ambassadeur à Paris, ne s'est pas senti le courage de courir les chances auxquelles la famille royale est exposée. » Toutefois, dans des lettres plus intimes, il ne cherchait pas à cacher que la vraie cause du refus était « l'origine du trône d'août ». « La position de la famille royale en France, ajoutait-il, est fausse... Personne ne mettra en doute que la maison d'Orléans ne soit une grande et illustre maison ; c'est le trône du 7 août qui la rapetisse. Le duc de Chartres eût été un parti plus désirable ; le prince royal des Français ne l'est pas. » En outre, il tenait à bien marquer que, si l'on avait été réduit à faire ce refus désobligeant, la faute en était à la maladroite précipitation de M. Thiers. « On n'enlève rien d'assaut à Vienne, écrivait-il, ni le cabinet, ni une princesse [1]. »

Le duc d'Orléans se fût volontiers rabattu sur la fille de l'archiduc Renier, qui lui plaisait ; « mais, écrivait-il à M. de Sainte-Aulaire, je n'ai pas dû me faire illusion ; j'ai très-bien compris que le refus fait au nom de l'archiduchesse Thérèse était collectif. J'ai donc, quoiqu'à mon grand regret, renoncé à porter mes vues de ce côté. J'ai dû chercher ailleurs. » En effet, l'héritier de Louis-Philippe ne pouvait rester sous le coup de cet échec matrimonial. A défaut de ce qu'on appelait un « grand mariage », on résolut d'en faire un « petit ». « Je sens l'inconvénient, écrivait encore le duc d'Orléans, qu'il y aurait à ce qu'un petit mariage proclamât l'isolement de ma famille en Europe, mais je ne serai pas honteux d'avouer à mon pays que c'est pour s'être dévoué, en 1830, à la cause de la France, et pour être resté toujours national depuis, que le Roi mon père voit son fils refusé ailleurs. Je dis plus : une grande partie de l'opinion qui nous soutient et qui fait ma vraie

---

[1] *Mémoires de M. de Metternich*, t. VI, p. 152, 162 et 167.

force en Europe préférera pour moi une alliance secondaire à un mariage autrichien. »

Dès le 28 juin, M. Thiers, prévoyant l'échec de la négociation engagée à Vienne, avait adressé à tous ses agents diplomatiques, particulièrement à ceux qui étaient accrédités près les cours d'Allemagne, une circulaire où il appelait leur attention sur la nécessité de marier promptement le duc d'Orléans. « Il faut une princesse, disait-il, mais son rang entre les maisons princières n'importe pas. Pourvu qu'elle soit bonne et respectable, digne mère de nos rois, il suffit. La France est assez grande pour grandir la reine qu'on lui donnera. » Il ajoutait, dans une lettre confidentielle à notre ambassadeur à Saint-Pétersbourg : « C'est une pauvreté de s'imaginer qu'une femme assise sur le trône de France paraisse grande ou petite d'origine. Elle y sera si haut qu'on n'y verra plus que la royauté de France. Je trouve qu'il y a une dépendance humiliante et aucune dignité à se laisser bloquer, et qu'un parti hardiment pris aura beaucoup de force et un fort grand air[1]. » Notre représentant à Berlin, M. Bresson, qui s'était fort habilement ménagé de puissants moyens d'action à la cour de Prusse, fit mettre la circulaire de M. Thiers sous les yeux de Frédéric-Guillaume ; le vieux roi était encore sous le charme des princes français qui venaient d'être ses hôtes pendant quelques jours ; il fit venir M. Bresson. « Ce que vous écrit votre ministre est-il sérieusement vrai ? lui demanda-t-il. — Vous n'en pouvez douter, Sire. — En ce cas, je marie votre prince royal. De toutes les princesses allemandes, il n'en est qu'une digne de lui, et je la lui donne. Elle est ma parente et celle de l'empereur de Russie ; vous voyez qu'elle est de bonne maison. Elle n'a pas de fortune, mais je suis prêt à la doter. » Puis, après avoir nommé la princesse Hélène de Mecklembourg-Schwerin, il ajouta : « Ce n'est pas que cette union ne doive rencontrer aucune opposition. J'en prévois, au contraire, une fort décidée de la part de la famille ; mais vous n'aurez pas à vous en

---

[1] Lettre du 30 juin 1836. (*Documents inédits.*)

occuper; j'en fais mon affaire... Ces jeunes gens sont faits l'un pour l'autre; je les aime d'une égale affection. Le mariage se fera, dussé-je enlever la future pour l'envoyer à Paris. » Ces ouvertures furent bien reçues en France. Toutefois il ne leur fut pas immédiatement donné suite. Le duc d'Orléans voulait prendre ses informations sur la princesse qu'on lui offrait; de plus, il craignait qu'un mariage trop précipité n'eût un air de dépit.

Pendant ce temps, la nouvelle se répandit que l'archiduchesse Thérèse allait épouser le roi de Naples[1]. On se flattait à Vienne que, de ce côté, les révolutions étaient moins à craindre. Vanité des précautions humaines! la future reine de Naples devait mourir en exil, tout comme la future duchesse d'Orléans.

VI

L'échec des négociations matrimoniales causa un chagrin de cœur à la Reine, un regret politique au Roi; mais surtout il fut un vif mécompte pour M. Thiers. Le jeune président du conseil avait mis tout son enjeu sur cette carte, et il perdait. Quel était, en effet, le résultat de son ministère? Par quel succès avait-il justifié une élévation si prompte et si contestée? A l'intérieur, il n'avait rien fait que se maintenir au moyen de coups de bascule dont le secret était maintenant trop connu, l'effet usé, et qu'il savait bien ne pouvoir recommencer à la session suivante. A l'extérieur, il ne lui restait que l'impopularité d'avoir déserté la politique de 1830, sans le profit qu'il

---

[1] Cette nouvelle fut d'autant plus pénible à la reine Marie-Amélie qu'elle avait espéré marier une de ses filles à son neveu, le roi de Naples, et que celui-ci, avec son habitude de mystifier les gens, venait, dans une visite récente à la cour de France, de se conduire de façon à encourager les espérances de la Reine. « Il n'y a rien de plus pénible, écrivait à ce sujet la pieuse princesse, que d'être trompée dans des sentiments d'affection et de confiance; mais j'offre à Dieu ma peine. »

avait eu en vue. Irrité, il résolut de se venger sans retard des puissances continentales qui n'avaient pas répondu, comme il l'espérait, à ses avances [1]. Compromis, il voulut reconquérir la faveur de l'opinion libérale. Ayant manqué un coup d'éclat conservateur et pacifique, il ne songea plus, avec sa mobilité aventureuse, qu'à faire un coup de tête révolutionnaire et belliqueux. Le Roi, qui l'observait, s'aperçut de ce changement. « Thiers, disait-il plus tard, a été excellent jusqu'à la rupture du mariage; après cela, il a complétement perdu la tête [2]. »

Sur quel théâtre allait-il chercher cette sorte de revanche? Quelques mois auparavant, comme le chancelier autrichien exprimait, non sans ironie, la crainte que le ministre français ne se mît dans l'embarras par l'impétuosité du zèle qu'il déployait contre les radicaux suisses : « Que M. de Metternich ne s'inquiète pas trop pour mon compte, avait répondu M. Thiers; si je suis trop Sainte-Alliance en Suisse, je me referai en Espagne [3]. » Un peu plus tard, à un moment où le mariage paraissait encore possible, l'ambassadeur de Prusse avertissait, le 9 juin, son gouvernement qu'en cas d'échec, M. Thiers était résolu « à pousser la France à une politique révolutionnaire en Espagne [4] ».

Depuis que le président du conseil avait refusé, le 18 mars 1836, la coopération proposée par lord Palmerston, l'anarchie s'était encore accrue dans la Péninsule. Entre le parti révolutionnaire qui se rendait maître, à la suite d'insurrections sanglantes, de presque toutes les grandes villes de l'est et du sud, et les bandes carlistes qui s'approchaient chaque jour davantage de Madrid, le gouvernement de la reine Isabelle, sans un réal dans ses caisses, sans un régiment sur lequel il pût compter, semblait

---

[1] « Tant pis pour qui n'a pas voulu de notre hypothèque, écrivait M. Thiers à l'ambassadeur de France à Vienne. » (*Mémoires inédits du comte de Sainte-Aulaire*.)

[2] Dépêche de Werther, du 3 septembre 1836, citée par HILLEBRAND (*Geschichte Frankreichs*, t. I, p. 591).

[3] *Mémoires inédits du comte de Sainte-Aulaire*.

[4] HILLEBRAND, *Geschichte Frankreichs*, t. I, p. 591.

à toute extrémité. Aussi M. Isturitz, radical qui avait remplacé au ministère son coreligionnaire Mendizabal, sollicitait-il, éperdu, le secours armé de la France. Plus l'anarchie se montrait opiniâtre en Espagne, plus nous devions y regarder à nous charger d'y porter remède. Mais M. Thiers, à mesure qu'il perdait espoir d'obtenir le mariage autrichien, redevenait favorable à l'intervention. Il recommençait à soutenir que les progrès des révolutionnaires n'étaient dus qu'au malaise produit par l'insurrection carliste; que d'ailleurs l'intérêt premier, dominant, de la France de 1830, était d'empêcher le triomphe du parti rétrograde au delà des Pyrénées. Les gouvernements du continent ne furent pas longs à s'apercevoir de cette évolution. Le 30 juillet, M. de Metternich se plaignait que le ministère français parût vouloir « lier l'affaire d'Espagne à celle du mariage [1] », et il trouvait là sujet de s'exprimer, avec une singulière amertume, sur la dangereuse incapacité de M. Thiers dans le maniement des affaires extérieures [2]. Les puissances n'avaient plus d'espoir que dans la sagesse de Louis-Philippe. Elles comptaient du reste que son autorité prévaudrait; l'un des ambassadeurs étrangers écrivait, en parlant de ce prince : « Lui seul dirige la politique; au fond Thiers voudrait toujours intervenir; le Roi seul y est absolument opposé, et sa volonté fait loi [3]. »

Louis-Philippe, en effet, était plus que jamais résolu à se refuser aux aventures, et il s'entendait avec M. de Montalivet, ministre de l'intérieur, pour surveiller les démarches du président du conseil. Toutefois, il se préoccupait de ne pas fournir à celui-ci de prétexte pour dénoncer la Couronne au pays. Situation difficile dont il entretenait parfois les ambassadeurs étrangers. « Il me faut, disait-il à M. de Werther, infiniment

---

[1] Le chancelier ajoutait à ce propos : « Ce n'est pas l'Autriche que, dans l'affaire de la Péninsule, nous voyons compromise en première ligne. Ce que je prêche, ce sont les conditions de la vie pour la France. Quand on me dit : — Si vous faites l'un, je ferai l'autre, c'est tout comme si l'on ne disait rien. Les enfants, pour punir leurs parents, disent souvent : — Je ne mangerai pas. Aussi souvent que j'entends une menace pareille, je dis à l'enfant : — Eh bien, ne mange pas! » (*Mémoires de M. de Metternich*, t. VI, p. 153.)

[2] *Ibid.*, p. 155.

[3] Dépêche du 24 juillet 1836. (HILLEBRAND, *Geschichte Frankreichs*, t. 1, p. 633.)

de patience pour conduire ma barque [1]. » C'est par cette considération qu'il se prêta d'abord, de plus ou moins bonne grâce, à une sorte de transaction qui consistait à augmenter les secours indirects fournis au gouvernement espagnol. La légion étrangère que nous lui avions prêtée se trouvait réduite à 3,000 hommes : il fut convenu qu'on permettrait d'en élever le chiffre au moyen d'enrôlements volontaires faits dans notre armée, et qu'un général français serait autorisé à en prendre le commandement. La situation n'en restait pas moins très-tendue entre Louis-Philippe et son ministre. L'ambassadeur de France à Madrid, M. de Rayneval, étant gravement malade, M. Thiers voulut envoyer, pour le suppléer, un agent sûr et capable ; il s'adressa à M. de Bois-le-Comte, qui demanda à voir le Roi avant de partir : « Qu'en est-il besoin ? lui dit le président du conseil avec humeur. Ne suis-je pas ministre responsable ? » Puis, comme M. de Bois-le-Comte insistait : « Eh bien ! soit ; venez me prendre ce soir, nous irons ensemble aux Tuileries, et vous partirez pour Madrid demain matin. » Louis-Philippe reçut les deux visiteurs froidement ; M. de Sainte-Aulaire a conservé de l'entretien qui s'engagea cette sorte de procès-verbal : Le Roi : « Vous direz à la reine Christine, monsieur de Bois-le-Comte, que j'enverrai à son secours dix ou douze mille hommes de mes troupes. (*Le Roi se tournant vers M. Thiers :*) N'est-ce pas ce qui a été convenu dans le conseil, monsieur le ministre ? » — M. Thiers : « Oui, Sire. » — Le Roi, à *M. de B. le C.* : « Le drapeau et la cocarde française ne paraîtront pas en Espagne ; mes troupes serviront sous le drapeau et la cocarde espagnols. (*A M. Thiers :*) Cela est bien entendu, n'est-il pas vrai, monsieur le ministre ? » — M. Thiers : « Oui, Sire. » — Le Roi, à *M. de B. le C.* : « Pour commander mes troupes, j'offre à la Reine le maréchal Clauzel et le général Bugeaud ; elle sera libre de choisir entre eux. (*A. M. Thiers :*) Vous y consentez, n'est-ce pas, monsieur le ministre ? » — M. Thiers : « Oui, Sire. » — Le Roi : « Le général français commandera

---

[1] Hillebrand, *Geschichte Frankreichs*, t. I, p. 636.

toutes les troupes, soit espagnoles, soit françaises, qui opéreront en commun. » Ici encore, Louis-Philippe se retourna vers M. Thiers qui fit un signe d'assentiment, puis Sa Majesté se leva, et, sans ajouter une parole, congédia ses deux interlocuteurs [1].

A peine arrivé en Espagne, M. de Bois-le-Comte, tout en annonçant les secours, déclara qu'il fallait renoncer à l'espoir d'une action directe de la France ; mais il avait beau dire, à Madrid, on comptait toujours sur l'intervention, et le public interprétait la venue de l'envoyé français comme l'annonce de cette intervention ou tout au moins d'une mesure devant y conduire. Tel était, du reste, le secret dessein de M. Thiers. Il se flattait d'amener, bon gré, mal gré, le Roi à l'intervention, dût-il l'y contraindre par des moyens révolutionnaires. « Je vais faire à mon aise mes affaires en Espagne, écrivait-il alors à M. de Sainte-Aulaire. Je recrute la légion étrangère ; elle serait de cinquante mille hommes si nous voulions ; il n'en faut pas tant, avec un bon général, pour mettre au néant le héros de Navarre. MM. d'Apponyi et de Werther jettent feu et flamme contre moi, ils livrent des assauts au Roi ; s'ils m'obligent à ouvrir les fenêtres et à crier au secours, il n'entrera que trop de monde dans la maison pour me prêter main-forte. » En attendant, d'accord avec le ministre de la guerre, le président du conseil poussait activement l'organisation de la légion, sans s'inquiéter de l'humeur témoignée par les puissances continentales [2], et sans se gêner pour sortir, sur plus d'un point, des conditions convenues avec la Couronne.

Louis-Philippe était trop fin pour ne pas voir qu'on cherchait à le jouer. Il se plaignait que son ministre « eût recours au système du Mazarin qui disait que le nocher tournait le dos au but vers lequel il conduisait son bateau ». De là des questions, des explications, des récriminations incessantes, au sein du conseil des ministres. Tout cela n'était pas fait pour diminuer les doutes et les répugnances du Roi au sujet des mesures

---

[1] *Mémoires de M. de Sainte-Aulaire.*
[2] Dépêche de M. Thiers à M. de Barante, du 15 août 1836. (*Documents inédits.*)

adoptées; il en venait à se demander si ces mesures n'étaient pas plus mauvaises encore que l'intervention directe. Lui-même exposait ainsi les raisons de ses inquiétudes : « Un corps français de dix, douze ou quinze mille hommes tirés de nos régiments, recruté et formé sous la direction du ministre de la guerre et des autorités françaises, composé de Français et de nos meilleurs soldats, commandé par des officiers et des généraux français, organisé en France, est en fait une armée française; la fiction de le faire entrer au service d'Espagne, n'ayant d'autre garantie qu'une cocarde et un drapeau espagnols, serait détruite à l'instant où elle les rejetterait pour reprendre les siennes, ce qui ne serait ni long ni douteux; d'ailleurs ce serait faire ce qu'aucun gouvernement, jaloux de son honneur et de celui de la nation, n'a jamais admis ni toléré, puisque ce serait remettre le sang, la force et la puissance nationales à la disposition d'un gouvernement étranger, enlever une armée française à l'allégeance de la France. Et remarquez bien ceci : c'est que, l'Espagne ne pouvant ni les payer, ni les satisfaire, vous les exposeriez à tous les ressentiments du désespoir, à toutes les séductions républicaines, d'autant plus dangereuses que le gouvernement et le pays d'Espagne deviendraient plus révolutionnaires [1]. »

On devait commencer à se rendre compte, aux Tuileries, qu'on était loin d'avoir gagné au change, en remplaçant le duc de Broglie par M. Thiers. Le premier, sans doute, n'était pas un ministre commode; par une conception trop absolue du régime parlementaire et par une méfiance excessive des interventions parfois un peu tatillonnes de Louis-Philippe, il avait exagéré l'indépendance ministérielle jusqu'à refuser à la Couronne sa part d'action légitime : c'était le cas, par exemple, quand il ne voulait pas montrer au Roi les lettres confidentielles des ambassadeurs et ne lui communiquait qu'à grand'peine les dépêches officielles; mais, après tout, il était loyal et respectueux, n'usant, pour faire triompher sa volonté, ni de ruse ni de violence,

---

[1] Lettre écrite, quelques jours plus tard, par Louis-Philippe à M. Dupin, pour lui rendre compte des causes de la crise. (*Mémoires de Dupin*, t. III, p. 223.)

offrant seulement une démission qu'il était prêt à donner sans éclat et sans rancune. Dans M. Thiers, avait-on trouvé le ministre désiré qui devait se borner, selon la parole de M. de Talleyrand, à être « l'organe éloquent de la politique royale [1] » ? Après quelques mois d'épreuve, il était visible que sa souplesse cachait autant d'esprit d'indépendance que la roideur de M. de Broglie ; il avait en moins la sûreté dans le jugement et dans le caractère ; ce n'était plus un système raisonné qu'il prétendait imposer, mais les aventures où le poussaient son caprice et son dépit ; et, pour arriver à ses fins, il ne se faisait pas scrupule d'essayer de tromper ou d'opprimer la Couronne.

Pendant que les rapports devenaient ainsi de plus en plus difficiles entre le Roi et son ministre, les événements se précipitaient en Espagne. Le 12 août, les deux régiments en garnison à Saint-Ildefonse, où résidaient alors Isabelle et sa mère la régente, s'insurgeaient, envahissaient le palais de la Granja, et, après une scène de violence, la Reine se voyait contrainte « d'autoriser la troupe à jurer la constitution de 1812 ». Insurrection analogue à Madrid, suivie du massacre du brave général Queseda. Les ministres étaient obligés de prendre la fuite. L'émeute victorieuse imposait un nouveau cabinet, plus révolutionnaire encore que le précédent. Les Cortès étaient dissoutes, et une assemblée nouvelle convoquée selon le système électoral prescrit par la constitution de 1812, avec mission de remettre celle-ci en vigueur. En même temps, on entendait répéter, dans les cafés de Madrid, ces mots qui finissaient par y devenir proverbiaux : « *A ver ahora lo que haran esos picaros de Franceses.* Nous allons voir maintenant ce que feront ces vauriens de Français [2]. »

M. Thiers n'avait sans doute aucun goût pour la constitution de 1812 et pour le parti qui s'était emparé du pouvoir à Madrid, mais il soutenait toujours que, pour faire cesser le désordre, il fallait d'abord abattre don Carlos, que la France seule le pou-

---

[1] *Notes inédites de M. Duvergier de Hauranne.*
[2] Dépêche de M. de Bois-le-Comte, citée dans les *Mémoires de M. Guizot*, t. IV, p. 165.

vait, et qu'abandonner la jeune reine dans le péril qu'elle courait, c'était vouloir sa ruine. Il pressait donc plus que jamais l'organisation de la légion étrangère. Le général Lebeau, auquel avait été confié un commandement dans ce corps, se croyait autorisé à annoncer, non sans fracas, aux autorités espagnoles de Pampelune que la légion était l'avant-garde d'une nombreuse armée envoyée par la France à leur secours.

Quand cette démarche fut connue à Paris, le Roi s'en montra fort ému. En l'absence de M. Thiers, qui chassait chez M. de Rothschild, il fit aussitôt insérer par M. de Montalivet, dans le *Moniteur* du 24 août, la note suivante : « Plusieurs journaux ont publié un ordre du jour du général Lebeau, daté de Pampelune, le 13 août, dans lequel il annonce aux troupes sous ses ordres qu'il a été nommé par le roi des Français au commandement des légions qui sont au service de S. M. la reine d'Espagne. C'est une erreur que nous devons rectifier. Le général Lebeau a été autorisé par le Roi à passer au service de la reine d'Espagne; mais le Roi n'a eu aucune part à la nomination de cet officier général à ce commandement. » Cette note indiquait une préoccupation bien marquée de dégager le gouvernement français des affaires espagnoles. En effet, bien loin de voir dans l'insurrection victorieuse de Saint-Ildefonse un motif d'intervenir davantage, Louis-Philippe y trouvait plutôt une raison de retirer les secours qu'il n'avait consentis qu'à regret. Si l'on avait promis l'aide d'une légion composée de soldats français, c'était à la Reine libre, non à la Reine prisonnière; c'était à un gouvernement monarchique, non à la constitution républicaine de 1812. Quelques jours avant l'insurrection, M. Isturitz, qui se sentait débordé, avait posé cette question à M. de Bois-le-Comte : « Si la constitution de 1812 était imposée à la Reine par la violence, le gouvernement français regarderait-il le traité comme subsistant encore pour ce qui regarde l'Espagne? — Tout ce que je puis dire, répondit l'envoyé français, c'est que j'ai été chargé d'annoncer des secours à la Reine libre et indépendante, agissant avec le concours de la nation et avec celui des corps politiques régulièrement organisés, et non à la Reine réduite à être le jouet d'un parti, ou l'organe d'une volonté étrangère à la sienne. » Louis-Philippe n'ignorait pas, d'ailleurs, l'effet produit sur les autres puissances par les événements de Saint-Ildefonse. M. de Metternich avait dit aussitôt à M. de Sainte-Aulaire : « Ne vous y trompez pas, notre inaction n'est pas de la faiblesse; l'Autriche, la Prusse et la Russie n'abandonnent pas l'Espagne à la France et à l'Angleterre, comme un sujet livré à leurs aventureuses expériences; une intervention étrangère amènera très-probablement une guerre générale en Europe... Jamais la coalition de 1808 n'eût eu lieu contre la France, si l'empereur Napoléon n'avait pas été engagé en Espagne. » Ce langage du prince de Metternich et celui non moins explicite qu'il tint à l'ambassadeur d'Angleterre laissèrent M. de Sainte-Aulaire convaincu « que, si le parti constitutionnel triomphait en Espagne par ses propres forces, on éprouverait, à Vienne comme à Berlin et à Saint-Pétersbourg, une violente humeur, sans cependant se décider à nous faire la guerre; mais que si don Carlos succombait sous l'effort de la France et de l'Angleterre, les trois puissances du Nord n'attendraient qu'une occasion de se venger, et que notre réconciliation avec l'Europe continentale deviendrait impossible [1]. »

Chaque heure augmentait donc la distance qui séparait la politique du Roi de celle de son ministre : une rupture était inévitable. Louis-Philippe la provoqua dans les derniers jours d'août, en demandant formellement que les corps rassemblés sur les Pyrénées fussent dissous. Comme toutes les fois où les intérêts extérieurs de la France lui paraissaient en péril, il était fort résolu et disait à M. Thiers : « Je serai le second tome du roi Guillaume, et je ne vous céderai pas, même si vous ameutiez une majorité contre moi. » Le président du conseil combattit la mesure que proposait le Roi, par la raison que ce serait renoncer définitivement à agir en Espagne. « Il faut rompre la glace, dit-il : le Roi ne veut pas l'intervention, nous la voulons; je me retire. » Ses collègues, sauf M. de Montalivet,

---

[1] *Mémoires inédits du comte de Sainte-Aulaire.*

adhérèrent à sa déclaration. « Messieurs, répondit le Roi, il est donc entendu que le cabinet est dissous; je vous demande de n'en point parler et de rester à vos postes, pendant que je vous chercherai des successeurs. »

Le secret ne fut pas longtemps gardé. Louis-Philippe annonça lui-même l'événement aux ambassadeurs des puissances continentales [1], sachant que, de ce côté, on lui saurait grand gré de son initiative. A Vienne, à Berlin, ce fut comme un transport de reconnaissance : on ne tarissait pas en éloges du Roi. « Il a prouvé disait M. Ancillon, qu'il sait et veut non-seulement régner, mais aussi gouverner. » On admirait surtout que M. Thiers eût été « renversé, non par la Chambre, mais par le Roi seul [2] ». L'empereur Nicolas, qui évitait d'ordinaire de parler de Louis-Philippe, comme si ce nom seul lui brûlait les lèvres, en venait à dire à notre ambassadeur : « Combien le Roi a eu de sagesse et de fermeté, en s'opposant à l'intervention! L'Europe lui doit beaucoup, et jamais il n'a donné une preuve plus forte de sa prudence et de sa volonté [3]. » Par contre, vive irritation chez lord Palmerston, plus ou moins protecteur des radicaux espagnols; c'est au Roi personnellement qu'il en voulait, et il lui prêtait les plus noirs desseins. « Ces insurrections militaires en Espagne et en Portugal sont le diable, écrivait-il à son frère; elles n'auraient pas éclaté, si notre digne ami et fidèle allié, Louis-Philippe, avait rempli ses engagements et avait agi dans l'esprit de la Quadruple-Alliance. Mais, quelle qu'en soit la cause, il nous a jetés à peu près par-dessus bord, nous, la Reine et le traité. Les uns disent que c'est par peur des républicains, les autres par désir de plaire à l'Autriche et à la Russie, d'autres qu'il veut le succès de don Carlos et donne une princesse française à un fils de don Carlos... » Peu de jours après, il revenait à la charge : « Louis-Philippe

---

[1] « Eh bien, mon cher baron, disait le Roi à M. de Werther, j'ai été dans une nouvelle cuisson, depuis que je ne vous ai vu. » (Dépêche de Werther citée par HILLEBRAND, *Geschichte Frankreichs*, t. I, p. 593.)

[2] *Ibid.*, p. 596 et 636.

[3] Dépêche de M. de Barante, des 8 et 22 octobre 1836. (*Documents inédits.*)

nous a traités indignement dans les affaires espagnoles; mais le fait est qu'il est aussi ambitieux que Louis XIV et veut mettre un de ses fils sur le trône d'Espagne, comme mari de la jeune reine; il croit qu'il atteindra mieux ce but par la continuation du désordre en Espagne. » Une autre fois, il accusait le gouvernement français de convoiter les provinces du nord de l'Espagne [1]. Ce ressentiment ne fut-il pas pour quelque chose dans le mauvais coup que lord Palmerston devait nous porter en 1840? Beaucoup l'ont pensé, non sans quelque raison [2].

En France, les conservateurs ne pouvaient pleurer beaucoup un ministre qui avait tout le temps coqueté à leurs dépens avec les amis de M. Odilon Barrot, dont l'œuvre la plus certaine avait été de décomposer l'ancienne majorité et de désorienter l'administration, et qui semblait même, à la fin, vouloir se jeter dans les aventures extérieures. D'autre part, la gauche avait fini par trouver que l'exclusion des doctrinaires ne suffisait pas à ses principes et à ses passions; elle s'était lassée des ménagements qu'elle s'imposait pour marcher avec le tiers parti, et il lui reprenait envie de combattre sous sa propre bannière. Il n'était pas jusqu'à M. de Talleyrand qui ne désavouât le ministre qu'il avait tant contribué à faire et qui ne donnât pleinement raison au Roi [3]. Aussi M. Duchâtel pouvait-il écrire, le 1ᵉʳ septembre : « La position de Thiers est des plus mauvaises; il est universellement abandonné. » Quant aux spectateurs non classés dans les partis, le *Constitutionnel* ne parvenait pas à leur persuader que la chute de M. Thiers fût un grand malheur : ils ne voyaient pas ce que, dans sa mobilité équivoque et stérile, ce ministre avait fait jusqu'alors, au dedans ou au dehors, qui le rendît particulièrement regrettable; encore moins se faisaient-ils une idée nette de ce qu'eussent été ses projets d'avenir. A régler le compte de ces six mois de gouvernement, la part des déboires dépassait celle des satisfactions; il était survenu

---

[1] H. L. Bulwer, *The life of Palmerston*, t. III, p. 24, 27, 28.
[2] Tel est le sentiment de Bulwer lui-même, t. II, p. 218.
[3] Lettre de M. Royer-Collard à M. Molé, en date du 2 septembre 1836. (*Documents inédits.*)

plus d'inquiétude qu'il ne restait d'espoir. Si bien qu'à la nouvelle de la démission du ministère, l'impression dominante fut une impression de soulagement.

D'ailleurs, cette intervention en Espagne, à propos de laquelle avait éclaté la crise, était loin d'être populaire. Elle l'était même si peu qu'on se demande comment M. Thiers avait choisi pour livrer sa dernière bataille une question où il devait être tellement assuré d'être battu. Peut-être avait-il assez conscience de l'avortement de son ministère pour ne plus chercher qu'un moyen de s'esquiver, pareil à ces joueurs impatients qui, aussitôt qu'ils devinent la partie perdue, jettent de dépit les cartes sur la table. On a observé plaisamment que, s'il était plus agile que tous à grimper au mât de cocagne du pouvoir, nul n'était plus prompt à s'en laisser glisser : contraste avec M. Guizot qui s'y hissait lourdement, mais s'y cramponnait avec ténacité. Dans ces descentes, du reste, M. Thiers mettait beaucoup de souplesse et d'art, s'arrangeant pour retomber toujours sur ses pieds. En succombant sur la question d'intervention, il échappait au danger qui l'effrayait entre tous, celui de se retirer pour avoir tenté sans succès de s'unir aux anciens tenants de la Sainte-Alliance. L'imprudence même de l'aventure révolutionnaire et belliqueuse où il faisait mine de vouloir jeter la France contribuait à mieux effacer les avances faites naguère aux puissances continentales; il donnait un gage éclatant à cette Angleterre qu'il venait de tant négliger; il se retrouvait, pour l'opposition à venir, l'homme de la politique « libérale » et « nationale ». Comédie si bien jouée que, quelques semaines plus tard, M. Odilon Barrot, montrant l'Europe divisée entre les États réformateurs et les conservateurs, entre la révolution et l'ancien régime, félicitait, avec sa gravité sentencieuse, M. Thiers d'avoir compris, au pouvoir, que la place de la France de Juillet était dans le premier camp, à côté des gouvernements ayant même principe et même origine qu'elle, et il faisait honneur au pourfendeur des radicaux suisses, au négociateur du mariage autrichien, d'être tombé victime de sa fidélité aux alliances libérales et de son horreur pour la contre-révolution européenne.

CHAPITRE III

L'ALLIANCE ET LA RUPTURE DE M. MOLÉ ET DE M. GUIZOT.

(6 septembre 1836 — 15 avril 1837.)

I. M. Molé. Son passé. Ses qualités et ses défauts. — II. M. Molé demande le concours de M. Guizot. Raisons qui pouvaient faire hésiter ce dernier. Le duc de Broglie. M. Guizot se contente du ministère de l'instruction publique. Part faite à ses amis. Composition défectueuse du cabinet. — III. Premières mesures à l'intérieur et à l'extérieur. Affaires d'Espagne et de Suisse. — IV. Le prince Louis Bonaparte. Attentat de Strasbourg. Impression produite. Le prince est embarqué pour l'Amérique. Ses complices sont déférés au jury. — V. Charles X à Prague. Les royalistes et le vieux roi. Mort de Charles X à Goritz. Situation du duc d'Angoulême et du duc de Bordeaux. — VI. Les partis se préparent à la session. M. Thiers et le centre gauche. Ses rapports avec le duc de Broglie. Échec des armes françaises devant Constantine. — VII. Ouverture de la session. Attentat de Meunier. L'Adresse. Débat sur l'Espagne et l'affaire Conseil. — VIII. État moral de la majorité. Difficultés entre M. Molé et M. Guizot. Attitude de l'opposition en face de cette dissension. — IX. Acquittement des complices du prince Louis. Le ministère présente en même temps des lois pénales et des lois de dotation. Opposition très-vive. Rejet de la loi de disjonction. — X. Le ministère se roidit, mais est gravement atteint. Agitation contre l'apanage. Rupture entre M. Molé et M. Guizot. — XI. La crise ministérielle. M. Guizot tente sans succès de rétablir le ministère du 11 octobre. Malaise produit par la prolongation de la crise. Le Roi s'adresse en même temps à M Molé et à M. Guizot. Il préfère la combinaison proposée par M. Molé. Le ministère du 15 avril. Sa faiblesse. Les reproches faits au Roi à ce propos sont-ils fondés?

I

Le vote qui renverse un ministère désigne d'ordinaire ses successeurs, souvent même les impose. Rien de pareil dans la chute de M. Thiers, qui se retirait pour avoir été, non en minorité devant la Chambre, mais en désaccord avec la Couronne. Il en résultait pour le Roi plus de latitude dans le choix des nouveaux ministres, et aussi une tentation plus grande de suivre ses goûts personnels. Ceux-ci le portèrent tout de suite vers un personnage auquel il s'était déjà souvent adressé, dans les crises ministérielles survenues depuis 1832, mais qui ne s'était jamais jugé en mesure de répondre à ces appels. Nous voulons parler du comte Molé.

M. Molé, qui n'avait pas encore eu l'occasion de déployer à la tribune le talent et la puissance dont il fera preuve dans les débats de la coalition, n'était pas alors compté parmi les grands orateurs : sa parole sobre, distinguée, était celle d'un homme de bonne compagnie, habitué à traiter des affaires publiques ; mais elle manquait un peu de relief, de chaleur et d'éclat. Il n'était pas non plus un grand chef de parti, traînant derrière soi toute une nombreuse clientèle. Membre de la Chambre des pairs, étranger aux divisions de la Chambre des députés, on eût été embarrassé de le rattacher à un groupe parlementaire. Conservateur sans doute, il s'était, dans le ministère de l'avénement, rangé du côté de la résistance ; néanmoins, demeuré un peu à l'écart pendant les grandes luttes de 1831 à 1834, il avait paru, une fois ces luttes finies, en coquetterie avec le tiers parti ; c'est ainsi qu'on a expliqué les scrupules inattendus qui l'empêchèrent de siéger jusqu'au bout dans le procès des accusés d'avril. En politique étrangère, il avait été le premier, après 1830, à proclamer le principe de non-intervention, si déplaisant aux puissances continentales ; et cependant, en 1836, il passait pour vouloir se rapprocher de ces mêmes puissances. En tout, une souplesse d'allure qui lui avait permis, comme à M. Pasquier et avec la même correction décente, d'être successivement ministre de l'Empire, de la Restauration et de la monarchie de Juillet. Il n'avait trahi ni répudié aucun de ces gouvernements, avait servi chacun d'eux comme il leur convenait de l'être, mais sans se livrer ni se compromettre, acceptant les rôles nouveaux que lui apportaient les événements, nullement embarrassé de leur diversité, et se bornant à dire, avec une mélancolie sans amertume : « Hélas ! je n'ai jamais pu choisir ma tâche, ni conduire ma destinée. » Tout cela n'était pas pour déplaire à

Louis-Philippe. Ne pouvait-il pas penser qu'un tel ministre aurait à compter davantage avec la Couronne, et que celle-ci aurait plus de chances de faire prévaloir son propre système ?

Le comte Molé avait d'ailleurs d'autres avantages pour le poste auquel on l'appelait. S'il n'était pas alors au nombre des orateurs illustres et des chefs de parti, il n'en avait pas moins une importance sociale et politique qui le mettait de pair avec eux. De grand nom, de grande fortune, de grande intelligence, c'était l'homme considérable dans la force du terme. Il était arrivé tout jeune, comme de plain-pied, aux plus hautes situations, et, depuis lors, n'en était pas descendu. Son expérience déjà longue, bien qu'il n'eût que cinquante-cinq ans, expérience des affaires et surtout des hommes, se trouvait d'autant plus étendue qu'il l'avait acquise à des écoles plus variées. « Personne, disait M. Bertin de Vaux, ne surpasse M. Molé dans la grande intrigue politique. » D'autres ont été plus puissants comme Casimir Périer, plus profonds comme M. Guizot, plus brillants comme M. Thiers ; peu d'hommes ont possédé à un degré aussi haut la sagacité, la prudence avisée, la justesse, le tact, la mesure, avec je ne sais quoi d'équilibré et d'harmonieux, dons rares qui ne sont pas tout l'esprit de gouvernement, mais qui en sont une partie notable [1]. Le tout rehaussé par ce qui était vraiment la qualité maîtresse et distinctive de M. Molé, une politesse de l'esprit et des mœurs qui mettait en valeur ses mérites réels et faisait oublier ceux qui pouvaient lui manquer [2].

M. Molé avait en effet des côtés faibles : les doctrinaires, qui ne l'aimaient pas, et dont, pour cette raison, le témoignage est suspect, ont prétendu qu'il avait moins de consistance au

---

[1] M. Sainte-Beuve a écrit de M. Molé et de M. Pasquier : « J'avoue, pour mon compte, avoir ignoré jusque-là, avant de l'avoir considéré dans leur exemple, ce que c'est que la justice d'esprit en elle-même, cette faculté modérée, prudente, vraiment politique, qui ne devance qu'autant qu'il est nécessaire, mais toujours prête à comprendre, à accepter sagement, à aviser, et qui, après tant d'années, se retrouve sans fatigue au pas de tous les événements, si accélérés qu'ils aient pu être. » (*Portraits littéraires*, t. III, p. 324.)

[2] M. de Tocqueville a écrit, le 23 décembre 1855 : « La mort de M. Molé fait disparaître un des derniers modèles de l'ancienne politesse et des grandes manières. Il était également un des derniers représentants de cet ancien goût français des plaisirs de l'esprit, qui semble, de plus en plus, se perdre parmi nous. »

fond que de bonne tenue extérieure, le caractère ombrageux et passionné, l'amour-propre facilement souffrant, l'ambition d'un homme avec les nerfs d'une femme[1]. S'il parut tel à quelques-uns de ceux qui furent ses rivaux sous la monarchie de Juillet ou sous la Restauration, tout autre fut l'impression des hommes qui ne l'ont connu que plus tard, dans les assemblées de la seconde république, rasséréné et désintéressé par la vieillesse, tout entier au péril de la chose publique, de conseil très-sûr et très-écouté, rapprochant les hommes naguère ennemis, aidant, sans les jalouser, ceux que leur âge et leur situation portaient à un rôle plus actif, jouissant et se contentant d'une considération qui lui donnait plus d'autorité et plus d'importance qu'en ses jours de pouvoir[2]. Du reste, même au temps où certains défauts pouvaient n'être pas encore corrigés ou usés par l'âge, ils se trouvaient couverts comme d'un voile brillant de dignité fine et charmante, d'exquise et noble décence. Dans toute sa personne, dans son maintien, sa démarche, et jusque dans le tour de sa conversation, apparaissait une élégance de nature et de race qui faisait de lui le type accompli de la distinction. D'une amabilité grave, à la fois attrayant et imposant, il avait au besoin la belle humeur familière de M. Thiers, avec une tenue qui manquait à ce dernier ; il était grand seigneur comme le duc de Broglie, sans rien de sa roideur un peu gauche. Nul n'a mieux possédé l'art de la flatterie, non de celle des

[1] Les doctrinaires allaient même plus loin; dans le propos que nous avons déjà cité, M. Bertin, après avoir rappelé que « personne ne surpassait M. Molé dans la grande intrigue politique » : « Il y a plaisir, disait-il, à s'en mêler avec lui »; mais il ajoutait, en riant malicieusement : « Plus de plaisir que de sûreté. »

[2] M. Vitet, qui avait autrefois partagé les préventions de ses amis doctrinaires contre M. Molé, déclare avoir abjuré ces préventions quand, dans l'Assemblée législative de 1849, il se trouva en rapports plus fréquents avec lui. « A le voir ainsi tous les jours de près, dit-il, dans les incidents les plus divers et les plus imprévus, j'appris non-seulement à redoubler d'estime pour cette sagacité, cette élévation d'esprit, dont il avait donné de si vaillantes preuves en défendant son drapeau (en 1839), mais à connaître l'homme et sa vraie valeur dans l'intimité de son commerce, si bien qu'à des préventions qui n'étaient pas éteintes, ne tarda pas à succéder une affection respectueuse dont j'aime à produire ici l'expression. » (*Revue des Deux Mondes* du 1ᵉʳ décembre 1861.) — M. de Falloux, dans son discours de réception à l'Académie française, a rendu aussi un magnifique hommage au rôle de M. Molé après 1848.

courtisans vulgaires ou des démagogues, mais de la flatterie délicate qui ne coûte rien à la dignité du flatteur; nul n'y a apporté plus d'adresse sérieuse; il s'appliquait autant à conquérir et à garder le suffrage incertain de tel ou tel député de la Chambre bourgeoise, qu'autrefois à gagner la faveur de Napoléon Ier [1]. Ses moyens de séduction étaient du reste à ce point variés et efficaces qu'ils s'exercèrent à la fois sur les politiques, les lettrés et les femmes; il sut les modifier avec le temps : jeune, il avait plu aux vieillards par sa « gravité consulaire [2] »; vieux, il plaira aux jeunes par son aimable bonne grâce.

II

A la fin d'août 1836, le comte Molé n'avait aucune raison de ne pas répondre à l'appel que lui adressait le Roi. Seulement il se rendit compte aussitôt que, pour avoir autorité sur la Chambre, le concours d'un des grands orateurs lui était nécessaire. M. Thiers étant hors de cause, il résolut de s'adresser à M. Guizot. Louis-Philippe avait peut-être désiré autre chose; mais il ne fit pas d'objection.

Dans la politique et dans le monde, M. Molé et M. Guizot s'étaient souvent rencontrés; ils avaient même fait partie ensemble du premier ministère de la monarchie de Juillet; mais, entre eux, pas d'intimité; plutôt froideur et défiance. Dans ces derniers temps, cependant, les relations étaient devenues plus fréquentes. Ce changement avait commencé à se manifester dans la crise qui avait suivi la dissolution du ministère du 11 octobre. « M. Molé s'est conduit très-simplement et très-dignement dans tout ceci, écrivait, le 7 mars 1836, la duchesse de Broglie; il se trouve naturellement rapproché de ceux dont

---

[1] Peu de causeurs avaient été aussi goûtés de Napoléon. Quand l'Empereur s'éloignait de Paris, le comte Molé avait ordre de prolonger, pour ainsi dire, l'entretien, en lui écrivant tous les jours.

[2] Expression de M. Joubert.

il n'était qu'accidentellement éloigné¹. » Madame de Castellane, amie de M. Molé, avait alors attiré M. Guizot dans son salon : les deux hommes d'État, amenés à causer des actes de M. Thiers, s'étaient trouvés « les juger presque toujours de même et former les mêmes conjectures sur l'avenir ² ». N'y avait-il pas eu tout de suite entre eux des arrangements encore plus précis? M. Bresson écrivait, dès le 7 mars 1836, à M. de Barante : « Je crois, — mais je vous demande le plus grand secret, — que déjà il existe une entente, sinon expresse, du moins tacite, entre MM. Molé, Guizot, Duchâtel, pour produire un cabinet et le publier dans le *Moniteur*, le lendemain de la chute du ministère actuel s'il est dans son sort de choir ³. » Et M. Bresson ajoutait plus tard qu'il tenait cette confidence de M. Molé. Chose curieuse à noter, un des collègues de M. Thiers, M. de Montalivet, avait paru jouer un rôle actif dans ces pourparlers ⁴. Ce n'était sans doute pas à l'insu du Roi.

Plusieurs des lieutenants de M. Guizot, M. Duchâtel en tête, lui conseillaient d'accepter le portefeuille qu'on lui proposait. D'autres, tels que M. Duvergier de Hauranne, l'en détournaient : on était, pensaient-ils, encore trop près de la chute du ministère du 11 octobre; l'opinion n'avait pas eu le temps de revenir aux doctrinaires, et leur intérêt était d'attendre la réaction qui ne manquerait pas de se produire; rentrer sitôt, en l'absence des Chambres, par l'effet d'un acte pur et simple de la volonté royale, ne leur paraissait pas une condition d'autorité suffisante. Tout au moins, si M. Guizot acceptait, l'engageait-on à exiger la présidence du conseil. « Le ministère nouveau, lui écrivait le duc de Broglie, doit vous accepter pour chef, non-seulement de fait, mais de nom; quoi qu'il en soit, vous en aurez la responsabilité : il faut que vous en ayez la direction. »

L'offre faite par M. Molé avait un autre inconvénient dont

---

¹ Lettre à M. de Barante. (*Documents inédits.*)
² *Mémoires de M. Guizot*, t. IV, p. 171.
³ *Documents inédits.*
⁴ *Notes inédites de Duvergier de Hauranne.*

M. de Broglie, autant par modestie que par fierté [1], pouvait sembler ne pas s'apercevoir, mais que M. Guizot ne devait pas être le dernier à sentir ; c'était l'omission faite de ce même M. de Broglie. Le Roi, qui n'avait pas oublié ses divergences avec le ministre des affaires étrangères dans le cabinet du 11 octobre, ne voulait à aucun prix lui laisser reprendre la direction de la politique extérieure, et d'ailleurs M. Molé y prétendait pour son compte. Louis-Philippe aggravait cette exclusion, déjà pénible par elle seule, en ne donnant à M. de Broglie, dans cette crise, aucune marque de souvenir ni de confiance. Il eût été facile cependant de paraître au moins le consulter sur les convenances d'une combinaison où l'on prétendait faire entrer, sans lui, son ami et ancien collègue. Le duc remarqua ce silence ; sans aucun regret du pouvoir, il souffrait de ce qu'il jugeait être un manque d'égard et de reconnaissance [2]. Il se gardait cependant de gêner en quoi que ce soit la liberté de M. Guizot : « Je vous engage, lui écrivait-il, à ne tenir aucun compte de moi dans les combinaisons que vous pourrez méditer. J'ai fait mon temps. Ma retraite, loin d'être un obstacle de plus à l'arrangement des affaires, le rend au contraire plus facile. C'est une occasion qu'il ne faut pas laisser échapper [3]. » Ce désintéressement très-sincère, mais un peu dédaigneux, n'était pas de nature à rendre moins sensible à M. Guizot

---

[1] M. Guizot disait du duc de Broglie, en janvier 1870 : « Le duc de Broglie est peut-être l'homme le plus fier et le plus modeste que j'aie rencontré. »

[2] Le duc de Broglie écrivait à M. Guizot : « Je conçois, sans les approuver, les motifs qui ont déterminé le Roi, en réunissant autour de lui tous les membres du ministère dont j'avais été le chef, à faire exception pour moi seul, à ne pas me demander mon avis sur la formation du cabinet actuel. » M. Guizot lui répondait : « Je comprends votre sentiment à l'égard du Roi, et je le trouve fondé. Il y a, si je ne me trompe, dans son silence avec vous, beaucoup d'inadvertance royale, et beaucoup aussi de cet embarras auquel on essaye de se soustraire en détournant la tête. » Un peu plus tard, M. de Broglie demandait à M. Guizot « de ne jamais prononcer son nom » pour « le faire rentrer dans les affaires » ; il ajoutait que « la dignité de son caractère personnel y était engagée ». (*Documents inédits.*)

[3] Le duc de Broglie était, du reste, patriotiquement attristé de voir la division s'aggraver entre les anciens alliés du 11 octobre. Il écrivait, vers cette époque, à M. de Sainte-Aulaire, « qu'il ne consentirait pas à rentrer dans les affaires, tant qu'il s'agirait de servir de second en duel à un de ses amis contre un autre ». (*Documents inédits.*)

l'inconvénient d'entrer seul au ministère et de paraître abandonner son ancien collègue [1]. Pouvait-il du reste oublier qu'en 1832, quand on avait voulu l'exclure lui-même du ministère, comme on excluait maintenant M. de Broglie, ce dernier s'y était fermement opposé?

M. Guizot ne semble pas cependant avoir beaucoup hésité. On fut étonné, autour du Roi, de la facilité avec laquelle il se laissait séparer de son ami [2]. Lui-même a ainsi exposé les raisons qui le déterminèrent : « A ne considérer que les choses, il n'y avait pour moi nulle difficulté à rentrer dans les affaires; c'était sur la question d'Espagne et pour écarter l'intervention que se formait le cabinet, et j'avais été, j'étais opposé à l'intervention. Le Roi réclamait mon concours dans une circonstance grave pour lui-même comme pour le pays, et dans laquelle j'approuvais sa résistance au cabinet précédent... On ne me demandait aucune concession, on ne me faisait aucune objection qui pût être pour moi un motif de refus. » Faut-il ajouter les suggestions d'une ambition qui s'avouait elle-même et qui, pour être restée digne et patriotique, n'en était pas moins parfois impatiente du pouvoir? Faut-il ajouter aussi cette rivalité jalouse qui trouvait plaisir à occuper une place que M. Thiers venait d'être obligé de quitter si vite? Seulement, bien loin de demander la présidence du conseil, comme le lui conseillaient plusieurs de ses amis, M. Guizot déclara vouloir reprendre simplement son ancien portefeuille de l'instruction publique. En refusant ainsi de grandir sa situation personnelle, il espérait qu'on serait moins choqué de le voir rentrer sans le duc de Broglie. Et puis, par un calcul où tout n'était pas humilité, il ne lui déplaisait pas d'étonner le public

---

[1] « Il y avait là, a écrit M. Guizot lui-même, une apparence d'abandon et d'infidélité dont j'étais peiné et froissé. »

[2] Peu après, l'un des doctrinaires, M. Duvergier de Hauranne, confessait la faute commise par son parti, en abandonnant trop facilement le duc de Broglie. « Après la chute du 11 octobre, écrivait-il, notre parti ne songeait qu'à remonter promptement au pouvoir. Or, M. de Broglie, désagréable au Roi et peu agréable à la Chambre, nous était un obstacle, nous nous en sommes débarrassés... Quand un parti possède un tel diamant, il est inexcusable de le jeter à la mer, parce qu'il y voit quelques taches. » (*Notes inédites.*)

en acceptant un poste relativement inférieur à son importance, comme son rival venait de l'étonner par une élévation que plusieurs avaient jugée trop hâtive.

Pour compenser l'infériorité de son portefeuille, M. Guizot comptait sur son importance personnelle et sur sa prééminence oratoire; il comptait aussi sur la précaution qu'il avait prise d'exiger pour des hommes à lui les postes principaux du cabinet. Ainsi avait-il obtenu le ministère des finances pour son plus fidèle ami, M. Duchâtel, et le ministère de l'intérieur pour M. de Gasparin, qu'il comptait tenir dans sa main. Auprès de ce dernier il avait fait placer, en qualité de sous-secrétaire d'État, M. de Rémusat, alors doctrinaire. A se rappeler le rang qu'occupait, dix ou quinze ans auparavant, parmi ses contemporains, celui que l'on saluait alors comme le prince de la jeunesse libérale, on peut être étonné qu'il ne fût maintenant question de lui que pour un poste relativement secondaire. Que lui avait-il donc manqué pour jouer sur la scène parlementaire un de ces premiers rôles auxquels il semblait, plus que tout autre, destiné par les qualités et la culture de son esprit, comme par sa situation et ses amitiés? Dira-t-on que certains moyens de l'orateur lui manquaient? Dira-t-on que sa délicatesse affinée répugnait aux vulgarités qui abondent dans la politique ou aux lieux communs dont se compose, pour une bonne part, l'éloquence de la tribune? Tout cela peut être vrai, mais n'est pas une explication suffisante. La cause principale était dans cette nature d'esprit que nous avons eu déjà occasion d'analyser [1], dans ce mélange de curiosité audacieuse et de volonté nonchalante, dans ce scepticisme souriant et railleur, se prenant à tout et ne s'attachant nulle part, interrogeant sans affirmer, et s'arrêtant à tant d'objections que la conclusion devenait impossible. Un tel homme pouvait être un brillant causeur, non un orateur : pas d'éloquence sans parti pris de conviction ou de passion. Encore moins se le figurait-on homme de pouvoir et d'action [2]. Il assistait à la

---

[1] Cf. mon livre sur le *Parti libéral sous la Restauration*, p. 246 et suiv.

[2] M. de Rémusat ne prit part que deux fois au gouvernement, sous la monar-

politique plus qu'il n'y prenait part, devisant agréablement sur les sottises de tous, principalement sur celles de son parti, peu populaire auprès de la foule, qui devinait dans son sourire beaucoup de moquerie et de dédain, et n'étant regardé déjà par ses amis eux-mêmes que comme un « amateur blasé [1] ».

En somme, le *Moniteur* du 6 septembre put annoncer la composition du ministère : M. Molé était président du conseil, ministre des affaires étrangères; M. Guizot avait le portefeuille de l'instruction publique; M. Persil, de la justice; M. Duchâtel, des finances; M. de Gasparin, de l'intérieur, avec M. de Rémusat comme sous-secrétaire d'État; M. Martin du Nord, celui du commerce et des travaux publics; le général Bernard, de la guerre; l'amiral Rosamel, de la marine. On discernait mal la signification d'un tel cabinet. Était-ce un pas vers la politique de détente que M. Molé avait paru quelquefois vouloir personnifier? alors pourquoi cette part considérable faite aux doctrinaires? Était-ce au contraire un retour au système du 11 octobre? mais pouvait-on le refaire sans le duc de Broglie et M. Thiers? Le seul caractère dès à présent visible était le défaut d'homogénéité. Le ministère se trouvait formé de deux groupes en méfiance l'un de l'autre, et entre lesquels on avait tâché moins d'amener une fusion que d'établir un équilibre de forces. Ajoutez la fausseté de la situation acceptée par M. Guizot. Le duc de Broglie lui écrivait, quelques jours après [2] : « Pour le public et dans son aspect extérieur, ce cabinet a quelque chose de bizarre; les rangs n'y sont point réglés en raison de l'importance des personnes... Pourquoi le person-

---

chie de Juillet : d'abord, du 6 septembre 1836 au 15 avril 1837, comme sous-secrétaire d'État; ensuite, du 1er mars au 29 octobre 1840, comme ministre de l'intérieur. Ministre, il se serait fait volontiers de l'opposition à lui-même. Il dut un jour réprimer des coalitions d'ouvriers : tout en montant à cheval, il disait : « Je ne sais vraiment pas pourquoi nous dissipons ces rassemblements d'ouvriers; je me demande s'ils n'ont pas le droit de se réunir. »

[1] M. Guizot écrivait au duc de Broglie, le 17 septembre 1836, au moment où il faisait nommer M. de Rémusat sous-secrétaire d'État : « J'espère un peu que les affaires et la nécessité le tireront de son état d'amateur blasé. » (*Documents inédits.*) — M. Royer-Collard disait encore de lui : « C'est le premier des amateurs dans tous les genres. »

[2] Lettre du 12 septembre 1836.

nage principal, celui qui en fait le nœud et la force, se trouve-t-il à la dernière place? Quand ce ne serait là qu'une apparence, ce serait déjà un grand mal; mais je crains bien qu'il n'y ait là quelque chose de plus qu'une apparence : je crains bien qu'en vous plaçant, par choix et officiellement, au dernier rang, vous ne vous soyez rendu votre tâche plus rude encore qu'elle ne l'est naturellement. Vous aurez, quoi qu'il arrive, la responsabilité de ce cabinet; il faut que vous en ayez la direction. Mais vous vous êtes imposé la difficulté, avant d'exercer l'ascendant qui vous appartient, de le conquérir chaque jour, en froissant bien des amours-propres. Cela vous sera-t-il possible? je l'ignore. Le pourrez-vous longtemps? je voudrais l'espérer. » Il disait encore, un autre jour : « Un ministère qui a deux présidents, l'un de nom, l'autre de fait, n'en a réellement point. C'est là un dissolvant inévitable et prochain. Chacun tire de son côté; personne n'obéit à personne. »

Pour prévenir cette dissolution, pour maintenir un accord si difficile, un équilibre si délicat, pouvait-on au moins compter sur l'appui de la Couronne? Louis-Philippe n'était pas pleinement satisfait de la composition du cabinet. Il avait compté, d'accord avec le comte Molé, que le portefeuille de l'intérieur demeurerait aux mains de M. de Montalivet. Cela lui paraissait la récompense naturelle du rôle que ce dernier avait eu dans la préparation du nouveau ministère en contribuant au rapprochement de M. Molé et de M. Guizot. Aussi fut-il désagréablement surpris de l'opposition faite à son désir par le chef des doctrinaires : celui-ci, sentant sa force et voulant la faire sentir, avait imposé M. de Gasparin et offert à M. de Montalivet, qui le refusa, le ministère des travaux publics. Le Roi n'avait pas subi sans déplaisir cette exigence, et autour de lui il était resté de cet incident quelque ressentiment contre M. Guizot. Peu de temps après, M. de Montalivet se rencontrant en Berry avec M. Duvergier de Hauranne, lui racontait qu'au moment où M. Guizot n'avait pas voulu de lui, « le Roi avait pensé à faire un ministère de MM. Molé, Barthe et de Montalivet, mais qu'en y regardant de près, on avait reconnu que c'était alors impossible ». — « Alors et toujours, s'écria M. Duvergier de Hauranne. » — « Je ne suis pas de votre avis, reprit M. de Montalivet. Aujourd'hui, M. Thiers et M. Guizot ne sont pas assez brouillés pour qu'un raccommodement soit impossible. Dès lors, le ministère dont je vous parle n'aurait aucune chance de durée. Mais M. Thiers et M. Guizot vont se trouver les chefs de deux camps opposés; ils se prendront aux cheveux et deviendront irréconciliables. Alors on verra [1]. » C'était annoncer la crise qui devait éclater sept mois plus tard.

III

En prenant le pouvoir, le ministère du 6 septembre trouvait les Chambres en vacances. La session ne devait s'ouvrir qu'à la fin de décembre. Dans le silence de la tribune, la presse seule avait la parole. Les journaux du tiers parti et de la gauche, depuis le *National* jusqu'au *Constitutionnel,* dirigèrent tout de suite contre le cabinet les plus vives attaques. Comme après le 13 mars et le 11 octobre, ils crièrent à la contre-révolution et au ministère Polignac. A les entendre, la nouvelle administration manquait d'« hommes de Juillet [2] »; c'était « la Restauration au pouvoir [3] ». Contre M. Guizot, ils réveillaient les accusations de « quasi-légitimité », d'aristocratie, de répression impitoyable. M. Molé était accusé de vouloir courtiser la Sainte-Alliance et d'être l'instrument complaisant du Roi. On s'en prenait à son passé, on lui reprochait d'avoir écrit, sous Napoléon, un éloge du despotisme et d'avoir voté, sous les Bourbons, la mort du

---

[1] *Notes inédites de M. Duvergier de Hauranne.*

[2] Ces journaux expliquaient que, pour être un « homme de Juillet », il fallait non-seulement ne pas avoir servi la Restauration, mais aussi l'avoir constamment combattue. Le *Temps* ajoutait qu'il fallait s'être rallié, pendant les Cent-Jours, à Napoléon.

[3] M. O. Barrot, haranguant ses électeurs de l'Aisne, leur disait : « Voyez les hommes qui ont été successivement investis du pouvoir : Laffitte, Périer, Soult, Thiers, Guizot. C'est une chaîne qui part de la Révolution et va se perdre dans la Restauration. »

maréchal Ney. Sans autrement se troubler de ce vain tapage, le ministère se mit aussitôt à l'œuvre. M. Gabriel Delessert fut nommé préfet de police à la place de M. Gisquet : celui-ci, choisi autrefois par Casimir Périer, avait rendu de grands services aux époques troublées, mais il venait d'être compromis dans un procès scandaleux, et la dignité de son caractère n'était plus intacte; son successeur, au contraire, jouissait d'une haute considération sociale. M. Guizot reprit, au point où il les avait laissées en février, ses utiles réformes de l'enseignement public à tous ses degrés, pendant que M. Duchâtel préparait, avec non moins de compétence et de zèle, des mesures financières ou économiques, et que M. de Gasparin publiait des circulaires étudiées où il exposait les devoirs de l'administration et annonçait des progrès dans notre régime pénitentiaire. Sur le rapport de M. Persil, garde des sceaux, une ordonnance accorda remise ou commutation de peine à soixante-deux condamnés politiques, républicains ou royalistes. La liberté fut aussi rendue aux quatre ministres de Charles X, encore enfermés au château de Ham, MM. de Peyronnet, de Chantelauze, de Guernon-Ranville et de Polignac, sous la seule condition, pour les trois premiers, de s'établir dans des résidences fixées par eux-mêmes, pour le dernier, de quitter la France pendant vingt ans. « Nous avons pris une bonne mesure, écrivait à ce propos l'un des ministres, M. Duchâtel. Les carlistes modérés saisissent cette occasion de rapprochement [1]. »

C'était surtout à l'extérieur qu'il y avait à faire. « On nous a laissé un rude héritage, l'Espagne, la Suisse, Alger, écrivait M. Molé le 17 septembre ; n'importe, j'ai bon courage, et nous irons. » Il s'appliqua, sans tarder, à rétablir avec les puissances continentales les rapports amis qui avaient été un peu altérés à la fin du ministère précédent. Il leur fit annoncer « qu'il ne donnerait aucune suite aux mesures prises par son prédécesseur » relativement à l'Espagne [2]. En effet, le corps auxiliaire, formé au pied des Pyrénées, fut immédiatement dissous; le

---

[1] *Documents inédits.*
[2] *Mémoires inédits du comte de Sainte-Aulaire.*

gouvernement français se déclarait disposé à prêter encore son appui à la reine Isabelle, à protéger sa personne, mais entendait laisser à la fortune le soin de décider, sans lui, la question militaire. Après tout, l'avenir ne devait pas donner tort à cette conduite que l'opposition critiqua alors si violemment. A Vienne, où l'on était bien aise d'effacer les souvenirs pénibles du mariage manqué [1], à Berlin, et même à Saint-Pétersbourg [2], on fit bon visage au ministère qui débutait en donnant un tel gage.

Par contre, à Londres, lord Palmerston ne dissimulait pas sa méchante humeur. Il écrivait au comte Granville, ambassadeur d'Angleterre à Paris : « Je pense que vous devez le prendre avec Molé sur ce ton, que nous considérons la France comme se retirant de l'alliance aussi vite qu'elle le peut, que nous en sommes fâchés, que nous nous lavons les mains des conséquences, et que la responsabilité des inconvénients qui suivront incombe à ceux qui ont conseillé ou exécuté ce plan; que le gouvernement constitutionnel doit triompher dans la Péninsule, et que la France se trouvera dans cette position fâcheuse d'avoir abandonné une cause en souffrance dans le moment, mais destinée à triompher, tandis que nous aurons le mérite et l'honneur de l'avoir soutenue avec persévérance; que la France va perdre, en Europe, son crédit auprès du parti libéral qu'elle abandonne; que jamais elle n'aura la confiance ou la faveur des hommes de la Sainte-Alliance, à moins qu'elle ne dispose son gouvernement sur leur modèle, ce qui est impossible; qu'en conséquence elle sera détestée par les uns et méprisée par les autres. Tel sera son sort, quant à ses relations extérieures. L'effet sur sa condition intérieure ne sera pas plus heureux. Dans l'opinion de la nation, son gouvernement sera identifié avec le parti despotique en Europe et avec les ennemis des institutions libres. Le

[1] M. de Metternich disait à notre ambassadeur : « Je me sens aujourd'hui plus à mon aise que jamais pour soutenir Louis-Philippe en Suisse, pour le défendre envers et contre tous, s'il en était besoin. Je serais tout autrement empêché, si le mariage avait réussi. » Lettre de M. de Sainte-Aulaire à M. Molé, du 27 novembre 1836. (*Documents inédits.*)

[2] Lettre de M. de Barante à M. de Sainte-Aulaire, du 19 novembre 1836. (*Documents inédits.*)

mécontentement augmentera ; les mécontents entreront en communication avec les ultra-libéraux d'Espagne et de Portugal, et les complots et conspirations écloront comme des moucherons [1]. » Sans renoncer à se rapprocher des puissances du continent, M. Molé tâchait de calmer les ombrages de l'Angleterre. « Je crois, écrivait-il le 16 novembre, avoir dissipé les préventions du cabinet anglais contre celui dont je suis le chef. Mes rapports avec lord Granville sont ceux de la plus grande confiance [2]. » Peut-être y avait-il là, comme nous le verrons plus tard, un peu d'illusion, voulue ou non.

La question d'Espagne n'était pas la seule que M. Molé trouvât pendante. On se rappelle en quelle déplaisante querelle la France était engagée avec la Suisse, au moment où M. Thiers quittait le pouvoir [3]. La diète avait nommé une commission chargée de faire une enquête sur l'affaire de l'espion Conseil et sur les dénonciations apportées contre l'ambassadeur et le gouvernement français. Cette commission déposa, le 9 septembre, un long rapport, où, après avoir raconté avec complaisance tous les faits d'après les témoignages de Conseil et des réfugiés, elle les qualifiait de « fraude », de « faux », de « crimes tombant dans le domaine du mépris public », et proposait d'informer de ces faits le roi des Français et son gouvernement, afin qu'ils pussent se laver d'imputations compromettant si gravement leur honneur. A la suite d'un débat où Louis-Philippe fut personnellement fort maltraité, il se trouva dans la diète une petite majorité pour adopter les conclusions de ce rapport. Mais M. Molé ne laissa pas au directoire le temps de lui faire l'offensante communication dont la diète l'avait chargé. Loin d'accepter le rôle d'accusé où l'on prétendait réduire le gouvernement français et d'essayer une justification, sur certains points malaisée et en tout cas humiliante, il prit l'offensive, et, dans une note des plus sévères, reprocha aux autorités fédérales leur conduite en cette affaire. « Tout en laissant à la

---

[1] BULWER, *The life of Palmerston*, t. II, p. 210 à 217.
[2] Dépêche à M. de Barante. (*Documents inédits*.)
[3] Voir le récit des origines de l'affaire, plus haut, p. 67.

Suisse, dit-il, le temps de se soustraire à de funestes et criminelles influences, la France se doit à elle-même de témoigner, d'une manière éclatante, qu'elle ressent l'injure et qu'elle en attend la prompte satisfaction. » Il annonça que les rapports diplomatiques seraient suspendus jusqu'à ce que cette satisfaction fût donnée; si elle ne l'était pas, la France « saurait, sans compromettre la paix du monde, montrer qu'elle ne laisse jamais un outrage impuni ». Pour appuyer ces menaces, des troupes furent mises en mouvement vers la frontière du Jura. En Suisse, les esprits étaient plus montés que jamais : on ne parlait que de recommencer Granson et Morat. Ces violences trouvaient écho dans la presse radicale de Paris, et il n'était pas jusqu'au *Constitutionnel* qui ne prît sous sa protection les Suisses, oubliant sans doute que l'origine de toute cette querelle remontait au ministère de M. Thiers. Toutefois, dans le gouvernement fédéral, on commençait à se rendre compte du péril auquel on s'était exposé : le langage et les mesures de M. Molé y avaient fait une salutaire impression. Une diète, convoquée extraordinairement à cet effet, adopta, le 5 novembre, une réponse à la note française, où elle rejetait le différend sur un « malentendu » et sur une « erreur », protestait n'avoir pas eu « l'intention d'offenser le gouvernement français », et exprimait l'espoir de voir rétablir les rapports d'amitié entre les deux pays. M. Molé, qui ne demandait qu'à sortir le plus vite possible de cette malheureuse querelle, et qui désirait adoucir l'irritation provoquée, dans un pays naguère ami, par les procédés, à son avis, un peu excessifs du ministère précédent, s'empressa de trouver satisfaisantes les explications données, et de clore ainsi l'incident.

IV

Quelques jours avant que prit fin le démêlé avec la Suisse, le 31 octobre au soir, le gouvernement recevait de Strasbourg une dépêche télégraphique, datée de la veille, et qui portait : « Ce matin, vers six heures, Louis-Napoléon, fils de la duchesse de Saint-Leu, *qui avait dans sa confidence* le colonel d'artillerie Vaudrey, a parcouru les rues de Strasbourg avec une partie de... » La dépêche s'arrêtait là, et l'administrateur des télégraphes y avait ajouté cette note : « Les mots soulignés laissent des doutes. Le brumaire survenu sur la ligne ne permet ni de recevoir la fin de la dépêche, ni d'éclairer le passage douteux. » Les ministres se réunirent aussitôt aux Tuileries, échangeant leurs conjectures, préparant des instructions éventuelles, se disposant à faire partir le duc d'Orléans. « Nous passâmes là, auprès du Roi, raconte l'un des membres du cabinet, presque toute la nuit, attendant des nouvelles qui n'arrivaient pas. La Reine, Madame Adélaïde, les princes allaient et venaient, demandant si l'on savait quelque chose de plus. On s'endormait de lassitude ; on se réveillait d'impatience. Je fus frappé de la tristesse du Roi ; non qu'il parût inquiet ou abattu ; mais l'incertitude sur la gravité de l'événement le préoccupait ; et ces complots répétés, ces tentatives de guerre civile républicaines, légitimistes, bonapartistes, cette nécessité continuelle de lutter, de réprimer, de punir, lui pesaient comme un odieux fardeau[1]. » Ce fut seulement le lendemain matin qu'un aide de camp du général commandant à Strasbourg apporta le récit détaillé et enfin complet de l'entreprise du prince et de son prompt échec.

Qu'était-ce donc que l'auteur de cette tentative si inattendue ? Le prince Louis, fils de l'ancien roi de Hollande et d'Hortense de Beauharnais, né en 1808, devenu, par la mort du duc de Reichstadt, en 1832, l'héritier politique de l'Empereur[2], était personnellement à peu près inconnu en France : ni la foule, ni le gouvernement, n'avaient les yeux fixés sur lui[3]. A

---

[1] *Mémoires de M. Guizot*, t. IV, p. 199.

[2] On sait en effet que l'Empereur avait indiqué comme ses successeurs, en cas d'extinction de sa descendance directe, les enfants de son frère Louis, qui n'était cependant, par rang d'âge, que le troisième de ses frères.

[3] On se souvient que lors de la mort du duc de Reichstadt, M. de Metternich avait reproché au gouvernement français de ne pas assez se préoccuper du personnage qui succédait au fils de Napoléon Ier. (Voir plus haut, t. II, p. 153.)

peine quelques personnes savaient-elles qu'engagé, avec son frère aîné, dans les conspirations des *Carbonari,* il avait pris part, en 1831, à l'insurrection de la Romagne ; son frère y succomba ; quant à lui, il s'échappa et arriva à Paris, avec sa mère. En dépit de la loi d'expulsion qui frappait encore la famille Bonaparte, Louis-Philippe les accueillit avec bienveillance. Mais, pendant qu'il donnait audience à la reine Hortense et témoignait de l'intérêt à son fils, ce dernier conspirait avec les républicains : force fut donc de mettre fin à son séjour en France [1]. Après un court passage en Angleterre, le prince Louis revint s'installer auprès de sa mère, dans le riant chateau d'Arenenberg, sur les bords du lac de Constance. Adonné aux plaisirs où il ne s'épargnait pas, et aux exercices du corps où il excellait, il les entremêlait d'études d'histoire ou de mathématiques et publiait quelques ouvrages politiques, produit d'un esprit vague, incohérent et peu mûri [2]. Le canton de Thurgovie lui avait conféré le droit de bourgeoisie. Par souvenir de l'arme où son oncle avait débuté, il s'était fait nommer capitaine dans l'artillerie du canton de Berne. Tenant maison ouverte pour les visiteurs, trop rares à son gré, qu'attirait la sympathie ou la curiosité, aimable, prompt aux libéralités, fidèle à ses amis, il savait attirer et fixer les dévouements.

En tous ses actes, dominait une préoccupation exclusive : le rétablissement de cet Empire, auquel personne autre que lui ne pensait alors. Dès 1831, quand il s'était jeté dans l'insurrection de la Romagne, il rêvait de mettre la couronne d'Italie sur la tête de l'ancien roi de Rome, et de lui fournir ainsi un point d'appui pour s'emparer de la France. Plus tard, ses écrits n'avaient eu d'autre objet que de remuer et de flatter, toujours dans le même dessein, les opinions démocratiques, nationales et césariennes qu'il croyait dominantes. Comme tous les exilés, il était plein d'illusion sur ses chances. Les politesses que lui faisaient

---

[1] Cet épisode a été vivement raconté par M. le duc d'Aumale, dans sa fameuse *Lettre sur l'histoire de France.*

[2] Nous avons déjà eu occasion de parler des *Rêveries politiques* et du *Projet de constitution,* publiés en 1832. (Voir t. I, p. 450.)

certains ennemis impatients ou dépités de la monarchie de Juillet, tels que Carrel, La Fayette, Chateaubriand, la part de bonapartisme qui se mêlait à l'opposition de gauche [1], les honneurs tant de fois rendus par le gouvernement à la mémoire de Napoléon, l'écho que ce nom prestigieux trouvait encore dans l'imagination populaire, tout cela servait à entretenir et à exagérer ses illusions. Rêveur taciturne, utopiste et flegmatique, fataliste en même temps que sceptique, téméraire quoique indolent, esprit confus et cependant possédé par une idée fixe, « ce doux entêté », comme l'appelait sa mère, avait dans son étoile, dans la puissance de son nom, dans la mission de sa race, dans le droit de son héritage, une foi superstitieuse qu'on eût volontiers qualifiée de folie, si l'événement n'avait fini par lui donner raison. Tempérament de joueur s'il en fut, il était résolu, sans se laisser jamais démonter par aucune perte, à mettre indéfiniment tout son enjeu sur le même numéro jusqu'à ce qu'il sortît. Du reste, sur les moyens d'arriver, sur l'emploi de la fourberie ou de la violence, aucun scrupule. Dès la première heure de sa vie publique, il s'était montré homme de conspiration et d'aventures; tel il devait rester jusque sur le trône.

A force de vivre sous l'empire de ce rêve ambitieux, il avait fini par se persuader qu'il lui suffirait de se montrer aux soldats et au peuple français, pour qu'ils se levassent et marchassent à sa suite, ainsi qu'ils avaient fait, en 1815, derrière son oncle, débarqué au golfe Juan avec quelques grenadiers. Ce souvenir lui tournait la tête. Aidé de quelques amis dévoués corps et âme à sa fortune, entre autres d'un ancien maréchal des logis qui avait ajouté à son nom de Fialin celui de Persigny, et d'une cantatrice de concert, à l'imagination fort exaltée, madame Gordon, il chercha à se créer quelques affidés dans l'armée. Ses efforts portèrent principalement sur la garnison de Strasbourg, à la tête de laquelle il comptait d'abord se placer pour marcher sur Paris. Il gagna ainsi à sa cause l'un des officiers supérieurs de cette garnison, le colonel Vaudrey, du

---

[1] Cf. t. I, p. 444 et suiv.

4ᵉ régiment d'artillerie, le commandant Parquin, chef d'escadrons de la garde municipale, alors en congé, et quelques jeunes officiers auxquels il promit honneurs et argent. Des tentatives furent faites sans succès auprès de certains généraux, notamment du général Exelmans. M. Louis Blanc, bien placé pour connaître les dessous du parti démocratique, rapporte que des « citoyens aimés du peuple » furent aussi mis dans le secret. En même temps, des proclamations étaient préparées, où le futur auteur du Deux-Décembre se portait le champion de la « liberté trahie » et de la « révolution reniée » par le gouvernement de Juillet. C'était avec ces seuls moyens qu'un jeune homme de vingt-huit ans, inconnu, sans passé, se flattait de renverser une monarchie en pleine sécurité et prospérité, et de s'emparer de la France qui non-seulement ne l'avait pas appelé, mais ne pensait même pas à lui.

Le 28 octobre au soir, le prince arrive secrètement à Strasbourg. Le 30, à cinq heures du matin, le colonel Vaudrey se rend au quartier d'Austerlitz, rassemble ses artilleurs, leur distribue de l'argent, et défend qu'on avertisse les officiers logés en ville. Survient le prince, revêtu d'un habit d'officier d'artillerie, accompagné du commandant Parquin, en uniforme de général, et de quelques jeunes hommes travestis en officiers supérieurs. « Soldats, s'écrie le colonel, une révolution vient d'éclater en France : Louis-Philippe n'est plus sur le trône. Napoléon II, empereur des Français, prend les rênes du gouvernement. Il est devant vous et va se mettre à votre tête. » Le prince prononce à son tour une courte harangue où il prétend avoir été « appelé en France par une députation des villes et des garnisons de l'Est » ; suivent des phrases sur « l'aigle d'Austerlitz et de Wagram », sur « la liberté », des imprécations contre « les traîtres et les oppresseurs de la patrie ». Les soldats, surpris, trompés, habitués à obéir à leur colonel, répondent en criant : Vive l'Empereur ! et se mettent en marche, derrière le prince, à travers les rues encore désertes. Des détachements vont arrêter le préfet et le général commandant le département, se saisissent du télégraphe et des imprimeries. Le lieutenant Laity enlève le bataillon des pontonniers. Les habitants, qui commencent à sortir de leurs maisons, attirés par le bruit, suivent avec étonnement le mouvement des troupes, et quelques-uns, bien que ne sachant guère ce qui se passe, s'associent par esprit d'imitation aux acclamations des conjurés. Le prince, ému, croit toucher au succès. Mais bientôt le vent tourne. Arrivé au quartier général, il essaye vainement de séduire le général Voirol, commandant la division, et se voit réduit à le constituer prisonnier aux mains de quelques soldats. A peine s'est-il éloigné que le général rappelle énergiquement au devoir les hommes chargés de le garder, et sort à leur tête pour aller chercher à la citadelle le 16° régiment de ligne qu'il ramène aux cris de : Vive le Roi! Pendant ce temps, la partie se décide au quartier Finckmatt. Le prince y est arrivé à la tête de ses artilleurs, se flattant d'entraîner le 46° de ligne qui y est caserné. Pendant qu'il harangue les soldats descendus dans la cour, le lieutenant-colonel Taillandier accourt avec d'autres officiers, rassemble ses hommes, et, d'une voix brève, énergique, les avertit qu'on les trompe. Sa parole est écoutée, et les fantassins répondent par des cris de : Vive le Roi! aux cris de : Vive l'Empereur! que poussent les artilleurs. Devant un tel accueil, ces derniers se troublent, hésitent. Le lieutenant-colonel poursuit son avantage et donne l'ordre à ses soldats d'arrêter le prince et ses complices. Après un instant de mêlée, l'ordre est exécuté résolûment; le prince, son uniforme déchiré, est saisi et emmené avec le colonel Vaudrey et le commandant Parquin. Cela fait, les officiers du 4° régiment d'artillerie n'ont pas de peine à se faire reconnaitre de leurs hommes; ils se mettent à leur tête et les ramènent en bon ordre dans leur quartier, criant cette fois : Vive le Roi! Les autres conjurés, dispersés dans la ville, sont aussitôt abandonnés et pourchassés; les uns, comme le lieutenant Laity et madame Gordon, sont arrêtés; les autres parviennent à s'enfuir, tels que M. de Persigny. L'alerte n'a duré qu'un moment; tout s'est terminé sans effusion de sang, et la ville reprend bientôt sa physionomie accoutumée.

Le même jour, sur un point pourtant fort éloigné, à Vendôme, on découvrait dans un régiment de hussards un complot ourdi par un brigadier nommé Bruyant et quelques soldats. Les conjurés prétendaient, la nuit suivante, arrêter leurs officiers, se saisir des autorités de la ville, et proclamer la république. Surpris avec ses complices, Bruyant tua d'un coup de pistolet le maréchal des logis qui voulait empêcher sa fuite, et s'échappa. Mais, après avoir erré tout un jour, il revint lui-même se constituer prisonnier. Bien que l'étiquette du mouvement fût républicaine, on soupçonna que la tentative de Vendôme n'était pas sans lien avec celle de Strasbourg.

La France ne connut la téméraire aventure du prince Louis Bonaparte qu'en apprenant du même coup son avortement misérable. « L'impression qui domine, écrivait un témoin, à la date du 2 novembre, est celle d'une profonde surprise. On ne comprend pas qu'il ait pu se rencontrer dix hommes pour tenter une entreprise aussi désespérée [1]. » Chacun s'accordait à déclarer le nouveau prétendant plus insensé que menaçant. Il n'entrait pas dans la pensée du gouvernement ou de ses amis que jamais pût venir de ce côté un danger sérieux; la question ne se posait même pas [2]. Le personnage ne venait-il pas d'ailleurs de se rendre ridicule? Et l'on s'imaginait que, dans la démocratie moderne, le ridicule était aussi mortel qu'aux jours anciens où

---

[1] *Documents inédits.*

[2] Nous lisons dans une dépêche de M. Molé à M. de Barante, en date du 5 novembre : « Cet acte insensé n'a excité ici d'autre sensation que celle d'un profond étonnement. On a peine à concevoir les illusions qui l'ont produit, et chacun se dit que, de tous les partis opposés au gouvernement du Roi, celui qui vient de signaler son hostilité est certainement le moins en état de lui susciter des dangers ou des embarras sérieux. » (*Documents inédits.*) — M. de Sainte-Aulaire constate, dans ses *Mémoires,* une impression analogue : « Ses prétentions, écrit-il en parlant du prince Louis, étaient un sujet de risée; je n'ai jamais rencontré personne qui prît la peine de les discuter. » Il ajoute que le duc d'Orléans, parlant des luttes qu'il aurait à soutenir, ne supposait jamais que le danger pût venir des Bonaparte; le prince royal croyait que les républicains eux-mêmes ne seraient jamais en mesure de disposer des destinées de la France; c'était ailleurs qu'il voyait le péril. « Je l'ai souvent entendu, continue M. de Sainte-Aulaire, prévoir, en la déplorant, la nécessité où il serait un jour de combattre, dans la Vendée, des parents qu'il aimait et respectait. Les serviteurs les plus dévoués de la maison d'Orléans ne voyaient de dangers sérieux que de ce côté. » (*Mémoires inédits du comte de Sainte-Aulaire.*)

l'opinion de la bonne compagnie faisait loi. Personne ne paraît s'être douté alors que de cette folle échauffourée résultait une sorte de publicité tapageuse et violente, qui faisait connaître à la foule l'existence, jusqu'alors ignorée, d'un héritier de Napoléon, et la résolution où était ce dernier de tout risquer pour s'emparer de la France.

Si peu sérieuse qu'eût paru la tentative de Strasbourg, il y avait là des coupables sur le sort desquels le gouvernement devait statuer. Il n'eut aucune hésitation. Il estima d'abord que le neveu de Napoléon Ier ne devait, pas plus que la belle-fille de Charles X, être livré aux tribunaux : dans un tel procès, tout lui semblait à redouter, l'humiliation d'un prince comme la mise en scène d'un prétendant, la rigueur d'une condamnation comme le scandale d'un acquittement. Donc, pas de poursuite judiciaire. Mais que faire du personnage? Le souvenir de Blaye était trop présent pour qu'on ne sentît pas quel pouvait être l'embarras d'une détention arbitraire. En 1832, Louis-Philippe avait regretté que la volonté contraire de ses ministres et l'excitation de l'opinion ne lui permissent pas de faire simplement reconduire la duchesse de Berry à la frontière. En 1836, il était plus libre de suivre son sentiment. Il fut donc décidé que, sans s'arrêter aux poursuites déjà commencées par les autorités judiciaires, le prince Louis serait embarqué sur un vaisseau français et mis en liberté dans un port des États-Unis. Cette décision, toute clémente, était déjà arrêtée, quand parvinrent aux Tuileries les supplications de la reine Hortense, accourue à Paris pour implorer l'indulgence du Roi. Celui-ci, d'ailleurs, était confirmé dans son sentiment par d'autres motifs. Craignant, comme beaucoup d'autres alors, que le jeune duc de Bordeaux ne fût tenté un jour d'imiter sa mère et de risquer une descente en Vendée, il était bien aise d'établir ce précédent. « J'ai songé au duc de Bordeaux, en graciant Louis Bonaparte », répéta-t-il aux ambassadeurs étrangers [1]. Et puis il estimait digne de lui et de la race des Bourbons d'étonner, par cette clémence, le neveu de

---

[1] Dépêches de Werther, du 18 novembre 1836 et du 16 février 1837. (HILLEBRAND, *Geschichte Frankreichs*, t. I, p. 653.)

celui qui avait fait fusiller le descendant des Condé dans les fossés de Vincennes[1]. « Mon cœur, écrivait la Reine, éprouve une douce jouissance en pensant au parallèle qu'on fera, dans l'histoire, entre le malheureux événement du duc d'Enghien et celui-ci[2]. » Le prince Louis fut donc extrait, le 10 novembre, de la citadelle de Strasbourg, traversa Paris, arriva à Lorient dans la nuit du 13 au 14, et fut embarqué sur la frégate *l'Andromède,* qui devait le déposer à New-York. Il parut éprouver et manifesta alors pour la générosité du gouvernement du roi Louis-Philippe des sentiments qu'il eut le tort d'oublier plus tard[3]. Quand la frégate fut sur le point d'appareiller, le sous-préfet de Lorient demanda au prince si, en arrivant aux États-Unis, il y trouverait pour les premiers moments les ressources dont il pourrait avoir besoin. — « Aucune, répondit-il. — Eh bien, mon prince, reprit le sous-préfet, le Roi m'a chargé de vous remettre quinze mille francs qui sont en or dans cette petite cassette. » Louis Bonaparte prit la cassette, et la frégate mit à la voile. Restaient les complices du prétendant, et notamment les officiers qui avaient donné à leurs soldats l'exemple de la trahison. Il importait à la fidélité de l'armée que de tels faits ne demeurassent pas sans répression. Si des militaires seuls avaient été en cause, nulle difficulté : le conseil de guerre eût statué ; mais parmi les conjurés se trouvaient quelques civils ; dès lors, il n'y avait choix qu'entre deux partis : ou considérer le fait comme

---

[1] Le Roi raconta alors à M. de Brignoles-Sales, ambassadeur sarde, que le prince Louis avait été étonné de ne pas subir le sort du duc d'Enghien. (HILLEBRAND, *Geschichte Frankreichs,* t. 1, p. 652.)

[2] *Mémoires inédits du comte de Sainte-Aulaire.*

[3] Certains partisans du prince ont cherché à nier après coup l'expression de cette reconnaissance. Ils ont démenti l'authenticité d'une lettre au Roi qui fut alors publiée. Mais, dans une autre lettre écrite à son défenseur et terminée à Lorient, le 13 novembre, au moment de s'embarquer, lettre qui n'a pu être contestée, le prince parlait du Roi qui, « dans sa clémence, avait ordonné qu'il fût transporté en Amérique ». Tout en regrettant de ne pas « partager le sort » des amis qu'il avait « entraînés à leur perte », il disait « apprécier, comme il le devait, la bonté du Roi », et ajoutait : « J'étais coupable contre le gouvernement : le gouvernement a été généreux envers moi. » C'est après avoir lu cette lettre devant le jury de Strasbourg, dans le procès des complices du prince, que Mᵉ Parquin, défenseur du commandant Parquin, s'écria : « Parmi les défauts de Louis-Napoléon, il ne faut pas du moins compter l'ingratitude. »

un attentat et le déférer à la cour des pairs, ou saisir le jury. Craignit-on de paraître accorder trop d'importance politique à cette échauffourée, si l'on en renvoyait les auteurs devant la plus haute juridiction du royaume? Ou bien, en présence des critiques élevées contre la libération arbitraire du principal coupable, voulut-on apaiser les mécontents, en choisissant pour les autres accusés la juridiction la plus populaire? Toujours est-il que le gouvernement décida de renvoyer l'affaire devant la cour d'assises du Bas-Rhin. Il ne devait pas tarder à s'apercevoir que c'était une faute.

V

Presque au même moment où celui qui devait être Napoléon III faisait une si étrange entrée sur la scène politique, la mort en faisait silencieusement sortir celui qui avait été Charles X. Ce prince s'éteignit à Goritz, le 6 novembre 1836; il venait d'entrer dans sa quatre-vingtième année; aucun des rois de sa race n'avait atteint un âge aussi avancé. Depuis 1832, il avait quitté l'Écosse et accepté, à Prague, l'hospitalité de l'empereur François II. Enfermé, en compagnie de quelques anciens serviteurs, dans le sombre château du Hradschin, avec des grenadiers autrichiens montant la garde à la porte de ses appartements, il semblait plus loin que jamais de la France moderne. La triste issue de la tentative de la duchesse de Berry l'avait confirmé dans son parti pris d'inaction. Il tenait rigueur à la princesse, déchue par son second mariage : ce ne fut qu'à grand'peine, et sur les instances des royalistes les plus considérables, qu'il consentit à lui laisser entrevoir ses enfants, le duc de Bordeaux et sa sœur [1]. Il se méfiait de tous les agités de son parti. Bien loin de désirer leurs visites, il les redoutait plutôt, et M. de Metternich était sûr de lui plaire, quand il refusait des passe-ports à plusieurs de ces importuns. «Charles X,

[1] Abattue et humiliée, la duchesse de Berry finit, après avoir erré en Italie et en Autriche, par s'installer dans un château voisin de Prague.

disait le chancelier d'Autriche à l'ambassadeur de France, ne veut pas être compromis, obsédé, ruiné par une foule de gens qui, plus ou moins zélés ou désintéressés, viennent en foule lui offrir leurs services et lui demander de l'argent [1]. »

Ce vieux roi immobile n'était pas le chef qu'eussent voulu les royalistes qui rêvaient d'une revanche en Vendée ou d'un coup de main en partie liée avec les sociétés secrètes ; il ne convenait guère davantage à ceux qui, dans leurs alliances de tribune, de presse ou d'élection avec les hommes de gauche, en étaient venus à professer sur la liberté, sur le droit du Parlement, et même sur la démocratie, certaines thèses singulièrement différentes des principes qui avaient eu cours aux Tuileries, sous le ministère du prince de Polignac, ou se conservaient au Hradschin avec M. de Blacas. Aussi ces royalistes en voulaient-ils plus que jamais à leur prince, de garder si jalousement, malgré l'abdication de Rambouillet, ce titre de roi dont il ne faisait rien, ou du moins dont il ne se servait que pour imposer à tous les siens sa volonté d'inertie. A leurs yeux, la royauté était passée, depuis le 2 août 1830, sur la tête de Henri V, et, en attendant sa majorité, une régence eût dû être constituée : plusieurs soutenaient même que cette régence appartenait de droit à la duchesse de Berry. De telles prétentions étaient qualifiées de révolutionnaires dans la petite cour de Charles X. On y soutenait volontiers que les abdications étaient nulles, d'abord parce que les conditions n'en avaient pas été remplies, à commencer par la première qui était la reconnaissance et la proclamation de Henri V, subsidiairement parce qu'elles n'avaient pas été libres. Ni Charles X ni le duc d'Angoulême ne se prononçaient, mais ils laissaient dire. Ces divisions n'embarrassaient pas peu l'action royaliste. Des conférences eurent lieu sous la présidence de M. de Pastoret pour y mettre fin : elles n'aboutirent à aucune décision. On demanda à Charles X de trancher la question ; il ne voulut pas faire plus que d'écrire au marquis de Latour-Maubourg une lettre où il recommandait de travailler

---

[1] *Mémoires inédits du comte de Sainte-Aulaire.*

dans l'intérêt de son petit-fils[1]. Vers 1833, M. de Blacas envoya un ancien magistrat, M. Billaut, à Paris, pour faire accepter aux fractions divergentes du parti une sorte de transaction. « Les abdications, disait le juriste de la cour, au fond, dans la forme, et par les circonstances qui s'y rattachent, sont un acte sans valeur; mais le Roi sait très-bien, ainsi que M. le Dauphin, qu'ils ont voulu transmettre la couronne à M. le duc de Bordeaux : ils persistent dans cette résolution; seulement elle s'accomplira quand le moment sera venu. Jusque-là, il faut que la royauté reste comme dans un nuage, *in nube*. Vous voulez Henri V, vous l'aurez, mais voici de quelle manière : le Roi sera rétabli sur son trône, parce qu'il faut qu'il y remonte; après avoir rétabli la monarchie légitime, il la remettra solennellement, ainsi que M. le Dauphin, à M. le duc de Bordeaux. » Une conférence eut lieu où l'envoyé exposa son système; mais il fut combattu par le général de Clermont-Tonnerre et par M. Berryer. M. Billaut avait insisté sur le caractère vif et emporté du duc de Bordeaux, qui s'exalterait, disait-il, et deviendrait indomptable, s'il se croyait véritablement roi. On lui répondit que si tel était le caractère du jeune prince, il y aurait un danger bien plus grand à le dépouiller d'une royauté qu'il devait regarder comme acquise. Cette conférence n'eut donc pas plus de résultat que les précédentes[2].

Ces contestations n'étaient pas faites pour apaiser les royalistes, déjà disposés à blâmer ce qui se faisait et ce qui ne se faisait pas à la cour de Prague. Leurs critiques devenaient de plus en plus âpres. Ils déploraient l'influence dominante du duc de Blacas et la direction donnée par M. de Damas à l'éducation du duc de Bordeaux. Ils témoignaient la crainte que ce jeune prince ne fût élevé dans des idées étroites, vieillies, impopulaires, et ne fût ainsi mal préparé à comprendre la France, comme à s'en faire aimer[3]. L'opposition éclata surtout avec une

---

[1] *Un ministre de la Restauration, le marquis de Clermont-Tonnerre*, par M. Camille Rousset, p. 409 à 411.
[2] *Ibid.*, p. 411 et 412.
[3] On trouve dans les *Mémoires d'outre-tombe*, de M. DE CHATEAUBRIAND,

vivacité qui était un signe du temps, quand, en 1833, Charles X appela deux Jésuites, en qualité de précepteurs, auprès de son petit-fils[1]. La *Gazette de France* et la *Quotidienne* attaquèrent ce choix qui leur paraissait une sorte d'imprudent défi à l'opinion régnante ; la clameur fut telle dans le camp des royalistes, qu'au bout de cinq mois, Charles X crut devoir congédier les Jésuites et les remplacer par Mgr Frayssinous.

Dans cette même année 1833, à l'occasion du quatorzième anniversaire de la naissance du duc de Bordeaux, les ardents, et parmi eux beaucoup de combattants de la Vendée, résolurent d'organiser, à grand tapage, une sorte de pèlerinage à Prague. On voulait faire une manifestation qui secouât la torpeur de la vieille cour, et célébrer en quelque sorte l'émancipation du jeune roi : ne parlait-on pas de proclamer ce dernier majeur, et quelques têtes chaudes ne rêvaient-elles même pas de s'emparer de sa personne? Charles X, fort effarouché de tout ce bruit, s'en plaignit à M. de Metternich, qui fit prier le duc de Broglie de suspendre la délivrance des passe-ports pour la Bohême. Le ministre français répondit que notre législation ne le lui permettait pas ; réponse dont le chancelier conserva quelque humeur. Ne pouvant arrêter l'invasion qui le menaçait, le vieux roi prit le parti étrange de s'évader de Prague, avec son petit-fils. M. de Metternich, causant alors avec M. de Sainte-Aulaire, s'égayait beaucoup du désappointement des légitimistes, « quand, en arrivant à Prague, ils n'y trouveraient plus Henri V, et devraient ainsi jouer la tragédie d'Hamlet sans Hamlet ». Leur mortification fut grande, en effet. Plusieurs pèlerins parvinrent à rejoindre la petite cour fugitive à Butchirad, où ils purent pré-

notamment dans le célèbre récit du voyage à Prague, la trace des sentiments alors régnants dans une partie du monde royaliste. Seulement, l'illustre écrivain y a ajouté sa note personnelle d'amertume chagrine et dédaigneuse.

[1] Le général des Jésuites, qui craignait, lui aussi, que son Ordre ne fût compromis, notamment en France, par une telle désignation, n'avait accédé qu'à regret et sur l'ordre formel du Pape à la demande de Charles X. Le provincial, en résidence à Paris, eut à cette occasion des conversations avec M. Thiers. Celui-ci le rassura, déclarant qu'il trouvait la conduite des Jésuites toute naturelle, et que le gouvernement ne voyait là aucune raison de se départir de sa tolérance à leur égard. (*Histoire de la Compagnie de Jésus*, par M. Crétineau-Joly, t. VI.)

senter à la hâte leurs hommages au jeune roi. Mais à peine étaient-ils arrivés, que, sans attendre l'anniversaire, occasion de la manifestation projetée, Charles X emmena de nouveau son petit-fils; cette fois, il s'enfuit jusqu'à Leoben en Styrie. La police autrichienne fit bonne garde autour de cette ville et ne laissa approcher personne [1].

Depuis lors, rien ne vint troubler la monotonie triste et la muette immobilité des dernières années de Charles X. Sans un doute sur la pérennité imprescriptible de son droit, sans un trouble de conscience sur l'usage qu'il en avait fait dans le passé, sans un regret des fautes qu'il ne voyait pas, mais aussi sans espoir humain d'une revanche, l'honnête et aveugle auteur des ordonnances de Juillet demeurait aussi obstinément infatué de ses idées propres que pieusement résigné à son malheur. Doux d'ailleurs envers les hommes et les événements, ne se laissant ni irriter ni ébranler par aucune contradiction, aimable et bon avec son entourage, il n'avait rien de l'amertume ombrageuse, fréquente chez les vaincus de la vie. Il ne s'inquiétait que de garder la dignité de sa royauté honoraire et d'assurer le salut de son âme. Une telle attitude facilitait singulièrement le rôle du gouvernement français. « Je n'avais point, écrit l'ambassadeur de France près la cour de Vienne, à surveiller ce qui se passait dans la triste et paisible retraite du Hradschin. Le duc de Broglie m'avait dit, en m'envoyant à Vienne, que le nom de Charles X ne se trouverait probablement pas une fois dans ses dépêches, et, pas plus que moi, il n'eût voulu troubler la solitude et ajouter à l'infortune du vieux roi [2]. »

---

[1] *Mémoires inédits du comte de Sainte-Aulaire.*

[2] *Ibid.* — Le gouvernement du roi Louis-Philippe devait du reste persister dans cette conduite, même après la mort de Charles X. On lit, à la date du 26 décembre 1839, dans le journal de la princesse de Metternich : « Clément (M. de Metternich) a reçu hier un courrier de Paris, qui lui annonce que Louis-Philippe est très-irrité contre M. de la Tour-Maubourg, son ambassadeur à Rome, parce que celui-ci se plaint de la présence du duc de Bordeaux. Il jouit, dit-il, des priviléges indiscutables d'un prince français, et M. de la Tour-Maubourg est tenu de le traiter avec le plus grand respect. Jamais on ne pourra reprocher à Louis-Philippe de manquer d'esprit. » (*Mémoires de M. de Metternich*, t. VI, p. 347.)

En 1836, Charles X se décida à quitter Prague et à chercher un climat plus doux. Vers la fin d'octobre, après un voyage ralenti par une grave maladie du duc de Bordeaux, il se trouva avec les siens dans la petite ville de Goritz, en Illyrie. Le 1er novembre, il fut pris d'un léger dérangement d'entrailles. Le 4, le mal s'aggrava subitement, et les médecins constatèrent une violente attaque de choléra : il apparut aussitôt que la mort était proche. Dans son agonie, le malade n'eut de paroles et de pensées que pour Dieu. Il expira le 6 novembre, à une heure et quart du matin. Peu de jours après, en présence d'étrangers nombreux et de quelques Français, son corps fut inhumé dans le couvent de Franciscains où, près d'un demi-siècle plus tard, devait être également portée la dépouille de son petit-fils.

La simplicité douloureuse de cette mort ne fixa pas longtemps l'attention, aussitôt distraite, du public français. On se découvrit un instant devant ce cercueil lointain, puis chacun s'en alla à ses affaires. Le ton de la presse fut du reste généralement convenable, et le principal organe du gouvernement, le *Journal des Débats,* parla avec respect de ce « long exil supporté avec résignation et avec une sorte de grandeur religieuse ». A la différence des autres cours d'Europe, celle de France ne prit pas le deuil. Ainsi statua le conseil des ministres, après en avoir longuement délibéré. On donna pour raison que, selon la loi de l'étiquette, le deuil ne se prenait que sur notification du décès, et que cette notification n'avait pas été reçue. C'était se décider par un petit motif, dans une affaire qui eût du être regardée de plus haut. Peut-être les ministres avaient-ils craint de fournir un nouveau prétexte aux criailleries de ceux qui leur avaient si violemment reproché de n'être pas des « hommes de Juillet ».

Dans l'intérieur du parti royaliste, la mort de Charles X ne résolvait pas la question d'abdication. L'héritier le plus proche du défunt était son fils, le duc d'Angoulême, alors âgé de soixante et un ans. Le 2 août 1830, en même temps que son père abdiquait, il avait renoncé à ses droits en faveur de son neveu. Sur la valeur et la portée de cette renonciation, même incertitude qu'au sujet de l'abdication de Charles X. Il semblait cependant qu'on n'eût pas à redouter de l'ancien Dauphin des prétentions excessives. Très-pieux, brave, instruit, sensé, mais d'une timidité gauche qui allait jusqu'à la sauvagerie, il paraissait moins fait pour commander que pour obéir, et était toujours plus prompt à se cacher qu'à se mettre en avant. On put croire, au premier moment, qu'il allait donner pleine satisfaction aux partisans de Henri V : « J'ai annoncé à mon neveu, dit-il à M. de Clermont-Tonnerre, que je ne prenais pas le titre de roi, et que je me ferais appeler le comte de Marnes. » Mais à peine avait-on eu le temps de le remercier, qu'il laissait M. de Blacas rétablir autour de lui l'étiquette royale, et faire décider, dans un conseil intime, que, devenu Louis XIX, il devait prendre le titre de roi. Toutefois, pour donner satisfaction aux autres royalistes, il fut convenu que, si le fils de Charles X succédait provisoirement à son autorité, notamment à celle que le Roi exilé avait exercée comme chef de famille, ce n'était que jusqu'à la fin des malheurs de sa maison; le duc de Bordeaux devait être seul roi, le jour où le titre cesserait d'être honoraire. Ajoutons que cette royauté ne se manifestait que dans l'intimité de la petite cour; pour tous les actes extérieurs, l'ancien Dauphin n'était que le comte de Marnes. D'ailleurs, les cours étrangères, celle de Vienne en tête, se refusèrent à le traiter en roi; elles ne lui reconnurent d'autre qualité que celui de chef de sa famille, et continuèrent à lui donner le titre d'Altesse royale [1]. En somme, la mort de Charles X ne changea à peu près rien à

---

[1] M. de Metternich dit alors à l'ambassadeur de France : « Charles X était roi, malgré son abdication, la royauté étant indélébile. Nous l'avons dès lors traité et dû traiter de Majesté. La maison de France comptait donc deux rois jusqu'à présent. Aujourd'hui, il n'y en a plus qu'un pour nous. Le duc d'Angoulême est *Altesse royale*. Personne, parmi nos employés, ne lui reconnaîtra et ne lui donnera par courtoisie un autre titre. C'est cependant à lui que nous reconnaîtrons le droit de décider toute question relative au duc de Bordeaux, mais seulement comme *paterfamilias*. » (Lettre particulière de M. de Sainte-Aulaire à M. Molé.) — Cf. aussi une dépêche du 1er décembre 1836, dans laquelle M. de Barante rapporte un langage analogue de M. de Nesselrode. (*Documents inédits*.)

la direction du parti royaliste. Cette direction n'en était ni rajeunie, ni plus en harmonie avec le mouvement de la France nouvelle.

VI

Cependant le temps s'écoulait, et l'on approchait du jour où les Chambres devaient se réunir. Chacun se préparait au combat qui allait s'engager. Louis-Philippe, qui se sentait personnellement en cause, à raison de l'initiative qu'il avait prise dans le renvoi de M. Thiers, ne restait pas inactif. « Le Roi, écrivait, en décembre 1836, un ami du cabinet, commence à donner des dîners et à prêcher les députés. » Il disait à l'un de ces derniers : « Je suis très-content de mon ministère, et ceux qui ne veulent pas m'être désagréables ne lui font pas d'opposition [1]. » D'autre part, la presse de gauche redoublait de violence, exploitant, dénaturant tous les événements qui se produisaient, et faisant porter le principal effort de son attaque sur la politique étrangère.

Toutefois, cette violence n'était pas un présage bien alarmant pour la lutte parlementaire, si l'opposition de gauche devait s'y trouver réduite à ses anciennes forces. La question délicate était de savoir ce que ferait M. Thiers, et tous les yeux se tournaient alors vers lui, avec une curiosité anxieuse. Depuis 1831, il avait combattu avec les conservateurs ; même pendant le ministère du 22 février, il s'était défendu d'avoir quitté les rangs de l'ancienne majorité du 13 mars et du 11 octobre. Voudrait-il, cette fois, par dépit, rompre ouvertement des liens de cinq années? Il avait tout d'abord éludé cette sorte d'interrogation muette, en partant pour l'Italie, immédiatement après sa sortie du ministère. Mais son court voyage de dilettante terminé, il était revenu à Paris, en novembre : dans quelles dispositions?

---

[1] *Notes inédites de M. Duvergier de Hauranne.*

Dès son retour, les journaux de gauche lui firent mille avances ; ils lui donnaient à entendre que ses antécédents révolutionnaires n'étaient pas oubliés, et qu'il dépendait de lui de reconquérir les suffrages des hommes de Juillet, en attaquant franchement ses anciens alliés, les doctrinaires. On put aussitôt se rendre compte que M. Thiers accueillait favorablement ces avances. Il avait, dans le salon de M. Mathieu de la Redorte, des pourparlers avec M. Odilon Barrot, ne parlait de M. Guizot et de ses amis qu'avec haine et mépris, déblatérait contre le « système antinational » que l'on inaugurait, disait-il, dans la politique extérieure, et dont l'affaire d'Espagne n'était qu'un incident. En même temps, il tâchait de renouer des relations avec ses anciens amis du parti révolutionnaire, forcément négligés pendant sa phase conservatrice, entre autres avec Béranger, qui écrivait à ce propos : « Thiers est un très-bon enfant, que son peu de tenue a fait calomnier au delà de ses mérites. » Il devint donc manifeste pour tous que le dernier président du conseil prenait à l'égard de ses successeurs l'attitude d'un opposant déclaré [1]. Il s'apprêtait à jouer ce nouveau rôle avec son entrain habituel. « M. Thiers, écrivait la duchesse de Broglie, le 12 novembre 1836, est fort animé, plein d'espérances et de projets [2]. » Sans doute, s'il se séparait ainsi des conservateurs, l'ancien lieutenant de Casimir Périer, l'ancien collègue du duc de Broglie et de M. Guizot n'allait pas du coup jusqu'en pleine gauche ; sa prétention était d'agglomérer et de fixer, pour ainsi parler, les éléments, jusqu'alors flottants et inconsistants, du tiers parti, d'y ajouter les conservateurs qu'il avait pu entraîner dans sa défection, ou ce qu'il espérait détacher de la gauche, et de constituer par là un groupe nouveau, militant, qu'il devait

---

[1] M. Molé écrivait à M. de Barante, le 18 décembre 1836 : « S'il faut juger du rôle que M. Thiers jouera dans la session, par sa conduite et son langage, ce rôle sera actif et celui d'une opposition à outrance. » (*Documents inédits.*) — Le vicomte de Launay (madame de Girardin) disait dans sa « lettre parisienne » du 30 novembre 1836 : « On parle de la guerre que l'ancien président du conseil va déclarer au ministère d'aujourd'hui. Les grands exploiteurs de petites haines font leurs préparatifs. Déjà les hostilités commencent, grâce à leurs soins. »

[2] *Documents inédits.*

commander, et auquel il donna un nom, à peu près délaissé depuis la révolution de Juillet, celui de centre gauche [1].

Tout en rompant avec ses anciens compagnons d'armes du parti de la résistance, M. Thiers tâchait de conjurer la déconsidération qui en résultait pour lui, et, dans ce dessein, entretenait très-ostensiblement de bonnes relations avec le duc de Broglie. Il continuait à le voir, alors qu'il ne voyait plus M. Guizot, et se montrait tout heureux et flatté quand le noble visiteur apparaissait dans son salon [2]. Quelle couverture morale n'eût-ce pas été pour lui, s'il avait donné à entendre au public qu'il était approuvé par l'ancien chef, si universellement respecté, du cabinet du 11 octobre! Depuis longtemps déjà, il y avait, chez lui, tendance visible à se faire honneur de cette aristocratique amitié. Dans les incidents qui avaient marqué la formation du ministère du 6 septembre, il tâchait de faire voir une séparation définitive entre M. Guizot et le duc de Broglie. Mais celui-ci n'était pas homme à permettre qu'on disposât de lui : aussi incapable de se laisser détourner de sa voie par un froissement personnel que de se laisser gagner par une cajolerie. Sans doute, il n'augurait pas très-favorablement du cabinet; son origine et sa composition ne lui paraissaient pas assez parlementaires; la direction donnée à sa diplomatie lui plaisait peu; il avait loyalement prévenu M. Guizot, dès le début, qu'il « réservait son libre arbitre et son franc parler [3] ».

---

[1] Cette conduite n'était pas faite, d'ailleurs, pour surprendre ceux qui avaient pu pénétrer les sentiments de M. Thiers dans la crise qui avait mis fin à son ministère. Quelques-uns avaient pu alors l'entendre dire « qu'il attendait le nouveau ministère à la prochaine session; qu'il ne ferait pas une opposition de salon, mais de tribune; qu'il formerait un parti nouveau dans la gauche, et le renforcerait par le tiers parti; que, dans six mois, il serait de nouveau ministre, et qu'alors il conduirait la révolution de Juillet à ses fins ». (*Mémoires de M. de Metternich*, t. VI, p. 155.)

[2] Nous lisons, à la date du 8 décembre 1836, dans le journal intime d'un ami du duc de Broglie : « On parle beaucoup d'une apparition que M. de Broglie a faite, ces jours derniers, à une soirée de M. Thiers, à la suite d'une visite semblable qu'il avait reçue de ce dernier. Il est évident que M. Thiers voudrait établir, entre lui et son prédécesseur dans la présidence du conseil, une solidarité apparente qui lui donne l'espèce de force morale qui lui manque. » (*Documents inédits*.)

[3] « Autre chose est pour moi, vous le comprenez, un cabinet formé par vous,

Sans doute aussi, n'ayant à l'égard de M. Thiers rien du sentiment de rivalité un peu jalouse auquel M. Guizot cédait trop souvent, il était plus préoccupé que les autres doctrinaires de retenir dans les rangs conservateurs, fût-ce en fermant les yeux sur certains torts, un homme qui avait été un allié si précieux et qui pouvait devenir un ennemi si nuisible; il eût dit volontiers de lui, comme le comte de Sainte-Aulaire : « Je suis persuadé qu'il nous fera une fois beaucoup de mal, si on ne lui arrange pas l'occasion de nous faire beaucoup de bien [1]. » Mais de là à suivre ou à patronner dans son opposition le chef du nouveau centre gauche, la distance était grande. S'il n'avait pas rompu avec ce dernier, il entretenait avec M. Guizot et ses collègues des relations encore plus suivies, mettant même une sorte de coquetterie fière à en conserver toutes les formes amicales et à ne rien laisser paraître au dehors de sa blessure intime.

À l'heure où les partis faisaient ainsi leurs derniers préparatifs pour la lutte parlementaire qui allait s'engager dans quelques jours, une nouvelle douloureuse, arrivée à l'improviste d'Algérie, vint attrister tous les patriotes en même temps que fournir une arme nouvelle aux opposants. On apprit à Paris, vers le milieu de décembre, qu'une expédition dirigée contre Constantine, commandée par le maréchal Clauzel, gouverneur d'Algérie, avait abouti à un désastre tel que nos armes n'en avaient pas encore subi en Afrique. Après avoir échoué dans une attaque de vive force contre la ville, la petite armée française avait dû battre en retraite, semant dans la boue et la neige les cadavres des soldats épuisés de froid, de faim ou de maladie, ou frappés par l'ennemi qui les harcelait sans cesse. Le récit de ce tragique épisode trouvera sa place dans l'exposé d'ensemble

---

dirigé par vous, autre un cabinet formé par M. Molé et dans lequel vous acceptez un poste à telles ou telles conditions; je ne puis être pour ce dernier ce que j'aurais vraisemblablement été pour l'autre; je ne puis placer dans ce dernier la confiance que l'autre m'avait inspirée... La position que je prendrai sera tout amicale; mais je suis forcé de réserver mon libre arbitre et mon franc parler. »

[1] *Documents inédits.* — La duchesse de Broglie écrivait de son mari, le 12 novembre 1836 : « Victor n'offusque personne et ne se mêle à aucune malveillance, en évitant toute solidarité. Je suis heureuse de le voir ainsi et très-serein. »

que nous ferons plus tard de la longue guerre d'Afrique. Nous nous bornons, pour le moment, à noter le contre-coup de cet échec en France. « Le désastre de Constantine, écrivait un observateur à la date du 14 décembre, est devenu pour l'opposition le texte de la polémique la plus violente contre le ministère. On m'assure que, dès hier soir, il y avait une joie féroce dans le salon de M. Thiers. On espère avoir trouvé le terrain favorable pour abattre les doctrinaires[1]. » En effet, les journaux de gauche essayèrent tout de suite de tourner en soulèvement contre le ministère l'étonnement douloureux du public. A les entendre, le désastre venait de ce que les renforts nécessaires avaient été refusés au maréchal Clauzel par des ministres dont l'arrière-pensée était d'abandonner l'Algérie : marque nouvelle de cette indifférence pour la grandeur nationale que l'on reprochait partout au nouveau cabinet. Le gouvernement faisait répondre à ces attaques que l'expédition avait été décidée et préparée par le ministère précédent, qu'elle était, comme la querelle avec la Suisse, un legs du 22 février. Elle faisait en effet partie d'un vaste plan d'occupation de toute la Régence, plan peu réfléchi auquel le maréchal Clauzel avait conquis l'imagination parfois aventureuse de M. Thiers. Le nouveau ministère, qui se méfiait du maréchal et songeait même à lui retirer le gouvernement de l'Algérie, lui avait signifié expressément que son plan était désapprouvé; que si on lui permettait de faire l'expédition déjà annoncée et préparée contre Constantine, c'était à regret et sous la condition que le maréchal jugerait possible de la mener à fin avec les forces dont il disposait; que s'il estimait ces forces insuffisantes et des renforts nécessaires, il n'avait qu'à s'abstenir. Les avocats du cabinet concluaient donc que la faute incombait surtout au maréchal, qui, par légèreté, présomption et impatience d'un succès personnel, s'était lancé en avant dans des conditions mal étudiées et à une époque défavorable; qu'elle incombait aussi au ministère précédent, qui avait encouragé ce commandant téméraire; mais

---

[1] *Journal inédit de M. de Viel-Castel.*

qu'on ne pouvait s'en prendre au ministère actuel, qui avait tout fait pour le mettre en garde et le contenir. En dépit cependant de ces justifications, la nouvelle d'un tel échec, sans précédent depuis 1815, survenant moins de deux semaines avant l'ouverture de la session, laissait une impression de tristesse, d'humiliation, de méfiance; état d'esprit dont le gouvernement, même innocent, pouvait avoir à souffrir plus que l'opposition.

VII

L'ouverture de la session était fixée au 27 décembre. Ce jour même, le Roi, en voiture avec trois de ses fils, se rendait au palais Bourbon pour présider à cette cérémonie, quand, sur le quai des Tuileries, un coup de pistolet fut tiré sur lui. La balle effleura sa poitrine et brisa une glace dont les éclats blessèrent légèrement deux des jeunes princes. L'assassin fut arrêté aussitôt, et le Roi continua sa route, saluant de la main la foule qui l'acclamait. A la Chambre, où la rumeur de l'attentat avait précédé l'arrivée du cortége royal, l'émotion était extrême : « Les regards inquiets, rapporte un témoin, se tournaient en hésitant vers la Reine; on restait immobile, on se taisait, comme pour ne pas susciter, par un trouble visible, ses premières terreurs. » A l'entrée de Louis-Philippe et des princes, dont quelques gouttes de sang tachaient les habits, des vivat enthousiastes s'élevèrent et se prolongèrent pendant plusieurs minutes. D'une voix ferme, le Roi lut un discours plein de confiance dans l'avenir de la France. Puis il rentra aux Tuileries, à travers les rangs serrés de la population accourue pour témoigner de sa sympathie et de son indignation.

L'auteur de ce nouveau crime, nommé Meunier, était un jeune homme de vingt-deux ans, grossier, obstiné, dont la vie avait été jusqu'alors perdue dans la paresse et la débauche. Interrogé sur les motifs de son crime : « Les lectures, répondit-il, m'ont appris que les d'Orléans avaient toujours fait le malheur de la France. » Avait-il eu des complices proprement dits?

L'instruction laissa des doutes sur ce point. La Chambre des pairs le condamna à mort; mais la bonté excessive du Roi commua la peine en un exil perpétuel : elle pourvut même à ce que ce misérable n'arrivât pas dénué de toute ressource aux États-Unis où il fut conduit. Peu après cet attentat, la police découvrait chez un mécanicien nommé Champion une machine infernale, déjà presque complétement construite. Conduit aussitôt en prison, Champion s'y étrangla. Cette persistance du régicide éveillait dans le public un sentiment mêlé de peur et de honte. On ne voyait aucun moyen d'arrêter cette monstrueuse épidémie. Par un renversement singulier, les sujets en étaient venus à prendre compassion de leur souverain. « Ah! écrivait alors madame de Girardin, c'est un triste pays que celui où la royauté a toute la pitié du peuple [1]. »

Pendant ce temps, que devenait la session ouverte sous de si lugubres auspices? Le ministère y trouvait-il une majorité? La discussion de l'Adresse commença le 12 janvier 1837. Les événements de Strasbourg ne donnèrent lieu qu'à une escarmouche sans conséquence, malgré l'intervention de M. Dupin, qui descendit du fauteuil présidentiel pour critiquer, plus en légiste qu'en homme d'État, la mise en liberté du prince Louis. Sur le désastre de Constantine, le débat fut renvoyé d'un commun accord au retour du maréchal Clauzel et au dépôt d'une demande de crédits spéciaux à l'Algérie. L'opposition s'était réservé de faire porter le principal effort de son attaque sur les affaires d'Espagne. Un tel choix peut étonner de la part de M. Thiers; la thèse de l'intervention n'était pas populaire à la Chambre, et son échec y était certain. Mais la passion et le ressentiment ne raisonnent pas. Peut-être, d'ailleurs, sans avoir d'illusion sur le résultat parlementaire immédiat, le ministre d'hier trouvait-il que le plus important, en vue du rôle qu'il voulait jouer à l'avenir, était de faire oublier, fût-ce par une discussion imprudente et en apparence maladroite, la diplomatie quelque peu réactionnaire des premiers mois de son admi-

---

[1] *Lettres parisiennes du vicomte de Launay,* 29 décembre 1836, t. I, p. 45

nistration. Le débat sur l'Espagne ne dura pas moins de trois jours [1]. Secondé par ses anciens collègues du 22 février, appuyé par la gauche, M. Thiers s'engagea à fond, attaqua sans ménagement aucun la politique d'abstention que chacun savait être celle du Roi, et y opposa une politique d'intervention en faveur de laquelle il évoquait le souvenir d'Ancône et d'Anvers[2]; politique, en tout cas, fort différente de celle dont il avait tracé le programme, quand, quelques mois auparavant, il écrivait à ses ambassadeurs : « Il faut faire du cardinal Fleury [3]. » La thèse contraire fut soutenue, avec la faveur manifeste de l'Assemblée, par les ministres et leurs amis; M. Molé prononça un discours étudié et considérable par lequel il voulut sans doute prouver, dès le premier jour, qu'il était un vrai chef de cabinet, de force à se mesurer avec les plus redoutables orateurs ; et M. Guizot monta deux fois à la tribune, pour bien marquer de son côté qu'il était autre chose qu'un simple ministre de l'instruction publique. Le vote qui suivit fut le vote décisif de l'Adresse; le paragraphe approuvant de la façon la plus explicite la politique que le Roi avait fait prévaloir, fut adopté à une majorité de soixante et onze voix.

Sur la question espagnole, il y avait eu du moins une politique à débattre ; au sujet des affaires de Suisse, il n'y eut qu'un scandale à remuer ; mais l'opposition ne s'en fit pas faute. M. O. Barrot vint demander s'il était vrai que Conseil eût été attaché à la police française. Le ministère, au lieu de refuser un tel débat, par des raisons supérieures de gouvernement, se contenta de dégager sa responsabilité de faits antérieurs à son entrée au pouvoir et renvoya la question au cabinet précédent.

[1] 14, 16 et 17 janvier 1837.
[2] « Je l'ai voulue, disait-il, cette politique du juste milieu, modérée, mais ferme, comme le jour où elle est allée à Ancône et à Anvers... C'est pourquoi j'attaque la politique du jour, parce que ce n'est pas celle qui serait allée à Anvers. Non, Messieurs, si Anvers n'était pas pris, ce n'est pas vous qui le prendriez. »
[3] Cf. plus haut, p. 52. — Par une coïncidence piquante, dans cette même discussion, M. O. Barrot, voulant flétrir la politique de non-intervention, s'écriait : « Une telle politique d'égoïsme et d'indifférence conduirait la France là où elle était sous le cardinal Fleury... »

Mis en cause, M. Thiers fit cette déclaration : « Vous l'avez dit, et vous avez raison : j'étais président du conseil; je suis responsable de ce fait... Voici ma réponse : Oui, comme président, j'aurais dû tout savoir; mais je n'ai pas tout su. On aurait dû tout me dire, on ne m'a pas tout dit... Je vous le dis et pour moi et pour le pays; le ministre des affaires étrangères n'a pas été informé des faits; je ne sus pas ce qu'était Conseil, je ne le sais pas encore... Maintenant ce n'est pas moi qui dois trouver à la Chambre un coupable. Vous comprenez ma situation; je manquerais à mes devoirs, aux convenances, si je trouvais un coupable; mais ce qu'il m'importe de prouver, c'est que le cabinet ne l'était pas... » M. Thiers ne pouvait ignorer quelle interprétation l'opposition donnerait à ses assertions et surtout à ses réticences; il ne pouvait ignorer que dans cet *on* qui « aurait dû tout dire » et qui « n'avait pas tout dit », dans ce « coupable » mystérieux dont il dénonçait l'existence, mais qu'il se disait empêché de nommer, cette opposition verrait et tâcherait surtout de faire voir à tous le Roi. Dès le début de cette malheureuse affaire, la presse de gauche avait cherché à donner cette direction aux soupçons du public, et c'est même uniquement pour ce motif qu'elle avait fait si gros tapage de ce vulgaire accident. Le ministre congédié en était-il donc arrivé, dans l'emportement de sa rancune, à vouloir fournir de telles armes aux ennemis de Louis-Philippe? Et que penser de M. Dufaure qui, dans ces conditions, vint, après la déclaration de M. Thiers, demander la nomination d'une commission d'enquête, chargée de découvrir le « coupable »? Pour couper court à une délibération qui prenait une tournure si fâcheuse, il fallut la lecture d'une lettre par laquelle l'ancien ministre de l'intérieur, M. de Montalivet, assumait toute la responsabilité du fait incriminé. Dès lors, le débat tomba de lui-même; du moment qu'il n'avait pas chance d'aboutir au Roi, il n'intéressait plus ceux qui s'y étaient jetés naguère avec tant d'ardeur.

Somme toute, en dépit de ce regrettable épisode, la discussion de l'Adresse fut un succès pour le ministère. Son plus redoutable adversaire, M. Thiers, en sortait fort compromis et diminué. Il s'était laissé trop dériver à gauche. On était généralement choqué de son manque de mesure et de tenue. « Il n'a pas su se renfermer, écrivait alors un témoin impartial, dans la circonspection et la modération au moins apparentes que l'opinion exige d'un ministre sorti [1]. Peu à peu, tous ceux des membres du juste milieu avec lesquels il était resté en relation s'éloignent de lui, fatigués de ses incartades. On se répète qu'il a rendu son pouvoir impossible. C'est trop dire dans nos temps de brusques changements; il n'y a rien d'impossible; mais il l'a rendu très-difficile [2]. » Et le même témoin ajoutait : « M. Thiers s'est fait révolutionnaire. » C'est également le mot dont s'était servi M. Berryer, dans cette discussion de l'Adresse, lorsqu'il avait dit, sans soulever de contradiction : « Le dernier chef du cabinet est rentré sous les drapeaux de l'opposition; il y est bien, il est dans la vérité : car il est révolutionnaire.

VIII

L'ambition du ministère était de reconstituer la vieille majorité du 13 mars et du 11 octobre. Succédant à un cabinet qui n'était que trop parvenu à déclasser, à décomposer et à désorienter les anciens partis, il voulait rétablir cette division simple en deux camps, celui de la résistance et celui du laisser-aller : condition la meilleure pour le fonctionnement du régime parlementaire [3]. Pouvait-on conclure du vote émis sur les affaires

[1] La même idée se retrouve dans une lettre de M. de Barante, à la date du 3 février 1837 : « J'aurais voulu plus de gravité et de tenue à M. Thiers. Il a trop perdu le caractère ministériel, en quittant le ministère. » (*Documents inédits.*)
[2] *Documents inédits.*
[3] Dans la discussion même de l'Adresse, l'un des amis du cabinet, M. Duvergier de Hauranne, faisant, sous forme d'hypothèse, le tableau d'un mal qui n'était que trop présent et réel, disait : « Supposez qu'au lieu de deux armées rangées sous deux drapeaux, il y ait une multitude de petits corps indépendants et ennemis l'un de l'autre; supposez qu'au lieu de deux volontés clairement formulées, il se trouve une foule de demi-volontés fugitives ou opiniâtres, mais, dans tous les cas, aussi difficiles à saisir qu'à concilier; supposez même, pour épuiser toutes les hypothèses, que, chez quelques-uns, l'amour-propre blessé ou

d'Espagne que ce but avait été atteint? C'eût été se faire illusion. Le gros chiffre de voix obtenu en cette occasion par le cabinet tenait beaucoup à la question même sur laquelle l'opposition avait porté l'attaque. Mais à regarder de près cette majorité, que d'incertitudes dans les vues et dans les convictions! que de divisions et de subdivisions, sinon définitivement consommées, du moins ébauchées! que de jalousies ou de ressentiments entre les personnes! quel entre-croisement d'intrigues! et par-dessus tout quelle lassitude! Les ministres eux-mêmes ne se trompaient pas sur cet état d'esprit. Dans la discussion de l'Adresse, M. Guizot avait été amené à constater publiquement à la tribune la « fatigue, cause du désabusement et du scepticisme général [1] ». Et peu de semaines après, s'épanchant plus librement dans une lettre intime : « Je suis mécontent, écrivait-il, rien ne va, les amis languissent, les ennemis agissent beaucoup. Nous sommes entourés de faiblesses, de réticences, de trahisons, d'insuffisances. Je me sens moi-même quelquefois sur le point d'être gagné et surmonté par le flot..... Si je m'écoutais, si je me permettais de lire ou de faire lire jusqu'au fond de mon âme, je dirais que je suis fatigué, que j'ai besoin de reprendre haleine, de me rafraîchir dans le repos [2]. »

Et cependant, si malade que fût la majorité, le ministère l'était plus encore. A peine était-il entré en fonction, qu'avaient apparu, entre M. Guizot et M. Molé, les premiers symptômes d'un antagonisme que le seul vice de la situation eût peut-être suffi à produire, mais qu'aggravait encore le caractère des deux hommes en présence, la hauteur dédaigneuse de l'un, l'ombrageuse susceptibilité de l'autre. Force est bien de s'arrêter à cette nouvelle division, venant si malheureusement s'ajouter à

l'ambition déçue fasse oublier l'intérêt d'une cause commune, et que par degrés l'esprit de coterie se substitue à l'esprit d'association... alors, le gouvernement représentatif est faussé dans son principe, paralysé dans son action. » Il ajoutait : « Il n'y a que deux opinions sérieuses et puissantes », deux opinions qui ont lutté l'une contre l'autre depuis six ans : d'une part celle qui « voulait s'abandonner au courant populaire », d'autre part celle « qui sait que les révolutions, pour être sauvées, ont besoin d'être contenues ».

[1] Discours du 16 janvier 1837.
[2] Lettre du 19 mars 1837.

celle qui avait déjà éclaté entre M. Guizot et M. Thiers; elle n'exercera que trop d'influence sur les destinées du pays, dans les années qui vont suivre.

Convaincu de sa supériorité, M. Guizot n'avait pas un moment songé à se contenter du rôle subordonné d'un simple ministre de l'instruction publique, ni à reconnaître à M. Molé la suprématie d'un véritable président du conseil. Il croyait faire acte de condescendance en traitant avec lui de puissance à puissance, comptant bien, du reste, grâce aux opinions plus fixes et plus fermes des doctrinaires, en imposer la marque exclusive au nouveau cabinet. Cette prétention apparaissait parfois, non sans quelque arrogance de ton, dans les journaux qui passaient pour être inspirés par lui et par M. de Rémusat, dans la *Charte de* 1830 et la *Paix*. On y présentait le ministère comme le continuateur pur et simple du 11 octobre, sans s'inquiéter de M. Molé qui n'avait pas fait partie de ce dernier cabinet, et qui parfois même avait tenu à s'en séparer. Du reste, dans le monde de la Doctrine, on croyait et l'on disait volontiers que le président du conseil n'avait ni la force physique, ni la force morale de garder longtemps son poste, qu'il se rebuterait bientôt, et l'on disposait déjà de sa succession. Ces propos, rapportés à M. Molé, le blessaient, l'irritaient, et ranimaient en lui des ressentiments qui, pour être de très-ancienne date, n'en demeuraient malheureusement pas moins vivaces; il était en effet persuadé que, depuis 1818, époque où il s'était une première fois heurté aux doctrinaires, ceux-ci avaient formé une sorte de cabale, à l'effet de le faire passer pour un homme sans consistance, ne sachant ni parler ni écrire[1]. Sous l'impression de ces griefs anciens et nouveaux, il se montra d'autant plus jaloux d'affirmer sa volonté de durer, qu'on lui en refusait la puissance; de manifester sa suprématie, qu'il voyait sa supériorité contestée; de faire sentir, jusque dans les détails

---

[1] M. Molé revient constamment, dans sa correspondance, sur ce vieux grief qui lui tenait évidemment très à cœur. « J'avais beaucoup à faire, écrit-il le 20 août 1837 à M. de Barante, pour qu'on revînt de l'idée que les doctrinaires, depuis 1818, avaient donnée de moi. » Et plus tard, le 25 avril 1840 : « Vos anciens amis (les doctrinaires) avaient si bien établi que je ne savais ni parler ni écrire, que je leur dois quelquefois des louanges où il entre un peu de surprise. » (*Documents inédits.*)

et d'une façon presque tatillonne, son autorité de président, qu'il l'entendait traiter de « nominale ». M. Guizot nous l'a dépeint « livré tantôt à des inquiétudes, tantôt à des prétentions mal fondées et incommodes » ; prenant « toute démarche inattendue, la moindre négligence de ses collègues comme un acte de malveillance secrète ou d'hostilité préméditée » ; ressentant « une amère blessure des plus légers déplaisirs d'amour-propre ». De son côté, M. Molé ne tarissait pas en plaintes sur le caractère déplaisant, impérieux, et sur l'« égoïsme politique » de ses collègues doctrinaires. Les lettres qu'il adressait alors à son ami, M. de Barante, révèlent bien son état d'esprit et aussi la situation intérieure du cabinet. Il écrivait, dès le 2 octobre 1836, c'est-à-dire moins d'un mois après la formation du ministère : « Vous connaissez l'orgueil et le caractère de chacun. Heureusement ils m'étaient connus aussi d'avance. C'est en pleine clairvoyance et prévoyance que je me suis engagé. Cette fois, je devais entrer et durer. Je suis entré et je durerai, j'en ai la ferme conviction..... Il restait deux routes ouvertes devant le même personnage (M. Guizot), celle de l'union la plus franche avec moi, celle de la tactique d'une rivalité constamment couverte d'apparences qu'on croit habiles. C'est cette dernière qui a été préférée..... On se croit *tout* et *le seul* parce qu'on est plus attaqué. N'allez pas croire, en lisant tout ceci, qu'il y ait non-seulement division, mais germe de division parmi nous. Non, j'avais pris d'avance ma résolution, et rien ne m'y fera manquer..... Je sens ma position considérable, le devenant chaque jour davantage, et je sens mon avenir plus indépendant et plus étendu que celui d'autrui. » Le 16 novembre : « Depuis deux mois, notre intérieur ministériel s'est réglé. Chacun a pesé son poids, et la présidence *nominale* a pris quelque réalité. » Et le 18 décembre : « M. G... prétendait que si je m'appelais le *président*, c'est qu'il l'avait bien voulu. J'ai *pris* la première place, et je puis vous affirmer que nul n'a été, depuis six ans, le premier, au point où je le suis maintenant[1]. »

---

[1] Lettres de M. Molé à M. de Barante. (*Documents inédits.*)

Extérieurement, sans doute, pas de querelle, et même une sorte d'affectation de courtoisie ; mais dans la réalité « ni confiance ni intimité » : c'est M. Molé qui le disait [1] ; et M. Guizot ajoute de son côté : « Nous nous observions mutuellement et sans nous croire, l'un envers l'autre, en parfaite sécurité [2]. » Du reste, aucun d'eux ne se gênait, dans la conversation intime, pour mal parler de l'autre. M. Duvergier de Hauranne alla les voir tous deux, en arrivant à Paris, vers la fin de 1836. « Dès ma première visite à M. Molé, raconte-t-il, je fus frappé du sentiment constamment jaloux et malveillant qu'il portait à M. Guizot. M. Guizot, de son côté, parlait de M. Molé avec peu d'estime et comme s'il lui eût fait beaucoup d'honneur en s'alliant à lui [3]. » Un incident qui se produisit peu après, à propos du portefeuille de l'intérieur, fait bien comprendre les caractères des deux personnages et les difficultés qui en résultaient. Le titulaire de ce portefeuille, M. de Gasparin, était un administrateur appliqué, laborieux, plutôt qu'un homme politique : il avait l'esprit lent, la parole difficile ; dès les premiers débats de la session, son insuffisance apparut à tous et à lui-même tout le premier. Un soir qu'il avait ainsi fait triste figure à la tribune, M. Molé, se trouvant chez madame de Boigne, déclara bien haut que « cela ne pouvait durer », qu'il fallait remplacer au plus vite ce collègue compromettant par M. de Montalivet ou par M. Guizot. Le lendemain matin, il se rendit chez ce dernier, qui, au premier mot, l'interrompit et lui dit de son ton d'autorité : « Gasparin ne peut rester, et quant à sa place, cela ne fait pas difficulté, *je la prends.* » Tout interloqué et froissé de ce ton, M. Molé sortit de cet entretien, résolu à insister auprès de M. de Gasparin pour qu'il restât à son poste : il y réussit au moins provisoirement. Il avait voulu le changement, avait accepté que M. Guizot passât à l'intérieur, mais à condition que tout se fît par son autorité de président du conseil. Du moment où M. Guizot « prenait »

---

[1] Lettre de M. Molé à M. de Barante, du 2 octobre 1836. (*Documents inédits.*)
[2] *Mémoires de M. Guizot*, t. IV, p. 223.
[3] *Notes inédites de M. Duvergier de Hauranne.*

ainsi ce portefeuille, M. Molé ne se souciait plus de le lui laisser [1].

Bien que toutes ces difficultés n'eussent encore abouti à aucun éclat, elles n'échappaient pas aux observateurs clairvoyants, même les plus éloignés, entre autres à M. de Metternich, qui, cependant, goûtait fort ce cabinet [2]. Elles n'échappaient pas davantage à la vigilance intéressée de l'opposition. Au début, ses journaux avaient attaqué pêle-mêle M. Molé et M. Guizot : le passé du premier n'avait pas été jugé par eux moins compromettant que celui du second. Mais bientôt ils comprirent l'avantage de distinguer. On les vit se souvenir tout à coup que M. Molé manifestait, sous le ministère du 11 octobre, quelques velléités de tiers parti, et même que, sous la Restauration, il avait siégé au centre gauche de la Chambre des pairs. Ils affectèrent de le considérer comme le personnage relativement libéral du cabinet, le plaignant d'être compromis par l'impopularité de M. Guizot, opprimé par ses exigences impérieuses, effacé par son encombrante importance. Sans accepter ces avances, le président du conseil n'y était pas entièrement insensible. Il n'avait aucune intention de satisfaire la gauche, mais était heureux qu'elle le distinguât de son collègue. Aussi bien, en dehors même de ce calcul, n'eût-il jamais approuvé ce qu'il y avait parfois de provocant et d'exclusif dans les polémiques de certaines feuilles doctrinaires. Il eût plutôt été porté, par nature, à adoucir la forme de la résistance, sans en trop abandonner le fond, à se poser en homme de modération et de rapprochement. Au commencement de 1837, quelques libéralités et faveurs personnelles avaient acquis au gouvernement le concours de la *Revue des*

---

[1] *Notes inédites de M. Duvergier de Hauranne.*

[2] M. de Metternich écrivait au comte Apponyi, le 17 février 1837 : « J'ai peur que S. M. Louis-Philippe ne se livre à des illusions, ou ne fasse semblant de s'y livrer à l'égard de l'existence solide du ministère, assurément le meilleur qu'il ait encore eu. Je regarde comme possible qu'il puisse résister aux attaques de l'opposition dans la Chambre; ce que je regarde comme moins probable, ce serait qu'il pût résister au manque d'homogénéité qui caractérise le cabinet. » (*Mémoires de M. de Metternich*, t. VI, p. 195.)

Deux Mondes, jusqu'alors opposante [1]. Il fut très-remarqué que les premiers articles politiques de la revue, après sa conversion, ne firent l'éloge de M. Molé qu'au détriment de M. Guizot; on s'y attachait à montrer deux influences rivales dans le ministère : l'une, celle du président du conseil, modératrice et conciliante; l'autre, celle du ministre de l'instruction publique, arrogante et implacable. L'irritation fut grande, à ce sujet, parmi les doctrinaires.

Quelles que fussent ces divisions, elles étaient contenues tant que les affaires du cabinet marchaient bien au Parlement. Ce n'est pas dans la victoire que les armées se débandent. Après le succès de l'Adresse, le gouvernement et la Chambre avaient été heureusement occupés par la discussion de quelques lois utiles, entre autres d'une loi considérable sur les attributions des maires et des conseils municipaux qui venait compléter celle du 31 mars 1831 sur l'organisation municipale et remplir l'une des promesses de la Charte [2]. Le meilleur éloge à faire de cette loi est de rappeler qu'elle demeura longtemps la loi organique en cette importante matière, et qu'aujourd'hui beaucoup des principes qu'elle a posés sont restés debout. Mais cette bonne fortune parlementaire ne pouvait toujours durer. Des accidents étaient inévitables, et, avec ces accidents, il fallait s'attendre à voir éclater, au dehors, le mal jusqu'alors interne du cabinet.

IX

La discussion de l'Adresse venait de finir, et le ministère avait joui pendant quelques heures à peine de son succès, qu'il apprenait l'acquittement par le jury du Bas-Rhin de tous les accusés militaires et civils poursuivis à raison de l'attentat de

[1] On fut alors assez scandalisé de la nomination à un poste diplomatique de M. Lœwe-Weimar, chroniqueur politique de la *Revue*, et écrivain peu considéré.
[2] Cette discussion se prolongea à la Chambre des députés, du 26 janvier au 11 février 1837.

Strasbourg [1]. C'était le résultat de la campagne entreprise par l'opposition, aussitôt après la libération du prince Louis-Napoléon. Comment, avait-on alors répété sur tous les tons, frapper les complices quand le principal coupable a été arbitrairement soustrait à la justice? Le motif principal d'une telle attitude était sans doute le désir de faire pièce au gouvernement; mais on y discernait aussi cette sympathie bonapartiste, tant de fois notée chez ceux qui se disaient alors « libéraux ». Au jour où l'on croyait que le prince serait judiciairement poursuivi, M. Odilon Barrot n'avait-il pas accepté de le défendre, et n'avait-il pas désigné son frère, M. Ferdinand Barrot, pour être l'avocat du colonel Vaudrey? La plupart des autres défenseurs étaient aussi des notoriétés « libérales ». Dans tous les rangs de la gauche, depuis les dynastiques jusqu'aux républicains, on semblait s'être donné pour mot d'ordre de « protéger la défaite » du prétendant impérial : c'est l'expression même de M. Louis Blanc [2]. Pendant le procès, du 6 au 18 janvier, tout avait été employé par l'opposition pour échauffer l'opinion locale, pour entraîner ou intimider les jurés. Le dernier jour, quand ceux-ci s'étaient retirés pour délibérer, un cri passionné et impérieux avait éclaté dans la salle : « Acquittez-les, acquittez-les! » Le verdict prononcé, la foule avait applaudi. On eût dit la ville en fête. Un banquet avait été offert aux accusés, et pour comble de désordre, des jurés y avaient pris part.

Ainsi, de par cette décision souveraine et aux applaudissements de la partie la plus bruyante de l'opinion, il était établi que des colonels pouvaient impunément trahir leur serment et tenter d'entraîner leurs soldats dans un *pronunciamento*. De tous les scandales du jury, — et on ne les comptait plus depuis 1830, — ce n'était certes pas le moindre. Il retentit jusqu'à l'étranger et fut une occasion pour les cours du continent de

---

[1] Le verdict était du 18 janvier 1837.
[2] *Histoire de dix ans*, t. V, p. 124. — La façon dont cette histoire, publiée en 1840, raconte, et l'échauffourée de Strasbourg, et le procès qui suivit; les couleurs flatteuses sous lesquelles elle s'efforce de peindre le prince et ses complices, font bien connaître les sentiments du parti radical à cette époque.

prendre en méprisante pitié cette monarchie impuissante à faire punir la trahison de ses propres officiers [1]. Ceux qui représentaient la France au dehors souffraient du tort qui lui était ainsi fait. M. de Barante écrivait, à cette occasion, de Saint-Pétersbourg, à M. Molé : « L'aspect que nous présentons à l'Europe est devenu triste. Il semble aux étrangers que la France soit un pays où sont brisés les liens moraux de la société. Nous sommes un objet de scandale et de commisération. C'est dommage : car, au fond, la disposition est infiniment meilleure pour nous. Sans avoir un besoin actuel de se rapprocher de nous, on suppose pourtant que telles circonstances pourraient se présenter où cela serait à propos. On irait même un peu en avant sur cette voie, et j'ai vu parfois des instants de confiance commençante. Mais nous ne donnons pas assez de sécurité pour qu'on reste trois jours de suite dans cette velléité. M. de Nesselrode me répète sans cesse : « Vous avez un minis« tère en qui l'on doit avoir toute confiance. Jamais aucun n'a « convenu autant à tout ce qui est raisonnable en Europe. « Mais peut-il durer ? » Puis il me parle avec inquiétude de vos divisions intérieures, dont il semble craindre l'effet plus que le manque de majorité [2]. »

Fort ému, et de l'acquittement en lui-même, et de l'effet qu'il produisait, le ministère ne crut pas possible, comme le disait l'un des siens, « d'accepter, dans une scandaleuse inertie, cette victoire des passions de parti sur les devoirs publics, ces mensonges légaux, cette faiblesse des mœurs où les factions ennemies ne pouvaient manquer de puiser un redoublement de confiance et d'audace ». Mais que faire ? Aucun moyen de ressaisir par quelque côté les accusés acquittés. Fallait-il donc s'en prendre à la législation elle-même et en proposer la modification ? Bien que ce soit toujours chose délicate que ces lois pénales de circonstance, improvisées *ab irato*, avec le souci du péril du

---

[1] Cf. dépêche de M. de Metternich au comte Apponyi, en date du 28 janvier 1837 (*Mémoires de M. de Metternich*, t. VI, p. 193), et dépêche de M. de Barante à M. Molé, en date du 3 février. (*Documents inédits*.)

[2] Lettre particulière, du 14 mars 1837. (*Documents inédits*.)

moment, plus que des principes permanents, les précédents de ce genre étaient nombreux dans l'histoire même de la politique de résistance, depuis 1830. Que de fois, par exemple, après les défaillances du jury, n'avait-on pas cherché à restreindre, par quelque expédient législatif, cette juridiction à laquelle la Charte ne permettait pas de toucher ouvertement? Il suffit de rappeler la loi sur les crieurs et celle sur les associations en 1834, la loi sur la presse en 1835. Après tout, si faute il y avait, c'était celle d'un gouvernement qui, dans les grands périls, n'avait jamais l'idée d'agir en dehors des lois.

Le ministère chercha donc par quelle modification du code pénal il pourrait prévenir le retour du désordre qui venait de se produire. Il s'arrêta à une loi dite de disjonction, d'après laquelle, en cas de participation de militaires et de civils à certains crimes ou délits, les poursuites seraient disjointes, et les militaires renvoyés devant les conseils de guerre, tandis que les civils seraient déférés aux tribunaux ordinaires. Il y joignit deux autres projets : l'un avait pour objet de rendre la peine de la déportation efficace en la rendant réelle, et fixait, dans un district de l'île Bourbon, le lieu où cette peine devait être subie ; l'autre, rétablissant trois articles du code pénal de 1810, supprimés dans la réforme de 1832, punissait de la réclusion la non-révélation des complots formés ou des crimes projetés contre la vie ou la personne du Roi. Ce ne fut pas tout : par un rapprochement étrange et périlleux, le ministère résolut de présenter en même temps deux projets relatifs aux dotations des membres de la famille royale : l'un portait allocation d'un million pour le payement de la dot promise par traité, en 1832, à la reine des Belges; l'autre assignait, à titre d'apanage, à M. le duc de Nemours, devenu majeur l'année précédente, le domaine de Rambouillet et certaines portions des forêts de l'État. Certes, rien de plus conforme aux traditions monarchiques, et aussi à la législation particulière de la monarchie de Juillet[1]. Mais on avait déjà vu, lors de la

---

[1] La loi de 1832, sur la liste civile, avait stipulé qu'en cas d'insuffisance du

discussion de la loi sur la liste civile, quelles étaient, en ces matières, les préventions de la bourgeoisie de 1830, préventions demeurées si vivaces et jugées si redoutables que, depuis 1832, aucun cabinet n'avait osé demander de régler l'affaire, pourtant si simple, de la dot due à la reine des Belges. Quelle inspiration avait donc fait choisir, pour poser de telles questions, l'instant précis où l'on croyait nécessaire de demander une aggravation des lois répressives? Nul ne pouvait s'imaginer que cette coïncidence serait favorable à l'une ou à l'autre des propositions. Les membres du cabinet avaient probablement cédé aux instances de Louis-Philippe, qui, comme prince et surtout comme père de famille, avait fort à cœur, trop à cœur parfois, la solution de ces questions de dotation. Le Roi pouvait être dans son droit en pressant les ministres de réclamer ce qui lui était dû d'après les convenances et les lois monarchiques; mais c'était affaire à ces ministres de lui présenter les objections fondées sur l'opportunité politique. Faut-il croire que M. Molé et M. Guizot en furent cette fois détournés par l'effet même de leur défiance réciproque, et que chacun d'eux craignit, s'il résistait, de laisser prendre à son rival une avance dans la faveur royale [1]? Quoi qu'il en soit, décision fut prise de présenter en même temps ces cinq projets : le 24 et le 25 janvier, moins d'une semaine après le verdict de Strasbourg, ils furent tous déposés sur le bureau du Parlement, offrant aux regards étonnés ce

---

domaine privé, il serait pourvu, par des lois spéciales, à la dotation des princes et princesses de la famille royale. Le revenu net de ce domaine ne s'élevait qu'à 1,006,490 francs, et les dépenses des princes et princesses dépassaient cette somme de plus de 2 millions de francs. De plus, au 31 décembre 1836, le domaine privé était endetté de 6,523,558 fr., et la liste civile de 11,534,870 fr.

[1] De loin, M. de Metternich voyait clairement la faute commise en joignant les lois de dotation aux lois répressives. Il écrivait, à ce propos, le 7 février, en parlant de Louis-Philippe : « Comment un homme de la portée indubitable de son esprit peut-il se faire, sur sa position gouvernementale, une illusion assez grande pour engager à la fois, dans les Chambres, un combat sur des lois qui décideront de la vie ou de la mort de l'ordre de choses existant, et sur de misérables questions d'argent pour ses enfants? Louis-Philippe cherche des ministres qui sachent lui obéir, et en cela il a parfaitement raison; je sais obéir, et cependant, si j'étais ministre français, j'aurais mille fois préféré me retirer plutôt que de présenter la demande des dotations. » (*Mémoires de M. de Metternich*, t. VI, p. 194.)

que M. Dupin appela « une constellation de lois impopulaires ».

L'opposition, qui venait d'être battue si complétement sur la politique extérieure, entrevit là une occasion de revanche qu'elle se garda de laisser échapper. Elle eut d'abord cette chance que les réformes pénales éveillèrent des scrupules, soulevèrent des objections dans le monde juridique. On y faisait observer que la disjonction dérogeait à l'une des maximes de la jurisprudence française, celle de l'indivisibilité de la procédure, et qu'en fait, elle risquait d'aboutir à des résultats choquants : les auteurs du même crime pourraient être traités différemment suivant qu'ils appartiendraient à la juridiction civile ou à la militaire, les uns acquittés, tandis que les autres seraient sévèrement punis. Quant à la loi de non-révélation, les jurisconsultes lui reprochaient d'être cruelle et immorale; elle leur semblait d'ailleurs un retour en arrière, le désaveu d'une réforme généreuse qu'on s'était tout récemment fait honneur d'accomplir. Les journaux de gauche et du tiers parti s'emparèrent de ces critiques, et accusèrent le gouvernement de violer les principes mêmes du droit et de la moralité, pour se venger des mésaventures méritées de sa politique. Ils n'oubliaient pas non plus les lois de dotation, ravivant à ce propos tous les préjugés mesquins, envieux, de la démocratie bourgeoise, et exploitant avec perfidie la coïncidence qui faisait demander de l'argent pour la famille royale, en même temps que l'on prétendait enlever des garanties aux citoyens : thème facile et redoutable, que la presse développait avec une violence chaque jour croissante. Les ennemis étaient surexcités, les indifférents entraînés ou troublés, les amis inquiets, intimidés, refroidis. Parmi ceux mêmes qui estimaient qu'il y avait quelque chose à faire, beaucoup regrettaient tout haut qu'on n'eût pas mieux trouvé. Cet état des esprits avait son contre-coup au Parlement. On racontait que M. Dupin se prononçait très-vivement contre la loi de disjonction, et la déclarait subversive des notions fondamentales de la justice criminelle[1]. M. Royer-Collard, qui s'était tu depuis

---

[1] M. Dupin était, dans ses conversations et même dans les boutades de ses

les lois de septembre, annonçait l'intention de combattre comme « immoral » le projet sur la non-révélation. Il n'était pas jusqu'à M. de Montalivet, qui ne parlât mal de ces lois, dans le salon de M. Pasquier[1]. Surpris d'un soulèvement qui dépassait toutes ses prévisions, le ministère cependant ne se décourageait pas. Le Roi manifestait, avec une vivacité particulière, l'intérêt qu'il prenait à ces projets, et chapitrait tous les députés qu'il pouvait saisir, trop prompt à prendre pour des convertis ceux qui ne le contredisaient pas. A la veille du débat, le gouvernement se croyait assuré d'une majorité d'une quarantaine de voix.

La Chambre commença par la loi de disjonction. La discussion, qui se prolongea du 28 février au 7 mars, fut principalement juridique. C'était à l'avantage de l'opposition, qui eut soin de laisser la parole à ses légistes, à M. Dupin, à M. Nicod, tandis que ses chefs politiques, M. Thiers et M. Odilon Barrot, gardaient le silence. Les défenseurs les plus en vue du projet furent M. Persil, garde des sceaux, M. Martin du Nord, ministre du commerce, M. de Salvandy, rapporteur, et M. de Lamartine, qui insista sur le danger des insurrections militaires et présenta la loi comme une sorte de coup d'État législatif, nécessaire pour réparer le mal du verdict de Strasbourg. M. Guizot désirait prendre la parole et s'y était préparé ; au dernier moment, ses amis l'en détournèrent. « Il susciterait, lui disait-on, des passions plus vives, attirerait dans l'arène des adversaires jusque-là restés en dehors et ajouterait aux périls de la question. » Il céda à ces observations. Le gouvernement se croyait d'ailleurs toujours assuré de la majorité. En effet, les deux articles du projet furent votés par assis et levé. La bataille semblait donc gagnée, quand le dépouillement du scrutin secret sur l'ensemble donna 211 voix contre et seulement 209 pour.

harangues officielles, plus âpre que jamais contre les doctrinaires. Il est vrai que ce président, si prompt à porter des coups, ne supportait pas d'en recevoir. Malmené par une partie de la presse conservatrice, notamment par M. Henri Fonfrède, dans le *Mémorial bordelais*, il écrivait une longue lettre à Madame Adélaïde pour se plaindre. (*Mémoires de M. Dupin*, t. III, p. 256 et suiv.)

[1] *Notes inédites de M. Duvergier de Hauranne.*

Vingt-cinq ou trente députés avaient, au scrutin secret, démenti leur vote public. A la proclamation d'un résultat si inattendu, la gauche éclata en applaudissements, des députés s'embrassèrent, et la salle retentit des cris triomphants de : Vive la Charte! Vive la liberté !

X

Le rejet de la loi de disjonction aurait suffi à ébranler un ministère qui n'eût pas déjà eu les causes de faiblesse intérieure dont souffrait le cabinet du 6 septembre. Celui-ci, cependant, essaya tout d'abord de se roidir et fit aussitôt déclarer par ses journaux qu'il ne se retirerait pas devant un vote émis à une si petite majorité. Mais il avait beau dire, cette affirmation n'en imposait pas. On sentait que sa blessure était profonde, qu'il était atteint aux parties vitales, et chacun ne fut plus préoccupé que des combinaisons par lesquelles il y avait chance de le voir remplacer. Vainement s'efforçait-on de remettre en mouvement les rouages parlementaires, continuait-on la délibération des lois à l'ordre du jour, on ne parvenait à retrouver, dans ces débats, ni l'attention sérieuse des députés, ni surtout l'autorité nécessaire du gouvernement. « Un sentiment d'inquiétude et de découragement, écrivait un témoin, se répand de plus en plus parmi les amis du pouvoir. Il est évident, pour tout le monde, que la machine gouvernementale ne marche plus, que le ministère, placé dans une situation fausse, n'a plus ni ensemble, ni action, et laisse tout aller au hasard [1]. »

Pendant ce temps, que devenaient les autres projets, présentés en même temps que la loi de disjonction ? Loin de désarmer après sa première victoire, l'opposition se sentait excitée à la compléter. Aussi menait-elle plus vivement que jamais sa campagne dans la presse. Son principal effort était dirigé contre

---

[1] 16 mars 1837. *Journal inédit de M. de Viel-Castel.*

la loi d'apanage. Elle y avait saisi l'occasion de réveiller les tristes préjugés auxquels s'était heurtée déjà, cinq ans auparavant, la loi de la liste civile. Une fois de plus, on assista donc à ce spectacle, mortel à toute idée monarchique, d'un roi présenté plus ou moins ouvertement à ses sujets sous la figure d'un comptable suspect, d'un thésauriseur cupide et parcimonieux, prompt à quêter ou à escamoter sans vergogne l'argent du pauvre peuple [1]. M. de Cormenin se retrouvait là sur son terrain. On n'est donc pas surpris de le voir rentrer en ligne avec un nouveau pamphlet [2], de fond misérable, mais perfidement approprié à l'œuvre mesquine et méchante qu'il s'agissait d'accomplir. Le retentissement en fut immense. Vingt-quatre éditions, publiées coup sur coup, le firent pénétrer, sous des formats divers, dans toutes les couches du pays et jusqu'au fond des campagnes. « La question d'apanage », lisons-nous, à cette date, dans les notes d'un ami de la monarchie de Juillet, « fait des ravages réels dans les provinces; le livre de M. de Cormenin, répandu à profusion, a soulevé partout une sorte d'émeute morale [3]. » Comme en 1831, une bonne partie de

---

[1] On sait aujourd'hui à quoi s'en tenir sur la légende, autrefois si généralement acceptée, du Louis-Philippe avare et thésauriseur. Les hommes du parti républicain qui avaient le plus contribué à la répandre en ont fait eux-mêmes éclatante, quoique tardive justice, en ordonnant, après 1848, la liquidation et l'examen publics des comptes de la liste civile et du domaine privé. Il en est résulté, en effet, que l'administration du Roi, bien loin d'avoir été parcimonieuse, avait été au contraire largement et généreusement dépensière. Il fut établi notamment que les revenus des châteaux, terres, forêts du domaine de la Couronne avaient été, pendant la durée du règne, inférieurs de plus de 55 millions aux dépenses de conservation, d'entretien et d'amélioration faites par Louis-Philippe, et que ces 55 millions avaient été payés sur la dotation pourtant si réduite de sa liste civile. Aussi le liquidateur général, nommé par le gouvernement provisoire de 1848, disait-il dans son rapport : « Louis-Philippe jouissait de sa liste civile en prince éclairé, protecteur des arts, propice aux classes ouvrières, bienfaisant pour les malheureux. La nation avait voulu que, sur le trône, il fût grand, digne et généreux; il fit ce que la nation attendait de lui, peut-être même un peu plus encore et un peu mieux... Il faut donc repousser le reproche de parcimonie qui lui fut adressé; il faut regretter ces accusations injustes qui furent élevées contre lui, et que dément aujourd'hui, que démentira dans la postérité le souvenir de ses actes et de ses œuvres, dont quelques-unes seront debout longtemps encore. »

[2] *Lettre sur la liste civile et l'apanage.*

[3] 2 avril 1837. *Journal inédit de M. de Viel-Castel.*

la bourgeoisie faisait à ces polémiques un succès de mauvaise curiosité, plus flattée dans ses mauvais instincts qu'effrayée dans ses intérêts, par l'outrage fait ainsi à la monarchie de son choix. On eût dit même que les conservateurs, d'ordinaire les plus résolus, éprouvaient une sorte d'embarras à affronter ces préventions, à réfuter ces calomnies. Leur défense était trop souvent molle, froide, timide, et semblait presque faite à voix basse quand on la comparait à l'éclat tapageur de l'attaque. Du reste, en ces questions d'argent, c'est toujours une situation fausse que d'avoir à se justifier, et il est autrement commode d'avancer impudemment des chiffres diffamatoires que d'en démontrer honnêtement le mensonge.

Pour résister à une telle poussée d'opposition, il eût fallu beaucoup de résolution et surtout d'union. Or, les revers n'avaient fait qu'augmenter les divisions intestines du ministère. On en pouvait juger par l'aigreur croissante des propos que tenaient les amis respectifs du président du conseil et du ministre de l'instruction publique. M. Molé lui-même ne se gênait pas pour attribuer les échecs subis à l'« impopularité » de M. Guizot. Celui-ci, de son côté, déplorait la « pusillanimité » de M. Molé. D'ailleurs, à l'antipathie des personnes, tendait à s'ajouter une divergence sur la politique à suivre. En dépit des insinuations contraires de certaines feuilles opposantes, le président du conseil avait, autant et plus que tout autre de ses collègues, la responsabilité des lois attaquées. Il les avait toutes acceptées, voulues. Il avait même consenti à y adjoindre une loi autorisant la déportation arbitraire hors de Paris ; ce projet n'avait été écarté que sur les objections faites par les doctrinaires[1]. Seulement, en voyant la violence de l'opposition, en voyant surtout la tiédeur et l'incertitude de l'ancienne majorité, le président du conseil finissait par se demander si le vieux système de la résistance militante, tel que l'avait créé Casimir Périer, tel surtout que l'avaient formulé après lui les doctrinaires, n'était pas un peu usé. Pourquoi s'y obstiner ? N'était-il pas plus adroit de le laisser

---

[1] *Notes inédites de M. Duvergier de Hauranne.*

au compte de ces doctrinaires qui s'y attachaient par point d'honneur, de s'en dégager soi-même par une évolution que la presse opposante semblait disposée à faciliter, et de se montrer peu à peu comme l'homme de la conciliation et de la détente? Ce fut sans doute pour produire une impression de ce genre que, deux jours après le rejet de la loi de disjonction, M. Molé fit à M. Dupin, le principal adversaire de cette loi, une visite, aussitôt remarquée et commentée, et qu'il alla jusqu'à laisser prononcer autour de lui le mot d'amnistie. M. Guizot, au contraire, estimait que la dignité du cabinet comme l'intérêt de la monarchie ne permettaient pas d'abandonner la politique de la résistance; après une victoire, on eût pu désarmer; après une défaite, il y aurait honte et péril à le faire; pour raffermir la majorité ébranlée, le ministre doctrinaire estimait indispensable de lui bien prouver que le gouvernement ne faiblirait pas.

Entre ces deux politiques, on pouvait choisir; mais il devenait impossible de les concilier, et de faire marcher plus longtemps ensemble les deux hommes qui les personnifiaient. La question se posa de nouveau à propos du remplacement de M. de Gasparin : M. Guizot réclama cette succession pour lui, avec l'intention avouée de marquer ainsi plus nettement la volonté de résistance du cabinet; M. Molé opposa un refus formel. Cette fois, la rupture était consommée. Bien que les démissions ne fussent pas officiellement données, le ministère était virtuellement dissous et la crise ouverte.

XI

Faut-il raconter par le menu la monotone et triste histoire des tentatives infructueuses qui remplirent la fin du mois de mars et le commencement du mois d'avril 1837 : M. Molé cherchant vainement à reconstituer son ministère, soit avec le maréchal Soult et M. de Montalivet, soit même en descendant jusqu'au centre gauche; le maréchal Soult essayant, sans plus de succès, une combinaison également de centre gauche; M. Thiers appelé à son tour, et proposant un programme de politique extérieure qu'il savait inacceptable pour le Roi et la majorité? De toutes ces démarches faites au début de la crise, une seule offre un véritable intérêt, celle que tenta M. Guizot, pour rétablir le ministère du 11 octobre. L'idée paraît lui en avoir été suggérée par le duc de Broglie : « Mon cher ami, — lui avait écrit ce dernier, dès le 29 mars, avant toute ouverture du Roi, — comme il y va de votre avenir, du mien, et peut-être de celui du pays, dans les déterminations que nous pourrions être appelés à prendre d'ici peu de jours, il importe qu'aucune méprise, aucune incertitude ne se glisse dans le résultat de l'entretien que nous avons eu ce matin. » Le duc commençait par stipuler que son nom ne serait pas prononcé au Roi, « de telle sorte, disait-il, que si, ce qu'à Dieu ne plaise, Sa Majesté me faisait demander, je compte que ce serait spontanément ». Puis il ajoutait : « Dans ce cas, je ne pourrais, en mon âme et conscience, donner au Roi qu'un conseil : ce serait qu'il tentât un ministère fondé sur le principe d'une conciliation entre les hommes qui ont concouru, depuis dix ans, à défendre le gouvernement actuel, sauf à discuter les conditions de la réconciliation et les diverses applications du principe. » Ce n'est pas que M. de Broglie comptât beaucoup sur le succès de cette tentative; il en regardait au contraire l'échec « comme très-vraisemblable », mais il ne voyait pas de salut ailleurs, et c'était la condition expresse de son concours. Tout d'abord, cependant, cette idée ne rencontra pas, de la part du Roi, l'opposition que le passé eût pu faire craindre. L'année qui venait de s'écouler avait-elle mieux fait comprendre à Louis-Philippe que la dissolution du grand ministère avait été un malheur? Toujours est-il qu'en se retournant vers M. Guizot, après les premiers échecs de M. Molé, et en lui demandant de former un cabinet, il ajouta : « Ah! si j'avais mon ministère du 11 octobre, tous mes embarras cesseraient. Est-ce qu'il est impossible de le reconstituer? Vous me rendriez service [1]. » M. Guizot n'hésita pas : il agit promptement et grandement. Sans s'arrêter un instant à tous les petits sentiments d'amour-propre, de jalousie et de rancune, il se rendit de sa personne chez M. Thiers, et lui offrit de refaire le ministère du 11 octobre, sous la présidence du duc de Broglie : celui-ci prendrait les affaires étrangères, M. Thiers l'intérieur, M. Duchâtel les finances ; un portefeuille serait offert à M. de Montalivet ; quant à M. Guizot, il se contenterait de son ministère de l'instruction publique. M. Thiers reçut courtoisement ce visiteur inattendu, et eut avec lui une conversation « longue, ouverte, sans souvenir amer comme sans détour [2] ». Il déclina l'offre qui lui était faite ; il objecta la question de l'intervention en Espagne, sur laquelle il serait toujours en désaccord avec le Roi : toutefois le principal motif de son refus parut être dans les liens qu'il avait formés, depuis un an, avec les partis de gauche. « Ne croyez pas, disait-il peu après à un doctrinaire, que j'aie la moindre répugnance à être ministre avec Guizot. Nous sommes brouillés depuis un an, mais, pendant quatre ans, nous avons vécu en bonne intelligence, et nous pourrions recommencer. Entre ses idées et les miennes, d'ailleurs, je ne vois aucune différence notable. Je crois qu'il se trompe un peu sur la situation du pays, et il me fait le même compliment. Mais il y a là plus de mots que de choses. Mes raisons pour refuser *aujourd'hui* l'alliance qu'il me propose sont, d'abord, ma dignité personnelle qui, lorsqu'il est vainqueur et moi vaincu, ne me permet pas d'accepter sa protection et de me laisser relever par lui ; ensuite, l'opinion de mes amis qui lui sont très-contraires, et qui me reprocheraient cette réconciliation comme une trahison. Quand nous aurons été un an ensemble sur le pavé, la situation sera différente, et nous verrons [3]. » Si cette dernière phrase était sincère, elle témoignait d'une illusion que l'événement devait se charger de dissiper. Le temps ne travaillait pas à rapprocher les anciens alliés du 11 octobre ;

---

[1] *Notes inédites de M. Duvergier de Hauranne.*
[2] Expressions de M. Guizot dans ses *Mémoires*.
[3] *Notes inédites de M. Duvergier de Hauranne.*

il les séparait au contraire chaque jour plus irrémédiablement. M. Guizot ne put que rapporter au Roi la réponse qui lui avait été faite, et le prier de recourir à d'autres pour former un cabinet.

Cependant les jours, les semaines s'écoulaient, et l'on n'aboutissait à rien. Des tentatives faites, il ne résultait qu'un éveil plus vif de toutes les grandes ambitions et de toutes les petites intrigues, une division plus profonde et plus irritée entre les hommes qui s'étaient trouvés en compétition, ou même entre ceux qui avaient cherché à se concerter et s'imputaient l'un à l'autre de ne pas y être parvenus. Plusieurs de ceux qui eussent dû le mieux comprendre qu'il n'y avait pas de monarchie sans respect, s'en prenaient amèrement au Roi de leur échec, et l'accusaient, presque tout haut, dans leurs conversations, de les avoir joués [1]. Encore si ces misères fussent demeurées enfermées dans les couloirs du palais Bourbon et dans les antichambres des Tuileries! Mais la presse racontait tout, parfois ce qui n'était pas, souvent ce qu'il eût été convenable de taire, et s'appliquait en outre à tout envenimer. Ainsi appelé à assister à ce spectacle qu'il commençait à trop connaître, le public le trouvait laid. « Ce que demande le pays, écrivait le duc de Broglie à M. Guizot, c'est qu'on en finisse et qu'on ne le tracasse plus... Il y a quelque chose de vrai et de judicieux au fond de ce dégoût. Tout s'use à ce jeu-là, les hommes et le pouvoir [2]. » Devant cette impuissance, trop de gens oubliaient que la décomposition des partis, bien loin d'être l'application régulière des institutions parlementaires, en était pour ainsi dire le contrepied, et se prenaient à douter de ces institutions. « On entend, écrivait un ami de la monarchie de 1830, bien des paroles de désenchantement sur le régime représentatif, sur les conséquences de la révolution de Juillet [3]. » A mesure que la crise se prolongeait, ce sentiment devenait plus vif, et il s'y mêlait

---

[1] C'était surtout autour de M. Thiers et parmi les doctrinaires que ces ressentiments se manifestaient. (*Documents inédits.*)

[2] *Documents inédits.*

[3] 11 avril 1837. *Documents inédits.*

davantage d'inquiétude. C'était une « angoisse universelle », au dire du même témoin. Dans les provinces, se manifestaient plus d'un symptôme d'agitation et de malaise; des bruits sinistres circulaient et trouvaient aussitôt créance. Les préfets déclaraient qu'il fallait en finir. Les gouvernements étrangers nous croyaient à la veille d'une catastrophe [1]. A la Chambre, l'opposition annonçait l'intention de proposer une adresse au Roi, pour le prier de hâter la solution de la crise.

Ainsi pressé, Louis-Philippe prit le parti de s'adresser en même temps à M. Molé et à M. Guizot, demandant à chacun s'il pouvait former un cabinet avec ses amis propres. Dans cette sorte d'enchère, M. Guizot se flattait de l'emporter. « A l'heure qu'il est, disait-il à ses intimes, je suis l'homme d'État que le Roi aime le mieux. » N'avait-il pas sur son rival l'avantage d'être le seul qui se montrât résolu à soutenir les lois de répression et de dotation, si chères à la Couronne? Sans doute, il ne se dissimulait pas l'impopularité d'un ministère exclusivement doctrinaire; mais la violence de l'opposition contre laquelle il lui faudrait lutter, l'incertitude même de la majorité qu'il devrait conquérir et dominer, loin de le faire reculer, intéressaient son courage, et l'œuvre ne lui paraissait pas au dessus des forces de son éloquence. Dès le premier jour, il avait entrevu comme l'issue probable de la crise une combinaison où il serait seul maître, où il pourrait appliquer complétement, avec de grandes batailles dans la Chambre, mais sans embarras dans l'intérieur du cabinet, sa politique de résistance et de reconstitution sociale : cette perspective lui plaisait; elle lui avait fait voir sans regret la rupture avec M. Molé, et l'avait consolé assez vite de n'être pas parvenu à rétablir le ministère du 11 octobre. Si cependant il eût voulu prêter l'oreille autour de lui, il se fût aperçu que, parmi ses partisans, plusieurs redoutaient de le voir arriver au pouvoir dans de telles conditions : il leur paraissait téméraire, en l'état de la Chambre et particulièrement du parti conservateur, de braver la lutte terrible dont cet

---

[1] *Mémoires de M. de Metternich*, t. VI, p. 172, 174.

avénement serait le signal ; aussi tâchaient-ils de faire entendre à leur chef que son heure n'était pas venue [1]. Ce n'était pas seulement l'avis de quelques esprits peut-être timides et courts; dans la lettre qu'il écrivait à M. Guizot, le 29 mars, et que nous avons déjà eu occasion de citer, le duc de Broglie, après avoir déclaré qu'il ne donnerait son concours qu'à une reconstitution du ministère du 11 octobre, ajoutait : « Si cette indication n'était pas accueillie, ou si, ce que je regarde comme très-vraisemblable, elle échouait à l'épreuve, je ne conseillerais pas au Roi de former un ministère pris exclusivement ou à peu près dans la nuance d'opinion que vous représentez à la Chambre des députés, mon sentiment étant qu'un nouveau ministère du 22 février 1836 serait moins périlleux pour la monarchie et lui laisserait plus de chances à venir. »

Quand on pensait ainsi même autour de M. Guizot, fallait-il s'étonner que le Roi éprouvât de son côté quelque hésitation à prendre un ministère dont la formation eût provoqué un combat si violent et si incertain? Sans doute, il lui coûtait de renoncer au seul homme d'État résolu à défendre des lois qui lui tenaient fort à cœur, notamment celle sur l'apanage [2]; mais il était accoutumé à faire plier ses préférences devant ce qui lui apparaissait comme une nécessité politique. Plein d'estime pour le talent et le caractère de M. Guizot, au fond aussi convaincu que lui de la nécessité de résister à la révolution, il ne goûtait pas toujours la solennité un peu hautaine de certaines de ses formules. Il avait une nature d'esprit fort différente de celle du ministre doctrinaire, croyait moins que lui, en politique, aux principes, plus que lui aux expédients, et était porté à

---

[1] *Notes inédites de M. Duvergier de Hauranne.*

[2] Lorsque M. Dupin, qui, par haine des doctrinaires, s'employait à faire réussir la combinaison Molé, vint plaider, auprès du Roi, l'abandon de la loi d'apanage, il se heurta tout d'abord à une vive résistance. Louis-Philippe lui dit ne pas attacher d'importance à ce que sa famille eût plus ou moins de biens et de revenus, mais tenir, comme père et comme souverain, au principe que l'État devait doter et apanager ses enfants. Il permit toutefois à M. Dupin de voir le duc de Nemours; celui-ci, avec la promptitude fière de son désintéressement, déclara aussitôt que personnellement il « désirait » le retrait de la loi. Alors seulement le Roi céda. (*Mémoires de M. Dupin*, t. III, p. 279 à 281.)

tourner les obstacles au lieu de les aborder de front. Tout en regrettant l'impopularité d'un aussi éminent serviteur, il la trouvait gênante, compromettante, à ce point qu'en octobre 1832, cette seule raison le lui avait d'abord fait écarter du cabinet alors en formation. D'ailleurs, si, avec un ministère Molé, il lui fallait abandonner les projets de loi, ce sacrifice n'était pas sans compensation. En face d'un cabinet où ne siégerait plus aucun des « grands vassaux du gouvernement représentatif [1] », et qui aurait sa principale raison de naître et de durer dans l'initiative royale, ne serait-il pas assuré de ne plus voir son action personnelle entravée et éclipsée, comme il se plaignait qu'elle l'eût trop souvent été depuis 1830?

Un incident permit bientôt d'augurer de quel côté se porterait le choix du Roi. M. Guizot et M. Molé désiraient tous deux avoir M. de Montalivet dans leur combinaison : non que la clientèle parlementaire de l'honorable intendant de la liste civile fût considérable; mais sa présence leur paraissait une garantie réelle et un signe public de la préférence royale. Ainsi sollicité par les deux concurrents, M. de Montalivet leur opposait un double refus : d'une part, il n'aimait guère les doctrinaires, ne croyait pas la majorité disposée en ce moment à les suivre, et se souvenait que M. Guizot n'avait pas voulu de lui naguère comme ministre de l'intérieur; d'autre part, il ne croyait pas à la force et à la durée d'un ministère qui laisserait dans l'opposition les deux grands orateurs de la Chambre. Le Roi se chargea de lever ce dernier scrupule; il eut recours à M. Thiers, qui, par désir de faire échec à M. Guizot, consentit à assurer M. de Montalivet qu'il n'avait nulle intention de refuser son appui à un cabinet présidé par M. Molé. Aussi, quand M. Guizot vint apporter une liste ministérielle composée uniquement de ses amis, et où figuraient entre autres MM. Duchâtel, de Rémusat, le général Bugeaud, le Roi l'arrêta à ce dernier

---

[1] C'est M. de Sainte-Aulaire qui a parlé, à ce propos, de « ces princes de la tribune, de ces grands vassaux du gouvernement représentatif, qui se croient un droit acquis à diriger les affaires du pays et s'indignent qu'on ose contester leur légitimité ». (*Mémoires inédits.*)

nom : « C'est trop hasardeux, je ne peux pas, je n'ose pas. — Je le comprends, Sire, répondit M. Guizot; le Roi trouvera des moyens moins compromettants. » Tout en laissant voir sa perplexité et ses répugnances, Louis-Philippe s'appliqua à se montrer très-bienveillant. «Assurément, mon cher Guizot, dit-il, vous êtes mon homme de prédilection, et je donnerais tout au monde pour vous voir à la tête de mon gouvernement. Mais vous êtes malheureusement si impopulaire que votre présence au pouvoir serait le signal d'une crise. Mieux vaut laisser passer la bourrasque et vous réserver pour un temps meilleur. Il est bien clair que le ministère que je forme ne pourra pas durer longtemps. Nous nous retrouverons après [1]. » Deux jours plus tard, le 15 avril, le *Moniteur* faisait connaître la composition du ministère que M. Molé avait fait accepter au Roi. MM. Barthe, de Montalivet, Lacave-Laplagne et de Salvandy remplaçaient aux départements de la justice, de l'intérieur, des finances et de l'instruction publique, MM. Persil, de Gasparin, Duchâtel et Guizot. M. de Rémusat, sous-secrétaire d'État, suivait aussi son ministre dans sa retraite. Le général Bernard, l'amiral de Rosamel et M. Martin du Nord gardaient leurs portefeuilles. Par une dérogation remarquée au commun usage, les ordonnances, contre-signées par M. Molé, ne faisaient pas mention de la démission des ministres remplacés; ceux-ci étaient traités comme des fonctionnaires révoqués. Faut-il voir là un signe de l'animosité à laquelle en étaient venues les deux fractions de l'ancien ministère?

Quel que fût le mérite des personnages auxquels M. Molé avait fait appel, on ne pouvait se flatter d'y trouver la compensation de la perte d'hommes tels que M. de Rémusat, M. Duchâtel et surtout M. Guizot. Il y avait diminution évidente de talent, d'autorité et d'éclat. Quant à la signification politique du changement opéré, il eût été difficile de la deviner à la seule inspection des noms conservés ou ajoutés, et de préciser en quoi le ministère transformé allait différer du précédent; on

---

[1] *Notes inédites de Duvergier de Hauranne.*

y eût plutôt vu toutes les raisons qu'il avait de lui ressembler : d'abord, quatre des anciens ministres étaient demeurés, dont le président du conseil; ensuite, parmi les nouveaux, M. de Salvandy venait d'être le rapporteur et le défenseur ardent du projet sur la disjonction; M. Lacave-Laplagne passait pour avoir été jusqu'alors l'ami des doctrinaires; M. Barthe avait été collègue de Casimir Périer et membre du cabinet du 11 octobre; quant à M. de Montalivet, on le regardait avant tout comme l'homme du Roi. Prétendait-on du moins que les nouveaux venus dans le cabinet étaient, nous ne dirons pas les chefs, mais les représentants, les hommes de confiance d'une majorité? Personne n'eût su dire où et quand cette majorité s'était manifestée. On était donc hors des règles habituelles du gouvernement représentatif. Il ne pouvait y avoir qu'une explication et qu'une excuse à la nouvelle combinaison, c'était que tout autre ministère plus fort, plus éclatant et plus parlementaire, se fût trouvé impossible.

Les faits que nous avons rapportés semblent établir, en effet, qu'il en était ainsi. Mais, à entendre certaines gens, de ceux surtout qui voudront plus tard justifier la coalition, cette impossibilité aurait été l'œuvre préméditée et machiavélique du Roi; par préoccupation de son pouvoir personnel, Louis-Philippe aurait voulu dès le premier jour et persévéramment préparer le résultat auquel il avait ainsi abouti après tant de détours; c'est lui qui, pour exclure toute autre combinaison, aurait soufflé la division entre les hommes considérables du Parlement, entre MM. de Broglie, Guizot, Thiers, Molé; c'est lui qui aurait fait durer la dernière crise, pour que la lassitude, le dégoût et la nécessité d'en finir amenassent le public à subir une solution contre laquelle il eût protesté au début. Ce reproche est injuste. Que, par des raisons déjà dites, les secrètes complaisances du Roi l'aient, dès l'abord, incliné vers la combinaison à laquelle il s'est arrêté le 15 avril; que la perspective de ce dénoûment l'ait consolé de l'échec des autres démarches; que, même, dans cet imbroglio confus où tout le monde semblait tâtonner à l'aveugle, il ait seul prévu, et prévu sans déplaisir que les divisions et l'impuissance des partis auraient, à la longue, pour effet d'imposer ou du moins de permettre un tel ministère : nous l'admettons volontiers [1]. Mais il n'en résulte pas que le Roi ait été l'auteur de ces divisions et de cette impuissance : il n'avait eu qu'à les constater ; elles ne s'étaient, hélas! que trop manifestées d'elles-mêmes. Avant de recourir à la solution qu'il préférait, Louis-Philippe n'avait-il pas loyalement mis en demeure tous les hommes importants de lui présenter un cabinet en possession d'une majorité? Bien plus, ne les avait-il pas poussés à s'unir pour refaire celui du 11 octobre? Si toutes ces tentatives ont échoué, si, par l'effet de ces échecs, le Roi s'est trouvé, en fin de compte, acculé entre un cabinet purement doctrinaire que des amis de M. Guizot, eux-mêmes, jugeaient périlleux, et le ministère en effet peu parlementaire de M. Molé, la faute en était donc surtout à la Chambre et à ses meneurs. Seulement, ce ministère rendu possible, nécessaire peut-être, par l'inconsistance et la dislocation des partis, par la discorde jalouse de leurs chefs naturels, ne se croira-t-il pas intéressé à les faire durer? L'avenir montrera que là était le danger de cette combinaison.

---

[1] C'est dans ce sens que M. de Metternich écrivait alors à M. de Sainte-Aulaire : « Je suis à la lettre au bout de mon latin, et, s'il m'en reste un souvenir, il me conduit à la supposition que le Roi pourrait bien ne pas être fâché de voir les *notabilités* fournir à la France la preuve qu'elles ne savent pas se former en un corps suffisamment compacte pour représenter un cabinet, et bien moins encore pour en être un. Le Roi finira par nommer son monde. » (*Mémoires de M. de Metternich*, t. VI, p. 197.)

CHAPITRE IV

L'AMNISTIE ET LE MARIAGE DU DUC D'ORLÉANS.

(1837.)

I. Le nouveau ministère ne paraît pas viable. Sa déclaration. Ce qu'il fait des projets de loi attaqués. Débat sur les fonds secrets. M. Guizot et M. Odilon Barrot. M. Thiers protége M. Molé. Lois d'affaires. Mauvaise situation du ministère et de la Chambre. — II. Négociations pour le mariage du duc d'Orléans avec la princesse Hélène de Mecklembourg-Schwerin. Intervention du roi de Prusse. La princesse Hélène. Le blocus matrimonial est forcé. — III. L'amnistie. Accueil fait à cette mesure. L'église Saint-Germain l'Auxerrois est rendue au culte. — IV. Arrivée de la princesse Hélène en France. Le mariage à Fontainebleau. Les fêtes de Paris. Inauguration du musée de Versailles. — V. Caractère de ces fêtes. Impression d'apaisement et de confiance. Témoignages contemporains. Satisfaction de M. Molé et du Roi. — VI. M. Molé obtient du Roi la dissolution de la Chambre. La bataille électorale. Les républicains et la gauche. Les légitimistes. Attitude peu nette du ministère. On lui reproche de jouer double jeu. Résultats du scrutin. M. Molé n'a pas atteint son but.

I

Lorsque le *Moniteur* fit connaître, le 15 avril 1837, la composition du nouveau cabinet, chacun se récria sur la témérité de M. Molé. Où était son parti dans les Chambres? Parmi ses collègues, aucun orateur de haut vol. Les journaux de pure gauche, comme le *National*, ou ceux de nuance doctrinaire, comme la *Paix*, le *Journal général* et le *Journal de Paris*, se montraient nettement hostiles; le *Journal des Débats* et la *Presse* gardaient un silence peu rassurant; les plus favorables, le *Constitutionnel*, le *Temps*, le *Journal du Commerce*, se bornaient à dire qu'après tout on était débarrassé de M. Guizot et de ses amis, mais ne voyaient là qu'une combinaison « provisoire ». Le « petit ministère », — c'est ainsi qu'on l'appelait, — était déclaré non viable par les docteurs. Tout au plus consentaient-ils à y voir une administration de transition à laquelle ils accordaient seulement quelques mois ou même quelques heures de durée. C'était à qui rappellerait le ridicule épisode du « ministère des trois jours ». Du reste, chez tous, plus de dédain que de colère [1]. Les doctrinaires ne tarissaient pas en épigrammes hautaines, et M. Thiers, qui avait cependant aidé ce cabinet à naître, le comparait plaisamment à ces oncles qu'on ménage parce que l'on compte sur leur prochaine succession.

Il ne fallait pas s'attendre que M. Molé se résignât à faire une si petite figure. Mais comment la grandir? Après s'être élevé grâce à la désorganisation des cadres de l'ancienne majorité, parviendrait-il à organiser une majorité nouvelle à son profit? La première condition était d'avoir un programme bien net et de l'imposer avec autorité, de savoir ce qu'on voulait, de le vouloir avec fermeté et de proclamer cette volonté bien haut. Or tel ne paraissait pas être le cas du nouveau cabinet, à en juger par la déclaration que le président du conseil apporta à la Chambre, le 18 avril. Elle s'étendait, avec quelque complaisance, sur l'annonce du mariage du duc d'Orléans qui venait en effet d'être heureusement décidé. Mais, en fait de programme, rien que quelques généralités sur « l'accord de la monarchie et de la liberté », sur « la politique ferme et modérée qui, depuis sept ans, avait sauvé la France ». « Nous ne sommes point des hommes nouveaux, ajoutait le ministre; tous nous avons participé à la lutte. Vous savez qui nous sommes, et notre passé vous est un gage de notre avenir. Nous ne vous présenterons pas d'autre programme; nos actes vous témoigneront assez de

---

[1] Le *Journal de Paris*, doctrinaire, racontait, à propos du nouveau cabinet, l'apologue suivant : « On sait qu'en 1814, les officiers éprouvés et vieillis dans les camps furent remplacés par des jeunes gens fraîchement sortis du collége et qui portaient leurs épaulettes pour la première fois. « Que pensez-vous de vos « nouveaux officiers? demandait-on à un vieux soldat. — Ils sont bien gentils, et « nous en sommes contents. — Oui, mais s'il y avait la guerre? — S'il y avait la « guerre!... Oh! alors on nous rendrait les anciens. »

nos intentions. » Ce laconisme évasif ne laissa pas que de désappointer la Chambre et de provoquer quelques murmures. Sur un seul point, M. Molé apportait une indication un peu précise : après avoir annoncé le dépôt d'un projet de dotation pour le duc d'Orléans, il faisait connaître l' « ajournement » de la proposition tendant à constituer l'apanage du duc de Nemours. « Le Roi, disait-il, n'a pas voulu que les Chambres eussent à pourvoir en même temps à la dotation de ses deux fils. » Des autres lois pénales sur la déportation et la non-révélation, il n'était soufflé mot. Interrogés aussitôt à ce sujet, dans la Chambre des pairs, les ministres se dérobèrent. On soupçonnait bien qu'ils avaient résolu *in petto* de laisser tomber ces projets, en ne demandant pas leur mise à l'ordre du jour ; mais ils semblaient ne pas oser le dire nettement et tout haut. Plus d'une fois, cette interrogation leur fut renouvelée, et toujours ils usèrent des mêmes défaites, si bien qu'à la fin de la session, au mois de juin, un doctrinaire, le comte Jaubert, pouvait encore les interpeller sur le point de savoir si, oui ou non, ils entendaient retirer ces lois. On comprend que M. Molé et ceux de ses collègues qui avaient fait partie avec lui de l'administration précédente, fussent gênés pour annoncer l'abandon de projets que, quelques semaines auparavant, ils avaient proposés comme nécessaires au salut de la monarchie et de la société. Mais leur silence embarrassé n'était pas fait pour en imposer. Ce retrait par prétérition semblait le signe, non d'une direction nouvelle imprimée, après réflexion, par un ministre résolu, mais de la faiblesse d'un gouvernement indécis, se laissant aller, au jour le jour, à une politique qu'il subissait malgré lui, sans oser l'avouer ni la définir, sans même savoir bien d'avance jusqu'où il la suivrait.

L'apanage du duc de Nemours une fois abandonné, les dotations du prince royal et de la reine des Belges furent votées sans grande difficulté. Sur le désir du duc d'Orléans, le projet laissait en blanc le chiffre de sa dotation : la commission proposa deux millions, plus un million une fois payé pour frais d'établissement : le douaire de la princesse était fixé à

300,000 francs. Ces chiffres furent adoptés par 307 voix contre 49. La dotation de la reine des Belges fut un peu plus contestée. M. de Montalivet saisit cette occasion pour faire justice, avec des faits et des chiffres, de tous les mensonges répandus sur la liste civile et le domaine privé. Mis personnellement en cause, M. de Cormenin déclina piteusement la lutte : il lui était plus commode de s'embusquer dans un pamphlet que d'affronter un débat contradictoire. Cette seconde loi fut votée par 239 voix contre 140. Le chiffre relativement élevé de la minorité prouve combien les préventions étaient fortes en ces matières, même chez des députés dont beaucoup ne se fussent pas, sans protestation, laissé traiter d'adversaires de la monarchie. Les ministres sentaient du reste ces préventions si vivaces, qu'un peu plus tard, au mois d'octobre, lors du mariage de la princesse Marie avec le duc de Wurtemberg, ils ne dissimulèrent pas au Roi l'embarras qu'ils éprouveraient à demander une dot aux Chambres. Informée de ces objections, la princesse déclara fièrement « qu'elle ne voulait pas être discutée à la tribune », et Louis-Philippe, bien que péniblement surpris de ce qui lui paraissait une défaillance de son cabinet, n'insista pas et paya la dot de sa bourse. « Que le ministère fasse bien les affaires du pays, dit-il, le reste sera bientôt oublié. » Hélas ! moins de quinze mois après, cette jeune princesse d'un esprit si vif, si original, si généreux, ardente à toutes les grandes et belles choses, ornée des dons les plus rares, marquée du signe privilégié qui distingue les artistes, devenue à la fois célèbre et populaire par sa charmante statue de Jeanne d'Arc, s'éteignait à Pise des suites d'une maladie de poitrine ; elle n'avait que vingt-cinq ans.

Le vote des lois de dotation n'avait pas fait connaître si le nouveau ministère possédait la majorité dans le Parlement. Il importait que cette question fût résolue sans retard. La Chambre se trouvait saisie d'une loi de crédit pour les dépenses secrètes de la police, présentée le 15 mars, par l'administration précédente. L'usage était de considérer la discussion et le vote de ce genre de lois comme l'épreuve de la confiance inspirée par le ministère. La commission, nommée avant la reconstitution du cabinet, était composée en majorité de doctrinaires; dans le rapport, déposé le 25 avril, M. Duvergier de Hauranne, tout en concluant au vote du crédit, s'appliqua à être embarrassant et désagréable pour M. Molé; il lui souhaitait, en des termes où la malice et la méfiance n'étaient que trop visibles, « l'esprit de suite et de fermeté sans lequel il est impossible de gouverner aujourd'hui », exprimait l'espérance qu'il continuerait fidèlement la politique du 13 mars et du 11 octobre, et ne lui promettait d'appui qu'à ces conditions [1].

A peine le débat s'ouvre-t-il, le 2 mai, en séance publique, que, de toutes parts, de gauche comme de droite, par MM. Havin et Salverte, comme par MM. Roul et Jaubert, le ministère est mis en demeure de déclarer, sans ambiguïté et sans réticence, quelle est sa politique. « Deux fractions de cette Chambre, dit un conservateur, M. A. Giraud, deux camps, si je puis m'exprimer ainsi, sont en présence. Où plantez-vous votre drapeau? Essayez-vous de vous glisser entre ces deux parties de la Chambre? Je dis que vous tentez l'impossible... Que votre allure soit franche, décidée. Car toutes ces oscillations, ces tâtonnements ne peuvent entraîner, je le dis à regret, que le dédain et la pitié. » M. Molé fait une réponse brève et vague; il voudrait, selon l'expression du *Journal des Débats*, « sinon plaire à tout le monde, du moins déplaire à peu de personnes ». « Le véritable esprit de gouvernement, déclare-t-il, consiste à aborder les circonstances telles qu'elles se présentent, avec l'esprit libre de toute préoccupation du passé... Ainsi, ce que nous pouvons dire, c'est que nous gouvernerons selon nos convictions. Nous n'admettons pas d'autre programme. »

[1] Quelques jours après, au cours de la discussion, M. Duvergier de Hauranne résumait ainsi les sentiments de la commission : « Elle est loin de penser que la politique du 13 mars ait fait son temps, et qu'il convienne de la remplacer par une autre politique qui tourne les difficultés au lieu de les aborder de front; elle pense que le moment n'est pas venu de traiter les lois de sûreté comme de vieilles armes qu'on met en magasin pendant la paix et que l'on conserve à condition de ne pas s'en servir; elle est profondément convaincue que la conciliation désirée par tout le monde doit être le résultat de la fermeté, et non de la faiblesse; de la persévérance, et non de la mobilité; d'une conduite droite et franche, et non d'une conduite équivoque et tortueuse. »

M. de Montalivet n'ajoute rien à ces déclarations, en proclamant que toute politique « doit être empreinte de l'esprit de résistance et de l'esprit de conciliation ».

Alors intervient M. Guizot. Un deuil récent ajoute encore à l'émotion grave et austère de sa voix, de sa geste et de sa physionomie : son fils aîné, jeune homme plein d'avenir, vient de lui être enlevé par une pleurésie, à l'âge de vingt-deux ans. Dès le début de son discours, il rencontre l'occasion de faire à cette perte une allusion qui remue profondément l'assemblée. « J'ai pris, dit-il, et quitté le pouvoir déjà plusieurs fois en ma vie, et je suis, pour mon compte personnel, profondément indifférent à ces vicissitudes de la fortune politique. Je n'y mets d'intérêt que l'intérêt public... Vous pouvez m'en croire, Messieurs ; il a plu à Dieu de me faire connaître des joies et des douleurs qui laissent l'âme bien froide à tout autre plaisir et à tout autre mal. » Dans la dissolution du dernier cabinet, il s'attache à faire voir autre chose et plus qu'une question de personnes ; il y montre le conflit de deux politiques opposées : l'une, la sienne, qui, en dépit de l'échec de la loi de disjonction et des menaces contre la loi d'apanage, voulait tenir bon et continuer le système de résistance suivi depuis six ans ; l'autre hésitante, portée au relâchement et aux concessions. A propos des reproches de tendances aristocratiques dont la loi d'apanage a été le prétexte, il se proclame partisan décidé de la prépondérance des classes moyennes, et célèbre magnifiquement leur victoire et leur règne. La fermeté lui paraît commandée par la persistance de l'esprit révolutionnaire. « Regardez, dit-il, aux classes où dominent les intérêts conservateurs. Qu'observons-nous tous les jours? On ne rencontre trop souvent, dans ces classes mêmes, qu'une intelligence incomplète des conditions de l'ordre social et du gouvernement ; là encore, dominent un grand nombre de préjugés, d'instincts de méfiance pour le pouvoir, d'aversion contre toute supériorité. Ce sont là des instincts véritablement anarchiques, véritablement antisociaux. Qu'observons-nous encore tous les jours? Un grand défaut de prévoyance politique, le besoin d'être averti par un danger imminent, par un mal pressant; si ce mal n'existe pas, si ce danger ne nous menace pas, la sagacité, la prévoyance politique s'évanouissent, et l'on retombe en proie à ces préjugés qui empêchent l'affermissement régulier du gouvernement et de l'ordre public. » Considérant ensuite, toujours de haut, « les classes qui vivent de salaires et de travail », l'orateur y signale un « mal plus grand » encore, « les ravages que font tous les jours, dans ces classes, les exemples si séducteurs et encore si récents des succès et des fortunes amenés par les révolutions », « l'absurdité des idées répandues sur l'organisation sociale…, l'inconcevable légèreté et l'épouvantable énergie avec lesquelles ces classes s'en occupent », le « relâchement des freins religieux et moraux ». Ce même esprit révolutionnaire, M. Guizot le retrouve fermentant partout, en Angleterre, en Espagne, en Portugal. « Eh bien, s'écrie-t-il, en présence de tels faits, comment ne verriez-vous pas que l'esprit révolutionnaire n'est pas chez nous un hôte accidentel, passager, qui s'en ira demain, auquel vous avez quelques batailles à livrer, mais avec lequel vous en aurez bientôt fini! Non, Messieurs, c'est un mal prolongé et très-lent, jusqu'à un certain point permanent, contre lequel la nécessité de votre gouvernement est de lutter toujours. Le gouvernement, dans l'état actuel de la société, n'a pas la permission de se reposer, de s'endormir à côté du gouvernail… Messieurs, la mission des gouvernements n'est pas laissée à leur choix, elle est réglée en haut… (*bruits à gauche*), en haut! Il n'est au pouvoir de personne de l'abaisser, de la rétrécir, de la réduire. C'est la Providence qui détermine à quelle hauteur et dans quelle étendue se passent les affaires d'un grand peuple. Il faut absolument monter à cette hauteur et embrasser toute cette étendue pour y suffire. Aujourd'hui, plus que jamais, il n'est pas permis, il n'est pas possible aux gouvernements de se faire petits. »

M. Molé ne croit pas pouvoir suivre l'orateur doctrinaire dans les régions élevées où il s'est complu. Sa réponse est courte. Comme effrayé d'accepter l'opposition des deux politiques telle que l'a développée M. Guizot, il ne veut voir, dans la récente crise, qu'une question personnelle : c'est à peine si, à la fin de ses observations, il esquisse vaguement le plan d'une politique de détente. « Notre système, dit-il, est de considérer aujourd'hui la France comme fatiguée de ses agitations passées. De vieux partis s'agitent encore, mais, tous les jours, leurs rangs sont plus désertés... Nous ne faisons à personne la guerre pour la guerre ; au contraire, nous tendons la main à tous ceux qui viennent à nous sincèrement... Nous aimons mieux calmer les passions que d'avoir à les vaincre. Mais, si le mal relevait audacieusement la tête, nous saurions prouver que le monopole de l'énergie n'appartient à personne. »

C'est M. Odilon Barrot qui, se plaçant en face de M. Guizot, relève le gant que le ministère n'a pas ramassé. Dans un discours étendu, un peu vide, mais non sans une certaine ampleur éloquente, il attaque de front la politique de résistance, et accuse l'orateur doctrinaire de vouloir faire de la classe moyenne une sorte de nouvelle aristocratie. « Vous voulez fonder un système exclusif qui ne tendrait à rien moins qu'à diviser la France en castes ennemies. La classe moyenne repousse ce funeste présent, ce monopole de la victoire. Vous oubliez donc que toutes les victoires de notre révolution ont été gagnées par tout le monde ; vous oubliez que le sang qui a coulé, au dedans ou au dehors, pour l'indépendance ou pour la liberté de la France, est le sang de tout le monde. » Entre temps, le chef de la gauche reproche au ministère ses équivoques. Si vous voulez changer la politique du 6 septembre, lui dit-il, il faut le déclarer, ce que vous n'avez pas encore fait. Si vous voulez la continuer, « faites place à des hommes politiques qui représentent ces idées plus éminemment aux yeux du pays ». En effet, ajoute-t-il, faisant allusion au discours de M. Guizot, ces idées « ont d'autres représentants que vous ; et vous devez bien le sentir, alors que ces idées sont formulées avec hauteur, avec netteté ; vous devez reconnaître et la parole et le bras du maître ».

Le ministère va-t-il donc enfin s'expliquer, prendre position, dire en quoi il diffère de l'orateur doctrinaire, en quoi il refuse de suivre le chef de la gauche? Non, il reste modeste et silencieux spectateur de cette lutte. C'est M. Guizot qui remonte à la tribune. Dans une longue réplique, où il s'élève plus haut encore que dans son premier discours, il réfute M. Barrot. « J'ai parlé, dit-il, de la nécessité de constituer et d'organiser la classe moyenne. Ai-je assigné des limites à cette classe? M'avez-vous entendu dire où elle commençait et où elle finissait? Je m'en suis soigneusement abstenu... j'ai simplement exprimé ce fait général qu'il existe, au sein d'un grand pays comme la France, une classe qui n'est pas vouée au travail manuel, qui ne vit pas de salaires, qui a, dans sa pensée et dans sa vie, de la liberté et du loisir, qui peut consacrer une partie considérable de son temps et de ses facultés aux affaires publiques. Lorsque, par le cours du temps, cette limite naturelle de la capacité politique se sera déplacée, lorsque les lumières, les progrès de la richesse, toutes les causes qui changent l'état de la société auront rendu un plus grand nombre d'hommes capables d'exercer, avec bon sens et indépendance, le pouvoir politique, alors la limite légale changera. C'est la perfection de notre gouvernement que les droits politiques, limités à ceux qui sont capables de les exercer, peuvent s'étendre à mesure que la capacité s'étend ; et telle est en même temps l'admirable vertu de ce gouvernement, qu'il provoque sans cesse l'extension de cette capacité, qu'il va semant, de tous côtés, les lumières, l'intelligence, l'indépendance ; en sorte qu'au moment même où il assigne aux droits politiques une limite, à ce moment même, il travaille à déplacer cette limite, à la reculer et à élever ainsi la nation entière. » M. Guizot proteste donc qu'il n'a voulu « rien faire qui ressemblât aux anciennes aristocraties ». Mais, en même temps, il « maintient que le moment est venu de repousser aussi ces vieilles idées révolutionnaires, ces absurdes préjugés d'égalité absolue des droits politiques qui ont été, partout où ils ont dominé, la mort de la vraie justice et de la liberté ». Puis il ajoute : « Ce qui perd la démocratie dans tous les pays où elle a été perdue, c'est précisément qu'elle ne sait pas avoir le sentiment vrai de la dignité humaine... ; c'est qu'elle n'a su admettre aucune organisation hiérarchique de la société; c'est que la liberté ne lui a pas suffi ; elle a voulu le nivellement. Voilà pourquoi la démocratie a péri. » Sans doute l'orateur veut que « partout où il y aura capacité, vertu, travail, la démocratie puisse s'élever aux plus hautes fonctions de l'État ». C'est ce qui existe. « Nous avons tous, presque tous, s'écrie-t-il, conquis nos grades à la sueur de notre front et sur le champ de bataille... Voilà la vraie liberté, la liberté féconde, au lieu de cette démocratie envieuse, jalouse, inquiète, tracassière, qui veut tout abaisser à son niveau, qui n'est pas contente si elle voit une tête dépasser les autres têtes. A Dieu ne plaise que mon pays demeure longtemps atteint d'une si douloureuse maladie !... Messieurs, on ne tombe jamais que du côté où l'on penche. Je ne veux pas que mon pays penche de ce côté, et toutes les fois que je le vois pencher, je me hâte de l'avertir. Voilà, Messieurs, mon système, ma politique... Rien ne m'en fera dévier. J'y ai risqué ce que l'on peut avoir de plus cher dans la vie politique, j'y ai risqué la popularité. Elle ne m'a pas été inconnue. Vous vous rappelez, Messieurs, l'honorable M. Barrot peut se rappeler un temps où nous servions ensemble, où nous combattions sous le même drapeau. Dans ce temps-là, il peut s'en souvenir, j'étais populaire, populaire comme lui ; j'ai vu les applaudissements populaires venir souvent au-devant de moi ; j'en jouissais beaucoup, beaucoup ; c'était une belle et douce émotion : j'y ai renoncé... j'y ai renoncé. Je sais que cette popularité-là ne s'attache pas aux idées que je défends aujourd'hui, à la politique que je maintiens ; mais je sais aussi qu'il y a une autre popularité : c'est la confiance qu'on inspire à ces intérêts conservateurs que je regarde comme le fondement sur lequel la société repose. Eh bien ! c'est celle-là, à la place de cette autre popularité séduisante et charmante, c'est celle-là que j'ai ambitionnée depuis... Voilà à quelle cause je me suis dévoué ; voilà quelle confiance je cherche. Celle-là, je puis en répondre, me consolera de tout le reste, et je n'envierai à personne une autre popularité, quelque douce qu'elle puisse être. » A cette magnifique péroraison, que M. Guizot débite d'une voix pénétrante, le geste superbe et le visage comme rayonnant, des acclamations enthousiastes éclatent sur les bancs de l'ancienne majorité. Celle-ci est tout émue et fière de voir ainsi anoblir son passé, sa cause, ses sentiments, de se reconnaître dans une image qui l'élève à ses yeux[1]. Deux cent six députés se réunissent pour demander à M. Guizot l'autorisation de faire réimprimer à part ses deux discours et de les répandre dans leurs départements ; plus de trente mille exemplaires en sont aussitôt distribués. Il n'est pas jusqu'aux membres de la gauche qui, ne voyant plus en l'orateur un ministre à renverser, ne se laissent aller à goûter, en spectateurs, le plaisir de cette grande scène d'éloquence, et ne sachent gré à l'orateur de l'honneur que son talent fait rejaillir sur l'assemblée entière.

L'éclat de ce succès a rejeté à ce point dans l'ombre les ministres qu'on les croit perdus. Au sortir de la séance, M. Thiers prend par le bras M. Vitet, ami de M. Guizot : « Ceci, lui dit-il, change bien la question ; si vous le voulez, je suis prêt : demain, nous renversons le cabinet. » Cette ouverture est accueillie avec joie par les plus ardents des doctrinaires, et ils croient l'heure de la vengeance déjà sonnée. Mais, d'une part, M. Guizot ne songe pas à aller si vite : il se contente de jouir de son triomphe oratoire; il croit avoir blessé à mort le cabinet; à quoi bon se compromettre et effaroucher les timides, en voulant faire plus pour le moment? Aussi persiste-t-il dans sa résolution de voter les crédits. D'autre part, M. Thiers rencontre des avis fort divergents chez ses amis; beaucoup craignent qu'une crise, en ce moment, ne profite aux seuls doctrinaires. Des régions ministérielles où l'inquiétude est grande, on rappelle au chef du centre gauche les promesses qu'il a faites au Roi et à M. de Montalivet; on lui donne à entendre que M. Molé, fatigué, lui cédera bientôt la place.

Le lendemain, quand M. Thiers paraît à la tribune, le silence de tous révèle une attente anxieuse. Dès les premiers mots, on

---

[1] « M. Guizot, écrit un membre de cette majorité, venait d'expliquer et d'idéaliser tout son passé, tout son présent, le nôtre en même temps. » (*Notes inédites de Duvergier de Hauranne.*)

aperçoit qu'il s'est décidé à sauver le ministère. Son discours est d'inspiration moins haute que ceux de M. Guizot, mais il est habile, incisif et bien fait pour détruire tout doucement l'effet produit par l'orateur doctrinaire. Sans contredire de front la thèse de ce dernier sur la « classe moyenne », M. Thiers insinue que cette expression ne sied pas mieux que celle de « peuple » dont abusent les démocrates : mieux vaut, dans les deux cas, ne parler que de la « nation ». Il ne répudie pas la politique de résistance et de combat suivie pendant six ans : « Elle a eu, dit-il, son à-propos dans nos jours de danger » ; mais elle ne l'a plus maintenant : à preuve, le rejet de la loi de disjonction. Il en faut conclure que le moment est venu de calmer le pays, de concilier au gouvernement la partie modérée de l'opposition ; le péril n'est plus dans les émeutes, il est dans les mauvaises élections que provoquerait une politique irritante. La péroraison fait grand effet : s'emparant d'une phrase de M. O. Barrot qui avait dit la veille à M. Guizot : « J'appelle de tous mes vœux l'épreuve de votre système », M. Thiers dit, à son tour, de cette politique doctrinaire : « Si elle m'a reproché les ménagements que la politique du 22 février avait obtenus de l'honorable M. Odilon Barrot, elle a obtenu hier de l'opposition un mot, à mon avis, bien grave. L'opposition lui a dit : Je vous souhaite. Eh bien, non par des motifs personnels, car si l'ambition était chez moi supérieure aux convictions, je serais aujourd'hui ministre, mais dans la profonde conviction que je sers bien mon pays, je lui dis : Moi, je ne vous souhaite pas, et je donne ma boule blanche au cabinet du 15 avril. Je dis enfin à cette politique qu'elle n'a plus son à-propos ; elle l'aurait eu peut-être dans les jours de nos dangers. Aujourd'hui, comme heureusement il n'est donné à personne de faire renaître ces dangers, je dis que cet à-propos, elle ne l'a plus. Non pas que, dans cette Chambre, il y ait de l'exclusion pour les personnes ; non, les personnes peuvent venir, elles auraient peut-être la majorité ; mais je n'ajoute qu'un mot : les personnes sans les choses. »

Le vote des crédits est dès lors assuré. Ils sont adoptés, le

6 mai, par 250 voix contre 112. De cette discussion qui s'est prolongée pendant quatre jours, les ministres sortent, la vie sauve, mais diminués et humiliés. Il a été trop visible que, selon l'expression de M. Odilon Barrot, « tout s'est passé par-dessus leur tête [1] ». Est-ce l'effet d'une indisposition récente [2], est-ce qu'il n'a pas encore pris confiance en soi, mais M. Molé n'a pas donné sa vraie mesure, il n'a pas déployé les ressources qu'il saura trouver, plus tard, dans d'autres débats. Toute sa bonne tenue et sa bonne grâce n'ont pas suffi à masquer une infériorité trop manifeste. Quand il a dit : « Nous tendons la main à tous ceux qui viennent à nous », un ami des doctrinaires a pu lui répondre : « Vous tendez la main à tout le monde; eh bien! depuis le commencement de cette discussion, est-il venu quelqu'un à cette tribune nettement et franchement vous offrir la sienne? » Sans doute, on a voté pour lui, mais en trop grand nombre pour que ce vote ait une signification précise. Il n'a pas été suivi, mais seulement protégé, ménagé, à raison même de sa faiblesse. Chaque chef de groupe ne pouvant prendre le pouvoir pour soi, l'a mieux aimé en ces mains jugées débiles qu'en celles d'un rival redouté et jalousé. Personne ne s'est gêné pour motiver ainsi tout haut son vote, et M. de Lamartine lui-même, le défenseur le plus bienveillant du cabinet, a dit de lui : « Je ne le défends pas pour ce qu'il est, mais pour ce qu'il empêche. »

Dans les questions d'affaires qui furent ensuite discutées, le ministère ne retrouva pas l'autorité qui lui avait manqué dans les débats politiques. Deux projets de loi étaient particulièrement importants. Dans l'un, on abordait, pour la première fois, le problème difficile et compliqué entre tous, qui depuis n'a jamais été bien résolu, de la conciliation entre les intérêts opposés du sucre colonial et du sucre indigène; l'autre proposait un système d'ensemble pour l'exécution des chemins de fer

---

[1] On criait ironiquement au ministère, dans les journaux : « Les coups se portent par-dessus votre tête; pour les éviter, baissez-la. »

[2] La première fois qu'il prit la parole dans ce débat, M. Molé s'excusa en disant qu'il sortait de son lit.

français. Les discussions furent incertaines, confuses, en partie stériles, faute d'un gouvernement qui imposât une direction ferme et obéie. Dans le premier cas, on se trouva aboutir, un peu à l'improviste, à une demi-mesure d'une efficacité contestable. Dans le second, l'avortement fut plus manifeste encore, et la France, déjà en retard sur d'autres pays, vit ajourner l'établissement de son réseau ferré [1].

Ce défaut de soumission de la Chambre n'allait pas sans doute jusqu'à une rupture ouverte. Si le ministère n'avait pas de majorité qui fût bien à lui, personne n'en avait contre lui. Ceux mêmes qui dissimulaient le moins leur malveillance étaient plus ironiques et dédaigneux qu'agressifs. Tout en raillant la faiblesse du cabinet, ils ne se sentaient pas eux-mêmes de force à entreprendre une campagne un peu vigoureuse. La Chambre souffrait de cette impuissance générale. Mécontente du gouvernement, elle n'était pas moins mécontente d'elle-même et avait conscience qu'elle fonctionnait mal. En somme, la situation était mauvaise pour tout le monde. La duchesse de Broglie écrivait, le 2 mai 1837, à M. de Barante : « Nous n'avons rarement, peut-être jamais été si mal, parce qu'il n'y a point de vraies difficultés, mais un mal moral qui nous consume. Notre pauvre ministère est bien peu considéré; il existe, c'est sa seule qualité; c'est le contraire de la jument de Roland qui avait toutes les qualités, excepté qu'elle était morte. Puisse-t-il conserver cette existence; car vraiment ces changements continuels nous abiment [2]. »

II

M. Molé n'avait donc pas réussi dans les premiers débats de la Chambre. Sa fierté ne pouvait rester sur un tel échec et désirait une prompte revanche. Jugeant impossible de la trouver

---

[1] Plus tard, quand sera fixé le système de construction et d'exploitation de nos chemins de fer, nous reviendrons, avec quelques détails, sur les tâtonnements du début.
[2] *Documents inédits.*

dans le Parlement, il s'était tout de suite appliqué à la chercher dans le pays lui-même, se disant qu'une fois populaire auprès des électeurs, il aurait raison des députés. Le calcul était d'un homme d'État. Les circonstances lui avaient mis une bonne carte dans son jeu : le mariage du duc d'Orléans. On se rappelle, en effet, que, dans sa première déclaration, il avait pu annoncer l'heureuse issue des négociations engagées, huit mois auparavant, par M. Thiers, pour l'union du prince royal avec la duchesse Hélène de Mecklembourg-Schwerin.

Ce n'était pas sans difficulté que ce résultat avait été atteint. Bien que le roi de Prusse eût conçu l'idée du mariage et en eût fait son affaire personnelle, l'opposition avait été vive à la cour de Berlin. Elle s'appuyait sur le Czar. Mais le vieux roi n'avait pas faibli. Il était maintenu dans ses fermes dispositions par le ministre de France, M. Bresson. Nous avons eu déjà l'occasion de noter l'influence que ce diplomate s'était acquise sur le gouvernement auprès duquel il se trouvait accrédité. D'un esprit net et ferme, d'un caractère énergique et passionné, non sans ambition, mais sans vaine chimère, sagace dans l'observation et hardi dans l'action, sachant au plus haut degré prendre empire sur les autres, il goûtait les grandes entreprises et était capable d'y réussir. Il avait su s'emparer de l'esprit du prince de Wittgenstein, ami d'enfance et conseiller fort écouté du Roi. Par ce moyen, il arrivait directement à Frédéric-Guillaume, sans passer par les ministres [1]. L'influence de notre représentant fut décisive dans les négociations du mariage, et, dès le 17 février 1837, M. de Metternich écrivait : « Si l'affaire s'arrange, ce sera M. Bresson qui l'aura faite [2]. »

---

[1] L'année précédente, quand il avait fallu négocier le voyage des princes français à Berlin, les premiers pourparlers avaient été échangés par l'entremise du prince de Wittgenstein et à l'insu du premier ministre, M. Ancillon. Celui-ci ne fut mis au courant que quand toutes les difficultés étaient levées. Il vint alors donner connaissance à M. Bresson de l'invitation adressée par le roi de Prusse aux fils de Louis-Philippe, se félicitant avec quelque solennité d'être le premier à lui annoncer une aussi agréable nouvelle : notre ambassadeur était alors assis à une table de whist, en face du prince de Wittgenstein ; celui-ci comprima à grand'peine un accès de fou rire, et les cartes faillirent lui échapper des mains.

[2] *Mémoires de M. de Metternich*, t. VI, p. 195. — M. de Barante écrivait,

Les adversaires du mariage avaient à leur tête une partie même de la maison de Mecklembourg, entre autres le duc régnant de Mecklembourg-Strélitz. Sollicité par ce dernier de faire opposition à l'union projetée, le prince de Wittgenstein exposa, dans une lettre confidentielle, les raisons qui lui semblaient au contraire la justifier. Peu après, un écrit lithographié, qui réfutait avec violence et âcreté les arguments de cette lettre, et qui repoussait une alliance avec les d'Orléans comme une honte pour la famille de Mecklembourg, était glissé nuitamment sous la porte des principaux personnages de la cour. L'émotion et le scandale furent grands dans les hautes régions de la société berlinoise. Frédéric-Guillaume en fut particulièrement courroucé. Sa police eut bientôt découvert que l'auteur du factum était le duc Charles de Mecklembourg-Strélitz, commandant général des grenadiers de la garde prussienne, frère de la feue reine. Bien qu'à ce dernier titre le vieux roi lui fût très-attaché, il ordonna à M. Kamptz, son ministre de la justice, de répondre par un autre mémoire, bientôt répandu dans toutes les cours d'Allemagne. Ce mémoire s'appliquait à atténuer le caractère révolutionnaire de l'événement de Juillet, et faisait ressortir le service que Louis-Philippe avait rendu à la cause de la monarchie et de la paix, en barrant le chemin à la république. Il montrait ensuite, par des exemples nombreux, que des dérogations analogues à la règle stricte de l'hérédité s'étaient produites dans la plupart des maisons régnantes d'Europe, que ces changements avaient été reconnus par les autres États, et des mariages contractés sans scrupule avec ces maisons, notamment par des princesses de Mecklembourg. Et, parmi les dynasties où l'on s'était ainsi écarté de l'hérédité, le mémoire avait soin, par une malice à l'adresse du Czar, de citer à plusieurs reprises celle de Russie. « Qui a jamais demandé compte aux puissances, disait-il, d'avoir reconnu pour souverains légitimes les impératrices Élisabeth et Cathe-

---

peu après, à M. Bresson : « Vous seul, dans notre sphère diplomatique, avez été appelé à la bonne fortune de faire plus et mieux que regarder et juger. » (*Documents inédits.*)

rine, les rois Guillaume III et Georges Ier ¹ ? » C'était certes un résultat inattendu de la cabale antifrançaise que d'avoir amené l'un des chefs de la vieille Europe, l'un des anciens tenants de la Sainte-Alliance, à justifier la révolution de Juillet, tout au moins à en plaider les circonstances atténuantes, et surtout à dire aux pharisiens de la légitimité, héritiers et bénéficiaires pour leur compte de plus d'une usurpation : « Que celui de vous qui est sans péché lui jette la première pierre! » L'effet fut considérable. Bien que ne circulant que sous le manteau de la cheminée, l'écrit royal était connu dans toutes les cours et dans toutes les chancelleries. « On s'émerveille, écrivait M. Bresson à M. Molé, de voir le gouvernement prussien transformé en champion ou du moins en apologiste de la monarchie de 1830... Ce n'est pas tout à fait ce que me disait hier un homme de beaucoup d'esprit : *L'avant-garde russe était, il y a dix-huit mois, à Sarrebruck, et l'avant-garde française est aujourd'hui à Memel;* — mais c'est un rapprochement inespéré. »

En s'engageant ainsi, Frédéric-Guillaume savait sans doute quelle irritation il éveillait à Saint-Pétersbourg. Le Czar ne prenait pas patiemment son parti du démenti publiquement donné aux prétentions de prépotence qu'il avait si fastueusement affichées à München-Grætz et à Tœplitz. Aussi s'exprimait-il dans les termes les plus inconvenants sur le roi de Prusse ². Mais celui-ci se savait plus ou moins soutenu par le cabinet de Vienne. Sans aller aussi loin que Frédéric-Guillaume, M. de Metternich affectait de se montrer très-favorable au mariage, et son agent près la cour de Schwerin recevait pour instruction d'y aider. « C'est de la Prusse et de l'Autriche, disait le chancelier à l'ambassadeur de France, que vous recevez votre princesse royale; cela vaut mieux que de la tenir du Mecklembourg. » Et il ajoutait : « L'empereur Nicolas n'aurait

---

¹ Voir des extraits de cet écrit aux Pièces justificatives de l'*Histoire de la politique extérieure du gouvernement français*, 1830-1848, par M. d'Haussonville, t. I, p. 256 et suiv.

² « L'exaspération de l'Empereur continue à être portée à un haut degré. Le langage qu'il tient dans son intérieur est étrangement passionné. » (*Dépêche de M. de Barante à M. Molé*, 11 avril 1837.)

rien dit de désobligeant, si, averti à temps, j'avais pu lui déclarer que nous nous rangions franchement du côté de la Prusse, et qu'il se trouverait seul en Europe. » M. de Metternich mettait d'autant plus d'empressement à nous témoigner ces bonnes dispositions, qu'il désirait nous faire ainsi oublier son opposition au mariage autrichien, et aussi celle que faisaient au projet du roi de Prusse certains personnages importants de la cour et même de la maison d'Autriche [1].

Les adversaires du mariage avaient aussi cherché à agir sur la jeune duchesse elle-même. On évoquait devant elle les souvenirs terribles, on lui présentait les sombres présages devant lesquels avait fini par faiblir, une année auparavant, le courage de l'archiduchesse Thérèse. Mais Hélène de Mecklembourg avait un cœur et un esprit d'autre trempe. « J'aime mieux, disait-elle, être un an duchesse d'Orléans en France, que de passer ma vie à regarder ici, par la fenêtre, qui entre dans la cour du château. » Ambitieuse, elle l'était, non d'une ambition vulgaire, égoïste, — elle avait pour cela l'âme trop haute, le cœur trop tendre et trop dévoué, et la religion y tenait trop de place, — mais d'une ambition généreuse, prompte à l'enthousiasme et au sacrifice, séduite plus que rebutée par la part de risques et de périls qui est le lot des grandes destinées. « Le bonheur, — dit son biographe qui l'a si bien connue et a fait d'elle un si touchant et si fidèle portrait, — ne consistait pas, à ses yeux, dans la possession tranquille de tous les biens de ce monde, mais dans l'emploi de toutes les facultés les plus nobles de l'âme et de l'intelligence, dans l'accomplissement d'une belle, grande et importante tâche [2]. » Le duc d'Orléans l'avait devinée quand, dans une lettre adressée à M. Bresson, mais en réalité destinée à la jeune princesse, il exposait lui-même, avec une loyauté chevaleresque, toutes les objections que la sollicitude de la famille de Mecklembourg pouvait élever contre ce mariage. « J'ai puisé dans cette lettre, disait la princesse, des forces pour

---

[1] *Lettre de M. de Sainte-Aulaire à M. de Barante*, 9 mai 1837; *Dépêche de M. Molé au même*, 16 mai et 21 juin 1837. (*Documents inédits.*)

[2] Voir le charmant volume intitulé : *Madame la duchesse d'Orléans.*

marcher au-devant de toutes les difficultés que je puis prévoir. » D'ailleurs, d'esprit et surtout de cœur, elle était et aimait à se dire « libérale ». Quand elle n'avait encore que seize ans, du fond de sa solitude de Doberan, elle s'était prise d'une ardente sympathie pour la France de 1830, et, depuis lors, né s'en était pas détachée. Peut-être même, par entraînement d'imagination et chaleur de sentiment, plus encore que par erreur d'intelligence, ne se tenait-elle pas assez en garde contre certaines illusions, perdait-elle de vue certains périls, ne comprenait-elle pas la nécessité de certaines limites [1]. Toutes ces raisons, sans parler même de ce qui avait dû lui être rapporté des avantages personnels du prince, l'avaient disposée, dès le premier jour, à accueillir favorablement la proposition qui lui avait été faite, et, depuis lors, soutenue du reste par sa belle-mère, elle ne s'était pas un moment laissé ébranler dans sa résolution.

Toutes les résistances étaient donc vaincues. M. Bresson put faire la demande officielle : on signa le contrat de mariage, le 5 avril, et, quelques jours après, l'événement fut officiellement annoncé. Sans doute, à n'envisager les choses qu'au point de vue politique, et si l'on ne tenait point compte des mérites personnels de la princesse, ce mariage avait moins d'éclat que celui qui avait été tenté l'année précédente. Entre les deux, il y avait toute la distance de la maison d'Autriche à celle de Mecklembourg. A Vienne, on parlait, non sans quelque nuance de dédain, de la « princesse anodine [2] ». La fiancée avait de plus le grave inconvénient d'être protestante : un mariage mixte était une nouveauté sans précédent pour un prince destiné au trône de France, nouveauté qui plaisait, par certains côtés et non par les meilleurs, aux libéraux de l'époque, mais qui étonnait et

---

[1] « Si intelligente qu'elle fût, dit son biographe, elle sentait plus qu'elle ne savait... Elle soutenait toujours la cause qui plaisait le plus à l'imagination, et l'on avait honte de lui parler sagesse, raison, quand de son côté était le point de vue le plus généreux, le plus fier, le plus libéral. Les événements contraires, ce qu'on nomme leçons de l'expérience, n'agissaient pas beaucoup sur elle. » (*La Duchesse d'Orléans.*)

[2] Le prince de Metternich écrivait à son ambassadeur de Paris que « ce mariage avec une princesse d'une petite, mais bonne maison, n'avait aucune portée politique ». (*Mémoires de Metternich*, t. VI, p. 195.)

choquait d'autres parties de la nation. Malgré tout, cependant, c'était un mariage royal; pour n'être pas d'une des grandes familles régnantes, la princesse leur était apparentée. D'ailleurs, les résistances mêmes opposées à cette union, l'intervention des cours du continent dans les négociations préliminaires, donnaient à cet événement une importance politique qu'il n'aurait peut-être pas eue par lui seul. Le « blocus matrimonial » était définitivement forcé.

III

Le mariage une fois décidé, M. Molé voulut en faire une sorte de fête à la fois royale et nationale, qui ajoutât au prestige de la monarchie, au crédit et à la popularité du ministère, et fût, dans le pays, le point de départ d'une ère d'apaisement, de détente et de rapprochement. Ne lui serait-ce pas une manière d'inaugurer et de montrer en pratique cette politique nouvelle qu'il n'avait pas su ou osé définir nettement devant la Chambre?

Le président du conseil ne négligea rien pour préparer l'effet qu'il voulait produire. Tout d'abord, par ordonnance rendue le 8 mai, quelques jours après la discussion des fonds secrets, amnistie fut accordée « à tous les individus détenus pour crimes ou délits politiques », avec ces seules réserves que la mise en surveillance était maintenue à l'égard des condamnés à des peines afflictives et infamantes, et que la peine prononcée contre les régicides Boireau et Meunier était commuée en dix ans de bannissement. Tout fut calculé pour donner à cette mesure le caractère d'un *motu proprio* du Roi. « C'est mon acte », écrivait ce dernier à Madame Adélaïde, et il se montrait tout entrain de la résolution de clémence qu'il avait prise [1]. Le très-court rapport qui précéda l'ordonnance fit allusion au

---

[1] Lettre du 8 mai 1837, publiée dans la *Revue rétrospective*.

mariage du duc d'Orléans ; il insista sur ce que, « l'ordre étant désormais affermi, les partis vaincus ne pouvaient plus attribuer l'oubli de leurs fautes qu'à la générosité du Roi ». « Votre Majesté, ajoutait le ministre, fera descendre du haut du trône l'oubli de nos discordes civiles et le rapprochement de tous les Français... Votre gouvernement, après avoir plus combattu et moins puni qu'aucun autre, aura tout pardonné. »

Que cette mesure fût applaudie par tout ce qui penchait vers la gauche, on n'en pouvait douter. La préoccupation du ministère était de savoir comment l'accueilleraient les conservateurs. Le refus de l'amnistie avait été, depuis plusieurs années, l'un des premiers articles du programme de la résistance. Députés et journaux s'étaient maintes fois prononcés dans ce sens. Quelle raison pouvait-on donner d'un changement d'avis ? On n'alléguait aucun signe de repentance chez les factieux. Le seul fait nouveau était l'échec subi par le pouvoir à l'occasion de la loi de disjonction. Or si, au lendemain d'une victoire, l'amnistie eût pu se comprendre, ne risquait-elle pas, au lendemain d'une défaite, d'être prise pour une faiblesse ? La répression n'était-elle pas déjà trop affaiblie, l'idée du bien et du mal en politique trop altérée par nos cinquante années de révolution ? C'est ce que pensaient et ce que disaient les amis de M. Guizot. Ils ajoutaient, à un point de vue plus personnel, qu'en admettant la nécessité de cette amnistie, il eût été de simple justice de la faire faire par ceux qui s'étaient le plus compromis dans la défense sociale et monarchique. Cette mauvaise humeur des doctrinaires n'était pas faite pour surprendre ou chagriner M. Molé. Son dessein était précisément de se distinguer d'eux, de laisser à leur compte cette politique de rigueur, devenue impopulaire, et d'y opposer une politique de clémence et de conciliation dont il serait l'initiateur.

Seulement ce qu'il redoutait et ce qu'il avait intérêt à empêcher à tout prix, c'était que la masse conservatrice ne suivît en cette circonstance les doctrinaires. L'amnistie, applaudie uniquement par l'ancienne opposition et blâmée par toute l'ancienne majorité, eût porté le ministère beaucoup plus à gauche qu'il ne le voulait. De là, et dans le rapport préalable, et dans la circulaire qui suivit, les précautions de langage prises pour rassurer les conservateurs. De là, surtout, l'activité fort adroite avec laquelle M. Molé s'assura de l'accueil favorable de la presse; rien ne lui coûta pour obtenir ce résultat; le *Journal des Débats* fut amené, non sans peine, ni sans frais, à défendre la mesure qu'il avait auparavant si souvent combattue.

D'elle-même, du reste, l'opinion conservatrice prit la chose mieux qu'on n'eût pu s'y attendre. Cette confiance du pouvoir témoignait d'une sécurité qu'on aimait mieux accepter que discuter. Le pays, fatigué, se laissait volontiers dire que le temps était fini des luttes pénibles, et bien qu'il eût passé l'âge de la crédulité naïve et des généreuses illusions, il faisait effort pour espérer ce « rapprochement de tous les Français », que le gouvernement lui annonçait comme la récompense de la clémence royale. Sans doute l'événement devait montrer la vanité de cet espoir : parmi les amnistiés, aucun ne désarmera, et presque tous ne se serviront de la liberté rendue que pour ranimer les sociétés secrètes et préparer de nouveaux attentats. Mais, sur le moment, ce grand acte de clémence n'en avait pas moins bon air. C'était, dans beaucoup d'esprits, comme la joie de la paix, après une rude et longue guerre. En somme, le coup avait été hardi, risqué, mais, à ne juger que le premier effet, il semblait avoir réussi.

Par une inspiration très-politique, en même temps qu'il apportait le pardon aux révolutionnaires, M. Molé résolut d'offrir aux catholiques, alors un peu émus de voir une protestante sur les marches du trône, une réparation depuis longtemps attendue. Il complétait ainsi heureusement et grandissait sa politique de conciliation et d'apaisement. On sait que, depuis la hideuse journée du 14 février 1831, l'église Saint-Germain-l'Auxerrois était demeurée fermée, outrage permanent à la conscience catholique. Rien de plus désolé et de plus navrant que l'aspect de ce monument aux vitres brisées, aux boiseries à demi arrachées, aux sculptures mutilées, où les dévastations non réparées du premier jour étaient encore aggravées par un abandon de sept années. Les ministères précédents avaient eu plus d'une fois la pensée de mettre fin à ce scandale; ils n'avaient pas osé. M. Molé n'hésita pas. Le 12 mai, dans un bref rapport au Roi, le garde des sceaux disait : « Votre cœur magnanime a voulu faire disparaître jusqu'aux dernières traces de nos discordes civiles... Mais les portes fermées de Saint-Germain-l'Auxerrois rappellent encore un de ces souvenirs que Votre Majesté a résolu d'effacer. » En conséquence, le ministre proposait la restitution immédiate de l'église au culte divin. L'effet fut excellent. Les ambassadeurs étrangers le constataient dans leurs dépêches [1]. L'internonce du Pape se louait vivement de M. Molé et de ses collègues. Il n'était pas jusqu'à Mgr de Quélen qui ne se rendît aux Tuileries pour remercier le Roi [2]. M. de Montalembert s'écriait, quelques jours après, à la tribune de la Chambre des pairs : « Vous le savez, d'excellents choix d'évêques, des allures plus douces, une protection éclairée, tout cela a depuis quelque temps rassuré et ramené bien des esprits. Ce système a été noblement couronné par le gage éclatant de justice et de fermeté que le gouvernement vient de donner en ouvrant Saint-Germain-l'Auxerrois. En persévérant dans cette voie, il dépouillait ses adversaires de l'arme la plus puissante; il conquérait, pour l'ordre fondé par la révolution de Juillet, les auxiliaires les plus sûrs et les plus fidèles [3]. »

IV

Les esprits étant ainsi préparés par cette double mesure de clémence et de réparation, les fêtes du mariage commencèrent. Une ambassade d'honneur, à la tête de laquelle était le duc de Broglie, fut envoyée au-devant de la royale fiancée; elle la rencontra à Fulda, le 22 mai. Le duc, qui n'était pas sujet aux en-

---

[1] HILLEBRAND, *Geschichte Frankreichs*, t. I, p. 678.
[2] *Vie du cardinal Mathieu*, par Mgr BESSON, t. I, p. 222.
[3] Discours du 19 mai 1837.

gouements irréfléchis, fut tout de suite sous le charme. Le soir même de sa première entrevue, il écrivait à M. Molé : « La princesse est charmante, je ne dis pas : charmante de maintien, de langage, d'esprit, d'amabilité ; cela est au plus haut degré, mais nous le savions déjà ; je dis : charmante de visage, de taille, de tout ce qui fait qu'une personne est charmante avant d'avoir parlé. Son visage est très-doux, très-fin, très-régulier, ses cheveux et son teint ont beaucoup d'éclat ; elle est grande, très-bien faite, quoique un peu mince ; elle est mise à ravir, et elle a excité dans toute la légation un enthousiasme véritable [1]. » Le 25 mai, la princesse entrait en France. De la frontière à Fontainebleau, son voyage fut un triomphe. Elle charmait tout le monde par sa grâce et sa présence d'esprit, ni exaltée ni intimidée, émue sans être embarrassée, ayant, avec la retenue d'une jeune fille, l'aisance d'une princesse née pour le trône, « disant à chacun, non ce qu'on lui avait dicté, mais ce qu'elle sentait sur le moment ; et ce qu'elle sentait était ce qui convenait le mieux [2] ». « Ce voyage, écrivait encore le duc de Broglie, le 26 mai, aura certainement des conséquences politiques, et j'étais loin de croire que l'événement en lui-même fût aussi national. Il est vrai que notre princesse paye de sa personne à merveille ; elle réplique à tous les discours, avec une netteté, un à-propos et une présence d'esprit vraiment surprenante. Il y a, dans toutes les populations que nous traversons au petit pas, en nous arrêtant de temps en temps, faute de pouvoir fendre la foule, un intérêt animé, curieux et bienveillant, tout à fait original à observer ; toutes les maisons sont pavoisées de drapeaux tricolores, toutes les villes sont aux fenêtres ; on crie peu quand nous arrivons et beaucoup quand nous partons, parce que le premier moment est donné à la curiosité, et que, pendant qu'elle se satisfait, la voiture marche, au lieu que le lendemain, quand la curiosité est satisfaite, il y a des vivat tant et plus [3]. »

---

[1] Lettre du 22 mai 1837. (*Documents inédits.*)
[2] *La Duchesse d'Orléans.*
[3] *Documents inédits.* — Le charme qui séduisait alors les populations libérales de France s'était exercé peu de temps auparavant sur la duchesse d'Angou-

Le 29 mai, à sept heures du soir, le cortége arriva à Fontainebleau, où l'attendait la famille royale, entourée d'une cour brillante, telle qu'on n'en avait pas vu en France depuis 1830. Le duc d'Orléans avait eu une première entrevue avec sa fiancée, la veille au soir, à Châlons. La jeune princesse séduisit la cour, comme elle avait séduit les populations qu'elle venait de traverser. « Elle a l'air vraiment royal, écrivait un témoin ; elle semble dominer tout ce qui l'entoure, et pourtant il y a de la jeunesse, de l'enfance même, dans son regard [1]. » « Elle est charmante, écrivait un autre ; elle a infiniment de grâce, d'à-propos et un aplomb singulier. Elle a l'air le plus noble avec beaucoup de simplicité ; et, s'il y a dans sa tête autant d'esprit que dans ses yeux, il y en a infiniment [2]. » La duchesse de Broglie disait de son côté : « Elle est plus grande dame que personne, et cependant on ne sent pas le froid de la nature de prince : elle a dans le regard quelque chose de perçant et de contenu, de jeune et de prudent, de gai et de sérieux [3]. » Le lendemain, 30 mai, après dîner, le chancelier Pasquier célébra le mariage civil dans la galerie de Henri II; Mgr Gallard, évêque de Meaux, le mariage catholique dans la chapelle de Henri IV; M. Cuvier, président du consistoire de la Confession d'Augsbourg, le mariage luthérien dans la salle dite de Louis-Philippe : cérémonies successives dont la complication étonnait plus qu'elle n'imposait, et dont la diversité même ne laissait guère aux assistants qu'un rôle de spectateurs plus curieux que recueillis [4]. La cour resta encore quatre jours à Fontainebleau : ce ne furent que fêtes, spectacles, promenades, cavalcades en forêt. La sa-

---

lème. Les deux princesses s'étaient rencontrées à Tœplitz. Plus tard, quand des Français venaient à Prague visiter Madame la Dauphine, elle les interrogeait, la première, sur la jeune duchesse d'Orléans dont ils avaient cru devoir éviter de prononcer le nom : « Est-elle heureuse? leur demandait-elle avec intérêt; je le désire, car je la connais, et je sais combien elle mérite de l'être. » (*La Duchesse d'Orléans.*)

[1] *La Duchesse d'Orléans.*
[2] Lettre de M. de Saint-Priest à M. de Barante. (*Documents inédits.*)
[3] Lettre à M. de Barante, du 12 août 1837. (*Documents inédits.*)
[4] Une année plus tard, la princesse, recueillant ses souvenirs, rappelait « ces mariages successifs sans recueillement, qui lui avaient fait du mal par l'esprit qui y régnait et qui cependant avaient fixé son bonheur ». (*La Duchesse d'Orléans.*)

tisfaction était générale. « C'est de l'avenir », disait-on, et ce mot résumait assez bien l'impression nouvelle de cette société condamnée, depuis quelques années, à vivre au jour le jour, sans confiance ferme dans le lendemain.

Le 4 juin avait été fixé pour l'entrée à Paris. Cette journée n'était pas attendue sans quelque angoisse. Au-dessus de ces fêtes, planait la terreur du régicide. Tout se passa à merveille. Le cortége arriva par l'arc de l'Étoile : la garde nationale et l'armée faisaient la haie à travers les Champs-Élysées et les Tuileries. Ciel pur et jardin en fleur. Le Roi et les princes étaient à cheval; la Reine, la duchesse d'Orléans et les princesses, dans une calèche découverte. Une foule immense, curieuse et joyeuse, se pressait des deux côtés, saluant de ses vivat la famille royale. Au moment d'entrer au palais, la princesse, d'un mouvement plein de jeune spontanéité, se leva toute droite dans sa calèche pour mieux voir ce spectacle vraiment grandiose : la foule répondit par une acclamation enthousiaste. « La princesse a été reçue à merveille, écrivait un témoin. Cet accueil fait presque l'illusion de l'*antique amour des Français pour leurs rois.* » Toutefois le même témoin ajoutait aussitôt : « C'est une superficie très-mince, très-légère, et il ne faut pas trop appuyer sur un terrain aussi trompeur [1]. » Les fêtes populaires se prolongèrent plusieurs jours. Les malheureux n'étaient pas oubliés : par une généreuse inspiration, le duc d'Orléans dépensa, en actes de bienfaisance, près de la moitié du million qui lui avait été alloué pour frais de premier établissement. Tout semblait à la joie et à la confiance. Et cependant, devant cette entrée triomphale dans le palais de la royauté française, comment ne pas penser au jour lugubre où la duchesse d'Orléans le quittera, onze ans plus tard, pour n'y plus jamais rentrer? Cette fois encore, la foule sera là, mais elle poussera des cris de révolte, et la princesse, veuve, fugitive, traînant derrière elle ses deux enfants, sera à peine protégée contre les violences populaires par les quelques fidèles qui l'entoureront! Déjà, du reste, au milieu

---

[1] Lettre de M. de Saint-Priest à M. de Barante, du 9 juin 1837. (*Documents inédits.*)

des fêtes si brillantes de 1837, la tristesse et le deuil se faisaient leur part. Le 14 juin, un feu d'artifice, simulant la prise de la citadelle d'Anvers, avait attiré au Champ de Mars une foule immense. La précipitation du départ amena, devant les issues trop étroites, une effroyable poussée. Aux cris de détresse des gens écrasés, il se produisit un remous plus terrible encore. Beaucoup de personnes furent renversées et foulées aux pieds. Quand on put les relever, vingt-quatre n'étaient plus que des cadavres. A la nouvelle de cette catastrophe, une impression sinistre se répandit dans la cité, et les esprits chagrins ou malveillants ne manquèrent pas de rappeler, afin d'en tirer un funeste présage, que les fêtes du mariage de Marie-Antoinette avaient été attristées par un accident semblable. Le lendemain, devait avoir lieu un banquet à l'Hôtel de ville : le duc d'Orléans se rendit aussitôt au sein du conseil municipal et demanda avec émotion l'ajournement de la fête : en même temps, il fit distribuer de larges secours aux familles des victimes.

Aux fêtes de Fontainebleau et de Paris, s'ajoutèrent celles de Versailles. Le château de Louis XIV avait été saccagé pendant la Révolution. Napoléon et Louis XVIII songèrent un moment à y établir leur résidence, mais ils reculèrent devant la dépense d'une restauration. En 1830, ces bâtiments, livrés à peu près sans défense aux ravages du temps, semblaient destinés à une ruine prochaine : l'herbe poussait dans les cours; à l'intérieur, tout était solitude et délabrement. Louis-Philippe conçut l'idée vraiment royale et française de rendre au palais sa splendeur et en même temps de le mettre à l'abri des révolutions futures, en y installant un musée de notre histoire nationale. Peintres et sculpteurs furent chargés de faire revivre tous les grands hommes et tous les grands faits de nos annales, ou, pour parler comme la devise du monument, « toutes les gloires de la France ». Les appartements somptueusement restaurés de l'immense édifice devinrent autant de galeries de tableaux et de statues. Dès 1833, ouvriers et artistes s'étaient mis à l'œuvre avec une activité sans cesse stimulée par le Roi. C'est lui qui dirigeait, combinait, surveillait tout; il y apportait un intérêt passionné et trouvait là une diversion aux soucis de la politique. C'est lui aussi, ce prince alors tant accusé de parcimonie, qui payait tout sur sa liste civile, sans qu'il en coûtât un sou à l'État. De ce chef, il ne devait pas dépenser moins de 23 millions et demi. L'inspiration qui avait présidé au choix des sujets était largement patriotique : plusieurs salles avaient été désignées pour contenir les portraits de Louis XVIII et de Charles X, et les souvenirs glorieux de la Restauration ; c'était quelques mois après l'insurrection de la Vendée, et des objections furent faites, fondées sur les préventions que cet événement avait ravivées : « Non, répondit Louis-Philippe, je ne reculerai pas devant la passion populaire, et je la ferai taire en la bravant. » L'exécution sans doute était trop précipitée, pour que tous les tableaux et toutes les statues eussent une égale valeur artistique. Le Roi le savait : « Après moi, disait-il, on refera mieux les parties que je n'ai pu faire exécuter qu'imparfaitement. » Mais les cadres étaient remplis, et l'effet d'ensemble obtenu.

En 1837, la grande œuvre se trouvait assez avancée pour que Louis-Philippe pût la montrer au public. Le mariage de son fils lui parut une occasion favorable. Le 10 juin, quinze cents personnes, représentant toutes les notoriétés de la France moderne, furent conviées à cette fête qui dura la journée et la soirée entières. Après une première visite du palais, un banquet fut servi dans une des salles ; ensuite, dans le théâtre étincelant de lumière, le *Misanthrope* fut représenté comme au temps de Molière, avec un intermède de Scribe où les grands hommes du dix-septième siècle venaient rendre hommage « à la gloire de Louis XIV » ; la soirée se termina par une prome-

[1] Le Roi ne se bornait pas à restaurer le palais de Versailles, il voulait qu'une reproduction par la gravure fût comme le procès-verbal indestructible des travaux qu'il accomplissait. « Hâtez-vous », disait-il à M. Gavard, ancien officier d'état-major, auquel il avait confié la publication des Galeries historiques de Versailles, « le château et ses trésors peuvent disparaître un jour de révolution, mais vos volumes subsisteront et témoigneront de ce que j'ai fait pour conserver, en la transformant, l'ancienne demeure de Louis XIV ». Le Roi avait bien placé sa confiance ; l'ouvrage, dont l'exécution ne coûta pas moins de 1,800,000 fr., fut terminé, après la chute du trône, par l'éditeur, resté seul sur la brèche.

nade aux flambeaux, à travers les galeries splendidement illuminées, la foule des invités suivant un peu confusément la famille royale et s'émerveillant de telles magnificences. Cette cérémonie, qui tranchait avec la banalité vide de beaucoup de fêtes de cour, et dans laquelle paraissaient se rejoindre la France du passé et celle du présent, laissa une impression très-vive à tous ceux qui y prirent part. Le royal *impresario* était radieux et triomphant. « Je viens d'assister à la plus belle journée de la vie du Roi », écrivait la duchesse de Dino, en revenant de Versailles.

V

C'était la première fois que la royauté de Juillet se montrait, pendant si longtemps et avec un tel éclat, en représentation et en fête. Jusqu'alors, elle en avait été empêchée par les préoccupations des luttes qu'il lui avait fallu soutenir pour son existence même, ou par la peur d'offusquer certains préjugés de la démocratie bourgeoise. Le mariage d'un jeune prince justement populaire lui avait été une occasion de rompre avec cette sorte de deuil trop longtemps prolongé. On n'avait pas craint de donner à ces solennités un caractère nettement monarchique. Tout, — le cérémonial, le langage des journaux officieux, et jusqu'au théâtre de ces fêtes, — trahissait le désir de renouer des traditions dont, au lendemain de Juillet, le « Roi-citoyen » avait plutôt paru vouloir se dégager. N'était-il pas significatif que ce prince, qui hésitait, en 1831, à venir s'installer aux Tuileries, choisît, en 1837, pour célébrer le mariage de son fils et pour recevoir l'élite de la France moderne, ces châteaux de Fontainebleau et de Versailles, si pleins des souvenirs les plus brillants de la vieille cour, et où chaque pierre parlait d'un Valois ou d'un Bourbon? Ce ne fut pas sans exciter quelques susceptibilités. Il se trouva des gens, députés ou autres, pour demander avec alarme si l'on allait ressusciter une « cour », et pour opposer une résistance héroïque aux tentatives d'étiquette ; il se trouva aussi des démocrates pour essayer d'éveiller, à propos de ces royales splendeurs, les irritations envieuses du peuple, et pour se livrer à de faciles déclamations sur le contraste douloureux du luxe d'en haut et de la misère d'en bas. Ces notes discordantes eurent cependant peu d'écho. La nation n'en prenait pas moins sa part de ces réjouissances qu'elle ne connaissait plus depuis sept ans, et que la distraction des émeutes ou des crises parlementaires n'avait pas suffisamment remplacées. Partout régnait comme un air de satisfaction, de paix et de bienveillance. C'était à croire qu'on en avait fini avec les périls sociaux et les divisions politiques, ou tout au moins qu'on les avait oubliés. L'ordre n'avait pas été un moment troublé dans la ville ; Louis-Philippe avait été acclamé par la foule et n'y avait pas rencontré l'assassin que des imaginations bien naturellement inquiètes s'étaient attendues à voir surgir à chaque coin de rue. Il en était tout heureux. M. Bresson, qui avait fait partie du cortége, résumait ainsi son impression, après l'entrée dans Paris : « Quant au Roi, il respirait ; il se sentait comme rendu à la liberté [1]. » Et M. Dupin écrivait à M. de Montalivet : « Une vive et salutaire réaction s'est opérée en faveur du Roi. Jamais Sa Majesté elle-même et sa famille n'ont été mieux avec l'opinion [2]. » A la Chambre, les partis avaient conclu une sorte de trêve, et la session se terminait au milieu de l'inattention générale ; à peine parvenait-on à réunir le chiffre réglementaire des votants [3]. Le *Journal des Débats* saluait, dans le mariage de M. le duc d'Orléans, « le premier jour d'une ère nouvelle ». « Depuis sept ans, disait-il, la dynastie de Juillet s'est affermie au milieu des épreuves et des tempêtes... Ce n'est pas l'affaire de quelques jours, même pour une grande nation, de fonder un trône. En conservant la paix à la France et à l'Europe, le Roi a tourné contre lui toutes les pensées de guerre et de sang ; la dynastie de Juillet a, pen-

---

[1] Lettre à M. de Barante du 27 juin 1837. (*Documents inédits.*)
[2] *Mémoires de M. Dupin*, t. II, p. 297.
[3] Au scrutin sur l'ensemble de la loi de finances, le 30 juin, sur 461 députés, il n'y eut que 242 votants.

dant très-longtemps, payé, de son propre repos, le repos qu'elle assurait au monde, et, de sa liberté, la liberté qu'elle tenait pour nous sous la garantie de l'ordre et des lois. Aujourd'hui, le voile se déchire ; la dynastie de Juillet apparaît pacifique et glorieuse, entourée du respect de l'Europe et de l'amour reconnaissant de la France. Il semble que les esprits fatigués n'attendaient plus qu'un signal pour se rapprocher et pour faire de leur réconciliation la plus belle fête, le plus beau jour de la monarchie nouvelle. »

Tous les témoignages contemporains constatent l'éclaircie qui s'était ainsi faite dans l'horizon politique. La duchesse de Dino écrivait, le 13 juin 1837 : « La mesure hardie de l'amnistie, l'ouverture de Saint-Germain-l'Auxerrois, le mariage du prince royal, l'admirable inauguration de Versailles, tout cela a fait un changement à vue dont chacun profite pour l'instant, ajournant les difficultés qui, pour être reculées, ne sauraient être regardées comme détruites. Mais enfin nous sommes dans la plus douce, la plus brillante, la plus magique lune de miel qui se puisse imaginer[1]. » La duchesse de Broglie disait de son côté : « Je suis bien aise d'avoir vu l'arrivée de notre jeune princesse, d'avoir assisté à un de ces événements rares qui sont à la fois touchants pour le cœur et d'une haute importance pour le pays, à l'un de ces moments où une émotion simple, vraie, domestique, s'unit à une préoccupation politique très-vive[2]. » La transformation était si manifeste qu'elle n'échappait pas à ceux qui observaient les événements du dehors ; M. de Barante écrivait de Saint-Pétersbourg : « Il y a deux mois que tout semblait au plus triste, et que le découragement avait atteint tout le monde. Aujourd'hui, pour un mariage assurément fort bien choisi, mais qui ne change rien au fond des choses, pour une porte de prison ouverte à cent cinquante mauvais sujets dont personne ne se soucie, nous voilà pleins d'effusion et d'espérance... Toujours est-il que ces moments de détente et d'armistice profitent au gouvernement. Il prend

---

[1] Lettre à M. de Barante. (*Documents inédits.*)
[2] Lettre du 12 août 1837. (*Documents inédits.*)

racine pendant ces intervalles et les habitudes s'établissent autour de lui comme un rempart. Lorsque recommenceront les clameurs et les attaques, tous les assaillants auront perdu du terrain et seront moins à craindre [1]. » M. de Barante ajoutait dans une autre lettre : « Le Roi a dû être bien heureux.... J'en fais de très-sincères compliments à M. Molé. Quelque grand que soit le mérite de M. Guizot, il ne pouvait obtenir ce genre de succès. Les oppositions étaient lasses de crier inutilement; elles sentaient le besoin de baisser leur diapason. Mais il leur fallait une satisfaction d'amour-propre que leur a donnée la retraite de M. Guizot. Maintenant, faire ce qu'il a dit en prenant soin de ne le point dire, telle me paraît être la marche indiquée [2]. » Les cours étrangères, jusqu'alors si promptes à noter tous les symptômes alarmants de notre situation intérieure, étaient frappées d'une amélioration si subite, particulièrement de la sécurité que le Roi paraissait avoir reconquise ; elles laissaient voir à nos ambassadeurs leur étonnement et leur sympathique curiosité [3].

M. Molé avait le droit d'être fier d'un tel résultat. C'était, sinon de la grande, du moins de l'habile et heureuse politique. « Il y a eu du bonheur et du bien joué », écrivait un observateur [4]. Le président du conseil jouissait d'autant plus de ce succès qu'il avait été plus mortifié de faire petite figure lors des récents débats parlementaires. Dans une lettre intime du 6 juin, il rappelait, avec une certaine complaisance, les difficultés auxquelles il s'était heurté, au lendemain du 15 avril : « Une majorité froide et regrettant mes adversaires, une cour pour le moins partagée, pas un journal, pas un député qui me soutînt et m'avouât; des collègues intimidés et tout près de se dégoûter. » Puis il ajoutait : « J'avais un plan, et depuis le 6 septembre. Il me fallait seulement le mariage, afin de grouper

---

[1] Lettre du 24 juin 1837. (*Documents inédits.*)
[2] Lettre à M. Bresson. (*Documents inédits.*)
[3] Lettre de M. de Barante à M. Molé, du 8 juillet 1837. (*Documents inédits.*)
[4] Lettre de M. de Saint-Priest à M. de Barante, du 9 juin 1837. (*Documents inédits*)

autour les mesures sur lesquelles je comptais pour changer l'état des esprits, rendre le Roi à la France et la France au Roi. Le mariage une fois assuré, je ne perdis plus l'espérance, et, chaque chose faite en son temps, le ciel m'a aidé, et le succès a surpassé mon attente. Depuis sept ans, on n'avait pas été si mal qu'on était il y a deux mois, et aujourd'hui, je dis avec assurance que, depuis sept ans, on n'a pas été mieux ni aussi bien. Il y a une détente dans tous les esprits, un retour vers le Roi et sa famille qui se font sentir d'un bout du pays à l'autre et qui ramènent au ministère et à son chef tous ceux à qui le dépit ou la rancune n'ôte pas tout jugement. Vous savez mieux que personne que j'exécute ce que j'ai toujours projeté. Rappelez-vous notre conversation dans le parc de Champlatreux, quand vous vîntes m'y dire adieu, en partant pour Saint-Pétersbourg. J'étais l'homme de la trêve et de la réconciliation des partis, quand le moment serait venu. Or, au 6 septembre et plus encore au 15 avril, il fallait, à tout prix, faire du nouveau, changer le vent, sous peine d'aller je ne sais où. Voilà ce que des esprits inflexibles, puisant tout en eux-mêmes au lieu de regarder autour d'eux, n'ont jamais su comprendre. Je voudrais que vous eussiez vu l'entrée du Roi dans Paris, dimanche dernier. Cette entrée est devenue un grand événement... On se rappelait qu'avant l'amnistie et le mariage, on se serait cru séparé encore par des années du moment où l'on pourrait, sans folle imprudence, risquer le Roi au milieu de la population. Ici, nulle précaution particulière. Le Roi et sa famille s'enivraient de cette sécurité si nouvelle et des témoignages qu'ils retrouvaient[1]. » On n'aurait pas M. Molé tout entier, si, dans ce légitime triomphe, n'éclatait pas son ressentiment contre les doctrinaires. « Ils se font prendre en horreur par le pays »,

---

[1] Lettre à M. de Barante. (*Documents inédits.*) — M. Molé aimait à revenir, dans ses lettres, sur l'état satisfaisant où il se flattait d'avoir amené le pays. Il écrivait, le 9 août : « Le mot : *On n'a jamais été si bien depuis sept ans*, est dans toutes les bouches » ; le 20 août : « Notre position à l'intérieur est excellente, admirable, ce qu'elle n'a jamais été pour personne depuis sept ans » ; le 5 octobre : « Depuis longues années, j'ose le dire, jamais la France n'a été si prospère. » (*Documents inédits; Revue rétrospective*, p. 500; *Mémoires de M. Dupin*, t. III, p. 525.)

écrivait-il, et il ajoutait, un peu plus tard, dans une autre lettre : « Vos amis (M. Guizot et ses partisans) m'avaient fait la réputation d'un causeur agréable, incapable de parler et d'agir. J'ai prouvé que je parlais moins éloquemment, mais plus utilement qu'eux, et que j'étais, dans l'action, plus laborieux, plus suivi, plus intelligent et plus habile qu'eux. Je suis content : le mal momentané qu'ils m'avaient fait, depuis 1818, a été réparé en quelques mois. J'avais désiré cette épreuve. Je connais trop les véritables conditions d'une supériorité réelle, pour tomber dans le ridicule de me l'attribuer. Mais, quand je me *compare*, l'orgueil me revient, et je me sens, comme homme politique, infiniment au-dessus de tous ceux qui me donnaient l'exclusion et prétendaient m'amoindrir par leur dédain [1]. »

Le Roi prenait sa part de ce succès. L'un des caractères du cabinet alors au pouvoir était précisément d'avoir été plutôt choisi par la Couronne que désigné par le Parlement; mieux que tout autre, il laissait libres et visibles l'initiative et la prépondérance royales. Aussi les témoignages de la satisfaction de Louis-Philippe abondent-ils dans les courts billets qu'il adressait fréquemment au président du conseil, à l'occasion des affaires courantes. Il lui écrivait, par exemple, le 12 juin : « Il est certain qu'il y a une prodigieuse amélioration, et il ne l'est pas moins que vous y avez contribué votre bonne part. Je désire seulement que vous le sachiez aussi bien que je le sens. » Et, un peu plus tard, le 6 septembre, date anniversaire de l'entrée de M. Molé au ministère : « Oui, sans doute, c'est un bon anniversaire que celui du jour où vous êtes devenu mon ministre, et je le tiens pour tel de tout mon cœur. C'est déjà beaucoup plus que bien des gens ne comptaient, que d'être arrivé au premier anniversaire. Mais je souhaite et j'espère que ces calculs seront encore dérangés de même, et je vous porte le toast des Anglais pour les jours de naissance de leurs amis : *The day and many happy returns of the day*, le jour et beaucoup d'heureux retours du jour [2]. »

---

[1] Lettre à M. de Barante, du 16 novembre 1837. (*Documents inédits.*)
[2] Correspondance du Roi avec M. Molé. (*Documents inédits.*)

VI

Dans le succès ainsi obtenu, M. Molé ne voyait pas seulement une vaine satisfaction et une consolation de ses récents échecs parlementaires : il espérait y trouver un moyen de prendre la revanche de ces échecs. Les incidents de la dernière session l'avaient convaincu de l'impossibilité de se faire une majorité vraiment à lui, dans une assemblée où tant de députés avaient pris l'habitude de suivre soit M. Guizot, soit M. Thiers. Chercher la protection de l'un ou de l'autre, ne vivre que de leur division, avec le risque constant de mourir de leur réunion, lui semblait une existence à la fois sans dignité et sans sécurité. D'ailleurs, cette Chambre, qui, depuis 1834, avait successivement donné des majorités aux ministères du 11 octobre, du 22 février, du 6 septembre et du 15 avril, n'était-elle pas, par cela même, usée et quelque peu déconsidérée ? Ne convenait-il donc pas de profiter du changement heureux opéré dans l'opinion, à la suite du mariage royal et des mesures qui l'avaient accompagné, pour faire un appel aux électeurs ? Toutes les circonstances semblaient favorables. A la crise économique qui, partie d'Angleterre, avait, dans les premiers mois de l'année, menacé d'envahir la France, succédait, sous l'impression de paix et de confiance laissée par les fêtes du mariage, une vive reprise de prospérité matérielle; la rente 5 pour 100 touchait à 111 francs; les capitaux s'offraient à toutes les grandes entreprises. Le patriotisme pouvait aussi compter sur de nobles satisfactions : le gouvernement avait entrepris, en Algérie, un ensemble d'opérations diplomatiques et militaires, en vue de réparer et de venger le douloureux échec subi, l'année précédente, devant les murs de Constantine; il en attendait prochainement le résultat. En effet, cette ville, que la nature semblait avoir rendue imprenable et qu'une population belliqueuse défendait avec une vaillance acharnée, devait être emportée d'assaut, le

13 octobre 1837, par l'armée française : glorieux fait d'armes, l'un des plus considérables de nos guerres d'Afrique [1]. Avec tant de succès, avec la popularité qu'il se flattait d'en retirer, M. Molé ne pouvait-il pas espérer, en dissolvant la Chambre, obtenir du pays une majorité relevant de lui seul, étrangère aux coteries anciennes, indépendante des influences jusqu'alors dominantes?

Le Roi répugnait à la dissolution, comme à toute agitation et à tout risque qui ne lui semblaient pas nécessaires. La Chambre en fonction lui présentait au moins cette garantie d'être en grande majorité monarchique. N'était-ce pas elle qui avait voté les lois de septembre? N'avait-elle pas prouvé, par l'accueil fait aux ministres les plus divers, qu'elle n'était pas, après tout, bien difficile à manier? Elle avait sans doute ses défauts; mais c'étaient ceux du pays. Et le prince, dont l'expérience un peu sceptique se gardait toujours contre les illusions, n'espérait pas aussi facilement que le président du conseil de voir ces défauts disparaître par l'effet de nouvelles élections. Quelques ministres partageaient la répugnance royale. M. Molé insista; il déclara que la mesure lui était « indispensable [2] ». Les journaux l'appuyaient presque tous très-vivement, à l'exception des feuilles doctrinaires. Le Roi finit par céder. Le 3 octobre 1837, parut l'ordonnance de dissolution : les électeurs étaient convoqués pour le 4 novembre. Une ordonnance de même date fit entrer au Luxembourg une « fournée » de cinquante pairs; le cabinet marquait ainsi sa prétention de s'installer en gouvernement assuré d'un long avenir, et, du même coup, en choisissant près de la moitié des nouveaux pairs parmi les députés sortants, il faisait place au personnel nouveau qu'il désirait faire entrer dans la Chambre élective.

Le ministère ne se piquait pas de neutralité électorale. Il prétendait, au contraire, intervenir ouvertement et vigoureusement, se mêlait à la bataille par ses circulaires et ses journaux, mar-

---

[1] Voir, pour le détail des événements, le récit d'ensemble que nous donnerons plus tard des affaires d'Algérie.
[2] *Documents inédits.* — Cf. aussi diverses lettres de M. Molé au Roi, de juillet et août 1837, publiées dans la *Revue rétrospective*, p. 500 à 502.

quait, sans se gêner, ses préférences ou ses exclusions, usait en faveur de ses candidats de tous les moyens d'influence administrative. Ses adversaires l'accusaient même d'en abuser. Rarement la presse avait autant crié à la pression ; « la corruption coule à plein bord », disait le *National;* mais on sait qu'en semblable cas, il faut toujours beaucoup rabattre des hyperboles d'opposition.

A gauche, la direction de la campagne fut prise par les avancés et les violents. Quand il fut question de constituer, selon l'usage, le comité central de l'opposition, les radicaux prétendirent y figurer en nombre, avec leur programme, offrant seulement à la gauche monarchique de prendre place à côté d'eux. Aux objections des amis de M. O. Barrot, les républicains répondirent sur un ton très-hautain ; le débat fut orageux ; les dynastiques, abandonnés par MM. Laffitte et Arago, eurent le dessous, et les journaux purent annoncer que « le comité central, constitué à Paris, en vue de réunir dans une même action toutes les nuances de l'opposition nationale », était présidé par M. Laffitte, et avait pour délégués chargés de la correspondance MM. Garnier-Pagès, Cauchois-Lemaire et Mauguin ; les autres membres étaient la plupart des républicains, ou tout au moins appartenaient à l'extrême gauche. Sévère, mais inutile leçon à l'adresse de cette gauche qui n'avait pas encore compris, et qui ne devait jamais comprendre qu'en s'alliant avec les radicaux, elle faisait entrer dans la place des ennemis disposés à la mettre dehors, aussitôt qu'ils se croiraient les plus forts. M. O. Barrot refusa de faire partie d'un comité « dans lequel, disait-il, le parti républicain entrait enseignes déployées, conservant ses prétentions extralégales ». Seulement, que de ménagements encore pour des hommes dont il espérait bien, disait-il, n'être séparé que par une « dissidence passagère » ! L'orateur de la gauche parlait d'un autre ton, quand il exposait ses griefs contre les monarchistes conservateurs. Il n'essaya pas du reste d'élever ouvertement autel contre autel ; ce fut à peine si ses amis organisèrent une sorte de comité clandestin qui n'eut avec ses adhérents qu'une correspondance sans publicité, et laissa au comité radical tout l'honneur de la direction ostensible. On conçoit que le ministère et ses journaux ne négligèrent pas l'avantage qu'un tel incident leur donnait contre l'opposition.

Chez les légitimistes, le mot d'ordre fut, presque partout, d'agir et de voter ; leur programme fut rédigé de façon à se rapprocher le plus possible de celui de l'opposition radicale ; et là où ils ne pouvaient avoir de candidats à eux, ils soutenaient ceux de la gauche. Toutefois, parmi les anciens royalistes, plusieurs répugnaient à cette tactique révolutionnaire ; à mesure qu'on s'éloignait de 1830, leur ressentiment s'affaiblissait, la monarchie nouvelle ne leur paraissait plus une aventure passagère, mais un gouvernement de fait, ayant la garde des intérêts sociaux, et dont, par beaucoup de raisons, ou générales ou privées, ils avaient intérêt à se rapprocher. Cet état d'esprit n'échappait pas à M. Molé ; il voyait là des recrues précieuses, non-seulement pour la monarchie de Juillet, mais pour son ministère. A raison même de son passé et de son nom, il se flattait d'inspirer plus facilement confiance à ces royalistes que M. Thiers et même M. Guizot. Aussi, au risque d'exciter certain ombrage chez ceux qui lui reprochaient déjà de n'être pas un « homme de Juillet », fit-il faire beaucoup d'avances, et parfois non sans succès, à ceux qu'on appela alors les « ralliés ».

Le ministère ne désirait pas seulement une majorité hostile aux radicaux et aux légitimistes ; s'il n'avait fallu que cela, l'ancienne Chambre eût suffi. Son dessein était plus difficile à réaliser, plus délicat à formuler. Il voulait des députés conservateurs, mais des conservateurs qui fussent pour M. Molé, contre M. Guizot et contre M. Thiers, hommes nouveaux autant que possible, ou tout au moins dégagés, par une sorte de novation électorale, de leur origine et de leurs attaches anciennes [1].

---

[1] Dans un article reproduit par le *Moniteur*, le journal *la Charte de* 1830 s'exprimait ainsi : « Il faut que les nuances diverses de la majorité prennent une origine nouvelle, où chacun puisse se dégager des antécédents qui gênent sa conscience; après un renouvellement électoral, toutes les positions parlementaires, affranchies

C'était demander aux électeurs de prendre parti entre des nuances de doctrine que, de loin, il leur était à peu près impossible d'apercevoir. M. Molé avait-il donc découvert, pour distinguer son programme de ceux de ses deux rivaux, quelque idée simple, nette, quelque enseigne bien visible, de nature à saisir et à entraîner la masse conservatrice? Nullement : il aimait sans doute à faire dire par ses journaux que sa politique inaugurait une ère nouvelle [1]; mais quand il s'agissait de préciser, il n'était pas moins embarrassé devant le pays, qu'il ne l'avait été naguère devant la Chambre. Un jour, un article officieux posait la question électorale entre ceux qui, « croyant la guerre terminée, ont voulu la paix », et ceux qui, « croyant la paix dangereuse ou impossible, ont continué la guerre », entre l'esprit de conciliation et l'esprit d'intimidation : c'était, semblait-il, se séparer de M. Guizot, au risque de se confondre avec M. Thiers. Mais, un autre jour, la même feuille protestait qu'elle ne voulait à aucun degré se rapprocher du centre gauche. Le *Journal des Débats* et le *Temps* faisaient, avec un zèle égal, campagne pour M. Molé et passaient pour recevoir ses inspirations et ses subventions : or, à entendre le *Journal des Débats*, le ministère n'avait d'autre dessein au fond que de continuer l'ancienne politique du 13 mars et du 11 octobre ; il faisait appel et prêtait son appui à toutes les nuances de l'ancienne majorité, y compris les doctrinaires ; d'après le *Temps*, au contraire, on eût dit que le principal mérite du cabinet était d'avoir exclu ces mêmes doctrinaires, et que son œuvre principale devait être de leur faire échec ; ce journal déclarait M. Barrot plus proche de M. Molé que M. Guizot, et promettait presque à l'opposition la mise en oubli des lois de septembre [2]. On en venait à supposer et même à

---

de tout engagement de personne et de toute direction systématique, se rétablissent avec netteté. »

[1] « Il y avait quelque chose à finir, quelque chose à commencer... Le cabinet du 13 avril recevait, des circonstances et du Roi, la mission de clore la première septennalité de la monarchie de 1830, septennalité de luttes, d'efforts et de sacrifice, et d'opérer, après cette longue résistance, toujours constitutionnelle et légale, une transition naturelle vers un système de douceur, de clémence et de générosité. » (*Presse*, 5 octobre 1837.)

[2] « Au lieu du rappel des lois de septembre, contentez-vous de l'oubli de ce

affirmer publiquement que ces contradictions des officieux tenaient aux divisions du ministère, que M. Molé voulait se rapprocher du centre gauche, tandis que M. de Montalivet, appuyé par le Roi, se refusait à rompre avec les doctrinaires. Tout cela n'impliquait pas, de la part des ministres, volonté de tromper le public; c'était l'embarras d'une politique un peu incertaine et flottante, plus disposée à suivre qu'à diriger les courants divers de la majorité. Ne se sentant pas, jusqu'à présent, de parti proprement à eux, réduits à le recruter parmi les anciens amis de M. Guizot comme parmi ceux de M. Thiers, ces ministres se croyaient obligés de flatter, tour à tour ou même simultanément, les sentiments opposés des uns et des autres. Une telle tactique les exposait au reproche de jouer double jeu. Il leur fut fait aussi bien par les journaux doctrinaires que par ceux du centre gauche, et, des deux parts, on mit le cabinet en demeure, avec une aigreur chaque jour croissante, de dire enfin nettement et définitivement ce qu'il était et ce qu'il voulait. Tout cela n'était pas fait pour éclairer beaucoup les électeurs et pour déterminer un courant puissant d'opinion. Il en résultait au contraire une mêlée obscure, sans grandeur, où le gouvernement, bien que fort actif, était réduit à n'user que d'armes mesquines, et ne paraissait choisir ses amis ou ses adversaires que par des raisons personnelles ou locales. Rapetissée et embrouillée au Parlement, la politique semblait l'être aussi par contre-coup dans le pays.

Vint enfin le jour du scrutin. Le résultat fut incertain, confus, comme l'avait été la lutte elle-même. Sur 459 élus, 152 étaient des hommes nouveaux; mais, pour beaucoup, il eût été embarrassant de dire d'avance à quel groupe ils se rattacheraient. En somme, peu de différence avec la Chambre précédente. S'il y avait un changement, il était au détriment de la gauche et surtout des doctrinaires qui avaient perdu quelques-uns des leurs, combattus par l'administration, et au profit, sinon

qu'elles ont de mauvais. Vous avez la chose, ne disputez pas sur les mots. » (*Temps*, septembre 1837.)

expressément du centre gauche, du moins des opinions flottantes où il se recrute d'ordinaire ; aussi étaient-ce les journaux de ce groupe qui chantaient victoire. Le parti proprement ministériel n'avait pas gagné ; tout au plus pouvait-on dire qu'il n'avait pas perdu [1].

M. Molé échouait donc dans son dessein : après ce grand effort électoral, il se retrouvait, en face du Parlement, dans les mêmes conditions de faiblesse, aux prises avec les mêmes difficultés et avec les mêmes périls. L'amnistie et le mariage ne lui avaient pas, sur ce terrain ingrat, rapporté ce qu'il attendait. En même temps, comme pour donner un autre démenti à ses espérances, le hasard d'un portefeuille tombé dans la rue et ramassé par un douanier mettait sur la trace d'un nouveau complot contre la vie du Roi [2] : il s'agissait de la construction d'une machine infernale plus redoutable encore que celle de Fieschi. Or le principal coupable, Huber, était l'un des libérés de l'amnistie ; à peine hors de prison, il s'était abouché avec Steuble, ouvrier mécanicien, et avec Laure Grouvelle, admiratrice fanatique de Morey et d'Alibaud, pour préparer un nouveau régicide [3]. Que devenait donc le rêve de ceux qui s'étaient flattés que, grâce à une politique de clémence, le Roi retrouverait sa sécurité? Il était trop clair que si Louis-Philippe avait pardonné aux assassins, ceux-ci ne lui avaient pas rendu la pareille.

M. Molé cependant ne se laissa pas abattre par ces contretemps. Tout au moins avait-il retiré de ses succès de l'été une plus grande confiance en soi, et par suite plus d'aplomb et de force morale pour les luttes à venir. « Du 15 avril jusqu'à pré-

---

[1] Une feuille ministérielle, la *Presse*, donnait, au lendemain du scrutin, la statistique suivante :

	1834	1837		1834	1837
Radicaux.	19	19	Centre ministériel.	163	163
Gauche dynastique.	62	56	Centre droit et doctrinaires.	83	64
Centre gauche.	114	142	Légitimistes.	18	15

[2] 8 décembre 1837.

[3] En mai 1838, après un procès où les accusés se livrèrent aux plus scandaleuses violences, Huber fut condamné à la déportation, ses complices à cinq et trois ans de détention. En prison, Steuble se coupa la gorge, et Laure Grouvelle devint folle.

sent, écrivait-il à M. de Barante, j'ai eu, j'ose le dire, une administration brillante. Je me présente à la Chambre dans les plus belles conditions, et, pourtant, j'entrevois plus de difficultés que je n'en ai encore rencontré. Je me sens non-seulement bon courage, mais une sorte d'impatiente ardeur [1]. »

[1] *Documents inédits.*— M. Molé écrivait dans le même sens à M. Bresson.

CHAPITRE V

LES PRÉLIMINAIRES DE LA COALITION.

(1838.)

I. Ouverture de la session. Animation de M. Thiers. M. Guizot repousse es avances du chef du centre gauche. Débat de l'Adresse. Il déplaît à M. Molé d'être protégé par les doctrinaires. — II. Nouvelles avances de M. Thiers aux doctrinaires. Accueil qui y est fait. Discussion sur les fonds secrets. Hésitations et insuccès de M. Guizot. Les fonds secrets à la Chambre des pairs. — III. Irritation des conservateurs contre les doctrinaires. Tactique de M. Molé. Il parvient à détacher certains partisans de M. Guizot ou de M. Thiers, mais n'arrive pas à se former une majorité solide. — IV. L'œuvre législative. Les chemins de fer. La conversion. Défaut d'autorité du cabinet. — V. M. Molé a personnellement grandi. Appui que lui donne Louis-Philippe. Le public jouit du calme matériel. Les sociétés secrètes. Prospérité financière. Le pays est de plus en plus étranger et indifférent aux agitations du monde politique. Naissance du comte de Paris. — VI. A défaut des chefs, les états-majors continuent la coalition. M. Duvergier de Hauranne. Il cherche un terrain d'attaque où les coalisés puissent se rencontrer. Ses articles de la *Revue française*. Sa brochure. Polémiques qui en résultent.

I

L'ouverture de la session était indiquée pour le 18 décembre. On allait donc voir à l'épreuve la Chambre issue des récentes élections. Dans son discours, le Roi s'applaudit de la tranquillité et de la prospérité de la France, rappela l'amnistie, célébra dignement la prise de Constantine. « Mon fils le duc de Nemours, dit-il d'une voix émue, a pris la part qui lui revenait dans le péril. Son jeune frère a voulu le rejoindre et s'associer à cette communauté de travaux et de dangers qui identifie depuis longtemps mes fils avec l'armée. Leur sang appartient à la France, comme celui de tous ses enfants. » Puis, après avoir touché diverses questions : « Jamais je ne me suis trouvé entouré des Chambres dans des circonstances si favorables. Sachons, Messieurs, conserver, par notre union et notre sagesse, ce que nous avons conquis par notre courage et notre patriotisme. Tâchons d'effacer les pénibles souvenirs de toutes nos dissensions, et qu'il ne reste d'autres traces des agitations dont nous avons tant souffert, que le besoin plus senti d'en prévenir le retour. »

La nouvelle Chambre n'était pas plus que l'ancienne en disposition de répondre à cet appel d'union. L'élection du bureau la montra aussi fractionnée que jamais. Les partis se préparaient avec une agitation passionnée à la bataille annuelle de l'Adresse. Le centre gauche, qui se flattait d'avoir beaucoup gagné aux dernières élections, était le plus animé de tous. M. Thiers ne songeait plus qu'à renverser le ministère qu'il avait protégé dans la précédente session. Peut-être était-il mécontent de n'avoir pas trouvé M. Molé plus résigné à subir son patronage. Dans une lettre écrite le 16 novembre 1837, le président du conseil se plaignait des exigences du chef du centre gauche. « J'accepte avec bienveillance, disait-il, tous ceux qui veulent m'aider, mais je repousse quiconque prétend à me protéger. Ce rôle de protecteur, on se le dispute. Des deux côtés, on me dit : « Nous combattrons pour vous; nous vous ferons vivre de « notre parole. » Mon cher ami, du moment où mes actes et ma parole ne suffiront plus à me faire vivre, je tomberai, emportant avec moi, croyez-le bien, des regrets que mes successeurs, quels qu'ils soient, n'affaibliront pas [1]. » M. Thiers menait la guerre avec sa vivacité accoutumée, criblant d'épigrammes ce qu'il appelait le « ministère d'été », le « ministère sans programme », écrivant dans les journaux, nouant des alliances parlementaires. Sous son influence, le centre gauche se rapprocha de la gauche et permit ainsi à M. O. Barrot d'obtenir 142 voix pour la vice-présidence, ce qui fut alors très-remarqué. Dans l'imprudent emportement de son opposition, M. Thiers se laissait même entraîner à frapper plus haut que le cabinet, prenant à son

---

[1] Lettre à M. de Barante. (*Documents inédits.*)

compte les vieilles attaques de la gauche contre le pouvoir personnel du Roi. Son journal, le *Constitutionnel*, déclarait qu'il fallait « établir, comme principe d'avenir, la sincérité et la vérité du gouvernement représentatif, c'est-à-dire cet admirable axiome que la Chambre fait le ministère, et que le ministère gouverne sous sa propre responsabilité [1] ». Le *Courrier français* donnait, comme mot d'ordre : « Des ministres et point de commis » ; puis il ajoutait : « Aucun homme d'État sérieux ne consentirait à succéder au ministère, aux mêmes conditions où il tient le gouvernement. On ne veut pas le renverser sans avoir modifié les conditions actuelles du pouvoir. Qu'attend maintenant l'opposition du centre gauche? Une seule chose, mais un point capital : la réalité du gouvernement représentatif. Eh bien! l'intérêt du centre gauche, exclu une première fois des affaires par la volonté royale, n'est-il pas de n'y rentrer qu'avec l'appui et au nom d'une majorité qui ne se contenterait pas de régner, et qui voudrait aussi gouverner [2]? » Aussi une feuille ministérielle, la *Presse*, après avoir montré les partis dénonçant « la volonté du Roi » comme un « obstacle au progrès », disait-elle : « M. Thiers a le malheur d'être un drapeau à moitié déployé pour cette résistance des partis contre la royauté... Nous voyons en lui un petit Necker qui se prépare. »

En même temps qu'il donnait ces gages à la gauche, M. Thiers faisait des avances aux doctrinaires. « Le ministère, leur disait-il, est le plus honteux qui ait jamais existé. Il n'a point de force propre et ne vit que de nos haines. Laissons nos haines en repos, et, sans que personne abandonne son terrain, arrangeons-nous pour en finir promptement. Je me charge de prouver que le ministère actuel est le 6 septembre, moins le talent et le courage. Attaquez-le de votre point de vue, et faisons converger nos feux, de manière à ne pas nous blesser réciproquement [3]. » Les plus ardents des doctrinaires eussent

[1] 29 novembre 1837.
[2] 28 décembre 1837.
[3] *Notes inédites de M. Duvergier de Hauranne.*

été d'avis d'accepter ces offres. « A quoi bon, disaient-ils, ménager un ministère qui nous a si peu ménagés aux élections? » Toutefois M. Guizot, moins impatient, réunit ses partisans pour leur exposer toute sa politique. Selon lui, la mort du ministère était certaine; l'important était, non de le tuer, mais de lui succéder. Or, pour cela, il fallait reformer, dans la nouvelle Chambre, la vieille majorité conservatrice, l'habituer à voir dans les doctrinaires ses champions les plus éloquents et les plus fidèles, et, loin de s'unir à M. Thiers et à la gauche, s'arranger pour mettre ceux-ci en minorité, forcer M. Molé à s'engager contre eux. M. Guizot indiquait même la question sur laquelle cette manœuvre pouvait être tentée; c'était celle d'Espagne [1].

Le projet d'Adresse disait, en termes assez vagues, sur ce sujet : « Nous nous confions aux mesures que votre Gouvernement, en exécutant fidèlement le traité de la Quadruple Alliance, croirait devoir prendre pour atteindre le but que les hautes parties contractantes se sont proposé. » M. Molé se fût volontiers contenté de cette phrase qui, précisément parce qu'elle ne disait rien, pouvait être votée par tous. Les doctrinaires, suivant l'indication de leur chef, déposèrent un amendement qui substituait aux mots : *en exécutant fidèlement*, ceux-ci : *en continuant d'exécuter fidèlement*. C'était réveiller l'ancien conflit entre M. Thiers et le Roi. Impossible à M. Molé de ne pas soutenir cette rédaction, à M. Thiers de ne pas la combattre. En effet, quand vint la discussion, ce dernier s'engagea à fond contre l'amendement, et, à sa suite, les orateurs de la gauche et du centre gauche. Le président du conseil monta deux fois à la tribune pour leur répondre, et M. Guizot vint solennellement à son secours par un discours magistral. Sur cette question, l'opinion de la majorité était certaine, et l'amendement fut voté à une forte majorité. L'ensemble de l'Adresse, ainsi modifiée, fut adopté par 216 voix contre 116 [2].

C'était une grosse défaite pour M. Thiers : il semblait en

---

[1] *Notes inédites de M. Duvergier de Hauranne.*
[2] L'Adresse fut discutée du 9 au 13 janvier.

sortir d'autant plus atteint qu'il avait mis dans son opposition plus d'animosité personnelle. « Il se gaspille et se diminue, écrivait un témoin impartial ; il dit chaque jour d'inconvenants propos, reprend le métier et la vie de journaliste. » On lui opposait l'attitude « sage, patiente et grave » de M. Guizot[1]. Ses partisans eux-mêmes étaient effarouchés. « Une des circonstances qui contribuent le plus aux échecs successifs éprouvés par M. Thiers, notait un autre témoin, c'est l'ardeur inconsidérée avec laquelle, à la première apparence d'un succès, il laisse éclater sa joie et ses espérances, c'est le peu de mesure qu'il garde dans son opposition. Une portion considérable du centre gauche, s'effrayant de ces allures, se rejette, aux moments décisifs, vers le pouvoir[2]. » Seulement, si M. Thiers était vaincu, à qui appartenait la victoire? « Le vote contre l'intervention, écrivait le même observateur, et la force inattendue de la majorité sont l'objet de tous les entretiens. Le ministère et les doctrinaires sont triomphants, mais on croit la joie de ces derniers plus sincère et plus complète ; on les considère comme les véritables vainqueurs, en état désormais de dicter la loi au ministère[3]. » N'était-ce pas eux en effet qui avaient voulu et engagé la bataille? Le cabinet n'avait fait que les y suivre, et visiblement à contre-cœur. D'ailleurs, dans le reste des débats sur l'Adresse, les ministres n'avaient fait ni très-brillante, ni très-imposante figure. Comme l'année précédente, de nombreux orateurs les avaient mis en demeure de dire quelle était au juste leur politique, en quoi ils continuaient ou répudiaient celle de leurs prédécesseurs. M. Molé n'avait répondu que par des généralités, faisant appel à une « réconciliation universelle », à « l'oubli des souvenirs irritants », mais sans apporter aucun programme bien défini. Il apparaissait une fois de plus que cette habileté clairvoyante et souple qui lui avait fait, hors du Parlement, deviner et prendre heureusement le vent, ne suffisait

---

[1] Lettre de M. de Barante à M. Bresson, datée de Paris, le 31 janvier 1838. (*Documents inédits*.)
[2] *Journal inédit de M. le baron de Viel-Castel*, février 1838.
[3] *Ibid.*, 12 janvier 1838.

pas à diriger avec autorité une Chambre divisée, incertaine, ayant besoin de trouver dans le gouvernement la volonté qu'elle n'avait pas elle-même; elle ne suffisait pas non plus à dominer des rivaux redoutables qui profitaient de ce qu'ils n'étaient pas au pouvoir pour parler haut et net.

Cette fois encore, M. Molé sortait donc du débat plus protégé que maître : la seule différence avec l'année précédente était qu'au lieu d'être le protégé de M. Thiers, il devenait celui des doctrinaires, ce qui lui paraissait plus pénible encore. Ses nouveaux protecteurs ne s'inquiétaient guère d'ailleurs de lui rendre la situation moins désagréable : ils ne lui épargnaient pas les épigrammes dédaigneuses, et disposaient de sa succession, comme si elle était déjà ouverte. Très-sensible à ces mortifications, M. Molé n'eut aussitôt qu'une pensée, secouer, à tout risque, une pareille tutelle, dût-il pour cela se rapprocher du parti opposé. En diverses circonstances, notamment lors de la nomination de la commission du budget, on le vit appuyer sous main les candidats du centre gauche, de crainte que les doctrinaires ne devinssent trop forts. Ceux-ci n'étaient pas hommes à pardonner facilement de tels procédés. Aussi, entre eux et le président du conseil, l'aigreur réciproque allait-elle chaque jour croissant. Le cabinet ne se trouvait pas pour cela en meilleurs termes avec M. Thiers, qui était plus animé que jamais et engageait, par lettre publique, les électeurs de Libourne à voter contre ce « triste ministère. »

En provoquant une rupture avec les doctrinaires, alors que le centre gauche demeurait hostile, M. Molé ne craignait-il donc pas que ces deux groupes ne vinssent à se réunir pour l'accabler? Il se flattait évidemment qu'un tel rapprochement était impossible. L'antagonisme entre la politique de M. Guizot et celle de M. Thiers n'avait-il pas éclaté dans toutes les grandes batailles de tribune depuis un an, aussi bien dans le débat des fonds secrets où M. Guizot avait si magnifiquement exposé le programme de la résistance, que dans la récente Adresse, à l'occasion des affaires d'Espagne? Ne devait-on pas croire, dès lors, que les deux orateurs étaient beaucoup plus éloignés l'un de l'autre, que chacun d'eux ne l'était du ministère? M. Molé n'aurait eu cependant qu'à se souvenir des événements dont il avait été témoin sous la Restauration, des coalitions nouées contre M. de Serre et contre M. de Martignac, pour se rendre compte que, dans l'entraînement de l'opposition, les plus étonnants rapprochements, les alliances les plus monstrueuses cessent d'être impossibles. Ne dirait-on même pas que les partis y sont conduits par la pente naturelle et fatale de leurs animosités et de leurs impatiences? Un homme d'un esprit élevé et délicat, qui devait, bien qu'à contre-cœur, s'associer à la coalition contre M. Molé, M. Vitet, a finement indiqué comment des attaques d'abord distinctes, volontairement séparées, tendent cependant peu à peu à se confondre, malgré l'intention première de leurs auteurs. « Les uns, dit-il, reprochent au cabinet de n'être pas assez fort, de trop peu gouverner; les autres, de gouverner trop. Il semble que jamais, partant de ces points extrêmes, on ne pourra s'entendre dans un effort commun : il n'en est rien. L'union s'établit sans qu'on sache comment. A force de viser ensemble au même but, les assaillants perdent de vue les différences qui les séparent : ils évitent de s'y heurter; ils ont entre eux des ménagements, des égards instinctifs qui achèvent de tout confondre, et peu à peu se forme un pêle-mêle où les plus clairvoyants, les plus fermes, les plus honnêtes sont comme emportés malgré eux[1]. » C'est, en peu de mots, la triste histoire qu'il va falloir raconter plus en détail.

II

A la suite de l'Adresse, M. Thiers avait d'abord battu froid aux doctrinaires. Mais il fut bientôt distrait de son ressentiment contre les auteurs de l'amendement sur l'intervention en Espagne, par son animosité plus forte contre le cabinet. Ce fut donc lui qui vint encore, vers la fin de février 1838, faire

[1] *Notice sur M. Duchâtel.*

aux amis de M. Guizot des propositions d'action commune. Il s'en ouvrit d'abord à M. de Rémusat, celui des doctrinaires avec lequel il avait les meilleures relations personnelles; leur amitié remontait à la Restauration, et le jeune historien de la Révolution avait dit alors au jeune rédacteur du *Globe* : « Sachez que je ne ferai jamais rien sans vous demander d'en être [1]. » M. de Rémusat reçut d'abord assez froidement l'ouverture qui lui était faite : il doutait de la possibilité de rapprocher des hommes aussi divisés, et s'inquiétait surtout de la façon dont une telle alliance serait jugée par l'opinion conservatrice. Mais son indolence sceptique ne pouvait résister longtemps à l'entrain passionné de M. Thiers. Celui-ci, d'ailleurs, se mit également en rapports avec d'autres doctrinaires qu'il savait de tempérament plus ardent, MM. Duvergier de Hauranne, Jaubert, Piscatory, et il leur proposa une entrevue que les deux premiers acceptèrent, à la condition du secret. Cette entrevue eut lieu chez M. de Rémusat [2]. « Mes chers amis, dit M. Thiers, nous faisons, depuis dix-huit mois, un métier de dupe, et le Roi se moque de nous tous. Il sait que, si nous étions réunis, son ministère de laquais ne pourrait pas durer un moment. Aussi ne songe-t-il qu'à nous tenir séparés. Mais il est temps que cela finisse et que nous rendions à ce gouvernement un peu de force et de dignité. C'est la conjuration des sots contre les gens d'esprit, des plats contre les hommes indépendants. Entendons-nous pour la déjouer. Quant à moi, mon parti est pris, quoi qu'il doive arriver. » Comme conclusion pratique, le chef du centre gauche proposait d'agir de concert, afin de s'assurer la majorité dans la commission chargée d'examiner la loi des fonds secrets. Des objections furent faites; M. Thiers avait réponse à toutes. Cette conférence devait d'ailleurs être suivie de plusieurs autres, où l'on s'expliquerait à fond. MM. Duvergier de Hauranne, Jaubert et de Rémusat, facilement conquis pour leur compte, se chargèrent de rapporter

---

[1] Sur les premiers rapports de M. Thiers et de M. de Rémusat, cf. mon étude sur le *Parti libéral sous la Restauration*, p. 251 et 252.

[2] Sur tous ces faits et ceux qui suivront, j'ai trouvé beaucoup de renseignements dans les notes inédites de M. Duvergier de Hauranne, qui a été témoin et acteur de ces événements.

ces ouvertures à leurs chefs, MM. Guizot et Duchâtel. Ce dernier fit tout d'abord un accueil favorable. Mais M. Guizot avait rêvé d'un tout autre moyen de revenir au pouvoir, et, sans refuser d'entendre, il témoigna plus de répugnance. Le tentateur se fit caressant, insinuant, déclara accepter d'avance toutes les combinaisons qu'on voudrait, soit une restauration du ministère du 11 octobre, soit une administration purement doctrinaire avec M. de Broglie à sa tête, soit un engagement réciproque de ne pas être ministres les uns sans les autres. M. Guizot demeurait froid. Cependant il ne rompait pas les pourparlers; de nouvelles entrevues avaient lieu entre ses amis et le chef du centre gauche; il assistait à quelques-unes, et, bien qu'il y apportât des dispositions peu conciliantes, son parti et lui-même se trouvaient, par le fait de ces démarches, chaque jour un peu plus engagés dans la voie où les attirait M. Thiers.

En dépit du mystère dont s'entourait la conjuration, il en transpirait quelque chose au dehors. On voyait bien que les journaux des deux groupes, naguère si animés les uns contre les autres, se ménageaient, que, dans les salons, dans les couloirs de la Chambre, des hommes, la veille brouillés, se recherchaient et causaient longuement; on remarquait qu'au sortir de la séance de l'Institut, où M. de Talleyrand venait de lire l'éloge de Reinhardt, M. Thiers avait offert à M. Guizot de le ramener dans sa voiture, et que ce dernier y avait consenti, le tout en présence de M. Molé qui ne laissa pas que d'en être préoccupé. La gauche, à laquelle jusqu'alors on n'avait pas demandé d'être du complot, s'inquiétait de voir M. Thiers chercher des alliés ailleurs que dans ses rangs. Au centre, l'impression était plus défavorable encore, et l'idée d'un concert des doctrinaires avec leurs anciens adversaires du centre gauche, y causait un véritable scandale. Le *Journal des Débats*, qui, jusqu'alors, avait trouvé moyen de soutenir M. Molé, sans attaquer M. Guizot et ses amis, commençait à ne plus ménager ces derniers. Cette double disposition des esprits, au centre et à gauche, produisit son effet, lors de la nomination de la commission chargée d'examiner la loi des fonds secrets : les calculs des opposants furent entièrement trompés, et cette commission se trouva être en grande majorité ministérielle.

M. Thiers ne se laissa pas abattre par ce premier échec : il en concluait seulement qu'il fallait étendre la coalition et y faire entrer la gauche. Les plus ardents des doctrinaires étaient disposés à le suivre dans cette voie. Mais M. Duchâtel, effrayé, parlait de tout abandonner. Quant à M. Guizot, il n'osait rompre une alliance où il sentait un certain nombre de ses amis de plus en plus compromis; il les laissait donc faire, les suivait même d'un pas lent et attristé, se réservant seulement de limiter, selon ses scrupules, la part de son concours personnel. « Sachez, disait-il, que je ne veux me brouiller ni avec le centre, ni avec le Roi. » Il ne se rendait pas compte qu'en semblable circonstance, s'engager à demi est le plus sûr moyen de se faire battre, et, par-dessus le marché, de mécontenter tout le monde. Pendant ces préliminaires, le jour de la discussion des fonds secrets approchait. On convint de l'ordre de bataille : M. Jaubert devait ouvrir le feu en tirailleur, M. Guizot faire tête au ministre, et M. Thiers achever la déroute. Du reste, — était-ce par égard pour les scrupules du chef des doctrinaires? — on ne devait pas proposer le rejet du crédit, ni chercher à renverser le cabinet de vive force; on croyait arriver au même résultat, en l'affaiblissant, en le déconsidérant, « en l'aplatissant » — c'est le mot dont on se servait — par une discussion qui mettrait au grand jour son impossibilité de vivre.

Le débat s'engage, le 12 mars 1838. Tout marche d'abord suivant le plan arrêté. A la fin du premier jour, M. Jaubert prononce un discours très-vif, très-mordant; il conclut au vote des crédits, mais les accorde au gouvernement du Roi, non au ministère; et, usant d'une formule empruntée aux polémiques de 1830, il déclare les voter *quoique* demandés par M. Molé et non *parce que*[1]. Il n'épargne aucun sarcasme au cabinet, l'accuse de donner « le spectacle de l'impuissance, du discrédit », et de

---

[1] On se rappelle quelles furent, au lendemain de la révolution, les controverses sur le point de savoir si Louis-Philippe était appelé au trône *parce que* ou *quoique* Bourbon.

pratiquer la maxime *diviser pour régner* : tactique imprudente, ajoute l'orateur, qui pourrait bien avoir pour résultat inattendu de réunir tout le monde contre lui. Le soir, les coalisés, rassemblés chez la duchesse de Massa, sont tout entrain de leur début; ils croient tenir la victoire; M. Guizot et M. Thiers rient ensemble et se communiquent leurs projets de discours.

La séance du 13 est occupée par des orateurs secondaires. Le 14, M. Molé prend la parole. Il ne cherche pas sans doute à définir sa politique beaucoup plus amplement et plus nettement que dans les discussions précédentes; mais il porte la tête plus haut, le ton est plus ferme, plus hardi, plus fier, tout en gardant la distinction froide et d'apparence sereine qui est comme la marque de cet orateur. « Ce que nous venons vous demander, dit-il tout de suite, ce n'est pas de l'argent, c'est votre confiance. » Prenant l'offensive, il met en demeure les doctrinaires de déclarer si M. Jaubert a parlé en leur nom : « Ce n'est pas nous, dit-il, qui avions demandé à l'honorable orateur l'alliance; ce n'est pas nous qui l'avons rompue; mais, qu'il le sache, nous refusons tout vote et tout appui motivés comme les siens. » Il raille son contradicteur de ne pas oser repousser les fonds secrets, par crainte de se trouver détaché de la majorité qui soutient le cabinet. Vient ensuite une sortie contre ces hommes possédés de « l'esprit de domination », qui « se placent à côté du pouvoir pour le morigéner », et qui, ayant proclamé le ministère « mort-né », ne lui pardonnent pas « sa durée et son succès ». Enfin, se retournant vers les masses conservatrices de la Chambre : « Messieurs, c'est à vous maintenant à porter votre arrêt. Vous arrivez de tous les points de la France, vous savez quel mandat vous avez reçu. S'il nous est contraire, si l'on vous a dit : — Hâtez-vous, allez renverser les dépositaires du pouvoir; si l'on vous a dit : — Le ministère qui a fait l'amnistie n'a pas notre confiance, remplissez votre mandat, Messieurs; nous saurons y obéir. Mais si, au contraire, on vous a dit : — Secondez ce ministère, donnez-lui l'appui dont il aura besoin pour lutter contre les passions de plus d'une nature coalisées contre lui, alors, entourez-le de votre confiance et donnez-nous enfin le moyen de faire le bien. »

Cet appel habile et digne paraît favorablement accueilli. Rien cependant n'est décidé : les grands orateurs ne sont pas encore entrés en ligne.

Voici M. Guizot à la tribune. Au début, on peut croire qu'il va s'engager à fond : il s'associe à ce qu'a dit M. Jaubert. Mais aussitôt, comme effrayé de se trouver séparé du centre, il proteste qu'il ne veut pas prendre une attitude d'opposition, ni « presser le renversement du ministère ». Ce n'est pas qu'il soit satisfait. « Notre situation n'est pas bonne, dit-il; au lieu de se fortifier, le pouvoir s'affaiblit; au lieu de s'élever, il s'abaisse; au lieu de s'organiser, la société tâtonne et se disperse. » Il dénonce, dans la Chambre, « l'esprit d'opposition » ; dans le gouvernement, « l'esprit d'hésitation », mais sans sortir des généralités vagues, des dissertations froides. L'auditoire est étonné, déçu. Si réservée que soit la critique de l'orateur, elle est assez visible pour déplaire au centre, mais trop embarrassée pour lui en imposer. Quant au centre gauche, il est irrité de voir sa campagne ainsi compromise, et murmure les mots de défection et de trahison. De là, une malveillance croissante de l'auditoire qui réagit sur l'orateur, et rend plus gênée encore sa parole d'ordinaire décidée et superbe. Quand il descend de la tribune, l'Assemblée demeure morne et glaciale. Quel contraste avec les ovations qui lui avaient été faites, en 1836 et en 1837, dans ces mêmes discussions sur les fonds secrets! On en vient à se demander, les uns avec mélancolie, les autres avec une satisfaction jalouse, si l'orateur n'est pas « fini ». « M. Guizot, écrit, le surlendemain, de Paris, M. de Barante, a fait, pour la première fois, un *fiasco* complet : la désolation est dans son camp. Moi-même, son vieil ami, le cœur m'a saigné de sa mésaventure, tout en blâmant sa fausse manœuvre [1]. »

Fort démontés par cet insuccès, les coalisés n'ont plus d'espoir qu'en M. Thiers. Mais celui-ci, considérant la partie

---

[1] Lettre à M. Bresson, en date du 16 mars 1838. (*Documents inédits.*) — M. Guizot parlant de ce discours, dans ses Mémoires, dit qu'il ne « prit part au débat qu'avec froideur et embarras ». Il ajoute : « On m'écoutait froidement, comme je parlais; mes anciens adversaires du côté gauche demandaient, en souriant, si je n'étais pas atteint d'affaiblissement et de décadence. » (T. IV, p. 282.)

comme perdue et préférant se réserver pour une meilleure occasion, demeure immobile et silencieux. A sa place, on entend M. Passy dénoncer la politique « décolorée et vacillante » du cabinet. M. Molé était sauvé. Quelques mots de réplique lui suffisent pour clore le débat. Un amendement de M. Boudet, tendant à réduire de 300,000 francs le chiffre du crédit, est repoussé par 233 voix contre 184, et l'ensemble de la loi est voté par 249 voix contre 133.

Peu après, le 6 avril, ces crédits étaient également votés par la Chambre des pairs, non sans que le ministère eût à subir les épigrammes de M. Villemain et de M. Cousin, et à entendre les graves réserves du duc de Broglie [1]. Celui-ci aurait préféré garder le silence, mais le ministère, exalté par son succès dans l'autre Chambre, n'avait pu se retenir de provoquer la contradiction. Un des amis de M. Molé, M. de Brigode, avait prononcé un discours sarcastique contre ceux qui, tout en désapprouvant la politique du cabinet, n'osaient pas cependant conclure au rejet des crédits, raillant « cette opinion entortillée qui consiste à distribuer le blâme en même temps que l'argent ». Sans doute, il faisait allusion, en termes respectueusement élogieux, à la réserve désintéressée du duc de Broglie, mais c'était pour mieux accabler les doctrinaires de l'autre Chambre, ces « candidats ministres qui ne peuvent plus vivre sans portefeuille ». Si désireux qu'il fût de demeurer à l'écart, le duc se crut obligé de défendre ses amis. Après avoir protesté sévèrement contre cette façon d'attaquer les membres d'une autre Chambre, il contesta qu'il n'y eût pas de milieu entre le rejet des crédits et l'approbation complète du ministère. Quant à lui, il déclarait accorder les fonds secrets, parce que la sûreté du Roi et la tranquillité du pays étaient en jeu ; « mais si l'on veut, ajoutait-il, dénaturer mon vote ; mais si l'on veut, à toute force, le transformer en acte d'adhésion pure et simple à la politique du cabinet... je proteste hautement... Si je pensais, comme je le pense en effet dans une certaine mesure, que la situation pré-

---

[1] Séances des 6 et 7 avril 1838.

sente des affaires n'est rien moins que satisfaisante ; si je pensais que c'est une situation triste, fâcheuse et précaire ; si je pensais que l'ordre, rétabli à la vérité dans les rues, sur la place publique, n'est pas le progrès, tant s'en faut, dans les idées, dans les intelligences ; si je disais enfin que le gouvernement n'exerce pas, sur la Chambre et sur le pays, l'ascendant que je voudrais lui voir exercer, et que la politique du cabinet, celle qui lui est propre, spéciale, favorise plus qu'elle ne combat cet affaiblissement du ressort de l'autorité, — je ne dirais, Messieurs, que ce que j'ai le droit de dire en votant les fonds secrets, et je suis certain qu'on n'aurait aucun droit de m'accuser, pour cela, ni de duplicité, ni d'ambition déguisée. »

III

La coalition avait débuté par un gros échec. Elle n'en fut pas dissoute ; les alliés continuèrent à se concerter pour la formation des commissions, pour la nomination des présidents de bureaux, mais sans entrain, à mi-voix, la tête basse, comprenant que, pour le moment, toute attaque de front était impossible. Du côté du cabinet, au contraire, on triomphait. La presse officieuse, devenue nombreuse, grâce aux subventions libéralement distribuées par M. Molé[1], semblait vouloir précipiter la déroute par ses sarcasmes et ses invectives. La *Presse* dénonçait ces « dix à douze ambitions insurgées, non pas contre ce que fait le gouvernement, mais contre l'idée de voir faire par d'autres mains ce que les leurs n'ont pas su exécuter », ces « amours-propres qui ne peuvent s'accoutumer à croire qu'on gouverne sans eux ». Le *Journal des Débats* flétrissait ce qu'il appelait « cette espèce d'émeute d'ambitions impatientes », et il ajoutait, un autre jour : « Les coalisés s'éver-

---

[1] Le ministère avait alors à son service le *Journal des Débats*, la *Presse*, la *Charte de 1830*, le *Temps*. Depuis peu, il avait en outre enlevé aux doctrinaires l'un de leurs organes, le *Journal de Paris*. En outre, M. Molé s'était assuré le concours personnel de certains rédacteurs des feuilles de gauche.

tuent à nous dire qu'il n'y a pas de coalition; nous le savons bien ! Nous l'avons déjà dit : ce n'est qu'une émeute où se sont donné rendez-vous toutes les prétentions, toutes les rivalités, toutes les jalousies. »

Les doctrinaires étaient ceux qui souffraient le plus de ces attaques. La presse, qui les maltraitait ainsi, s'adressait à leur monde, à celui dont l'estime et la reconnaissance les avaient jusqu'ici consolés de leur impopularité auprès des partis de gauche. Aussi M. Guizot eût-il vivement désiré prévenir cette hostilité du *Journal des Débats* : il avait tâché d'amener à la coalition M. Bertin de Vaux; mais celui-ci, qui se souvenait d'avoir ouvert son journal à M. de Chateaubriand, pour y appuyer la coalition contre M. de Villèle, répondit à son éloquent tentateur : « J'ai pour vous, à coup sûr, autant d'amitié que j'en ai jamais eu pour Chateaubriand; mais je ne vous suivrai pas dans l'opposition. Je ne recommencerai pas à saper le gouvernement que je veux fonder : c'est assez d'une fois. » Les doctrinaires étaient bien obligés de reconnaître que les sévérités de la presse conservatrice à leur égard trouvaient écho dans l'opinion. Leur conduite n'eût pu s'expliquer, sinon se justifier, que par le succès; avec l'échec, ils apparaissaient non-seulement coupables, mais maladroits et, par suite, un peu ridicules. « La coalition, écrivait un observateur, fait beaucoup de tort à M. Guizot et à ses amis, dans l'opinion de la masse des conservateurs, de tout ce qui tient à la cour, de tout ce qui, étranger aux passions et aux doctrines de partis, ne désire que le repos et s'inquiète trop du bruit des luttes parlementaires pour ne pas condamner, de prime abord, quiconque les provoque. Beaucoup de personnes qui, jusqu'à présent, voyaient dans M. Guizot le chef le plus vigoureux des défenseurs de l'ordre monarchique, ne parlent plus de lui que comme d'un ambitieux vulgaire [1]. »

Pour se défendre, les doctrinaires n'avaient plus que le *Journal général*, de médiocre publicité. En étaient-ils donc réduits à faire plaider leur cause par les feuilles du centre

---

[1] *Journal inédit de M. de Viel-Castel*, 18 mars 1838.

gauche? Mais celles-ci, qui, pendant tant d'années, n'avaient vécu que d'attaques contre ces mêmes doctrinaires, étaient peu disposées à devenir leurs apologistes ; elles eussent plus volontiers récriminé contre la faiblesse de M. Guizot dans la dernière bataille parlementaire. Aussi se bornaient-elles le plus souvent à prendre acte et, en quelque sorte, possession de la nouvelle alliance, ne se gênant pas pour le faire en des termes fort compromettants pour leurs alliés. « Le résultat peut-être le plus grave de cette discussion, disait le *Constitutionnel*, au lendemain du débat sur les fonds secrets, c'est que voici les doctrinaires, naguère les défenseurs les plus ardents de la prérogative royale, engagés dans les voies de l'opposition et prenant leur part de cette lutte dont chacun comprendra la portée. Or, le premier pas, dans toute carrière nouvelle, est toujours le plus difficile à faire, et, celui-là franchi, les doctrinaires, habitués, par la nature de leur esprit, à pousser toute situation à l'extrême, laisseront bientôt de côté un reste de scrupule, comme un bagage gênant pour le combat. En attendant, la majorité du 13 mars, dont ils étaient les derniers et les plus fidèles champions, est maintenant, grâce à leur défection, complétement dissoute [1]. » Ces commentaires devaient paraître à M. Guizot et à ses amis plus pénibles encore que les duretés de la presse conservatrice.

Malgré sa réserve habituelle, M. Molé ne contenait pas la joie que lui causaient la défaite de ses ennemis et surtout l'humiliation des doctrinaires. Devait-il donc lui-même se trouver bien à l'aise? Au début de son administration, il avait cru nécessaire d'avoir toujours avec lui l'un des grands orateurs, soit M. Guizot, soit M. Thiers. Du dernier débat, il sortait mortellement brouillé avec tous deux à la fois. Néanmoins, le plaisir de n'être plus protégé le faisait passer par-dessus le péril de cette double rupture. D'ailleurs, et surtout depuis les nouvelles élections, sa tactique, à l'égard du centre gauche comme du centre droit, était de gagner les soldats en écartant les chefs. Il ne rêvait pas un déplacement en masse, déterminé par de grandes idées, par

---

[1] 16 mars 1838.

l'autorité d'un programme, par le prestige d'un drapeau. Il procédait par conquêtes individuelles, variant ses moyens selon les personnes, selon leurs convictions ou leurs faiblesses; montrant tour à tour les diverses faces de son programme; parlant aux uns de résistance, aux autres de conciliation, à tous de leur intérêt personnel. C'était devenu l'une de ses principales occupations. Il fallait voir ce grand seigneur prendre par le bras le plus bourgeois des députés, l'attirer dans l'embrasure d'une fenêtre, lui faire mille grâces, le traiter d'un air de prédilection et avec une familiarité caressante. Pour un tel travail, M. Molé avait des aptitudes particulières; peu d'hommes ont poussé plus loin l'art de la séduction.

Les adversaires criaient à la corruption; ce n'était pas toujours sans motif. Non que le ministre acquît à prix d'argent les députés comme les journaux; mais les faveurs de l'administration, les places tendaient, de plus en plus, à devenir la monnaie courante avec laquelle on payait les votes. Sur 459 députés, on ne comptait pas moins de 191 fonctionnaires : ceux qui ne l'étaient pas eux-mêmes avaient à caser ou à faire avancer des parents, des amis, des clients. Ce mal n'était pas né avec M. Molé; il datait du jour où avait été dissous le cabinet du 11 octobre, où les partis s'étaient trouvés déclassés, morcelés, mêlés, désorientés, et où les compétitions de personnes avaient remplacé, au Parlement, les luttes de principes. Ni M. Thiers, pendant le ministère du 22 février, ni M. Guizot, pendant celui du 6 septembre, n'avaient été innocents de la faute que, depuis le 15 avril, leurs amis reprochaient si fort à M. Molé. Tout au plus celui-ci y était-il tombé un peu plus avant, parce qu'il n'avait, par lui-même, ni parti préalablement constitué, ni doctrine bien fixe. Il corrigeait d'ailleurs, ou du moins voilait, par son excellente tenue et la parfaite dignité de ses manières, ce que la besogne avait parfois d'un peu suspect. Et puis, ne l'oublions pas : si grave que ce mal parût alors à une pudeur publique encore facile à effaroucher, il était limité, et laissait intacte la plus grande partie de l'administration; depuis, on a fait mieux, et nous avons vu, sous d'autres régimes, cette administration devenir, sans vergogne aucune, à tous ses degrés et dans tous ses rouages, une immense entreprise d'exploitation électorale au bénéfice du parti régnant.

Chez les soldats qu'il cherchait ainsi à détacher de leurs anciens chefs, M. Molé rencontrait des sentiments, les uns bons, les autres mauvais, qui facilitaient sa tâche. C'était, dans beaucoup d'esprits honnêtes, tranquilles, timides si l'on veut, la fatigue des agitations malfaisantes ou seulement stériles, le scandale produit par des impatiences et des coalitions ambitieuses qui se laissaient voir trop à nu ; c'était aussi cette réflexion de bon sens que le pouvoir n'était pas tellement fort qu'on pût impunément le secouer, ni le régime parlementaire si populaire qu'il fût sans péril de multiplier à ce point les crises ministérielles. Ceux mêmes qui ne se dissimulaient pas la faiblesse ou les torts du cabinet, disaient, avec le *Journal des Débats* : « Mieux vaut un ministère faible qui vit, que des ministères forts que leur force n'empêche pas de mourir avec une effrayante rapidité [1]. » On rappelait, en outre, que ce cabinet n'avait en réalité pris la place de personne, que les grands chefs parlementaires, invités à refaire le 11 octobre, n'avaient pu s'entendre, et l'on était fondé à dire avec le même journal : « Eh, mon Dieu ! le ministère a-t-il donc recueilli un héritage de concorde et d'union ? a-t-il dissipé des trésors de paix et de force ? » C'étaient là les bons sentiments. En voici qui l'étaient moins. Plus d'une fois, depuis 1830, nous avons dû noter, dans la Chambre, ce prétendu esprit d'indépendance qui n'était qu'une impatience démocratique de toute discipline, de toute hiérarchie, et surtout une révolte des médiocrités jalouses contre les supériorités intellectuelles et sociales. Contenu, pendant plusieurs années, par un autre sentiment, d'un ordre aussi peu relevé, mais au moins plus raisonnable, par la peur, il s'était épanoui librement, dès que le danger avait diminué. De là, ces instincts tracassiers et envieux, ces amours-propres sans cesse offusqués, qui trouvaient toute subordination into-

---

[1] 15 mars 1838.

lérable ; de là, cette tendance à se détacher par degrés des chefs naturels pour en chercher d'autres moins imposants, à dissoudre les grands partis pour former de petits groupes, par cette seule raison qu'il est plus facile d'être important dans un petit groupe que dans un grand parti. Déjà Casimir Périer avait eu à combattre ces mauvais sentiments, et le ministère du 11 octobre, après avoir continué la lutte, avait fini par y succomber. Pour les députés atteints de ce mal, n'était-ce pas une nouveauté agréable que de se voir invités par le gouvernement lui-même à secouer le joug des hommes en renom, à rompre le peu qui restait des liens de parti ? « La manie d'indépendance, disait un contemporain, est flattée de la pensée qu'au moment où les chefs des diverses fractions de la Chambre se réunissent dans une combinaison, il dépend de leurs obscurs adhérents de la faire manquer en se séparant d'eux. Ce sentiment, qui tient à l'état général des esprits, est ménagé avec assez d'adresse par M. Molé et par les journaux qui dépendent de lui. La *Revue de Paris* ne disait-elle pas, ces jours derniers, qu'il ne fallait pas faire du gouvernement représentatif le despotisme des talents supérieurs [1] ? » Plus on répétait à ces députés que M. Molé était inférieur en éloquence et en prestige à ses rivaux, plus leur amour-propre se trouvait à l'aise avec lui. « Mon cher monsieur Guizot, disait le Roi au chef des doctrinaires, vous voulez former dans la Chambre un parti ; vous voulez la gouverner comme on gouverne un parti. Cela ne se peut pas avec nos petites gens, avec notre démocratie envieuse. Pourquoi est-ce qu'on vous en veut, à vous? Parce que vous voulez vous placer haut et vous y tenir ferme. On aime mieux M. Molé, parce qu'il a moins de prétention et de fermeté [2]. » Une faveur ainsi fondée n'était-elle pas bien fragile et même dangereuse? Quand il caressait, excitait, exploitait ces médiocrités vaniteuses et jalouses, le président du conseil ne faisait-il pas un peu comme ceux qui, pour s'emparer du pouvoir, fomenteraient l'indisci-

---

[1] *Journal inédit de M. de Viel-Castel*, 18 mars 1838.
[2] Lettre de M. Guizot au duc de Broglie, en date du 13 mai 1838. (*Documents inédits.*)

pline dans l'armée, et qui, une fois arrivés, ne sauraient où trouver des soldats soumis et fidèles?

M. Molé parvenait en effet assez facilement à détacher de M. Thiers, et surtout de M. Guizot, plusieurs des députés qui les avaient suivis jusqu'alors. Mais voulait-il, de ces mêmes éléments, se faire une majorité, il se heurtait à cette indépendance qui avait pris goût à ne subir aucun lien, à n'accepter aucune prééminence. En fin de compte, il n'avait fait qu'augmenter la désagrégation des partis, l'émiettement de l'Assemblée. Au lendemain de cette discussion des fonds secrets, où il avait cru mettre définitivement la coalition en minorité, le triomphe des opposants dans l'organisation des bureaux [1], ou le rejet de quelqu'un de ses projets, lui faisait sentir son peu d'influence sur la Chambre. Dès le 7 février, M. de Barante, favorable cependant à M. Molé, écrivait : « Cette Chambre est dans un état d'éparpillement dont on peut s'affliger et s'inquiéter. Aucune opinion ne la rallie, aucun nom propre n'agit sur elle, hormis en méfiance. Chacun vote et parle à sa fantaisie, sans nulle déférence pour qui que ce soit, ni quoi que ce soit. La manie démocratique a fait de grands progrès. Le repoussement de toute hiérarchie, la répugnance pour toute discipline est le trait marquant du public et de la Chambre. Le ministère n'est point directement menacé par cette situation fâcheuse sous le rapport moral, alarmante pour l'avenir, mais encore sans action sur la politique, encore sans péril pour le présent. On ne veut ni de M. Thiers, ni de M. Guizot; M. Dupin est devenu odieux à presque tous; il n'est pas question de M. Barrot; mais M. Molé, quoiqu'il convienne autant qu'il est possible, n'aura, sur chaque question, qu'une majorité nécessaire, sans dévouement, sans tenue. Sa vie ministérielle sera désagréable, même quand elle ne sera pas difficile. Il sera contraint de se préoccuper des embarras de la journée, de veiller, à chaque moment, sur les

---

[1] Les deux nominations de présidents de bureaux qui suivirent le vote des fonds secrets, le 17 mars et le 16 avril, donnèrent une forte majorité aux opposants. Sur 9 présidents, le 17 mars, il y en eut 5 du centre gauche, 3 doctrinaires et seulement 1 ministériel. Le 16 avril, il y eut 5 centre gauche, 2 doctrinaires et 2 ministériels.

tours qu'on voudra jouer, non point à lui, mais au pouvoir qu'on ne cherche ni à honorer ni à affermir, bien au contraire[1]. »

IV

Dans de telles conditions, l'œuvre législative ne pouvait avancer que péniblement : la session ne fut pas cependant stérile. Grâce surtout au concours de la Chambre des pairs, à la fois plus compétente que celle des députés, et moins absorbée par les intrigues parlementaires, les ministres parvinrent à faire voter plusieurs lois d'un grand intérêt pratique, sur l'extension de la juridiction des juges de paix[2], sur le régime des aliénés[3], sur les faillites[4], sur les attributions des conseils généraux[5] : encore ne parlons-nous que des lois qui furent alors complétement terminées, et négligeons-nous les projets secondaires. Seulement, le gouvernement eût voulu davantage. Combien de ses propositions échouaient ou se trouvaient dénaturées par les caprices de la Chambre! « Ceux mêmes des députés qui ne voudraient pas voir tomber le ministère, écrivait alors un observateur, s'habituent à ne tenir aucun compte de sa volonté, à écarter ou à bouleverser impitoyablement tous ses projets, à lui rendre en un mot la vie aussi dure que possible. Voilà ce que beaucoup de niais appellent l'*indépendance*. En vérité, on se croirait revenu aux illusions puériles de 1789, sur la séparation absolue du pouvoir législatif et du pouvoir exécutif[6]. »

---

[1] Lettre de M. de Barante à M. Bresson, datée de Paris, le 7 février 1838. (*Documents inédits.*)

[2] Votée le 5 février 1838 par la Chambre des pairs, le 24 avril par la Chambre des députés.

[3] Votée le 14 février par la Chambre des pairs, le 13 avril par la Chambre des députés.

[4] Votée le 5 avril par la Chambre des députés, le 14 mai par la Chambre des pairs.

[5] Votée le 8 mars par la Chambre des députés, le 23 avril par la Chambre des pairs.

[6] *Journal inédit du baron de Viel-Castel.*

Parmi les projets ainsi maltraités, on peut citer celui qui élevait à dix mille francs la pension de la veuve du général Damrémont, commandant en chef de l'armée d'Afrique, qui venait de succomber héroïquement, en pleine victoire, sous les murs de Constantine : circonstances exceptionnelles qui justifiaient le chiffre élevé de la pension. M. Molé fut appuyé, cette fois, par M. Guizot et M. Thiers. « Ne faisons pas dire, s'écria ce dernier, que le résultat d'un gouvernement de discussion est de tout amoindrir, de tout dessécher. Montrons au contraire qu'une grande nation peut discuter ses affaires, sans devenir petite, sans refuser aux braves qui meurent pour elle, la récompense qui leur est due... Si vous étiez exposés à voir les finances de l'État compromises par des faits semblables, à la bonne heure ! mais quant à les voir compromises par des actes héroïques, je suis rassuré : il n'y en aura jamais assez pour que vos finances puissent périr. » Vainement toutes les autorités gouvernementales et parlementaires, d'ordinaire divisées, se réunissaient-elles dans un même effort, on put juger par le vote combien peu elles pesaient devant l' « indépendance » des députés et aussi devant leurs préventions mesquines. La majorité repoussa le chiffre du gouvernement et ne vota qu'une pension de 6,000 francs [1].

Peu de questions étaient alors aussi importantes et urgentes que celle des chemins de fer. La France se trouvait en retard sur plus d'un pays voisin. Déjà, en 1837, le ministère Molé avait, sans succès, présenté à la Chambre un premier projet d'ensemble. Il en présenta un nouveau en 1838 [2]. Le plan n'était pas sans hardiesse : il comprenait neuf lignes principales, dont sept, partant de Paris, aboutissaient à la frontière belge, au Havre, à Nantes, à Bayonne, à Toulouse, à Marseille, à Strasbourg; les deux autres allaient de Bordeaux à Marseille, et de Marseille à Bâle : soit onze cents lieues de voies ferrées et une dépense d'un milliard. Pour le moment, on n'en devait entreprendre que trois cent soixante-douze lieues. La construction de ce réseau était réservée à l'État. La commission de la Chambre

[1] Séance du 5 février 1838.
[2] 15 février.

fit mauvais accueil à ce projet [1]. Elle ne se contenta pas de critiquer la construction par l'État, de manifester ses préférences pour l'industrie particulière : sur ce point elle pouvait avoir en partie raison ; le rapporteur, M. Arago, blâma en outre l'exécution d'ensemble : à son avis, l'art des chemins de fer était encore dans l'enfance, et il y avait avantage à attendre, pour profiter des découvertes que feraient les nations plus pressées que nous. La discussion dura plusieurs jours [2]. Le président du conseil, le ministre des finances et celui des travaux publics y prirent part. Le résultat de leurs efforts fut le rejet complet du projet, à l'énorme majorité de 196 voix contre 69 [3].

Non-seulement la Chambre ne votait pas ce que lui demandait le gouvernement, mais elle votait ce dont il ne voulait pas. La question de la conversion des rentes n'avait pas fait un pas depuis qu'elle avait amené la chute du cabinet du 11 octobre. Le 15 février 1838, M. Gouin déposa de nouveau une proposition de conversion, qui fut aussitôt favorablement accueillie par la commission chargée de l'examiner. Nul n'ignorait que le ministère la voyait avec déplaisir, et que le Roi personnellement y était fort hostile. Quand vint cependant la discussion, discussion passionnée, approfondie, qui en deux fois ne dura pas moins de six jours [4], les ministres se bornèrent à indiquer quelques brèves objections d'opportunité, sans s'engager à fond. Dans cette matière où rien n'eût dû se faire en dehors de l'initiative du gouvernement, celui-ci laissait tout débattre et décider sans lui, malgré lui, gardant une attitude effacée, incertaine, comme s'il n'avait pas d'opinion, ou plutôt comme s'il se sentait impuissant à la faire prévaloir. Aussi une immense majorité, 251 voix contre 145, vota-t-elle sans se gêner la conversion que le ministère eût voulu écarter. Comme pour mieux marquer le rôle subalterne où elle prétendait réduire le cabinet, la Chambre lui enjoignit, par une disposition spéciale,

---

[1] Le rapport fut déposé le 24 avril.
[2] 7, 8, 9 et 10 mai.
[3] Ainsi que j'ai eu déjà l'occasion de le dire, je reviendrai plus tard, avec détails, sur ces premiers tâtonnements dans la question des chemins de fer.
[4] Du 17 au 20 avril et du 2 au 5 mai.

de rendre compte de l'exécution de la mesure, dans un délai de deux mois à compter de l'ouverture de la session suivante. Il est vrai que la Chambre des pairs, sur laquelle le Roi usa personnellement de son influence, repoussa le projet à la presque unanimité [1]. Ce vote débarrassa le ministère de la question, mais ne lui rendit pas son autorité sur la Chambre des députés.

Les journaux opposants se gardaient de laisser dans l'ombre tous ces échecs. Ce n'était dans leurs colonnes que sarcasmes contre les ministres mis en minorité, sommation de quitter la place. M. Molé et ses collègues faisaient la sourde oreille, ou bien répondaient, non sans quelque raison, que ces votes n'impliquaient pas volonté de les renverser, encore moins désignation de leurs successeurs. Quant à la mortification subie, ils tâchaient de s'en consoler, en déclarant que « le temps des majorités systématiques était décidément passé [2] ». « Nous avons un étrange ministère », disait de son côté, avec plus de malice que d'exacte vérité, un doctrinaire, M. Vitet; « on le met tous les jours à la porte de la Chambre, honteux et battu; le lendemain, on ratisse les allées, et il n'y paraît plus [3]. »

V

A regarder le seul Parlement, la session finissait donc mal pour le ministère. Mais après tout, il restait debout. A la confusion des prophètes qui lui avaient prédit, dès sa naissance, une mort si prompte, malgré l'hostilité chaque jour plus acharnée de tous les grands noms et de tous les grands talents de la Chambre [4], contre l'attente de tous les spectateurs, il avait duré.

[1] 20 au 26 juin.
[2] *Journal inédit de M. le baron de Viel-Castel*, 6 mars 1838.
[3] *Notes inédites de M. Duvergier de Hauranne.*
[4] M. Molé lui-même faisait remarquer cette hostilité, avec une sorte de fierté triomphante. « Le fait est, écrivait-il à M. Bresson, le 27 mai 1838, que jamais un ministre dirigeant ne s'est trouvé aux prises avec tant de difficultés. J'avais, réunis contre moi, toutes les forces vives de la Chambre, tout ce qui parle et tout ce qui écrit. » (*Documents inédits.*)

Cette durée pouvait exciter les colères, mais ne permettait plus le dédain. Personnellement, M. Molé avait grandi : ses adversaires eux-mêmes étaient obligés de le reconnaître. On ne pouvait nier son habileté et son bonheur. Il n'était pas jusqu'à son talent oratoire qui n'eût gagné en aplomb, en ampleur, en énergie, sans rien perdre de sa politesse simple et sobre. Même après M. Guizot et M. Thiers, et sans pouvoir leur être comparé, il avait eu des succès de tribune. L'effacement de ses collègues contribuait à le mettre plus encore en lumière. C'est bien lui qui recevait et portait tous les coups. Il s'en vantait et s'en plaignait[1], tout entier à cette lutte, passionnément sensible à l'amertume des échecs comme à la joie des succès, et trouvant dans cette sorte d'excitation nerveuse une vigueur physique qui étonnait ses amis et ses adversaires[2].

M. Molé se sentait fort de l'appui de la Couronne. Jamais Louis-Philippe n'avait eu un président du conseil autant selon ses goûts. Avec Casimir Périer et le duc de Broglie, il avait connu des ministres sûrs, mais incommodes ; avec Thiers, un ministre commode, mais peu sûr. Cette fois, il avait un ministre commode et sûr. M. Molé, tout en gardant la dignité, même un peu susceptible, de son attitude, ne cherchait ni à limiter, ni à masquer l'action personnelle du Roi. Sa première éducation politique sous Napoléon lui avait appris, non à vouloir régenter ou éclipser son souverain, mais à le servir avec docilité et intelligence. D'ailleurs actif, passionné même dans ce que M. Bertin appelait la « grande intrigue politique », le président du conseil se montrait plutôt de disposition un peu indolente pour les affaires et n'était pas jaloux de s'en réserver exclusivement la charge. Louis-Philippe, très-laborieux, au contraire, ne

---

[1] « Je suis peu secondé ; mes collègues ne prennent pas les affaires à cœur. » Lettre de M. Molé à M. de Barante, en date du 30 septembre 1838. (*Documents inédits.*) — Cette plainte se retrouve très-fréquemment dans sa correspondance.

[2] M. Molé disait souvent, dans sa correspondance, qu'il ne dormait que cinq ou même trois heures par nuit. Il ajoutait, dans la lettre déjà citée plus haut : « Vous ne vous imaginez pas à quelle vie j'ai été condamné... Je ne puis m'empêcher de voir une volonté de la Providence dans la force de l'âme et du corps que j'ai eue pour la supporter. »

demandait qu'à la prendre. C'était vraiment lui, maintenant, qui dirigeait notre diplomatie et traitait avec les ambassadeurs étrangers. Par M. de Montalivet, il était maître du ministère de l'Intérieur. Au ministère de la Guerre, le général Bernard acceptait facilement l'intervention chaque jour plus active, et du reste fort intelligente et fort patriotique, du duc d'Orléans; presque quotidiennement, lui ou ses chefs de division allaient travailler avec le prince [1]. La faiblesse même du cabinet, les mortifications que lui infligeait la Chambre, tout ce qu'il y avait alors de dérangé et de faussé dans la machine parlementaire augmentaient et en même temps rendaient plus visible cette action royale, souvent utile et bienfaisante au fond, mais qu'il était dangereux, en l'état des esprits, de trop afficher.

M. de Barante, quoique très-prononcé contre la coalition, se préoccupait alors de ce danger; après avoir indiqué que Louis-Philippe « se jetait bien avant » dans toutes les affaires, il ajoutait : « Le Roi a besoin de toute sa prudence pour gouverner une situation qui n'est pas prudente; il lui faut manœuvrer bien juste et dans les limites étroites de la Charte, puisqu'il y a évidemment autocratie dans toutes les questions [2]. » Mais ce prince, nous avons déjà eu plusieurs fois occasion de le remarquer, n'aimait pas seulement à agir; il aimait à faire voir qu'il agissait : justement confiant dans sa sagesse et son habileté, il était bien aise que le public fût à même de lui en savoir gré. La reconnaissance qu'il croyait ainsi obtenir, lui faisait négliger les préventions qu'il irritait. Aussi, loin de sentir le besoin de se contenir et de se dissimuler, jouissait-il pleinement d'avoir grandi le rôle réel et apparent de la Couronne, et, se rappelant à quels effacements il avait dû se soumettre en d'autres temps, il se félicitait de l'heureuse habileté avec laquelle, en quelques années, il avait amené un changement si complet.

[1] Cette action du duc d'Orléans était attaquée dans la presse de gauche. Le *National* fut même poursuivi, à cette époque, pour offense contre le prince, dont il avait violemment critiqué l'ingérence dans l'administration de la guerre.

[2] Lettre de M. de Barante à M. Bresson, datée de Paris, le 16 mai 1838. (*Documents inédits.*)

Dans cet état d'esprit, il était peu disposé à écouter les observations qui lui étaient faites sur ce sujet. Un jour, au cours de la session de 1838, M. Dupin crut devoir l'avertir que son intervention « faisait grief » dans une partie de la Chambre. Louis-Philippe répondit aussitôt en revendiquant son droit de « diriger ses ministres » et de les « congédier quand ils lui résistaient ». M. Dupin insista; sans nier que l'action royale ne pût être très-considérable et très-efficace dans le gouvernement constitutionnel, il soutenait qu'il valait mieux n'en pas faire montre, qu'elle devait rester une affaire d'intérieur entre les ministres et le souverain, que celui-ci ne pouvait pas avoir « d'amour-propre d'auteur », et il ajoutait : « Puisqu'il est de règle que les ministres sont responsables, pourquoi ne pas leur laisser toute la responsabilité? N'est-il pas essentiellement avantageux à la Couronne de se couvrir de l'axiome anglais : Le Roi ne peut mal faire? — Ah! s'écria vivement le prince, c'est parce qu'il ne fait rien. En France, un pareil roi serait considéré comme un porc à l'engrais[1]! » Quelques jours après, causant avec M. Guizot, Louis-Philippe lui disait : « Je sais que vous ne voulez pas annuler le Roi, me mettre hors de mes affaires. Je ne le souffrirai jamais. Mais il y a des hommes qui le veulent; il y en a parmi vos amis[2]. »

Le Roi soutenait donc résolûment des ministres qui lui plaisaient, et ne se gênait pas pour le faire savoir. Les députés conservateurs étaient informés qu'ils lui seraient agréables en appuyant le cabinet. Lui-même prenait à part certains d'entre eux, dans les réceptions des Tuileries, et, avec une grande abondance de conversation, souvent avec beaucoup d'esprit et d'éloquence, il tâchait de les amener à voter comme il le désirait : c'est ce qu'il appelait « chambrer les députés ». Il s'employait, en même temps, à rendre plus difficile l'alliance de M. Thiers et de M. Guizot. Son moyen était de donner à entendre à chacun d'eux qu'il pourrait prochainement recueillir seul la succession de M. Molé, et que par suite il ne devrait pas

[1] *Mémoires de M. Dupin*, t. III, p. 311 à 315.
[2] *Documents inédits*.

contracter d'alliance inutile et compromettante. Un jour, par exemple, en mai 1838, M. Guizot était venu présenter aux Tuileries une députation d'industriels ; Louis-Philippe le retint et causa avec lui de la situation : « Cela ne peut pas aller, dit-il ; cela n'ira pas ! Je n'abandonnerai pas mes ministres. Je soutiens toujours mon cabinet. Mais si M. Molé m'apportait sa démission, je serais bien embarrassé... » — *M. Guizot :* « Le gouvernement représentatif ne guérit les maux qu'à la dernière extrémité. » — *Le Roi :* « Cela n'est pas gai ; c'est moi qui suis le malade. Quand vous m'avez proposé, l'an dernier, un cabinet de vos amis, je n'ai pas osé, j'en conviens. Depuis, nous n'avons pas gagné de terrain. Je ne sais ce qui arrivera. J'aurai besoin d'un plan de campagne. Pensez-y. Je vous demande d'y penser[1]. » En même temps, il s'arrangeait pour qu'on fît entrevoir à M. Thiers une perspective analogue[2]. Le chef du centre gauche et celui des doctrinaires affectaient de n'être pas dupes des coquetteries royales ; ils en riaient même parfois ensemble. Mais, au fond, l'idée d'un pouvoir non partagé ne laissait pas que de chatouiller agréablement l'ambition et le ressentiment de chacun d'eux. En tout cas, ce langage du Roi n'était pas fait pour diminuer l'hésitation et la froideur que M. Guizot venait de montrer dans la première campagne de la coalition.

M. Molé n'avait pas seulement la Couronne pour lui. Dans le pays, parmi ceux surtout qui n'étaient pas politiquement enrôlés, il s'était acquis, sinon des concours très-actifs, du moins des sympathies assez étendues. Depuis le 15 avril 1837, date de la formation du cabinet, il n'y avait eu ni émeute, ni trouble, ni attentat contre la vie du Roi[3]. Ce calme, cette sécurité paraissaient fort agréables, après les secousses et les inquiétudes des années précédentes. On était disposé à en faire honneur à la politique pacifiante de M. Molé. Sans doute, à y regarder de

---

[1] Lettre de M. Guizot au duc de Broglie. (*Documents inédits.*)
[2] *Notes inédites de M. Duvergier de Hauranne.*
[3] Le complot d'Huber, découvert en décembre 1837, n'avait reçu aucun commencement d'exécution.

près, personne n'eût pu dire le mal révolutionnaire complétement guéri. Les sociétés secrètes étaient toujours en travail. La société des *Saisons* avait remplacé, à la fin de 1836, celle des *Familles*; sous l'action de l'ouvrier imprimeur qui l'avait fondée, Martin Bernard, et à la différence des associations plus bourgeoises qui avaient conduit l'attaque sous la Restauration et au lendemain de 1830, elle cherchait à se recruter surtout dans les ateliers. L'amnistie lui procura le concours de Blanqui, de Barbès et de plusieurs autres anciens condamnés. La propagande en reçut une impulsion nouvelle. Des feuilles clandestines, publiées à intervalles irréguliers, de novembre 1837 à septembre 1838, le *Moniteur républicain* d'abord, l'*Homme libre* ensuite, prêchaient ouvertement le régicide et le pillage[1]. Le 29 septembre 1838, la police découvrit l'imprimerie secrète d'où sortaient ces factums; peu après, elle saisit plusieurs dépôts d'armes; il en résulta des procès et des condamnations. Mais tout cela ne fit pas grand bruit; cette agitation demeurait souterraine et était d'ailleurs assez restreinte[2]. Aussi le public n'y

---

[1] Voici quelques extraits de ces publications : dans le numéro de décembre 1837 : « Chacun de vous est sur un théâtre immense où il ne tient qu'à lui de jouer un grand rôle, ce théâtre où tant de Brutus et d'Alibaud ont déjà légué leur mémoire à tous les siècles du monde, en immolant ou cherchant à immoler la tyrannie. » Dans le numéro d'avril 1838 : « Nous ne concevons rien de possible si l'on ne commence par tuer Louis-Philippe et les siens. » Dans le numéro de mai 1838 : « Il n'y a qu'une seule ressource à employer, le régicide, le tyrannicide, l'assassinat, comme on voudra appeler cette action héroïque... Nous invitons, en conséquence, tous les républicains à ne prendre conseil que de leur courage et surtout de la prudence, et à courir sus, sans perdre un seul moment, contre Louis-Philippe et ceux de sa race. » En août 1838 : « Guerre à mort entre vous qui jouissez d'une insolente oisiveté et nous qui souffrons depuis longtemps... Le temps approche où le peuple exigera, les armes à la main, que ses biens lui soient restitués. » C'est également peu de temps après l'amnistie qu'on répandit dans Paris une *Ode au Roi*, dont voici quelques vers :

> Demain le régicide ira prendre sa place
> Au Panthéon avec les dieux.
> Oui, quel que soit l'élu pour le saint homicide,
> . . . .
> De vols, d'assassinats eût-il flétri sa vie,
> Il redevient sans tache et vierge d'infamie,
> Dès qu'il se lave au sang des rois.
> . . . .
> Louis-Philippe, tu mourras!

[2] Il ne parait pas que les *Saisons* aient jamais eu plus de six à huit cents adhérents.

prêtait guère attention. Il lui suffisait que l'ordre ne fût pas troublé à la surface, que la rue fût tranquille. Ce repos satisfait du pays, n'était-ce pas après tout un réel succès pour le gouvernement?

A cette quiétude s'ajoutait la jouissance d'une prospérité matérielle chaque jour croissante. L'année 1838 marque une date dans l'histoire budgétaire du règne. Alors finit ce qu'on pourrait appeler la liquidation financière de 1830. Une révolution coûte cher : elle a toujours ce double effet de diminuer les recettes et d'augmenter les dépenses. Les revenus des contributions indirectes, qui, sous la Restauration, avaient constamment progressé et s'étaient élevés de 397 millions à 583, baissèrent brusquement de 59 millions à la suite des événements de Juillet. Il fallut emprunter, et le crédit ébranlé ne permettait de le faire qu'à de lourdes conditions; quelques mois avant la révolution, un emprunt en 4 pour 100 s'était placé à 102 fr. 7 c. $^1/_2$: en mars 1831, un emprunt en 5 pour 100 se négocia à 84 francs. On se crut en outre politiquement obligé, dans un intérêt de popularité, à diminuer les droits sur les boissons, ce qui fit perdre au trésor 30 à 40 millions, diminution imparfaitement compensée par une élévation des droits de mutation, ainsi que des contingents de la contribution personnelle et mobilière, et de celle des portes et fenêtres. En même temps que de causes d'augmentations de dépenses! armements pour faire face aux troubles du dedans et aux périls du dehors [1]; ouverture d'ateliers nationaux pour occuper l'ouvrier sans tra-

---

[1] Ces armements représentent la portion de beaucoup la plus considérable des accroissements de dépenses. Avant la révolution de Juillet, les dépenses de l'armée étaient calculées pour un effectif de 231,000 hommes et 46,000 chevaux. On dut le porter subitement à 434,000 hommes et 90,000 chevaux. Dans le budget présenté pour 1831, l'augmentation de dépenses de ce chef était évaluée à 115 millions, plus 65 millions pour approvisionnements : le budget de la guerre se trouvait ainsi porté de 187 millions à 373. Dans le budget de 1832, la dépense était calculée pour 412,000 hommes; inférieure d'environ 70 millions au chiffre de 1831, elle dépassait de plus de 100 millions le chiffre d'avant la révolution. Encore fallut-il y ajouter, en fin d'exercice, les frais de l'expédition d'Anvers, et y eut-il, pour le seul ministère de la guerre, plus de 34 millions de crédits supplémentaires. A partir de cette époque, les armements extraordinaires disparurent peu à peu, et les dépenses revinrent à un chiffre normal.

vail et le distraire de l'émeute ; subsides ou avances à l'industrie en détresse ; soldes de congé à deux mille officiers licenciés pour cause politique, et pensions de retraite aux fonctionnaires disgraciés ; obligation de remplir les arsenaux vidés pour l'armement de la garde nationale [1], etc., etc. De là, pendant les premières années de la monarchie, nécessité de se procurer des ressources extraordinaires, que l'on demanda à l'emprunt, aux ventes de bois, aux centimes additionnels, à la dette flottante, et qui ne s'élevèrent pas à moins de 900 millions [2]. C'est à proprement parler le coût des événements de Juillet.

Mais, dans les années suivantes, à mesure que le mal révolutionnaire se guérit, le mal financier diminua également. Les revenus indirects regagnèrent ce qu'ils avaient perdu et reprirent une progression rapide. Le crédit se releva ; déjà, en 1832, on empruntait en 5 pour 100 à 98 fr. 50 c., soit 14 francs de plus que l'année précédente [3] : et, ce qui valut mieux encore, dans les années suivantes on ne rouvrit plus le grand-livre. Une économie courageuse ramena presque au niveau antérieur à 1830 le chiffre des dépenses subitement grossies au lendemain de la révolution [4]. Des réformes heureuses accomplies dans notre législation budgétaire et dans notre comptabilité augmen-

---

[1] On distribua ainsi à la garde nationale, en 1830 et 1831, 860,000 fusils, 210,000 sabres, 600 canons avec affûts et caissons, 95,000 coups de canon, 1,700,000 cartouches, 225,000 kilogrammes de poudre.

[2] Cette évaluation est celle d'un financier très-compétent et très-exact, M. d'Audiffret, ancien haut fonctionnaire du ministère des finances et pair de France. Voici comment il décompose cette somme : centimes additionnels en 1831, 46 millions ; vente de bois, 114 millions ; emprunts en capital, 545 millions ; le reste provenait des réserves antérieures ou de la dette flottante. Il arrive à un total de 900,567,378 francs. (Cf. D'AUDIFFRET, *Système financier de la France*.)

[3] Il est vrai que les avantages de délais et d'intérêts accordés à l'adjudicataire, M. de Rothschild, réduisaient le taux nominal de 98 fr. à 93 fr.

[4] Déjà nous avons eu occasion de citer quelques-uns de ces chiffres. Rappelons-les en les complétant. Voici le chiffre des dépenses de chaque année tel qu'il résulte des lois des comptes :

1829, 1014 millions	1832, 1174 millions	1835, 1047 millions
1830, 1095 —	1833, 1134 —	1836, 1065 —
1831, 1219 —	1834, 1063 —	1837, 1078 —

En 1838 et 1839, on s'élève à 1136 et 1179 millions, mais c'est à cause des travaux publics que les excédants mêmes des budgets permettent d'entreprendre.

tèrent les garanties d'ordre, de probité et de contrôle[1]. Dès 1836 et 1837, la situation était redevenue très-satisfaisante. Enfin, en 1838, on arriva à ce résultat que les 900 millions de charges extraordinaires supportées par le pays à la suite de la révolution ne laissaient plus aucune trace, ni dans la fortune de l'État, ni dans celle des particuliers[2]. Rien n'en restait, soit dans les dépenses, soit dans les recettes du budget présenté pour l'exercice suivant. Bien qu'on eût accru notablement les dépenses de l'armée[3], des travaux publics, de l'instruction publique[4], bien qu'on eût payé les 25 millions de l'indemnité américaine, bien qu'on eût diminué les recettes de 15 millions par la suppression de la loterie et des jeux, et de 9 millions par l'abaissement des tarifs de douanes, la balance des dépenses et des recettes, sans aucun emploi de ressources extraordinaires, faisait ressortir un excédant réel[5] : toutes charges ordinaires acquittées, il restait une réserve disponible de 80 millions, pouvant servir à développer la richesse et la puissance nationales. Les travaux publics, en effet, reçurent alors une grande impulsion ; des lois diverses engagèrent l'État pour une somme de 341 millions, chiffre énorme pour l'époque. Ces travaux portaient sur les routes, les ponts, les rivières, les canaux et les ports ; les chemins de fer n'y étaient comptés que pour 11 millions, repré-

---

[1] Spécialité des crédits législatifs appliquée à chaque chapitre du budget; suppression de la faculté de virement; restrictions apportées aux crédits supplémentaires, ce qui, du reste, ne les empêcha pas de se développer; obligation d'indiquer, dans toute demande de crédit extrabudgétaire, les ressources spéciales avec lesquelles il y sera fait face; publicité du rapport annuel de la Cour des comptes, etc. Enfin le régime des douzièmes provisoires, auquel on n'avait pu échapper dans les premiers exercices, prenait fin en 1833.

[2] M. d'Audiffret proclamait ce résultat, le 20 juin 1838, à la Chambre des pairs.

[3] C'était surtout à cause de l'Algérie. Le contingent annuel des jeunes soldats appelés sous les drapeaux devait être augmenté de 20,000 hommes à partir de 1839.

[4] Depuis 1830, ce budget s'était élevé de 4 à 13 millions.

[5] Sans doute, à voir le règlement de chaque budget, de 1830 à 1837, tous, sauf deux, — ceux de 1830 et de 1832, où ressortent des déficits de 63 et de 25 millions, — se soldent en excédants. Voici les chiffres de ces excédants : 1831, 86 millions; 1833, 28 millions; 1834, 3 millions; 1835, 24 millions; 1836, 30 millions; 1837, 12 millions. Seulement, on n'était arrivé à ce résultat qu'au moyen des 900 millions de ressources extraordinaires. A partir de 1838, le budget s'équilibre sans aucun emprunt à des ressources de ce genre.

sentant les frais d'études préliminaires. On devait faire face à cette charge sans création de ressources extraordinaires. Il fut ainsi dépensé 6,834,522 francs en 1837, 36,177,662 francs en 1838, 54,852,427 francs en 1839 [1]. Ajoutons, pour mieux montrer à quel point toute conséquence financière de la révolution avait alors disparu, que le jeu de l'amortissement avait ramené la dette inscrite à ce qu'elle était avant 1830, c'est-à-dire à 163 millions de rentes [2]. La dette flottante se trouvait réduite à un chiffre très-prudent. Quant au relèvement du crédit, on en peut juger par ce fait que le 5 et le 3 pour 100 se cotaient dans les environs de 119 francs et 86 francs [3]. En même temps paraissait, le 31 mai 1838, la fameuse ordonnance sur le règlement de la comptabilité : monument considérable, où étaient réunies, dans un ordre méthodique, toutes les mesures législatives ou administratives prises, depuis vingt-cinq ans, pour adapter la comptabilité publique aux institutions nouvelles de la France. Ce relèvement si rapide et si complet des finances de l'État est au plus grand honneur de la monarchie constitutionnelle. Celle-ci ne faisait d'ailleurs que recommencer l'œuvre qu'elle avait déjà accomplie une première fois dans ce siècle, après les désastres de 1814 et de 1815.

Le bon état de la fortune publique était la conséquence et le signe du bon état des fortunes privées. Celles-ci avaient merveilleusement gagné au rétablissement de la sécurité. Ce progrès se manifestait par l'accroissement des dépôts aux caisses d'épargne, du rendement des contributions indirectes, des importations et des exportations [4], de la navigation commerciale [5]. Partout, un grand élan d'affaires, d'entreprises de

---

[1] En 1833, M. Thiers avait déjà fait voter un ensemble de travaux publics s'élevant à 93 millions; mais il n'y avait fait face qu'au moyen de ressources extraordinaires.

[2] Disons, pour être absolument exact, que ce résultat ne fut complétement atteint que l'année suivante, en 1839.

[3] Le 3 pour 100 allait atteindre en 1840 86 fr. 65 : ce fut le taux le plus élevé du règne.

[4] De 1831 à 1836, les importations générales étaient montées de 512,825,551 fr. à 905,575,359 fr.; les exportations générales, de 618,169,911 fr. à 961,284,756 fr.

[5] De 1831 à 1836, la navigation à l'entrée s'était élevée de 794,410 tonneaux à 1,374,321; la navigation à la sortie, de 689,234 tonneaux à 997,090.

toutes sortes, auxquelles les capitaux s'offraient abondants, hardis, parfois même trop confiants. M. Molé encourageait ce mouvement qui lui paraissait un dérivatif utile à l'agitation politique. Là encore, cependant, tout n'était pas à louer. A cette activité industrielle, commerciale, financière, se mêlait forcément une fièvre d'agiotage fort dangereuse pour la santé morale de la nation. Parmi les innombrables sociétés en commandite qui se fondaient pour les objets ou sous les prétextes les plus divers, plusieurs étaient peu sérieuses, quelques-unes malhonnêtes et dignes de figurer au dossier de Robert Macaire. Les cours des actions variaient, dans une même bourse, de 50, de 200 et même de 300 francs. Ces scandales furent dénoncés à la tribune de la Chambre, et l'on demanda la mise à l'ordre du jour d'une loi spéciale. Une telle atmosphère n'était pas bonne pour l'esprit public, qui tendait à s'y matérialiser. Mais, malgré ce fâcheux revers, la médaille était brillante : le pays se sentait en grand progrès de richesse et de prospérité.

Contraste singulier ! D'une part, dans la masse de la nation, une impression de repos et de sécurité; un bien-être un peu égoïste et terre à terre, mais réel. D'autre part, dans le Parlement et ses entours, l'incertitude, le trouble et le malaise [1]. De là, entre ces deux mondes, une séparation contre nature qui menaçait d'être chaque jour plus profonde : le pays devenait étranger et indifférent à la politique; il le devenait d'autant plus que la partie en vue de cette politique, celle qui se traitait à la tribune, semblait désormais réduite à des questions de personnes, peu intéressantes et souvent même inintelligibles pour le public. On conçoit qu'un tel résultat ne fût pas fait pour plaire aux libéraux, qui, dans les généreuses espérances de la jeunesse du siècle, avaient rêvé d'un idéal politique plus relevé. Aussi se laissaient-ils volontiers aller entre eux à des gémissements que nous retrouvons dans leurs correspondances. M. de

---

[1] La *Presse* disait, le 14 mai 1838 : « Partout, dans les familles, dans les manufactures, dans les ateliers, on cherche à se rendre compte des anomalies que présentent l'ordre public et les embarras parlementaires, le repos du pays et l'agitation de quelques personnes, la prospérité générale et ces alarmes factices. »

Barante, alors en congé, écrivait de Paris, le 16 mai 1838, à M. Bresson : « Le calme continue à être complet dans l'opinion des classes inférieures ; elles sont plus contentes qu'elles ne l'ont été depuis cinquante ans. La prospérité est croissante, le bien-être en progrès rapide. On n'entrevoit aucun principe de fermentation. Mais dans la région, maintenant assez restreinte, des opinions politiques, tout est confus, anarchique, envenimé d'intérêt et d'amour-propre. C'est un spectacle affligeant. Il serait fait pour détruire l'espèce de sécurité dont nous jouissons, n'était ce vaste fond d'indifférence où vont s'éteindre toutes les passions, où se glacent du jour au lendemain toutes les vivacités. » Il ajoutait, le 27 mai : « Il y a du calme, de la prospérité ; les opinions sont affaissées ; mais un manque complet de conviction, d'affection ; nul souci du bien public ; aucune émulation littéraire ; rien d'élevé, rien d'animé, rien de prévoyant. C'est un état moral déplorable. Heureusement, il excite beaucoup de dégoût et d'ennui. » Le 29 juin, M. de Barante quittait Paris, pour passer en Auvergne ; voici ce qu'il y voyait : « L'indifférence de la province est complète ; chacun s'isole encore plus qu'à Paris. Il n'existe plus aucun lien d'opinion. Chacun est à ses affaires, sans songer qu'il y a un gouvernement. Cela a son bon côté. Mais le principe de cette apparente sécurité n'a rien de très-moralement honorable [1]. » M. Royer-Collard était d'un pessimisme plus sombre, plus absolu, et par suite plus suspect ; toutefois, à côté d'exagérations évidentes, il y avait une part de vérité dans ce qu'il écrivait à M. Molé, le 23 juillet 1838 : « Il me semble que la France n'a plus rien à donner ; elle dort d'un sommeil qui n'a pas même de rêves. Quand je disais à Vitry, il y a un an : *La politique est maintenant dépouillée de sa grandeur,* je ne disais point assez. La vérité d'aujourd'hui, c'est qu'il n'y a pas même de politique. Y a-t-il encore un gouvernement, un roi, des ministres, des Chambres ? On pourrait l'ignorer ; on ne le sait que par la mémoire. Est-ce un bien ? est-ce un mal ? Nous l'apprendrons un jour ; en attendant, nous

---

[1] *Documents inédits.*

nous en passons sans regret Est-ce votre tort ou votre habileté? Ni l'un ni l'autre, je pense; mille causes connues ou inconnues ont amené ce prodigieux résultat [1]. » M. Royer-Collard avait raison de voir là autre chose que le fait de M. Molé. En effet, on avait déjà observé les premiers symptômes de ce mal, à une époque où M. Molé n'avait pas encore eu le temps d'influer sur la direction de l'esprit public. Dès le 12 novembre 1836, la duchesse de Broglie écrivait à M. de Barante : « Il me semble que l'indifférence du public est absolue : c'est une indifférence de fond et universelle, non pas pour tel gouvernement, mais pour tous; c'est un désabusement de toutes les formes, de toutes les promesses. Il semble que le pays sache qu'on ne lui fera jamais ni grand bien ni grand mal, que les menaces ne s'exécutent pas plus que les promesses ne se tiennent, et que son premier intérêt est d'être tranquille, pour que chacun vaque à ses affaires... Le petit monde politique est tout absorbé dans ses querelles, dont le cercle se resserre de plus en plus [2]. »

Ces plaintes sans doute contenaient beaucoup d'observations utiles à recueillir et à méditer; toutefois elles témoignaient de la déception intime de quelques natures d'élite, plutôt qu'elles ne peuvent être acceptées comme un jugement mesuré et exact de la situation. En notant l'insuffisance morale de l'esprit public, ces critiques oubliaient trop les imperfections nécessaires de toute société humaine, et surtout d'une société travaillée par tant de révolutions; ils ne tenaient pas non plus assez de compte des avantages d'un bien-être qui était l'un des buts du gouvernement et que peu d'époques avaient connu au même degré. Et puis, étaient-ils bien nombreux, ceux qui sentaient ce que ce bien-être avait d'incomplet et d'abaissé? Le vulgaire, c'est-à-dire le pays presque tout entier, ne partageait pas ce souci, et son contentement n'en était pas troublé. « Les gens

---

[1] *Documents inédits.* — Dans cette lettre, M. Royer-Collard commençait par féliciter le président du conseil. « Comptez, lui disait-il, ces deux années, sinon comme les plus heureuses, du moins comme les meilleures de votre vie; vous y avez atteint le but, le seul but d'une légitime ambition : une considération unanime, avec l'estime des connaisseurs. »

[2] *Documents inédits.*

habiles et sérieux, écrivait encore M. de Barante, s'affligent et s'inquiètent de cette atonie. Les coteries politiques s'en indignent. Les masses de la population n'y songent guère [1]. » Elles étaient tout entières à la jouissance de la paix et de la prospérité qui succédaient aux agitations et aux souffrances des premières années du règne.

D'ailleurs, à regarder en dehors du Parlement, tout semblait sourire, en ce moment, à la royauté nouvelle. A la sécurité du présent, venait s'ajouter l'espoir de l'avenir. Le 24 août 1838, madame la duchesse d'Orléans donnait le jour à un fils qui recevait le titre de comte de Paris. C'était l'épilogue heureux des grandes fêtes qui, l'année précédente, à l'occasion du mariage du prince royal, avaient paru célébrer l'établissement définitif de la monarchie de Juillet. Celle-ci ne trouvait-elle pas dans la naissance du jeune prince comme un gage nouveau de durée? Le vieux roi, ayant devant lui son fils et son petit-fils, ne pouvait-il pas croire l'avenir de sa dynastie assuré? Les événements ont sans doute cruellement démenti ces prévisions. Quatre ans après, le duc d'Orléans succombait à un accident vulgaire; encore six autres années, et le comte de Paris suivait en exil sa mère veuve et son aïeul détrôné. Mais si les destinées de l'enfant de 1838 ont été tout autres qu'on ne les entrevoyait alors, il n'est pas dit, grâce à Dieu, que les espérances fondées sur son berceau seront à jamais trompées. Pour avoir été retardé, son rôle n'en sera-t-il même pas grandi, et la France ne se trouvera-t-elle pas recevoir de lui plus encore qu'elle n'en attendait au jour de sa naissance?

VI

Cet état de l'esprit public n'était pas de nature à encourager les coalisés. Ils devaient se faire scrupule de persister à agiter un pays si tranquille et si heureux de sa tranquillité. A défaut de

---

[1] Lettre de M. de Barante à M. Bresson, du 16 mars 1838. (*Documents inédits.*)

ce scrupule, ne comprendraient-ils pas qu'il n'était ni de leur intérêt personnel, ni de celui du régime parlementaire dont ils se disaient les champions, d'apparaître ainsi en trouble-fête? Aussi bien, dans leurs rangs et surtout à leur tête, pouvait-on discerner plus d'un symptôme de lassitude et d'hésitation. A la fin de la session, M. Thiers et M. Guizot s'étaient plutôt évités que recherchés. Le premier gardait rancune au second d'avoir mal joué son rôle dans le débat des fonds secrets. Le chef des doctrinaires s'effrayait du scandale produit au centre par la coalition et se sentait chaque jour davantage blâmé et abandonné par ses anciens amis. M. Molé ne faisait-il pas du reste dire à tous deux qu'il était sur le point de remanier son cabinet, et disposé à entrer en composition tantôt avec l'un, tantôt avec l'autre? La session finie, M. Thiers s'enfuyait aux Eaux-Bonnes; de là, il devait se rendre en Italie, et n'annonçait pas l'intention de revenir avant la rentrée des Chambres. M. Guizot quittait également Paris et semblait absorbé par des travaux fort étrangers aux intrigues parlementaires; il publiait dans la *Revue française* une série d'études d'une inspiration très-haute, sur le mouvement religieux qui se manifestait alors dans les âmes.

Toutefois si les chefs étaient distraits ou dégoûtés, la passion de la coalition persistait, vivace, dans une partie des deux états-majors. Ceux-ci, jusqu'à la fin de la session, avaient eu soin de se concerter, et, après la dispersion du Parlement, ils se montraient résolus à continuer la bataille dans la presse. Un député se distinguait par son ardeur : c'était un doctrinaire, M. Duvergier de Hauranne. Chose singulière, cet homme politique qui va apparaître le plus acharné des coalisés, en était aussi le plus désintéressé. Beaucoup s'étaient jetés dans cette campagne par rancune ou ambition personnelles, par dépit de ne plus être ministre ou impatience de le devenir. Rien de pareil chez M. Duvergier de Hauranne. Indépendant par situation et par caractère, il ne rêvait pas de portefeuille, et il devait, jusqu'au 24 février 1848, refuser tous ceux qui lui seront offerts [1]. Mais cet

---

[1] En 1840, notamment, M. Duvergier de Hauranne refusera à M. Thiers

esprit vigoureux, net, avisé, était aussi un esprit exclusif, absolu, batailleur, ne voyant guère qu'une idée à la fois, et, qu'elle fût vraie ou fausse, la poussant sans ménagement jusqu'au bout. Longtemps après, en 1860, M. Guizot, qui l'avait beaucoup pratiqué, d'abord comme le plus zélé de ses amis, ensuite comme le plus âpre de ses adversaires, écrivait finement de lui : « Un boulet de canon va droit au but, quand il est lancé dans la bonne direction. L'esprit de Duvergier est de même nature ; il n'a jamais qu'une passion... C'est une nature élevée, désintéressée, sincère, très-honnête. Il est très-intelligent dans la voie où il marche. Il ne voit rien en dehors. Il a tout ce qui fait bien penser et bien agir, quand on a bien commencé. Il lui manque ce qui préserve de se mal engager et d'aller loin dans l'erreur, sans s'en douter [1]. » Entré à la Chambre en 1831, enrôlé parmi les doctrinaires dont il avait naguère connu plusieurs dans les bureaux du *Globe*, M. Duvergier de Hauranne avait été d'abord tout entier à la « résistance », fort animé contre la gauche, plus rebelle que personne à toute transaction avec le tiers parti. Mais, le plus gros du danger révolutionnaire une fois conjuré, il fut saisi d'une autre idée qui bientôt ne le posséda pas moins entièrement. La politique, depuis 1830, ne lui parut plus être l'effort de la monarchie pour se dégager de la révolution dont elle était sortie, mais la lutte du pouvoir royal contre le pouvoir parlementaire. Remontant du coup en deçà des journées de Juillet, il se retrouvait dans l'état d'esprit des 221, et reprochait à Louis-Philippe de vouloir faire par habileté ce que Charles X avait tenté par violence [2]. Cette évolution paraît s'être accomplie chez M. Duvergier de Hauranne vers la fin du ministère du 11 octobre. C'est alors que dans

d'entrer dans le cabinet du 1ᵉʳ mars, et proposera à sa place M. le comte Jaubert, son beau-frère.

[1] Lettre à M. Piscatory, du 3 juillet 1860. (*Lettres de M. Guizot à sa famille et à ses amis*, p. 368.)

[2] « Louis-Philippe n'avait pas compris le sens véritable de la révolution de Juillet. Il blâmait Charles X, non d'avoir voulu gouverner, mais d'avoir méconnu et heurté de front les opinions, les sentiments, les préjugés même de la France, et surtout d'avoir eu recours à la violence là où l'habileté suffisait. » (*Notes inédites de M. Duvergier de Hauranne*.)

tous les actes de la Couronne, dans ses démarches les plus innocentes, aussi bien que dans ses imprudences, il crut découvrir les indices, les preuves de son dessein d'affaiblir le Parlement, de diviser les chefs de la majorité et de les exclure du ministère, afin de se rendre plus maîtresse du gouvernement. Le ministère Molé, où il ne vit que la création et l'instrument du pouvoir personnel, lui apparut comme le dénoûment de cette longue conspiration. État d'esprit particulier, qu'on a quelque peine à concevoir aujourd'hui. On sait en effet maintenant à quoi s'en tenir sur l'erreur théorique et l'impossibilité pratique de la trop fameuse maxime : « Le Roi règne et ne gouverne pas » ; on sait que la force des choses la repousse comme l'histoire la condamne; on sait qu'en Angleterre, sur la terre natale du régime parlementaire, la Couronne a toujours eu, même aux époques où elle a semblé se tenir le plus dans l'ombre, part permanente et considérable au gouvernement [1]. Aussi, en cas de rétablissement de la monarchie, le souci de l'opinion serait-il plutôt que l'action personnelle du prince ne fût pas assez étendue ni même assez visible. On paraît croire que la démocratie, de sa nature brutale et grossière, ne comprend pas des fictions trop délicates et trop compliquées, et qu'elle s'en accommode mal. Peut-être même, comme dans tous les mouvements de l'esprit français, cette réaction manque-t-elle de mesure, et, pour avoir échappé aux exagérations parlementaires, risque-t-on de verser un peu, sans le vouloir, dans le césarisme. Mais c'est là une impression toute récente, et bien différent se trouvait être l'état de l'opinion, au lendemain de 1830. N'était-ce pas avec la maxime: « Le Roi règne et ne gouverne pas », que tout le parti libéral, depuis le *Globe* jusqu'au *National*, avait fait campagne contre M. de Polignac, quelques-uns sans doute n'y cherchant qu'une

---

[1] Ainsi en a-t-il été même sous la reine Victoria. Cette révélation ressort avec éclat, comme nous avons déjà eu l'occasion de le noter (cf. plus haut, t. II, p. 398), de l'ouvrage considérable que la Reine a fait écrire sur le prince Albert, par M. Théodore Martin. D'ailleurs, toutes les formules officielles de l'Angleterre ne semblent-elles pas la contradiction de la maxime : « Le roi règne et ne gouverne pas » ? Ne dit-on pas : « la Reine qui nous gouverne (*the Queen our governor*), vaisseaux de la Reine, troupes de la Reine, service de la Reine, etc. » ?

arme pour renverser les Bourbons [1], mais d'autres y voyant de bonne foi la vérité constitutionnelle et monarchique? Ceux-ci tenaient à honneur de pratiquer cette maxime sous la monarchie nouvelle qu'ils avaient contribué à fonder : c'était même leur façon de prouver la sincérité de leur opposition passée. Aussi bien, une partie du public, celle du moins qui s'occupait le plus de politique, partageait-elle leur erreur; elle était même disposée à montrer, sur ce sujet, une singulière susceptibilité. Les opposants ne l'ignoraient pas; aussi leur moyen habituel d'attaque contre tous les ministères consistait à les présenter comme tolérant ou favorisant les empiétements du pouvoir royal. Les anciens ministres qui allaient tant se servir de ce reproche, contre M. Molé, l'avaient subi eux-mêmes dans leur temps; tel avait été le sort de M. Guizot après le 6 septembre, et M. Thiers n'y avait pas échappé [2]. « Hommes de cour », « gouvernement personnel », ces mots, qui revenaient sans cesse dans les polémiques, étaient, comme l'a dit M. de Lamartine, « les fausses monnaies de l'opinion, distribuées chaque jour au peuple, pour le séduire ou l'irriter [3] ». Dans un tel milieu, l'état d'esprit de M. Duvergier de Hauranne devient moins difficile à comprendre. On voit mieux comment, tout en restant un monarchiste résolu, il en était arrivé à croire que le danger du moment, peu d'années après la révolution de Juillet, était, non pas que le

---

[1] Carrel disait, à ce propos, dans le *National*, quelques années après 1830 : « Ceux qui proclament cet axiome : *Le roi règne et ne gouverne pas*, ne croyaient pas, comme ils l'ont raconté depuis, qu'un roi pût régner sans gouverner, et nous ne le croyons pas non plus aujourd'hui; mais tout était bon pour renverser les Bourbons, imposés par l'étranger, du moment que la France révolutionnaire se sentait plus forte qu'eux et pouvait secouer leur joug. » (27 mars 1833.)

[2] Sous le ministère du 11 octobre, les adversaires de M. Thiers prétendaient qu'il avait gagné la faveur de Louis-Philippe, en déclarant, à la tribune, « que toute la pensée gouvernementale résidait dans la tête du Roi, et que rien ne s'était fait que par cette pensée, depuis l'établissement de la monarchie ».

[3] Discours du 24 mars 1840. — Cette « fausse monnaie » avait cours partout, notamment parmi les jurés. Au commencement de 1837, le *Courrier français* et le *Siècle* avaient été déférés au jury, pour avoir fait remonter au Roi la responsabilité des actes de son gouvernement. Les avocats des deux journaux, Mᵉ Philippe Dupin et Mᵉ Odilon Barrot, soutinrent, pour justifier leurs clients, que le Roi avait eu le tort de gouverner. Le jury leur donna raison, en prononçant deux verdicts d'acquittement. (7 janvier et 10 février 1837.)

pouvoir royal ne fût encore trop limité, trop débile, trop timide, en face du Parlement qui l'avait créé, mais au contraire qu'il ne devint trop fort, trop agissant et trop hardi.

Dans l'opposition, où il s'engageait avec tant de conviction, M. Duvergier de Hauranne apportait des qualités rares d'action, une énergie infatigable, une ténacité que rien ne rebutait, un courage qui allait toujours droit au but, sans crainte ni de déplaire aux autres, ni de se compromettre soi-même. Orateur de second rang, ses discours, bien que nourris d'idées, hérissés de traits acérés, manquaient un peu de souffle et de chaleur. Mais, la plume à la main, c'était un polémiste remarquable, d'une langue serrée, ferme, précise, tranchante, avec je ne sais quoi d'un peu âpre qui trahissait en lui le petit neveu de Saint-Cyran. Dialecticien redoutable, implacable, railleur à froid, il excellait à manier cette arme de la brochure, alors en faveur, aujourd'hui un peu démodée. C'était surtout un merveilleux agitateur parlementaire : voyez-le descendre de banc en banc, pendant les séances, ou circuler dans les couloirs, la fièvre du combat dans les yeux, le geste affairé, saccadé; il négocie des alliances, dresse des plans de bataille, colporte des mots d'ordre, gourmande la mollesse de ceux-ci, attise la colère de ceux-là, ramasse les soldats pour les pousser au feu, souffle et entraîne les chefs, tient chacun en haleine, les pénètre tous de sa vaillance et aussi de sa passion.

Deux nécessités parurent tout de suite s'imposer aux hommes qui, avec M. Duvergier de Hauranne, entreprenaient, à la fin de la session de 1838, de ranimer la coalition alors sommeillante : d'abord, trouver une idée, un principe, qui, proclamés au grand jour, serviraient de programme, de drapeau à la coalition, et qui y montreraient autre chose que l'intrigue suspecte, l'émeute d'ambitions rancunières et impatientes, dénoncées par la presse ministérielle; ensuite, choisir ce programme et ce drapeau tels qu'ils pussent réunir à la fois la gauche et les doctrinaires. On s'était convaincu, en effet, qu'il ne suffisait plus de chercher, comme on l'avait fait dans la dernière session, à unir le centre gauche et le centre droit; qu'il fallait, en outre, le concours effectif de la gauche. « Ainsi comprise, dit M. Duvergier de Hauranne, la coalition devenait plus difficile et plus hasardeuse ; mais c'était la condition du succès [1]. » Tout ne semblait-il pas séparer les amis de M. Duvergier de Hauranne et ceux de M. O. Barrot ? Il y avait sept ans qu'ils se faisaient une guerre à mort. Depuis la formation du ministère du 15 avril, M. Guizot s'était surtout posé en conservateur inquiet, et son principal grief contre M. Molé avait été qu'il ne combattait pas assez résolûment la gauche. De son côté, celle-ci gardait toutes vives ses préventions et ses ressentiments contre les doctrinaires. Son programme habituel était inadmissible pour ces derniers ; ne faisait-elle pas, en ce moment, une assez bruyante campagne en faveur d'une réforme électorale dont M. Guizot ne pouvait vouloir à aucun prix ? Le problème était embarrassant. On crut en trouver la solution dans l'idée même dont nous avons vu que M. Duvergier de Hauranne était alors possédé. Il parut que la gauche et le centre droit pouvaient s'entendre pour reprocher au cabinet de n'être pas parlementaire : les uns entendant par là qu'il était trop docile ; les autres, qu'il était trop « transparent » ; ceux-ci, qu'il ne contenait pas assez le pouvoir personnel du prince, et ne faisait pas observer la fameuse maxime : Le Roi règne et ne gouverne pas ; ceux-là, qu'il ne couvrait pas assez la Couronne, et laissait remonter jusqu'à elle des responsabilités qui eussent dû s'arrêter à lui ; les premiers, flattés de s'attaquer plus ou moins directement à la royauté ; les seconds, se faisant l'illusion qu'ils réclamaient en faveur de son inviolabilité ; tous, en réalité, faisant la même campagne, ayant le même cri de combat : Un ministère parlementaire !

Ce plan trouvé, des conférences prolongées eurent lieu entre M. Duvergier de Hauranne et les journalistes de gauche, M. Chambolle, du *Siècle*, et M. Léon Faucher, du *Courrier français* : « Vous et nous, leur répétait le député doctrinaire, nous sommes d'accord sur un point, le danger que le ministère fait courir aux vrais principes parlementaires. Pourquoi donc

---

[1] *Notes inédites de M. Duvergier de Hauranne.*

ne ferions-nous pas la guerre ensemble sur ce terrain, au lieu de disséminer nos forces et d'éparpiller nos attaques? Que vous n'abandonniez pas la réforme électorale, puisque vous en êtes d'avis, rien de plus juste; mais ne venez pas la jeter à la traverse de nos projets. Substitution du gouvernement parlementaire au gouvernement personnel, voilà quel doit être notre mot d'ordre. Le reste doit être mis à l'écart ou laissé dans l'ombre [1]. »
M. Chambolle fut tout de suite converti. M. Léon Faucher résista davantage, mais céda à l'insistance de M. Duvergier de Hauranne. En même temps, un des amis de M. Thiers faisait accepter le même mot d'ordre aux journaux du centre gauche, le *Constitutionnel* et le *Messager*.

M. Duvergier de Hauranne n'était pas homme à se contenter de donner le mot d'ordre dans la coulisse; du moment où il y avait bataille à livrer, coups à recevoir et à porter, risques à courir, il voulait payer de sa personne. Il lui paraissait d'ailleurs nécessaire, pour vaincre les défiances de ses nouveaux alliés, qu'un doctrinaire fût le premier à s'engager avec éclat sur le terrain où il conviait la gauche à porter l'effort de la bataille. Déjà au mois de mars, lors des premières tentatives de la coalition, il avait publié dans la *Revue française* un article, alors assez vivement discuté, sur la *Chambre des députés dans le gouvernement représentatif*. Il y combattait ce qu'il appelait « les thèses ultra-monarchiques » de M. Fonfrède. Celui-ci, autrefois ami des doctrinaires, s'était fait, depuis quelques années, soit dans le *Mémorial bordelais*, soit dans certains journaux de Paris, le champion hardi, provocant, parfois compromettant, de la prérogative royale, contre les usurpations parlementaires. A plusieurs reprises, le *Journal des Débats* avait jugé nécessaire de le désavouer [2]. D'après M. Fonfrède, tout le mal venait des « préjugés représentatifs » de la France : les ministres devaient émaner du Roi seul, gouverner sous sa seule direction; la Chambre se contenter de discuter les lois, sans prétendre par-

---

[1] *Notes inédites de M. Duvergier de Hauranne.*
[2] En février 1837, le *Journal des Débats* qualifiait de « politique révolutionnaire » la conduite que M. Fonfrède conseillait à la royauté.

ticiper au gouvernement : plus de « questions de cabinet » ou de « refus de concours ». M. Duvergier de Hauranne soutenait au contraire que le ministère, chargé de représenter la Chambre auprès du Roi et le Roi auprès de la Chambre, devait émaner des deux; que la Chambre devait « être une portion active et influente du gouvernement »; enfin, qu'en cas de dissidence prolongée et inconciliable entre cette Chambre et la Couronne, le dernier mot appartenait à la première. Polémique de part et d'autre assez oiseuse. Rien de plus contraire à l'esprit même du gouvernement représentatif, esprit qui est tout de partage, d'équilibre, de persuasion réciproque, de transaction, que ces contestations de prééminence, que ces conflits où chacun irait au bout de son droit. Le jour où de tels faits se produiraient, ce gouvernement n'existerait plus : en prévoir seulement et en discuter l'hypothèse n'est pas sans péril. Toutefois, dans ce premier article du polémiste doctrinaire, il n'avait semblé être question que de théorie, sans application à la situation actuelle; l'auteur s'était attaqué à M. Fonfrède, non au ministère, encore moins au Roi.

Nouvel article à la fin du mois de juin. Ce sont les mêmes thèses. Seulement, cette fois, ce n'est plus d'une théorie plus ou moins lointaine qu'il s'agit, mais de la situation présente. Ce n'est plus un théoricien quelque peu fantaisiste, c'est le ministère qui est accusé d'être en contradiction avec les vrais principes. « Pour ma part, je n'hésite pas à le dire, déclare M. Duvergier de Hauranne, si la Chambre tombe en poussière, si le pouvoir s'abaisse, si le gouvernement représentatif se dégrade et s'énerve, la cause en est surtout dans l'existence d'un ministère choisi en dehors des conditions parlementaires, et dont tout le système consiste à professer qu'il n'en a pas. » Il estime que, par là, la royauté, loin d'être fortifiée, est affaiblie et compromise. « Supposez, ajoute-t-il, un ministère d'hommes fort dévoués sans doute et fort bien intentionnés, mais qui, choisis à l'exclusion de toutes les notabilités politiques, semblent accepter toutes faites les opinions qu'on leur dicte;... supposez que, sans le vouloir, on soit amené à voir en eux, non les représentants des trois pouvoirs, mais les délégués passifs d'un de ces pouvoirs auprès des deux autres, et dites s'il n'est pas naturel, s'il n'est pas inévitable que, soit pour louer, soit pour blâmer, la pensée publique ne s'arrête pas à leurs personnes et qu'elle aille au delà. Et si, en même temps, la théorie s'emparait hardiment du fait pour le célébrer et pour le consacrer ; si des doctrines qui, il y a trois ans, s'étaient timidement produites dans une modeste brochure, se proclamaient hautement autour du pouvoir et avec son assentiment ;... si, en un mot, on semblait prendre à tâche de démontrer à tout le monde, avec approbation et privilége, que personne n'est rien dans le gouvernement, à une seule exception près, serait-il bien étonnant que, devant une réalité si puissante, la fiction, quelque nécessaire et sage qu'elle soit, risquât de s'évanouir..... Si les attaques passent aujourd'hui par-dessus la tête des ministres pour arriver à une personne auguste et que la constitution déclare inviolable, la faute en est d'abord aux ministres qui n'ont pas la tête assez haute, ensuite aux amis imprudents qui, en retirant la personne auguste dont il s'agit, du sanctuaire où la place la constitution, la découvrent et l'exposent. » L'auteur terminait en proclamant la coalition : « Un grand devoir est imposé à tous ceux qui, fidèles aux principes de 1829 et 1830, redoutent les excès, quels qu'ils soient, et veulent sincèrement et complétement la monarchie constitutionnelle : c'est d'oublier des querelles aujourd'hui sans objet, et de réunir leurs efforts pour regagner le terrain perdu ;... c'est de protéger à la fois, contre de dangereuses maximes et de funestes pratiques, l'inviolabilité royale, le pouvoir parlementaire, l'influence et la pureté de l'administration. On appellera cela, si l'on veut, une coalition. Ce sera du moins la coalition de l'indépendance contre la servilité, de la droiture contre la duplicité, de l'honnêteté contre la corruption. »

Cet article fit grand bruit. La presse ministérielle l'attaqua violemment, accusant les doctrinaires d' « intrigue », de « trahison », de « libertinage politique », leur conseillant de « ne pas lasser la patience des honnêtes gens ». Les journaux de gauche et de centre gauche applaudissaient au contraire, reproduisaient des fragments de l'article et prenaient sa défense, d'accord avec le *Journal général,* organe des doctrinaires. Parmi ces derniers, cependant, tous ne voyaient pas du même œil la campagne de M. Duvergier de Hauranne. Quelques-uns s'y associaient sans réserve, comme MM. Jaubert, Piscatory et de Rémusat ; ce dernier publiait même, dans le même sens, un écrit, moins impétueux il est vrai. Mais d'autres, tels que M. Duchâtel, M. Dumon, M. Vitet et même M. Guizot, sans vouloir désavouer publiquement un ami fidèle et courageux, sans désapprouver le fond de ses doctrines, s'inquiétaient de l'effet produit sur les conservateurs, par cette mise en cause de la prérogative royale. Quelques-uns tâchaient même, sous main, de détourner l'ardent polémiste de pousser plus loin dans cette voie. « Ne voyez-vous pas, lui disait-on, que les membres du centre, croyant le Roi attaqué, se reporteront en masse du côté du ministère ? C'est grandir M. Molé, que de montrer en lui le défenseur de la prérogative royale. D'ailleurs, en fait, ajoutait-on, les principes ne courent aucun danger sérieux. Le Roi peut profiter de l'indifférence et des divisions de la Chambre pour mettre au ministère des hommes médiocres, pour nier le crédit des chefs parlementaires ; mais ni lui, ni M. Molé ne contestent les droits de la Chambre et ne songent à y porter atteinte ; ils se soumettraient au contraire à ses caprices les plus absurdes. » On en concluait que la controverse théorique, très-opportune, quand elle était dirigée contre M. Fonfrède, ne pouvait pas être tournée contre le cabinet. « Si les ministres sont au pouvoir, disait-on encore, c'est par les fautes de la Chambre, par ses dissensions intérieures, bien plus que par la volonté du Roi. » Plus d'un indice permet de croire que M. Guizot était de ceux à l'esprit desquels étaient venues ces objections. Du reste, le chef des doctrinaires déclarait alors, dans la même *Revue française,* qu'il n'y avait pas de conflit entre la Couronne et les Chambres. « En théorie, disait-il, la querelle s'engage, les prétentions réciproques se déploient. En fait, quels que soient le bruit et les apparences, soit sagesse, soit faiblesse, soit l'une et l'autre ensemble, les pouvoirs veulent vivre en paix. La lutte constitutionnelle n'est pas sérieuse. »

M. Duvergier de Hauranne était à la fois trop convaincu et trop passionné pour se laisser ainsi arrêter. Bien au contraire, au mois de novembre, sous ce titre : *Des principes du gouvernement représentatif et de leur application,* il réunit en brochure ses deux articles de la *Revue française,* et y joignit une longue introduction qui reprenait les mêmes idées avec plus de vivacité et de hardiesse. Le cabinet était pris à partie, sans aucun ménagement : on le montrait n'ayant « ni fermeté dans sa conduite, ni franchise dans ses paroles, ni dignité dans son attitude ». M. Duvergier de Hauranne ne s'en tenait pas là ; il revenait sur la question de la prérogative royale, donnait à entendre que de « secrètes manœuvres » avaient « aidé » à la chute « du 11 octobre, du 22 février et du 6 septembre », et se plaignait que le ministère du 15 avril, choisi en dehors des règles parlementaires, eût une « soumission absolue aux volontés de la Couronne ». « Le cabinet, disait-il, n'est pas assez libre, assez indépendant, pour que l'opinion s'en prenne à lui seul de ses actions et ne cherche pas à remonter au delà... Le pays donne-t-il tort à l'opposition, quand elle insinue que M. le ministre des affaires étrangères s'occupe beaucoup des députés et des journalistes, fort peu des dépêches qu'il reçoit ou de celles qu'il expédie ? Le pays donne-t-il tort à l'opposition, quand elle montre la maison du Roi presque maîtresse absolue du ministère de l'intérieur, quand elle affirme que partout, au ministère des finances même, les nominations, petites ou grandes, échappent au ministre ? » A ceux qui lui objectaient que 1838 n'était pas 1830, et que M. Molé n'était pas M. de Polignac : Oui, sans doute, répondait M. Duvergier de Hauranne, « je l'avais dit avant vous, et je m'en étais félicité... Proclamons donc bien haut qu'aucun coup d'État n'est à craindre. Mais pour qu'une constitution soit violée, est-il absolument nécessaire qu'on l'attaque à main armée et à visage découvert ? N'existe-t-il pas, en ce monde, plusieurs chemins pour arriver au même but, et n'a-t-on jamais vu la ruse prendre la place de la violence ? » M. Duvergier de Hauranne n'en protestait pas moins de son inébranlable dévouement à la cause de la monarchie de Juillet : en portant ces redoutables accusations, il croyait seulement mettre cette monarchie en garde contre un péril. Il était non moins sincère, quand il se proclamait « pur des calculs ambitieux » qu'on lui avait prêtés, et quand il affirmait que « des griefs privés n'entraient pour rien dans ses appréciations des hommes et des choses ».

Cette brochure eut un retentissement plus grand encore que l'article du mois de juin, sinon dans le pays qui demeurait toujours assez tranquille et indifférent, du moins dans le monde politique. Elle donna un nouvel aliment à la bataille de presse déjà avivée par l'approche de la session. Depuis longtemps, on n'avait vu polémique aussi acharnée. Les écrivains de la gauche se précipitaient sur le terrain de combat indiqué par l'écrivain doctrinaire, et s'y heurtaient aux ministériels, à la tête desquels marchait le *Journal des Débats*. Légitimistes et républicains se jetaient aussi dans la bagarre, avec l'instinct que semblable querelle ne pouvait que leur profiter. En effet, le résultat naturel, inévitable, d'une lutte ainsi engagée, était de découvrir chaque jour davantage la Couronne. Celle-ci se trouvait de plus en plus mise en cause, aussi bien par ses défenseurs que par les assaillants. Il n'était question, dans les journaux, que de la « cour » ; c'était contre la « politique de la cour », le « parti de la cour », le « ministère de la cour », que les coalisés cherchaient à ameuter l'opinion. Tous leurs coups passaient par-dessus la tête des ministres, pour aller atteindre le Roi.

L'opposition ne s'en tenait pas, cependant, à la question constitutionnelle soulevée par M. Duvergier de Hauranne. Il en était une autre plus pratique, où les coalisés, en dépit de leurs points de départ si opposés, trouvaient encore moyen de se rencontrer, et avec laquelle ils avaient peut-être plus de chances de passionner le pays, c'était la question extérieure. Par un point d'ailleurs, les deux questions se mêlaient ; ce que l'on reprochait au ministère, c'était d'avoir livré les affaires étrangères au Roi, et la politique que l'on dénonçait comme étant, au dehors, l'abandon des traditions libérales de 1830, et l'humiliation de la France, on avait bien soin d'indiquer que c'était la politique personnelle de Louis-Philippe. Mais, pour bien comprendre cette autre face de la polémique, il convient d'étudier ce qu'était devenue notre diplomatie depuis l'avénement de M. Molé.

CHAPITRE VI

LA POLITIQUE ÉTRANGÈRE PENDANT LE MINISTÈRE DE M. MOLÉ.

(1837—1838.)

I. Affaires d'Espagne. M. de Metternich et Louis-Philippe. Malgré quelques difficultés, bons rapports avec les puissances continentales. — II. Humeur et mauvais procédés de l'Angleterre. A Paris et à Londres, protestations en faveur du maintien de l'alliance. Le maréchal Soult au couronnement de la reine Victoria. Accalmie générale en Europe. — III. Le gouvernement français demande à la Suisse l'expulsion du prince Louis Bonaparte. Excitation des esprits. Le prince se retire en Angleterre. — IV. L'Autriche annonce qu'elle va évacuer les Légations. Obligation qui en résulte, pour la France, d'évacuer Ancône. Le Roi et M. Molé n'hésitent pas. Antécédents de la question. Raisons de justice et de politique qui militent pour l'évacuation. Comment elle s'opère. — V. Le roi de Hollande adhère aux vingt-quatre articles et en demande l'exécution. Soulèvement des esprits, en Belgique, à la pensée de restituer le Luxembourg. Dispositions des puissances. Que pouvait faire la France? Difficultés qu'elle rencontre à Londres et à Bruxelles. Décision de la conférence. La Belgique finit par se soumettre. Les trois affaires de Suisse, d'Italie et de Belgique sont exploitées par l'opposition. — VI. Action maritime en Amérique, spécialement contre le Mexique. Succès des armes françaises. Fermeté du ministère dans ses rapports avec les puissances. Affaire de Cracovie. Conclusion sur la politique extérieure de M. Molé.

I

Nous avons déjà vu comment, à peine arrivé au ministère des affaires étrangères, M. Molé s'était appliqué, sous la direction du Roi, à rétablir, avec Vienne et Berlin, les bons rapports, un moment altérés à la fin de l'administration de M. Thiers, et comment il avait donné tout d'abord un gage aux puissances continentales, en renonçant à toute intervention armée de la France au delà des Pyrénées[1]. Depuis lors, les choses, en

[1] Cf. plus haut. p. 122 et suiv.

Espagne, étaient allées de mal en pis. Bien que les Cortès eussent revisé la constitution de 1812 dans un sens un peu plus monarchique, la révolution était maîtresse. La reine Isabelle et sa mère se trouvaient en réalité prisonnières des ministres radicaux que les séditions militaires ou seulement l'impossibilité de gouverner faisaient se succéder avec une prodigieuse rapidité. Il n'était pas même permis à Marie-Christine de recevoir une lettre que l'ambassadeur de France demandait à lui remettre de la part du roi Louis-Philippe. Partout, dans l'armée, dans l'administration, le désordre et l'anarchie; les villes et les provinces en insurrections continuelles; le trésor à sec. Pendant ce temps, la guerre civile se prolongeait, sans résultat décisif d'aucun côté, avec plus de brigandages et d'assassinats que de batailles; les deux armées, constitutionnelle et carliste, l'une de cent cinquante mille hommes, l'autre de cinquante, parcouraient une bonne partie de la Péninsule, sans presque jamais se rencontrer, surtout redoutables aux populations paisibles. D'une part, don Carlos était trop incapable pour profiter des avantages d'une pareille situation; d'autre part, les généraux de l'armée constitutionnelle s'entravaient mutuellement par jalousie et employaient à des *pronunciamentos* les troupes qu'on leur confiait pour combattre les rebelles, pendant que les soldats, non payés, insultaient ou massacraient leurs officiers. État inouï qu'un pays d'une civilisation plus avancée et plus compliquée n'eût pu supporter quelques mois, sans tomber en pleine décomposition, et qui devait être celui de l'Espagne pendant plusieurs années. Ce spectacle attristait le gouvernement français, mais le confirmait dans sa résolution de ne pas prendre à sa charge la restauration d'un État si malade. Plus que jamais, il se renfermait dans une attitude d'observation et d'attente, sympathique à la jeune reine, prêt à aider moralement la régente dès qu'elle pourrait reprendre quelque autorité, mais s'abstenant de tout ce qui eût pu paraître un appui donné aux révolutionnaires alors maîtres du gouvernement, et au fond fort incertain sur l'issue finale. Les chancelleries continentales se flattaient même, en voyant la réserve de Louis-Philippe, qu'il évoluait pour se rallier à don Carlos[1]. Sorte de méprise assez fréquente de leur part : peu préparées, par leurs habitudes d'esprit, à saisir certaines nuances intermédiaires, aussitôt qu'elles voyaient le gouvernement français refuser de s'engager en quelque aventure révolutionnaire, elles le croyaient sur le point de s'enrôler dans la Sainte-Alliance[2].

Quoi qu'il en soit, les puissances nous savaient gré de notre conduite en Espagne, et nous témoignaient chaque jour plus ouvertement leur bienveillance. On a vu la part prise par la Prusse, au mariage du duc d'Orléans. A Vienne, M. de Metternich s'employait à améliorer les relations entre l'Autriche et la France. Plus que jamais, il se complaisait dans les rapports secrets qu'il avait noués avec Louis-Philippe. Il s'étendait en dissertations sur la politique conservatrice et sur les moyens de corriger l'origine révolutionnaire de la monarchie, encourageant le Roi à empoigner les rênes du gouvernement[3], lui pro-

---

[1] Lettres de M. de Metternich au comte Apponyi, du 17 février 1837 et du 21 février 1838. Lettre du même à M. de Sainte-Aulaire, en date du 21 février 1838. (*Mémoires de Metternich*, t. VI, p. 196, 271, 272.) — Le chancelier s'en prenait même aux légitimistes français de ce que Louis-Philippe hésitait encore. Le 25 juillet 1837, après avoir rappelé qu'il avait trouvé le roi de Prusse très-chaud pour don Carlos, il ajoutait : « Dites aussi à Alcudia que j'ai des nouvelles de Paris, qui me prouvent que tout irait à souhait sans les légitimistes français qui prennent à tâche de tout gâter, dans le but de créer des embarras à Louis-Philippe et de marier la Restauration en France avec le succès définitif de don Carlos. S'il y a moyen de gâter les affaires de celui-ci, c'est aux légitimistes français que le malheur sera dû. Ces braves gens sont tellement légers, et ils manquent si complètement de toute saine pratique, que l'abîme dans lequel ils sont tombés ne doit surprendre personne. L'événement prouve de nouveau que les amis sont ordinairement plus dangereux que les adversaires. » (*Ibid.*, p. 211.)

[2] M. de Barante notait et expliquait ainsi cette méprise des cabinets du continent : « J'ai pu observer constamment cette impossibilité d'entrer dans une opinion moyenne et de se mettre dans le vrai sur notre situation. Tantôt, c'est une conviction que nous sommes en voie de révolution, que nous nous laissons, par principe, par aveuglement ou par faiblesse, entraîner aux désordres de la république et de l'anarchie ; tantôt, lorsque quelques actes de raison et de force ont manifesté la sagesse du Roi, le bon esprit du pays, l'énergie des ministres, les politiques du pouvoir absolu s'imaginent qu'enfin nous sommes des leurs, que nous revenons dans la bonne route et que nous allons, en commun et par les mêmes procédés, marcher au même but. De là, mécompte, étonnement, blâme de notre politique qu'on taxe d'inconséquence, de mobilité, ou qu'on déclare ne pouvoir comprendre. » (Dépêche de M. de Barante, en date du 15 octobre 1836. *Documents inédits*.)

[3] Lettre du 8 décembre 1836. (*Mémoires de Metternich*, t. VI, p. 161.)

diguant ses conseils[1], flatté des confidences qu'il recevait en réponse[2], et faisant étalage « des lourds travaux auxquels il se livrait » pour remplir cette sorte de mission[3]. Il se croyait autorisé à donner son avis sur les détails de notre politique intérieure, même sur ceux qui touchaient à l'intimité de la maison royale, par exemple, sur la situation à faire au duc d'Orléans[4]. Nous n'avons point trace des réponses du Roi. Non moins expérimenté que le chancelier, et peut-être plus fin, il en prenait et en laissait des conseils de ce dernier, mais écoutait tout sans impatience, s'attachant à prolonger et à resserrer une intimité qui rentrait dans les vues générales de sa politique. A l'origine, l'ambassadeur d'Autriche à Paris était seul dans le secret; plus tard, M. de Sainte-Aulaire, représentant de la France à Vienne, y fut en partie initié[5]. Singulière chose, en vérité, que ces communications mystérieuses et persistantes entre deux personnages venus de points si opposés, placés dans

[1] « Il faut au gouvernement français des conseils, je ne les lui épargne pas; mais ce qui manque, c'est l'organe pour les suivre. » (Lettre de Metternich à Apponyi, du 14 octobre 1837. *Mémoires de Metternich*, t. VI, p. 199.) — « Aussi souvent que je signe une expédition comme celle de ce jour, je suis à me demander si je n'abuse pas des moments du Roi. Comme ma conscience m'absout, ne fût-ce que grâce à l'intention qui me guide, je me refuse à écouter mes scrupules. » (Lettre du 26 janvier 1837. *Ibid.*, p. 191.)

[2] « Ce que Sa Majesté vous a confié au sujet de la gêne qu'Elle éprouve dans l'adoption de mesures légales pour arrêter, en France, le mal le plus flagrant, me cause un chagrin profond, mais ne me surprend pas. » (Lettre du 28 janvier 1837. *Ibid.*, p. 193.)

[3] « Ce sentiment ne m'empêche pas de me livrer à de lourds travaux, et mon expédition de ce jour en renferme une preuve nouvelle. » (Lettre du 7 février 1837. *Ibid.*, p. 194.)

[4] « Le Roi vous ayant fait l'honneur de vous parler de l'attitude de Mgr le duc d'Orléans, je crois pouvoir supplier Sa Majesté de vouer tous ses efforts au soin de faire entrer Son Altesse Royale au conseil. Ce n'est pas là que les héritiers présomptifs du trône courent le risque de se compromettre : c'est dans les Chambres, ou quand ils se trouvent en pleine liberté d'appréciation. Circonscrire cette liberté, c'est rendre aux princes et à l'État qui vit du présent et de l'avenir, un service certain. Si les premiers restent exclus de la connaissance des affaires, ils deviennent, pour le moins, des critiques fort dangereux et la pâture des intrigants. » (Lettre du 28 janvier 1837. *Ibid.*, p. 193, 194.)

[5] M. de Metternich écrit, le 3 janvier 1838, au comte Apponyi, au sujet de M. de Sainte-Aulaire : « Il est, jusqu'à un certain point, dans le secret de mes rapports avec le roi Louis-Philippe, et il les regarde, *aujourd'hui*, comme un bienfait pour la France. »

des conditions et en face de tâches si différentes. M. de Metternich lui-même en était frappé. « Rien n'est curieux, écrivait-il au comte Apponyi, comme les rapports qui se sont établis entre ce prince et le chef du cabinet autrichien, car ils prêtent tout naturellement à beaucoup de fausses interprétations... La vérité, c'est que, malgré des points de départ opposés ou différents, les hommes pratiques peuvent se rencontrer à l'égard du but, et c'est ce qui arrive à ces deux hommes ! Le roi Louis-Philippe ne veut pas m'enrôler sous le drapeau de la révolution, tout comme je ne veux pas le pousser à l'absolutisme. Il veut régner, pour pouvoir vivre, et je ne lui demande pas autre chose. Le jour où nous sommes d'accord sur ce fait, les moyens de nous entendre ne sauraient offrir d'autres difficultés que celles qui sont inhérentes aux choses elles-mêmes [1]. »

Cette intimité n'était pas cependant sans nuages et sans intermittences. Tantôt, c'était une parole prononcée à Paris, qui détonnait aux oreilles des hommes d'État du continent, comme une fausse note révolutionnaire; tantôt, c'était un procédé discourtois des vieilles monarchies, montrant qu'elles n'avaient pas encore pris tout à fait leur parti de traiter le gouvernement de Juillet sur un pied d'égalité. Le 14 janvier 1837, dans un discours sur l'Espagne, M. Molé avait, sans penser à mal, inséré cette phrase : « Nous détestons l'absolutisme et nous plaignons les nations qui connaissent assez peu leurs forces pour le subir. » Aussitôt, grand émoi chez les ambassadeurs d'Autriche et de Russie, qui voyaient là « un appel à la rébellion, adressé à tous les peuples ». De là, pendant quelque temps, un peu de froideur dans les relations diplomatiques. A la cour de Berlin, où l'on avait fait preuve de si amicales dispositions, lors du mariage, on se refusait cependant, malgré les insinuations indirectes de notre représentant, à échanger, avec Louis-Philippe, les ordres de Prusse et de France, comme il était d'usage entre souverains. Frédéric-Guillaume, personnellement, l'eût fait volontiers, mais il n'osait braver le sentiment contraire de son

---

[1] Lettre du 26 janvier 1837. (*Mémoires de Metternich*, t. VI, p. 189, 190.)

entourage où dominait l'influence du Czar. « On nous tient encore en dehors du droit commun, écrivait à ce propos M. Bresson à M. Molé, le 31 décembre 1837. C'est l'ouvrage de l'empereur de Russie. On lui fait ce genre de concession pour l'apaiser. Le roi de Prusse craint de se mettre en avant seul, d'attirer exclusivement sur lui l'attention, de sembler faire parade de ses bons rapports avec nous et de son influence à Paris. C'est un miracle que, dans l'affaire du mariage, nous ayons pu le conduire si loin. Le prince Wittgenstein en est encore lui-même dans l'étonnement[1]. »

Mais ces vieux restes des anciennes dissidences ne produisaient que des ombrages passagers. Le rapprochement n'en continuait pas moins, et chaque jour on était plus content les uns des autres. M. de Metternich, bien que continuant à voir très en noir l'avenir de la France, et tout en disant que « la barque de 1830 faisait eau de toutes parts[2] », « chantait les louanges » de M. Molé, et déclarait « le préférer à tous les autres ministres que le Roi avait eus depuis sept ans[3] »; il aimait à répéter que « le cabinet était composé des hommes les plus honnêtes qui se fussent trouvés au timon des affaires depuis 1830[4] ». « Si le bon Dieu, disait-il encore à M. de Sainte-Aulaire en 1838, me donnait à choisir un ministre des affaires étrangères pour la France, je lui demanderais avec les plus ferventes prières de conserver celui qui y est[5]. » Le chancelier surtout ne tarissait pas en éloges de l'« expérience », de la « haute intelligence », de l'« habileté » de Louis-Philippe, « le seul homme, disait-il, qui, au milieu des sots, n'a pas été un sot ». Et il ajoutait : « Le

---

[1] *Documents inédits.*
[2] *Mémoires de Metternich*, t. VI, p. 195; cf. aussi p. 276 à 279.
[3] Lettre de M. de Sainte-Aulaire à M. Molé, du 11 septembre 1837. (*Documents inédits.*)
[4] *Mémoires de Metternich*, t. VI, p. 195, 276.
[5] Lettre de M. de Sainte-Aulaire à M. Molé, du 9 septembre 1838. — Seulement notre spirituel ambassadeur, quelques semaines plus tard, après avoir transmis à M. Molé de nouveaux compliments de M. de Metternich, ajoutait : « Je vous garantis les paroles; mais quant aux sentiments, je vous prie de croire encore un peu plus à la sincérité de ceux que je vous porte. » Lettre du 22 décembre 1838. (*Documents inédits.*)

Roi n'a pas trouvé, en Europe, un cabinet qui l'ait mieux compris que le nôtre et qui l'ait même deviné, lui et sa pensée gouvernementale, comme nous les avons devinés[1]. » La princesse de Metternich, si prévenue qu'elle fût, était obligée de reconnaître l' « esprit » de Louis-Philippe[2]. Mêmes impressions à Berlin. « La confiance est grande au dehors, écrivait de cette ville M. Bresson, et notre position s'en ressent. » Et encore : « Nous n'avons jamais été mieux placés ici que depuis que M. Molé est au pouvoir. » Dans une autre lettre du 31 décembre 1837, ce diplomate racontait que le prince Wittgenstein, confident du roi de Prusse, lui avait défini ainsi les sentiments de son gouvernement : « En 1830, nous avons vu avec regret la révolution. En 1837, nous ne verrions pas avec un moindre regret une révolution en France. Nous désirons ardemment le maintien de la dynastie. » Et notre ambassadeur ajoutait : « Ces paroles résument la situation en Prusse[3]. » Il n'était pas jusqu'en Russie, où notre gouvernement n'eût gagné en considération. M. de Barante écrivait de Saint-Pétersbourg, le 22 octobre 1837 : « Au dehors, du moins du côté où je suis, la réputation de sagesse et de fermeté du Roi fait, de jour en jour, du progrès... Il y a satisfaction à représenter la France[4]. » Le Czar lui-même se prenait de goût pour M. Molé[5] ; événement plus nouveau et plus extraordinaire encore, il faisait l'éloge de Louis-Philippe. « Sa conduite, disait-il au ministre de Prusse, est aussi bonne que le permettent des circonstances difficiles. C'est évidemment un souverain fort habile ; il est plus fin que nous tous[6]. » Avec Nicolas, il est vrai, ces justices n'étaient que passagères ; la passion reprenait bientôt le dessus, mais sans pouvoir nous nuire beaucoup, car toutes les fois que, dans sa haine contre le gouvernement de 1830, ce prince faisait mine de passer des paroles aux actes, l'Autriche et la Prusse

---

[1] *Mémoires de Metternich*, t. VI, p. 161, 162, 185.
[2] *Ibid.*, p. 347.
[3] *Documents inédits.*
[4] *Ibid.*
[5] Lettre de M. de Barante à M. Bresson. (*Ibid.*)
[6] Lettre du même à M. Molé, 30 décembre 1837. (*Ibid.*)

l'obligeaient de s'arrêter en refusant de le suivre. Leurs ambassadeurs à Saint-Pétersbourg, M. de Ficquelmont et M. Libbermann, avaient même pour instruction « d'amener le Czar à une meilleure appréciation de l'état de la France [1] ».

II

Ces bons rapports avec les puissances continentales n'étaient pas faits pour adoucir la mauvaise humeur avec laquelle l'Angleterre avait vu M. Molé arriver au ministère des affaires étrangères. Il était d'usage à peu près constant, depuis 1830, que les discours de la Couronne, en France et en Angleterre, fissent mention spéciale de l'union existant entre les deux États occidentaux. Le discours du roi des Français, prononcé le 27 décembre 1836, n'y avait pas manqué [2]. Au contraire, le discours du roi d'Angleterre, lu le 31 janvier suivant, se tut complétement sur la France [3]. Cette omission fut très-remarquée. Lord Palmerston avait écrit, le 27 janvier, à lord Granville, son ambassadeur à Paris : « Notre discours ne dira pas un mot de la France ou de l'alliance française. Nous ne pouvons rien dire à son éloge, et par conséquent le silence est la façon la plus polie dont nous puissions en user avec elle. » Le 3 février, après la discussion de l'Adresse où il n'avait pas non plus été question de notre pays, il ajoutait : « Si, comme vous le dites, la France doit avoir été mortifiée de n'être pas mentionnée dans le discours, elle ne trouvera pas probablement plus agréable d'avoir été si complétement oubliée dans le débat [4]. » Même

[1] Dépêche de M. Molé à M. de Barante, du 17 novembre 1837, et lettre de M. Bresson à M. Molé, du 31 décembre 1837. (*Documents inédits*.)
[2] Le Roi disait : « Toujours intimement uni avec le roi de la Grande-Bretagne, je continue à faire exécuter le traité de la Quadruple-Alliance... »
[3] Le roi de la Grande-Bretagne se contentait de dire qu'il « continuait à recevoir de toutes les puissances étrangères les assurances les plus positives de leurs dispositions amicales... » L'année précédente, après une déclaration à peu près identique, il avait ajouté : « L'union intime qui existe entre ce pays et la France est une garantie pour l'Europe du maintien de la paix générale. »
[4] BULWER, *Life of Palmerston*, t. II, p. 214, 215.

silence à l'ouverture de la session de 1838. Lord Palmerston était personnellement fort animé contre M. Molé, qu'il accusait d'avoir des « sentiments anti-anglais [1] ». A chaque instant, nous nous heurtions à la mauvaise volonté du chef du *Foreign Office* et de ses agents. A Saint-Pétersbourg, tandis que les ambassadeurs d'Autriche et de Prusse s'efforçaient d'amener le Czar à de meilleurs sentiments pour la France, l'ambassadeur anglais « ne négligeait aucune occasion de lui en parler dans un sens d'ironie et de malveillance [2] ». Dans l'été de 1837, le nouveau roi de Hanovre ayant aboli, par un véritable coup d'État, la constitution de son royaume, le gouvernement du roi Louis-Philippe, fidèle à la tradition de la politique française, décida de « protéger les libertés allemandes » et de faire des représentations à la diète de Francfort ; l'Angleterre lui dénia vivement le droit de s'occuper de ces affaires.

C'était surtout en Espagne que la dissidence éclatait. Lord Palmerston eût attribué volontiers à notre refus d'intervention l'état misérable de la Péninsule. Lui aussi, comme les ministres du continent, était tout disposé à croire que Louis-Philippe allait, au mépris de la Quadruple-Alliance, abandonner la cause d'Isabelle et se rallier à don Carlos [3]. A Madrid, entre les deux ambassades, l'antagonisme était manifeste. Faire à tout prix échec à l'influence française était le principal souci du représentant de l'Angleterre. La faction radicale, alors au pouvoir en Espagne, était connue pour être « le parti anglais » et faisait montre de son hostilité contre la France. Espartero, populaire dans ce parti, déclarait que « ses inclinations et ses opinions

---

[1] Bulwer, *Life of Palmerston*, t. II, p. 213.

[2] Dépêche de M. Molé à M. de Barante, du 17 novembre 1837. (*Documents inédits.*)

[3] Le roi Léopold de Belgique écrivait à M. Molé, le 8 décembre 1837, au sujet de ces préventions de l'Angleterre : « Vous vous souviendrez que l'opinion a été assez généralement répandue, et surtout par les soins des diplomates du Nord, que le Roi ne serait pas fâché de voir réussir don Carlos. Vous comprendrez combien il est difficile de défendre la politique toute neutre qu'on désire conserver vis-à-vis de l'Espagne, quand on rencontre alors l'idée que, dans cette extrême modération, il pourrait bien y avoir un peu de faveur pour don Carlos. » (*Ibid.*)

étaient en faveur d'une alliance intime avec la Grande-Bretagne », tandis que Narvaez, son rival militaire, son ennemi politique, attaché à la monarchie constitutionnelle, homme d'ordre et d'autorité, passait pour le client de la France. Narvaez était en disgrâce, même en fuite, tandis que montait l'étoile d'Espartero, créé fastueusement duc de la Victoire pour avoir délivré Bilbao.

M. Molé n'ignorait pas les mauvais sentiments de lord Palmerston à son égard[1]. Il y répondait en traitant le représentant de l'Angleterre à Paris avec politesse, mais froidement et sans confiance[2]. Louis-Philippe, dans ses conversations avec les ambassadeurs des puissances continentales, ne se retenait pas toujours de décocher, contre les ministres d'outre-Manche, des épigrammes sur lesquelles naturellement le secret n'était pas gardé[3]. Ces ambassadeurs étaient d'ailleurs fort empressés à insister sur les mécomptes que le Roi rencontrait dans l'alliance anglaise. C'était aussi l'un des sujets sur lesquels revenait le plus volontiers M. de Metternich, dans les communications qu'il destinait à Louis-Philippe. « Cette prétendue alliance, disait-il, pèsera chaque jour davantage sur le *roi conservateur*, tandis que, dans les occasions où il s'éloignera de ce système, il ne trouvera dans les whigs que faux frères qui voudront se servir de lui pour le *gros ouvrage*, ainsi qu'il en a déjà été des prétentions

---

[1] « Le général Pozzo, écrivait M. Molé au Roi, le 15 août 1837, m'a confirmé, ce que je savais déjà, le mauvais vouloir de lord Palmerston pour moi personnellement. Tout le ministère anglais appelle M. Thiers de ses vœux. » (*Revue rétrospective*.)

[2] Lord Palmerston écrivait, le 3 novembre 1837, à son ambassadeur à Paris, lord Granville : « Sébastiani (alors ambassadeur de France à Londres) m'a demandé comment allaient les choses entre vous et Molé. Bien et mal, lui ai-je dit. J'ajoutai qu'on ne peut rien imaginer de plus cordial que la façon dont il vous reçoit, dont il vous parle, toujours avec la plus grande ouverture et la plus grande confiance, du temps, des élections françaises, de ce qui se passe dans les Chambres et ainsi de suite ; mais que, toutes les fois que vous portez la conversation sur les questions européennes où l'Angleterre et la France ont un intérêt commun, et où il y a à faire une chose ou l'autre, Molé se renferme aussitôt dans sa froide réserve, n'a pas d'opinion, n'est pas suffisamment informé des faits, veut réfléchir sur la matière, et en somme s'échappe sans donner aucune réponse. » (BULWER, *Life of Palmerston*, t. II, p. 215.)

[3] HILLEBRAND, *Geschichte Frankreichs*, t. II, p. 362.

anglaises à l'intervention française dans les affaires d'Espagne[1]. » Toutes les fois que le chancelier entrevoyait quelque difficulté entre Paris et Londres, par exemple dans les affaires du Mexique, il se frottait les mains. « Moins ils s'entendent, disait-il, tant mieux pour nous; et certes, je ne graisserai pas les roues pour qu'elles tournent mieux[2]. »

Cependant on se gardait, aussi bien à Londres qu'à Paris, d'une rupture ouverte. Dès le 9 janvier 1837, M. Molé disait solennellement à la Chambre des pairs : « L'honorable préopinant (M. de Dreux-Brezé) a parlé de l'alliance anglaise, et, à ce sujet, il m'a personnellement interpellé. Je suis heureux d'avoir l'occasion de le déclarer à cette tribune : mon opinion personnelle est que l'alliance anglaise doit être la base de notre politique, et qu'aujourd'hui la paix de l'Europe serait compromise, si cette alliance venait à se rompre. » De son côté, lord Palmerston, comme s'il voulait atténuer l'effet fâcheux du silence gardé sur la France dans le discours de la Couronne, saisissait l'occasion d'une interpellation sur les affaires d'Espagne, pour faire, le 10 mars 1837, une déclaration analogue : « En ce qui concerne, disait-il, l'alliance du gouvernement anglais avec la France dans la question espagnole, si quelqu'un ici pense qu'elle s'est relâchée, il se trompe; l'alliance des deux pays est fondée sur des intérêts communs, et j'ai la confiance qu'ils auront longtemps encore les mêmes amis et les mêmes ennemis, parce qu'ils auront le même intérêt dans toutes les grandes questions européennes. »

Le *Journal des Débats* relevait avec satisfaction ce langage, qui, d'après lui, « ne devait laisser aucun doute sur la sincérité de l'alliance unissant les deux puissances[3] », et M. Molé écrivait à l'un de ses ambassadeurs : « Le discours dans lequel lord Palmerston a essayé de réparer l'impression produite par le silence gardé, dans une occasion solennelle, sur l'alliance de la France

---

[1] Lettre à Apponyi, du 2 janvier 1837. (*Mémoires de Metternich*, t. VI, p. 186, 187.)

[2] Dépêche du comte Sambuy, datée de Vienne, le 5 novembre 1838. (HILLEBRAND, *Geschichte Frankreichs*, t. II, p. 288.)

[3] 14 mars 1837.

et de l'Angleterre, aura appelé votre attention. Je dois dire que ce ministre nous avait, depuis longtemps, fait parvenir des explications conçues dans le même esprit. D'après ces explications, l'omission, tant remarquée dans le discours du trône, n'aurait été déterminée que par des considérations de politique intérieure. Lord Palmerston y avait vu d'autant moins d'inconvénients qu'il s'était proposé d'y suppléer dans la discussion de l'Adresse par les déclarations les plus explicites; malheureusement l'Adresse, n'étant pas attaquée, n'avait pu être discutée; il avait dû attendre une occasion, et la malveillance en avait profité pour répandre les assertions les plus contraires aux véritables sentiments du cabinet britannique [1]. » Le roi des Belges s'interposait, avec une intelligente activité, entre les deux gouvernements. Nul n'était à la fois plus intéressé à établir entre eux de bonnes relations, et mieux placé pour aller de l'un à l'autre, en conciliateur; allié de la famille royale d'Angleterre par son premier mariage, il était, par le second, gendre de Louis-Philippe. « Je suis bien heureux d'apprendre, écrivait-il à M. Molé, le 30 novembre 1837, que les rapports entre la France et l'Angleterre s'améliorent de plus en plus, et je suis convaincu que la grande franchise que vous apportez dans vos relations avec le ministère anglais, sera récompensée par les plus grands succès... D'Angleterre, on m'exprime, avec la plus *grande chaleur,* le vif désir que l'on a de *maintenir* l'alliance la plus *sincère* et la plus *intime avec la France.* Vous pouvez compter sur mon assistance bien franche [2]. »

D'ailleurs, s'il y avait quelque méfiance à notre égard, dans l'esprit de lord Palmerston, il ne semblait pas qu'elle fût alors partagée par la nation anglaise. Celle-ci se montrait plutôt en veine de sympathie pour la France. Le 28 juin 1838, il y avait grande fête outre-Manche. C'était le couronnement de la jeune reine Victoria qui avait succédé, le 20 juin 1837, à Guillaume IV. Après une suite de rois peu populaires et qui ne méritaient pas de l'être, le peuple anglais saluait avec enthousiasme l'aurore

---

[1] Lettre à M. de Barante, en date du 14 mars 1837. (*Documents inédits.*)
[2] *Documents inédits.*

radieuse d'un règne dont il ne pouvait cependant pressentir alors toute l'étendue et toute la grandeur. La France se fit représenter à cette cérémonie par le maréchal Soult. Choisir un soldat de fortune pour prendre rang au milieu d'ambassadeurs extraordinaires, appartenant presque tous à la plus ancienne aristocratie d'Europe; envoyer dans la patrie de lord Wellington le général qui avait été, en Espagne et en France, l'adversaire souvent heureux du vainqueur de Waterloo, c'était une inspiration originale et hardie : l'événement prouva qu'elle était heureuse. Au premier abord, on avait pu craindre le contraire : des journaux anglais avaient commencé par attaquer l'ancien lieutenant de Napoléon, chicanant sa gloire, lui contestant le gain de la bataille de Toulouse, et racontant qu'à Waterloo, le dîner préparé pour lui avait été mangé par Wellington. Mais la réaction se fit bientôt, rapide et complète. Fêté par l'aristocratie, acclamé par la foule, le maréchal fut, pendant plusieurs jours, l'objet d'une de ces ovations comme on n'en voit que sur les bords de la Tamise. Au défilé du cortége, la voiture de l'ambassadeur de France, en forme de gondole, d'un fond bleu avec des ornements d'argent, surpassant en splendeur celles des autres diplomates, fut accueillie, sur tout le parcours, par des hourras frénétiques. Le succès du vieux soldat balançait presque celui de la jeune reine. Ces applaudissements retentirent sur le continent. Les autres puissances, dont les représentants avaient été loin de recevoir un tel accueil, se montraient surprises et jalouses. En France, l'amour-propre national était agréablement flatté, non cependant sans que les ministres ne se demandassent si le maréchal n'allait pas revenir, de ce triomphe d'outre-mer, avec une importance embarrassante. « On prétend, écrivait un observateur, que le ministère s'inquiète de son retour : ce sera, dit-on, un petit Bonaparte [1]. »

En somme, bien qu'au fond il y eût refroidissement entre les deux puissances occidentales, aucun éclat ne s'était produit : au contraire, des deux parts, il y avait effort pour conserver les

---

[1] Lettre de la duchesse de Broglie à M. de Barante, 17 juillet 1838. (*Documents inédits.*)

apparences, comme si l'on sentait qu'une rupture ouverte serait une altération inquiétante, peut-être un bouleversement de ce *statu quo* européen que chacun alors s'appliquait à maintenir. A ce point de vue, M. de Metternich lui-même, si désireux qu'il fût de voir se relâcher l'intimité des deux États, se fût effrayé d'un conflit. « Ne croyez pas, — disait-il à notre ambassadeur, avec plus de sincérité qu'on ne lui en aurait peut-être supposé au premier abord, — ne croyez pas que je veuille vous brouiller avec l'Angleterre. Dieu m'en préserve! Je veux seulement vous mettre en garde contre lord Palmerston. Mais serrez-vous contre lui, pour empêcher ses écarts; contenez-le : voilà votre rôle en Europe. Le nôtre est de contenir la Russie, et nous ne manquerons pas à cette mission [1]. »

Rarement on avait vu tous les États aussi sincèrement d'accord pour éviter toute affaire et tout changement. « Il n'est pas une puissance, écrivait M. de Barante à M. Molé, qui désire autre chose que le *statu quo;* aucune ne se propose un but; aucune ne prépare l'exécution d'un dessein [2]. » La situation se prêtait à cette immobilité. Par un phénomène rare d'accalmie politique, aucune difficulté grave ne s'imposait aux gouvernements, ni ne mettait aux prises leurs intérêts et leurs amours-propres. L'Espagne sans doute était toujours en feu; mais cet incendie demeurait comme localisé à l'extrémité de l'Europe; du moment où la France, sa plus proche voisine, se renfermait dans une attitude d'attente et d'observation, les plus éloignés pouvaient bien en faire autant : seule, notre intervention eût transformé la question espagnole en une question européenne. A y regarder un peu attentivement, on aurait discerné, en Orient, le germe d'une complication plus redoutable, dans les menaces de guerre qu'échangeaient le Sultan et le pacha d'Égypte; mais l'opinion et les cabinets eux-mêmes, dans leur désir de repos, perdaient volontiers de vue un danger qui se manifestait sur un théâtre si lointain;

---

[1] Lettre de M. de Sainte-Aulaire à M. Molé, du 27 novembre 1836. (*Documents inédits.*)
[2] Lettre du 2 mai 1837. (*Ibid.*)

d'ailleurs, tous les efforts de la diplomatie ne se réunissaient-ils pas pour retarder la rupture, pour contenir, au jour le jour, l'ambition d'Alexandrie comme le ressentiment de Constantinople?

Dans cette immobilité générale, peut-être y avait-il plus de fatigue du passé ou d'inquiétude de l'avenir que de bien-être actuel. On s'y plaisait cependant, et surtout on désirait la prolonger. Ce n'étaient ni Louis-Philippe, ni M. Molé qui songeaient à troubler, par quelque entreprise, un calme extérieur en harmonie avec leur politique intérieure et avec l'état de l'esprit public en France. Plus que jamais, ils voulaient, selon la formule de M. Thiers, « faire du cardinal Fleury[1] ». Le président du conseil avait personnellement ce qu'il fallait pour éviter avec adresse les difficultés, et aussi pour demeurer inactif tout en gardant bon air. Cette politique n'eût pu sans doute convenir longtemps à une grande nation, mais elle n'était pas alors sans certains avantages[2]. Si de graves questions devaient être soulevées en Europe, notre intérêt n'était-il pas qu'elles le fussent le plus loin possible de 1830, à une époque où, toute méfiance contre le gouvernement de Juillet ayant enfin disparu dans les cours du continent, nous aurions pleine liberté dans le choix de nos alliances? Le temps travaillait alors pour nous.

III

Le ministère jouissait, depuis près de deux ans, de cette tranquillité diplomatique, quand, vers le milieu de 1838, préci-

[1] Louis-Philippe disait à M. de Werther, ambassadeur de Prusse : « Tant que j'aurai Molé, vous pouvez dormir tranquille. » (Dépêche d'Arnim, HILLEBRAND, *Geschichte Frankreichs*, t. II, p. 288.)

[2] « M. Thiers m'écrivait une fois : Ce n'est pas un cardinal de Richelieu qu'il nous faut, mais un cardinal Fleury. — Cela est encore plus vrai aujourd'hui qu'il y a trois ans. Cette ligne de conduite est non pas seulement nécessaire, mais habile. Si nous avons quelque chose à gagner, si nous voulons faire naître des occasions favorables et en profiter, c'est en évitant la jactance ambitieuse et les grands airs de Louis XIV et de Napoléon. » (Lettre de M. de Barante à sa famille. *Documents inédits*.)

sément à l'heure où la coalition des doctrinaires, de la gauche et du centre gauche cherchait son terrain d'attaque, surgirent près de nous, en Suisse, en Italie, en Belgique, des questions, sinon périlleuses, du moins embarrassantes et propres à être exploitées par l'opposition.

Louis Bonaparte n'avait pas séjourné longtemps en Amérique; débarqué à New-York, le 5 avril 1837, il en était reparti, deux mois après, pour rejoindre, en Suisse, sa mère dont il avait appris la maladie. La reine Hortense ne survécut que peu au retour de son fils, et mourut en octobre 1837. Demeuré seul, le prince ne quitta pas Arenenberg. Il fut bientôt manifeste que ce château devenait de nouveau un foyer d'intrigues et de conspiration. Pour rappeler sur lui l'attention de la France, Louis Bonaparte fit publier par un de ses partisans, M. Laity, une brochure, où l'auteur exaltait l'attentat de Strasbourg et s'efforçait de transformer cette misérable échauffourée en une entreprise sérieuse, redoutable, et qui avait été sur le point de réussir. L'événement dont on évoquait ainsi imprudemment le souvenir, autorisait certes le gouvernement français à ne pas se montrer indulgent. Des poursuites furent dirigées contre la brochure de M. Laity. Par défiance du jury, la cour des pairs fut saisie : bien haut tribunal pour une si modeste affaire. L'accusé, profitant de la tribune qu'on lui offrait, proclama avec audace sa foi politique. Il avait pris pour avocat Michel de Bourges : nouvelle preuve des liens qui existaient alors entre les bonapartistes et les républicains. La cour fut sévère; elle voulait sans doute réparer en partie le scandale de l'acquittement prononcé, l'année précédente, par le jury de Strasbourg; Laity fut condamné à cinq années de détention et à dix mille francs d'amende [1].

Cette répression à l'intérieur ne suffisait pas. Le droit des gens autorisait la France à exiger des Suisses que leur hospitalité ne servît point à favoriser une conspiration permanente contre un gouvernement voisin et ami. N'était-ce pas la question déjà posée par M. Thiers, en 1835, à l'occasion des réfugiés

---

[1] 11 juillet 1838.

radicaux ? Cette fois non plus, il n'y avait pas à craindre que notre démarche fût mal vue en Europe. Depuis longtemps, M. de Metternich nous dénonçait les menées bonapartistes dont la Suisse était le siége, et nous poussait à élever de sévères réclamations[1]. « Vous ne m'avez jamais vu varier, écrivait-il au comte Apponyi, sur l'impossibilité, pour le gouvernement français, de laisser la faction anarchique établir son quartier général à Arenenberg[2]. » Il ne pouvait du reste déplaire au chancelier autrichien que de nouveaux ombrages s'élevassent entre la France et la Suisse. Dès les premiers mois de 1838, M. Molé avait fait des représentations à Berne, mais sans presser vivement une conclusion. Ce fut après le procès Laity qu'il se résolut à agir avec plus de vigueur. Le 1er août 1838, il fit remettre au directoire fédéral une note où il s'étonnait « qu'après les événements de Strasbourg et l'acte de généreuse clémence dont Louis-Napoléon Bonaparte avait été l'objet, un pays ami, tel que la Suisse, et avec lequel les anciennes relations de bon voisinage avaient été naguère si heureusement rétablies, eût souffert que Louis Bonaparte revînt sur son territoire et, au mépris de toutes les obligations que lui imposait la reconnaissance, osât y renouveler de criminelles intrigues et avouer hautement des prétentions insensées que leur folie même ne pouvait plus absoudre depuis l'attentat de Strasbourg ». La note demandait « expressément » que « Louis-Napoléon Bonaparte fût tenu de quitter le territoire helvétique », et elle se terminait ainsi : « La France aurait préféré ne devoir qu'à la volonté spontanée et au sentiment de bonne amitié de sa fidèle alliée, une mesure qu'elle se doit à

---

[1] Cf. lettres du 7 et du 9 novembre 1836. (*Mémoires de Metternich*, t. VI, p. 158, 159.)

[2] *Ibid.*, p. 282. — A ce conseil raisonnable, mais non désintéressé, M. de Metternich joignait de curieuses observations sur l'espèce de complicité inconsciente du gouvernement de 1830 dans la propagande bonapartiste. « Prenez-y garde, disait-il à M. de Sainte-Aulaire en parlant du prince Louis, ce jeune fou acquiert de l'importance par le tort qu'on a chez vous de caresser et d'exalter outre mesure tout ce qui se rattache à l'empereur Napoléon. On finira par faire croire à l'avenir d'une dynastie napoléonienne. » (*Mémoires inédits de M. de Sainte-Aulaire.*) — Le chancelier revenait souvent sur cette idée. (Cf. *Mémoires de Metternich*, t. VI, p. 280, 281, 283.)

elle-même de réclamer enfin, et que la Suisse ne lui fera certainement pas attendre. » Grande émotion dans la diète alors assemblée; débat tumultueux, trop souvent même injurieux contre la France. Les partisans du prince arguaient de ce qu'il était citoyen suisse, ayant reçu droit de bourgeoisie dans le canton de Thurgovie; ils obtinrent que la diète ajournât sa décision, pour examiner si en effet Louis Bonaparte se trouvait couvert par sa nationalité. Justement irrité de se voir opposer une objection si peu sérieuse, M. Molé adressa, le 15 août, à son ambassadeur, une dépêche plus sévère encore que la première. « Est-il un homme de bonne foi, disait-il, qui puisse admettre que Louis Bonaparte soit naturalisé Suisse et prétende, en même temps, régner sur la France?... Ne serait-ce pas se jouer de toute vérité, que de se dire, tour à tour, selon l'occurrence, Suisse ou Français, Français pour attenter au repos et au bonheur de la France, Suisse pour conserver l'asile où, après avoir échoué dans de coupables tentatives, on ourdit de nouvelles intrigues et l'on prépare de nouveaux coups? » Il terminait en donnant ordre à l'ambassadeur de demander ses passeports, si l'expulsion était refusée, et « de donner l'assurance que la France, forte de son droit et de la justice de sa demande, userait de tous les moyens dont elle dispose pour obtenir une satisfaction à laquelle aucune considération ne saurait la faire renoncer ».

En Suisse, cependant, les esprits étaient de plus en plus montés. Le canton de Thurgovie, auquel la question de nationalité avait été renvoyée, s'était prononcée pour le prince. Les journaux de Berne, de Genève, de Lausanne s'indignaient avec fracas de la violence tentée contre l'indépendance et la souveraineté de la confédération. Une partie de la presse française s'empressait de faire écho à ces plaintes et à ces colères. Par contre, les puissances, émues de voir Mazzini et d'autres réfugiés, récemment expulsés de Suisse, y rentrer pour s'associer à l'agitation provoquée en faveur du prince, appuyaient notre démarche [1]. Fort embarrassée, la diète délibéra de nouveau sur

---

[1] Les bonapartistes avaient cependant tenté d'exploiter à leur profit la haine passionnée du Czar contre la monarchie de Juillet. Le jeune Jérôme Napoléon,

la question, le 3 septembre ; elle ne put aboutir à aucune décision et se prorogea au 1ᵉʳ octobre.

Le gouvernement français ne voulut pas laisser se prolonger ce qu'il regardait comme une impertinente comédie. Il ordonna de concentrer vingt-cinq mille hommes sur la frontière suisse, sans s'inquiéter des criailleries des journaux parisiens qui, dans leur emportement, en venaient à dire que les soldats devaient refuser de prendre part à une lutte fratricide. Le général Aymar, appelé à commander ce corps d'armée, disait, dans l'ordre du jour qu'il adressait à ses troupes, le 25 septembre : « Bientôt nos turbulents voisins s'apercevront, peut-être trop tard, qu'au lieu de déclamations et d'injures, il eût mieux valu satisfaire aux justes demandes de la France. » En même temps, le grand-duc de Bade mettait le blocus sur sa frontière, le roi de Wurtemberg se préparait à en faire autant, et l'ambassadeur d'Autriche à Berne tenait un langage de plus en plus pressant. En Suisse, l'irritation était au comble ; on s'y livrait à des manifestations belliqueuses ; les milices se rassemblaient sur la frontière, en face des troupes françaises. La situation était critique, et l'on ne pouvait trop savoir comment les choses allaient tourner.

A ce moment, le prince, cause de toute cette émotion, se décida à y mettre un terme. Avait-il pris peur d'une si grosse responsabilité? Comprenait-il qu'il n'était pas de son intérêt de faire trop préciser une question de nationalité dont la conclusion pouvait être qu'il avait perdu la qualité de Français? S'inquiétait-il du rôle qu'il aurait à jouer, en sa qualité d'officier dans l'artillerie bernoise, si la guerre venait à éclater? Toujours est-il qu'il écrivit, le 22 septembre, aux autorités de Thurgovie, pour leur annoncer son intention de quitter la Suisse et de se rendre en Angleterre [1]. La diète, réunie le 6 octobre,

fils de l'ex-roi de Westphalie, allié par sa mère à l'empereur de Russie, était allé trouver celui-ci à Friederichshafen et avait sollicité, pour son cousin, la faveur d'une audience. Le Czar la refusa sans compliments, et il ajouta que, « loin de porter aucun intérêt à cet insensé, il appuierait de tous ses moyens les rigueurs demandées contre lui ».

[1] L'ex-roi Louis vivait encore et était retiré à Florence. Il désirait vivement ne pas avoir la garde de son fils, et celui-ci ne songeait pas du reste à se

saisit avec empressement ce moyen de sortir d'embarras : elle décida de faire à la note de M. Molé une réponse où, tout en maintenant son droit de refuser l'expulsion d'un citoyen suisse, elle annonçait le prochain départ du prince Bonaparte et exprimait l'espoir que rien ne troublerait plus la bonne harmonie des deux pays. Quelques jours après, le 14 octobre, le prince se mettait en route pour l'Angleterre. A y regarder de près, la réponse de la diète prêtait à discussion : M. de Metternich nous conseillait de ne pas nous contenter d'une satisfaction de fait, mais d'exiger « une franche déclaration de principes » : il ajoutait que « tout le monde soutiendrait nos démarches [1] ». Mais M. Molé, qui n'avait pas les mêmes raisons que le chancelier d'Autriche pour désirer prolonger la brouille de la France et de la Suisse, eut la sagesse de ne pas pousser les choses plus loin. Autant il avait été vif et roide pour vaincre la résistance qu'on lui opposait, autant il fut prompt à accueillir la première occasion d'une pacification. Il se déclara donc satisfait de la réponse de la diète, et l'incident put être regardé comme clos.

rapprocher de son père. On peut juger de leurs rapports, par cette lettre que l'ancien roi de Hollande écrivait alors à son fils, par l'entremise de M. de Metternich : « Mon fils, lorsque je croyais avoir raccommodé vos affaires ou, pour mieux dire, réparé autant que possible vos graves torts, je vois que vous parlez de vous retirer en Angleterre. Cela me désole..... Vous ne pouvez ignorer que vous y serez le but et le jouet de tous les intrigants et de toutes les intrigues. Comment ne voyez-vous pas que vous êtes pris pour dupe et qu'on ne se sert de vous que comme d'un mannequin? Si vous voulez vivre tranquille, vous n'avez que l'Autriche..... Vous me dites que vous ne pourriez pas me rejoindre; loin de le désirer,... je m'y opposerais de toutes mes forces..... Je ne suis pas en état de vous rien donner de mon vivant; à ma mort, vous ferez valoir vos droits. Du reste, je n'ai plus rien à vous dire, c'est fini pour toujours. » Puis, après avoir de nouveau insisté pour que son fils se retirât en Autriche, il terminait ainsi : « Adieu. Puissiez-vous éviter les pièges qui vous entourent et profiter du seul refuge qui vous reste, asile dont a profité votre frère, durant plusieurs années, et dont les Bourbons de la branche aînée profitent depuis longtemps! Et vous êtes assez juste, je pense, pour reconnaître que ceux-ci avaient bien autant de droits et d'avantages à revendiquer que vous croyez en avoir. » (*Mémoires de Metternich*, t. VI, p. 289 à 291.)

[1] *Ibid.*, p. 286, 287.

IV

M. Molé terminait à peine l'affaire suisse qu'une autre question, plus gênante encore, s'imposait brusquement à lui et exigeait une solution immédiate. En octobre 1838, M. de Metternich, causant avec M. de Sainte-Aulaire de choses et d'autres, lui dit, sans paraître attacher d'importance à cette nouvelle, que le Pape l'avait invité à faire évacuer la Romagne, que l'Empereur n'avait pu ni voulu demander aucun délai, et que la retraite des troupes impériales allait avoir lieu incessamment [1]. Pour comprendre la portée de cette communication, il faut se rappeler dans quelles conditions, en février 1832, à la nouvelle du retour des Autrichiens à Bologne, Casimir Périer avait brusquement ordonné l'occupation d'Ancône [2]. Après avoir agi de vive force malgré le Saint-Père, il avait beaucoup tenu, pour ôter à l'opération son apparence de procédé de forban, à la faire accepter et régulariser après coup par le gouvernement pontifical. De là, les négociations qui avaient abouti à la convention du 16 avril 1832. Or l'article 4 de cette convention portait : « Aussitôt que le gouvernement papal n'aura plus besoin des secours qu'il a demandés aux troupes impériales, le Saint-Père priera Sa Majesté Impériale Apostolique de les retirer; en même temps, les troupes françaises évacueront Ancône par eau. » L'engagement était pris non-seulement envers le Pape, mais envers toute l'Europe; avant même de signer cette convention, le gouvernement français, par une circulaire adressée à ses agents diplomatiques, avait informé solennellement les puissances que, « dès que les troupes étrangères qui occupaient la Romagne auraient repassé la frontière, nos troupes s'embar-

---

[1] Cette conversation eut lieu à Venise. M. de Sainte-Aulaire s'y trouvait avec la cour impériale qu'il venait d'accompagner à Milan, pour le couronnement de l'empereur Ferdinand, en qualité de roi d'Italie. (*Mémoires inédits de M. de Sainte-Aulaire.*)
[2] Cf. plus haut, t. I, p. 404 et suiv.

queraient aussi pour retourner en France ». Bien donc que M. de Metternich eût affecté, dans sa conversation avec M. de Sainte-Aulaire, de ne pas faire la moindre allusion à cet engagement, sa communication était une mise en demeure d'avoir à l'exécuter.

Peu d'actes, dans notre politique extérieure depuis 1830, avaient autant flatté l'amour-propre national que le coup de main sur Ancône. C'était le souvenir que l'opposition évoquait le plus volontiers, quand elle voulait accuser un ministre de faiblesse et de timidité. Les politiques voyaient dans le maintien du drapeau tricolore au cœur de l'Italie une garantie de notre légitime influence, une satisfaction et une espérance pour les libéraux modérés de la Péninsule, nos vrais clients, un moyen d'obtenir du gouvernement pontifical les réformes réclamées par ses sujets et nécessaires à sa propre sécurité. Il n'était pas jusqu'aux stratégistes de journaux qui, sur le témoignage, plus ou moins bien rapporté ou compris, de Napoléon Ier, ne se fissent l'idée la plus exagérée de l'importance militaire d'Ancône[1]. On juge, dès lors, de l'effet produit par la nouvelle d'une évacuation possible de cette place. Perdant de vue que les Autrichiens, eux aussi, se retiraient, et qu'ainsi le but même poursuivi par Périer était atteint, l'opinion semblait croire que le gouvernement allait abandonner quelque chose de l'œuvre du grand ministre et faire reculer le drapeau de la France. Les opposants, qui, comme toujours, en prenaient à leur aise avec les nécessités de fait et de droit, s'empressaient d'exploiter cette disposition des esprits et de la tourner en colère contre le cabinet. Leur objectait-on le texte formel de la convention, ils demandaient si d'autres traités non moins formels avaient

[1] Louis-Philippe écrivait peu après, sur ce sujet, à M. Molé : « Même en supposant la guerre, Ancône ne pourrait acquérir d'importance qu'après la conquête du nord de l'Italie et des nombreuses places dont elle est hérissée. Jusqu'à l'accomplissement de ce grand œuvre, aujourd'hui d'une difficulté immense, Ancône ne serait qu'un fardeau. Fût-il en état de défense, un simple blocus amènerait promptement la reddition de la place, et, dans son état actuel, elle ne pourrait même pas être défendue. » (Lettre du 12 janvier 1839. *Documents inédits*.)

empêché les puissances d'occuper Francfort ou Cracovie. Tout au moins soutenaient-ils qu'une diplomatie prévoyante et ferme n'eût pas laissé le cabinet de Vienne soulever la question.

De la part de l'Autriche qui faisait alors de si belles protestations d'amitié au ministère français, ce n'était certes pas un bon procédé de le mettre, à la veille d'une session redoutable, en face d'une telle difficulté, et de l'y mettre brusquement, sans l'avoir consulté, sans même l'avoir prévenu. Depuis plus d'une année, des pourparlers étaient engagés à ce sujet entre Rome et Vienne, et l'on ne nous en avait rien dit [1]. Pourtant, peu d'années auparavant, en 1834, M. de Metternich, interrogé par notre ambassadeur, lui avait déclaré qu'au cas où il serait question d'évacuation, « l'Autriche et la France devraient agir de concert [2] ». M. de Sainte-Aulaire était donc fondé à reprocher vivement au chancelier « d'avoir oublié cet engagement, et de nous avoir mis ainsi dans une situation très-critique ». M. de Metternich se défendit sans bonne foi, en invoquant les circonstances : « Tout ce qu'il pouvait faire, disait-il, était de nous procurer quelque délai; l'évacuation n'aurait lieu que le 30 novembre, et, d'ici là, l'affaire demeurerait secrète. » Il ajoutait, révélant ainsi la cause de son mauvais procédé : « Vous portez, en 1838, la peine de votre faute de 1832 [3]. » « Le véritable motif du chancelier, écrivait alors M. de Sainte-Aulaire à M. Molé, et au fond, sa raison valable, c'est que nous ne l'avions pas consulté pour venir à Ancône. Il en garde rancune. Il riait sous cape, quand je lui parlais de l'embarras dans lequel il vous plaçait [4]. » L'expédition d'Ancône avait en effet excité, à Vienne, un ressentiment, demeuré, après six années, encore tout vivace : on était heureux de se venger. Le 30 septembre 1838, avant même d'avoir averti la France, M. de Metternich écrivait au comte Apponyi : « Quant à l'éva-

---

[1] *Mémoires de Metternich*, t. VI, p. 228 et suiv.
[2] *Mémoires inédits du comte de Sainte-Aulaire.*
[3] *Ibid.*
[4] Lettre particulière de M. de Sainte-Aulaire à M. Molé, du 11 octobre 1838. (*Documents inédits.*)

cuation des Légations qui entraîne celle d'Ancône, elle aura la valeur d'un embarras pour ceux qui y ont envoyé des troupes sans aucun fondement de justice ni même de raison. En politique, rien ne se paye aussi cher que les fautes; semblables à celles que l'on commet au jeu, elles font perdre la partie. »
Il parlait avec complaisance du « coup » ainsi porté à la « politique des barricades »; et, tout en se flattant que le drapeau tricolore avait été « inoffensif » en Italie, il ne cachait pas le plaisir qu'il éprouvait à le « renvoyer [1] ».

Qu'une telle conduite nous fournît un grief contre le cabinet de Vienne, soit. Mais ce grief nous déliait-il de l'engagement positif contracté, non envers l'Autriche, mais envers le Pape et l'Europe? M. de Sainte-Aulaire ne le pensait pas, et, tout en se plaignant à M. de Metternich, il pressait le gouvernement français de ne pas refuser l'évacuation. Son opinion avait d'autant plus de valeur qu'il s'était trouvé ambassadeur à Rome, en 1832, et avait négocié la convention qu'il s'agissait d'appliquer. Il écrivait à M. Molé, le 11 octobre 1838 : « Si M. de Metternich ne désire pas retirer ses troupes, votre refus lui ferait beau jeu pour s'établir indéfiniment dans la Romagne. S'il veut sincèrement s'en aller, il partira sans tenir compte de nous, et acquerra ainsi la réputation d'un protecteur loyal et désintéressé auprès de toutes les puissances italiennes, nous laissant à nous le rôle contraire et une attitude qui deviendra plus fâcheuse chaque jour. Quoi qu'il en soit de l'arrière-pensée de M. de Metternich, je vous conjure, cher ami, de ne pas hésiter. L'exemple de Thiers n'est pas fait pour vous convaincre. Je restai consterné quand, en 1836, il m'annonça sa résolution de garder Ancône. Retirez nos troupes sans délai, sans hésitation; rien ne vous donnera meilleure grâce en Europe. Au fait, nous sommes entrés, en 1832, par une mauvaise porte. Je conviens cependant que notre occupation d'Ancône, contestable en principe, détestable dans l'exécution, fut en France d'un effet utile et populaire. Pourquoi? c'est que les Autrichiens

---

[1] *Mémoires de Metternich*, t. VI, p. 231, 285, 286.

étaient à côté, et que cette bravade avait bon air. Mais ôtez les Autrichiens et leur enjeu, que reste-t-il dans la partie [1] ? »

Ni le Roi, ni son ministre n'hésitèrent un moment. Il leur parut aussitôt que l'engagement était formel et impossible à éluder. Les documents que M. Molé trouva, en fouillant les archives de son ministère, ne lui semblèrent pas de nature à affaiblir cette première impression. Il y découvrait par exemple que le cabinet du 13 mars, signataire de la convention du 16 avril 1832, n'avait jamais eu de doute sur l'obligation qui en résultait pour la France : en effet, au commencement d'octobre 1832, le général Sébastiani, alors à la tête des affaires étrangères, sur le bruit mal fondé d'une retraite possible des Autrichiens, avait averti aussitôt notre ambassadeur à Rome que, dans ce cas, « il devait donner immédiatement au général Cubières, sans attendre de nouvelles instructions, l'ordre d'évacuer Ancône » ; et il ajoutait : « Vous ne devez point hésiter un instant à cet égard. » Le cabinet du 11 octobre, tout en s'ingéniant pour que la question ne fût pas soulevée, n'avait pas eu un autre sentiment. C'était seulement en 1836, et avec M. Thiers, que M. Molé voyait apparaître, pour la première fois, dans les documents diplomatiques, une velléité d'éluder l'engagement pris. Le ministre du 22 février avait donné pour instruction à ses agents à Vienne et à Rome d'éviter, autant que possible, toute conversation sur ce sujet. « Si néanmoins, disait-il, vous étiez obligé d'exprimer une opinion, elle devrait être que le fait de la retraite des Autrichiens n'entraînerait pas nécessairement celle de nos propres troupes. » Et, pour trouver un prétexte à ce manque de foi, il ajoutait : « Les garanties d'indépendance qu'on s'était flatté un moment d'obtenir du Saint-Siége, en cherchant à le diriger dans la voie des réformes salutaires, sont moins que jamais à espérer aujourd'hui ; et pourtant, c'est uniquement en vue de cette solution que le gouvernement français s'était prêté à ratifier la convention du 16 avril 1832 [2]. » M. Molé n'avait pas de peine à se rendre

[1] Dépêche du 14 mars 1836.
[2] *Documents inédits.*

compte, en se reportant aux précédents, que cette prétention de lier la question de l'occupation à celle des réformes, était toute nouvelle et absolument contraire aux faits. Si, par le *memorandum* du 21 mai 1831, nous avions, de concert avec les autres puissances, invité le Pape à faire quelques changements dans son gouvernement temporel, ce n'était qu'un conseil tout amical, sans arrière-pensée de coercition, et nul ne songeait alors à une occupation armée. Tout en se montrant disposé à suivre ce conseil, le Pape avait stipulé expressément qu'il ne prenait aucun engagement, et que ses concessions auraient la mesure et l'étendue qu'il jugerait à propos de leur donner. Quelques réformes furent en effet essayées. Mais médiocrement opérées, elles avaient été mal accueillies par les populations travaillées d'idées révolutionnaires. Le gouvernement romain s'était dès lors cru dispensé de pousser plus loin l'épreuve, et les puissances elles-mêmes, à commencer par la France, n'avaient guère insisté. Quand, au commencement de 1832, l'idée vint d'occuper Ancône, ce ne fut, à aucun degré, la suite des négociations relatives aux réformes : on n'agissait pas contre le Pape, et pour le contraindre à modifier son gouvernement, ce qui eût été d'ailleurs une singulière application du principe de non-intervention ; on agissait contre l'Autriche et pour faire contre-poids à l'occupation de Bologne par les Impériaux. Cela fut dit expressément par le ministre d'alors et répété, à plusieurs reprises, par ses successeurs [1]. M. Thiers

[1] Dès le 26 février 1832, c'est-à-dire au lendemain de l'occupation d'Ancône et à la veille de la convention qui devait la ratifier, le général Sébastiani écrivait à l'ambassadeur français à Rome : « Nous ne saurions trop le répéter, nous ne voulons en aucune façon intervenir par la force dans le régime intérieur des États de l'Église... Nous ne cherchons, dans l'occupation d'Ancône, qu'une garantie politique exigée par la dignité de la France. » Un an plus tard, M. de Broglie, voulant expliquer une phrase quelque peu comminatoire, prononcée au sujet du retard apporté aux réformes de l'administration romaine, écrivait à notre ambassadeur : « Cette phrase s'applique uniquement aux éventualités de l'avenir et ne saurait être interprétée comme un retour sur notre promesse d'évacuer Ancône, lorsque les troupes autrichiennes quitteront les Légations. Cet engagement subsiste toujours, et notre intention est de l'exécuter fidèlement, dès que la condition à laquelle il est subordonné se trouvera simultanément accomplie. »
A la même époque, M. de Broglie disait encore à la tribune : « On vous a dit :

ne pouvait l'ignorer et ne se faisait probablement guère d'illusion sur la valeur de sa thèse; mais il se flattait, en prenant cette attitude, d'intimider Rome et l'Autriche, et de prévenir toute demande d'évacuation. Il était d'ailleurs le premier à sentir que le terrain n'était pas solide et qu'on ne pourrait s'y maintenir le jour où la question serait sérieusement soulevée. « La seule chance qui m'embarrasserait beaucoup, avouait-il un jour, ce serait qu'il prît fantaisie au prince de Metternich, qui est retors, d'évacuer le sol pontifical et de nous laisser embourbés à Ancône[1]. » Eh bien, cette hypothèse que M. Thiers lui-même avouait devoir être si embarrassante, était celle en face de laquelle se trouvait M. Molé. Il ne s'agissait plus de manœuvrer pour qu'on ne nous posât pas la question : elle était nettement posée.

En dehors même de la raison de probité diplomatique, M. Molé avait le sentiment très-net et très-vif des inconvénients politiques qu'il y aurait à user de l'exception dilatoire imaginée par M. Thiers. Rester sous prétexte que les réformes n'étaient pas faites dans l'administration pontificale, c'était dénaturer et rapetisser rétrospectivement l'expédition d'Ancône, qui alors, au lieu d'apparaître comme un défi hardiment jeté à une grande puissance, n'aurait plus été qu'un abus de la force contre le plus faible et le plus respectable des États; c'était aussi altérer complétement l'attitude très-sage gardée jusqu'alors à l'égard du Saint-Siége, provoquer ses protestations indignées, et commencer contre lui une de ces luttes à la fois odieuses et inextricables, qu'à défaut même de la conscience chrétienne, la seule prudence politique devait faire soigneusement éviter. Le scandale de notre manque de foi eût d'ailleurs retenti dans toute l'Europe, y eût réveillé les inquiétudes, les préventions, les hostilités auxquelles la monarchie de Juillet s'était heurtée en naissant, et que, depuis huit ans, sa sagesse

---

Mais que sont devenues les promesses faites aux Légations romaines? Cette question est indépendante de la prise de possession d'Ancône. »

[1] Ce propos est rapporté par M. de Metternich, qui disait le tenir « de source certaine ». (*Mémoires*, t. VI, p. 291.)

travaillait avec peine, mais non sans succès, à détruire. Au contraire, en retirant loyalement ses troupes, le gouvernement du Roi se flattait de gagner plus dans la confiance de l'Europe qu'il ne perdait en influence sur l'Italie. Or obtenir cette confiance, n'était-ce pas alors le principal dessein de sa diplomatie et aussi le besoin premier du pays? A ne regarder même que l'Autriche, n'avions-nous pas à lui donner satisfaction un intérêt qui l'emportait sur tous nos petits ressentiments, si fondés qu'ils fussent? C'est en Orient que les hommes d'État attentifs et perspicaces prévoyaient alors les plus graves complications. La France, bien conduite, pouvait y rencontrer l'occasion d'un grand rôle qui eût été la revanche des humiliations de 1815 et de l'isolement suspect de 1830, à une condition toutefois, c'est qu'elle détachât l'Autriche de la Russie. Un refus de quitter Ancône, après la retraite des Impériaux, rendait tout accord impossible entre Paris et Vienne. M. de Broglie, qui pourtant n'aimait pas le cabinet autrichien, n'avait-il pas, pour le disposer à une action commune en Orient, mis lui-même sur le tapis, à la fin de 1835, la question de l'évacuation[1]? A l'époque où nous sommes arrivés, dans les derniers mois de 1838, chacun comprenait si bien l'avantage des bons rapports avec l'Autriche, que M. Thiers, voyageant alors en Italie, s'appliquait à rentrer dans les bonnes grâces de M. de Metternich, lui rappelait leur accord dans les affaires de Suisse en 1836, et donnait à entendre qu'il se désintéressait des affaires espagnoles[2].

Telles furent les raisons qui décidèrent le Roi et son ministre à ne pas se dérober à l'engagement pris d'évacuer Ancône. Quand le comte Apponyi vint annoncer le retrait des troupes autrichiennes, M. Molé l'écouta sans lui répondre, et le laissa partir dans l'ignorance des intentions du gouvernement français. Le lendemain, il fit un tout autre accueil à l'internonce Mgr Garibaldi : sans lui laisser achever sa demande, il l'assura, dans les termes les plus explicites, que tous les enga-

---

[1] *Mémoires inédits de M. de Sainte-Aulaire.*
[2] *Mémoires de M. de Metternich*, t. VI, p. 284.

gements pris envers Sa Sainteté seraient fidèlement exécutés, et qu'il ne resterait pas un soldat français dans Ancône, le jour où les Autrichiens auraient quitté Bologne. Les ordres furent donnés aussitôt, et, le 4 décembre, la petite garnison s'embarquait pour rentrer en France. Cette conduite confirma l'opinion, chaque jour meilleure, qu'on se faisait, en Europe, du gouvernement du Roi. A Rome, la reconnaissance fut très-vive. Tout le corps diplomatique fit l'éloge du président du conseil, et M. de Metternich avoua qu'il ne l'aurait pas cru si hardi à dominer les entraînements de l'opinion [1].

M. Molé s'était toutefois demandé s'il n y aurait pas moyen d'atténuer, par quelque petite compensation, le déplaisir ressenti en France. Il essaya d'obtenir que le Pape nous remerciât de notre occupation et indiquât l'intention d'avoir, au besoin, de nouveau recours à nous. Mais, à Rome, si l'on nous savait grand gré de la loyauté avec laquelle nous nous retirions, on ne nous avait pas encore pardonné la façon dont nous étions venus. La chancellerie pontificale usa donc de réponses dilatoires et ne nous accorda pas, en fin de compte, la satisfaction que nous demandions [2]. M. Molé eut une autre velléité plus hardie : c'était de consoler le patriotisme mortifié, en relevant, au mépris des stipulations de 1815, les fortifications d'Huningue [3]. M. de Sainte-Aulaire avait été même chargé de sonder à ce sujet M. de Metternich : le chancelier était demeuré impassible et n'avait pas eu l'air de faire attention à l'ouverture. Notre ambassadeur n'avait pas insisté : mais son impression, aussitôt transmise à Paris, était que, la chose une fois faite, l'Autriche la laisserait passer. M. Molé ne crut pas devoir aller plus loin. Manqua-t-il de hardiesse, ou bien la sagesse un peu sceptique du Roi estima-t-elle que cette bravade sentimentale ne valait pas les mécontentements qu'elle éveillerait et les risques qu'elle pouvait faire courir?

[1] *Mémoires inédits de M. de Sainte-Aulaire.*
[2] Lettres de M. de Latour-Maubourg, ambassadeur à Rome, à M. Molé, en date du 28 octobre au 23 novembre 1838. (*Documents inédits.*)
[3] Le démantèlement de la place d'Huningue, imposé par les traités de 1815, avait vivement froissé le sentiment national.

V

L'affaire d'Ancône n'était qu'un embarras. Le ministère put craindre, un moment, de rencontrer, sur notre frontière du Nord, un péril. Une démarche du roi de Hollande, Guillaume Ier, venait en effet de réveiller inopinément la question belge qui sommeillait depuis 1833. On se rappelle en quel état se trouvaient les choses à cette date. Devant le refus de Guillaume d'adhérer, comme la Belgique, au traité des vingt-quatre articles par lequel la conférence de Londres avait fixé le partage des territoires et des dettes entre les deux fragments de l'ancien royaume des Pays-Bas [1], le gouvernement français, en décembre 1832, avait enlevé de force aux Hollandais la citadelle d'Anvers et l'avait remise aux Belges, auxquels elle devait appartenir d'après le partage. Guillaume n'occupait plus dès lors, en dehors du territoire que la conférence lui avait laissé, que quelques petits fortins situés sur le bas Escaut; la Belgique, au contraire, par une très-large compensation, se trouvait détenir, comme à titre de nantissement, la partie du Luxembourg et du Limbourg attribuée à la Hollande. Celle-ci aurait donc eu intérêt à accepter la décision de la conférence : mais Guillaume, par obstination d'amour-propre, par espoir d'une révolution en France ou d'une guerre en Europe qui lui permettraient de remettre tout en question, avait persisté à refuser de signer le traité. On n'avait obtenu de lui, le 21 mai 1833, qu'une suspension des hostilités, chaque partie demeurant « provisoirement » en possession des territoires qu'elle occupait. Depuis lors, on n'avait plus entendu parler de rien, quand, en mars 1838, le roi de Hollande, las d'attendre une occasion de revanche qui ne se présentait pas, se déclara prêt à adhérer et à se conformer aux vingt-quatre articles; il en demandait, par contre,

---

[1] Cet acte était du 15 octobre 1831, et l'adhésion de la Belgique, du 15 novembre suivant.

l'exécution à son profit, c'est-à-dire la restitution de sa part du Limbourg et du Luxembourg.

Au lieu de se réjouir de ce que leur indépendance allait être enfin unanimement reconnue et définitivement consacrée, les Belges ne virent que la mise en demeure de rendre des territoires qu'avec le temps ils s'étaient habitués à regarder comme leurs. Ils protestèrent aussitôt qu'il leur était impossible de se laisser séparer de populations attachées à leur cause, partageant leur foi religieuse et politique, ayant souffert et combattu avec eux, et représentées, depuis plusieurs années, comme les autres provinces du royaume, au Parlement de Bruxelles. Débats des Chambres, adresses des villes et des corporations, manifestations souvent tumultueuses, tout semblait témoigner de la volonté de repousser, à tout risque, ce que l'on prétendait être un démembrement de la patrie belge. La presse entière, la majorité des Chambres et une partie des ministres étaient dans le mouvement, mouvement si général, si impétueux, que le roi Léopold, dont on connaît l'habituelle sagesse, n'osait se mettre en travers. A Paris, les feuilles de l'opposition s'associaient bruyamment à ces protestations, faisant croire ainsi à nos voisins qu'ils avaient l'opinion française avec eux et pouvaient, dès lors, être téméraires impunément.

Était-il donc possible à notre gouvernement d'approuver et de soutenir cette résistance? La question de droit n'était pas douteuse. La Belgique avait accepté le traité des vingt-quatre articles; elle en avait invoqué l'application à son profit; c'est en vertu de ce traité qu'elle nous avait demandé de la mettre en possession de la citadelle d'Anvers. Pouvait-elle le répudier maintenant dans les clauses qui étaient à sa charge? Il avait toujours été entendu que la détention des deux provinces n'était que provisoire, et le retard qu'avait mis le roi Guillaume Ier à adhérer au traité ne pouvait délier la Belgique d'engagements contractés, non envers la Hollande, mais envers les cinq grandes puissances. Celles-ci d'ailleurs ne se montraient pas disposées à délier la Belgique de ces obligations. La conférence de Londres avait rouvert ses séances, en juin 1838, pour délibérer sur la démarche du roi de Hollande. Les représentants de l'Autriche, de la Prusse et de la Russie, qui ne s'étaient résignées jadis qu'à contre-cœur au démembrement des Pays-Bas, déclaraient bien haut que « si l'on touchait aux limites hollando-belges, les vingt-quatre articles tomberaient, et qu'il ne resterait plus rien du nouveau royaume [1] ». Le plus grave était que l'Angleterre faisait, cette fois, cause commune avec les trois cours continentales. Était-ce la conséquence du refroidissement qui s'était produit entre Paris et Londres? Toujours est-il que lord Palmerston mettait une sorte d'empressement à se prononcer, dès le début et sans se concerter avec nous, contre les prétentions territoriales de la Belgique [2]. De toutes parts, il revenait au cabinet français que le gouvernement britannique marchait, sur cette question, entièrement d'accord avec l'Autriche, la Prusse et la Russie. « Sachez, écrivait-on de Vienne à M. Molé, que la communauté d'action des quatre cours existe jusque dans les détails les plus intimes. Instructions, courriers, télégraphes, tout est en commun. Chacun parle et agit pour les trois autres comme pour soi, sans crainte d'être démenti. Dans toutes les questions grandes ou petites de cette affaire-ci, vous allez vous trouver en face de toute l'Europe [3]. »

Prendre parti pour les exigences de la Belgique contre le texte formel des traités et contre la volonté unanime des puissances eût été une témérité injustifiable. Mais pouvions-nous, d'autre part, demeurer témoins passifs et insouciants du conflit aigu qui menaçait de s'engager entre nos alliés de la conférence de Londres et nos protégés de Bruxelles? Si la résistance de ces derniers se prolongeait, et s'il prenait, par exemple, fantaisie au gouvernement de Berlin de se faire le gendarme de la conférence et de tenter, pour déloger les Belges du Luxembourg, le pendant de ce que nous avions fait pour arracher Anvers aux

---

[1] *Mémoires inédits du comte de Saint-Aulaire.* — Cf. aussi la correspondance de M. de Sainte-Aulaire et de M. Bresson. (*Documents inédits.*)
[2] Lettre de M. Molé à M. Bresson, du 27 mai 1838. (*Documents inédits.*)
[3] Lettre de M. de Langsdorff, alors chargé d'affaires à Vienne, en l'absence de son beau-père, le comte de Sainte-Aulaire. (*Documents inédits.*)

Hollandais, laisserions-nous accomplir librement cette intervention prussienne à laquelle nous avions, en 1830, opposé un *veto* si ferme et si écouté? Permettrions-nous à la vieille Europe de prendre, contre la France de Juillet, une si éclatante revanche? Ou bien renouvellerions-nous ce *veto*, au risque d'une guerre où nous serions seuls contre toutes les autres puissances? Il fallait à tout prix empêcher que les choses en vinssent à l'une ou à l'autre de ces extrémités, et, pour cela, il fallait amener l'Europe à se montrer patiente, la Belgique à faire preuve de sagesse et de résignation.

Le Roi et M. Molé virent la difficulté et le péril de la situation, et ils arrêtèrent tout de suite leur ligne de conduite avec fermeté et clairvoyance. Ils commencèrent par avertir le cabinet de Bruxelles qu'il ne serait pas soutenu dans ses prétentions territoriales. Ces avertissements devaient être donnés avec un tact particulier : si l'on ménageait trop les Belges, on risquait de laisser croire à ces enfants gâtés qu'ils finiraient par nous forcer la main ; si on leur parlait trop durement, il y avait danger de les pousser par dépit à quelque coup de tête ou d'acculer le roi Léopold à quitter une partie devenue trop difficile : certains indices révélaient alors chez ce prince des tentations de découragement. Ce fut Louis-Philippe qui se chargea plus particulièrement de remplir cette tâche délicate, au moyen de la correspondance directe qu'il avait l'habitude d'entretenir avec son royal gendre [1]. Ses lettres de cette époque, publiées, en 1848, par ceux qui s'en étaient emparés au pillage des Tuileries, lui font le plus grand honneur [2]. Impossible de

---

[1] Louis-Philippe écrivait à M. Molé le 12 janvier 1839, en lui communiquant certaines nouvelles de Bruxelles : « Vous n'y verrez que trop d'indices de cette disposition de dégoût du roi Léopold qu'il est bien plus important d'arrêter qu'on ne le pense en général, parce qu'on n'y croit point, et c'est une erreur d'autant plus fâcheuse que s'il plantait là son affaire, les embarras seraient incalculables, et la paix serait bien gravement compromise. Son parti révolutionnaire lui donne avec raison beaucoup d'inquiétude, et il n'y a que lui qui puisse le *mater*. C'est très-sérieux, et je vous dirai sur cela des choses que je ne puis dire qu'à vous. Il faut donc nous attacher à le relever et à lui redonner la confiance qu'il perd. » (*Documents inédits*.)

[2] Cette publication a été faite par la *Revue rétrospective*.

prévenir plus nettement la Belgique qu'en dehors de la délimitation fixée par les vingt-quatre articles, « tout était illusoire et chimérique »; impossible de la conjurer plus instamment de céder. Mais, en même temps, l'accent plein d'un intérêt si vrai pour la nation, d'une affection si émue pour le prince, tempérait ce que l'avertissement avait de déplaisant. Pendant que le gouvernement français tenait ce langage à la Belgique, il tâchait d'obtenir pour elle, des puissances, quelques avantages, notamment un allégement des charges pécuniaires qui lui avaient été originairement imposées dans le traité de partage. L'obstination de la Hollande ayant obligé la Belgique à maintenir, pendant plusieurs années, un grand état militaire, n'était-il pas équitable, disait-on, de faire supporter ce surcroît de dépenses à ceux qui l'avaient causé? C'était, de l'avis des gens sensés, ce que l'on pouvait espérer de mieux pour la Belgique[1]. Et surtout, la France s'appliquait à retarder les décisions définitives de la conférence, dans l'espoir que le temps ainsi gagné permettrait à ses voisins d'y voir plus clair et de se conduire avec plus de sang-froid.

Le plan était habilement conçu, mais, ni d'un côté ni de l'autre, il n'était facile à exécuter. Conseils et avertissements semblèrent tout d'abord peu écoutés des Belges : les têtes étaient chaque jour plus échauffées et plus troublées; les bravades belliqueuses se multipliaient. Cette agitation avait pour plus claire conséquence d'interrompre complétement toute industrie et tout commerce. Les usines se fermaient, les boutiques étaient vides. La banque de Belgique se voyait même bientôt réduite à suspendre ses payements et à solliciter de ses créanciers un délai de trois mois. Les nombreux ouvriers, jetés sur le pavé, passaient leur temps en promenades tumultueuses, et nul ne pouvait prévoir où les conduirait un pareil régime d'excitations et de souffrances. Ce petit pays, naguère si riche et si tran-

---

[1] M. de Sainte-Aulaire, après avoir parlé de la tentative faite pour obtenir une diminution de dette pour la Belgique, ajoutait : « Les gens qui ne se contenteront pas à ces conditions n'auront guère d'idée des choses possibles en Europe. » (Lettre du 28 octobre 1838. *Documents inédits.*)

quille, semblait à la veille d'une faillite et d'une révolution. Pendant ce temps, les puissances, fortes de leur union, supportaient mal les retards que nous leur imposions. C'est en Prusse surtout que l'impatience se manifestait : on en suit les progrès dans la correspondance de notre ministre à Berlin, M. Bresson. En août, ce diplomate remarquait, dans le cabinet prussien, « la décision plus grande du langage sur l'affaire belge, parce qu'on se croit en droit de réclamer l'exécution d'un traité » ; mais il ne discernait pas encore de péril de guerre. Le 7 novembre, il écrivait que M. de Werther, alors ministre des affaires étrangères, « n'entrevoyait plus que rupture des négociations, catastrophes et guerre générale ». En décembre, il se montrait luimême très-préoccupé des dispositions de la Prusse[1]. A Saint-Pétersbourg, M. de Barante constatait avec inquiétude les « fureurs » de l'ambassadeur de Prusse[2]. Bien que moins passionné sur cette question, M. de Metternich était disposé à laisser faire la cour de Berlin[3]. Quant à lord Palmerston, il ne paraissait occupé qu'à reconquérir, à nos dépens, les bonnes grâces des puissances continentales, en se montrant le plus vif à blâmer nos efforts en faveur de la Belgique[4]. L'habile directeur à notre ministère des affaires étrangères, M. Desages, envoyé exprès à Londres, en décembre, pour obtenir de nouveaux délais, se heurtait à la mauvaise volonté nullement voilée du chef du *Foreign Office*[5].

Après être parvenu, non sans peine, à retarder toute décision pendant plus de six mois, le moment vint où M. Molé ne put plus empêcher la conférence de rendre son arrêt. Le 11 décembre 1838, celle-ci décida que rien ne serait changé à la délimitation territoriale fixée par les vingt-quatre articles, avec ce correctif important, dû à notre insistance, que les charges

---

[1] Correspondance de M. Bresson avec M. Molé. (*Documents inédits.*)

[2] Lettre de M. de Barante à M. Molé, du 22 décembre 1838. (*Documents inédits.*)

[3] Lettre de M. de Sainte-Aulaire à M. Molé, du 9 septembre 1838. (*Documents inédits.*)

[4] *Mémoires inédits* de M. de Sainte-Aulaire.

[5] Lettre de M. Desages à M. Molé. (*Documents inédits.*)

financières imposées à la Belgique par le traité primitif seraient réduites de près de moitié. Conformément à la politique suivie dès le premier jour, la France ne se sépara pas de l'Europe en cette circonstance ; son plénipotentiaire signa le protocole, mais sous réserve de l'approbation du gouvernement. C'était un moyen, avoué d'ailleurs aux autres puissances, de gagner encore quelques jours. M. Molé avait désiré ce dernier ajournement, un peu pour lui, afin de laisser passer la discussion de l'Adresse qui allait commencer dans la Chambre des députés, beaucoup pour la Belgique, qui devait trouver, dans ce suprême répit, le temps de revenir enfin à la raison.

Louis-Philippe recommença, en effet, plus vives encore, ses instances auprès de Léopold. « Je sais, lui écrivait-il le 18 décembre, que, dans l'opinion des révolutionnaires belliqueux qui vous poussent à la guerre pour mieux assurer votre perte, ils disent : « Eh bien ! forçons Louis-Philippe à déclarer qu'il nous « abandonne. S'il ne l'ose pas, nous triomphons et nous avons la « guerre ; mais s'il l'ose, alors nous déverserons sur sa tête tout « l'odieux de cet abandon, et nous ne parlerons que des grandes « prouesses que nous aurions faites si la France ne nous avait pas « manqué. » Voilà, mon cher frère, ce que je sais bien qui m'attend de leur part ; voilà la récompense qui m'est réservée pour avoir soutenu et défendu, comme je l'ai fait, et votre couronne, et l'indépendance, et tous les intérêts de la Belgique, sans me laisser dégoûter par l'ingratitude des Belges, ni intimider par leur extravagance. C'est à vous à voir si vous croyez de votre devoir de me laisser seul dans cette position ; mais, quant à moi, mon parti est pris. Je crois de mon devoir de les braver et de faire signer le protocole, et je vous avertis donc de nouveau qu'il le sera. Cependant, nous résisterons encore à la signature immédiate ; nous prenons encore un délai, qui, quoique bien court, vous laisse un peu de temps pour réfléchir définitivement sur ce que vous allez faire, et pour agir autour de vous et leur faire comprendre le véritable état des choses. » Il ajoutait, le 9 janvier : « Si vous attendez les sommations et plus encore les collisions, si vous laissez aller la chose jusque-là, Dieu sait ce qui en arrivera, et quelles seront les conditions qu'on pourra obtenir lorsque ces messieurs pourront dire : *Il n'y a plus ni conférence ni traité.* Quoi qu'en disent les correspondants de la *Gazette d'Augsbourg*, je n'ai pas à me reprocher de ne vous en avoir pas averti, et ce n'est pas moi qu'on peut accuser, comme ils le font, de vous avoir entraîné dans ce guêpier, pour m'emparer de vos dépouilles [1]. »

Ces avertissements si émus et si fermes avaient alors un peu plus de chance d'être entendus en Belgique. La misère y était devenue intolérable, et des pétitions commençaient à se signer dans les centres manufacturiers, pour supplier le gouvernement de ne pas se jeter dans une guerre insensée. Cependant le mouvement belliqueux paraissait encore si fort qu'à la rentrée des Chambres, les ministres du roi Léopold crurent nécessaire de demander, comme à la veille d'une guerre, l'autorisation de percevoir à l'avance les six premiers mois de la contribution foncière; ils engagèrent, en outre, à leur service, un des chefs de l'insurrection polonaise de 1830, Skrzynecki, démarche qui ne contribua pas peu à augmenter l'irritation des trois cours continentales.

Nous ne pouvions prolonger sans péril une telle situation. Le langage des diplomates étrangers devenait menaçant. « La corde était trop tendue, écrit M. de Sainte-Aulaire dans ses *Mémoires,* et menaçait de se rompre. » Les troupes belges, hollandaises, prussiennes, et celles de la Confédération germanique, se trouvaient en présence sur les frontières du Limbourg et du Luxembourg; la France avait dû masser un corps d'observation dans les Ardennes; un coup de fusil, tiré par imprudence ou à dessein, eût donné le signal d'une mêlée générale. A Paris, d'ailleurs, la discussion de l'Adresse était terminée. M. Molé se décida donc enfin à ratifier la signature donnée provisoirement par son ambassadeur, et, le 23 janvier 1839, les cinq plénipotentiaires notifièrent à la Haye et à Bruxelles leur décision, devenue cette fois bien définitive. Le roi de Hollande y

---

[1] *Revue rétrospective.*

donna son adhésion, le 2 février. Le gouvernement belge dut se rendre compte qu'il ne pouvait résister plus longtemps : il essaya une dernière contre-proposition qui fut repoussée par la conférence ; enfin, le 18 mars, après un débat orageux, la Chambre des représentants autorisa l'acceptation du traité proposé. Les dernières signatures furent échangées le 19 avril.

A cette date, M. Molé, ainsi qu'on le verra plus tard, était déjà depuis quelque temps démissionnaire. Toutefois, ce n'en est pas moins à lui, après le Roi, que revient le mérite d'avoir surmonté et dénoué les difficultés de cette crise. Après avoir bien mis en train, en 1830, cette affaire belge, l'une des entreprises diplomatiques les plus heureuses de la monarchie de Juillet, il eut cette chance de la bien finir, en 1839. S'il avait, au contraire, écouté les conseils et pris peur des reproches de l'opposition coalisée, s'il s'était laissé séparer de l'Europe pour soutenir les prétentions territoriales de la Belgique, on ne peut savoir ce qu'il fût advenu de celle-ci, mais la France se fût certainement trouvée dans un grand péril. Ce péril, il est facile aujourd'hui de s'en rendre compte, car c'est celui-là même auquel un cabinet moins clairvoyant ne sut pas échapper, peu après, dans la question d'Orient. La France eût été seule avec la Belgique contre toute l'Europe, comme elle devait, un an plus tard, se trouver seule avec l'Égypte ; et la proximité de la Belgique eût rendu le danger plus grand encore. Les conséquences déplorables de l'isolement de 1840, conséquences qui ont pesé, pendant tant d'années, sur notre politique, permettent de mesurer quelle reconnaissance est due à M. Molé pour avoir évité la faute où devait tomber M. Thiers.

En Belgique donc, comme, à la même époque, en Suisse et en Italie, le ministère avait bien agi ; il avait fait ce qu'exigeait la foi des traités et ce qui convenait, sinon aux préventions passagères du pays, du moins à ses intérêts permanents. Toutefois, il y avait dans ces événements, tels qu'ils se présentaient à la fin de 1838, des apparences et des coïncidences dont ne manquaient pas de s'emparer les opposants, alors en train de s'armer pour les prochains débats de la session. A entendre leurs journaux, partout en Europe, la « politique de Juillet », humiliée par les autres puissances, répudiée par nous-mêmes, se trouvait en recul; partout, le ministère avait abandonné la clientèle libérale de la France aux vengeances de la Sainte-Alliance, poussant même parfois la faiblesse ou la trahison jusqu'à se faire l'instrument de ces vengeances; et alors, parcourant toutes nos frontières, du nord au midi, on montrait la Belgique sur le point d'être démembrée, sans que nous sachions ou osions la protéger; la Suisse encore tout exaspérée contre nous de ce que nous avions, aux applaudissements et avec l'appui des puissances absolutistes, violenté son indépendance; le drapeau tricolore, garantie de l'influence française au delà des Alpes et espoir de la liberté italienne, se retirant humblement d'Ancône, par déférence pour l'Autriche; enfin, pour compléter ce tableau, la monarchie constitutionnelle aux abois en Espagne, et les bandes de don Carlos enhardies jusqu'à menacer Madrid. Sur ce terrain, comme sur celui où s'était placé M. Duvergier de Hauranne, les doctrinaires croyaient pouvoir, sans renier leur passé et leurs principes, tendre la main à la gauche. Bientôt, la question étrangère devint le principal objet des polémiques de la coalition. Celle-ci sentait qu'elle avait chance de réveiller et de passionner le pays, jusqu'alors assez indifférent à cette lutte de partis ou de personnes, en faisant appel à la susceptibilité nationale, plutôt qu'en dissertant subtilement sur la prérogative parlementaire. M. Guizot et ses amis n'avaient-ils donc pas conscience que, cette fois encore, l'attaque dépassait le ministère pour atteindre le Roi, connu et dénoncé comme le véritable directeur de cette politique étrangère, comme l'auteur principal des déviations et des défaillances qu'on prétendait y relever?

VI

A la même époque, cependant, et sur les théâtres les plus divers, ce gouvernement qu'on accusait si facilement d'être, au dehors, craintif, insensible aux exigences de l'honneur national, montrait qu'il savait défendre vivement les intérêts du pays et tenir d'une main ferme son drapeau. Depuis longues années, la république noire d'Haïti n'exécutait pas les engagements qu'elle avait pris, en 1825, en retour de la reconnaissance de son indépendance ; bien loin de fournir les 150 millions promis aux colons dépossédés, elle ne payait même pas les intérêts de l'emprunt contracté en France sous ce prétexte. Le ministère envoya une escadre à Port-au-Prince, pour rappeler leurs obligations à ces débiteurs oublieux et sans gêne : un traité fut conclu où, tout en réduisant le solde de l'indemnité due à soixante millions payables en trente annuités, il fut stipulé que le payement en commencerait immédiatement [1]. On envoya aussi une escadre devant Buenos-Ayres, pour tenir en respect le féroce Rosas, président de la république Argentine, dont le despotisme se jouait des intérêts de nos nationaux. Un blocus fut établi, un fort enlevé, mais sans dompter Rosas, qui devait encore, pendant plusieurs années, occuper désagréablement notre marine et notre diplomatie.

C'est au Mexique que notre action fut le plus brillante et le plus décisive. Dans l'anarchie devenue l'état normal de cette république, les résidents français avaient eu gravement à souffrir, et les réclamations adressées à ce sujet étaient demeurées sans résultat. En octobre 1838, une petite escadre, sous les ordres du contre-amiral Baudin, arrivait dans les eaux du Mexique : l'un des bâtiments, la corvette *la Créole*, était commandée par le prince de Joinville, alors âgé de vingt ans. Rien n'arrêta nos vaillants et hardis marins, ni les difficultés de la mer, ni les bravades et la perfidie du gouvernement mexicain, ni l'avantage numérique et le réel courage des soldats ennemis, ni les plaintes du commerce anglais et américain, entravé par nos hostilités, ni la surveillance ombrageuse de la flotte britannique, jalouse de voir s'exercer notre action maritime. Le fort de Saint-Jean d'Ulloa, réputé imprenable, fut réduit à capituler

[1] Février 1838.

après un bombardement de quelques heures : et, peu de jours après, nos compagnies de débarquement forçaient les portes de Vera-Cruz, malgré la résistance d'une garnison bien supérieure en nombre [1]. Le tout jeune commandant de la *Créole*, ardent à réclamer la première place au danger, se distingua, dans tous ces combats, par sa brillante intrépidité, électrisant les hommes qu'il menait au feu, acclamé, au milieu même de la canonnade, par les autres équipages témoins de son impatiente valeur, et conquérant ainsi, dès son début, dans la marine, une popularité qui n'a fait ensuite que grandir. Cette rude leçon une fois donnée, notre gouvernement évita la faute qui devait, en une occasion analogue, entraîner le gouvernement de Napoléon III dans une si néfaste aventure et coûter si cher à la France. Il mit à borner son entreprise la même décision dont il avait fait preuve dans l'action : des négociations furent aussitôt engagées avec les vaincus, et, peu après, un traité fut signé, accordant à la France les satisfactions qu'elle demandait [2]. La nouvelle de la prise de Saint-Jean d'Ulloa arriva à Paris, le 6 janvier 1839, au moment où l'opposition indiquait, dans son projet d'Adresse, des doutes sur l'énergie avec laquelle l'expédition du Mexique était conduite. Aussi, en annonçant cette « glorieuse nouvelle », le *Journal des Débats* disait-il, avec une fierté légitime : « Les partis accusent le ministère du 15 avril d'avoir humilié la France à l'étranger. Le ministère a répondu à ces reproches, l'année dernière, par la prise de Constantine; cette année, par le blocus du Mexique, entrepris malgré les réclamations du commerce anglais. Il y répond maintenant en plantant le drapeau français sur les ruines de Saint-Jean d'Ulloa démantelé [3]. »

Ce n'était pas seulement dans les mers lointaines et sous les yeux des marins anglais que M. Molé faisait acte de fermeté hardie, c'était aussi parfois en Europe et à l'égard de ces puis-

---

[1] 28 novembre et 5 décembre 1838.
[2] La conclusion définitive de ce traité fut retardée quelque temps par les chicanes des Mexicains: les signatures furent échangées à la Vera-Cruz, le 9 mars 1839.
[3] 7 janvier 1839.

sances continentales qu'on l'accusait de courtiser. A la fin de 1838 et au commencement de 1839, divers indices lui firent croire qu'un Espagnol, M. Zéa, avait reçu mission secrète de négocier le mariage d'un archiduc d'Autriche avec la jeune reine Isabelle. Notre ministre estima qu'un tel mariage serait la destruction de l'œuvre de Louis XIV au delà des Pyrénées. Résolu à l'empêcher à tout prix, il s'en expliqua, sans ménagements, avec le comte Apponyi : « Ce serait la guerre », n'hésitat-il pas à lui dire, et il ajoutait, en rendant compte de cet incident à l'un de ses ambassadeurs : « Plutôt que de laisser l'Autriche placer un de ses princes sur le trône d'Espagne, il faudrait, sans hésiter, porter la guerre sur le Rhin et en Italie. » Bien que surpris et désappointé de se voir parler sur ce ton, M. de Metternich se contenta de faire répondre à M. Molé que la cour de Vienne ne consentirait pas à un tel mariage; seulement, afin de n'avoir pas l'air de céder aux menaces de la France, il donna pour motif la détresse de la reine Isabelle et le caractère illégitime de sa royauté [1].

Depuis les événements de 1836, et malgré les assurances alors données à M. Thiers [2], la république de Cracovie n'avait jamais été complétement évacuée par les troupes autrichiennes. Le petit corps d'occupation venait même d'être renforcé, en 1838, à la suite de nouveaux troubles. M. Molé, préoccupé du parti que l'opposition pourrait tirer de son silence, résolut de demander des « explications » aux trois cabinets de Vienne, de Berlin et de Saint-Pétersbourg. « La question relative à l'état actuel de Cracovie, disait-il dans une de ses dépêches, le 27 novembre 1838, a pris un caractère trop grave pour que le gouvernement français, quel que soit son désir d'éviter ce qui peut amener des explications délicates entre les cabinets européens, ne se croie pas obligé d'en entretenir les alliés. » Puis, après avoir rappelé ce qui s'était passé : « Tous ces faits ont

---

[1] Lettre de M. Molé à M. Bresson, du 19 mars 1839. (*Documents inédits.*) Lettre de M. de Metternich au comte Apponyi, du 25 janvier 1839. (*Mémoires de Metternich*, t. VI, p 351 à 353.)

[2] Cf. plus haut, p. 58.

eu lieu sans la moindre participation des puissances qui, ayant pris part, avec les trois cours protectrices, à la conclusion du traité de Vienne, sont en droit de s'opposer à ce que les conditions de ce traité soient modifiées sans leur assentiment. » M. Molé indiquait sans doute qu'un ministre français ne saurait se faire le défenseur de toutes les clauses de l'acte de Vienne, mais « la France a certainement le droit de veiller à ce qu'on n'y introduise pas des altérations qui pourraient le rendre moins favorable encore à sa politique ». M. Molé prévenait l'objection tirée de la réserve que le gouvernement du Roi avait gardée jusqu'alors, par « souci de la paix générale ». S'il se décidait maintenant à une démarche « trop longtemps différée peut-être », c'était à raison de la persistance et de l'aggravation des mesures prises contre Cracovie. Du reste, « il ne cherchait pas des sujets de plainte »; il serait heureux « qu'un exposé plus complet des faits, si graves en apparence, lui offrît quelques motifs d'atténuation ». C'est cet exposé qu'il se croyait fondé à demander en ce moment. « Le gouvernement impérial ne saurait manquer de sentir que, pour repousser une demande si légitime, il faudrait admettre que chaque puissance est autorisée à changer, à son gré et par un acte de sa simple volonté, toute disposition de l'acte de Vienne, contre lequel elle pourrait en appeler à une sorte de nécessité imposée par ses intérêts. » Nos ambassadeurs près les trois cours avaient pour instruction, en communiquant cette dépêche, d'insister sur les passages où le ministre se montrait « disposé à suivre l'exemple qui lui serait donné de manquer de respect à quelques clauses du traité de Vienne ». Cette dépêche était certes d'un ton bien plus net, plus ferme[1], que le langage tenu, à l'origine de cette affaire, par M. Thiers. En 1836, en effet, celui-ci avait à peu près passé condamnation sur les droits violés de Cracovie. Ce n'était pas que M. Molé attendît, pour la petite république, un grand résultat de sa démarche; il savait bien que les trois puissances ne lâcheraient pas leur proie, et il n'avait pas la folle

[1] M. de Sainte-Aulaire, qui avait dû lire cette dépêche à M. de Metternich, la qualifiait de « très-verte ».

envie de faire la guerre pour ce dernier débris de la Pologne. Il voulait seulement prendre position. « Les traités de 1815 sont évidemment violés, disait-il dans une lettre confidentielle à M. de Barante, à la date du 3 décembre; on le dira à outrance dans la discussion de l'Adresse. Il nous faut des explications. Si les puissances nous objectent l'utilité ou la nécessité, il faudra qu'elles acceptent aussi de nous cette réponse, lorsque l'*utilité* ou la *nécessité* entraîneront, de notre part, quelque infraction à ces traités. » L'une de ces « infractions » que M. Molé, comme nous l'avons déjà dit, songeait alors à commettre, était le relèvement des fortifications d'Huningue. Les trois puissances affectèrent de ne voir dans la démarche du ministère français qu'une précaution prise en vue des prochains débats parlementaires, et protestèrent de leur désir de lui fournir l'argument désiré, « sans cependant sacrifier les principes ». Seulement, chacune d'elles ajourna sa réponse, sous prétexte de se concerter avec les deux autres. Pendant ce temps, les événements se précipitaient à Paris; l'opposition, contrairement à l'attente du ministre, n'insista pas, dans la discussion de l'Adresse, sur la question de Cracovie. M. Molé, qui avait d'autres préoccupations, ne parla plus de cette affaire à ses ambassadeurs; bientôt d'ailleurs il quittait le pouvoir, et les pourparlers, si fermement engagés, se trouvèrent ainsi n'avoir pas d'autre suite [1].

En somme, à considérer d'ensemble les événements diplomatiques du ministère Molé, on n'y découvre pas sans doute des entreprises éclatantes et grandioses que les circonstances ne comportaient pas; mais, pendant deux ans, ce ministère avait assuré à la nation fatiguée la quiétude absolue dont elle sentait avant tout le besoin, il avait travaillé, en même temps, non sans résultat, à effacer en Europe, ou tout au moins à affaiblir, les méfiances et les préventions nées de 1830; plus tard, quand les difficultés s'étaient élevées, il les avait sinon dominées, du

---

[1] Sur toute cette affaire de Cracovie, dépêche de M. Molé à M. de Barante, du 27 novembre 1838; lettre du même au même, du 3 décembre 1838; lettre de M. de Sainte-Aulaire à M. Molé, du 17 décembre 1838; lettres du même à M. de Barante, de décembre 1838, janvier et février 1839. (*Documents inédits*.)

moins résolues avec adresse et loyauté; enfin cette sagesse généralement pacifique, un peu modeste quoique toujours digne, n'avait pas empêché, par moments et sur des théâtres strictement limités, quelques heureux coups de vigueur qui devaient flatter l'amour-propre de la nation, sans inquiéter sa prudence, ni troubler son repos, et qui « animaient, sans la compromettre, la politique extérieure du cabinet [1] ». Rien donc qui justifiât les violentes critiques de l'opposition. Ne pouvons-nous d'ailleurs opposer à ces critiques le témoignage hautement favorable rendu à cette même politique par des hommes qui la considéraient du dehors, sans être mêlés aux intrigues et aux partis pris parlementaires, par les trois ambassadeurs de France près les grandes cours du continent, MM. de Sainte-Aulaire, de Barante et Bresson? « Le ministère actuel, écrivait M. de Sainte-Aulaire à M. de Barante, le 20 novembre 1838, me semble mieux placé qu'aucun autre pour bien faire nos affaires à l'étranger. » Il avait écrit, le 28 octobre, à un autre correspondant : « En tout, le ministère a fort bon air : tout lui réussit, et il exploite bien ce que lui donne la fortune. » Aussi se prononçait-il ouvertement contre la coalition, dans les rangs de laquelle il comptait cependant beaucoup d'amis. M. de Barante s'exprimait de même, avec non moins de chaleur, et, après avoir signalé le crédit que le cabinet avait acquis au dehors : « N'allez pas croire, disait-il, que ce qui lui donne bon renom en Europe, c'est sa faiblesse à défendre nos intérêts et notre honneur. Je puis assurer, en toute sincérité, que les déterminations qu'il a eu à prendre auraient été absolument les mêmes sous tout autre ministère qui n'eût pas été follement révolutionnaire et propagandiste. » Telle était aussi la manière de voir de M. Bresson, qui écrivait, le 13 décembre 1838 : « Moi, vieux doctrinaire de 1818, je renie mes anciens amis; je voudrais pouvoir le proclamer hautement à la tribune de notre Chambre [2]. » Entre cette approbation des

---

[1] Expression de M. Guizot dans ses *Mémoires*.
[2] Correspondance de MM. de Sainte-Aulaire, de Barante et Bresson. (*Documents inédits.*)

ambassadeurs et les critiques que faisaient alors les écrivains ou les orateurs de la coalition, l'histoire n'hésite pas un instant : ce ne sont pas les critiques qu'elle ratifie. Dans la contradiction des deux langages, elle ne voit que la confirmation nouvelle d'un fait, déjà plusieurs fois constaté : nous voulons parler de cet oubli ou de cet obscurcissement des vrais intérêts de la politique extérieure, qui devient si facilement, même chez les meilleurs, la conséquence des entraînements d'opposition : tort grave fait ainsi au patriotisme par l'esprit de parti.

CHAPITRE VII

LA COALITION.

(Décembre 1838 — mars 1839.)

I. M. Thiers et M. Guizot à la veille de la session. Discours du trône. Nomination du bureau et de la commission de l'Adresse. Débat à la Chambre des pairs. — II. La rédaction de l'Adresse. M. Dupin. Attitude des ministériels. Les deux armées en présence. — III. La première journée du débat. MM. Guizot, Molé, Thiers. Le second jour. La discussion générale se ranime le troisième et le quatrième jour. M. de Lamartine. Premier vote donnant une petite majorité au ministère. Effet produit hors de la Chambre. — IV. Débat sur les affaires de Belgique, de Suisse et d'Ancône. Votes favorables au cabinet. Continuation de la discussion sur la politique étrangère. MM. Berryer, Guizot, Thiers. Succès de l'opposition. Le lendemain, le ministère reprend l'avantage. — V. Débat sur le paragraphe relatif au refus de concours. Le ministère l'emporte. Vote sur l'ensemble. 221 contre 208. Talent et passion dépensés dans cette lutte. Qualités inattendues déployées par M. Molé. — VI. Le ministère donne sa démission. Appel fait, sans succès, au maréchal Soult. M. Molé reprend sa démission et fait prononcer la dissolution. Préparatifs de combat des deux côtés. Dangereux griefs développés par l'opposition. Manifestes de MM. Guizot, Thiers et O. Barrot. La presse s'attaque directement au Roi. Les journaux ministériels. Malaise général. Effet produit hors de France. Illusions du gouvernement. Victoire électorale de la coalition.

I

L'ouverture de la session était fixée au 17 décembre 1838. Plus cette date approchait, plus les journaux de la coalition faisaient rage. Toutefois, tant que l'on ne connaissait pas les dispositions personnelles de M. Thiers et de M. Guizot, nul ne pouvait dire si ces combats de presse aboutiraient à une grande bataille de tribune. Pendant les vacances, les deux chefs parlementaires n'avaient pas pris part à la lutte; le premier avait parcouru en dilettante l'Italie, le second s'était renfermé dans sa studieuse retraite de Normandie. Tout avait été fait, sinon malgré eux, du moins sans eux, par leurs lieutenants. Ratifieraient-ils les initiatives prises, les alliances conclues, les mots d'ordre donnés, les déclarations de guerre lancées? On savait M. Thiers capricieux, mobile et fantasque. Quant à M. Guizot, on se souvenait des incertitudes et des scrupules qui avaient fait échouer son attaque dans la session précédente; depuis, on avait deviné, à plus d'un indice, qu'il ne voyait pas sans déplaisir et sans alarme les polémiques soulevées par M. Duvergier de Hauranne. Aussi les coalisés se demandaient-ils anxieusement s'ils ne risquaient pas d'être désavoués. Ils furent bientôt rassurés. Non-seulement M. Thiers, à peine de retour de Rome, se montra le plus animé de tous, mais M. Guizot, en rentrant à Paris, étonna ses amis par sa résolution belliqueuse. Estimait-il ses partisans trop compromis pour qu'ils pussent revenir sur leurs pas, et se faisait-il un point d'honneur de les suivre? Cédait-il à l'impatience d'en finir avec un ministère dont la durée trompait ses dédains, irritait ses ressentiments et gênait son ambition? De ses hésitations de la session précédente, il ne paraissait avoir gardé que le souvenir de l'insuccès qui en avait été la conséquence : il concluait à la nécessité de s'engager cette fois à fond, sans regarder en arrière; peut-être se disait-il aussi que, pour avoir part aux profits de la campagne, il devait avant tout la faire sienne. Aucune démarche ne lui coûta pour donner aux plus méfiants un gage de sa nouvelle résolution. Il se présenta, un jour, chez M. Odilon Barrot, sans s'être fait annoncer : « Vous êtes étonné de me voir, lui dit-il; je viens m'unir à vous pour combattre ce gouvernement personnel qui déshonore et perd notre pays; il est temps d'en finir avec les ministres favoris. » Le chef de la gauche, surpris, accueillit et encouragea ce visiteur inaccoutumé [1].

La coalition, nouée par les soldats, se trouvait donc définitivement reconnue et adoptée par les chefs. Ceux-ci prenaient

---

[1] *Mémoires de M. O. Barrot*, t. I, p. 321.

en main la direction du combat engagé, sans prétendre rien changer au choix du terrain ou des armes. Eurent-ils du moins le soin d'ajouter à l'accord conclu pour l'attaque une entente sur le partage éventuel de la victoire? Non [1]. Peut-être avaient-ils conscience que cette entente serait impossible, et craignaient-ils, en constatant cette impossibilité, de se fournir à eux-mêmes un argument contre leur passion. Sorte de précipitation confuse et aveugle qui faisait dire à un contemporain : « Veut-on donc entrer au ministère, comme on est entré à l'Hôtel de ville en 1830, pêle-mêle, sauf à se reconnaître et à s'éliminer après? Les leçons du passé n'ont-elles pas appris à procéder avec moins de tumulte à l'arrangement des affaires? » Devant le redoutable assaut qui se préparait, M. Molé avait le cœur ému, les nerfs excités, mais son courage ne faiblissait pas, et il s'apprêtait à faire tête à ses adversaires. « Heureusement, écrivait-il alors à M. de Barante, les méchants n'ont pas le secret d'un homme de bien; ils ne savent pas que le courage ni la force ne manquent jamais à un tel homme, pour les combattre, tant qu'il croit de son devoir de le faire. Ils le verront bientôt à la tribune. Ils m'y retrouveront, le front haut, prêt à soutenir la lutte et à leur répondre avec autant de calme que de fermeté [2]. »

Au jour fixé, le 17 décembre, pairs et députés étaient réunis au palais Bourbon. Le discours du trône n'eut rien d'agressif. « Depuis votre dernière session, disait-il en commençant, la prospérité de la France n'a fait que s'accroître; le repos dont elle jouit n'a fait que s'affermir. » Quelques phrases très-simples sur la question belge et sur l'affaire d'Ancône : pas un mot de la Suisse. Seul le dernier paragraphe faisait allusion, sans aucune provocation, aux attaques qui se préparaient : « Mes-

---

[1] M. de Viel-Castel écrivait, le 6 décembre 1838 : « On est résolu à renverser le cabinet; mais, loin qu'on soit tombé d'accord du ministère qu'on substituerait à celui qui existe, on n'entrevoit même pas comment on pourrait y faire entrer les éléments divers de la coalition. » (*Journal inédit.*) — M. Duvergier de Hauranne dit, de son côté, dans ses *Notes inédites* : « Quant aux arrangements ministériels, en cas de succès, il n'en fut question qu'en passant. »

[2] *Documents inédits.*

sieurs, disait le Roi, l'état florissant du pays est dû au concours si constant que les Chambres m'ont prêté depuis huit ans, et au parfait accord des grands pouvoirs de l'État. N'oublions pas que là est notre force. Puisse cet accord devenir tous les jours plus complet et plus inaltérable ! Puisse le jeu de nos institutions, libre et régulier tout à la fois, prouver au monde que la monarchie constitutionnelle peut réunir aux bienfaits de la liberté la stabilité qui fait la force des États ! »

La première escarmouche s'engagea, le 18 décembre, sur l'élection du bureau de la Chambre des députés. Il y avait sept ans que M. Dupin occupait le fauteuil de la présidence. Depuis que la lutte s'annonçait, il avait évité de se prononcer entre les deux camps. Mais les doctrinaires, qu'animaient contre lui de vieux griefs, n'étaient pas disposés à le laisser recueillir les bénéfices de sa neutralité expectante ; ils l'avaient sommé de dire avec qui il était, et, sur son refus public de le faire, avaient décidé les autres coalisés à porter M. Passy à la présidence. Le ministère, moins exigeant, prit alors pour son candidat celui que répudiait l'opposition. Malgré l'avantage que donnait à M. Dupin sa longue possession, les forces se balancèrent à ce point que les deux premiers tours de scrutin furent sans résultat, et que l'ancien président ne l'emporta qu'au ballottage, par 183 voix contre 178. Sur les quatre vice-présidents, la coalition fit passer MM. Passy et Duchâtel ; les deux autres, MM. Calmon et Cunin-Gridaine, étaient appuyés par le ministère ; encore le dernier fut-il ballotté avec M. Odilon Barrot.

Les choses tournèrent plus mal encore pour le cabinet, le 22 décembre, dans la nomination de la commission de l'Adresse ; trois de ses amis seulement y trouvèrent place, MM. Debelleyme, de Jussieu et de la Pinsonnière ; les six autres étaient de la coalition, et non les moindres, MM. Guizot, Thiers, Duvergier de Hauranne, Passy, Étienne, de la Redorte.

Pendant que cette commission délibérait, la Chambre des pairs discuta son Adresse [1]. Quatre jours durant, le ministère

---

[1] 26-29 décembre 1838.

fut sur la sellette, attaqué principalement pour sa politique extérieure. Le plus passionné de ses adversaires fut M. Villemain, qui blâmait tout, au dedans et au dehors ; le plus considérable fut le duc de Broglie, qui, dans un discours magistral, fit le procès de l'évacuation d'Ancône : à l'entendre, la faute avait été de partir sans conditions ni garanties ; aux plaintes du Pape nous eussions pu répondre : « Et vos réformes ! » A celles de l'Europe : « Et Cracovie ! » « Les gouvernements, disait-il, doivent être loyaux, mais non dupes. » La défense de M. Molé ne fut pas inférieure à l'attaque : il mit le langage de M. de Broglie opposant en contradiction avec celui de M. de Broglie ministre, démontra, par les textes et les précédents, l'obligation de la France, et repoussa, comme « une violence faite au faible », la contrainte qu'on lui conseillait d'exercer sur le Pape. Le président du conseil tint tête aussi aux assaillants sur les autres points ; pendant ces quatre jours, il ne prit pas moins de onze fois la parole.

Le vote ne pouvait être douteux : l'Adresse, qui, selon l'usage de la Chambre haute, était la paraphrase du discours du trône, fut adoptée par 102 voix contre 14 ; mais l'ampleur et la vivacité de la discussion, dans une assemblée d'ordinaire si réservée et si calme, était un signe du temps et révélait l'excitation des esprits.

II

La commission, nommée, le 22 décembre, par les bureaux de la Chambre des députés, s'était aussitôt mise à l'œuvre. Les six membres de l'opposition votaient comme un seul homme. Leur volonté faisait donc loi. La rédaction, préparée par M. Étienne, parut verbeuse, équivoque, et fut refaite entièrement par M. Duvergier de Hauranne écrivant sous la dictée de M. Thiers et de M. Guizot. Cette fois du moins, le style et la pensée étaient clairs et fermes. Depuis les 221, jamais commission de l'Adresse n'avait proposé de tenir au gouvernement du Roi un langage si nettement agressif. La politique extérieure du cabinet était blâmée, soit ouvertement, soit avec une réserve où l'inquiétude perçait à dessein. Le dernier paragraphe, où l'on répondait à l'appel d'union fait par la Couronne, semblait viser plus haut encore que le cabinet : « Nous en sommes convaincus, disait-on, l'intime union des pouvoirs *contenus dans leurs limites constitutionnelles* peut seule fonder la sécurité du pays et la force de votre gouvernement. » Nul n'ignorait quel était celui des pouvoirs auquel on jugeait nécessaire de rappeler qu'il devait être « contenu dans ses limites constitutionnelles ». Le projet ajoutait : « Une administration ferme, habile, s'appuyant sur les sentiments généreux, faisant respecter, au dehors, la dignité de votre trône, et le couvrant, au dedans, de sa responsabilité, est le gage le plus sûr de ce concours que nous avons tant à cœur de vous prêter. » C'était indiquer que, pour le moment, et tant que subsisterait un ministère auquel on refusait précisément toutes ces qualités, ce concours était refusé.

M. Dupin, qui, en sa qualité de président, était membre de droit de la commission, avait assisté à toutes les délibérations, sans se prononcer dans un sens ou dans l'autre; il n'avait pas voté une seule fois. La commission allait se séparer, quand il demanda à faire connaître son avis. On s'attendait à le voir opiner en faveur du cabinet qui venait de soutenir sa candidature à la présidence. Aussi, grand fut l'étonnement, quand il se mit à lire un petit papier, écrit d'avance, où il condamnait hautement le ministère comme « insuffisant ». La lecture finie, les trois ministériels, abasourdis de cette défection, sortirent sans rien dire. A peine avaient-ils fermé la porte, que M. Dupin, changeant subitement de ton, poussa un gros éclat de rire et se précipita vers les six coalisés, avec la joie d'un homme qui a fait un excellent tour : « Ah ! les b..., s'écria-t-il, je viens de leur porter le dernier coup. » Et, prenant la main de M. Duvergier de Hauranne : « Convenez au moins que j'ai fait l'acte d'un bien honnête homme. » Il tira alors de sa poche une autre copie de sa déclaration, obligea les membres présents à la collationner et fit parafer les deux exemplaires par M. Étienne, afin, dit-il, que s'il publiait un jour ce document, on ne l'accusât pas de l'avoir imaginé après coup. Pendant ce temps, la nouvelle de l'incident se répandait dans les couloirs de la Chambre, soulevant parmi les opposants un éclat de rire, parmi les ministériels un cri d'indignation. Quant à M. Dupin, il se rendit chez M. Molé : nos renseignements ne nous font pas connaître comment il y fut reçu [1].

La démarche du président de la Chambre indiquait que, pour lui, la cause du ministère était perdue. Telle avait été, en effet, l'impression générale, après la nomination de la commission de l'Adresse. Un moment même, on avait pu croire que les ministériels, abattus, découragés, renonceraient à la lutte. Il y avait parmi eux beaucoup d'esprits un peu timides et médiocres, que d'honnêtes scrupules ou la peur d'une démarche aventureuse, ou la docilité habituelle et souvent intéressée envers le pouvoir, avaient empêchés de se joindre à l'opposition. De leur part, devait-on attendre grande fermeté dans la fortune contraire? Ce fut le Roi qui les releva et leur montra la monarchie à défendre. Sous son impulsion vigoureuse, ils se rapprochèrent, se concertèrent, s'animèrent, s'enhardirent mutuellement; cette masse, naguère assez molle et inconsistante, prit presque les apparences d'une armée prête au combat. La conduite des coalisés était aussi pour une part dans ce résultat; M. Guizot lui-même l'a reconnu après coup : « Nous n'avions pas pressenti, dit-il dans ses *Mémoires,* tout l'effet que produiraient, sur beaucoup d'hommes sensés, honnêtes, amis de l'ordre et spectateurs plutôt qu'acteurs

---

[1] J'ai suivi principalement, pour ce récit, les *Notes inédites de M. Duvergier de Hauranne,* peu favorable sans doute à M. Dupin, mais témoin de tous les faits. Dans ses *Mémoires* (t. III, p. 354 à 370), M. Dupin essaye de justifier sa conduite, en rapportant qu'il aurait plusieurs fois, à la fin de 1838, engagé le Roi et M. Molé à fortifier le cabinet. Ce fait, fût-il exact, ne suffirait pas à expliquer comment M. Dupin, après s'être laissé, le 18 décembre, quand il croyait au succès du ministère, soutenir par lui pour l'élection à la présidence, l'avait subitement abandonné et attaqué, le 3 janvier, quand il supposait sa défaite certaine.

dans les luttes politiques, le rapprochement et l'alliance de partis qui se combattaient naguère, et dont les maximes, les traditions, les tendances restaient essentiellement diverses. Non-seulement ces juges de camp qui formaient le centre de la Chambre blâmèrent la coalition et ressentirent, en la voyant à l'œuvre, une inquiétude sincère; mais la passion entra dans leur âme, avec le blâme et l'inquiétude; ils luttèrent contre la coalition, non-seulement pour le cabinet, mais pour leur propre compte; ils déployèrent, dans cette lutte, une ardeur, une entente, une persévérance inaccoutumées. » On put mesurer le changement opéré, le jour où le projet d'Adresse fut lu à la Chambre. A peine la lecture finie, les ministériels, se levant de leurs bancs et se répandant dans l'hémicycle et les couloirs, témoignèrent de leur indignation. Loin de se laisser intimider par la véhémence de l'attaque, ils saisirent cette occasion de prendre, à leur tour, l'offensive et de dénoncer l'audace factieuse de la commission, les premiers à montrer l'atteinte portée à la royauté, l'exagérant même, afin d'alarmer, d'irriter le sentiment monarchique et d'y trouver un appui pour le cabinet.

La presse officieuse faisait écho aux députés ministériels. « La franchise des rédacteurs de l'Adresse a dépassé nos espérances, disait le *Journal des Débats;* ils se sont montrés résolus et décidés. Oui, mais à quel prix? En empruntant à la gauche son langage, son allure, son programme révolutionnaire; en démentant leur couleur et leur passé; en dirigeant de perfides insinuations contre l'irresponsabilité royale qu'ils ont vingt fois exaltée; en étalant, aux yeux du pays, l'affligeant spectacle d'ambitions étroites dans des esprits supérieurs, de hautes raisons succombant à un besoin effréné du pouvoir, d'hommes éminents sacrifiant leurs principes à leurs animosités. » Et afin de bien prouver que le Roi lui-même était attaqué, le *Journal des Débats* ajoutait : « Pour avoir la gauche avec vous dans une question de personnes, vous lui avez sacrifié les choses. Nous le disons avec douleur : vous lui avez sacrifié tout, tout, jusqu'à l'honneur de la Couronne! Il est temps de déchirer les voiles.

Le sens du dernier paragraphe de votre Adresse, le voici : Le gouvernement que nous accusons de négliger l'honneur national, de n'être ni ferme, ni habile, c'est le gouvernement immédiat de la Couronne. C'est jusqu'à la royauté que remonte notre blâme. La Couronne nous a laissés de côté; il faut qu'elle s'en repente[1]. »

Cette polémique à outrance entretenait l'irritation des ministériels, ranimait leur courage. Prendre l'offensive est, après tout, le meilleur moyen d'empêcher la débandade, surtout avec des troupes françaises. Il fut résolu que l'on présenterait, par amendements successifs, un projet d'Adresse absolument opposé à celui de la commission. C'était une manœuvre laborieuse, difficile, hardie. Pour la faire réussir, on s'occupa de grouper et de discipliner les députés disposés à s'y associer. Ceux-ci se réunirent chez le général Jacqueminot, au nombre de plus de deux cents, décidés à voter ensemble contre la coalition et pour tous les amendements ministériels. Ils ne le cédaient pas en discipline, en résolution, peut-être même en passion, aux coalisés : mais ils avaient une infériorité, celle du talent. Tous les grands orateurs étaient du côté de l'opposition; un seul avait offert aux ministériels un concours aussitôt accepté avec gratitude; c'était Lamartine. Jusqu'alors isolé et comme désorienté dans le monde politique où il s'était jeté après 1830, d'opinions flottantes au souffle de son imagination, à la fois généreux et personnel, il avait rêvé un rôle immense, sans avoir pu en jouer un même secondaire; une occasion s'offrait à l'ambitieux d'être enfin le premier dans un parti, au chevalier poëte de faire servir l'épée d'or de sa parole à la défense du faible : Lamartine la saisit avec empressement, laissant voir toutefois que, le combat livré, il pourrait bien reprendre sa route, chercher d'autres clients à défendre, d'autres aventures à courir.

Les coalisés s'étaient attendus à trouver le parti ministériel intimidé et plus prompt à se dérober qu'à attaquer. Quelque peu

---

[1] *Journal des Débats* des 5, 6 et 10 janvier 1839.

surpris d'abord de sa fermeté, ils ne se laissèrent pas démonter et n'y virent qu'une raison de redoubler d'efforts. Leur armée était peu homogène : elle réunissait toute la gauche, le centre gauche, sauf une douzaine de déserteurs séduits par M. Molé, enfin le petit état-major doctrinaire, réduit à une trentaine d'officiers sans troupe [1]; mais cette diversité d'origine s'effaçait dans une commune passion contre le cabinet : si distincts, si ennemis même qu'ils eussent pu être naguère, les nouveaux alliés étaient, pour le moment, résolus à combattre le même combat, sous le commandement, universellement obéi, des six membres de la majorité de la commission.

Tous les députés semblaient s'être enrôlés dans l'une ou l'autre de ces deux armées en présence. Seuls, les républicains d'extrême gauche et les légitimistes d'extrême droite demeuraient en dehors, sans engagement d'aucun côté, au fond plutôt portés, par parti pris de renversement, à seconder les coalisés. Presque aucun isolé, aucun indécis; nulle trace de ces groupes intermédiaires, flottants, dont l'action n'avait été que trop sensible dans les années précédentes. A regarder seulement l'apparence, jamais, depuis 1830, bataille de parlement ne s'était engagée avec une ordonnance si régulière. Mais peut-on oublier que cette ordonnance était tout artificielle, arbitraire, fondée, non sur des principes, mais sur des divisions et des rapprochements individuels et passagers, et que par exemple il n'était pas un des membres du ministère attaqué par M. Thiers et M. Guizot, qui n'eût fait ou ne dût faire un jour partie d'un même cabinet avec l'un ou l'autre de ces deux hommes d'État [2] ? L'incertitude du résultat augmentait l'intérêt du drame, et finissait par éveiller l'attention curieuse, anxieuse, du public, d'abord un peu indifférent à ces querelles de personnes. En effet,

---

[1] C'est le chiffre même avoué par M. Duvergier de Hauranne. Un an auparavant, il évaluait à cent vingt le nombre des conservateurs qu'eût pu détacher M. Guizot; mais, à mesure qu'était apparu le véritable caractère de la campagne, ce chiffre avait diminué.

[2] M. Guizot avait été le collègue de MM. Molé, Barthe, Martin du Nord, le général Bernard, l'amiral Rosamel, ou devait être celui de MM. de Salvandy et Lacave-Laplagne. M. Thiers avait été le collègue de MM. de Montalivet et Barthe.

comment préjuger l'issue? De part et d'autre n'y avait-il pas à peu près même nombre, même discipline, même ardeur? Toutefois, le sentiment le plus répandu était que l'armée ministérielle finirait par succomber devant l'immense supériorité de talent de ses adversaires. Telle était notamment l'orgueilleuse confiance des meneurs de la coalition. La veille de la discussion, trente et un orateurs s'étaient inscrits pour défendre le projet de la commission, tandis qu'il n'y en avait que douze pour le combattre, et presque tous obscurs.

III

La discussion commença le 7 janvier. A peine un ministériel, M. Liadières, l'eut-il ouverte par une attaque très-vive contre cette Adresse « respectueusement violente, académiquement révolutionnaire », que M. Guizot parut à la tribune. Il tenait tellement à s'assurer son tour de parole que, la veille, il s'était présenté, dès cinq heures du matin, au secrétariat de la Chambre. Avait-il peur que ses nouveaux alliés, se souvenant de la session précédente, ne doutassent de son énergie, presque même de son talent, et voulait-il, en se précipitant à l'avant-garde et en y frappant un grand coup, ne plus laisser place à de tels doutes? Force lui fut cependant de se mettre d'abord sur la défensive, de se justifier de l'accusation de « coalition », d' « ambition », d' « abandon de ses antécédents et de ses principes ». Mais il avait hâte d'attaquer à son tour. Ce qu'il reprocha au ministère, ce fut d'avoir arrêté les progrès du gouvernement représentatif. A l'entendre, ces progrès étaient très-marqués, au moment de la formation du cabinet : les deux grands partis conservateur et réformateur se dessinaient et se classaient de plus en plus nettement. « Eh bien, Messieurs, s'écrie M. Guizot avec une véhémence terrible, au lieu de nous faire avancer dans cette voie, qu'a fait le cabinet? Il nous a jetés dans l'incertitude, dans la confusion, dans l'obscurité ; nous avons vu apparaître une politique sans système ; point de principes, point de camp, point de drapeau ; une fluctuation continuelle, cherchant, empruntant de tous côtés des mesures, des alliances ; aujourd'hui d'une façon, demain d'une autre. Rien de fixe, rien de stable, rien de net, rien de complet. Savez-vous comment cela s'appelle, Messieurs? Cela s'appelle l'anarchie. (*Murmures au centre.*) On a dit de l'empereur Napoléon qu'il n'avait détrôné que l'anarchie. Le cabinet actuel ne s'est établi et n'a gouverné que par l'anarchie (*nouveaux murmures au centre*) : anarchie dans les Chambres, anarchie dans les élections, anarchie dans l'administration. L'anarchie est entrée avec vous dans cette Chambre, elle n'en sortira qu'avec vous. (*Bruit.*) Vous en souffrez aujourd'hui, vous vous en plaignez ; mais c'est vous qui l'avez faite. Elle a grandi, mais c'est vous qui l'avez mise au monde... » M. Guizot blâme ensuite le ministère d'avoir « réveillé ces questions de la réalité du gouvernement représentatif, dont le pays s'étonne, car il les croyait résolues par la révolution de Juillet ». On sent, chez l'orateur, une résolution sombre, implacable, de ne plus rien ménager. Le talent est dans toute sa puissance. Certes, il y avait là de quoi dissiper les doutes et les méfiances de la gauche et du centre gauche. Cependant, les députés de ces groupes sont si lents, si rebelles à croire à une telle transformation ; il est si contraire à leurs habitudes d'applaudir cette parole, qu'ils demeurent froids et silencieux. Sur les bancs du centre, au contraire, la colère gronde et éclate : l'orateur est interrompu, presque à chaque mot, par des murmures souvent injurieux. Pâle, mais le front haut, l'œil étincelant, la main crispée sur le marbre de la tribune, il semble s'y cramponner. « Messieurs, dit-il, d'un ton superbe, à ses interrupteurs, pendant un temps, j'ai été accusé d'être ennemi de la liberté ; aujourd'hui, je suis accusé d'attaquer le pouvoir. Je suis fort accoutumé à toutes ces accusations ; je voudrais pouvoir vous montrer, je voudrais que vous pussiez voir, avec quelle sérénité intérieure j'entends bourdonner autour de moi toutes ces calomnies, je vois passer devant moi toutes ces colères, réelles ou feintes. » Puis, sans plus s'arrêter à ces « bourdonnements » d'en bas, il reprend son attaque, et la pousse plus avant encore. « Pensons aux susceptibilités du pays, dit-il en terminant. Le pays est susceptible pour la dignité de notre nom au dehors, de nos institutions au dedans. Ces susceptibilités sont honorables. Elles ont quelquefois l'air de sommeiller : on croit qu'elles n'existent plus ; mais elles se réveillent, tout à coup, puissantes, menaçantes, aveugles quelquefois. Ménagez-les, prenez-en soin ; le pouvoir s'en trouvera bien. Tacite, Messieurs, dit des courtisans qu'ils font toutes choses servilement pour être les maîtres, *omnia serviliter pro dominatione*. Soyons précisément le contraire ; faisons toutes choses avec indépendance et dignité, pour que la Couronne soit bien servie. »

M. Guizot est descendu de la tribune, sans presque aucun applaudissement ; c'est M. Molé qui l'y remplace : « Messieurs, dit-il tout d'abord d'une voix élégamment et froidement incisive, ce n'est pas des courtisans que Tacite disait ce qui vient d'être cité tout à l'heure ; c'était des ambitieux. On me permettra sans doute de rétablir la vérité sur ce point. » Ce trait, lancé avec une si rare et si prompte présence d'esprit, est salué par les bravos du centre[1]. Le président du conseil, toujours soutenu par les acclamations d'une moitié de l'assemblée, fait ensuite un retour sur le passé, rappelle le triste état des choses au 15 avril 1837, puis l'heureuse transformation opérée par l'amnistie, et ces jours heureux, « les meilleurs que le pays ait connus depuis huit ans ». Le mal présent, il n'en nie pas l'existence, mais l'impute à la coalition, à cette Adresse qu'il définit « un effort téméraire pour reconquérir ce que la Chambre

---

[1] Il paraît que, pour cette riposte, M. Molé a eu des collaborateurs. Après le discours de M. Guizot, la séance se trouva suspendue de fait, pendant une quinzaine de minutes ; on vit alors M. Royer-Collard s'approcher vivement du président du conseil : c'était pour lui signaler la véritable portée du passage de Tacite ; il alla même chercher à la bibliothèque les œuvres de l'historien romain. On ajoutait, dans ce temps-là, que l'attention de M. Royer-Collard avait été tout d'abord attirée sur ce point par M. Saint-Marc Girardin, partisan très-décidé du ministère.

n'a ni perdu, ni été menacée de perdre ». Enfin, après avoir montré le pays « stupéfait, scandalisé, inquiet » : « Messieurs, s'écrie-t-il, il s'instruit, en ce moment, un procès bien solennel entre nos adversaires et nous. On a beau affecter de superbes dédains : eh! n'y a-t-il pas un aveu frappant de notre force, dans la grandeur des efforts qu'on fait pour nous renverser? Quel cabinet, je vous le demande, a vu, coalisées contre lui, tant de puissances parlementaires? Je ne suis pas, je ne me donne pas ici pour l'un des princes de la parole; je ne dis pas, en parlant de moi : Les capacités, c'est moi; le ministère parlementaire, c'est moi. Je ne suis, Messieurs, qu'un vieux serviteur du pays, qui lui ai dévoué, dès mes plus jeunes ans, mes facultés et ma vie... Savez-vous pourquoi vous nous avez donné la majorité dans toutes les circonstances importantes? Ce n'est pas nous qui avons triomphé : c'est notre cause... C'est dans cette même cause que nous mettons encore toute notre confiance. »

Tous les chefs ont hâte, paraît-il, de se jeter, dès le premier jour, dans la mêlée; M. Thiers vient répondre à M. Molé et exposer à grands traits ses griefs contre la politique extérieure et intérieure du cabinet. Mais, comme M. Guizot, il a dû commencer par justifier les coalisés. « On a prétendu, dit-il, que ces hommes avaient du dépit, qu'ils étaient des ambitieux déçus. Qu'il me soit permis de répondre une chose : un gouvernement est bien malhabile de venir, après quelques années, convertir en ambitieux déçus, en hommes dépités, en mauvais citoyens, les ministres qui l'ont servi et sur lesquels il s'est longtemps appuyé. »

Malgré le talent déployé par les deux grands orateurs de la coalition, l'effet de cette première journée n'était pas favorable aux adversaires du cabinet. Ceux-ci eux-mêmes le reconnaissaient[1]. Le mauvais accueil qu'avait reçu M. Guizot contrastait avec l'espèce d'ovation faite à M. Molé. Aussi, le lendemain matin, le *Journal des Débats* s'écriait-il triomphant :

---

[1] *Notes inédites de M. Duvergier de Hauranne.*

« Ces ministres, que, si orgueilleusement, vous proclamiez incapables, qui vous faisaient pitié, dont vous vous croyiez sûrs d'avoir bon marché à la tribune, ils vous ont vaincus... N'avez-vous pas vu toute la Chambre devancer, en quelque sorte, les paroles de M. Molé et se soulager, par d'unanimes applaudissements, de la contrainte pénible qu'elle avait éprouvée pendant le discours de M. Guizot?... C'est vous-même qui avez préparé à M. Molé cet éclatant succès. Vous lui avez laissé le beau rôle, et il vous a montré qu'il savait le prendre. »

La discussion générale se continua trois jours encore[1]. Par moments on la croyait terminée; mais le lendemain, les deux partis se retrouvaient aux prises, plus acharnés que jamais. Les mêmes idées se répétaient, parfois les mêmes orateurs remontaient à la tribune. Le seul changement qu'on pût noter était une violence croissante, à ce point qu'un jour, M. Molé, blessé au vif par les sarcasmes de M. Duvergier de Hauranne, et ne se possédant plus, s'écria : « C'est un mauvais pamphlet », et se fit, à ce propos, réprimander par le président. L'assemblée ne se montrait pas moins passionnée que les orateurs. Ce n'étaient qu'interruptions, murmures, cris partant de tous les bancs, échange d'invectives, de démentis, d'injures. M. O. Barrot, le seul des chefs de la coalition qui pût s'y sentir à l'aise et à sa place, trouva, dans ces violences mêmes, l'occasion d'un rôle inattendu pour lui : il vint, avec une sorte de solennité sereine, se poser en modérateur, en homme de principe, étranger aux irritations personnelles, ne discutant que les idées et ménageant les individus; adversaire sans doute du cabinet, mais affectant de le protéger contre les coups trop rudes qui lui avaient été portés par des mains conservatrices; prenant d'ailleurs un plaisir bien naturel à contempler et à constater, du haut de sa vieille opposition, la dissolution de l'ancienne majorité, autrefois unie contre lui. Plus satisfait encore était M. Garnier-Pagès, l'orateur de l'extrême gauche :

---

[1] 8, 9 et 10 janvier.

« On est heureux, disait-il, de voir des hommes comme M. Thiers et M. Guizot venir éclairer le pays et lui dire que maintenant l'ordre n'est plus menacé, qu'il faut voler au secours de la liberté... Vous dites, dans votre Adresse, ce que nous avons toujours dit nous-mêmes... J'ai fait des efforts, pour ma part, afin de faire nommer, comme commissaires de l'Adresse, les chefs des anciens cabinets. J'ai voulu avoir le plaisir de voir des hommes qui avaient dirigé la politique que j'avais combattue avec tant d'ardeur, venir la blâmer eux-mêmes. Je m'en suis réjoui, comme je me réjouis de voir percer, à travers toutes les phrases des membres du ministère actuel, cette idée que tous les hommes qui, depuis sept ans, ont servi la Couronne, ont été des ambitieux. Ce sont des déclarations que j'aime à voir faire en présence de la France. »
M. Guizot, plus atteint encore par une telle approbation que par les reproches des ministériels, reparut à la tribune, pour se défendre personnellement d'avoir été infidèle à ses antécédents, et pour démontrer, phrase à phrase, que le projet d'Adresse n'avait rien de factieux. Le centre lui était plus malveillant encore que le premier jour; à peine l'orateur pouvait-il prononcer une phrase sans être interrompu. Il dominait cette révolte de l'auditoire, à force d'éloquente énergie. Cette fois, d'ailleurs, la gauche se décida à le soutenir de ses applaudissements passionnés[1]. Mais l'illustre doctrinaire ne pouvait pas ne pas sentir combien ces applaudissements étaient compromettants : aussi tâchait-il, jusque dans son opposition, et tout en plaisant à ses nouveaux alliés, de rester lui-même et de se rattacher à son passé. Effort dramatique et douloureux d'une conscience qui cherchait vainement à échapper aux

---

[1]. Les hommes de la gauche constataient en effet tout ce que M. Guizot avait fait pour se rapprocher d'eux. M. Léon Faucher, alors rédacteur du *Courrier français*, écrivait à M. H. Reeve, le 12 janvier 1839 : « Entre M. Guizot et M. Barrot, la distance s'efface chaque jour. D'un autre côté, le parti de la Cour va si loin dans ses haines pour ceux qui l'ont abandonné, que les députés ministériels disent quotidiennement à Barrot : « Nous vous aimons mieux pour mi-« nistre que M. Guizot. » (Léon FAUCHER, *Biographie et Correspondance*, t. I, p. 77.)

nécessités de l'œuvre mauvaise où elle s'était laissée entraîner[1].

Dans l'autre camp, c'était toujours M. Molé qui supportait, sans faiblir, le poids de la lutte. Un orateur cependant lui vint en aide, qu'on attendait avec impatience sur les bancs ministériels : ce fut M. de Lamartine. Se tournant vers les meneurs de la coalition, il s'écria, aux acclamations du centre : « Nous qui ne fatiguons pas la tribune, qui ne remplissons pas la scène de nos rôles toujours nouveaux et toujours brillants, qui ne passons pas notre temps à exercer le pouvoir ou à le disputer à nos rivaux, nous nous levons enfin, pour vous dire : Nous ne laisserons pas dilapider le pouvoir, rabaisser la tribune, dégrader le gouvernement représentatif. Oui, nous refusons de ratifier votre Adresse, parce qu'elle est votre Adresse, et non l'Adresse du pays. » Ce n'était pas à dire que M. de Lamartine prît à son compte tous les actes et toutes les idées du cabinet. Il aimait à se poser en protecteur magnanime, parfois même un peu dédaigneux, plutôt qu'en partisan dévoué, et il attaquait la coalition plus qu'il ne défendait M. Molé.

On se battait depuis quatre jours : tout avait été dit, ressassé même. L'heure était venue, pour les deux partis, de mesurer leurs forces dans un premier vote. Celui-ci devait porter sur le début de l'Adresse. Le projet de la commission paraissait attribuer à la Chambre seule la prospérité du pays et la paix du monde ; un amendement, présenté par un ami du ministère, proposait d'en féliciter « le gouvernement du Roi et les pouvoirs de l'État ». Des deux côtés, on attendait, dans une agitation anxieuse, le résultat,

---

[1] « Nous ne saurions dire, écrivait un rédacteur du *Journal des Débats* au sortir de cette séance, combien d'art, d'éloquence M. Guizot a employés aujourd'hui, pour échapper au sens de l'Adresse et à l'approbation de la gauche. La protection de M. Barrot pesait durement sur cette noble et courageuse tête, et la courbait malgré elle. Nous, cependant, nous éprouvions une sorte de joie mêlée de tristesse, en reconnaissant du moins, dans cette lutte désespérée, tout l'ancien talent de M. Guizot, je ne sais quels cris de la conscience révoltée qui protestaient contre les nécessités d'une position fausse et, quelquefois encore, le langage du ministre du 11 octobre jusque dans le langage du coalisé. Nous étions émus au son de cette voix que nous avions si souvent entendue s'élever pour défendre l'ordre, au spectacle de ce vieil athlète de la majorité, obligé maintenant de blesser tous les sentiments de cette majorité et fatigué sous ses cris et ses murmures. » (10 janvier 1839.)

impossible à prévoir, de cette première épreuve. Après un appel nominal fait au milieu d'un grand tumulte, la Chambre procéda au scrutin; 216 voix se prononcèrent pour l'amendement, 209 contre, soit une majorité de 7 voix pour le cabinet. Mortification cuisante pour l'orgueil des coalisés qui s'étaient flattés que leur éloquence aurait facilement raison de ce débile ministère. Toutefois une victoire tenant à si peu de voix ne pouvait donner à M. Molé une confiance bien triomphante. Le *Journal des Débats* avouait mélancoliquement la faiblesse de la majorité : il n'osait dire si elle suffirait à maintenir le cabinet : « il faut, disait-il, voir la suite de la discussion ». Seulement il déclarait que « la minorité était bien plus faible encore, si l'on comparait ses éléments à ceux de la majorité ».

Quant au public, il ne savait trop que penser; il assistait, étonné, inquiet, à ce drame où il n'était pas acteur, particulièrement frappé et troublé de l'extrême violence qu'avaient tout de suite atteinte ces débats. La fièvre qui avait gagné tous les esprits lui semblait d'autant plus étrange qu'elle ne venait pas du pays lui-même, mais était le produit propre et spontané de l'effervescence parlementaire. Chacun déclarait n'avoir jamais vu pareille bataille, même en ces jours tragiques de 1831 et 1832, où, suivant l'ancien mot de M. Thiers, on entendait de la tribune le bruit du tambour et les cris de l'émeute, où l'enjeu de la discussion était l'existence de la monarchie et la paix du monde. Et surtout, ce qu'on n'avait jamais vu, c'était, entre les adversaires, tant de haine, de mépris, de volonté de se faire mutuellement les blessures les plus douloureuses, les plus mortelles. « Il faut remonter assez loin dans notre histoire parlementaire, écrivait un témoin, le 10 janvier, pour trouver quelque chose de comparable à la violence des débats de ces derniers jours. Le centre de la Chambre surtout est dans un état permanent d'irritation et de fureur. Le président, jadis si respecté, si obéi, ne peut plus se faire entendre. » Et il ajoutait, le 13 janvier : « C'est un spectacle étrange et nouveau que celui qu'offre, depuis huit jours, la Chambre des députés, cette lutte furieuse entre les partis, ou plutôt cette lutte des intelligences ambitieuses et irritées contre un ministère soutenu presque exclusivement par la masse compacte des médiocrités, qu'unit le double lien d'un amour de l'ordre plus ou moins éclairé et d'une aversion envieuse contre les talents supérieurs. Ces scènes tumultueuses qui nous reportent à d'autres temps, mais qui, grâce à Dieu, ne trouvent *encore* que bien peu d'échos en dehors, ce renversement des anciennes positions, cette confusion inextricable des opinions, tout cela forme un tableau qui a bien sa beauté dramatique, mais qui afflige profondément l'honnête homme et le bon citoyen [1]. » A la même date, la duchesse de Dino écrivait à M. de Barante : « Je vois des gens d'affaires proprement dits s'alarmer grandement... Je lis les journaux, et j'en ai dégoût et effroi. On me raconte quelque peu ce que les gestes, les accents, le jeu ajoutent de hideux à l'aspect de la Chambre, et je me demande alors ce qui reste entre nous et la révolution. — La tranquillité du pays et le besoin de conservation de bien des choses? Sans doute, c'est un contrepoids considérable, mais est-il suffisant [2]? »

IV

Pendant les quatre séances des 11, 12, 14 et 15 janvier, le débat, toujours aussi violent et acharné, porta successivement sur la Belgique, sur Ancône et sur la Suisse. C'était le terrain où l'opposition se croyait le plus de chances de succès. Aussi lança-t-elle à l'assaut ses orateurs les plus considérables, MM. Duchâtel, Dufaure, Passy, Odilon Barrot, et surtout MM. Thiers et Guizot. M. Mauguin se joignit à eux, tout heureux de rééditer, en semblable compagnie, ses vieilles déclamations de 1830. M. Molé faisait, presque seul, tête à cette attaque, se multipliant et déployant des ressources qu'on

---

[1] *Journal inédit de M. le baron de Viel-Castel.*
[2] Lettre du 12 janvier 1839. (*Documents inédits.*)

ne lui connaissait pas. Chaque jour, il montait à la tribune, au besoin plusieurs fois par séance. Il se sentait soutenu d'ailleurs par le Roi que cette partie du débat intéressait et regardait tout particulièrement, et qui écrivait, presque d'heure en heure, à son ministre, de courts billets pour le féliciter et l'encourager [1].

Ce que nous avons déjà dit, à propos des négociations elles-mêmes, permet de deviner les arguments employés de part et d'autre. Au sujet de la Belgique, M. Thiers parut désirer qu'on éludât le traité des vingt-quatre articles, mais sans en indiquer le moyen ; M. Molé n'eut pas de peine à répondre que l'exécution du traité s'imposait, et que tout le possible avait été fait en faveur des Belges ; d'ailleurs, l'affaire étant encore pendante, le débat se trouva forcément limité. Quand on en vint à la Suisse, le président du conseil montra que c'était M. Thiers qui avait donné, en 1836, l'exemple des mesures de rigueur, et que, si les sentiments de la petite république pour la France étaient altérés, il fallait en chercher la cause dans la politique suivie par le ministère du 22 février. Le débat le plus acharné s'engagea au sujet de l'évacuation d'Ancône. Tant qu'il ne s'agissait que de faire des phrases éloquentes sur le recul du drapeau français, le rôle des coalisés était facile. « Messieurs, s'écriait M. Guizot, à chacun ses œuvres : à M. Casimir Périer, l'occupation d'Ancône ; aux ministres qui lui ont succédé, le maintien de cette position ; à vous, l'évacuation ! » Mais M. Molé reprit le dessus, quand il vint, froidement, pièces en main, rappeler les faits, les précédents, et mettre le langage actuel de quelques-

[1] Louis-Philippe écrivait à M. Molé, le 11 janvier au soir : « Il me semble qu'aujourd'hui, j'étais encore plus en cause que jamais, et que les insinuations sur l'affaire belge étaient aussi directes qu'étonnantes pour quiconque sait la vérité. » Le 12 janvier au matin : « Je suis trop heureux, quand je peux vous témoigner combien j'apprécie le courage, le talent et le dévouement que vous déployez dans cette inconcevable lutte. J'espère plus que jamais qu'elle se terminera heureusement. » Quelques heures après : « Quelle journée celle-ci va être pour vous, puisque c'est Ancône qu'ils vont exploiter ! Je crois bien que c'est là ce qu'ils attaqueront le plus vivement, quoique, dans mon opinion et même dans ma conviction, ce soit la plus claire et la plus forte de toutes les questions que vous avez à défendre. » Le 12 janvier au soir : « Je vois avec une bien vive satisfaction que vos succès vont toujours *crescendo*... » (*Documents inédits*.)

uns de ses adversaires en contradiction avec ce qu'ils avaient dit quand ils étaient au pouvoir. Réduits à ne plus nier l'engagement, les opposants s'en prirent alors au ministère de ce qu'on lui en avait réclamé l'exécution. « L'évacuation, dit M. Thiers, n'aurait pas été demandée à un cabinet ferme ; elle devait être immédiatement et péremptoirement demandée à un cabinet sans force et sans volonté... C'est une faiblesse d'amour-propre, peut-être, mais je suis convaincu que, si j'étais resté au cabinet, on ne me l'aurait pas demandée, à moi. » A quoi M. Molé répliquait : « On a de soi-même l'opinion qu'on veut. On peut dire : On ne m'eût pas traité comme cela. Eh! mon Dieu! nous sommes des ministres insignifiants, nous le savons bien; mais il y en a d'autres qui sont au moins des ministres confiants. »

En somme, l'avantage resta à M. Molé. L'un de ses adversaires, M. Guizot, devait le reconnaître plus tard[1]. La Chambre le proclama tout de suite, en votant successivement trois amendements qui, sur chacune des questions débattues, substitua l'approbation au blâme : sur la Belgique, par 216 voix contre 212; sur Ancône, par 228 contre 199, majorité un peu plus forte, peut-être à cause du concours des légitimistes; sur la Suisse, par 221 contre 208. On le voit, les deux partis se retrouvaient, à chaque nouvelle rencontre, à peu près exactement ce qu'ils s'étaient montrés à la première. Vainement le débat se prolongeait-il, vainement, de part et d'autre, faisait-on les plus grands efforts, aucune des armées ne se laissait entamer. Une discipline étroite réglait toutes leurs manœuvres. Assis les uns en face des autres, les ministres, d'un côté, les membres de la majorité de la commission, de l'autre, donnaient les mots d'ordre aussitôt transmis et obéis. Ne vit-on pas, un jour, M. Dupont de l'Eure venir demander à M. Guizot comment il devait voter?

On pouvait croire la question étrangère vidée. Mais, dans

---

[1] M. Guizot écrit en effet dans ses *Mémoires* : « Quelques-uns de nos reproches à la politique extérieure de M. Molé étaient, au fond, très-contestables et avaient été efficacement contestés dans le débat. » (T. IV, p. 292.)

l'acharnement inouï de cette lutte, tout était sans cesse à recommencer. La discussion se rouvrit sur l'ensemble de la politique extérieure, à propos du paragraphe suivant de l'Adresse [1]. Ce nouveau débat durait déjà depuis quelque temps, les orateurs se répétaient, et l'attention de la Chambre semblait fatiguée, quand M. Berryer parut à la tribune. Par quel tour de force un légitimiste allait-il donc pouvoir s'associer aux griefs des coalisés contre la politique extérieure du gouvernement, c'est-à-dire reprocher à celui-ci de n'avoir pas pris assez hautement parti pour les clients de la révolution de Juillet, contre la vieille Europe monarchique? M. Berryer excellait dans ces habiletés. Voyez comme il procède. Il commence par une magnifique profession de patriotisme; il s'y complaît éloquemment [2]. L'auditoire ému n'est plus en méfiance. C'est le moment que l'orateur choisit pour parler des devoirs que ce patriotisme impose au pouvoir. « Tout gouvernement, dit-il, doit puiser dans son principe, dans les conditions de sa situation, toutes les forces qui leur sont propres, pour en faire profiter la France, pour développer au dehors l'ascendant, la prépondérance et la dignité du pays; s'il ne le peut ou ne le veut, il se réprouve lui-même. » Se tournant vers la monarchie de 1830, il lui demande si elle a rempli ce devoir. Il rappelle quel a été, dans le monde, le retentissement de ce « terrible événement » qui fut la révolution de Juillet. « L'Europe, dit-il avec une éloquence superbe, a eu d'étranges, — je me trompe, Messieurs, l'expression dont je me sers ici est mauvaise, — l'Europe a eu de glorieux contacts avec la France. A plus d'une

---

[1] 16 janvier.

[2] « Quelque révolution qui se fasse, dit-il, quelque gouvernement qui s'établisse, de quelque antipathie qu'on soit animé, on abdique sa nationalité, si l'on ne conserve pas le même sentiment sur nos affaires avec l'étranger, la même jalousie des intérêts de la France, de sa dignité. » Et, par un mouvement singulièrement hardi, mais qui produit un immense effet, il s'écrie : « En tout temps et sous tous les régimes, je crois que je n'aurais pas eu un autre sentiment, et, pour me montrer à vous tel que Dieu m'a fait, si je disais ici toute ma pensée, je rappellerais une époque d'horreur, de crimes, une assemblée vouée, pour ses actes intérieurs, à l'exécration des gens de bien, dont le souvenir soulève encore tout cœur d'homme : eh bien! je la remercie d'avoir sauvé l'intégrité du territoire. »

époque, les peuples se sont souvenus de notre passage; la France ne passe point sans laisser de traces de ses pas...; et une révolution en France ne pouvait s'accomplir sans que les intelligences de l'Europe ne fussent émues dans toutes les contrées où la gloire française a marché. » Ce contre-coup s'est produit en Pologne, en Espagne, en Belgique. Qu'en est-il advenu? « La Pologne n'est plus... L'Espagne est livrée aux horreurs d'une guerre civile dont vous n'apercevez pas le terme, et votre gouvernement dit qu'il est impuissant à mettre fin à cette lutte horrible... La Belgique suppliante, agitée, demande avec effroi si vous l'abandonnez, comme on le dit, sans garantie pour son indépendance, sans même une sûreté pour sa propre existence. » Et après ce tableau qu'il nous faut abréger : « Voilà, s'écrie M. Berryer, comme votre gouvernement a soutenu votre principe politique au dehors, voilà ce qu'il a produit, partout où il a eu son retentissement... Vous êtes abandonnés partout, vous êtes isolés... Ma main se séchera avant de jeter dans cette urne une boule qui dise qu'un tel ministère est jaloux de notre dignité, de nos alliances : jamais! jamais! » Le tour de force est accompli. Mais ne voit-on pas maintenant que si l'orateur royaliste y a eu recours, ce n'a pas été pour le seul plaisir de venir aider les adversaires de M. Molé? Son argumentation visait plus loin et plus haut; elle atteignait la monarchie de Juillet elle-même.

Que devaient penser M. Guizot et M. Thiers de ce commentaire de leur Adresse, de ce développement de leurs griefs? N'en étaient-ils pas plus embarrassés encore qu'ils ne l'avaient été du discours de M. Garnier-Pagès? M. Molé, avec son habituelle présence d'esprit, augmenta cet embarras, en montrant tout de suite jusqu'où portait maintenant l'attaque. M. Guizot lui succède à la tribune. Est-ce pour faire cause commune avec lui, contre l'ennemi de la monarchie de 1830? Non. Sa parole saccadée, amère, mordante, trahit, contre M. Molé, une animosité plus agressive que jamais. Il ne parle du discours de M. Berryer que pour en accabler le ministre. « Savez-vous, dit-il, à quoi vous devez ce discours et les apparences de raison dont il a pu être revêtu? A la politique extérieure du cabinet. » Pressant son contradicteur d'apostrophes enflammées, il conclut que « la France, entre ses mains, a perdu son influence et sa dignité ». A cette rude attaque, le garde des sceaux ne fait qu'une réponse insuffisante et fatiguée. Puis voici M. Thiers qui vient encore frapper, par un autre côté, le ministère déjà si maltraité. « Qu'avez-vous fait de l'alliance anglaise? crie-t-il à M. Molé... Ce que je vous reproche, c'est d'avoir rompu le premier chaînon de cette chaîne qui nous unissait à l'Angleterre, d'avoir commencé le refroidissement... De là, votre faiblesse dans la question belge, votre timidité en Italie. » Certes, il ne fallait pas peu d'audace à l'ancien ministre du 22 février pour tenir ce langage. N'était-ce pas lui qui, au moment où il avait pris le pouvoir, en 1836, s'était le premier écarté de l'Angleterre, pour se rapprocher des puissances continentales? M. Molé aurait beau jeu à le lui rappeler. Aussi bien, serait-il temps que le cabinet, si puissamment attaqué, dans cette séance, par les plus redoutables orateurs de la Chambre, par MM. Berryer, Guizot, Thiers, se défendît avec quelque autorité. Mais est-ce lassitude du président du conseil, ou s'imagine-t-il que le vote d'ensemble sur la politique étrangère est acquis après les votes de détail émis, les jours précédents, sur la Belgique, sur Ancône et sur la Suisse? Toujours est-il qu'il reste à son banc et laisse sans réponse le discours de M. Thiers. On procède au vote : pour la première fois, la coalition l'emporte; 219 voix contre 210 repoussent l'amendement qui approuvait d'une façon générale la politique extérieure du ministère. A la proclamation du scrutin, l'agitation est au comble dans l'Assemblée. L'opposition triomphe. Morne tristesse sur les bancs ministériels.

Le lendemain [1], les coalisés reviennent au combat, tout animés de leur succès de la veille. Mais le ministère ne s'abandonne pas. Il s'agit toujours de la politique extérieure; après avoir repoussé l'amendement favorable au cabinet, l'Assemblée

---

[1] 17 janvier.

se trouve en présence du paragraphe nettement hostile qu'a proposé la commission. De part et d'autre, on fait des efforts désespérés. La lutte se concentre surtout entre M. Thiers et M. Molé, qui prend deux fois la parole. Le chef du centre gauche déploie toute sa subtile adresse pour démontrer à la Chambre qu'elle peut, malgré les approbations partielles des jours précédents, prononcer ce blâme général. Mais le président du conseil fait justice de ces habiletés : « Vous allez, dit-il en finissant, prononcer sur la politique du cabinet au dehors, d'une manière définitive et sans appel. Avant de quitter cette tribune, je le déclare de nouveau et en toute franchise, vos votes sur la Belgique, sur Ancône, sur la Suisse sont perdus pour nous, si celui que vous allez rendre nous est contraire. » Le scrutin est dépouillé, au milieu d'une anxiété plus grande que jamais. Enfin, le président annonce que le paragraphe est rejeté par 220 voix contre 213. Le ministère a retrouvé sa petite majorité. Si la Chambre a hésité, la veille, à s'engager par une approbation générale et absolue, elle persiste du moins à ne pas s'associer au blâme de la commission. L'accident du vote précédent n'est sans doute pas complètement réparé, mais il n'a pas tourné en désastre.

V

Restait le dernier paragraphe de l'Adresse. C'était le plus grave et le plus irritant de tous, car il avait été interprété aussitôt, et non sans raison, comme l'affirmation que le pouvoir royal avait besoin d'être « contenu dans ses limites constitutionnelles », que le Roi n'était pas suffisamment « couvert », et que la Chambre se refusait à « prêter son concours » à la Couronne tant que le ministère serait maintenu[1]. A la veille du débat, quelques-uns des coalisés, effrayés de l'effet produit par certaines expressions de ce paragraphe, proposèrent de les

---

[1] Nous avons cité plus haut, p. 319, le texte de ce paragraphe.

atténuer, au moyen d'un amendement qui eût été présenté par un membre de la gauche, M. Billault, et accepté par la commission. M. Duchâtel soumit cette idée à M. Thiers, qui l'approuva. Ce fut M. Guizot qui s'y opposa; « tant que dure le combat, pensait-il, toute apparence d'hésitation et de reculade est une faute, dût-on regretter de l'avoir engagé [1]. » M. Barrot consulté se prononça d'abord, avec M. Thiers, pour l'atténuation ; mais bientôt, se voyant désapprouvé par ses amis de la gauche, il revint sur son avis. Le projet d'amendement de M. Billault fut donc abandonné, et l'on arriva à la séance [2] résolu à livrer bataille pour le texte primitif. Bataille singulièrement dangereuse, car elle aboutissait forcément à discuter la conduite du Roi [3]. Les habiles de la coalition s'en défendaient et prétendaient n'avoir affaire qu'au cabinet, jugé par eux insuffisant, transparent et non parlementaire. Mais on avait beau jeu à leur répondre, avec l'un des orateurs ministériels : « Dire que la Couronne n'est pas couverte, c'est dire qu'elle est responsable des actes attaqués. » D'ailleurs, parmi les opposants, il en était qui, du moins dans l'intimité, ne faisaient pas mystère d'en vouloir au Roi lui-même. M. Léon Faucher, alors rédacteur d'une feuille de gauche, s'exprimait ainsi, dans une lettre adressée à un de ses amis d'Angleterre : « Je vous écris au fort de la bataille. Nous grandissons par nos défaites, et j'espère qu'avant un an, le Roi aura rendu son épée. Dompter sans révolution le prince le plus entêté de sa propre capacité et le moins constitutionnel qui soit au monde, ce n'est pas une petite entreprise [4]. »

Toutes les questions soulevées par le dernier paragraphe avaient déjà été débattues lors de la discussion générale : le

---

[1] *Mémoires de M. Guizot*, t. IV, p. 296.

[2] 19 janvier.

[3] C'est ce qui faisait écrire, quelques jours après, au vicomte de Launay (madame de Girardin) : « Écoutez ces belles harangues de la Chambre, qui disent toutes à la Couronne, avec plus ou moins d'éloquence : Cachez-vous donc, on vous voit. »

[4] Lettre du 12 janvier 1839 à M. H. Reeve. (Léon FAUCHER, *Biographie et Correspondance*, t. I, p. 77.)

débat en fut abrégé. D'ailleurs, le sujet était gênant à traiter pour les opposants qui voulaient, cependant, ne pas paraître ennemis de la Couronne : force leur était de s'envelopper de réticences peu favorables aux développements oratoires. Toutefois, plus on approchait du dénoûment, plus, de part et d'autre, l'acharnement redoublait. Les grands orateurs s'étaient réservés pour ce suprême effort : du côté de l'opposition, MM. Guizot, Thiers, O. Barrot; du côté du gouvernement, M. de Lamartine.

Enfin tout a été dit. Il ne reste plus qu'à voter. Cette fois encore, l'amendement du ministère l'emporte par 222 voix contre 213. L'ensemble de l'Adresse, composée des amendements que le cabinet a successivement fait adopter, est ensuite approuvé par 221 voix contre 208. Ce chiffre de 221 fit quelque sensation. On avait souvent évoqué, au cours de la discussion, le souvenir des 221 de l'Adresse de 1830 : il était piquant de retrouver ce même nombre; seulement les nouveaux 221 étaient, non plus les adversaires, mais les défenseurs de la prérogative royale.

Telle fut la fin de cette longue discussion qui n'avait pas duré moins de douze jours. On chercherait vainement une bataille parlementaire où il ait été dépensé à la fois plus d'éloquence et de passion. L'opposition avait poussé l'attaque avec un acharnement inouï, sept fois battue, mais revenant à l'assaut, après chaque défaite, avec une ardeur qui semblait de plus en plus furieuse. Les chefs avaient donné de leurs personnes, sans se ménager. M. Thiers avait parlé treize fois, M. Guizot douze, tous deux avec un incomparable talent. Le dernier notamment avait surpris ses alliés comme ses adversaires. Dans cette lutte où, de part et d'autre, on s'attendait à lui voir garder une attitude un peu gênée, attristée, réservée, il s'était jeté au contraire en avant, toujours au plus fort de la mêlée, frappant et recevant les coups les plus rudes. Son éloquence en avait été modifiée, sans être diminuée : moins sereine, moins philosophique, moins professorale, elle avait gagné en énergie nerveuse, en audace, en action.

Plus inattendue encore fut la façon dont M. Molé tint tête à cette formidable attaque. Contre des adversaires qui s'appelaient Guizot, Thiers, Berryer, Odilon Barrot, Duchâtel, Dufaure, Billault, il était seul ou presque seul : parmi ses alliés, pas d'autre orateur que M. de Lamartine; ses collègues, hommes de valeur, mais de valeur secondaire, avaient pris la parole plusieurs fois, mais sans grande autorité ni vif succès. Néanmoins, à aucun instant de ce long débat, sa cause ne parut en état d'infériorité. Ce valétudinaire, soutenu par une sorte de fièvre, se montrait infatigable; prêt à parler sur toutes les questions de principe ou de personne, intérieures ou diplomatiques, il monta dix-sept fois à la tribune. Cet homme dont, jusqu'alors, on disait justement qu'il n'était pas orateur, le devenait par l'effort d'une conscience qui se révoltait contre d'injustes attaques et aussi d'un amour-propre qui ne voulait, à aucun prix, se laisser humilier par des rivaux détestés. Non sans doute que ses discours aient eu jamais l'éclat, l'ampleur, la chaleur, la puissance de ceux d'un Berryer ou d'un Guizot. Mais il déployait des ressources inattendues d'esprit et de bon sens, de fermeté et d'adresse, de bonne grâce et de fierté; son intrépidité froide donnait à ses troupes un courage qu'elles n'eussent pas trouvé en elles-mêmes. Parfois, l'honneur blessé lui arrachait des accents dont la vivacité inaccoutumée remuait l'Assemblée. Très-passionné au fond, autant que ses adversaires, et même soutenu par cette passion, il gardait un sang-froid, une simplicité digne et noble qui contrastaient heureusement avec l'emportement de ceux qui l'attaquaient. Les invectives laissaient intacte la liberté de cet esprit, d'ordinaire si douloureusement ombrageux et susceptible. Et pourtant, que n'entendait-il pas? Dans une des dernières séances, comme, épuisé de fatigue, il se plaignait que ses forces fussent à bout : « Crève, chien » ! lui cria une voix partie de l'opposition [1]. L'interrompait-on par quelqu'un de ces mots outrageants auxquels son oreille

---

[1] L'incident est rapporté par M. Dupin. (*Mémoires*, t. III, p. 376, 377.) M. Dupin ne nomme pas l'interrupteur : mais il dit que c'était l'homme dont, en d'autres circonstances, on eût le moins attendu un tel écart.

de gentilhomme n'était pas accoutumée, il s'arrêtait, laissait au mot le temps de retentir dans toute la salle et à celui qui l'avait prononcé le temps de rougir ; puis il continuait, sans autrement se troubler. Le débat ne faisait que commencer, que M. de Lamartine pouvait déjà lui dire : « Vous avez grandi, en trois jours, de cent coudées : c'est l'opinion de vos envieux, comme celle de vos amis [1]. » Et le soir du vote final, le Roi lui écrivait : « Je ne crois pas que les fastes parlementaires d'aucun pays contiennent une lutte pareille à celle que vous venez de soutenir avec tant d'honneur et de succès. Grâces vous soient rendues ! C'est ce que je dis de tout mon cœur [2]. » Les adversaires de M. Molé faisaient alors de lui, tout bas, presque un égal éloge : ils l'ont fait tout haut, plus tard, avouant et leur surprise et leur admiration [3]. N'était-ce pas d'ailleurs un résultat vraiment extraordinaire et sans précédent, que le ministère fût arrivé à refaire l'Adresse tout entière, à coup d'amendements successifs ? Cette majorité si frêle, composée d'éléments si médiocres, avait tenu bon dans tous les votes, sauf un seul [4]. Elle n'avait laissé passer aucune phrase de la rédaction élaborée par la commission. Ce succès était bien l'œuvre de M. Molé, et augmentait singulièrement son renom. Et cependant, était-il suffisant ? Le ministre avait sauvé son honneur : avait-il également sauvé son pouvoir ? Dans le combat d'où il sortait vainqueur, n'avait-il pas, comme il arrive souvent en ces mêlées meurtrières, été lui-même mortellement blessé ?

[1] *Documents inédits.*
[2] Lettre du 19 janvier 1839. (*Documents inédits.*)
[3] Cf. notamment les *Mémoires de M. Guizot* (t. IV, p. 288), et la *Notice* de M. Vitet sur M. Duchâtel.
[4] Les majorités du ministère avaient été successivement de 7 voix, de 4, de 29, de 13, de 7, de 9, et, au vote sur l'ensemble, de 13 voix. Dans le seul vote où elle l'avait emporté, la coalition avait eu une majorité de 9 voix.

VI

La bataille finie, M. Molé eut en effet à se demander s'il lui était possible de continuer à gouverner, ayant contre soi une minorité passionnée, considérable par le talent et le nombre, et n'ayant pour soi qu'une majorité de quelques voix qui n'avait pu s'accroître du premier vote au dernier, et qui même avait failli dans un des scrutins. Après réflexion, sa conclusion fut négative. « La Chambre, écrivait-il à l'un de ses ambassadeurs, est partagée en deux partis d'une force presque égale et trop engagés l'un contre l'autre, pour qu'il soit possible d'amener des défections dans leurs rangs [1]. » Connaissant d'ailleurs le tempérament de sa majorité, il estimait qu'elle avait, dans la colère causée par la coalition, donné son maximum d'énergie. A son avis, il y avait chance désormais de la voir plutôt s'émietter que se fortifier. Voilà pourquoi il crut devoir, le 22 janvier, trois jours après la fin de la discussion, apporter sa démission au Roi.

Que devait faire Louis-Philippe? Assurément, nulle loi parlementaire ne l'obligeait à livrer le pouvoir aux coalisés. Si le ministère n'avait qu'une majorité incertaine, ses adversaires étaient une minorité certaine, et, de plus, une minorité composée d'éléments discordants. N'eût-on pas d'ailleurs crié à la trahison dans les rangs de ceux qui, précisément sous l'impulsion du Roi, venaient de soutenir fidèlement le cabinet, pendant cette longue bataille, et en avaient remporté un ressentiment singulièrement irrité contre les opposants? Les « 221 » continuaient à se réunir chez le général Jacqueminot, pour témoigner de leur résolution de faire toujours corps, de ne pas se laisser entamer, et déclaraient hautement leur veto à toute combinaison qui eût été un succès, même partiel, pour la coa-

---

[1] Lettre de M. Molé à M. de Barante, du 22 février 1839. (*Documents inédits.*)

lition. Dans ces conditions, le premier acte de tout ministère composé par les meneurs de la minorité aurait été forcément la dissolution. Or, s'il fallait en venir là, n'était-il pas naturel que le Roi aimât mieux faire faire les élections nouvelles par M. Molé? Plus attaché que jamais à ce dernier, il lui écrivait : « Vous savez combien je suis disposé à tout faire, pour vous seconder et vous conserver. C'est là le grand point pour moi [1]. » Aussi bien, croyait-il pouvoir espérer le succès d'élections ainsi dirigées par un ministre dont il connaissait l'habileté. Le public lui avait paru, en face de la coalition, d'abord indifférent, ensuite scandalisé, jamais favorable. Autour du trône, il n'entendait que des paroles indignées contre l'opposition, non-seulement dans la bouche des pairs, des députés amis, mais aussi dans celle des représentants du haut commerce et de la haute finance [2]. Dût-on du reste échouer, l'Assemblée ainsi élue serait toujours préférable à celle qu'aurait fait nommer M. Thiers ou tout autre coalisé; elle contiendrait le ministère nouveau qui serait obligé de la conserver [3]. Telles furent probablement les raisons qui, dès la première heure, décidèrent le Roi à garder le cabinet et à dissoudre la Chambre. M. Molé était d'accord, sur ce point, avec la Couronne, et l'on peut même supposer que sa démission n'avait pas été, au fond, bien sérieuse.

Mais ni Louis-Philippe, ni son conseiller, ne pouvaient se dissimuler que cette nouvelle dissolution, venant quinze mois à peine après celle qu'avait déjà fait prononcer le même cabi-

---

[1] *Documents inédits.*
[2] *Notes inédites de M. Duvergier de Hauranne.*
[3] M. Molé, expliquant, quelques semaines plus tard, le 24 février, à M. de Barante, sa conduite, lui écrivait : « Si M. Thiers était rendu nécessaire par la composition de la nouvelle Chambre, du moins il ne pourrait plus dissoudre, et se trouverait obligé de marcher en présence d'une minorité si forte qu'elle lui rendrait impossible de se livrer aux caprices et aux témérités de son esprit. » Il écrivait de même à M. Bresson, le 26 février : « La dissolution épuisait ce moyen pour trois ans au moins. Le nouveau ministère serait obligé de vivre avec une Chambre qui le contiendrait et au sein de laquelle, s'il voulait dévier de la politique suivie depuis 1830, la Couronne trouverait un point d'appui pour lui résister. » M. de Barante avait d'ailleurs écrit à M. Molé, le 18 février : « La dissolution était devenue infaillible, et la faire de préférence à Thiers était un devoir. » (*Documents inédits.*)

net, en octobre 1837, était un acte d'apparence exorbitante, et de nature à effaroucher plus d'un esprit. Ils savaient en outre que l'idée en était très-mal accueillie par les 221, plus désireux de se reposer après l'effort inaccoutumé qu'ils venaient de faire dans la Chambre, que de livrer, devant les électeurs, une autre bataille, où il faudrait payer plus encore de leur personne et où se trouveraient en jeu non-seulement les portefeuilles de ministres amis, mais leurs propres siéges au Parlement. On essaya donc d'abord, avec peu d'espoir et probablement encore moins de désir de réussir, s'il serait possible de constituer un autre ministère conservateur qui, tout en soutenant la politique de M. Molé, n'éveillerait pas autant d'animosité, et qui, en s'appuyant principalement sur les 221, aurait plus de chance de détacher quelques-uns des 213. Il parut que le maréchal Soult était le seul homme indiqué pour un tel rôle : le Roi le lui proposa [1]. Après huit jours de réflexions, plutôt que de démarches, l'ancien président du cabinet du 11 octobre déclina la mission qui lui était offerte : c'est ce qu'attendaient le Roi et M. Molé. Le maréchal laissa dire, parut même faire dire, par le *Constitutionnel* et autres journaux de même nuance, que la raison de son refus était qu'il pensait comme les coalisés. Toutefois il donnait aussi à entendre au Roi qu'il ne refuserait pas d'entrer dans le ministère de M. Molé, après les élections, si celles-ci étaient favorables [2]. La vérité est qu'il se ménageait, se réservait, ne sachant pas bien que penser et que prévoir dans cette confusion parlementaire. Quoi qu'il en fût d'ailleurs de ses motifs, son refus servit d'argument pour démontrer aux 221 qu'il n'y avait plus d'autre alternative que de faire faire la dissolution par M. Molé ou de passer la main aux coalisés. Une ordonnance

[1] M. Molé disait, dans la lettre à M. de Barante, déjà citée plus haut : « Il fallait faire le vide et que le Roi appelât, sur ma démission remise, le seul homme qui pût essayer de former un cabinet, sans livrer la Couronne et le pays à ceux que nous avions vaincus. » (*Documents inédits.*)

[2] Dans une lettre du 7 février 1839, le Roi raconte à M. Molé qu'il vient de voir le maréchal Soult, et il précise ainsi l'impression qu'il a gardée de l'entretien : « Cette impression est que si les élections sont favorables, — et il m'a paru croire qu'elles le seraient, — il sera prêt à entrer dans votre ministère... Au surplus, je n'ai rien offert... » (*Documents inédits.*)

du 31 janvier prorogea les Chambres au 15 février. Le lendemain, une note, insérée au *Moniteur*, annonça que les ministres, dont la démission n'avait pas été acceptée par le Roi, reprenaient leurs portefeuilles. Enfin, une ordonnance du 2 février prononça la dissolution de la Chambre des députés, et convoqua les colléges électoraux pour le 2 mars, les Chambres pour le 26 mars.

Ce fut aussitôt une explosion de fureur chez les coalisés qui s'étaient un moment flattés, lors de la démission de M. Molé, de toucher au but ; ils crièrent, sans raison aucune, au coup d'État et rappelèrent les deux dissolutions prononcées coup sur coup par M. de Polignac. Parmi les conservateurs, l'impression fut d'abord morne et inquiète ; mais le Roi et le ministre, expliquant leur conduite et promettant le succès, parvinrent à ranimer les courages et à transformer de nouveau en belliqueux tous ces pacifiques. Au bout de quelques jours, la bataille était engagée, et les deux armées se précipitaient l'une contre l'autre aussi furieusement que naguère dans le Parlement, avec cette aggravation que le choc ne se renfermait plus dans la salle close du Palais-Bourbon, mais qu'il se produisait, pour ainsi parler, en plein air et s'étendait dans le pays tout entier. Le gouvernement employait, dans cette lutte suprême, tous ses moyens d'action, toutes ses ressources pécuniaires, tout son personnel. M. Molé commandait : soutenu par cette sorte de fièvre qui lui avait déjà donné des forces inattendues, lors du débat de l'Adresse, son activité était prodigieuse [1]. Les conservateurs, contrairement à leurs habitudes, ne laissaient pas tout faire au pouvoir. Des comités locaux correspondaient avec le comité central, formé à Paris, sous la présidence du général Jacqueminot : « A aucune époque, écrivait M. Molé, je n'ai été aussi content des honnêtes gens. Je leur ai vu, pour la

---

[1] M. Molé écrivait à M. de Barante, le 24 février 1839 : « Si je n'étais très-décidé à ne pas me croire assez de valeur ou d'importance pour supposer que la Providence m'a donné une mission, je verrais le doigt de Dieu dans la force et la santé qu'il m'envoie... Je vous dirai la vie que j'ai menée, et les inventions de mes adversaires pour avoir raison de mon âme ou de mon corps. » (*Documents inédits.*)

première fois peut-être, l'ardeur, l'énergie d'un parti [1]. » Du côté de la coalition, on avait constitué trois comités distincts, l'un du centre droit, l'autre du centre gauche, et le troisième de la gauche; mais ils marchaient d'accord : MM. Guizot, Thiers et Barrot, assistés de quelques députés, se réunissaient tous les jours, pour centraliser le mouvement [2]. M. Berryer, avec ceux des légitimistes qui le suivaient, et M. Garnier-Pagès, avec les républicains d'extrême gauche, soutenaient les candidats de la coalition, sans se fondre avec elle.

Les journaux de la gauche accusaient bruyamment le ministère de violence et d'intrigue, de pression et de corruption. Il se peut que la juste mesure ait été parfois dépassée, et qu'il y ait eu, en plus d'une circonstance, ce qu'on a appelé « l'abus des influences ». M. Molé n'était pas scrupuleux en pareille matière, et le zèle de M. de Montalivet ne redoutait pas les compromissions. Toutefois les reproches étaient, comme toujours, singulièrement exagérés, et souvent même ils supposaient, chez ceux qui les adressaient, quelque impudence. Tel était le cas des clameurs poussées à propos des destitutions dont avaient été frappés, avec éclat, quelques hauts fonctionnaires engagés dans l'opposition. Ces destitutions étaient d'autant plus justifiables, qu'en ce moment même, les coalisés, abusant de ce qu'ils comptaient dans leurs rangs plusieurs anciens ministres en passe de revenir au pouvoir, tâchaient de terroriser les fonctionnaires et de provoquer leur infidélité, en leur faisant peur des vengeances du lendemain. Sous ce titre : *Avis aux fonctionnaires dévoués,* les journaux de la coalition publiaient une circulaire où l'on lisait : « Il n'est personne qui ne comprenne que le premier résultat des élections sera de renverser le cabinet. On ne peut donc empêcher les fonctionnaires, même les plus dévoués, de songer à l'avenir et d'examiner ce qui adviendra d'eux, après que leurs patrons actuels seront tombés... Aujourd'hui, par une fatalité remarquable, il se trouve que

---

[1] Lettre du 24 février 1839. (*Documents inédits.*)
[2] Lettre de M. L. Faucher à M. H. Reeve, du 12 février 1839. (L. Faucher, *Biographie et Correspondance,* t. I, p. 79.)

presque tous les personnages ministériels sont dans la coalition, et que les principaux d'entre eux font partie des comités qui se sont constitués pour seconder les candidats parlementaires et surveiller la conduite de l'administration. Il est donc évident que rien ne leur échappera, et que, le jour de la justice venu, ils se souviendront de tout... Les fonctionnaires publics ne peuvent agir pour le ministère sans se brouiller avec son successeur inévitable ; c'est donc à leur sagacité qu'il appartient de discerner de quel côté il leur convient d'agir. » Le *Journal des Débats* n'était-il pas fondé à dire, à ce propos : « Si ce n'est pas là de l'anarchie, il faut rayer le mot du dictionnaire [1]. » Triste spectacle, en effet, que celui d'hommes de gouvernement qui, pour satisfaire la passion d'un moment, ne craignent pas de démoraliser l'administration dont ils pourront avoir eux-mêmes à se servir bientôt [2] !

La coalition faisait valoir les mêmes griefs que naguère pendant la discussion de l'Adresse : elle dénonçait une politique étrangère qui trahissait l'honneur et les intérêts de la France de 1830, par peur de la vieille Europe ou par désir de la courtiser ; elle revendiquait la prérogative parlementaire contre un ministère qui laissait le champ libre aux empiétements du pouvoir royal. Ces questions étaient déjà périlleuses dans un parlement habitué aux subtilités constitutionnelles et capable de comprendre à demi-mot, avec des orateurs contenus par le sentiment de leur responsabilité et le soin même de leur ambition ; ne le devenaient-elles pas bien plus dans le tumulte d'une bataille électorale, traitées par le premier venu, sans autre souci que le succès et parfois le bruit du moment, devant une foule pour laquelle il faut toujours supprimer les nuances, forcer la note et grossir les effets ? Chez les doctrinaires, plusieurs voyaient ce péril, et redoutaient d'être ainsi entraînés bien

---

[1] *Journal des Débats* du 7 février 1839.
[2] M. O. Barrot dit, dans ses *Mémoires*, que cette manœuvre dut surtout son succès à la présence des doctrinaires dans l'opposition : c'étaient eux dont les menaces pouvaient le plus faire réfléchir les fonctionnaires ; or, ajoute M. Barrot, « ces menaces ne contribuèrent pas peu à notre victoire ». (T. I, p. 333.)

au delà de leurs prévisions. Mais la bataille était engagée; la passion commandait; il fallait quand même aller de l'avant, sauf à imputer au ministère, auteur de la dissolution, tous les risques de l'aventure.

Il fut convenu que, sous couleur de circulaire à leurs électeurs, les trois chefs de la coalition donneraient, chacun successivement, la note à leur troupe. M. Guizot commença : son manifeste, très-étendu, de forte et haute allure, était à la fois une justification et une attaque. L'attaque portait sur les points connus. Bien que l'auteur proclamât « qu'une lutte sans exemple, depuis 1830, était engagée entre la Couronne et la Chambre », il faisait un effort marqué pour échapper à la conséquence logique et fatale de ses critiques, et pour mettre la royauté hors du débat. « Ceci, disait-il, est un spectacle sans exemple. Voilà une opposition qui déclare, qui soutient imperturbablement qu'elle s'adresse au cabinet seul, que c'est du cabinet seul qu'elle parle... Et le cabinet se retire, s'efface, place la Couronne devant lui, affirme, répète que c'est à la Couronne qu'on en veut ! En vain l'opposition persiste; le cabinet persiste à son tour. Il veut absolument que la Couronne descende dans l'arène et lui serve de bouclier. » A l'appui de sa protestation, M. Guizot précisait ainsi son grief contre le cabinet : « Vous êtes trop étrangers au pays et à ses représentants les plus immédiats; vous ne le représentez pas vous-mêmes assez véridiquement, assez fermement, auprès de la Couronne. Les intérêts, les sentiments, toute la vie morale et politique du pays n'arrivent pas, fidèles et entiers, par votre organe, auprès du trône. Et lorsque ensuite vous paraissez devant les Chambres, comme conseillers de la Couronne, nous trouvons, nous, d'une part, que la Couronne a été par vous mal conseillée et le pays mal représenté auprès d'elle; d'autre part, que vous la représentez et que vous la défendez mal devant les Chambres. Car, à notre avis, votre faiblesse est double, votre insuffisance est double; et la Couronne en souffre dans le pays et les Chambres, aussi bien que les Chambres et le pays dans le conseil de la Couronne. »

M. Guizot se flattait-il sérieusement que la polémique se renfermerait dans ces fictions ingénieuses? Quelques jours après, les limites qu'il avait si soigneusement tracées étaient déjà franchies dans le manifeste de M. Thiers. Celui-ci, après avoir développé avec une abondante vivacité ses accusations contre la politique extérieure, abordait, à son tour, la question parlementaire. Il la montrait posée, comme en 1829, avec M. de Polignac. Il ne craignait pas sans doute une nouvelle violation des lois. « La Restauration, disait-il, a fini par se précipiter dans un abîme, et notre gouvernement saura s'arrêter; mais il commence la lutte, comme la Restauration l'avait commencée. Il a résumé aussi, dans un ministère, toutes ses tendances fâcheuses; il le maintient, non pas, il est vrai, contre une majorité décidée, mais lorsque la majorité qui l'appuyait s'est réduite à quatre voix; il le maintient par deux dissolutions; il fait dire aussi que la royauté est attaquée et la traîne ainsi dans l'arène; il repousse les amis sincères qui cherchent à l'éclairer, il les qualifie de traîtres à leur principe, il les frappe impitoyablement. Je le répète, si l'on ne savait pas qu'il y a des bornes que le gouvernement de Juillet ne franchira jamais, il y aurait de quoi s'alarmer, en voyant se renouveler, après huit années seulement, des fautes si graves, si cruellement punies. » Ce « gouvernement » dont l'auteur du manifeste faisait si vivement le procès et auquel il reprochait, entre autres choses, d'avoir mal choisi son ministère et de le maintenir à tort, qu'était-ce donc, sinon la royauté ? M. Thiers terminait par cette déclaration quelque peu hautaine, à l'adresse de la Couronne : « Si j'avais l'ambition d'être ministre, quand l'esprit de la révolution de Juillet est en oubli, je le serais. Je ne veux jamais l'être à ces conditions. Je resterai, aussi longtemps qu'il le faudra, simple député, si vos suffrages me rendent ce titre; heureux de ma médiocrité, fier des services que j'ai rendus dans des temps de danger, de ceux que j'ai refusés dans des temps d'erreur... »

Lorsqu'un tel langage était tenu, non par des enfants perdus, mais par un homme qui venait d'être ministre et qui allait le redevenir, on comprend que le *Journal des Débats* se demandât, avec mélancolie, si une monarchie pouvait subsister dans de telles conditions. « M. Thiers, disait-il, croirait déchoir s'il n'entrait, par la brèche, dans les conseils du monarque. Et à côté de M. Thiers, il y a une foule de médiocrités qui s'enflent et se rengorgent en songeant qu'elles marchent avec lui, dans cette glorieuse campagne, et qu'elles le suivront à l'assaut des Tuileries. » Puis, généralisant la question : « Le malheur de notre pays et de notre époque, c'est que chacun se croit assez fort pour se mesurer avec la royauté. Aujourd'hui, tout homme qui a passé aux affaires, ne fût-ce que trois jours, tout homme qui est entré aux Tuileries, par un succès de tribune ou par le plus mince service rendu à l'État ou à un parti, tout homme qui a traité avec le Roi et contre-signé une ordonnance, se croit en droit, du jour où il n'est plus ministre, de faire de sa personne échec à la royauté. C'est manquer envers lui de reconnaissance que de se passer de ses lumières, c'est l'abandonner que de le laisser partir, c'est le trahir que d'accorder la moindre confiance à ceux de ses successeurs que la majorité soutient !... Ce n'est pas tout. A côté des hommes qui ont été ministres, il y a ceux qui veulent le devenir... Eh bien, il faut que la royauté compte aussi avec ces hommes-là. Ils se posent fièrement devant elle ; ils lui marquent les limites qu'elle ne doit pas franchir ; ils se dressent pour lutter contre sa prérogative... » Le *Journal des Débats* se demandait la cause de ce désordre. Sa réponse est curieuse, surtout venant d'une feuille qui était, depuis l'origine, l'organe autorisé du gouvernement de Juillet : « Voilà, disait-il, la véritable faiblesse des royautés nouvelles, de celles qu'on a vues naître du sein d'une insurrection populaire, de celles dont on a discuté publiquement les attributions et les priviléges, de celles dont chacun peut se dire : C'est moi qui l'ai faite [1] ! »

La circulaire de M. Odilon Barrot fut lancée la dernière ; elle n'eut ni l'importance ni l'éclat des deux autres : c'était une dissertation un peu verbeuse et lourde sur la nécessité de ne pas réélire des « députés dociles aux prétentions de cour et

---

[1] *Journal des Débats* du 18 février 1839.

pratiquant cette maxime qui avait déjà enfanté une révolution :
Le Roi règne et gouverne ».

Les manifestes des chefs, même celui de M. Thiers, gardaient une certaine réserve : c'est dans les journaux que la polémique apparaît avec toutes ses audaces et tous ses désordres. Encore laissons-nous absolument de côté la presse républicaine, et ne nous occupons-nous que des feuilles dynastiques, interprètes reconnus des partis engagés dans la coalition. L'une d'elles, le *Courrier français*, se plaignait précisément que M. Thiers et M. Guizot n'eussent pas été assez nets sur la question du « pouvoir personnel » ; « mais, par bonheur, ajoutait-elle, les mêmes ménagements ne sont pas imposés à tout le monde ». A entendre ces journaux, la guerre est engagée contre la « cour », le « parti de la cour », le « gouvernement de la cour » : ces mots reviennent sans cesse, et l'on définit ce mot « cour » de telle sorte que nous comprenions bien qu'il veut dire : royauté [1]. Souvent, du reste, on ne se gêne pas pour appeler la royauté et même le Roi par leurs noms. Voyez, par exemple, comment le *Constitutionnel*, organe de M. Thiers, posait la question : « Les électeurs, s'écriait-il le 26 février, veulent-ils la complète annulation de la révolution de Juillet, c'est-à-dire la royauté absorbant le pouvoir des Chambres dans sa plénipotence absolue? Veulent-ils une royauté ne prenant plus sa force dans le concours spontané des Chambres et l'assentiment national, mais s'entou-

---

[1] « La cour, dit le *Courrier français*, ce ne sont pas les courtisans. La cour, c'est un gouvernement organisé, un État dans l'État... La cour règne, la cour gouverne, la cour administre..... Nous n'avons pas détruit la monarchie absolue pour en voir renaître les abus sous un autre régime et avec un autre nom. La royauté paraissait d'abord si débile et si exposée que l'on craignait, en résistant à des tentatives peu constitutionnelles, de détruire la constitution. Maintenant, il se trouve que la prérogative est trop forte et que nous sommes trop faibles. Rétablissons l'équilibre par des élections sincères. » Lisez aussi cet article du *Siècle* : « Si nous ne savions à quel degré de folie la cour a été conduite par l'orgueil de ses prétentions, nous resterions confondus devant un article publié, ce matin, dans le *Journal des Débats*; mais nous connaissons depuis longtemps les secrètes faiblesses de la politique personnelle, le besoin qu'elle a de se proclamer, la satisfaction qu'elle éprouve à se mettre au-dessus des règles, à divulguer sa ténacité, son omnipotence, et, par là même, malheureusement, à détruire, autant qu'il est en elle, les fictions salutaires sur lesquelles repose l'inviolabilité de la Couronne. »

raient du faste des vieilles monarchies? Veulent-ils le gouvernement des aides de camp et la cour dans la Chambre? Veulent-ils le favoritisme érigé en arbitre souverain des promotions dans l'armée?... S'ils veulent toutes ces choses, qu'ils votent pour les candidats ministériels. » Quelques jours plus tard, on lisait dans le *Temps* : « Nous consentons à parler de la haute sagesse du Roi et à la placer au-dessus de toute autre sagesse, à la condition qu'on ne prenne pas notre politesse au mot, pour nous imposer telle ou telle politique, au nom de cette formule... La France n'a pas abdiqué aux mains de Louis-Philippe. » Puis, après avoir rappelé dédaigneusement que, quelques années auparavant, Louis-Philippe n'était que duc d'Orléans, et qu'il avait été porté au trône par la Chambre, « sur la recommandation de La Fayette », le *Temps* ajoutait : « La résistance d'une dynastie qui date d'hier, qui n'est arrivée que par un choix de majorité, une telle résistance est au fond si légère, si facile à vaincre, qu'il n'y a vraiment pas de danger, même pour qui résiste. » Après un tel langage, ces journaux n'étaient-ils pas bien venus à protester que ce n'étaient pas eux qui mettaient en cause la royauté? Il est vrai que leurs protestations étaient accompagnées de commentaires qui en faisaient de pures moqueries : car ces commentaires étaient eux-mêmes l'attaque la plus directe contre la Couronne [1].

La presse ministérielle n'était guère moins passionnée : rien ne lui coûtait pour flétrir les coalisés, surtout ceux qui étaient naguère à la tête de l'armée conservatrice, pour mettre en lumière ce qu'elle croyait être la petitesse et la bassesse de leurs

---

[1] Voyez, par exemple, cet article du *Courrier français* : « On prétend que la résistance de l'opposition ne s'arrête pas au ministère : c'est une calomnie intéressée ; si la Couronne se trouve compromise dans cette lutte, c'est le ministère, et le ministère seul, qui la compromet. Quand nous disons que le ministère découvre la royauté, qu'il tolère l'intervention personnelle du Roi et des princes dans les affaires, qu'il dénature, au profit de la prérogative, le caractère des institutions, nous n'accusons pas la Couronne, nous accusons le ministère qui est responsable même des écarts du pouvoir royal..... ...Si on laissait faire les ministres du 15 avril, la direction des affaires étrangères serait le privilége du Roi, le duc d'Orléans disposerait souverainement du ministère de la guerre, le duc de Nemours mettrait sans doute la main sur le gouvernement de l'intérieur, et le prince de Joinville deviendrait l'arbitre des choses de la mer. »

mobiles. Aux reproches sur la politique extérieure, elle répondait en affirmant que le triomphe de la coalition amènerait la guerre avec l'Europe. Le *Journal des Débats*, qui se dépensait, en cette circonstance, avec un zèle et une véhémence inaccoutumés, revenait sans cesse sur cette affirmation. « Partout, dit-il, on résume ainsi la question : avec le ministère du 15 avril, une paix sûre et honorable; avec la coalition, la guerre. » L'argument parut assez dangereux pour que M. Guizot jugeât nécessaire de le réfuter solennellement, dans un nouveau manifeste, publié sous forme de lettre au maire de Lisieux; il y soutenait que, si la paix se trouvait mise en péril, c'était « par une politique faible, peu digne, qui blesserait l'honneur national, par une politique imprévoyante, malhabile, qui conduirait mal les affaires »; or, telle était, d'après M. Guizot, la politique du gouvernement. Sur la question intérieure, les journaux officieux, bien loin de retirer du débat la Couronne qu'y avait introduite l'opposition, répétaient eux-mêmes, bien haut, que c'était en effet de la royauté qu'il s'agissait; ils se flattaient de rencontrer, chez les conservateurs, assez de sentiment monarchique, ou tout au moins de prudence intéressée, pour qu'un tel désordre les irritât, pour qu'une telle menace les inquiétât. « Tout le monde comprend, disait le *Journal des Débats* dans un appel solennel aux électeurs, que la crise est grave, que la royauté est en cause; non pas son existence, assurément, mais l'influence salutaire qu'elle a exercée, depuis huit ans, sur les affaires de notre pays. »

Ainsi, de jour en jour, les questions se posaient d'une façon plus redoutable et plus révolutionnaire[1]. Le fait frappa M. Royer-Collard, spectateur, facilement méprisant et dégoûté, d'événements auxquels il ne prenait plus de part active, et, à la fin de cette campagne, s'adressant aux électeurs de Vitry-le-François,

---

[1] Les coalisés eux-mêmes en avaient le sentiment : « On nous avait forcés, écrit M. Duvergier de Hauranne, à montrer les dangers du pouvoir personnel du Roi. De là résulta un mouvement d'opinion toujours croissant et qui, si le jour de l'élection ne fût venu l'arrêter, nous eût peut-être entraînés plus loin que nous ne voulions aller. » (*Notes inédites.*)

il prononça, sur la coalition, cette sentence terrible qui eut alors un immense retentissement [1] : « L'agitation produite par la révolution de Juillet, chassée des rues où elle a été réprimée, s'est réfugiée, s'est retranchée au cœur de l'État : là, comme dans un lieu de sûreté, elle trouble le gouvernement, elle l'avilit, elle le frappe d'impuissance et en quelque sorte d'impossibilité. Sous les voiles trompeurs dont elle se couvre, c'est l'esprit révolutionnaire ; je le reconnais à l'hypocrisie de ses paroles, à la folie de son orgueil, à sa profonde immoralité. Au dehors, la foi donnée ne l'oblige pas ; pourquoi la Charte jurée l'obligerait-elle davantage ? Cependant les institutions fatiguées, trahies par les mœurs, résistent mal ; la société appauvrie n'a plus, pour sa défense, ni positions fortes, ni places réputées imprenables..... Voilà que le trône de Juillet est attaqué, je voudrais ne pas dire ébranlé, ce trône que mes mains n'ont point élevé, mais qui reste, aujourd'hui, je le reconnais, notre seule barrière contre d'odieuses entreprises. »

Quant au public, il assistait effrayé, troublé, à cette bataille des partis. « Rien n'égale la violence de la lutte, écrivait un témoin, dès le 10 février ; il faut remonter à 1830 pour trouver quelque chose de semblable. » Et le même observateur ajoutait encore, le 2 mars : « On ne parle que d'élections. L'anxiété des esprits est extrême. Je ne me rappelle pas l'avoir vue portée à ce point, pour un semblable motif, depuis 1830 [2] ». La duchesse de Dino écrivait, vers la même époque, à M. de Barante : « Je ne sache rien de plus laid que le tableau offert par Paris en ce moment ! On ne sait plus qui estimer, qui croire [3]. » La prospérité, naguère si grande, faisait place à une crise douloureuse. « L'industrie souffre, disait le *Journal des Débats* du 12 février ; le commerce, frappé de stupeur, interrompt ou ajourne les transactions. Les ports, ne sachant quelle sera l'issue de la question des sucres, suspendent leurs armements ; les compagnies de che-

---

[1] Outre l'indignation que lui causait la coalition en elle-même, M. Royer-Collard avait, à cette époque, une animosité un peu jalouse contre M. Guizot.
[2] *Journal inédit du baron de Viel-Castel.*
[3] Lettre du 10 février 1839. (*Documents inédits.*)

mins de fer demeurent les bras croisés; le travail est paralysé; le commerce international coupe court à ses échanges, comme s'il craignait la guerre [1]. »

Si les choses ne paraissaient ni belles ni rassurantes à qui les regardait de près, elle ne faisaient pas meilleure figure, vues du dehors. M. de Metternich, qui suivait les événements avec une attention anxieuse, y trouvait, non sans un mélange d'alarme et d'orgueil, la confirmation de ses préventions contre le régime parlementaire et de ses doutes sur l'avenir de la monarchie de Juillet [2]. A Vienne, à Berlin et même à Saint-Pétersbourg, toutes les sympathies des gouvernements étaient pour M. Molé. La façon dont il s'était défendu, dans les débats de l'Adresse, avait produit beaucoup d'effet et l'avait grandi à tous les yeux. M. de Barante lui envoyait de Russie les assurances suivantes :

---

[1] Le témoignage de la feuille ministérielle était confirmé par celui des journaux opposants. Le *Constitutionnel* disait : « Les entreprises du génie industriel sont suspendues; le commerce est en souffrance et s'alarme. » Et le *Courrier français* : « Le commerce et l'industrie souffrent. L'argent est rare. Le crédit se resserre. De nombreuses faillites ont éclaté. » Aucun doute donc sur la constatation du mal; seulement, on s'en renvoyait, d'un parti à l'autre, la responsabilité.

[2] Dès le 25 janvier, M. de Metternich avait écrit à son ambassadeur à Paris : « Dans quelle position, grand Dieu ! est la France ! Vous autres, qui vous trouvez au milieu de ce gâchis moral et matériel, vous ne sauriez recevoir de débats tels que ceux qui viennent d'avoir lieu, au sujet de l'Adresse, une impression aussi forte, — je dirai même aussi nauséabonde — que celle qu'en ressentent ceux qui vivent dans une atmosphère plus pure. » Le chancelier estimait qu'après tout M. Berryer, M. Garnier-Pagès et même M. Thiers « jouaient leur jeu »; il s'en prenait à ceux « qui voulaient la conservation de l'ordre de choses existant et qui n'en voulaient pas les moyens ». « Je ne trouve, disait-il, pour qualifier ces hommes que les substantifs *niais, sots et méchants*. Qu'ils choisissent! Je suis même prêt à leur accorder les trois défauts réunis. » Le spectacle de la lutte électorale n'était pas fait pour donner à M. de Metternich une impression meilleure : « La France, écrivait-il le 9 février, se trouve aujourd'hui à 1830, en partie avant et en partie après Juillet. ...L'avenir le plus rapproché nous offre la certitude de deux mois où toutes les passions seront mises en un mouvement extrême, et cela non-seulement en France, mais dans l'Europe entière. Par contre, que nous offre l'avenir le plus éloigné? Et tout cela, parce que MM. Thiers et Guizot veulent être ministres à tout prix, et, — notez bien ceci, — l'un en dépit et aux dépens de l'autre! Vive donc le régime représentatif moderne! » Et le 15 février : « Je vous avouerai que je suis très-inquiet sur le prochain avenir de la France. Quand un pays est une fois placé comme celui-là, il est à la veille de grandes perturbations. » (*Mémoires de Metternich*, t. VI, p. 309, 310, 353 à 359.)

« Si vous étiez sensible à la renommée lointaine du pays où je suis, je pourrais vous écrire des pages de tout ce que chacun dit, à commencer par l'Empereur [1]. » M. Bresson lui écrivait de Berlin, peu de jours après : « On rattache à votre succès non-seulement la solution des questions qui menacent la paix, mais encore l'affermissement de la prérogative royale qui, dans un autre genre, est aussi une question européenne [2]. » M. de Metternich donnait ces instructions à son ambassadeur à Paris : « Veuillez inspirer du courage à M. Molé, car il est devenu le représentant d'une cause. Par contre, effacez-vous le plus possible, car le contraire ferait du mal à ceux mêmes qu'il s'agit de servir [3]. » Cette dernière observation n'était que trop juste : à ce moment, en effet, les journaux de la coalition dénonçaient ironiquement le comte Apponyi comme le véritable président du conseil, et soutenaient que la France était menacée d'une « invasion diplomatique ». « Le gouvernement de la Restauration, disaient-ils, est entré en France à la suite de l'étranger ; l'étranger est rentré en France à la suite du gouvernement actuel [4]. »

S'il peut être curieux de recueillir ce jugement de M. de Metternich et des autres ministres du continent, ce n'est pas que nous en exagérions l'autorité. Nous sommes les premiers à reconnaître que ces hommes d'État sont suspects, quand il s'agit de l'intérêt français, et peu compétents dans les cas de conscience de la vie parlementaire. Mais il était, hors frontières, d'autres spectateurs, ceux-ci au contraire absolument clairvoyants et dignes de confiance ; c'étaient nos ambassadeurs près les trois grandes cours, MM. de Sainte-Aulaire, de Barante et Bresson. Déjà nous avons eu occasion de noter leur impression ; elle devenait chaque jour plus vive contre la coalition. « Mes vœux sont pour Molé, sans partage », écrivait, le 22 février,

---

[1] Lettre du 13 février 1839. (*Documents inédits.*)
[2] M. Bresson écrivait encore, le 3 février, à M. de Barante : « On est parfait à Berlin, de toutes parts, pour le Roi et M. Molé. » (*Documents inédits.*)
[3] *Mémoires de Metternich*, t. VI, p. 353, 358, 359.
[4] *Constitutionnel* du 15 février 1839.

M. de Sainte-Aulaire à M. de Barante [1]. Et ce dernier, chez qui le diplomate était doublé d'un moraliste, analysant le mal qui se manifestait dans cette coalition, y notait « le manque de conviction, la facilité à revêtir de sophismes les conseils de l'intérêt, de l'amour-propre, de la fantaisie, l'absence de tout sentiment de devoir ». Puis il ajoutait : « Chacun croit avoir devant soi le monde moral en libre parcours, avec la faculté d'y choisir sa route, de la changer quand une autre semble plus profitable ou plus amusante. Nous vivons dans les saturnales de l'orgueil. J'ai déploré souvent la malveillance que suscitent toutes les supériorités. En y pensant mieux, je conçois qu'il en doit être ainsi, tant elles sont choquantes par leur présomptueuse insolence... Je voudrais que trois ou quatre personnes en vinssent à se résigner au chagrin de ne pas gouverner la France [2]. » Si ces diplomates réprouvaient si vivement la coalition, c'est qu'ils mesuraient, autour d'eux, le tort qu'elle faisait à la France. « Bien que les cabinets étrangers, a dit M. de Sainte-Aulaire, conservassent au comte Molé toute leur estime, ils ne comptaient plus guère avec lui, depuis la fin de 1838, parce qu'ils prévoyaient sa chute prochaine... Le gouvernement du Roi était ainsi annulé en Europe [3]. » Le même ambassadeur écrivait, le 17 février, à M. Molé : « La confiance dans l'avenir de notre gouvernement est très-ébranlée. » Sans doute, ajoutait-il, « M. de Metternich ne cessera pas de nous vouloir du bien, mais il ne s'appuiera jamais sur nous, et il manœuvrera de son mieux pour se rapprocher de ses anciens amis [4] ». Dès le 31 janvier, M. de Barante écrivait de Saint-Pétersbourg : « En un mois, ma position politique a changé ici du tout au tout..... Si M. Molé s'en va, toutes nos affaires en souffriront. » Le 13 février, il insistait de nouveau sur ce que les événements de France « nuisaient à la considération du gouvernement,

---

[1] *Documents inédits.*

[2] *Documents inédits.* — Dans une lettre du 21 janvier, M. de Barante écrivait : « Il paraît que les hommes de gouvernement sont capables de rendre le gouvernement impossible même pour eux. »

[3] *Mémoires inédits du comte de Sainte-Aulaire.*

[4] *Documents inédits.*

ébranlaient la confiance, ajournaient des projets bons pour tous ». « Vous jugez bien, ajoutait-il dans une autre lettre, que c'est, pour les gouvernements étrangers, une belle occasion de nous dire : « Vous voyez que j'avais raison ; qu'il n'y avait « aucune sécurité à accepter vos ouvertures, et que la France « est encore un État révolutionnaire dont nous avons à nous « garder. » Ces passions d'orgueil et d'ambition, cet oubli des intérêts du pays, cette injustice envers le Roi, peuvent nous perdre et, pour le moment, nous reculent de trois années, en considération et en influence [1]. » Quelle réponse aux coalisés, qui avaient soutenu que l'intérêt de la politique extérieure exigeait le renversement de M. Molé ! Pourquoi les partis d'opposition ne regardent-ils pas plus souvent hors frontières ? S'ils le faisaient, que de fautes contre lesquelles le seul sentiment patriotique suffirait à les mettre en garde !

Cependant l'heure du scrutin approchait. Malgré la violence de l'attaque, le gouvernement conservait sa confiance du premier jour. M. Molé informait, le 24 février, M. de Barante que, « jusqu'alors, les apparences dépassaient ses espérances », et qu'il s'attendait à trente voix de majorité. Le 26, il répétait le même chiffre à M. Bresson, en ajoutant : « Toutefois rien n'est certain. » Le 28, le Roi écrivait au président du conseil : « Il me semble que les nouvelles des élections continuent à être bien favorables, et que l'impopularité de la coalition augmente de plus en plus. Amen [2]. » Ces espérances devaient être trompées. Les élections eurent lieu le 2 mars. A mesure qu'arrivèrent à Paris les résultats des scrutins, il devint plus visible que les ministériels, loin de gagner, avaient notablement perdu. Les chiffres étaient difficiles à préciser ; les 221 paraissaient n'être plus guère que 190 ou 200 ; l'opposition, en y comprenant les doctrinaires, le centre gauche, la gauche, les radicaux et les légitimistes, réunissait environ 240 voix. Quand ces faits furent connus, M. Molé n'hésita pas : le 8 mars, il donna de nouveau sa démission, qui, cette fois, fut acceptée.

[1] *Documents inédits.*
[2] *Ibid.*

CHAPITRE VIII

L'INTERRÈGNE MINISTÉRIEL.

(8 mars — 12 mai 1839.)

I. Le maréchal Soult est chargé de former un cabinet. Il tente de faire le ministère de grande coalition. Les coalisés ne parviennent pas à s'entendre. — II. Le maréchal essaye de constituer un ministère de centre gauche. Tout échoue au dernier moment. Le duc de Broglie cherche à rapprocher M. Thiers et M. Guizot. Son insuccès. — III. Les uns s'en prennent à M. Thiers, les autres à Louis-Philippe. Injustice des reproches faits au Roi. Sa conduite en cette crise. Constitution d'un ministère provisoire. — IV. Désordres à l'ouverture de la session. M. Guizot se rapproche des conservateurs. M. Passy candidat des conservateurs à la présidence de la Chambre. Il l'emporte sur M. O. Barrot. Nouvel échec d'une combinaison centre gauche. — V. Malaise général. Explications à la Chambre. M. Passy, chargé de faire un cabinet, échoue au dernier moment, par le fait de M. Dupin. Autres tentatives sans succès. Une proposition d'Adresse au Roi est prise en considération par la Chambre. — VI. L'émeute du 12 mai. Elle est promptement vaincue. Le Roi et le maréchal Soult profitent de l'émotion pour former le ministère. — VII. La coalition a manqué son but. Le mal qu'elle a fait au dedans et au dehors. Coup porté à la royauté, aux institutions parlementaires. Tristesse découragée des contemporains.

I

Quelque mortifié que dût être le Roi de la victoire de la coalition, il n'en discuta pas les conséquences, et accepta, comme une nécessité, l'entrée au ministère des chefs de l'opposition. Ceux-ci avaient le champ libre : à eux de montrer ce dont ils étaient capables. S'ils parvenaient à constituer un ministère fort, qui remît bien en mouvement la machine représentative, un peu détraquée depuis trois ans, s'ils refaisaient, fût-ce au service d'une politique différente, un autre ministère du 11 octobre, ils n'effaceraient pas complétement les fautes commises, mais du moins l'histoire pourrait leur être indulgente. Il n'en devait pas être ainsi. Leur triomphe marqua au contraire l'ouverture de la plus étonnante, de la plus longue et de la plus déplorable crise ministérielle qu'ait connue la monarchie constitutionnelle. Ces crises sont toujours un assez triste spectacle : c'est le moins beau moment du gouvernement parlementaire. Non sans doute que de telles misères soient épargnées aux autres régimes. Dans les monarchies absolues, par exemple, les intrigues de cour ne sont pas au fond moins laides et sont peut-être plus fréquentes encore. Mais elles échappent d'ordinaire aux regards, parfois même à la connaissance de la foule; avec les institutions libres, au contraire, avec la publicité à outrance qui en est la condition, tout s'étale au grand jour. Gardons-nous de nous en plaindre. C'est déjà la moitié du remède que de faire paraître le mal au dehors. Seulement, au moment même, la vue en est désagréable, et quand l'histoire vient, après coup, remuer ces compétitions personnelles qui, de loin, semblent plus mesquines encore, elle est tentée de passer rapidement. Ici, toutefois, elle ne doit pas céder à la tentation. Le récit de cette longue crise permettra de mieux mesurer la responsabilité de la coalition, complétera la leçon qui s'en dégage, et montrera ce qu'il en a coûté aux parlementaires d'avoir exagéré leurs prétentions, méconnu le rôle de la royauté et faussé les institutions représentatives elles-mêmes.

Ce fut le maréchal Soult que le Roi chargea de former le cabinet. Il avait cette particularité d'être un personnage considérable, pris au sérieux par le public, et cependant de pouvoir, sans surprendre ni choquer personne, prêter son nom à des politiques de nuances assez diverses. Naguère, on lui avait demandé de s'unir à M. Molé ou de le continuer; maintenant, c'est avec les adversaires de ce dernier qu'on l'invitait à former un cabinet. On eût dit un manche brillant auquel on pouvait au besoin adapter des lames de toute forme et de toute trempe. Aidé et guidé par le Roi, le maréchal se mit tout de suite en rapport avec les chefs de la coalition. Ceux-ci eussent dû être préparés à répondre à une telle ouverture; mais entre eux tout avait été d'avance concerté, précisé, pour rendre l'attaque plus redoutable, rien pour tirer parti de la victoire; tout pour la destruction, rien pour la reconstruction. Trois groupes, représentés par M. Guizot, M. Thiers et M. O. Barrot, se présentaient au partage. La gauche et le centre gauche s'étaient flattés, au début de la campagne, que M. Guizot y garderait une attitude réservée et effacée, et que, par suite, ils n'auraient pas beaucoup à compter avec lui. Un portefeuille au duc de Broglie, peut-être aussi à M. Duchâtel et à M. de Rémusat, telle était la part de butin par laquelle on avait pensé pouvoir désintéresser les doctrinaires. Mais l'importance inattendue du rôle joué par M. Guizot, dans la discussion de l'Adresse et dans la lutte électorale, ne permettait plus de le laisser de côté[1]. Il avait acquis des titres au moins égaux à ceux des deux autres chefs de la coalition. Fallait-il donc les unir tous trois dans un même cabinet? Une longue réflexion n'était pas nécessaire pour comprendre l'impossibilité de cette combinaison. Mais était-il également impossible, soit de faire un ministère Thiers-Guizot, en mettant M. Odilon Barrot à la présidence de la Chambre, soit de réserver ce dernier poste à M. Guizot, en faisant un ministère Thiers-Barrot?

« Veut-on, disait M. Guizot, faire un ministère de M. Thiers, de M. Barrot et de moi? Je suis prêt. Mais, si l'on juge cette combinaison trop hasardeuse, j'accepte également un ministère Thiers-Barrot, avec ma présidence, ou un ministère Thiers-Guizot, avec la présidence de M. Barrot. » De ces diverses combinaisons, il préférait la dernière. Il demandait la présidence du conseil pour le maréchal Soult, les finances pour M. Duchâtel et l'intérieur pour lui-même; à ce prix il était prêt à accepter tous les collègues que M. Thiers voudrait choisir[2]. Les dispositions de celui-ci étaient moins

---

[1] « Quand M. Guizot commença cette campagne, personne, excepté lui, ne pensait qu'il pût en sortir ministre. Quand il la finit, tout le monde reconnaissait qu'il était à peu près impossible de se passer de lui. » (*Notes inédites de M. Duvergier de Hauranne.*)

[2] Ces détails et beaucoup de ceux qui suivent sont empruntés aux *Notes inédites de M. Duvergier de Hauranne.*

nettes et moins conciliantes. Jaloux de M. Guizot, tout en se proclamant alors son ami fidèle et dévoué, il voyait, sans déplaisir, les préventions de la gauche à l'égard de l'orateur doctrinaire, et se demandait si, en jouant de ces préventions, il ne serait pas possible d'écarter un collègue qui lui faisait ombrage ou tout au moins de le reléguer à un poste inférieur [1]. Quant à M. Barrot, il préférait rester en dehors du cabinet. « Je ne pourrais, disait-il, entrer au ministère sans demander la réforme électorale et l'abrogation d'une partie des lois de septembre. Or, je sens que la Chambre ni le pays même ne sont mûrs pour de tels changements. » La présidence, au contraire, lui plaisait fort. Il y voyait un moyen de sortir, sans désavouer son passé, d'une opposition systématique dont il commençait à être gêné et las. Seulement, au cas où on lui réserverait cette présidence, acceptait-il l'entrée de M. Guizot dans le cabinet? Personnellement, il s'y fût résigné, de plus ou moins bon cœur; mais, craignant les reproches de ses amis s'il accordait de lui-même cette sorte de laisser-passer, il convoqua la gauche pour lui soumettre la question. Dans cette réunion, éclatèrent tout de suite des antipathies très-vives contre le chef des doctrinaires. M. Thiers, averti, accourut plaider la cause de l'union, mais en de tels termes qu'il semblait moins revendiquer un droit qu'implorer une grâce pour son allié. Il ne demanda ou tout au moins n'obtint l'admission de M. Guizot dans le cabinet qu'en qualité de ministre de l'instruction publique. Il fit grand bruit, après coup, de la peine qu'il avait eue à faire accepter cette solution : on a lieu de penser, au contraire, qu'il aurait, sans plus de difficulté, obtenu, pour le chef des doctrinaires, le ministère de l'intérieur, s'il n'eût eu lui-même ses raisons personnelles de ne lui faire attribuer qu'un portefeuille secondaire [2]. Informé de ce qui s'était passé, M. Guizot en fut très-blessé et refusa absolument « de devenir ministre en sous-ordre, par la grâce de la gauche ». Désaccord

---

[1] Cette jalousie de M. Thiers est affirmée par M. O. Barrot, dans ses *Mémoires*.
[2] M. Odilon Barrot témoigne lui-même que « M. Thiers ne fit rien pour vaincre les scrupules de la gauche ». (*Mémoires de M. Odilon Barrot*, t. I, p. 333.)

d'autant plus grave que les journaux rendirent aussitôt compte de la réunion et aigrirent la contestation par leurs commentaires. Les amours-propres se trouvaient ainsi publiquement engagés.

L'honneur de la coalition était à ce point intéressé à éviter une rupture, qu'on résolut de faire un dernier effort. On convint d'une conférence où se rendirent les trois chefs, accompagnés de quelques amis. M. Thiers parla le premier. Il insista sur la nécessité de l'union; quant à lui, disait-il, il céderait tout ce qu'on voudrait; mais il y avait encore des préjugés dont on était obligé de tenir compte. Il conjurait M. Guizot de ne pas s'arrêter à une question d'étiquette, et lui faisait remarquer que son influence n'était pas attachée à tel ou tel portefeuille. M. Guizot ne se montra pas moins convaincu du malheur d'une séparation; « seulement, disait-il, sa dignité d'homme et de chef de parti recevrait une atteinte profonde, s'il entrait au pouvoir, la tête basse, comme un amnistié. Le centre gauche allait, par la main de M. Thiers, planter son drapeau sur les affaires étrangères. La gauche, par la main de M. Barrot, allait placer le sien à la tête de la Chambre. Il fallait, pour tenir la balance égale, que le drapeau du centre droit n'allât pas se cacher dans un ministère privé de toute influence politique. » M. Guizot ajoutait d'ailleurs, — et cette observation révélait une préoccupation nouvelle, éveillée sans doute, chez lui, par la mauvaise volonté de la gauche, — « qu'il croyait stipuler, non-seulement pour les trente-cinq amis qui lui étaient restés fidèles, mais pour une portion notable du parti conservateur dont il n'avait été que momentanément séparé ». Il concluait ainsi : « La coalition a trois chefs, et j'en suis un. Il y a trois grandes positions à occuper, et je ne demande que celle dont MM. Barrot et Thiers ne voudront pas. Est-ce trop exiger? » M. Barrot répondit avec une solennité courtoise; il couvrit d'éloges les doctrinaires; « mais, ajoutait-il, des préventions subsistaient, et ce que M. Guizot venait de dire du parti conservateur et de la nécessité de *planter son drapeau*, n'était pas de nature à effacer ces préventions ». Aussi estimait-il impossible de lui accorder plus que le ministère de l'instruction publique. Vainement M. de Rémusat et M. Duvergier de Hauranne, désespérés de voir ainsi avorter l'entreprise à laquelle ils s'étaient donnés tout entiers, insistèrent-ils pour vaincre la résistance de la gauche : il fallut se séparer, en constatant l'impossibilité d'un accord. Trop fier pour récriminer, le chef des doctrinaires était profondément ulcéré. Avoir payé de sa personne comme il avait fait, avoir bravé les ressentiments furieux de ses amis, le mécontentement du Roi, peut-être les reproches de sa conscience, et se voir exclu, au lendemain même de la victoire, par ceux auxquels il avait tout sacrifié, quel sujet d'amères réflexions ! Du reste, ce n'était plus seulement du cabinet, c'était de l'arène parlementaire elle-même que les journaux de gauche prétendaient exclure M. Guizot : le *Constitutionnel*, organe de M. Thiers, signifiait aux doctrinaires qu'il ne leur restait plus qu'à se faire « oublier » dans l' « exil temporaire » d'une ambassade [1]. Ajoutez les commentaires ironiquement compatissants de la presse conservatrice, qui n'étaient pas faits pour rendre la situation de M. Guizot moins mortifiante [2].

Ainsi huit jours ne s'étaient pas écoulés depuis la démission de M. Molé, et les coalisés, mis en demeure de prendre le pouvoir, en étaient réduits à avouer leur impuissance, et cela, pour n'avoir pu s'entendre, non avec le Roi, mais entre eux. De ce résultat, faut-il s'en prendre à tel ou tel homme, à la jalousie

[1] Voici le passage même auquel il est fait allusion : « Que vont devenir les doctrinaires ? Ils n'ont plus d'attitude dans la Chambre ; ils n'ont plus de place dans le pays. Il faut qu'ils s'effacent et qu'on les oublie pour un temps. Un exil temporaire est le parti le plus sage qu'ils aient à prendre et que l'on puisse leur conseiller. Les ambassades leur offrent un asile convenable que l'on s'empressera sans doute de leur ouvrir. » (*Constitutionnel* du 17 mars.)

[2] « Quel enseignement ! disait le *Journal des Débats*... Hélas ! à quoi donc leur a servi d'attaquer la prérogative royale à la tribune et dans leurs brochures ? A quoi leur a servi le rôle de tribuns, pris avec tant d'ardeur et de violence ? Aux yeux de la gauche, les tribuns n'ont pas cessé d'être des courtisans ; seulement c'étaient des courtisans mécontents... Nous croyons bien que, d'ici à quelques jours, nous serons forcés de défendre les doctrinaires ; mais, dans ce moment, abandonnés de leurs alliés d'hier, incertains sur la réception que leur feront leurs amis d'il y a deux ans après les déplorables égarements de la coalition, il est bien de les laisser à leur isolement et à leurs réflexions. »

perfide de celui-ci, à l'inintelligente prévention de celui-là? N'était-ce pas plutôt, en dehors même des fautes particulières, la conséquence prévue, inévitable, d'une alliance où il n'y avait eu, entre des partis au fond inconciliables, d'autre lien que la haine de l'ennemi à abattre?

II

N'ayant pas réussi à former ce qu'on appelait alors le ministère de grande coalition, le maréchal essaya, toujours sous sa présidence nominale, un ministère purement centre gauche. Peut-être était-ce par une secrète préférence pour une combinaison de ce genre, par désir de se retrouver seul comme au 22 février, que M. Thiers n'avait pas travaillé plus efficacement à l'entente avec M. Guizot. Quoi qu'il en fût, il entra vivement dans le nouveau dessein du maréchal. M. Dupin, sollicité, accorda son concours : avec lui, MM. Passy, Dufaure, Villemain, Sauzet, Humann et l'amiral Duperré [1]. Louis-Philippe fit d'abord des objections assez vives à quelques-uns de ces noms, particulièrement à MM. Passy et Dufaure. « Le Roi se trompe, lui dit M. Thiers; il ne connaît pas ces messieurs; qu'il les appelle : il verra qu'ils valent mieux que moi. » Louis-Philippe parut frappé de l'observation; regardant M. Thiers, d'un air quelque peu moqueur : « Vous croyez, répondit-il; après tout, cela est bien possible. » Et il n'insista pas sur ses objections. Restait à s'entendre sur le programme que le Roi, inquiet de certaines idées exprimées par le chef du centre gauche, désira voir fixer par écrit. Dans une conférence avec ceux qui devaient être ses collègues, M. Thiers arrêta une rédaction sur laquelle les futurs ministres parurent s'être mis d'accord. Les articles principaux pouvaient se résumer ainsi : « Le ministère, représentant les opinions du centre gauche, ne se proclamera pas le continua-

---

[1] C'est le 15 mars qu'on fut en mesure de présenter ces noms au Roi.

teur du cabinet sortant ; maintien des lois de septembre, sauf une définition de l'attentat ; ajournement de la réforme électorale ; liberté pour le changement des fonctionnaires ; pour le moment, pas d'intervention armée en Espagne, mais politique plus amicale et plus secourable, instructions dans ce sens à la flotte, assistance en munitions et armes, mesures prises pour empêcher la contrebande maritime de guerre. » Quand le maréchal lui remit ce document, le Roi se récria tout d'abord sur l'article relatif à l'Espagne, et, demandant à réfléchir, renvoya sa réponse au lendemain. M. Thiers crut alors ou feignit de croire que le programme était repoussé, et écrivit au maréchal qu'il se retirait « profondément dégoûté ». Mais, au même moment, le maréchal lui fit savoir que le Roi, après réflexion, acceptait tout, « personnes et choses [1] ». Louis-Philippe avait-il jugé la résistance dangereuse, ou pressentait-il qu'elle viendrait d'ailleurs, sans qu'il eût besoin d'en prendre la responsabilité ? La plupart des futurs ministres se flattaient que tout était arrangé, et qu'aux Tuileries où ils étaient attendus, ils n'auraient plus qu'à prendre possession de leurs portefeuilles. Ils ne comptaient pas avec la mobilité capricieuse de M. Thiers. Celui-ci rencontrant, à ce même instant, un de ses amis qui lui faisait compliment : « Vous avez tort, lui dit-il, rien n'est fait, et, si j'en crois mon pressentiment, rien ne se fera. — Qui peut donc vous arrêter, maintenant que vous êtes d'accord entre vous et que le Roi accepte votre programme ? — Oui, il accepte, mais avec le commentaire du maréchal qui a tout atténué, tout amorti. Je lui en réserve un d'une tout autre espèce et qui le fera bondir sur son fauteuil. Ce soir, soyez-en certain, tout sera rompu. »

Quelques heures après, les futurs ministres se trouvaient réunis autour du Roi : les ordonnances étaient préparées, et le maréchal prenait la plume pour les signer, quand M. Thiers demanda à présenter quelques observations sur le programme, afin de s'assurer, dit-il, si l'on est bien d'accord. On se récria.

[1] 21 mars.

M. Thiers insista, et il entama successivement, sur les premiers articles, un commentaire qu'il poussa aussi loin que possible; rien ne lui fut contesté. Arrivé à la question d'Espagne, il présenta les mesures à prendre sous un tel jour, qu'elles se confondaient à peu près avec l'intervention. Le Roi ne pouvait l'approuver; mais il laissa le soin de le contredire aux collègues de M. Thiers. MM. Dupin, Passy, Humann, voyant ainsi apparaître une politique fort différente de celle dont ils croyaient être convenus, firent entendre les protestations les plus vives. « Le Roi, reprit M. Thiers, voit bien qu'il était indispensable de s'expliquer. Non-seulement je ne suis pas d'accord avec lui; mais nous ne sommes pas d'accord entre nous. » Il appuya ensuite sur la nécessité de soutenir la candidature de M. Barrot à la présidence de la Chambre. Louis-Philippe, qui s'apercevait que, sur ce point encore, des objections allaient s'élever, demanda que la question fût traitée hors de sa présence. « S'il doit en résulter entre vous une rupture, dit-il, que ce ne soit pas devant moi. » En prenant congé du prince, M. Thiers s'approcha de lui : « Quand je disais au Roi que ces messieurs valaient mieux que moi. — Eh! mon cher, je le vois bien », répondit Louis-Philippe. Les futurs ministres revinrent chez le maréchal, où il devait y avoir grand dîner, en l'honneur de l'installation du nouveau cabinet. A peine y étaient-ils que la discussion reprit entre M. Thiers et M. Humann, au sujet de la présidence de M. Barrot; le premier entendait engager le cabinet dans cette candidature beaucoup plus avant qu'il ne convenait au second. Impossible de s'accorder, et M. Humann se retira, sans même vouloir prendre part au repas. Après le dîner, MM. Dupin, Passy et Dufaure déclarèrent suivre M. Humann dans sa retraite. Le ministère centre gauche se débandait avant même d'avoir été constitué.

Nous avons raconté ces étranges péripéties, sans prétendre en donner le secret. Les collègues manqués de M. Thiers, fort irrités contre lui, l'accusèrent d'avoir volontairement fait tout rompre. Le maréchal disait à tout venant qu'il ne ferait plus jamais partie d'un cabinet avec « ce petit homme ». M. Dufaure le traitait de « révolutionnaire » ; M. Passy, d' « intrigant » ; « c'est un homme perdu, ajoutait-il ; je me charge de l'attaquer dans la Chambre, et je suis certain de le couler ». Faut-il croire en effet que M. Thiers, sur le point de réaliser le ministère centre gauche, s'en était subitement dégoûté, et qu'il avait regretté le ministère de grande coalition pour lequel, quelques jours auparavant, il montrait tant de mauvaise volonté? Un tel revirement n'a rien d'invraisemblable, étant donnée la nature de l'homme, d'autant plus que, se figurant être alors maître de la situation et ministre nécessaire, il croyait pouvoir se permettre impunément tous ses caprices. Quant aux motifs de ce changement, on a dit que M. Thiers avait vu avec impatience la présidence du maréchal, bien qu'elle ne fût guère que nominale; avec ennui les idées ou le caractère de quelques-uns de ses collègues, entre autres de M. Dupin ; avec inquiétude les exigences de la gauche; qu'il s'était pris à douter aussi bien de l'accord intime du cabinet que de son autorité sur une Chambre aussi divisée. M. Thiers cependant s'est vivement défendu d'avoir provoqué volontairement la rupture. Mais comment expliquer alors son attitude et son langage dans la séance des Tuileries? S'était-il figuré que la Couronne serait toujours obligée de céder, et avait-il trouvé plaisir à lui faire sentir sa force, à bien marquer qu'il entrait en vainqueur dans ses conseils, se flattant de prendre ainsi une éclatante revanche sur cette même question d'Espagne où le Roi avait eu le dessus en 1836? Nous ne nous prononçons pas entre ces explications opposées. M. Thiers était d'ailleurs de nature assez complexe pour que les mobiles en apparence les plus contradictoires aient eu à la fois action sur sa conduite.

Découragé par ce nouvel échec, le maréchal Soult remit à la Couronne les pouvoirs qu'elle lui avait confiés. On était au 24 mars. Les Chambres devaient se réunir le 26. Pour gagner quelques jours, une ordonnance les ajourna au 4 avril. En même temps, le Roi fit appeler le duc de Broglie. Le temps et la comparaison avaient fait revenir Louis-Philippe sur ses préventions contre ce conseiller, peut-être incommode, mais sûr. Dès le lendemain de la démission des ministres du 15 avril, il lui avait fait des offres qui n'avaient pas été acceptées [1]. Appelé de nouveau, le 24 mars, le duc refusa toujours pour lui-même; toutefois il consentit à se porter médiateur en vue d'amener un rapprochement entre M. Thiers et M. Guizot. L'idée lui plaisait comme un retour à l'union du 11 octobre; avec quel changement cependant! Au 11 octobre, l'union se faisait contre la gauche : ici, il s'agissait de la faire avec la gauche. M. Thiers, que le duc de Broglie vit d'abord, lui parut assez bien disposé; il acceptait, cette fois, M. Guizot au ministère de l'intérieur; son programme était raisonnable; mais il insistait pour que le ministère soutînt la candidature de M. Barrot à la présidence de la Chambre, sans toutefois indiquer qu'on dût en faire une question de cabinet. M. Guizot, que le duc alla trouver ensuite, admit le programme et fit seulement, au sujet de la présidence, quelques réserves sur lesquelles il ne paraissait pas devoir être intraitable. M. de Broglie croyait les choses arrangées; il décida donc de réunir chez lui M. Thiers et M. Guizot, avec MM. Duchâtel, Dufaure, Passy, Sauzet, qui devaient faire partie du cabinet. A peine était-on en présence, que M. Thiers demanda, pour la première fois, que le ministère non-seulement appuyât la candidature de M. Barrot à la présidence, mais qu'il y engageât son existence, en posant la question de cabinet. C'était évidemment plus qu'on ne pouvait attendre de M. Guizot. Celui-ci, sous l'impression des mauvais procédés dont il avait été victime au début de la crise, était plus disposé à offrir des garanties au centre qu'à donner de nouveaux gages aux amis de M. Barrot : il fit observer que se conduire comme le demandait M. Thiers serait « passer dans les rangs de la gauche » et « violenter les conservateurs ». Il refusa donc. M. Thiers ayant insisté, la conférence se trouva rompue.

D'où venait cette exigence? Était-ce de la gauche? Per-

---

[1] « Le duc de Broglie sort de chez moi, écrivait le Roi à M. Molé, le 9 mars, mais il ne veut être de rien. Je lui ai bien manifesté combien je vous regrettais, mais que, dans la chance actuelle, et ne pouvant pas vous conserver, c'était lui que j'aurais préféré. » (*Documents inédits.*)

sonne n'y avait émis une prétention de ce genre. Interrogé à ce sujet par M. Duvergier de Hauranne, M. Barrot lui répondit : « Ma candidature à la présidence ne me paraît pas devoir être présentée comme une question de cabinet, par deux raisons : la première, parce qu'il est au moins imprudent de jeter ce défi à la Chambre; la seconde, parce qu'il résulterait d'une telle manière de formuler ma candidature, un lien de solidarité avec le nouveau ministère, que je ne suis pas plus disposé que lui à contracter [1]. » La condition venait donc de M. Thiers seul. Pourquoi? Était-ce encore un revirement? Sur le point d'entrer en partage avec M. Guizot, avait-il été ressaisi par la tentation de gouverner seul? Dans son entourage, paraît-il, on lui avait beaucoup répété « qu'il passait sous le joug des doctrinaires », qu'il « s'humiliait, en faisant maintenant par force ce que, peu auparavant, il n'avait pas voulu de plein gré ». On lui avait en outre fait croire que, depuis quelques jours, il se manifestait, dans la majorité, un mouvement en sa faveur. Quoi qu'il en fût, le duc de Broglie n'avait plus qu'à informer le Roi de l'échec de sa tentative. « Après tout, lui répondit Louis-Philippe, mieux vaut que chacun reste dans son camp. »

Il faut nous borner dans cette monotone histoire de ministères manqués. Mentionnons donc seulement que, les jours suivants, de nouvelles tentatives furent faites sans succès, soit auprès du maréchal, soit auprès de M. Thiers, soit enfin pour la constitution d'un cabinet dit de petite coalition, dont on eût exclu à la fois M. Guizot et M. Thiers. Les anciens 221, qui, devant l'impuissance et la division des vainqueurs, commençaient à sortir de leur immobilité, manifestaient leur préférence pour cette dernière solution. Mais on avait beau varier les combinaisons, en quelque sorte mêler et battre les cartes, on ne parvenait pas à trouver huit ou neuf ministres d'une opinion quelconque, auxquels la diver-

---

[1] Lettre du 26 mars 1839. (*Notes inédites.*)

gence des doctrines ou simplement la rancune et la jalousie ne rendissent pas impossible de siéger, côte à côte, dans le même cabinet.

III

Il y avait plus de trois semaines que M. Molé était démissionnaire, et l'on se trouvait moins avancé qu'au premier jour. « La durée de la crise devient un malheur public », disait le *Constitutionnel*. Les partis s'en rejetaient mutuellement la responsabilité. Chez les conservateurs, on l'imputait surtout à M. Thiers. On l'accusait, non sans quelque fondement, d'avoir fait échouer successivement toutes les combinaisons. Le *Journal des Débats* ne tarissait pas en invectives contre « cet ambitieux étourdi qui étalait, aux yeux de la France, le ridicule de son impuissance », contre ce « brouillon » malfaisant que l'on comparait au cardinal de Retz, et qui tentait une nouvelle Fronde. Une démarche personnelle du Roi parut même donner à ces reproches une confirmation qui ne contribua pas peu à aigrir M. Thiers. Ayant fait appeler ce dernier, le 29 mars, Louis-Philippe lui exposa, avec toutes les précautions possibles, que sa présence paraissait être le principal obstacle à la formation d'un cabinet, et lui demanda de consentir à aller momentanément, comme ambassadeur, servir son pays sur un autre théâtre. M. Thiers prit mal cette ouverture. Si l'on jugeait son absence nécessaire, répondit-il, il était prêt, non à accepter une ambassade, mais à s'éloigner de France, sous la condition toutefois qu'il ferait connaître le désir exprimé par le Roi. Louis-Philippe naturellement n'insista pas. L'incident fut aussitôt connu, et, le soir même, un grand nombre de députés, M. O. Barrot en tête, vinrent témoigner leur sympathie à l'homme politique qu'ils feignaient de croire menacé d'une sorte d'ostracisme royal. En même temps, tous les journaux de gauche, empressés à compromettre M. Thiers au moins autant qu'à le défendre, prenaient fait et cause pour lui, affectant de le placer toujours en face du prince, comme si la lutte était entre eux deux. Ces journaux tâchaient, en même temps, de rejeter la responsabilité de la prolongation de la crise sur « la cour », c'est-à-dire sur le Roi ; ils donnaient à entendre que, par ses « intrigues », par son « machiavélisme », ce prince s'appliquait à « créer une sorte d'impossibilité universelle ». Ces imputations paraissaient quelquefois trouver crédit auprès des députés : le 29 mars, au moment où une nouvelle combinaison venait d'échouer par le désaccord du maréchal et de M. Thiers, M. Dupin faisait passer aux Tuileries une note ainsi conçue : « Un très-grand nombre de députés a exprimé aujourd'hui l'opinion que si le Roi faisait venir en sa présence le maréchal Soult et M. Thiers, il pourrait tout accorder. On exploite cette division contre le Roi ; on la lui impute, avec une amertume qui a son danger et qui produit beaucoup d'irritation. » Aussi les journaux de gauche et de centre gauche proclamaient-ils, plus haut que jamais, et avec des menaces à peine voilées, que « la guerre était engagée entre la cour et le pays, le bon plaisir et la charte, le gouvernement occulte et le gouvernement parlementaire ». « Il leur faut absolument un roi pour adversaire, disait le *Journal des Débats ;* le Roi seul est un adversaire digne d'eux. »

Ce que nous connaissons déjà des faits prouve l'injustice du reproche fait à Louis-Philippe. Ne s'était-il pas montré, dès le premier jour, prêt à tout accepter, hommes et choses? Nous ne disons pas que ce fût une acceptation joyeuse, mais c'était une acceptation pleinement et loyalement résignée : pouvait-on demander davantage [1]? Si la coalition n'avait pas pris le pouvoir, elle ne devait s'en prendre qu'à elle-même : on lui avait laissé le

---

[1] « Voilà, disait à ce propos le *Journal des Débats,* qu'on exige du Roi non-seulement qu'il cède, mais qu'il soit trop heureux de céder ; non-seulement qu'il fasse abnégation de ses sentiments personnels, mais qu'il en change. Si l'on croit remarquer, à tort ou à raison, un peu de froideur, un peu de tristesse chez le Roi, au lieu de lui savoir gré du sacrifice qu'il fait, on le lui impute à crime... Vous vous vantez de l'avoir fait céder, acceptez sa résignation. Que voulez-vous de plus? »

champ libre. M. Barrot lui-même l'a reconnu : « Le Roi, écrit-il dans ses Mémoires, n'avait eu rien à faire pour aider à la dissolution de la coalition ; l'orgueil, la vanité, la jalousie des coalisés y avaient suffi. » Bien loin de relever à la charge de la Couronne une intervention gênante, on serait plutôt tenté de regretter qu'elle n'ait pas agi avec plus d'énergie et d'autorité, qu'elle n'ait pas mis fin, par une sorte de *motu proprio*, à cette impuissante confusion. Mais si l'initiative royale se trouvait ainsi diminuée et entravée, la faute n'en était-elle pas à la coalition? N'est-ce pas elle qui, exagérant les conséquences du gouvernement parlementaire, exaltant l'orgueil des partis, avait prétendu que ce n'était pas la Couronne qui en réalité faisait les ministres, mais qu'on se faisait soi-même ministre par son talent, par son autorité sur la Chambre; qu'au lieu de recevoir le pouvoir, on le prenait comme une dépouille, comme le prix d'une victoire? De là, tous ces conciliabules entre chefs de groupes, où l'on se partageait les portefeuilles, chacun posant ses conditions, grossissant son importance et mettant sa coopération au plus haut prix possible. « Nous avons vu le ministère tombé en adjudication publique », disait le *Journal des Débats;* et il ajoutait : « On s'indigne maintenant du résultat, on s'effraye du combat effroyable de toutes ces vanités qui se renchérissent, de ces jalousies qui se frappent d'exclusion, de ces dignités personnelles qui craignent toujours d'accepter trop peu pour leur mérite. Mais d'où vient tout cela? Du petit rôle qu'on a fait à la Couronne, de ce qu'on a amoindri un des pouvoirs de l'État, celui même que la Charte avait chargé de faire les ministres. On demande maintenant à la Couronne d'avoir une force et une influence qu'on lui a ôtées. Le Roi peut donner sa signature, il la donnera. Mais, d'après vos propres théories, ce n'est pas lui qui confère le pouvoir réel. Dépend-il de lui de ramener les prétendants à un sentiment plus raisonnable de leur importance et de les accorder entre eux[1]? »

Le Roi était donc la première victime, non l'auteur de la

---

[1] *Journal des Débats,* 3 mai 1839.

crise. Il était fondé à se plaindre des « embarras », de l'« état violent » où elle le mettait, et de la « patience » qu'il lui fallait dépenser [1]. Est-ce à dire que son ennui ne fût pas mélangé d'une certaine satisfaction? Pouvait-il lui beaucoup déplaire de voir si misérablement divisés et impuissants les hommes qui avaient prétendu s'unir pour le dominer et l'humilier? Il goûtait la vengeance et n'estimait pas la leçon inutile. D'ailleurs, s'il se prêtait à tout, il mettait naturellement plus ou moins de zèle, suivant qu'on tenait plus ou moins de compte de ses sentiments et de sa dignité. « J'accepterai tout, je subirai tout, disait-il vers la fin de mars à l'un des candidats ministériels; mais, dans l'intérêt général dont je suis le gardien, je dois vous avertir qu'il est fort différent de traiter le Roi en vaincu ou de lui faire de bonnes conditions. Vous pouvez m'imposer un ministère ou m'en donner un auquel je me rallie. Dans le premier cas, je ne trahirai pas mon cabinet, mais je vous préviens que je ne me regarderai pas comme engagé envers lui; dans le second cas, je le servirai franchement [2]. » Ce langage bien naturel était en même temps correct et loyal. Cependant Louis-Philippe eût peut-être mieux fait de ne pas le tenir : ses paroles mal rapportées, perfidement commentées, fournissaient des armes à ses adversaires. Comme toujours, il parlait trop. L'âge et le pouvoir avaient encore augmenté, chez lui, cette intempérance de langue; il s'y mêlait même parfois une impatience et une irritabilité peu profondes sans doute, mais d'année en année moins contenues [3]. Ainsi se laissait-il aller à témoigner trop vivement, devant son entourage, les sentiments que lui inspiraient la Chambre ou tel des candidats ministériels, M. Thiers

[1] *Passim*, dans la correspondance inédite du Roi avec M. Molé. — Dès le 2 février, Louis-Philippe avait écrit à son ministre : « Patience! Dieu m'en a abondamment pourvu, et il m'a fait une grande grâce par cette largesse, car j'en consomme beaucoup. »

[2] *Mémoires de M. Guizot*, t. IV, p. 301.

[3] A la fin de 1838, M. Molé, causant avec un ambassadeur étranger, lui disait : « La sensibilité et la vivacité du Roi augmentent d'année en année. Il s'est mis dans une grande colère; mais j'ai supporté l'orage, j'ai tenu bon, j'ai offert ma démission, et à la fin il s'est adouci. » (HILLEBRAND, *Geschichte Frankreichs*, t. II, p. 315.)

entre autres : se consolant par ces boutades des concessions réelles qu'il croyait devoir faire[1]. Ces propos, aussitôt colportés, ne contribuaient pas à apaiser les esprits.

Cependant, le jour de l'ouverture de la session approchait, et le cabinet démissionnaire demandait instamment à n'être pas obligé de se présenter devant la Chambre[2]. On se trouvait donc en face d'une double impossibilité : impossibilité d'ouvrir la session avec M. Molé, impossibilité de former un ministère nouveau. Dans cette extrémité, et après en avoir conféré avec MM. Pasquier, Dupin et Humann, le Roi se résolut à recourir à un expédient assez anormal : mais les circonstances ne l'étaient-elles pas encore plus? Faisant appel au dévouement de quelques personnages peu engagés dans la politique, il en fit des ministres provisoires, avec la seule fonction d'ouvrir la session, d'expédier les affaires courantes et d'occuper la place, jusqu'à la constitution du ministère définitif, qui serait peut-être plus facile après que la Chambre aurait eu occasion d'indiquer elle-même ce qu'elle voulait. Louis-Philippe espérait-il vraiment que les délibérations parlementaires mettraient un terme à la confusion des partis et aux rivalités jalouses de leurs chefs; qu'il en sortirait une majorité, et de la majorité, un cabinet? Peut-être son désir, légitime après tout, était-il surtout de rejeter sur la Chambre le poids d'une difficulté qu'elle avait créée, et de bien montrer au pays que le trouble apporté par cette sorte d'interruption du gouvernement était imputable au Parlement, non à la Couronne. Quoi qu'il en soit, des ordonnances, en date du 31 mars, nom-

---

[1] Au moment où l'on croyait le ministère centre gauche fait, le Roi exprimait sa conviction que la Chambre ne le supporterait pas longtemps : « Ces messieurs, disait-il, sont comme des enfants : ils ne veulent des jouets que pour les casser après. » Il se résignait cependant « à avaler cette pilule, la plus amère de toutes ». En parlant de M. Thiers, il le traitait d' « homme abominable » et ne tarissait pas sur la chimère de ses maximes de « toute-puissance parlementaire ». Ces propos étaient tenus devant les diplomates étrangers. (HILLEBRAND, *Geschichte Frankreichs*, t. II, p. 331.)

[2] « Je suis bien affligé, écrivait le Roi à M. Molé le 29 mars, de voir se prolonger autant la situation pénible où vous êtes, et l'état violent où je suis. Je vous assure qu'il n'est pas d'efforts et de sacrifices que je ne fasse pour y mettre un terme, mais je n'y suis pas encore parvenu. » (*Documents inédits.*)

mèrent M. de Gasparin ministre de l'intérieur, avec l'intérim du commerce et des travaux publics; M. Girod, de l'Ain, ministre de la justice et des cultes; M. le duc de Montebello, des affaires étrangères; M. le général Despans-Cubières, de la guerre; M. le baron Tupinier, de la marine; M. Parant, de l'instruction publique; M. Gautier, des finances. A la suite de ces ordonnances, le *Moniteur* publiait une note qui indiquait le caractère purement transitoire de ce ministère. On y lisait que les hommes qui avaient accepté « cette mission de confiance et de dévouement » ne l'avaient fait que « sous la condition expresse de cesser leurs fonctions aussitôt qu'un ministère définitif serait formé ». La modestie de ce langage ne désarma pas les journaux de gauche et de centre gauche, qui critiquèrent vivement cette combinaison, sans pouvoir dire, il est vrai, ce qu'on eût pu faire à la place.

IV

Le 4 avril 1839, la session s'ouvrit sans discours du trône. L'aspect de la ville eût suffi à faire comprendre aux députés combien il était urgent de mettre fin à la crise. Une foule houleuse, de celle qui se montre aux jours de sédition, se pressait autour du Palais-Bourbon, contenue par les troupes à pied et à cheval qu'il avait fallu faire sortir des casernes, mais poursuivant de ses huées et de ses sifflets les personnages politiques, insultant et même arrêtant les équipages[1]. Le soir, bandes circulant dans les rues, au chant de la *Marseillaise,* rassemblements sur le boulevard Saint-Denis, bris de réverbères, tentatives, aussitôt réprimées par les patrouilles, contre les boutiques des armuriers. L'agitation se prolongea pendant plusieurs jours

---

[1] Le lendemain, la duchesse de Dino, écrivant à M. de Barante, lui parlait des « horribles figures qui barraient, la veille, les communications entre les deux faubourgs ». « Ils injuriaient les voitures, ajoutait-elle, les gens bien mis, et les armes sur nos carrosses leur ont singulièrement déplu. » (*Documents inédits.*)

et amena deux ou trois cents arrestations. Ces troubles n'étaient pas imprévus; depuis quelques jours, circulaient des rumeurs d'émeute. Les feuilles de gauche, affectant de croire que le gouvernement désirait et provoquait le désordre, avaient exhorté hypocritement le peuple « à ne pas compromettre, par des manifestations imprudentes, la cause de la liberté [1] ». Le *National*, entre autres, tout en feignant de vouloir calmer les ouvriers, avait énuméré complaisamment les causes de leur misère, et les avait rejetées toutes sur le pouvoir.

La Chambre ne pouvait pas ne pas voir le mal. Serait-elle en mesure d'y remédier? Ce qu'on lui demandait, c'était de montrer elle-même où était sa majorité. Les premières séances furent remplies par la vérification des pouvoirs, œuvre toujours assez mesquine et d'où ne pouvait sortir grande lumière. On attendait le moment où l'Assemblée se constituerait définitivement par la nomination de son président; force lui serait bien alors de se séparer en deux camps. Comment et où se ferait la coupure? c'est ce qu'il était difficile de prévoir, dans l'état de morcellement et de décomposition des partis. Sans doute, si les coalisés demeuraient unis, ils auraient la majorité. Mais depuis les derniers incidents, n'était-il pas visible que M. Guizot, mécontent, s'éloignait de la gauche et du centre gauche, pour faire sa paix avec le centre et rentrer en grâce auprès du Roi? C'était d'ailleurs revenir à sa place naturelle. Parmi ses amis, les uns le suivaient volontiers dans cette évolution, comme M. Duchâtel et M. Vitet, ou même le devançaient avec quelque précipitation, comme M. Persil. D'autres, au contraire, tels que MM. Duvergier de Hauranne, de Rémusat, Jaubert, Piscatory, blâmaient leur chef et voulaient rester fidèles quand même à leurs alliés du centre gauche et de la gauche : nouveau signe de cet esprit de dissension qui était partout le résultat et comme le châtiment de la coalition. Quant au centre, il ne pouvait pas oublier tout de suite son ressentiment contre les doctrinaires. La blessure avait été trop profonde et était encore trop récente.

[1] *Documents inédits.*

Aussi l'accueil qu'il fit à M. Guizot et à ses amis fut-il d'abord peu engageant. S'il consentait à se servir d'eux ou même à les servir, c'était en leur gardant rancune et en leur faisant affront. « Le parti conservateur, disait le *Journal des Débats*, le 16 mars, se défiera des doctrinaires, et il aura raison ; mais il s'en servira... Ils reviendront au parti conservateur ; ils reviendront lui demander le pouvoir qu'il leur rendra peut-être, sans leur rendre, pour cela, son ancienne estime, et ils seront contents. » Le même journal ajoutait, deux jours après : « Nous n'avons pas besoin de faire les avances avec les doctrinaires : nous les attendons. Leur faute a été énorme : ils le sentent, quoique leur orgueil n'en convienne peut-être pas encore ; ils commencent à l'expier amèrement. » Cependant, à la réflexion, les habiles du centre finirent par comprendre de quel prix était pour eux le retour de M. Guizot : celui-ci ne leur apportait-il pas le talent et l'éclat qui leur manquaient ? L'intérêt, sans effacer le ressentiment, le fit taire, et, de plus ou moins bonne grâce, les anciens fidèles de M. Molé acceptèrent d'entrer en pourparlers avec celui qui avait été son plus redoutable adversaire.

L'objet immédiat de ces pourparlers était de s'entendre pour faire échec à la candidature de M. Odilon Barrot, que la gauche et le centre gauche portaient à la présidence de la Chambre. Les doctrinaires unis au centre faisaient-ils la majorité, ou celle-ci restait-elle à la coalition du centre gauche et de la gauche ? La question était douteuse et fort discutée dans les journaux[1]. Les doctrinaires estimèrent que, pour être assurés de l'emporter contre M. Barrot, il fallait détacher une fraction du centre gauche. Ce groupe n'échappait pas à la décomposition qui était alors le mal de tous les partis. La conduite de M. Thiers, dans les récentes négociations ministérielles, avait laissé de vives irritations chez plusieurs de ses principaux lieu-

---

[1] Le centre comptait 190 à 200 membres, les doctrinaires une trentaine, le centre gauche environ 80, la gauche à peu près autant, l'extrême gauche 30 à 40, les légitimistes 24. Encore tous ces chiffres n'avaient-ils rien de bien précis, car le nombre des flottants était considérable.

tenants, chez M. Dufaure, M. Sauzet, et surtout M. Passy. Ce dernier prenait de plus en plus l'attitude d'un chef de groupe dissident; il donnait à entendre que si les conservateurs le portaient à la présidence, il leur amènerait une partie du centre gauche, et qu'une fois nommé, il se ferait fort de constituer un ministère sans M. Thiers. M. Duchâtel s'employa fort activement à faire accepter cette proposition par le centre; il y eut quelque peine. Les anciens 221 gardaient rancune à M. Passy, d'avoir été l'un des plus âpres dans la campagne contre le prétendu pouvoir personnel[1]; mais l'intérêt de faire brèche dans le centre gauche était manifeste; aussi acceptèrent-ils, après quelques hésitations, le candidat qui s'offrait.

Quand M. Thiers vit cette manœuvre se dessiner, il en comprit le danger et fit des ouvertures aux doctrinaires, cette fois avec un vrai désir de s'entendre. Il demandait seulement que l'on s'engageât à voter personnellement pour M. Barrot; à ce prix, il promettait de travailler à former le ministère tel que M. Guizot l'avait précédemment demandé. Mais quelle assurance avait-on que, le président nommé, aucune difficulté ne s'élèverait pour la constitution du cabinet? Prévoyant l'objection, M. Thiers s'offrait à donner toutes les garanties, par exemple à arrêter d'avance la liste ministérielle et à la signer en commun. Il ajoutait que si le maréchal Soult refusait son concours, il accepterait la présidence sans portefeuille du duc de Broglie. Si M. Thiers eût été au début dans ces dispositions, l'entente se fût faite. Maintenant il était trop tard. M. Guizot s'était engagé dans une autre politique : il déclara que les garanties offertes ne signifiaient rien, et ajouta qu'il était certain, après la défaite de M. Barrot, d'amener M. Thiers à composition. Ce propos, aussitôt rapporté à celui qu'il visait, n'était pas fait pour combler l'abîme chaque jour plus profond qui se creusait entre les deux rivaux.

Il ne restait plus donc à M. Thiers qu'à livrer la bataille, dont le jour fut fixé au 16 avril. Il la perdit. M. Passy ne

---

[1] A la cour, on avait appelé, en cette occasion, M. Passy un « Roland sans sa femme ».

détacha sans doute qu'un petit nombre de membres du centre gauche, assez cependant pour faire une majorité avec les voix du centre et des doctrinaires. Il fut élu président par 226 voix contre 193. La Chambre semblait dire par là qu'elle ne voulait pas d'un ministère qui s'appuierait sur la gauche. Les journaux de ce dernier parti ne dissimulèrent pas leur désappointement. « La cour l'emporte, disait l'un d'eux, et la Chambre vient d'abdiquer. » Puis, se tournant contre les doctrinaires : « L'infamie est consommée. En six mois, vous avez été deux fois transfuges. » Toutefois, si la majorité s'était prononcée, elle demeurait encore bien peu sûre d'elle-même, car, dès le lendemain, la gauche regagnait dans l'élection des vice-présidents une partie de ce qu'elle avait perdu dans celle du président.

Est-ce ce dernier fait qui modifia les vues de M. Passy? Toujours est-il qu'une fois élu, il ne répondit pas à l'attente de ceux qui l'avaient nommé. Au lieu de poursuivre la campagne qu'il avait annoncée contre M. Thiers, il tenta de se rapprocher de lui et de reprendre, sous la présidence du maréchal Soult, la combinaison centre gauche qui avait échoué peu auparavant. Après plusieurs jours d'allées et venues, on se heurta à l'impossibilité de concilier le maréchal et M. Thiers. Les personnages engagés dans ces pourparlers se séparèrent, encore un peu plus irrités les uns contre les autres, et les journaux ne manquèrent pas d'accuser le maréchal d'avoir été, dans les difficultés qu'il avait soulevées, l'instrument des perfidies royales. L'élection de M. Passy n'avait donc pas apporté la solution qu'on espérait, et la confusion était pire que jamais.

V

Le public, qui avait été d'abord spectateur un peu dédaigneux de complications et de compétitions auxquelles il ne pouvait s'intéresser, finissait par s'étonner et s'inquiéter d'une crise si prolongée. « Ce qui a remplacé la vivacité de l'attente, observait un témoin, c'est une lassitude, un dégoût et un mécontentement universels[1]. » Déjà, deux ans auparavant, au sujet de crises beaucoup plus courtes, M. de Broglie avait écrit à M. Guizot : « Il ne faut pas se faire illusion, le public est las, très-las des crises ministérielles, presque autant qu'il est las des révolutions[2]. » Dans les salons, on voyait les choses au plus sombre : « C'est de la révolution adoucie, mais qui ne le sera pas longtemps, écrivait la duchesse de Dino à M. de Barante. M. Molé dit tout haut que son ministère a été le ministère Martignac du gouvernement de Juillet; car il faut que vous sachiez qu'on dit tout, tout haut, à tout venant, avec une liberté effrayante, ce qui prouve qu'on ne compte plus avec personne et qu'on ne ménage plus rien. M. Royer-Collard dit que la coalition a détroussé le gouvernement. » Et elle ajoutait, un autre jour : « La société proprement dite s'écroule dans un semblable état de choses; il est impossible de vous donner une juste idée du lugubre de Paris, des cris de terreur qui s'y poussent et de l'hostilité grossière du langage et de l'action. » Ou bien encore elle s'écriait, avec le défaut de mesure d'une imagination féminine : « Notre pays s'en va, soyez-en sûr[3]. »

L'inquiétude avait, dans le monde des affaires, des conséquences désastreuses. Déjà, par le contre-coup des agitations des luttes politiques, les mois de janvier et de février avaient été mauvais. Mars et avril, où l'on avait espéré une reprise, se trouvaient être plus mauvais encore. Diminution notable dans le rendement des impôts et dans les recettes de l'octroi, retraite des fonds déposés aux caisses d'épargne, resserrement du crédit, chômages, tous les symptômes révélaient la stagnation du commerce et de l'industrie. Les ouvriers sans travail se rassemblaient dans les rues, encore calmes, mais mal préparés, par un dénûment croissant, à résister aux excitations mauvaises. Les journaux de toute nuance, sauf à se rejeter mutuellement

---

[1] *Journal inédit de M. de Viel-Castel.*
[2] *Documents inédits.*
[3] *Ibid.*

la responsabilité du mal, s'accordaient à en constater la gravité exceptionnelle. Quelques-uns parlaient même de « panique ». « Il faut, disait le *Commerce,* remonter jusqu'à 1831, pour trouver une situation pareille. »

Devant un malaise si général, les acteurs principaux de cet étrange imbroglio tâchèrent de se disculper publiquement. Une interpellation de M. Mauguin leur en fournit l'occasion, et, le 23 avril, on vit se succéder à la tribune M. Dupin, M. Thiers, M. Guizot, le marquis de Dalmatie, porte-parole du maréchal Soult, son père, et M. Passy, chacun racontant avec détail la part qu'il avait prise aux négociations ministérielles. Tous s'exprimèrent sans doute avec une grande convenance de formes. Mais n'était-ce pas chose anormale et fâcheuse, que de montrer ainsi au public les dessous du régime parlementaire, que de lui faire confidence de ces compétitions personnelles, si étrangères à l'intérêt général, et de le provoquer à porter sur elles un jugement qui ne pouvait être que sévère? Pour les esprits réfléchis et de bonne foi, le personnage qui sortait le plus indemne de ces explications, était celui qui n'y avait pu prendre part : le Roi. M. Thiers, sans doute, avec une réserve apparente, eût bien voulu donner à entendre que les avortements successifs étaient imputables à la Couronne, mais les faits mêmes, tels qu'ils ressortaient de tous les récits, contredisaient cette insinuation. D'ailleurs, M. Passy et M. Guizot, renouvelant une déclaration déjà faite, plusieurs jours auparavant, par le maréchal, à la Chambre des pairs, affirmèrent, sans être démentis, que « la Couronne avait tout accordé sur les choses et sur les hommes ». Et M. Odilon Barrot, lui-même, dit le lendemain : « C'est avec bonheur que j'ai entendu ceux qui ont été mêlés aux négociations ministérielles déclarer que la Couronne avait tout cédé, hommes et choses : ce ne sont donc pas les institutions qui ont manqué au pays ; ce sont les hommes qui ont manqué aux institutions. »

Un tel débat rendait-il la solution plus facile et plus prochaine? Tout au contraire, il faisait les divisions plus irrémédiables encore, par la publicité qu'il leur donnait. Ainsi en fut-il d'abord pour le maréchal et M. Thiers, ensuite pour M. Guizot et M. Barrot. Entre les deux derniers, la rupture se fit même avec quelque solennité. Dans le désir évident de continuer son mouvement de retraite vers les anciens 221, M. Guizot expliqua l'échec des tentatives ministérielles auxquelles il avait été mêlé, par cette raison qu'il avait tenu à stipuler des garanties pour les conservateurs dont il s'était trouvé momentanément séparé; puis, s'attaquant à la gauche, il lui reprochait d'être exclusive, sans esprit de gouvernement, et déclarait que le pays « ne la verrait pas sans inquiétude s'approcher du pouvoir ». M. Barrot releva le gant avec hauteur, renvoya aux doctrinaires le reproche d'exclusivisme, et, faisant une allusion directe à son contradicteur : « Si parfois nous déprécions trop nos hommes politiques, dit-il, parfois aussi nous les exaltons trop, et, par là, nous excitons chez eux un orgueil indomptable. Il y a, dans notre société moderne, un mal qui mérite toute votre sévérité : c'est cette personnalité orgueilleuse qui se décerne de beaux titres, qui s'appelle *dignité personnelle,* comme si la vraie dignité n'était pas dans l'abnégation et le sacrifice, bien plutôt que dans des prétentions exagérées. » Après un tel débat, il ne restait plus rien de la coalition. Cependant l'éclat avec lequel M. Guizot se séparait ainsi de ses alliés de la veille ne lui valait pas encore le pardon de tous les 221. M. de Lamartine se fit à la tribune l'organe de ces ressentiments tenaces, et dénia amèrement à l'orateur doctrinaire le droit de parler au nom des conservateurs. Cette sortie fut, il est vrai, désavouée sur-le-champ par le général Bugeaud, et le *Journal des Débats* protesta, le lendemain, contre les « étroites rancunes » qui faisaient repousser par quelques conservateurs un concours aussi précieux que celui de M. Guizot.

Après que la Chambre se fut livrée à ces débats rétrospectifs et stériles, le Roi dut recommencer ses tentatives à la recherche du ministère introuvable. Le 28 avril, il s'adressa à M. Passy. Celui-ci parut d'abord réussir. Dès le lendemain, il était en mesure de proposer au Roi, qui ne faisait nulle objection, un ministère centre gauche où il réunissait MM. Thiers, Dupin,

Dufaure, Sauzet : ni M. Passy, ni M. Thiers n'acceptant la présidence l'un de l'autre, il avait été décidé que le garde des sceaux, qui devait être M. Dupin, présiderait, à raison de son titre, les délibérations du conseil. Tout était convenu, et l'on se flattait enfin d'être au bout de la crise, quand, à la dernière heure, M. Dupin, n'écoutant que son humeur fantasque, vint se dédire et par cela même faire tout manquer. Il invoquait de plus ou moins méchants prétextes : son véritable motif était sa répugnance égoïste pour les situations difficiles et risquées. Ce fut un *tolle* formidable contre lui. Il essaya de se justifier devant la Chambre, en racontant longuement ce qui s'était passé ; il devenait d'usage de mettre le public dans la confidence de toutes les négociations manquées. Ces explications furent mal accueillies et valurent à leur auteur une réponse sévère de M. Dufaure [1]. Les journaux amis de M. Thiers, continuant leur campagne, ne manquèrent pas d'insinuer fort injustement que, dans cette circonstance, l'ancien président de la Chambre avait été, comme naguère le maréchal Soult, l'instrument du Roi, machiavéliquement obstiné à tout empêcher.

Ce nouvel échec jeta le découragement dans tous les esprits : était-on donc condamné à ne jamais sortir de l'ornière où, à chaque effort, on s'embourbait davantage ? Ce fut donc sans grand entrain, et en tout cas avec peu de succès, que le maréchal, rentré en scène, fit quelques tentatives pour constituer un ministère d'où seraient exclus à la fois M. Thiers et M. Guizot. Cette combinaison avait au fond la préférence du Roi. Dès le 24 avril, il avait fait venir M. Guizot, pour obtenir qu'il laissât ses amis entrer, sans lui, dans un cabinet de ce genre : « Vous voyez, lui dit-il, dans quelle impasse nous sommes ; il n'y a qu'un ministère neutre, un ministère où les grands amours-propres n'aient pas à se débattre, qui puisse nous en tirer. — Que ce ministère se forme, répondit M. Guizot, qu'il rapproche et unisse les deux centres ; non-seulement je ne détournerai pas mes amis d'y entrer, mais je le soutiendrai de

---

[1] 30 avril.

tout mon pouvoir. » M. Guizot ajoute dans ses Mémoires, après avoir rapporté cet entretien : « Le Roi me prit la main avec une satisfaction où perçait un peu de moquerie; rien ne lui convenait mieux qu'un cabinet qui, en mettant fin à ses embarras, fût pourtant un mécompte pour la coalition[1]. » En se prêtant si facilement au désir du Roi, M. Guizot se rendait probablement compte qu'il lui était utile de s'effacer pendant quelque temps, pour laisser s'apaiser l'irritation des conservateurs : au fond, d'ailleurs, il se flattait qu'on ne pourrait pas longtemps se passer de lui. Il ne faisait même pas d'objection à ce que le maréchal Soult prît le ministère des affaires étrangères; et comme M. Duvergier de Hauranne lui objectait que c'était livrer toute la diplomatie au Roi : « Après tout, répondit vivement M. Guizot, mieux vaut la politique du Roi que celle de M. Thiers. » Ce dernier était, au contraire, très-peu disposé à prendre patiemment son exclusion. Pour empêcher ses amis de se prêter à une telle combinaison, il leur fit contracter une sorte d'engagement de ne pas entrer dans un cabinet autre que celui dont il arrêtait avec eux la composition. Ainsi armé, il attendit que la Couronne fût réduite à capituler entre ses mains. Son attitude prenait un caractère chaque jour plus marqué d'hostilité contre le Roi. Le 1er mai, lorsque la Chambre alla féliciter Louis-Philippe, à l'occasion de sa fête, presque tous les députés étaient présents, entre autres M. Odilon Barrot et M. Mauguin; M. Thiers ne se montra pas, et son absence fut très-commentée. En même temps, les journaux qui passaient pour recevoir ses inspirations ou tout au moins ses conseils, imputaient au Roi, plus ouvertement que jamais, la prolongation de la crise, l'accusaient de « diviser la Chambre », d'opposer une « force d'inertie » ou « l'habileté de la ruse » aux « vœux ardents de la France », et déclaraient, d'un ton menaçant, qu'on ébranlait ainsi la foi du pays dans les institutions monarchiques[2].

Le 4 mai, sous le prétexte de vaincre cette prétendue résis-

---

[1] *Mémoires de M. Guizot*, t. IV, p. 305-306.
[2] Cf. *passim* le *Constitutionnel*, le *Courrier français*, le *Siècle*, le *Temps* et le *Commerce*, de la fin d'avril et du commencement de mai.

tance, M. Mauguin proposa à la Chambre de voter « une humble Adresse au Roi, le suppliant de mettre un terme aux anxiétés du pays et de constituer, en usant de sa prérogative, un ministère qui ne fût pas provisoire » ; l'Adresse indiquerait également quelles conditions devait remplir ce ministère. Le premier mouvement des conservateurs fut de combattre une proposition qui leur paraissait impertinente pour la Couronne, qui l'était évidemment dans la pensée de son auteur, et qui risquait de faire croire au public que l'obstacle était venu jusqu'ici de la mauvaise volonté du Roi. Or, comme le disait M. de Lamartine, « la Couronne serait plus en droit que les députés de faire à ceux-ci une Adresse et de leur dire : Comment me demandez-vous de répondre à une interrogation dont vous seuls, vous pouvez avoir le secret et la réponse? » Sous l'empire de ces sentiments, la proposition fut d'abord ajournée : mais bientôt, devant l'impossibilité d'aboutir, les conservateurs en vinrent à se demander si, en dégageant la proposition de tout ce qui pouvait être reproche ou défiance à l'égard de la royauté, elle n'aurait pas ce bon résultat de forcer enfin la Chambre à manifester où était sa majorité. D'ailleurs, au point où l'on en était, pouvait-on refuser d'essayer un moyen quelconque d'en finir? Le 10 mai, la proposition fut donc prise en considération, à une immense majorité, et la commission chargée d'y donner suite fut nommée le 11 mai. M. Thiers en faisait partie et se flattait d'y avoir la majorité : majorité, en tout cas, minime et incertaine. On ne pouvait encore prévoir ce qui sortirait de là, quand tout à coup, le 12 mai, la fusillade éclata dans les rues de Paris : c'était l'émeute qui, pour la première fois depuis cinq ans, croyait pouvoir relever la tête et engager la bataille.

VI

Depuis trois ans, la société des *Saisons*[1], sous la conduite de Blanqui, de Barbès et de Martin Bernard, conspirait contre la monarchie et la société, sans avoir pu encore trouver une occasion de mettre à exécution ses détestables desseins. Les affiliés s'impatientaient, et les meneurs, fort embarrassés, ne savaient plus trop quel aliment donner à ces passions surchauffées, quand se produisit la crise dont nous venons de raconter les tristes péripéties. Cette sorte d'interruption du gouvernement, ce discrédit des pouvoirs publics, cette excitation et cette impuissance des partis, ces attaques dirigées contre la royauté par les chefs de la bourgeoisie régnante, le malaise général, la stagnation des affaires, le chômage qui jetait tant d'ouvriers sans travail dans la rue, tout cela leur parut offrir à l'émeute des chances telles qu'elle n'en avait pas rencontré depuis plusieurs années. Ils se décidèrent donc à tenter un coup, et en fixèrent le jour au dimanche 12 mai. En attendant, convocation des affiliés, choix des lieux de rassemblement, dépôts d'armes et de munitions, tout fut combiné et réglé avec un secret soigneusement gardé. La police demeura dans l'ignorance de tous ces préparatifs. Aussi a-t-on pu dire que, depuis la conspiration du général Mallet, jamais insurrection n'avait pris le gouvernement plus au dépourvu[2].

Le dimanche 12 mai, à deux heures de l'après-midi, pendant que tout Paris est à la promenade ou aux courses du Champ de Mars, les affiliés, au nombre de six à sept cents, se réunissent rue Saint-Martin et rue Saint-Denis. On leur fait savoir que le grand jour est enfin venu. Les portes de l'armurier Lepage, vite enfoncées, les mettent à même de se procurer

---

[1] Cf. sur l'origine de cette société secrète, plus haut, p. 36 et suiv., et p. 245 et suiv.
[2] DE LA HODDE, *Histoire des sociétés secrètes*, p. 233.

des armes. Des cartouches, rassemblées d'avance dans le voisinage, leur sont distribuées. Il ne reste plus qu'à se lancer à la conquête de Paris. Mais auparavant, un cri s'élève des rangs de cette petite armée : « Le comité, le comité ! » On veut voir enfin ces chefs mystérieux qui, depuis trois ans, ont commandé sans se faire connaître. N'ont-ils pas promis qu'ils se révéleraient au jour de la lutte? « Le comité, c'est nous, répondent Martin Bernard, Blanqui et Barbès. Nous sommes à votre tête, comme nous vous l'avions promis. » La déception est grande chez les conjurés qu'on a leurrés de l'espoir de combattre sous des chefs illustres. Des récriminations éclatent : plusieurs se retirent, en se disant trahis. Enfin Barbès, pour couper court à cet incident qui menace d'amener une débandade complète, crie : « En avant ! » et il s'élance, suivi de quelques centaines d'émeutiers.

Le plan, œuvre de Blanqui, consistait à s'emparer d'abord, par surprise, de la Préfecture de police, et à faire de la Cité la base des opérations de l'émeute. Barbès se dirige donc de ce côté. Sur la route, il rencontre le poste du Palais de justice. Le lieutenant Drouineau, qui y commande, fait prendre les armes à ses soldats, dont les fusils ne sont même pas chargés, et s'avance seul vers les insurgés. Un homme, portant un fusil à deux coups, marche à la tête de ces derniers; il somme le lieutenant de déposer les armes. « Plutôt la mort ! » lui est-il répondu. L'homme abaisse son fusil et fait feu des deux coups : au second, Drouineau tombe foudroyé. Quel était ce meurtrier? Plusieurs témoins ont reconnu Barbès, d'autres ont hésité; lui-même a nié énergiquement; le point est resté douteux. Le lieutenant à terre, les insurgés font une décharge générale sur les soldats qui se tenaient l'arme au bras. Quatre sont tués, cinq blessés, les autres se dispersent. Après cet exploit sauvage, la bande se dirige vers la Préfecture de police, mais on a eu le temps de s'y mettre sur la défensive. Les assaillants, accueillis à coups de fusil, battent aussitôt en retraite.

Ils commencent alors, à travers les quartiers Saint-Denis et Saint-Martin, une sorte de promenade séditieuse, désarmant et parfois massacrant les postes isolés qu'ils rencontrent, élevant des barricades dans les rues étroites. Leur dessein est de jeter le trouble dans la ville et d'y soulever les éléments révolutionnaires. L'une de leurs premières stations s'est faite à l'Hôtel de ville, où Barbès a lu une proclamation incendiaire et féroce, imprimée à l'avance. Cependant les ouvriers, sur le concours desquels les meneurs ont compté, regardent, étonnés, cette insurrection dont le motif et les moyens leur échappent, et qui leur paraît une sinistre folie : à peine quelques centaines se joignent aux combattants. Le mystère dont s'était enveloppée la conjuration avait eu pour effet que le peuple, même dans sa fraction républicaine et révolutionnaire, n'était ni moins surpris ni plus préparé que le gouvernement lui-même.

Vers la fin de l'après-midi, les troupes arrivent sur le terrain de la lutte, les gardes municipaux d'abord, ensuite la ligne et la garde nationale. Les postes sont repris, les bandes dispersées, les barricades enlevées après des combats parfois acharnés. Barbès, blessé, la figure en sang et les mains noires de poudre, est fait prisonnier; du moins a-t-il bravement payé de sa personne. Quant à Blanqui, qui avait tout mis en train, son action dans le combat n'a laissé aucune trace. A la fin de la journée, il est réduit, ainsi que Martin Bernard, à se cacher chez des amis, où tous deux seront arrêtés peu après. Quelques heures ont suffi pour avoir raison de cette émeute, la plus inexplicable et la plus injustifiable de toutes [1]. Le nombre exact des morts est demeuré inconnu. Cent quarante-trois blessés furent portés dans les hôpitaux. Sur plusieurs points, entre autres au poste du Palais de justice, il y avait eu plutôt assassinat que combat.

La lugubre surprise de cette émeute, venant s'ajouter au long malaise de la crise ministérielle, avait produit dans Paris une impression de morne stupeur. Le soir, de nombreux visiteurs, pairs, députés, fonctionnaires, s'empressèrent aux Tuileries. Le maréchal Soult, arrivé l'un des premiers, eut l'idée de profiter de l'émotion générale, pour vaincre les hésitations et

---

[1] Le lendemain, il y eut encore quelques échauffourées : mais elles furent promptement réprimées.

les résistances qui avaient fait échouer jusqu'ici toutes les combinaisons. Le Roi agréa l'idée, avec le dessein d'en faire sortir la solution qui avait eu toujours ses secrètes préférences, celle qui, excluant « les grands amours-propres », c'est-à-dire M. Thiers et M. Guizot, réunissait aux seconds rôles du centre gauche et du centre droit un représentant des anciens 221 [1]. Seulement, si M. Guizot et M. Thiers se trouvaient également écartés, il y avait, entre eux, cette différence que le premier poussait à cette combinaison, tandis qu'elle se faisait malgré le second. A mesure que se présentait aux Tuileries un des personnages aptes à faire partie du ministère, le Roi le faisait appeler dans son cabinet, où il se tenait avec le maréchal, et lui demandait un concours à peu près impossible à refuser dans de telles circonstances. M. Dufaure, arrivé l'un des derniers, fut plus long à se décider; il était gêné par l'engagement que lui avait fait prendre, peu auparavant, M. Thiers, de ne pas entrer dans d'autres combinaisons que la sienne. Estimant cependant que la gravité de la situation le déliait de sa parole, il finit par donner un consentement dont M. Thiers lui garda longtemps rancune. Avant la fin de la soirée, tout se trouva conclu; l'émeute avait fait, en quelques heures, ce que n'avaient pu faire, depuis plus de deux mois, ni l'habileté patiente du Roi, ni l'agitation des meneurs parlementaires. Le lendemain, Paris fut agréablement surpris d'apprendre que, pendant la nuit, il lui était né enfin un ministère. Le maréchal Soult était ministre des affaires étrangères et président du conseil; M. Duchâtel, ministre de l'intérieur; M. Teste, de la justice; M. Passy, des finances; M. Villemain, de l'instruction publique; M. Dufaure, des travaux publics; M. Cunin-Gridaine, du commerce; le général Scheider, de la guerre; l'amiral Duperré, de la marine.

---

[1] Le maréchal tenait beaucoup à cette dernière condition. Il écrivait, à ce propos, le 13 mai 1839, à M. de Barante : « Il fallait de toute nécessité, pour que l'administration nouvelle se présentât avec quelque chance de force et de durée, que ses éléments représentassent, dans une certaine mesure, non-seulement les différentes nuances de la majorité nouvelle sortie du scrutin électoral, mais encore la masse considérable des opinions qui, après avoir eu la majorité dans la Chambre précédente, se trouvent former, encore aujourd'hui, une si importante minorité. »

MM. Passy, Dufaure, Teste représentaient le centre gauche; MM. Duchâtel et Villemain, le centre droit; M. Cunin-Gridaine, le centre resté fidèle à M. Molé.

VII

On dit que le Roi ne put se défendre d'une satisfaction un peu ironique, en signant les ordonnances qui constituaient le nouveau ministère. En effet, si la coalition l'avait un moment vaincu et humilié, il était bien vengé. On était parti en guerre contre M. Molé, parce qu'il « ne couvrait pas suffisamment la Couronne »; quel homme sérieux eût pu soutenir que le maréchal Soult la couvrait davantage? C'était surtout dans les questions extérieures que l'on avait dénoncé l'intrusion du pouvoir personnel; or mettre le maréchal à la tête des affaires étrangères dont il ne connaissait rien, c'était, de l'aveu de tous, livrer au Roi seul toute la direction de la diplomatie. On s'était plaint que le ministère du 15 avril fût constitué en dehors des grandes influences parlementaires; c'était même, à parler vrai, le principal grief, celui qui avait mis tout en mouvement; or le caractère marquant de la combinaison à laquelle on venait d'aboutir, était l'exclusion réfléchie et voulue de M. Thiers et de M. Guizot. On avait reproché à l'administration précédente de ne pas représenter un parti déterminé, une politique arrêtée; or le propre du nouveau ministère était, suivant l'expression même du Roi, d'être « neutre »; ces ministres venus de tous les camps, naguère en lutte les uns contre les autres, réunis sous le coup d'un péril soudain, sans s'être concertés sur les questions à résoudre, eussent été bien embarrassés de dire quel parti représentait leur assemblage et de formuler leur programme. Ainsi, pas un des défauts reprochés au ministère du 15 avril, de ces défauts jugés si graves qu'on n'avait reculé devant rien pour jeter bas le ministère, qui ne réapparût, parfois même aggravé, dans le cabinet du 12 mai. La coalition n'avait pas été seulement une faute, elle se trouvait être aussi une duperie.

Mais si la coalition avait complétement manqué le but qu'elle visait, elle avait fait un mal auquel elle ne s'attendait pas. Pendant plusieurs mois, elle avait comme interrompu tout gouvernement ; à un élan de merveilleuse prospérité, elle avait fait brusquement succéder une crise économique douloureuse. Hors frontières, les conséquences avaient été plus fâcheuses encore. Les cours étrangères, déjà disposées à s'effaroucher facilement du bruit et du mouvement normal d'un gouvernement libre, voyaient, dans le désordre de la coalition, le prodrome d'une révolution imminente ; tout ce que le gouvernement de Juillet avait fait, depuis neuf ans, pour leur inspirer enfin confiance dans sa stabilité et dans sa durée, se trouvait du coup compromis [1]. On en venait aussi à douter, au dehors, de notre volonté pacifique. Le genre d'attaques auxquelles l'opposition s'était livrée sur la politique extérieure, et le succès qu'elles avaient paru obtenir, faisaient soupçonner, bien à tort, la nation de velléités belliqueuses contre lesquelles les puissances croyaient prudent de se mettre en garde [2]. En même temps qu'il leur paraissait impossible de compter sur nous, elles jugeaient inutile de compter avec nous. La France était comme annulée en

---

[1] « *È una situazione molto terribile* », disait, le 4 avril 1839, Grégoire XVI à Lacordaire, et, convaincu que nous entrions en révolution, il faisait retarder la prise d'habit du futur restaurateur de l'Ordre des Dominicains en France. A Vienne, M. de Metternich se plaisait, plus que jamais, dans de sombres pronostics. De Saint-Pétersbourg, M. de Barante écrivait, le 30 mars : « Le gros de la société russe, et, encore bien plus, le commerce de Saint-Pétersbourg, croient que la révolution est de nouveau déchaînée en France, que nous allons être en proie aux plus tristes désordres. Les bruits les plus exagérés, les plus absurdes, n'ont pas cessé de circuler pendant plusieurs semaines. Plus d'une fois, j'ai eu à rassurer des Français établis en Russie qui venaient, désolés, chercher à l'ambassade consolation et sécurité. » (*Documents inédits.*)

[2] C'est encore M. de Barante qui écrivait de Saint-Pétersbourg, le 25 mai 1839 : « Ce qui s'est passé chez nous, depuis quatre mois, a laissé des alarmes qui seront peut-être assez longtemps à se dissiper... On remarque que l'appel aux irritabilités nationales, l'excitation contre les puissances étrangères sont toujours un moyen de chercher la popularité et de l'obtenir, du moins par première impression ; on suppose que cette habitude de représenter sans cesse la France comme offensée ou menacée indique l'espoir de toucher une fibre sensible et frémissante... » (*Documents inédits.*)

Europe, et cela à un moment où les plus graves événements se préparaient en Orient et où, à Vienne, on n'eût demandé qu'à s'entendre avec elle. M. de Metternich ne cachait pas ce désir, « mais, disait-il à M. de Sainte-Aulaire, vous n'avez pas de ministre, et je ne puis commencer une telle affaire sans savoir avec qui j'aurai à la continuer [1] ». Aussi M. de Barante, qui naguère s'était félicité du crédit croissant de son gouvernement auprès des cours même les plus mal disposées, écrivait, désolé, de Saint-Pétersbourg : « Pour ceux qui sont au loin, la tristesse est de remarquer combien la France s'en va perdant autorité et considération [2]. »

La coalition n'avait pas seulement jeté, dans les affaires intérieures et extérieures de la France, un trouble momentané et plus ou moins promptement réparable, elle avait fait tort aux institutions elles-mêmes. La royauté, pour s'être trouvée vengée par l'issue dernière de la crise, n'en conservait pas moins la trace des coups qui lui avaient été portés. Ce n'était pas impunément que, arrachée à son inviolabilité sereine et supérieure, elle avait été, pendant plusieurs mois, mise sur la sellette par les personnages les plus considérables du régime, dénoncée, plus ou moins ouvertement, comme coupable d'usurpation cauteleuse sur la prérogative parlementaire, et comme sacrifiant, au dehors, les intérêts et l'honneur de la France. Ce n'était pas impunément qu'après une lutte électorale où adversaires et amis déclaraient faire le pays juge de ces reproches, le scrutin avait paru les ratifier. Tout cela eût été dangereux même pour une monarchie ancienne et incontestée ; ne l'était-ce pas plus encore pour une monarchie imparfaitement dégagée des faiblesses d'une origine récente et révolutionnaire ? Elle sortait donc de là diminuée, humiliée, exposée à des méfiances et à des ressentiments qui rendaient son rôle plus difficile, son autorité plus précaire. L'internonce à Paris, Mgr Garibaldi, esprit fort avisé, vivant depuis longtemps en France et la connaissant bien, écrivait, peu après, à un évêque français : « Le pouvoir royal a immensément

---

[1] *Mémoires inédits du comte de Sainte-Aulaire.*
[2] *Documents inédits.*

diminué, à la suite des crises parlementaires. » Puis, citant ce mot d'un ami de M. Thiers à qui l'on avait dit : « Vous avez effacé le Roi », et qui répondait : « Non, nous l'avons voilé », l'internonce ajoutait : « Cela signifie la république ou peu s'en faut[1]. » Les républicains d'ailleurs ne s'y trompaient pas, et, en mars 1839, Béranger écrivait à un de ses amis : « La coalition vient de porter un terrible coup au trône, et ce qu'il y a de curieux, ce sont les monarchiens qui l'ont réduit à ce piteux état; passe encore pour Garnier-Pagès! » Il ajoutait, dans une autre lettre : « J'avais prédit à nos jeunes gens que la bourgeoisie finirait par se quereller avec la royauté : ma prédiction commence à s'accomplir. Il n'en sortira certes pas grand bien encore; mais c'est déjà beaucoup que cette émeute parlementaire dont les chefs ne me paraissent pas avoir pressenti toutes les conséquences. » Et encore : « La coalition vient de porter à la cour un coup qui laissera des cicatrices, et je vous avoue que je n'aurais rien conçu à ces attaques dirigées par des hommes qui se prétendent monarchiques, si les ambitions personnelles n'expliquaient bien des choses[2]. » Aussi, plus tard, après la révolution de 1848, des hommes d'opinions fort différentes, M. de Lamartine comme M. de Montalembert, recherchant, dans le passé, les causes d'un écroulement si soudain, s'accordaient à désigner la coalition de 1839 comme l'une de ces causes[3].

L'institution parlementaire était plus atteinte encore. Ce contraste entre les visées orgueilleuses des partis coalisés et l'impuissante confusion qui avait suivi leur victoire; cette campagne entreprise pour reconstituer une majorité, et qui aboutissait non-seulement à couper en deux l'ancien parti de gouvernement, sans en former un nouveau, mais à subdi-

---

[1] *Vie de Mgr Mathieu*, par Mgr Besson, p. 246-247.
[2] Lettres du 2, du 8 et du 29 mars 1839. (*Correspondance de Béranger.*)
[3] M. de Lamartine écrivait à la *Saturday Review*, le 6 juillet 1848. « Ce qui a fait la révolution, c'est la coalition parlementaire de 1839, ce sont les banquets d'agitation de 1847, c'est l'accusation des ministres. » M. de Montalembert disait, de son côté, en 1850 : « Ce sont les coalitions qui ont tué, tour à tour, deux monarchies, en tuant le respect pour l'autorité. Ce n'est pas l'émeute de la rue, ce sont les hommes d'État qui ont fait les révolutions. »

viser, à décomposer chaque groupe[1], et à semer, entre les fractions, d'implacables ressentiments : sorte de confusion des langues, châtiment d'une autre Babel; cette recherche d'un ministère puissant, au terme de laquelle on s'estimait heureux de voir former un de « ces ministères purement négatifs, comme disait alors le duc de Broglie, dont le but et le mérite sont d'exclure, les uns par les autres, les personnages politiques les plus éminents, un de ces ministères pâles, indécis, sans principes avoués, sans autre prétention que de vivre au jour la journée, sans autre point d'appui que la lassitude et le découragement universel[2] » ; le scandale de ces alliances, si facilement conclues malgré l'opposition ancienne des principes, et si promptement rompues, malgré la campagne récemment faite en commun; cette effervescence d'ambitions, de haines, de rancunes et de jalousies, qui tendaient, dans les luttes parlementaires comme dans les compétitions ministérielles, à substituer les questions de personnes aux questions d'opinions[3]; cet égoïsme naïf ou cynique avec lequel chaque homme politique en était venu à se tenir pour un principe et jugeait dès lors licite de tout rapporter et de tout sacrifier à soi[4]; — tout cela avait jeté comme

[1] M. Doudan écrivait plaisamment à ce propos : « C'est aujourd'hui surtout qu'on peut dire qu'il y a autant et plus d'avis que de personnes. On a tellement travaillé à disperser les groupes, dans la Chambre des députés, que, sauf la haine qui est changeante, il n'y a pas de cohésion entre quatre chats. Chacun se promène en liberté dans sa gouttière, l'air capable et impertinent, et vous voulez qu'on se mette à rallier cette grande dispersion! Il faut laisser faire cela aux temps et aux événements. » (*Lettres de Doudan*, t. I, p. 291.) Henri Heine écrivait aussi, vers la même époque : « Quand je considère, sous ce rapport, les Français d'aujourd'hui, je me rappelle les paroles de notre spirituel Adam Gurowski, qui refusait aux Allemands toute capacité d'action, vu que, sur douze Allemands, il y avait toujours vingt-quatre partis. »

[2] Lettre à M. Guizot. (*Documents inédits.*)

[3] Quelques années plus tard, M. de Tocqueville, dénonçant à la tribune « l'état d'anarchie morale et d'indifférence politique » dans lequel lui paraissait être le pays, déclarait que la coalition était pour beaucoup dans cette « perturbation », dans cette « espèce de négation du juste et de l'injuste, en politique, qui est le trait le plus distinctif et le plus déplorable de notre époque... On a fait croire au pays, ajoutait-il, qu'il n'y avait, dans le monde politique, que des intérêts, des passions, des ambitions, non des opinions. »

[4] « Il n'y a plus aujourd'hui qu'une loi bien reconnue dans la conduite des affaires publiques, écrivait M. Doudan; chacun se tient pour un principe. Nous avions autrefois découvert ce beau sophisme que l'attachement aux mêmes per-

une grande ombre sur le prestige du régime représentatif.

Les amis les plus clairvoyants de ce régime eurent, sur le moment même, l'impression très-vive et très-douloureuse du tort qu'il s'était fait. On s'en rend compte au cri d'alarme et parfois presque de désespérance qu'ils laissèrent alors échapper. « La situation est difficile, disait M. de Rémusat; il y a quelque chose de souffrant, de faible, d'impuissant, dans le fond de notre gouvernement. Le public, avec sa sensibilité admirable, s'en aperçoit et se demande s'il n'y a pas un vice grave dans nos institutions. » « Le gouvernement parlementaire, écrivait de son côté M. de Barante, n'est point dans un moment de triomphe et d'éclat... Le champ est livré aux intérêts et aux amours-propres personnels dont j'espère que le public commence à avoir un grand dégoût. » Et encore : « Le gouvernement représentatif est, comme le reste, atteint par le dégoût et le doute. Toute autre combinaison est si impossible qu'elle n'est ni regrettée ni souhaitée. De sorte que, sur ce point comme sur tant d'autres, nous subsistons par négation. La durée seule nous donnera du fondement. » Ce n'est pas que M. de Barante eût « le sentiment d'un danger actuel »; le mal, disait-il, « n'a aucune énergie, il s'affaisse, se disperse »; mais l'observateur artiste sentait le besoin « d'un événement ou d'un homme qui rendissent la vie morale à ce *caput mortuum* de cinquante années de révolutions[1].

Pendant que les délicats se lamentaient, en cherchant le remède, les esprits plus impatients et plus superficiels ne s'attardaient pas à essayer de redresser, ou seulement de faire fonctionner plus prudemment, la machine compliquée qui venait d'être faussée et forcée; ils se demandaient s'il ne serait pas plus simple de supprimer la machine elle-même. Cette idée brutale ne laissait pas que d'être accueillie là où, quelques années auparavant, elle

sonnes était la véritable vie des partis; que les personnes étaient des principes incarnés, etc. En conséquence, chacun a fait de soi son propre principe à soi-même, et ainsi nous avons gagné que tout homme qui se fait une bonne place croit combattre pour la bonne cause. C'est la grande conciliation de l'égoïsme avec la morale. » (*Lettres*, t. I, p. 286-7.)

[1] *Lettres* du 16 mai, du 26 octobre et du 14 décembre 1839.

eût été repoussée avec scandale. La foi dans les institutions libérales se trouvait avoir diminué, en même temps que l'estime pour les hommes qui avaient semblé jusqu'ici les personnifier. Cette évolution ne produisit pas sans doute, du premier coup, toutes ses conséquences. Mais c'est à cette époque que commence à se manifester, dans une partie du pays, une indifférence mêlée d'inquiétude et d'un peu de dégoût pour les choses parlementaires. Quand, plus tard, le césarisme trouvera tant de facilité à remettre la main sur la France, il le devra sans doute surtout à la république : toutefois, dans les causes plus lointaines de son succès, il convient de faire une certaine part à la coalition. Il y eut, à cette date précise de 1839, comme une brusque baisse dans le crédit, jusqu'alors si élevé, de la noble forme de gouvernement que la France avait, en 1814, empruntée à l'Angleterre.

CHAPITRE IX

LES PROGRÈS DE LA PAIX RELIGIEUSE.

(1836 — 1839.)

I. La réaction religieuse. Lacordaire quitte la chaire de Notre-Dame. Le P. de Ravignan. — II. Vocation monastique de Lacordaire. Mémoire pour le rétablissement en France des Frères Prêcheurs. Prise d'habit de Lacordaire et de ses compagnons. — III. Montalembert et sainte Élisabeth. Le jeune pair, champion des catholiques dans la Chambre haute. Ses premiers discours. — IV. Attitude du gouvernement en face du réveil religieux. Le crédit pour les cardinaux. Le monopole de l'Université et le régime des petits séminaires. Le projet de M. Guizot sur l'enseignement secondaire. Le rapport de M. Saint-Marc Girardin. Les évêques et la question des petits séminaires. La discussion. Vote de l'amendement Vatout. Le débat sur les petits séminaires. La loi, votée par la Chambre des députés, n'est pas portée à la Chambre des pairs. Réouverture de Saint-Germain l'Auxerrois et autres mesures dans le même esprit. — V. Protestation de l'archevêque de Paris contre l'aliénation des terrains de l'archevêché, et appel comme d'abus. Débat à la Chambre des pairs. Mgr de Quélen et le fronton du Panthéon. — VI. Les journaux de la coalition dénoncent les empiétements du clergé. Articles de M. Guizot sur la question religieuse. Mesures favorables à la religion, prises par le gouvernement. Dissolution de l'Institut des hautes études, établi par les Jésuites à Saint-Acheul. Appel comme d'abus contre l'évêque de Clermont, pour refus de sépulture religieuse à M. de Montlosier. M. Cousin dénonce à la Chambre des pairs la « renaissance de la domination ecclésiastique ». M. Isambert à la Chambre des députés. — VII. Les catholiques et le gouvernement de Juillet. Sentiments et conduite de M. de Montalembert, de Lacordaire, d'Ozanam. Le clergé se rapproche de la monarchie nouvelle. Attitude du Pape. Progrès faits vers l'accord de l'Église et de l'État.

I

Pendant que la société politique, découragée par tant de crises, en venait à douter d'elle-même, le mouvement religieux, commencé naguère dans le désarroi et l'épouvante d'un lendemain de révolution, continuait, chaque jour plus décidé, plus fécond, plus confiant[1]. L'affluence augmentait dans les églises; ce qui s'y passait et ce qui s'y disait s'imposait assez à l'attention publique pour que les journaux les plus étrangers d'ordinaire aux choses ecclésiastiques jugeassent nécessaire de s'en occuper. La société de Saint-Vincent de Paul prenait un développement rapide, surtout parmi la jeunesse. Les statistiques de la librairie constataient le nombre croissant des livres de piété et de théologie, des ouvrages de tout genre publiés par les écrivains catholiques. Partout, dans l'Église, comme une poussée de séve. Ce progrès frappait même les observateurs mondains. La femme d'esprit qui, sous le nom du vicomte de Launay, écrivait le « Courrier de Paris » dans le journal *la Presse,* madame Émile de Girardin, constatait ce retour des générations nouvelles vers la religion, et, signe du temps, s'en félicitait : « C'est plaisir, disait-elle, de voir cette jeunesse française venir d'elle-même, indépendante et généreuse, chercher des enseignements, apporter des croyances, au pied de ces mêmes autels, où jadis on ne voyait que des fonctionnaires publics en extase... Dites, n'aimez-vous pas mieux cette jeune France, instruite et religieuse, que cette jeunesse Touquet[2] que nous avions autrefois et qui a fourni tous nos grands hommes d'aujourd'hui? » Comment, ajoutait-elle, ne pas beaucoup attendre « d'un pays où la jeunesse prie et espère » ? Ceux mêmes qui naguère avaient considéré le christianisme, sinon avec hostilité, du moins avec dédain, reconnaissaient et proclamaient son réveil. Le 17 mai 1838, à la tribune de la Chambre, l'ancien directeur du *Globe,* M. Dubois, s'exprimait ainsi, en parlant du clergé : « Cette association toute-puissante qui semble avoir été vaincue par trois cents ans de combats, ne vous y trompez pas, elle se ravive de toutes parts, et il se passe, à l'heure qu'il est, une espèce de réforme dans le catholicisme, qui, en l'élevant moralement et scientifiquement, peut lui donner aussi un jour une puissance politique qu'il a perdue par

[1] Sur le mouvement religieux depuis 1830, cf. t. I, p. 206 à 284; t. II, p. 62 à 90 et p. 327 à 353.
[2] Allusion au libraire Touquet, ancien officier de l'Empire, éditeur, sous la Restauration, du *Voltaire Touquet,* des *Évangiles Touquet,* de la *Charte Touquet,* et autres publications de propagande « libérale » et irréligieuse.

l'abus¹. » Et, un peu plus tard, le même personnage disait à un élève de l'École normale : « Mes sentiments sont bien connus, j'ai toujours combattu le catholicisme; mais je ne puis me le dissimuler, il se prépare pour lui un siècle aussi beau et plus beau peut-être encore que le treizième ². »

L'un des signes les plus remarquables et aussi l'un des facteurs les plus efficaces de cette révolution morale, conséquence inattendue de la révolution politique, avait été la prédication de Notre-Dame, inaugurée, en 1835, par Lacordaire. Le succès des premières conférences n'avait pas été le résultat d'une curiosité passagèrement excitée. Quand elles furent reprises au carême de 1836, l'assistance se retrouva non moins nombreuse, non moins enthousiaste, non moins altérée de ces vérités, pour elle si nouvelles. L'orateur d'ailleurs se surpassa. Aussi fut-ce une impression de pénible surprise, quand, à la fin de cette station, il annonça à ses auditeurs qu'il s'éloignait d'eux pour quelque temps. « Je laisse, dit-il, entre les mains de mon évêque cette chaire de Notre-Dame, désormais fondée, fondée par lui et par vous, par le pasteur et par le peuple. Un moment, ce double suffrage a brillé sur ma tête. Souffrez que je l'écarte de moi-même, et que je me retrouve seul, quelque temps, devant ma faiblesse et devant Dieu. » Quel était le secret de cette retraite imprévue? Au milieu même de son succès, Lacordaire avait rencontré, de la part de certains membres du clergé, des contradictions très-vives et parfois douloureuses. Il fallait s'y attendre. Dans cette entreprise si nouvelle et si hardie, tout, — procédés, formules, doctrines, jusqu'à la personne et aux antécédents de l'ancien rédacteur de l'*Avenir*, — était fait pour troubler les habitudes, choquer les idées, froisser les affections de l'ancien clergé royaliste et gallican, accoutumé à chercher le salut de l'Église et de la société dans un retour plus ou moins complet à l'ancien régime; tout était fait pour inquiéter la sagesse timide,

---

¹ 15 mars 1837.

² Le propos est rapporté dans une lettre du jeune Pierre Olivaint, le futur Jésuite, alors élève de l'École normale. (*Vie du Père Olivaint*, par le Père Clair; p. 158.)

routinière et vieillissante de ceux qui craignaient, par-dessus tout, de donner du mouvement aux esprits. De là une opposition sourde, insaisissable, mais obstinée, qui s'attacha à toutes les démarches, à toutes les paroles de l'orateur. Les mécontents racontaient qu'il « n'osait pas même nommer Jésus-Christ en chaire » ; qu'il prêchait des « doctrines empreintes de l'esprit d'anarchie » ; on le qualifiait de « tribun », de « républicain forcené », de « révolutionnaire relaps ». Il se rencontrait même des vicaires généraux pour censurer les doctrines du prédicateur comme hétérodoxes [1]. Mgr de Quélen était assailli de dénonciations qui mettaient sa naturelle irrésolution et ses penchants contradictoires à une épreuve embarrassante. Par ses idées, par son origine, il était avec le clergé d'ancien régime. D'autre part, il aimait le prêtre qu'il avait patronné dans ses disgrâces ; il était fier de l'orateur brillant auquel il avait ouvert la carrière ; ce grand succès, dont il avait sa part, consolait son cœur d'évêque si longtemps éprouvé, et il n'était pas insensible à cette popularité qui rejaillissait un peu sur lui. De là, des alternatives d'appui et d'abandon qui faisaient dire à Lacordaire : « L'archevêque a eu des moments sublimes pour moi ; mais c'est un fardeau sous lequel il ploie, sans le vouloir [2]. » Malgré ses succès, le jeune prédicateur souffrait d'être si âprement attaqué et si imparfaitement soutenu. La faveur du public ne l'empêchait pas de se sentir isolé au milieu des hostilités qui l'enveloppaient. Et puis il comprenait, comme il l'a écrit plus tard, qu'il n'était pas « assez mûr encore pour fournir la carrière d'un seul trait ». Tous ces motifs, joints au travail intérieur d'une vocation qui ne se connaissait pas encore elle-même, le décidèrent à interrompre ses conférences et à aller chercher à Rome la paix dans le présent et la force pour l'avenir.

---

[1] « Je sentais tout autour de moi, écrivait Lacordaire, une fureur concentrée qui cherchait quelque part une issue à son mauvais vouloir. Le Pape me mettrait la main sur la tête, pendant toute ma vie, que je ne perdrais pas une injure, une calomnie, pas une mise en suspicion souterraine. »

[2] Sur toutes les contradictions que rencontra alors le prédicateur de Notre-Dame, cf. la *Vie du Père Lacordaire*, par M. Foisset, et celle qu'a écrite le Père Chocarne.

Ne pouvait-on pas craindre que la brusque retraite de Lacordaire ne fît perdre le terrain gagné ; qu'elle ne rendît, dans le sein du clergé, aux idées et aux tactiques d'ancien régime, le crédit que le succès des conférences leur avait enlevé ; que, dans le public, elle n'arrêtât et peut-être ne fît reculer le mouvement religieux ? Il n'en fut rien. L'élan donné à la vie chrétienne ne se ralentit pas, et en même temps l'évolution, commencée dans l'attitude des catholiques, continua à s'accomplir. Lacordaire avait été plus complétement et plus définitivement vainqueur qu'il ne s'en était rendu compte dans la fumée de la bataille [1]. La prédication de Notre-Dame ne fut pas d'ailleurs interrompue par le départ de celui qui l'avait créée, et, dès 1837, le Père de Ravignan, — on disait alors l'abbé de Ravignan, — montait, à son tour, dans cette chaire qu'il devait occuper jusqu'en 1846.

Le nouveau conférencier ne pouvait faire oublier celui qui l'avait précédé ; mais l'impression ne fut ni moins profonde, ni moins efficace. Tout contribuait à la produire : le talent de l'orateur ; son accent d'une conviction imposante ; l'autorité en quelque sorte visible de sa vertu ; cette physionomie, cette attitude d'une noblesse si sainte qu'on a pu dire : « Quand le Père de Ravignan paraît en chaire, on ne sait vraiment s'il vient de monter ou de descendre », et jusqu'à ce fameux signe de croix qu'il traçait lentement et grandement sur sa poitrine, après le silence du début, et qui était, à lui seul, une prédication. Sans doute, il eût été impuissant à faire ce que Lacordaire venait d'accomplir ; il n'aurait pas su trouver la note inattendue et saisissante de ce cri d'appel qui avait pénétré au plus intime d'un siècle désaccoutumé des choses religieuses et souffrant, à son insu, d'en être privé ; ce n'est pas lui qui aurait, du premier coup, attiré en foule les générations nouvelles sur le chemin de l'église qu'elles avaient oublié ; mais il arrivait, à son heure, pour compléter l'œuvre de son devancier. Celui-ci avait eu pour

---

[1] Quelques années plus tard, le 26 août 1839, Ozanam pourra écrire à Lacordaire : « Vous le savez, sans avoir besoin de l'entendre répéter encore, le mouvement auquel vous donnâtes, du haut de la chaire de Notre-Dame, une si puissante impulsion, n'a pas cessé de se propager parmi les multitudes intelligentes. »

mission, comme il le disait, de « préparer les âmes à la foi ». Le Père de Ravignan les y faisait entrer plus avant. Aussi, — tout en restant, autant que le permettait la nature différente de son esprit, dans le genre créé par Lacordaire, tout en gardant les mêmes ménagements pour les susceptibilités et les préjugés de l'époque, tout en bravant les critiques et les dénonciations de ceux qui ne lui épargnaient guère plus qu'à son prédécesseur le reproche de ne pas oser être assez chrétien, — il attirait peu à peu ses auditeurs sur le chemin qui, du porche du temple, devait les conduire au sanctuaire. Chaque année, il se voyait consolé par des succès nouveaux : c'étaient non-seulement des sympathies d'opinion, mais des conversions d'âmes. La foi gagnait dans les régions qui avaient paru lui être le moins accessibles, parmi les élèves et les professeurs des collèges, à l'École normale, à l'École polytechnique [1]. Bientôt même, après plusieurs années de ces progrès continus, le Père de Ravignan osera ajouter aux conférences du carême la retraite de la semaine sainte et la grande communion pascale de Notre-Dame, couronnement de cette magnifique campagne et signe le plus éclatant de la rentrée de Dieu dans la société de 1830 [2].

II

Ce n'était pas pour se reposer dans l'inaction que Lacordaire avait volontairement quitté la chaire de Notre-Dame et s'était retiré à Rome. Dans l'hiver de 1837-1838, on le revit en France, à Metz, où il inaugura les conférences de province, digne complément de celles de Paris : le succès fut immense, la ville entière profondément remuée. Toutefois, là n'était pas alors sa préoccupation principale. Il avait entendu à Rome, sans l'y avoir cherché, cet appel mystérieux, redoutable, qu'on nomme

---

[1] Cf. les lettres citées par le Père de Pontlevoy, dans la *Vie du Père de Ravignan*.
[2] La retraite devait être inaugurée en 1841, et la communion générale en 1842.

la vocation monastique. Ce n'était pas seulement, chez lui, le désir de trouver, dans un couvent, la règle et le point d'appui qui lui avaient tant manqué, aux heures d'agitation et d'isolement de sa jeunesse sacerdotale; c'était aussi le sentiment moins personnel du besoin que l'Église du dix-neuvième siècle, et particulièrement la France de 1830, avaient du secours des Ordres religieux. Ainsi fut-il amené, peu à peu, non sans de longs combats avec lui-même, non sans la vue parfois douloureuse des difficultés extérieures qu'il aurait à surmonter, des sacrifices intérieurs qu'il lui faudrait accomplir, à la résolution, non-seulement de se faire moine, mais de restaurer en France l'Ordre de Saint-Dominique, l'un de ceux contre lesquels les souvenirs de l'Inquisition avaient soulevé le plus de préventions.

Certes, si l'on eût prédit, en juillet 1830, aux vainqueurs du jour qu'ils allaient assister, dans leur pays, à un réveil de vie et de fécondité monastiques, ils eussent haussé les épaules comme à une méchante plaisanterie. C'est pourtant ce qui les attendait. Dès 1833, l'abbé Guéranger s'était installé à Solesmes avec quelques compagnons, pour renouer en France la grande tradition bénédictine; en 1836, il y prenait l'habit, et, l'année suivante, une décision pontificale déclarait le monastère ainsi ressuscité, chef d'une congrégation nouvelle de l'Ordre de Saint-Benoît, la « congrégation de France », qui était reconnue héritière des congrégations de Cluny, de Saint-Maur et de Saint-Vannes : pour la première fois depuis l'ancien régime, on revoyait sur notre sol un abbé crossé et mitré. De plusieurs côtés, s'ouvraient des monastères nouveaux de Trappistes et de Chartreux, parfois aux applaudissements des « libéraux », comme pour la Chartreuse de Blosserville, près de Nancy. Les Jésuites eux-mêmes, contre lesquels semblait avoir été faite la révolution de 1830, se voyaient obligés, en 1836, par l'accroissement du nombre de leurs résidences et le développement de leurs œuvres, de diviser en deux la province unique que la compagnie avait eue jusqu'alors en France. Mais toutes ces fondations s'étaient opérées sans bruit, sans éclat, et même, pour les Jésuites, presque en cachette. C'est, au contraire, la tête haute, en plein soleil et par la grande porte, celle de la liberté, que Lacordaire prétendait ramener avec lui les moines dans son pays.

Loin donc de procéder avec mystère, aussitôt sa décision prise et l'approbation de l'autorité ecclésiastique obtenue, il se servit de la presse pour en aviser le public et appeler à lui les collaborateurs dont il avait besoin : procédé qui ne fut pas, au premier moment, sans étonner et sans effaroucher les habitudes si différentes de la cour romaine. La note, publiée d'abord par l'*Univers,* le 11 septembre 1838, fut reproduite par tous les journaux, sans provoquer presque aucune réflexion hostile [1]. Mis en relation avec le ministre des cultes d'alors, M. Barthe, Lacordaire trouva auprès de lui bon accueil : si le ministre lui fit d'abord quelques objections, il écouta ses réponses avec bienveillance, et l'assura que le gouvernement « n'avait rien contre lui ». Le futur Dominicain voulait du reste réclamer son laisser-passer, non du pouvoir comme une faveur, mais de l'opinion publique comme un droit. Le 3 mars 1839, il adressa à « son pays » ce fameux « Mémoire pour le rétablissement en France des Frères Prêcheurs », d'un accent si éloquent et si original, fier et caressant, audacieux et habile, où l'homme moderne apparaît sous le froc antique, où l'on parle de liberté et où l'on fait appel à toutes les idées contemporaines pour restaurer une institution du treizième siècle. « Mon pays ! disait l'auteur en commençant, pendant que vous poursuivez, avec joie et douleur, la formation de la société moderne, un de vos enfants nouveaux, chrétien par la foi, prêtre par l'onction traditionnelle de l'Église catholique, vient réclamer de vous sa part dans les libertés que vous avez conquises et que lui-même a payées. Il vous prie de lire le mémoire qu'il vous adresse ici, et, connaissant ses vœux, ses droits, son cœur même, de lui accorder la protection que vous donnerez toujours à ce qui est utile et sincère. Puissiez-vous, mon pays, ne jamais désespérer de votre cause, vaincre la mauvaise fortune par la patience et la bonne

---

[1] A cette date, M. Louis Veuillot n'était pas encore entré à l'*Univers.*

par l'équité envers vos ennemis; aimer Dieu, qui est le père de tout ce que vous aimez; vous agenouiller devant son fils Jésus-Christ, le libérateur du monde; ne laisser passer à personne l'office éminent que vous remplissez dans la création, et trouver de meilleurs serviteurs que moi, non de plus dévoués. » Et, pour bien marquer devant qui il se présentait, Lacordaire ajoutait : « Je m'adresse à une autorité qui est la reine du monde, qui, de temps immémorial, a proscrit des lois, en a fait d'autres, de qui les chartes elles-mêmes dépendent, et dont les arrêts, méconnus un jour, finissent tôt ou tard par s'exécuter. C'est à l'opinion publique que je demande protection, et je la lui demande contre elle-même, s'il en est besoin, car il y a en elle des ressources infinies, et sa puissance n'est si haute que parce qu'elle sait changer, sans se vendre jamais. » Après avoir traité d'abord de la légitimité des Ordres religieux en général, l'auteur faisait une éloquente apologie des Frères Prêcheurs, traçait un tableau magistral et charmant de leurs vertus et de leurs services, conduisait le lecteur à travers cette merveilleuse galerie de saints, de savants et d'artistes, ne craignant pas d'aborder de front, avec son heureuse hardiesse, les questions délicates comme celles de l'Inquisition. Puis il terminait ainsi : « Je crois faire acte de bon citoyen autant que de bon catholique en rétablissant en France les Frères Prêcheurs. Si mon pays le souffre, il ne sera pas dix années peut-être avant d'avoir à s'en louer. S'il ne le veut pas, nous irons nous établir à ses frontières, sur quelque terre plus avancée vers le pôle de l'avenir, et nous y attendrons patiemment le jour de Dieu et de la France. L'important est qu'il y ait des Frères Prêcheurs français, qu'un peu de ce sang généreux coule sous le vieil habit de saint Dominique. Quant au sol, il aura son tour; la France arrivera, tôt ou tard, au rendez-vous prédestiné où la Providence l'attend. Quel que soit le traitement que me réserve ma patrie, je ne m'en plaindrai donc pas. J'espérerai en elle, jusqu'à mon dernier soupir. Je comprends même ses injustices, je respecte même ses erreurs, non comme le courtisan qui adore son maître, mais comme l'ami qui sait par quels nœuds le mal s'enchaîne au bien, dans le cœur de son ami. Ces sentiments sont trop anciens chez moi pour y périr jamais, et dussé-je n'en pas recueillir le fruit, ils seront jusqu'à la fin mes hôtes et mes consolateurs. »

L'opinion, flattée qu'on s'adressât à elle, fut à la fois surprise et charmée d'un langage si nouveau, et qui tranchait si singulièrement avec les polémiques de la coalition, alors à leur période le plus aigu. Aucun journal, aucun orateur ne témoigna de dispositions hostiles. Parti pour Rome, aussitôt son mémoire lancé, Lacordaire y arriva, le 27 mars 1839, avec les compagnons qu'il avait recrutés. Il se heurta d'abord aux timidités de la cour pontificale, qui croyait alors la France sous le coup d'une révolution imminente, et qui eût voulu tout ajourner. Mais il en triompha, et, le 9 avril, il prit l'habit avec ses nouveaux frères. Le pas décisif était fait. Bientôt, son noviciat terminé, il rentrera en France, sous le froc blanc de Saint-Dominique, ouvrant ainsi une porte par laquelle pourront passer, derrière lui, tous les Ordres religieux.

III

Pendant que Lacordaire préparait et accomplissait cette grande œuvre, son frère d'armes de l'*Avenir*, le comte de Montalembert, travaillait à faire reprendre aux catholiques la place qu'ils avaient perdue dans le monde politique. Lui aussi, il avait dû sortir de l'arène, pour reprendre haleine, après le faux départ de l'*Avenir*. Il avait employé ces années de retraite à parcourir les grandes routes d'Allemagne et d'Italie, se passionnant partout à la recherche des vestiges, jusqu'alors mal compris et imparfaitement goûtés, des grands siècles catholiques, particulièrement des monuments artistiques du treizième et du quinzième siècle. Le hasard des voyages, — où le poussait peut-être l'agitation d'un esprit non encore remis des excitations et des secousses de la crise récente, — lui avait fait rencontrer, dans un coin de la Hesse, les traces, presque complètement effacées par la haine protestante et par l'oubli populaire, du culte dont avait été l'objet « la chère sainte Élisabeth ». Séduit et indigné, touché et conquis, il avait fait de la royale sainte la dame de ses pensées, de son imagination, de ses études; il s'était armé son chevalier, pour venger cette mémoire méconnue, pour ranimer cette dévotion éteinte, et avait trouvé, dans la présence constante de cette charmante et douce vision, la direction de son esprit, la paix de son âme, la consolation de ses déchirements et de ses déceptions, et comme le bienfait d'une sérénité supérieure venue du passé ou descendue du ciel.

Mais cette vie d'érudit ou de dilettante chrétien ne pouvait longtemps suffire à une nature aussi militante. Ce n'était pas seulement dans l'histoire, c'était dans les luttes présentes et quotidiennes de la vie publique qu'il voulait relever le nom catholique. Quand, au lendemain de la révolution de Juillet, il avait vu « la croix arrachée du fronton des églises de Paris, traînée dans les rues et précipitée dans la Seine, aux applaudissements d'une foule égarée », il s'était promis de poursuivre la revanche de ces jours d'humiliation et d'outrage. Il le rappelait plus tard à la tribune : « Cette croix profanée, s'écriait-il, je la ramassai dans mon cœur, et je jurai de la servir et de la défendre. Ce que je me suis dit alors, je l'ai fait depuis, et, s'il plaît à Dieu, je le ferai toujours [1]. » C'était pour tenir ce serment de ses vingt ans, que le jeune pair, qui avait été, après 1830, l'un des derniers à recueillir le bénéfice de l'hérédité bientôt abolie, s'empressait, dès que son âge le lui permettait, de siéger dans la Chambre haute et de prendre part à ses débats [2].

On ne saurait s'imaginer aujourd'hui de quel courage, de quelle audace même, un homme politique devait alors faire preuve pour se poser en chrétien. M. de Montalembert, rendant hommage, en 1855, à la mémoire de l'un des rares pairs

---

[1] Discours du 14 avril 1845.
[2] Les pairs admis par droit d'hérédité n'avaient voix délibérative qu'à trente ans; mais ils pouvaient siéger et parler dès vingt-cinq ans. C'est le 14 mai 1835 que M. de Montalembert prononça son *maiden speech*.

qui devaient se joindre à lui, au comte Beugnot, a rappelé « l'impopularité formidable qu'il fallait braver, au sein des classes éclairées et du monde politique, quand on voulait arborer ou défendre les croyances catholiques... » « Personne, ajoutait-il, ou presque personne, parmi les savants, les écrivains, les orateurs, les hommes publics, ne consentait à se laisser soupçonner de préoccupations ou d'engagements favorables à la religion... L'impopularité qu'il s'agissait d'affronter n'était pas seulement cette grossière impopularité des masses, ces dénonciations quotidiennes des journaux, ces insultes et ces calomnies vulgaires qui sont la condition habituelle des hommes de cœur et de devoir dans la vie publique... Mais il fallait, de plus, entrer en lutte avec tous ceux qui se qualifiaient d'hommes modérés et pratiques, avec la plupart des conservateurs, non moins qu'avec les révolutionnaires, avec l'immense majorité, la presque unanimité des deux Chambres, avec une foule innombrable d'honnêtes gens aveuglés, et, ce qui était bien autrement dur, avec une élite d'hommes considérables qui avaient conquis une réputation enviée, en rendant d'incontestables services à la France, à l'ordre, à la liberté. Enfin, il fallait braver, jusque dans les rangs les plus élevés de la société française, un respect humain dont l'invincible intensité a presque complétement disparu dans les luttes et périls que nous avons traversés depuis lors. » En parlant ainsi de M. Beugnot, M. de Montalembert ne pensait-il pas à ses propres débuts ? Quand, en 1835, il entra à la Chambre haute, avec le dessein d'y défendre la cause catholique, il s'y trouva d'abord absolument isolé. Les hommes, d'ordinaire, hésitent à se compromettre pour une cause, lorsqu'ils savent devoir être seuls à la défendre ; l'inutilité probable de leur effort sert d'excuse à leur défaut de courage. Tout autre était le jeune comte de Montalembert. Il semblait avoir le goût des causes vaincues : plus elles lui paraissaient désespérées, abandonnées de tous, plus il se sentait porté vers elles, plus il trouvait d'attrait et d'honneur à s'y montrer fidèle et dévoué. *Sans espoir ni peur,* disait une vieille devise de ses ancêtres.

Grand fut l'étonnement des vénérables pairs, sceptiques

d'origine encore refroidis par l'expérience, survivants du dix-huitième siècle blasés davantage par les révolutions du dix-neuvième, quand ils virent se lever, au milieu d'eux, ce jeune croyant si enthousiaste. L'entrée dans la cour du Luxembourg d'un chevalier portant l'armure du moyen âge et la croix sur la poitrine, ne leur eût pas paru plus étrange et moins raisonnable. Avec son nouveau champion, la religion ne se présentait plus dans une attitude humble, voilée et résignée; elle avait quelque chose de hardi, on eût presque dit de cavalier. Toutefois, il se mêlait à cette hardiesse une sorte de bonne grâce fière et modeste qui l'empêchait de paraître outrecuidante : « Je ne descendrai pas de cette tribune, — disait le jeune orateur, en terminant un des premiers discours où il revendiquait les droits du clergé, — sans vous exprimer le regret que j'éprouverais, si je vous avais paru parler un langage trop rude ou trop étranger aux idées qui y sont ordinairement énoncées. J'ai espéré que vous m'excuseriez d'avoir obéi à la franchise de mon âge, d'avoir eu le courage de mon opinion. Quoi qu'il en soit, j'aime mille fois mieux qu'il me faille vous demander pardon ici publiquement de vous avoir fatigués ou blessés par mes paroles, que demander pardon, dans le secret de ma conscience, à la vérité et à la justice, de les avoir trahies par mon silence [1]. » Ce langage surprenait les nobles pairs, mais ne leur déplaisait pas; ils ressentaient une sorte de curiosité indulgente pour les audaces imprévues de celui dont la jeunesse leur rappelait une hérédité regrettée; leur tolérance ratifiait la liberté qu'il avait prise de tout dire, et lui permettait de troubler, par une vivacité inaccoutumée dans cette enceinte, le calme décent, la froide politesse de leurs délibérations : souriant aux saillies et même aux écarts de son éloquence impétueuse, « comme un aïeul, à la vivacité généreuse et mutine du dernier enfant de sa race [2] ».

Du reste, si le jeune pair n'était pas déjà, à vingt-cinq ans, l'orateur éminent et complet des discours sur le Sunderbund ou

---

[1] Discours du 19 mai 1837.
[2] Expression du prince Albert de Broglie, dans son discours de réception à l'Académie française.

sur l'expédition de Rome, ce n'en était pas moins un spectacle plein d'intérêt et de charme, de contempler ce talent dans la fraîcheur de sa fleur première et de le suivre ensuite dans son rapide épanouissement ; talent vif, alerte, ardent, où se mêlaient le sarcasme et l'enthousiasme, la fierté provocante et la générosité sympathique. M. de Montalembert travaillait beaucoup ses discours ; il les lisait alors, comme avaient fait plusieurs orateurs de la Restauration, entre autres Royer-Collard et le général Foy ; plus tard seulement, il prit le parti de réciter, ensuite de parler sur simples notes. Mais il lisait avec une aisance et une chaleur qui rendaient sa lecture presque aussi entraînante qu'une improvisation. Il avait peu de geste ; la voix y suppléait, souple, claire, vibrante, admirablement faite pour l'ironie ou le pathétique, avec un de ces accents qu'on n'oubliait plus ; et, par-dessus tout, ce je ne sais quoi d'aisé dans la véhémence, de noble dans la passion, de naturel dans la hauteur, qui révèle la race, et qui donne à l'éloquence aristocratique un caractère à part, auquel n'atteignent jamais ni la faconde de l'avocat, ni la solennité du professeur, ni la déclamation du rhéteur.

M. de Montalembert n'appartenait pas à un parti politique ; il ne pouvait être contredit, quand il se défendait « d'avoir jamais combattu systématiquement aucun ministère ». Cependant alors, dans beaucoup de questions, il paraissait en harmonie avec les hommes de gauche. Son premier discours avait été une attaque contre les lois de septembre sur la presse. Dans la politique étrangère, avec quelle amertume il reprochait au gouvernement les « humiliations » de la France! Ces exagérations d'un libéralisme un peu jeune, ces exaltations d'un patriotisme parfois plus généreux que clairvoyant et sensé, étaient comme un reste de l'*Avenir*, qui devait s'atténuer avec le temps et avec l'âge. D'ailleurs, il y avait là, chez M. de Montalembert, à côté d'entraînements très-sincères, de convictions très-ardentes, une part de tactique : pour faire sortir les catholiques de leur état d'isolement, d'impopularité et de proscription morale, pour leur refaire une place dans le monde politique, il lui paraissait utile que l'orateur, connu pour être leur champion, se montrât un libéral aussi hardi, un patriote aussi susceptible, un défenseur aussi dévoué des nations opprimées, un ami aussi ardent de toutes les causes généreuses, enfin un citoyen aussi intéressé aux affaires publiques qu'aurait pu l'être aucun homme engagé dans le mouvement du siècle. Une telle attitude lui était d'autant plus facile que ces sentiments étaient naturellement les siens. De là, tous ces discours qui se succèdent sur la liberté de la presse, sur la Pologne, la Belgique, l'Espagne ou la Grèce, sur les réformes économiques ou philanthropiques. Rarement, dans ces premières années, il aborde les questions religieuses proprement dites : à peine, de temps à autre, le verrons-nous engager quelque rapide escarmouche sur l'aliénation des terrains de l'archevêché, ou sur un appel comme d'abus. Mais, ne nous y trompons pas, c'est le catholicisme qu'il a toujours en vue, même quand il traite d'autres sujets; ces discours sont en réalité, pour lui, des préludes, une façon de préparer le monde politique et de se préparer lui-même à sa mission spéciale, à celle qu'il avait proclamée le jour où, à vingt ans, devant la Chambre des pairs, il avait voué sa vie à la cause de la liberté religieuse et particulièrement de la liberté d'enseignement [1].

IV

Quelle était l'attitude du gouvernement en face de ce réveil catholique? Peut-être n'était-il pas toujours préparé à le bien comprendre; cependant il le voyait avec satisfaction, se gardait généralement de l'entraver, le secondait même volontiers, pourvu qu'il n'eût pas à braver des préventions trop menaçantes. Ces préventions du reste diminuaient chaque jour. Ainsi se continuait, dans la politique religieuse de la monarchie de

---

[1] Discours prononcé le 20 septembre 1831, dans le « procès de l'école libre ».

Juillet, ce mouvement ascendant vers la justice et la liberté dont nous avons noté le début, encore incertain, sous Casimir Périer[1], et le progrès plus marqué sous le ministère du 11 octobre[2]. Il tenait à des causes si profondes et si supérieures qu'il se développait en dépit des changements de ministère, et quels que fussent les hommes au pouvoir.

M. Thiers, pendant son ministère du 22 février 1836, était sans doute plus soucieux de courtiser la gauche que de servir l'Église. Il ne se montra pas personnellement très-occupé des questions religieuses et n'alla pas au-devant. Toutefois, quand il les rencontra, il se montra sans petite hostilité, plutôt bienveillant, intelligent même du besoin que la société avait de la religion et de l'obligation où elle était de l'honorer. S'agissait-il par exemple d'améliorer le régime pénitentiaire, un rapport officiel indiquait, comme l'une des premières mesures à prendre, le développement de l'action religieuse[3]. Ce fut ce ministère du 22 février qui proposa à la Chambre de revenir à une tradition abandonnée depuis 1830, en votant un crédit spécial pour l'installation et le traitement d'un cardinal récemment choisi, par le Pape, dans l'épiscopat français[4]. « Il faut qu'on sache bien, dit en cette occasion le garde des sceaux, M. Sauzet, que la royauté de Juillet, tout en maintenant les libertés de tous et les prérogatives de la puissance civile, ne sépare pas les intérêts religieux sagement entendus, de ces grands principes moraux sur lesquels repose l'avenir des socié-

---

[1] T. II, p. 62 à 90.
[2] T. II, p. 327 à 344.
[3] Rapport adressé à M. de Montalivet, ministre de l'intérieur, par M. de Gasparin, son sous-secrétaire d'État, sur les réformes à introduire dans les maisons centrales. — Le rapport insistait sur l'importance du « ressort religieux », se plaignait qu'il fût plus faible en France que dans d'autres pays, puis ajoutait : « Vous avez mesuré, Monsieur le ministre, toute l'étendue du mal, mais vous n'avez pas désespéré. En favorisant l'introduction des écoles dans la prison, en augmentant le salaire des aumôniers et en facilitant ainsi de bons choix, en applaudissant aux conférences de morale religieuse sur le modèle de celles qu'a ouvertes, avec tant de succès, le directeur d'une de nos maisons centrales, vous aplanissez les voies qui peuvent conduire au développement de tous les moyens de régénération employés chez nos voisins. »
[4] Il s'agissait du sage et vertueux Mgr de Cheverus, archevêque de Bordeaux.

tés. » Le crédit fut voté sans difficulté[1]. Pour qui se rappelait ce qu'était, peu d'années auparavant, la discussion du budget des cultes, il y avait progrès notable. Le *Journal des Débats* le constatait avec satisfaction. « En soi, disait-il, il n'y a rien là que de fort simple. Dans un pays où l'immense majorité des citoyens professe la religion catholique, n'est-il pas convenable, n'est-il pas juste de donner à ceux qui sont revêtus des premières dignités de cette religion, le moyen de soutenir leur rang?..... Tout cela, aujourd'hui, paraîtra peut-être d'une vérité triviale; mais tout cela, il n'y a pas bien longtemps, eût horriblement scandalisé l'opposition et blessé la philosophie courante. Supposez que Casimir Périer fût venu demander un traitement pour les cardinaux; quel bruit, quelle colère dans l'opposition! A quel déluge de plaisanteries philosophiques n'eût-il pas fallu s'attendre! »

Meilleures encore se trouvaient être les dispositions du ministère du 6 septembre, dont les membres dirigeants étaient M. Molé et M. Guizot. Ce dernier, nous l'avons dit, était, parmi les hommes de 1830, l'un de ceux qui comprenaient le mieux l'importance sociale de la religion. Quant à M. Molé, il devait, peu de temps après, en 1840, dans son discours de réception à l'Académie française, exprimer ainsi son sentiment sur ce sujet : « Le clergé sera le sublime conservateur de l'ordre public, en préparant les générations nouvelles à la pratique de toutes les vertus : car il y a moins loin qu'on ne pense des vertus privées aux vertus publiques, et le parfait chrétien devient aisément un grand citoyen. »

Ce ministère, à son avénement, trouvait pendante une question qui touchait de très-près aux plus graves intérêts religieux, celle de la liberté de l'enseignement secondaire, solennellement promise par l'article 69 de la Charte. En janvier 1836, dans les derniers jours du cabinet du 11 octobre, M. Guizot avait déposé, sur ce sujet, un projet par lequel il espérait compléter l'œuvre commencée par la loi de 1833 sur l'instruction pri-

[1] 29 mars 1836.

maire. Revenu au même ministère de l'instruction publique, après sept mois de retraite, il trouvait l'examen de la commission fini, le rapport déposé, et il pouvait espérer mener à terme cette importante réforme. Bien que son espérance ait été trompée, il n'est pas sans intérêt d'étudier, avec quelque détail, le premier effort tenté pour résoudre un problème qui devait être bientôt, entre les catholiques et le gouvernement, l'objet d'une lutte si longue et si véhémente.

Rien de plus absolu que le monopole dont l'Université était alors en possession, dans le domaine de l'enseignement secondaire. Les établissements privés ne pouvaient exister qu'avec son autorisation toujours révocable, sous sa dépendance, et à condition de lui payer une sorte de tribut d'allégeance qu'on appelait la rétribution universitaire. A moins que les parents n'attestassent que l'éducation avait été donnée au sein de la famille, aucun élève n'était admis au baccalauréat, sans un certificat d'études constatant qu'il avait fait ses classes de rhétorique et de philosophie dans un collège de l'Université ou dans un des établissements peu nombreux assimilés à ces colléges par faveur spéciale, et qualifiés d' « établissements de plein exercice[1] ».

Seuls, les petits séminaires échappaient à l'Université. Pour bien comprendre le régime spécial auquel ils étaient alors soumis, il convient de remonter un peu en arrière. Supprimés sous la Révolution, ils s'étaient rétablis peu à peu sous le Consulat. Lors de sa fondation, en 1808, l'Université prétendit les faire rentrer dans son domaine, comme tous les autres établissements d'enseignement; les évêques résistèrent. Un décret du 9 avril 1809 donna raison à l'Université, mais, par compensation, reconnut l'existence de ces écoles ecclésiastiques et leur promit la protection du gouvernement. L'un des premiers actes de la Restauration fut d'accorder à l'épiscopat ce que lui avait refusé l'Empire : une ordonnance du 5 octobre 1814 autorisa chaque évêque à avoir une ou plusieurs écoles secondaires ecclésiastiques, dont

---

[1] En 1848, il y avait un peu plus de trente établissements de plein exercice.

il pouvait nommer les directeurs et professeurs : aucune obligation pour les élèves, soit de suivre les cours des colléges, soit de payer la rétribution universitaire. Ces écoles, ainsi soustraites à l'Université, étaient cependant des établissements publics et avaient capacité pour recevoir des libéralités. Sous ce régime, les petits séminaires se multiplièrent et devinrent de véritables colléges; plusieurs, et non des moins florissants, étaient sous la direction des Jésuites. Ce fut cette prospérité même qui éveilla des ombrages et provoqua un soulèvement de passions auquel le gouvernement se crut obligé de céder. De là, les ordonnances de 1828, qui modifièrent si gravement la situation de ces écoles; nécessité de l'approbation royale pour le choix des supérieurs, obligation, pour ces derniers et pour les professeurs, de déclarer qu'ils n'appartenaient pas à une congrégation non autorisée, interdiction de recevoir des externes, limitation du nombre des élèves, injonction de leur faire revêtir, à quatorze ans, le costume ecclésiastique, et impossibilité pour eux de se présenter au baccalauréat, à moins d'avoir suivi les cours de rhétorique et de philosophie dans un établissement universitaire, — tout fut combiné pour renfermer les petits séminaires dans leur œuvre exclusive d'éducation cléricale et les empêcher de faire concurrence aux colléges; néanmoins ils demeuraient soustraits à l'Université, ne lui payaient pas de rétribution, et, comme compensation de tant de restrictions, l'État leur accordait 1,200,000 francs de bourses. Le gouvernement de 1830 ne changea rien à ce régime, si ce n'est qu'en 1831 il supprima complétement les bourses; les rigueurs restaient sans la libéralité. En fait, cependant, certaines prescriptions tombèrent en désuétude, notamment l'obligation du costume.

Pour établir, à la place d'une telle législation, la liberté promise par la Charte, que fallait-il faire? « Une seule solution était bonne, a dit plus tard M. Guizot : renoncer complétement au principe de la souveraineté de l'État en matière d'instruction publique, et adopter franchement, avec toutes ses conséquences, celui de la libre concurrence entre l'État et ses rivaux, laïques ou ecclésiastiques, particuliers ou corporations. C'était la conduite à la fois la plus simple, la plus habile et la plus efficace... Il valait beaucoup mieux, pour l'Université, accepter hardiment la lutte contre des rivaux libres, que de défendre, avec embarras, la domination et le privilége, contre des ennemis acharnés. » Mais cette grande et simple politique se heurtait alors à beaucoup de prétentions et de préventions : prétentions de l'Université, maîtresse de son monopole depuis bientôt trente ans ; préventions de l'opinion contre le clergé et particulièrement contre les Jésuites, que les ordonnances de 1828 venaient d'exclure de l'enseignement. Le problème était donc plus compliqué, plus irritant que dans l'enseignement primaire.

Le projet rédigé par M. Guizot se ressentait de ces difficultés et n'était pas aussi complet que son auteur lui-même l'eût désiré [1]. Toutefois le principe de la liberté s'y trouvait loyalement et nettement posé [2]. Plus d'autorisation préalable ni de certificat d'études ; la concurrence était permise à tous les rivaux de l'Université, laïques ou prêtres, sans exclusion de personne, sans précautions trop gênantes. Quelques conditions de grades et de brevet étaient imposées aux chefs d'établissements, aucune aux professeurs. L'administration gardait un droit d'inspection et une certaine autorité disciplinaire, mais celle-ci n'allait pas au delà de la réprimande ; seuls, les tribunaux civils pouvaient fermer un établissement à raison de faits d'inconduite ou d'immoralité. Des petits séminaires, il n'était pas question ; à leur égard, le *statu quo* était maintenu. En somme, malgré ses lacunes, le projet était plus large, plus équitable que tous

---

[1] Cf. *Mémoires de M. Guizot*, t. III, p. 105, 106.
[2] M. Guizot disait, dans son exposé des motifs : « Le principe de la liberté, appliqué à l'enseignement, est une des conséquences promises par la Charte. Nous voulons, dans leur plénitude et leur sincérité, les conséquences raisonnables de notre révolution... Aux maximes du monopole, nous substituons celles de la concurrence. Les établissements privés, les institutions et pensions subsistent au sein de l'Université ; ils en sont les auxiliaires, les succursales. Désormais, ils seront les libres émules des établissements publics, colléges royaux et communaux. L'État accepte la nécessité, le devoir de soutenir avec succès, avec éclat, une concurrence infatigable. »

ceux qui devaient être ultérieurement présentés, en 1841, 1844 ou 1847.

Il ne rencontra pas d'opposition de la part des catholiques : ceux-ci, plus frappés de ses bienfaits que de ses défauts, répondirent, par une bonne volonté égale, à celle qu'on leur témoignait. « Parmi les réclamations que suscita le projet, a dit, quelques années plus tard, l'abbé Dupanloup, aucune ne sortit des rangs du clergé : pas une voix ne s'éleva parmi nous. Le clergé se tut profondément; je me trompe : il ressentit, il exprima une juste reconnaissance, et c'est à dater de cette époque qu'il se fit entre l'Église de France et le gouvernement un rapprochement depuis longtemps désiré, et qui fut solennellement proclamé[1]. »

La commission de la Chambre entra dans l'esprit du projet, et son rapporteur, M. Saint-Marc Girardin, quoique universitaire, se montra animé du libéralisme le plus sincère, le plus respectueux des choses religieuses, le plus intelligemment soucieux d'établir l'accord entre l'Église et l'État. Dans son rapport, qui fut déposé le 15 juin 1836, bien loin d'accepter de mauvaise grâce le principe nouveau de la liberté d'enseignement, il le déclara nécessaire au progrès même des études, et rappela que, sous l'ancien régime, la concurrence des congrégations enseignantes, notamment des Jésuites, avait été, de l'aveu même de Voltaire, un bienfait. Puis, abordant de front la prévention régnante, il ajoutait : « Ce que beaucoup de bons esprits craignent de la liberté d'enseignement, c'est bien moins l'influence qu'elle pourra donner aux partis politiques, que l'influence qu'elle va, dit-on, donner au clergé. Les prêtres, les Jésuites vont, grâce à cette loi, s'emparer de l'éducation. Dans la loi sur l'instruction secondaire, nous n'avons voulu créer ni privilége ni incapacité. Le monopole de l'enseignement accordé aux prêtres serait, de notre temps, un funeste

---

[1] *De la pacification religieuse.* — M. de Montalembert, lui aussi, a rappelé, après coup, dans un de ses discours, le bon accueil fait au projet de M. Guizot. Il disait, le 12 juin 1845 : « Vous avez présenté, en 1836, une loi pleine de générosité, contre laquelle pas une voix ne s'est élevée au sein du clergé... Il fallait continuer dans cette voie, et tout aurait été sauvé. »

anachronisme; l'exclusion ne serait pas moins funeste. La loi n'est faite ni pour les prêtres, ni contre les prêtres : elle est faite, en vertu de la Charte, pour tous ceux qui voudront remplir les conditions qu'elle établit. Personne n'est dispensé de remplir ces conditions, et personne ne peut, s'il a rempli ces conditions, être exclu de cette profession. Dans le prêtre, nous ne voyons que le citoyen, et nous lui accordons les droits que la loi donne aux citoyens. Rien de plus, mais rien de moins. Nous entendons parler des congrégations abolies par l'État, et qui, si nous n'y prenons garde, vont envahir les écoles. Nous n'avons point affaire, dans notre loi, à des congrégations; nous avons affaire à des individus. Ce ne sont point des congrégations que nous recevons bacheliers ès lettres et que nous brevetons de capacité : ce sont des individus. Nous ne savons pas, nous ne pouvons pas savoir si ces individus font partie de congrégations; car à quel signe les reconnaître? comment s'en assurer?... Pour interdire aux membres des congrégations religieuses la profession de maître et d'instituteur secondaire, songez que de précautions il faudrait prendre, de formalités inventer; quel code tracassier et inquisitorial il faudrait faire; et ce code, avec tout l'appareil de ses recherches et de ses poursuites, songez surtout qu'il suffirait d'un mensonge pour l'éluder. »

Sur un point important, la commission se sépara du ministre. Nous avons dit que M. Guizot avait laissé un peu timidement de côté la question des petits séminaires. La commission, plus hardie, la souleva et proposa de soumettre ces établissements au régime des établissements libres, de leur faire recueillir les avantages et subir les charges du nouveau droit commun. M. Sauzet, qui était alors ministre des cultes, estima convenable de prendre l'avis des évêques; aussi leur adressa-t-il une circulaire où il exprimait son désir d'être « éclairé sur les vœux de l'épiscopat et les besoins réels de l'instruction secondaire ecclésiastique ». Des deux systèmes en présence, du *statu quo* maintenu implicitement par le projet de M. Guizot, ou du droit commun proposé par la commission, aucun ne pouvait satisfaire pleinement les évêques. Si le dernier avait, à leurs yeux, l'avantage de délivrer les petits séminaires des restrictions imposées par les ordonnances de 1828, et de les soustraire au régime à la fois précaire et arbitraire des ordonnances, il avait cet inconvénient grave de les dépouiller de leur caractère d'établissements publics ayant qualité pour recevoir, de leur spécialité d'établissements ecclésiastiques placés sous la seule autorité épiscopale, non soumis à l'inspection et à l'autorité disciplinaire de l'administration, dispensés de toute condition de grades universitaires pour leurs directeurs et professeurs. Aussi ne paraît-il pas que les réponses des évêques, réponses qui du reste demeurèrent secrètes, aient été très-nettes et très-concordantes. Il s'en dégageait cependant le vœu d'une solution mixte qui eût pris à chacun des deux systèmes ses avantages sans ses inconvénients, eût maintenu le caractère public et spécial des petits séminaires, en les faisant bénéficier de la liberté nouvelle, et eût supprimé les restrictions des ordonnances, sans imposer des conditions de grades, d'inspection et de subordination disciplinaire, suffisamment remplacées par le choix et la surveillance de l'évêque. Dans l'état des esprits, un tel système avait peu de chance d'être accepté, et les prélats l'indiquaient plutôt comme un desideratum lointain que comme une prétention immédiate.

Ce fut seulement après ces longs préliminaires que la discussion du projet put être mise à l'ordre du jour de la Chambre. Elle s'ouvrit le 14 mars 1837. A cette date, le cabinet du 6 septembre était déjà virtuellement dissous par l'effet de ses dissensions intestines et du rejet de la loi de disjonction. M. Guizot se trouvait encore nominalement ministre de l'instruction publique ; mais son autorité était diminuée, son attention distraite ; conditions mauvaises pour diriger une délibération où il eût fallu faire l'éducation de la Chambre, l'initier à des idées nouvelles, dominer ses vieux préjugés. Le débat se prolongea pendant douze séances. L'Université fut vivement attaquée : on lui reprocha d'être un instrument de despotisme, de donner une mauvaise éducation morale; on se plaignit que le projet eût accordé à la liberté une part trop étroite : fait remarquable, ces critiques ne venaient pas des catholiques ; elles venaient d'hommes de gauche qui n'avaient pas encore oublié que la liberté d'enseignement figurait, pendant la Restauration, sur le programme du parti libéral [1]. D'autres orateurs, au contraire, avaient peur que les garanties exigées ne fussent insuffisantes, et en réclamaient de nouvelles dont plusieurs furent repoussées, d'autres adoptées, par exemple l'obligation de grades universitaires pour certains professeurs. Quelques-uns enfin s'alarmaient surtout des avantages que le clergé pourrait tirer de la liberté : de ce nombre étaient M. Isambert et M. Salverte, dont les déclamations ne parurent pas avoir grand écho. Sur un point cependant, les adversaires du clergé remportèrent un succès qui altéra gravement le caractère du projet. Ce fut à l'occasion d'un amendement proposé par M. Vatout, pour obliger tout chef d'établissement libre à jurer qu'il n'appartenait à aucune association ou corporation non autorisée. Déjà, en 1833, lors de la discussion de la loi sur l'enseignement primaire, ce député avait essayé,

---

[1] Sous la Restauration, Benjamin Constant revendiquait la liberté d'enseignement dans divers écrits. (Cf. notamment le *Mercure* d'octobre 1817.) Dès 1818, M. Dunoyer, dans le *Censeur*, combattait le monopole universitaire, comme « l'une des plus criantes usurpations » du despotisme impérial, et réclamait la pleine liberté, telle que l'ont revendiquée plus tard les catholiques. (*OEuvres de Dunoyer*, t. II, p. 46 et suiv.) M. Dubois et M. Duchâtel soutenaient la même thèse, dans le *Globe* : le 21 juin 1828, peu après les ordonnances sur les petits séminaires, M. Dubois invitait les amis des Jésuites « à se lever pour l'abolition du monopole ». « Les amis de la liberté, disait-il, ne manqueront pas à l'appel. » Mais il ajoutait : « N'espérons pas d'eux cette preuve de loyauté ; cette confiance dans la bonté de leur cause, ils se garderont bien de la donner. » (Cf. aussi le *Globe* des 17 mai, 5 juillet et 6 septembre 1828.) Ces écrivains étaient arrivés à la liberté d'enseignement, par logique et par sincérité de doctrine, par réaction contre le despotisme impérial, et aussi un peu par crainte que l'Université ne prît un caractère ecclésiastique, sous la direction de M. Frayssinous. Dans le barreau, MM. Renouard, O. Barrot, Dupin ne pensaient pas autrement. La *Société de la morale chrétienne*, dont les membres principaux étaient le duc de Broglie, M. Guizot et Benjamin Constant, mettait au concours, en 1830, un *Mémoire en faveur de la liberté d'enseignement*. A la même époque, dans le *National*, M. Thiers attaquait violemment le corps universitaire, auquel il reprochait d'être « monopoleur et inique ». Au milieu de la révolution, le 31 juillet 1830, La Fayette, dans sa proclamation aux habitants de Paris, mettait la liberté d'enseignement au nombre des conquêtes populaires. C'était évidemment à raison de cette origine libérale, et non par égard pour les catholiques alors peu en faveur, que l'article 69 de la Charte revisée s'était trouvé promettre, « dans le plus court délai possible », une loi sur la « liberté de l'enseignement ».

sans succès, de faire voter une disposition semblable : ne pouvait-on pas espérer que, cette fois encore, la Chambre refuserait de sacrifier la justice et la liberté? L'amendement fut combattu, au nom de la commission, par M. Dubois. M. Guizot, qui n'y était pas moins opposé, eut le tort de garder le silence. Était-ce sécurité excessive ou découragement? Toujours est-il qu'après un débat très-sommaire, nullement en rapport avec la gravité du sujet, cette disposition se trouva votée, malgré la commission et le ministère, sans qu'aucun homme considérable fût venu l'appuyer. La peur des Jésuites avait suffi. Ce n'était pas que la Chambre fût bien résolue à s'engager dans cette voie : en effet, quelques jours après, elle refusait d'exiger le même serment des professeurs. Mais, pour avoir été le résultat d'une sorte de surprise, le mal n'en était pas moins consommé : comme l'a dit plus tard M. Guizot, on avait « enlevé à la loi proposée son grand caractère de sincérité et de droit commun libéral [1] ».

La disposition proposée par la commission, pour les petits séminaires, donna lieu à un brillant tournoi oratoire entre M. Guizot défendant le *statu quo*, et M. Saint-Marc Girardin demandant que ces établissements fussent soumis au droit commun. Au vote, ce fut le *statu quo* qui l'emporta. Mais le débat prit une ampleur qui dépassa la question particulière des écoles ecclésiastiques. « L'empire des croyances religieuses, disait M. Guizot, n'est pas moins nécessaire aujourd'hui qu'à d'autres époques; je n'hésiterai même pas à dire qu'il est plus nécessaire que jamais; nécessaire pour rétablir, non-seulement dans la société, mais dans les âmes, l'ordre et la paix qui sont si profondément altérés. Nous sommes tous frappés de l'état d'inquiétude, de fermentation, de trouble, où vivent un si grand nombre d'esprits; nous sommes frappés de cette soif effrénée de mouvement, de bien-être matériel, de jouissances égoïstes, de cet empire des passions qui se manifeste partout et surtout dans les classes peu éclairées. C'est un mal immense, un mal

---

[1] *Mémoires de M. Guizot*, t. III, p. 108.

que nous déplorons tous les jours. Croyez-vous que les idées, les convictions, les espérances religieuses ne soient pas un des moyens, et je dirai, sans hésiter, le moyen le plus efficace pour lutter contre ce mal, pour faire rentrer la paix dans les âmes, cette paix intérieure et morale, sans laquelle vous ne rétablirez jamais la paix extérieure et sociale? » Parlant ensuite de la détresse des classes inférieures, de leurs souffrances matérielles, l'orateur se déclarait fort désireux de les voir alléger; « mais, ajoutait-il, il y a un autre genre de maux, un autre genre de misères, auxquels les classes inférieures sont exposées, qui les assaillent tous les jours et dont pour mon compte je suis encore plus touché, s'il est possible : c'est leur misère morale, ce sont les dangers moraux auxquels elles sont en proie, ce sont les ennemis de toute espèce qui rôdent sans cesse autour de ces classes, pour les pervertir, pour les corrompre, pour les entraîner, pour exalter leur passions, pour troubler leurs idées, en faire, dans la société, des instruments de désordre et tourner à mal, pour elles-mêmes, leur vie et leurs forces. C'est là une grande misère, une misère dont il faut avoir une pitié profonde... Eh bien, sans aucune espèce de doute, les croyances religieuses, les espérances religieuses, les influences religieuses sont, avec les lumières que vous travaillez à répandre, le meilleur moyen de dissiper cette misère morale, ces périls moraux auxquels les classes inférieures sont en proie. Il est donc, pour cette société-ci, du plus grand intérêt, et d'un intérêt plus grand que jamais, s'il est possible, d'entretenir avec soin, de propager l'empire des croyances religieuses. » M. Guizot en concluait que l'État devait à l'Église non-seulement la liberté, mais la protection, la « bienveillance ». Il fallait prouver aux catholiques « que l'autorité publique voulait sincèrement et loyalement la durée, la dignité, l'extension du pouvoir moral et social de la religion et de ses dépositaires ».

Le rapporteur de la commission, M. Saint-Marc Girardin, qui combattait la thèse particulière de M. Guizot sur les petits séminaires, tint à honneur de bien marquer que, sur les idées générales, il n'était pas en désaccord avec lui, qu'autant que lui il était convaincu de la nécessité sociale de la religion, du devoir de la protéger et de la seconder. « Nous voulons, comme le ministre, disait-il, l'accord intelligent et libre de l'Église et de l'État; nous voulons que cesse enfin ce divorce funeste... Si je voulais invoquer ma faible expérience, je sais la nécessité des croyances religieuses, et, grâce à Dieu, aujourd'hui, les croyances religieuses, loin d'être abandonnées, sont reprises, avec une sorte d'impatience et de curiosité. Je vois la jeunesse cherchant, au milieu des désordres du siècle, où prendre et se retenir, et demandant aux croyances de ses pères si elles ont un peu de vie et de salut à lui donner... Si quelque espérance m'anime, et si, au milieu de toutes les paroles de désespoir que j'entends parfois retentir dans la société, il y a quelque chose qui me soutienne encore, c'est que je ne puis pas penser que la religion puisse longtemps manquer à la société actuelle. Ou vous périrez, Messieurs, sachez-le bien, ou la religion viendra encore visiter votre société! » Voilà le langage qui, quelques années après 1830, provoquait les applaudissements de la Chambre; voilà comment, entre les principaux orateurs, s'établissait une sorte d'émulation, à qui proclamerait le plus haut le besoin que la société moderne avait du christianisme, l'obligation où elle était de seconder son œuvre!

Ces longs débats terminés, l'ensemble de la loi fut voté, le 29 mars, à la majorité assez faible de trente voix. Quelques jours après, M. Guizot quittait le pouvoir. Son projet ne lui survécut pas; il ne fut même pas porté à la Chambre des pairs. M. Molé, demeuré à la tête du nouveau cabinet, ne s'intéressait probablement pas beaucoup au sort d'une loi qui lui rappelait un rival détesté. D'ailleurs, M. Guizot lui-même, depuis le vote de l'amendement de M. Vatout, regardait son projet comme faussé, et ne tenait plus guère à le voir aboutir. « S'il fût resté tel que je l'avais présenté d'abord, a-t-il écrit plus tard, peut-être, malgré quelques incohérences et quelques lacunes, eût-il suffi à résoudre la question de la liberté d'enseignement et à prévenir la lutte déplorable dont elle devint plus tard l'objet. Mais, par les amendements qu'il avait subis, ce projet de loi, en restreignant expressément, surtout pour l'Église et sa milice, la liberté que la Charte avait promise, envenimait la querelle au lieu de la vider. Il ne méritait plus aucun regret [1]. » Quoi qu'il en soit, il n'est pas inutile de constater que si l'honorable tentative de M. Guizot a échoué, si un traité de paix et de liberté n'a pas été dès lors signé entre l'Église et l'État, et si la question est restée ouverte pour les batailles futures, la faute n'en a pas été aux catholiques.

Pour n'avoir pas donné suite au projet sur la liberté de l'enseignement secondaire, le ministère du 15 avril n'était pas cependant moins bien disposé que ses prédécesseurs, dans les choses religieuses. Il tint même à ce que l'un de ses premiers actes fût la réouverture de l'église Saint-Germain l'Auxerrois, réparation qui fit d'autant plus d'effet sur les catholiques, qu'elle avait été plus longtemps ajournée [2]. Sous une inspiration analogue, le crucifix reprit, dans la salle des assises de Paris, la place d'où il avait été arraché en 1830, exemple bientôt suivi dans presque toutes les autres cours de justice. « Le moment était arrivé, écrivait M. le premier président Séguier au *Journal des Débats,* où le garant de la justice des hommes devait retrouver la préséance sur le tribunal. » Aux Tuileries, on craignait moins de donner quelque solennité aux actes extérieurs de la vie religieuse. Même réaction sur tous les points du territoire. Beaucoup de municipalités rappelaient les Frères dans leurs écoles publiques, et le *Journal des Débats* écrivait, le 24 septembre 1837, à la suite de la session des conseils généraux : « Ce qu'il y a pu avoir de réserve et de contrainte, dans les rapports de l'Église et du pays, s'efface chaque jour davantage. De l'ensemble des votes des conseils généraux, on peut conclure qu'enfin une heureuse harmonie a succédé à la malveillance réciproque qu'on a pu craindre un instant. Dans un grand nombre de départements, des allocations supplémentaires considérables ont témoigné de la bonne volonté des habitants et des bons sentiments du clergé. »

---

[1] *Mémoires de M. Guizot,* t. III, p. 109.
[2] Cf. plus haut, p. 197 et 198.

V

Les relations amies de l'État et de l'Église n'étaient cependant pas sans quelques ombres passagères. Le gouvernement, par un reste de timidité en face des passions impies ou par inexpérience des susceptibilités religieuses, plutôt que par mauvaise volonté propre, fournissait parfois matière aux griefs des catholiques.

L'émeute des 14 et 15 février 1831 n'avait pas seulement dévasté l'église Saint-Germain l'Auxerrois, elle avait saccagé et à peu près entièrement détruit l'archevêché, alors situé au chevet de Notre-Dame, à l'extrémité orientale de l'île de la Cité. Mgr de Quélen tenait beaucoup à ce que la demeure épiscopale fût réédifiée sur son emplacement historique. Toute autre solution lui paraissait une concession à l'émeute, en même temps que la violation d'une antique tradition et d'une propriété sacrée. Il ne demandait du reste à l'État aucun sacrifice d'argent et offrait de tout reconstruire au moyen de souscriptions privées. Mais, sous prétexte de nécessités de voirie, en réalité par la même faiblesse qui avait fait si longtemps reculer devant la réouverture de Saint-Germain l'Auxerrois, l'administration avait pris aussitôt possession du terrain de l'archevêché, enlevé les restes mutilés du vieux palais et mis à la disposition de l'archevêque une autre demeure, située fort loin de là, à l'extrémité du faubourg Saint-Germain. Comme complément de ces mesures, une loi fut proposée, le 22 février 1837, autorisant l'État à céder le terrain de l'ancien archevêché à la ville de Paris, qui devait y établir une promenade et contribuer pour 50,000 francs à la construction d'une nouvelle sacristie au chevet de la cathédrale. Ce projet soulevait et tranchait implicitement, au profit de l'État, une question qui touchait au plus vif des intérêts du clergé, celle de la propriété des anciens biens ecclésiastiques rendus au service du culte, après le Concordat. L'archevêque en fut fort ému, et, le 4 mars, il fit, contre ce qui lui paraissait une spoliation de l'église de Paris, une protestation publique à laquelle le chapitre adhéra quarante-huit heures après. Les deux actes furent aussitôt déférés au conseil d'État, et une ordonnance, en date du 21 mars, déclara qu'il y avait abus.

Quand le projet de loi vint à la Chambre des pairs (19 mai 1837), M. de Montalembert se fit l'interprète de la douloureuse émotion que l'aliénation définitive des terrains de l'archevêché causait aux catholiques; toutefois il eut soin de rendre en même temps hommage à la conduite du gouvernement dans les autres questions religieuses : ce fut moins l'attaque d'un adversaire que la plainte d'un ami. « J'avoue, dit-il en commençant, que c'est avec un très-réel embarras que je monte aujourd'hui à cette tribune. Le premier mouvement de mon cœur me porterait à exprimer hautement et sans réserve mon admiration pour les deux grands actes par lesquels, dans le court espace d'une semaine, le gouvernement a eu la gloire et le bonheur de signaler sa politique [1]. L'un de ces actes surtout, la réouverture de Saint-Germain l'Auxerrois, a été de nature à combler de joie tous les hommes attachés à la religion. Pourquoi faut-il donc que je me sente obligé de venir, au nom des intérêts religieux eux-mêmes, attaquer un projet de loi que le ministère a, sinon présenté, du moins maintenu et appuyé de son autorité? Pourquoi? si ce n'est parce que le ministère, en conférant, d'une main, à l'Église, un bienfait immense, en effaçant la moitié de la tache infligée par l'émeute à la capitale, de l'autre, veut consacrer la seconde moitié du crime, comme une source d'accroissement pour le domaine de l'État et comme une occasion de contester à l'Église un de ses droits les mieux garantis par notre législation moderne? Dans la pénible alternative où les place ce que je ne craindrai pas d'appeler l'inconséquence du ministère, que peuvent faire les hommes à qui leur conscience ordonne de défendre les bases méconnues de

---

[1] L'amnistie et la réouverture de Saint-Germain l'Auxerrois.

l'ordre social, si ce n'est de bénir la main généreuse qui guérit une plaie saignante, en même temps qu'ils se roidissent contre la main imprudente qui veut mettre le sceau d'un vote législatif sur l'œuvre de l'émeute et de la spoliation? » Après avoir discuté, en droit, la question de propriété des biens ecclésiastiques, l'orateur rappelait le besoin que la société actuelle avait de la religion. Or, ajouta-t-il, « il ne suffit pas de prononcer les mots de religion et de morale, dans quelques occasions solennelles; il ne suffit même pas de quelques actes isolés, tout généreux qu'ils soient. Il faut un système courageux et sérieux. Il ne faut pas ménager et consacrer les haines injustes et les violences personnelles. Il ne faut pas disputer à l'Église le pauvre lambeau qui lui reste de la magnifique parure dont l'avait revêtue la pieuse générosité de nos pères... Il ne faut pas en vouloir à l'Église de ce qu'elle prétend à un certain degré de liberté; car cette liberté modérée est la condition même de son existence. C'est par son indépendance qu'elle vit et qu'elle survit à tout ce qui périt dans le monde. Si elle ne l'avait pas toujours revendiquée et toujours plus ou moins conservée, savez-vous, Messieurs, où il vous faudrait la chercher, à ces moments de retour et de réflexion où l'on s'aperçoit de sa nécessité? Il vous faudrait la chercher dans le tombeau des dynasties passées et des pouvoirs éteints, qu'elle a, tour à tour, reconnus, et là, vous ne la trouveriez que morte et éteinte comme eux, au lieu de pouvoir lui demander cette force secourable qu'elle est toujours prête à prodiguer à ceux qui ne l'oppriment point. »

Le garde des sceaux, M. Barthe, répondit en termes conciliants. Loin de vouloir prolonger le retentissement de l'appel comme d'abus, il chercha plutôt à en effacer le souvenir; il ne parla de la conduite de l'archevêque qu'avec des ménagements très-marqués. Il semblait se plaire davantage à rappeler la joie qu'il avait ressentie en signant l'acte de réouverture de Saint-Germain l'Auxerrois [1], se félicitait de « la réaction religieuse

---

[1] « J'ai connu, dans des temps difficiles, dit le ministre, toutes les tribulations qui peuvent s'attacher à la vie publique; mais il est des signatures à apposer sur

qui se faisait profondément sentir partout » ; puis, rappelant que « le gouvernement avait beaucoup fait pour la religion », il concluait ainsi : « Voilà ce que nous faisons tous les jours, parce que nous sommes convaincus que, dans un pays de liberté plus qu'ailleurs, la religion est une des bases fondamentales de toute morale, qu'une nation serait bien malheureuse si elle était réduite au seul secours des lois civiles et criminelles. Ce sont nos convictions : nous les apporterons dans nos actes. »

Quelques mois plus tard, en août 1837, la découverte du fronton du Panthéon fournit un autre grief à l'archevêque de Paris, qui n'était pas, il est vrai, porté à l'indulgence pour les torts de la monarchie de Juillet. En 1830, à l'époque où le gouvernement commettait la grande faute d'enlever le Panthéon au culte, M. Guizot avait chargé David d'Angers de sculpter le fronton de ce monument, lui laissant imprudemment toute liberté de composition. L'artiste, personnellement engagé dans les partis de gauche, profita de cette liberté pour faire figurer sur ce fronton, associés pêle-mêle dans les honneurs du culte civil et de la canonisation laïque, Bichat, Voltaire, Jean-Jacques Rousseau, le peintre David, Cuvier, La Fayette, Manuel, Carnot, Berthollet, Laplace, Malesherbes, Mirabeau, Monge, Fénelon, Bonaparte, Kléber, le tambour d'Arcole, des élèves de l'École polytechnique, etc. Sous le ministère du 11 octobre, M. d'Argout avait arrêté les travaux ; mais le veto fut levé, en 1836, par M. Thiers, et le fronton était achevé dans les premiers mois de 1837. Le gouvernement hésitait à le découvrir : pressé par les journaux, il s'y décida, le 31 août. Ce fut pour Mgr de Quélen l'occasion de protester publiquement contre cette nouvelle profanation d'une ancienne église, et d'ordonner des prières expiatoires. Cette fois, le gouvernement, un peu honteux de son œuvre, n'osa, malgré les clameurs de la presse de gauche, prendre aucune mesure contre l'archevêque. D'ailleurs, en dehors même des catholiques, tous les esprits élevés ou seulement les gens de goût trouvaient le fronton aussi scandaleux

certains actes qui font éprouver des joies qui effacent toutes ces tribulations. »

que ridicule, et la *Paix*, journal doctrinaire, disait à ce propos :
« Nous avons assez souvent combattu les tendances de M. l'archevêque de Paris, pour avoir acquis le droit d'être justes à son égard ; nous trouvons que, cette fois, il a raison. »

VI

Ces quelques conflits, vite apaisés, n'effaçaient pas l'effet plus considérable de mesures telles que la réouverture de Saint-Germain l'Auxerrois, et le ministère du 15 avril n'en avait pas moins l'honneur mérité de voir sa politique religieuse critiquée par ceux qui conservaient contre le clergé les vieilles préventions de 1830. Aussi, quand commença, en 1838, la campagne de la coalition, les opposants crurent-ils que l'exploitation de ces préventions leur fournirait un moyen d'attaque à ajouter à ceux qu'ils trouvaient déjà dans les susceptibilités parlementaires et patriotiques. Ils reprochèrent donc à M. Molé de ne pas savoir mieux résister à l'Église qu'au Roi. Parmi les journaux de gauche, ce fut à qui se donnerait le plus de mal pour réveiller le fantôme du parti prêtre et accuser le gouvernement d'être le complice ou le complaisant des empiétements ecclésiastiques. Le *Siècle* publiait des articles avec ces titres menaçants : « *Invasion du clergé, accroissement des couvents, leurs privilèges, révolte des évêques.* » Le *Constitutionnel* signalait « le retour des influences sacerdotales dans le gouvernement ». « La congrégation refleurit ! » s'écriait-il. Ou encore : « Vous êtes en voie de restaurer un gouvernement de prêtres. » Il dénonçait, comme autant de synodes illégaux, tolérés par la faiblesse du cabinet, les retraites ecclésiastiques où, chaque année, suivant l'usage, les évêques réunissaient les prêtres de leurs diocèses. Il se plaignait qu'on respectât la liberté des processions, et qu'on laissât les ordres religieux en paix. « C'était bien la peine, disait, à ce dernier propos, le *Courrier français*, d'expulser les Trappistes de la Meilleraye et d'Alsace, ainsi que les Liguoriens. » Ce journal avait fait d'ailleurs une effrayante découverte : il s'agissait d'un billet d'enterrement, sur lequel, reprenant une vieille formule à peu près abandonnée depuis quelque temps, on mentionnait que le défunt avait été « muni des sacrements de l'Église » ; le *Courrier* dénonçait là une « nouvelle exigence du clergé », et il ajoutait gravement : « Au train dont les choses marchent, nous ne sommes pas éloignés de revoir les billets de confession [1]. »

Ces sottises laissaient l'opinion assez froide. Elles ne trouvaient plus le même écho qu'en 1826, et ceux qui les débitaient n'y mettaient pas, au fond, beaucoup d'entrain ni de conviction. D'ailleurs, tous les coalisés ne prenaient pas part à cette campagne. L'un des plus considérables, M. Guizot, publiait alors, dans la *Revue française*, sur la question religieuse, trois articles d'une éloquence grave et triste, qui avaient un immense retentissement [2]. C'était le cri d'alarme de la raison humaine et de la science politique, sentant leur impuissance et appelant la religion à leur aide ; et, entre toutes les églises, l'écrivain protestant rendait un hommage particulier à l'Église catholique, qu'il déclarait être « la plus grande, la plus sainte école de respect qu'ait jamais vue le monde ». Puis il ajoutait : « La religion, la religion ! c'est le cri de l'humanité en tous lieux, en tout temps, sauf quelques jours de crise terrible ou de décadence honteuse. La religion, pour contenir ou combler l'ambition humaine ! La religion, pour nous soutenir ou nous apaiser dans nos douleurs, celles de notre condition ou celles de notre âme ! Que la politique, la politique la plus juste, la plus forte, ne se flatte pas d'accomplir, sans la religion, une telle œuvre. Plus le mouvement social sera vif et étendu, moins la politique suffira à diriger l'humanité ébranlée. Il y faut une puissance plus haute que les puissances de la terre, des perspectives plus longues que celles de cette vie. Il y faut Dieu et l'éternité. » Dès lors, M. Guizot

---

[1] Articles divers, publiés en 1838 et au commencement de 1839.
[2] *De la religion dans les sociétés modernes* (février 1838). *Du catholicisme, du protestantisme et de la philosophie en France* (juillet). *De l'état des âmes* (octobre).

estimait qu'il fallait établir, « entre la religion et la politique, entente et harmonie ».

Vainement quelques beaux esprits parlaient-ils, avec un sourire railleur, de l'« onction », de l'« ascétisme » et des « vues si célestes » de M. Guizot[1] ; le langage de ce dernier ne rencontrait aucune contradiction sérieuse ; il pénétrait plus profondément et répondait mieux aux vrais sentiments du public que les vieilleries démodées du *Constitutionnel* contre le parti prêtre. Les journaux du ministère, oubliant ce qui les séparait alors politiquement de l'écrivain doctrinaire, reproduisaient des fragments de son travail, et ils y prenaient occasion de parler eux-mêmes, avec gravité et sympathie, du mouvement religieux[2].

A en juger du moins par quelques-uns de ses actes, le gouvernement semblait plus disposé à réaliser le programme tracé par M. Guizot qu'à obéir aux injonctions menaçantes des journaux de gauche. Tantôt il s'occupait à multiplier les succursales et déclarait « hâter, de ses vœux et de ses efforts, le moment où les bienfaits de l'instruction religieuse pourraient être suffisamment

---

[1] Expressions d'un article de la *Revue des Deux Mondes*.
[2] L'un de ces journaux, la *Presse* (28 juin 1838), constatant l'importance de la réaction catholique qui s'était produite après la secousse de 1830, saluait avec respect, presque avec reconnaissance, cette « pensée d'un Dieu s'élevant sur les ruines des illusions terrestres ». Il ajoutait : « Le mouvement qui s'opère et qu'on a pu observer, depuis trois ans, dans les familles comme dans les églises, et à Paris comme dans les départements, est libre et spontané. Il monte d'en bas vers la religion ; il ne descend pas du gouvernement dans les masses. On n'y remarque ni un mobile, ni un but politique... C'est un cri de conscience. » Puis, s'adressant à ceux qui affectaient de s'effrayer de ce mouvement, il s'écriait : « En laissant à part vos opinions politiques, vos passions de parti, dites-nous donc, vous qui propagez des alarmes imaginaires, à l'occasion de quelques rites religieux, de quelques démonstrations inoffensives, dites-nous donc votre véritable pensée comme pères de famille. En présence des inquiétudes d'une société dans le sein de laquelle vous voyez se multiplier, chaque jour, des actes de violence et de folie ; à l'aspect de ces listes nombreuses de suicides, d'assassinats et de désordres de toute espèce, excités par mille circonstances, au nombre desquelles il faut compter les appétits matériels sans cesse excités par les progrès indéfinis de la civilisation, dites-nous-le franchement, êtes-vous sérieusement affligés de voir qu'on cherche à calmer de jeunes imaginations, par des habitudes morales et religieuses ?..... C'est vous qui, en repoussant l'invasion de l'Église dans l'État, faites invasion au nom de l'État dans l'Église. C'est vous qui cherchez à substituer une intolérance philosophique que vous ne réussirez pas à créer, à l'intolérance religieuse que le bon sens national et la sagesse du pouvoir ont su réprimer. »

répandus, pour arrêter les progrès flagrants de l'immoralité[1] » ; tantôt il déplorait la diminution des vocations cléricales, insistait sur l'importance des bourses de séminaire et exprimait le regret qu'elles eussent été réduites après la révolution de 1830[2]. M. de Salvandy, ministre de l'instruction publique, invitait les évêques à « multiplier » leurs visites aux colléges. « En effet, ajoutait-il, ces visites ne peuvent qu'exercer la plus heureuse influence sur la direction des établissements et l'esprit de la jeunesse ; mais elles ne sauraient porter tous les fruits que nous avons droit d'en attendre, si les observations que vous avez faites, Monseigneur, ne sont pas portées à la connaissance de l'autorité qui dirige et surveille les établissements d'instruction publique. Je vous prie donc, Monseigneur, de vouloir bien me communiquer toutes les remarques que ces visites vous auront suggérées, notamment en ce qui concerne l'éducation proprement dite, la discipline, l'enseignement religieux. Vous savez d'avance avec quelle sollicitude elles seront pesées[3]. » Une autre fois, une circulaire rappelait aux maires qu'ils ne pouvaient exiger aucune cérémonie religieuse, quand les curés avaient refusé la sépulture chrétienne. Sans doute, la circulaire reconnaissait qu'un décret du 23 prairial an XII donnait, dans ce cas, au maire, le droit de commettre un autre ministre du culte; mais elle estimait cette disposition inconciliable avec le régime de liberté inaugurée par la Charte : « C'est en faisant fleurir les libertés religieuses comme les libertés civiles, ajoutait-elle, que nous consoliderons, de plus en plus, toutes les institutions qui nous sont chères[4]. » Quelle distance franchie depuis

---

[1] Circulaire de M. Barthe, ministre des cultes, aux évêques, en date du 30 août 1838.

[2] Rapport du même, sur le budget des dépenses des cultes, en date du 13 novembre 1838.

[3] Lettre aux évêques, du 1ᵉʳ octobre 1838. — Le *Courrier français* écrivait, à ce propos : « Nous blâmons, de toutes les forces de notre conviction, l'esprit et le dispositif de la circulaire; elle nous parait empreinte d'une déférence ou plutôt d'une obséquiosité qu'un ministre eût à peine avouée, dans les plus mauvais temps de la Restauration. M. d'Hermopolis n'eût probablement pas osé se permettre cela. »

[4] Cette circulaire, d'octobre 1838, émanait de M. Aubernon, préfet de Seine-

le jour où le ministère Périer avait fait célébrer d'autorité les obsèques de Grégoire, dans l'église de l'Abbaye-aux-Bois! Enfin n'était-ce pas à la fin de 1838 que le ministre des cultes accueillait avec bienveillance Lacordaire, venu pour l'entretenir du rétablissement des Frères prêcheurs en France [1]?

Par moments, cependant, on eût dit que le ministère se laissait un peu intimider par la clameur de presse et se croyait obligé de lui faire quelques concessions. Les Jésuites, depuis quelques années, travaillaient sans bruit, avec la tolérance du gouvernement, à développer leurs moyens d'action. Ne pouvant plus avoir de collèges, ils cherchaient à fonder, en divers lieux, des « instituts de hautes études ecclésiastiques ». Ils en avaient établi un près d'Amiens, dans cette maison de Saint-Acheul dont il avait été si souvent question, lors des polémiques de la Restauration [2]. De là, quelque émotion dans la presse locale, prompte à dénoncer « la résurrection de Saint-Acheul ». Le ministère n'y avait pas d'abord fait attention. Mais, vers la fin de 1838, le tapage redoubla, et le nom de Saint-Acheul retentit de nouveau, dans les journaux, comme aux beaux jours de M. de Villèle. Un peu inquiet de ce bruit, le P. Guidée, qui remplissait les fonctions de provincial, rédigea aussitôt, pour être soumise au gouvernement, une note sur la situation des Jésuites en France (9 novembre 1838). Il s'attachait à les montrer « simples auxiliaires des évêques », soumis à la légalité, n'ayant pas cherché à enseigner depuis que l'ordonnance de 1828 le leur avait

---

et-Oise. Mais il y était dit que la doctrine exprimée était celle du ministre, et elle reçut les honneurs de l'insertion au *Moniteur officiel*.

[1] Le gouvernement était arrivé à une sorte de jurisprudence libérale, d'après laquelle les congrégations non autorisées n'étaient pas considérées comme interdites par les lois existantes. L'année suivante, le 28 juillet 1839, le préfet du Cantal ayant demandé des instructions au sujet de ces congrégations, le ministre des cultes, qui était alors M. Teste, lui répondit « qu'il devait les laisser vivre en paix; que c'était l'intention du gouvernement; que cette tolérance était la conséquence des lois sur la liberté individuelle et rentrait dans l'esprit de l'article 291 du code pénal ».

[2] La maison de Saint-Acheul était, avant 1828, l'un des plus célèbres collèges des Jésuites. M. Dupin y avait fait, en 1825, une visite dont les journaux s'occupèrent beaucoup. (Cf. mon livre sur le *Parti libéral sous la Restauration*, p. 378.) Saint-Acheul, envahi et saccagé en 1830, fut, peu après, réoccupé par les Jésuites.

interdit, professant la soumission au pouvoir établi, rendant justice aux excellentes intentions du gouvernement, « ne réclamant que l'application du droit commun », mais se croyant « fondés à l'invoquer avec confiance ». Cette note, mise par Mgr Gallard, coadjuteur de l'évêque de Meaux, sous les yeux du Roi, de la Reine, de M. Molé et de M. Barthe, plut généralement. Toutefois, les bonnes dispositions des ministres n'allaient pas jusqu'à leur faire braver un péril pour défendre des Jésuites. Inquiets du parti que l'opposition pourrait tirer du seul nom de Saint-Acheul, et ne voulant pas compliquer, par un tel incident, le débat de l'Adresse qui s'annonçait déjà si redoutable, ils conseillèrent la dissolution immédiate de l'établissement attaqué. Les Jésuites, de leur côté, ne redoutaient pas moins un éclat qui risquait de mettre en péril toutes leurs autres maisons; ils jugèrent plus prudent de baisser un moment la tête, pour laisser passer la bourrasque, et de déférer à l'invitation du gouvernement. L'institut, établi à Saint-Acheul, fut donc dissous, et la maison en partie évacuée sur Brugelette[1].

Ce ne fut pas la seule concession de ce genre que le gouvernement se crut alors obligé de faire aux menaces de l'opposition. Le 14 décembre 1838, le comte de Montlosier mourait à Clermont, à l'âge de quatre-vingt-quatre ans. On sait avec quelle sorte de fureur maniaque il s'était jeté, en 1824, dans les polémiques contre le « parti prêtre »; depuis lors, il n'en était plus sorti[2]. Néanmoins, tout en faisant la guerre au clergé, il se flattait de demeurer catholique; à l'entendre, il ne faisait que rester fidèle aux vraies traditions du gallicanisme. L'autorité ecclésiastique en jugeait autrement, et quand M. de Montlosier, malade, demanda les secours religieux, l'évêque exigea préalablement une rétractation signée de tout ce que le polémiste avait écrit de « contraire aux dogmes et à la morale de l'Église ». L'obstiné vieillard s'y refusa et offrit seulement de déclarer qu'il voulait

---

[1] Cf. sur cet incident, la *Vie du R. P. Guidée*, par le R. P. GRANDIDIER, t. I, p. 174 à 190.

[2] Sur le personnage et sur son œuvre, je ne puis que me référer à ce que j'en ai dit dans mon livre sur le *Parti libéral sous la Restauration*, p. 386 à 392.

vivre et mourir dans la religion catholique. De là, de pénibles pourparlers, au milieu desquels survint la mort. L'enterrement dut alors se faire sans le concours du clergé. L'émotion fut des plus vives à Clermont, et une violente clameur, dont le retentissement gagna toute la France, s'éleva contre ce que l'on prétendait être un acte d'étroite intolérance et de mesquine rancune; les journaux ennemis de M. Molé avaient soin d'ajouter que le clergé ne se fût pas permis de braver à ce point l'opinion, s'il n'eût été, depuis quelque temps, enhardi par les complaisances du ministère. Peut-être l'évêque n'avait-il pas procédé, en cette affaire, avec tout le tact désirable [1]. Seulement il avait usé de son droit et fait un acte de juridiction purement spirituelle, dont le pouvoir civil n'avait aucunement à connaître. Ainsi que le disait, à ce propos, M. de Montalembert, « la prière pour les morts, comme pour les vivants, est un acte libre et spirituel; après tout, l'Église n'est pas l'administration des pompes funèbres, et on ne peut pas lui commander des prières, comme on commande des cercueils et des chevaux de deuil [2] ». Le gouvernement cependant, intimidé par le tapage de presse, et craignant que l'incident ne fût exploité contre lui dans les débats de l'Adresse, se hâta de déférer la conduite de l'évêque de Clermont au conseil d'État. Celui-ci déclara, le 30 décembre 1838, qu'il y avait eu « abus ». Les considérants de l'ordonnance suffisaient à faire ressortir à quel point le pouvoir civil se mêlait de ce qui ne le regardait pas. Le haut tribunal administratif, dont la plupart des membres n'étaient probablement, pour leur compte, que d'assez médiocres chrétiens, jugeait, sur témoignages très-profanes, que « le comte de Montlosier était mort dans la profession publique de la religion catholique, apostolique et romaine », qu'il avait « demandé et reçu le sacrement de pénitence », et il en concluait que « le refus de sépulture catholique, dans les circonstances qui l'avaient accompagné,

---

[1] M. de Montalembert, quelques jours après, disait, à la tribune de la Chambre des pairs : « Quant à la malheureuse affaire de Clermont, je ne crois pas que personne ait plus sincèrement, plus profondément regretté et déploré que moi la conduite de l'évêque, en cette circonstance. » (Discours du 27 décembre 1838.)
[2] Ibid.

constituait un procédé qui avait dégénéré en oppression et en scandale public ». C'était fournir matière non-seulement aux protestations de la conscience, mais aussi aux railleries du bon sens. Timon (M. de Cormenin), plus honnêtement inspiré, cette fois, que dans ses pamphlets sur la liste civile et l'apanage, publia une *Défense de l'évêque de Clermont*, adressée aux « révérends pères du conseil d'État », devenus « juges de la question de savoir si M. de Montlosier était mort en état de grâce ». « Étranges juges, ajoutait-il, auxquels il ne manque, pour confesser, prêcher et juger ceux qui confessent et qui prêchent, que la foi, la science, les pouvoirs et le grade. » Il terminait ainsi : « Je suis chrétien et je me résigne. Mais, ô monseigneur le ministre des cultes, vénérable et saint pontife qui présidez à ce concile, et vous, conseillers d'État, ses dignes acolytes, ô maîtres de la science, ô docteurs en droit administratif et en droit canon, ô directeurs des âmes, ô flambeaux éclatants de la chrétienté, ô vengeurs de la foi, ô les derniers pères de l'Église, je vous en supplie, je vous en conjure, daignez ne prononcer votre sentence contre moi que lorsque chacun de vous se sera mis en état de pouvoir réciter couramment le *Pater noster*; ce sera du moins, de cette affaire, quelque chose qui restera. » Les rieurs ne furent pas du côté du conseil d'État.

Ces précautions prises avec plus de prudence que d'héroïsme, le ministère put attendre, sans inquiétude, que les coalisés portassent à la tribune leurs griefs contre sa politique religieuse. Ce fut M. Cousin qui commença l'attaque, à la Chambre des pairs[1]. D'une voix tragique, il vint reprocher au cabinet la « renaissance de la domination ecclésiastique ». Comme preuve à l'appui, il cita la conduite de l'évêque de Clermont, puis ajouta avec un accent d'effroi : « Le bruit se répand que Saint-Acheul se relève de ses cendres. » Il arguait aussi de certains désordres, récemment survenus, dans la ville de Reims, à l'occasion d'une prédication. Y avait-il donc eu, en ce dernier cas, quelque imprudente provocation du prédicateur? Non, celui-ci avait simplement

[1] 26 décembre 1838.

rappelé l'échec de Napoléon dans sa lutte contre la papauté. Il n'en avait pas fallu davantage pour qu'une bande de tapageurs vînt faire du trouble dans l'église, dévaster la maison du curé et briser des réverbères. Le *Journal des Débats* avait été mieux inspiré que M. Cousin, quand il ne trouvait à relever, dans cet incident, d'autre intolérance que l'intolérance populaire. Le garde des sceaux dégagea la responsabilité du gouvernement des deux premiers faits incriminés, en rappelant qu'il y avait appel comme d'abus contre l'évêque de Clermont et en annonçant que l'institut de hautes études, établi à Saint-Acheul, venait d'être dissous. Quant aux désordres de Reims, le ministre s'étonna que le blâme de M. Cousin n'eût pas été pour l'émeute. Il protesta d'ailleurs que le clergé n'avait pas d'intentions mauvaises, et qu'en tout cas le gouvernement saurait le contenir. M. Villemain ayant insisté dans le sens de M. Cousin, M. de Montalembert vint faire enfin entendre le vrai langage de la liberté religieuse. « Je croyais, dit-il, la révolution de Juillet destinée à élargir toutes nos libertés ; mais, s'il faut en croire ces messieurs, l'Église serait exceptée. »

En somme, si le ministère ne s'était pas défendu fièrement, l'attaque dirigée contre lui n'avait pas été heureuse : elle ne laissait même pas que d'avoir été un peu ridicule. Le public souriait plus qu'il n'était épouvanté du prétendu péril dénoncé si solennellement par M. Cousin. Le *Journal des Débats* traduisait l'impression de la partie la plus intelligente des spectateurs, quand il disait, à ce propos : « Est-ce bien sérieusement que l'on redoute aujourd'hui les empiétements de l'autorité religieuse et le retour de la domination ecclésiastique? Quoi, nous sommes les disciples du siècle qui a donné Voltaire au monde, et nous craignons les Jésuites! Nous sommes les héritiers d'une révolution qui a aboli la domination politique et civile du clergé, et nous craignons les Jésuites! Nous vivons dans un pays où la liberté de la presse met le pouvoir ecclésiastique à la merci du premier Luther qui sait tenir une plume, et nous craignons les Jésuites! Nous vivons dans un siècle où l'incrédulité, le scepticisme coulent à pleins bords, et nous craignons les Jésuites! Nous sommes catholiques, à peine catholiques de nom, catholiques sans foi, sans pratique, et l'on nous crie que nous allons tomber sous le joug des congrégations ultramontaines! En vérité, regardons-nous mieux nous-mêmes et sachons mieux qui nous sommes. Croyons à la force, à la vertu de ces libertés, de ces institutions dont nous sommes si fiers. Grands philosophes que nous sommes, croyons au moins à notre philosophie[1]. »

L'insuccès manifeste de M. Cousin détourna sans doute les orateurs importants de la coalition de reprendre les mêmes griefs à la Chambre des députés. Il n'y eut donc, au Palais-Bourbon, que le réquisitoire habituel de M. Isambert contre les empiétements du clergé[2]. Ce n'était pas assez pour remuer l'assemblée et le pays. Les journaux de gauche étaient eux-mêmes obligés de reconnaître que ce genre d'attaque n'avait plus d'écho dans l'opinion. « Il y a dix ans à peine, disait le *National,* la question soulevée par M. Isambert aurait vivement excité l'attention de la Chambre et les passions du pays. Aujourd'hui, il faut bien le dire, la Chambre n'a écouté que d'une oreille distraite le discours, pourtant fort judicieux, de l'honorable orateur. » L'auteur de l'article se demandait alors « si l'esprit public ou les circonstances avaient changé ». « Il faut bien, répondait-il, qu'il se soit opéré une modification de cette nature dans les opinions et dans les faits, puisque la Chambre et le public ont été si faiblement touchés du luxe immense d'érudition déployé, hier et aujourd'hui, par M. Isambert, contre les envahissements, l'esprit d'intolérance et l'ambition du clergé, contre les Frères ignorantins, les congrégations, les processions et les jésuitières[3]. »

Dans la bataille électorale qui suivit la discussion de l'Adresse, les journaux de la coalition essayèrent encore, sans beaucoup plus de succès, d'émouvoir le pays, au sujet des prétendus empiétements de l'Église. M. Thiers lui-même, dans son

---

[1] *Journal des Débats* du 4 janvier 1839.
[2] 17 et 18 janvier 1839.
[3] *National* du 19 janvier 1839.

manifeste, ne dédaigna pas de faire valoir ce grief, et accusa le cabinet d'avoir eu, pour le clergé, de « ces encouragements qui sont la faiblesse des gouvernements nouveaux, trop pressés de s'éloigner de leur origine ». « On blesse ainsi, ajoutait-il, de redoutables instincts nationaux et l'on encourage plus d'un scandale comme celui de Clermont. » Il ne paraissait pas cependant que les « instincts nationaux » se sentissent bien « blessés », car Lacordaire, qui avait le flair très-exact de l'opinion, choisissait précisément ce moment pour adresser à « son pays » le « mémoire pour le rétablissement des Frères prêcheurs », et l'accueil qu'il recevait ne prouvait pas qu'il eût mal choisi son temps.

Quelques semaines après, la démission du cabinet ouvrit cette longue et déplorable crise dont la France désespéra un moment de sortir : personne alors ne songea à soutenir que le mal dont souffrait la société politique vînt du clergé. Il semblait ne plus rien rester de l'effort tenté par la coalition, pour réveiller les préventions irréligieuses.

VII

Pendant que l'opinion se montrait peu disposée à suivre ceux qui lui prêchaient la petite guerre contre l'Église, les représentants les plus en vue du mouvement religieux témoignaient, à l'égard du gouvernement, de dispositions pacifiques, conciliantes et même souvent bienveillantes. Au lendemain de la révolution de Juillet, les catholiques vaincus, suspects, maltraités, au même titre que les royalistes, avaient semblé confondus avec eux et destinés à leur être unis dans l'opposition, comme on leur reprochait de l'avoir été au pouvoir. Les partisans de la branche aînée comptaient sur cette union, et les hommes de 1830 la trouvaient, de leur côté, si naturelle, qu'ils avaient pris l'habitude de soupçonner l'attachement au régime déchu, partout où ils voyaient quelque ardeur de propagande religieuse; témoin cette étrange question de Louis-Philippe à M. de Montalembert, en 1837 : « Êtes-vous bien sûr que l'abbé Lacordaire ne soit pas un carliste? » Les événements donnèrent un démenti à l'attente des uns comme aux suspicions des autres. Dès le début, nous avons pu constater la réserve prudente, patiente, modeste, avec laquelle la masse du clergé et surtout l'épiscopat s'étaient, au lendemain de la révolution, abstenus de tout acte d'opposition politique[1]. L'*Avenir* avait même rêvé davantage : il avait poussé les catholiques à rompre violemment avec le parti vaincu et à se rapprocher du parti vainqueur. Seulement, si l'idée de cette rupture s'était ainsi trouvée lancée avec éclat, elle avait été, en même temps, compromise par beaucoup d'exagérations de fond et de forme. Elle n'avait pas cependant complétement disparu dans la ruine du journal qui l'avait émise. Quelques années après, quand les anciens compagnons de Lamennais, remis des suites de ce faux départ, assagis, mais non refroidis, reparurent à la tête du mouvement religieux, on retrouva, chez eux, dégagée du tour révolutionnaire qui lui avait été d'abord donné, cette tendance à séparer les catholiques du parti légitimiste. Elle sembla même gagner autour d'eux, à mesure surtout que le gouvernement devenait plus respectueux de la liberté religieuse et que chacun constatait combien cette liberté était plus féconde que l'ancienne faveur. De plus, loin de garder contre la monarchie de Juillet un ressentiment et une méfiance que quelques-uns de ses premiers actes auraient pu expliquer, ces défenseurs de l'Église se montraient, au moindre acte de justice et de bienveillance, prompts à la gratitude et à la confiance.

Ces sentiments sont particulièrement visibles chez M. de Montalembert. Dans presque tous les discours qu'il prononce à cette époque, devant la Chambre des pairs, il tient à se séparer hautement des légitimistes[2], à se proclamer « partisan sincère

---

[1] Cf. notamment t. II, p. 63 et suiv.
[2] Il pourra dire, un peu plus tard, le 31 mars 1841 : « Personne, à dater du jour où j'ai abordé pour la première fois cette tribune, n'a brisé plus complétement que moi avec les regrets et les espérances du parti légitimiste.

de la révolution de Juillet, ami loyal de la dynastie qui la représente[1] ». Cela ne l'empêche pas sans doute de réclamer avec fermeté, toutes les fois que le droit, la liberté de l'Église lui paraissent méconnus : mais, même dans ce cas, sa parole garde un accent ami. On l'a vu dans la discussion sur l'aliénation des terrains de l'archevêché. Il se plaît à rendre hommage à la « protection éclairée », à la « tolérance impartiale » du gouvernement, et surtout à cette liberté dont il voit la religion tirer, chaque jour, de plus merveilleux profits[2]. Ce n'est pas seulement à la Chambre des pairs que M. de Montalembert s'exprime ainsi. Le 15 mai 1838, sous ce titre : *Des rapports de l'Église catholique et du gouvernement de Juillet*, il publie, dans la *France contemporaine*, un article où, s'adressant directement aux catholiques, il tient le même langage. Tout en déclarant ne pas vouloir discuter en droit l'origine du gouvernement, il constate que cette origine est celle de la plupart des monarchies d'Europe, que la facilité avec laquelle il s'est établi et a duré, ne peut s'expliquer « sans une intervention manifeste de la Providence ». « Cela étant, ajoute M. de Montalembert, la seule question politique qui se présente aux catholiques de bonne foi, c'est de savoir s'ils doivent, en tant que catholiques, s'isoler de la France telle qu'elle est actuellement régie, soit en se retirant complétement de la vie active et publique, soit en n'y prenant part que pour nier et gêner le pouvoir ; ou bien s'ils ne doivent pas plutôt accepter le pouvoir comme un fait établi et consommé, et, sans se livrer à lui, en abdiquant au contraire cette idolâtrie monarchique qui, sous une autre race, a été si impopulaire et si stérile, apporter au pays un concours digne et fécond. » Cette dernière conduite lui paraît conforme aux principes constants

---

[1] Il disait, le 19 mars 1837 : « Toutes les fois que vous avez bien voulu m'entendre, j'ai assez montré, ce me semble, qu'il n'y avait pas, dans cette enceinte, un partisan plus sincère de notre révolution de Juillet, un ami plus loyal de la dynastie qui représente cette révolution. » Le 6 juillet 1838 : « Je l'ai dit plus d'une fois, Messieurs, je suis le partisan dévoué et sincère de la révolution de Juillet, l'ami loyal, humble, mais surtout désintéressé, de la dynastie qu'elle a placée sur le trône. » Et le 27 décembre suivant : « Je puis dire que ce régime n'a pas d'ami plus sincère et plus désintéressé que moi. »

[2] Cf., entre autres, les discours du 19 mai 1837 et du 27 décembre 1838.

de l'Église : « Celle-ci n'a jamais proclamé la prétendue *orthodoxie politique* qu'on voudrait lui imputer aujourd'hui ; toujours et partout, elle a reconnu l'empire des faits et apporté les trésors de sa force morale et de sa stabilité au secours du pouvoir, quel qu'il fût, qui garantissait à ses enfants le libre exercice de leur foi et les bienfaits d'un ordre social régulier. » Or, dit M. de Montalembert, « s'il y a un fait incontestable aujourd'hui en Europe, c'est que, nulle part, l'Église n'est plus libre qu'en France, si ce n'est en Belgique, où elle ne l'est devenue qu'à la suite d'une révolution inspirée par la nôtre et aussi odieuse que la nôtre à un certain parti. » Il cite à l'appui ce que le catholicisme avait alors à souffrir en Prusse, en Autriche, en Russie. Ce n'est pas à dire que M. de Montalembert trouve le gouvernement parfait. « Il lui manque, dit-il, un sentiment plus intime et plus hautement avoué de la valeur du pouvoir spirituel. Il lui manque le courage de reconnaître le vaste domaine de ce pouvoir, l'immortalité de cet empire et la force que lui, pouvoir temporel, pourrait en retirer. Il lui manque ce respect délicat et sincère pour la religion qui, s'il l'avait, l'empêcherait de froisser, par des torts irréfléchis, des consciences susceptibles. » Ce que les catholiques doivent demander à cette jeune monarchie, c'est plus de liberté pour eux, et, pour elle-même, « plus d'élévation, de générosité, dans l'ensemble de la politique, élévation qui dérivera naturellement de la foi à un ordre plus élevé que celui des intérêts purement terrestres ». M. de Montalembert formule ainsi sa conclusion : *nationaliser le clergé et catholiciser la nation*. « Voilà, dit-il, le problème complexe dont dépend le maintien et le progrès de notre société. N'en doutons pas, il sera résolu. »

Lacordaire, tout entier à son rôle de prêtre et d'apôtre, était tenu à plus de réserve, dans les choses politiques, que son jeune ami, le membre de la Chambre des pairs. Toutefois, ce qu'il laissait voir de ses sentiments prouvait qu'il n'était en rien le « carliste » soupçonné par Louis-Philippe. « Après cinquante ans que tout prêtre français était royaliste jusqu'aux dents, écrivait-il, j'ai cessé de l'être ; je n'ai pas voulu couvrir de ma robe sacerdotale un parti ancien, puissant, généralement honorable, mais enfin un parti. » De là, la guerre faite, par ce « parti », à l'orateur de Notre-Dame[1]. Lacordaire n'était pas, pour cela, devenu « républicain » ou « démocrate », comme le lui reprochaient les royalistes mécontents[2]. Il s'en défendait[3] et protestait aussi « n'avoir pas voulu davantage se donner au gouvernement nouveau », estimant que les vrais hommes d'Église « ont tenu, vis-à-vis du pouvoir humain, une conduite réservée, noble, sainte, ne sentant ni le valet, ni le tribun ».

Toutefois, à mesure que le gouvernement se montrait plus équitable et plus libéral dans les questions religieuses, Lacordaire croyait juste et politique de lui témoigner sa reconnaissance. Dans sa *Lettre sur le Saint-Siége*, publiée en décembre 1837, il louait les « dispositions bienveillantes » de Louis-Philippe pour le catholicisme. Vers la même époque, quand il commença ses démarches en vue du rétablissement des Dominicains en France, il n'hésita pas, tout en maintenant, en dehors des questions de parti, la neutralité et la dignité de son rôle de prêtre, à faire donner au gouvernement l'assurance qu'il n'éprouvait, à son égard, que des sentiments de « justice » et de « bienveillance[4] ». Un peu plus tard, dans son célèbre discours sur la *Vocation de la nation française*, ne rendait-il pas hommage à la prépondérance de la « bourgeoisie », tout en lui rappelant, il est vrai, ses devoirs envers le Christ?

[1] Lacordaire n'allait-il pas, un jour, jusqu'à dire, dans une réunion de jeunes gens, au grand scandale des légitimistes : « Qui se souvient aujourd'hui des querelles anglaises de la rose rouge et de la rose blanche? »

[2] Dès 1832, Lacordaire avait protesté contre l'espèce d'alliance que Lamennais paraissait vouloir conclure avec le parti républicain, et cette opposition avait été l'un des motifs de sa rupture avec le directeur de l'*Avenir*. « Je n'ai jamais écrit une ligne ni un mot, lit-on dans une de ses lettres, qui puisse autoriser la pensée que je suis un démocrate. »

[3] Lacordaire écrivait, en 1834 : « Quelques-uns au moins me comprennent; ils savent que je ne suis devenu ni républicain, ni juste milieu, ni légitimiste, mais que j'ai fait un pas vers ce noble caractère de prêtre, supérieur à tous les partis, quoique compatissant à toutes les misères. » Il se félicitait d'être sorti « du tourbillon fatal de la politique, pour ne plus se mêler que des choses de Dieu, et, par les choses de Dieu, travailler au bonheur lent et futur des peuples ».

[4] MONTALEMBERT, *Notice sur le P. Lacordaire.*

A côté de Lacordaire et de Montalembert, il est naturel de parler d'Ozanam, le chef de cette jeunesse catholique qui se pressait alors autour de la chaire de Notre-Dame et fondait les conférences de Saint-Vincent de Paul. « J'ai, sans contredit, pour le vieux royalisme, avait-il écrit, dès le 21 juillet 1834, tout le respect que l'on doit à un glorieux invalide, mais je ne m'appuierai pas sur lui, parce qu'avec sa jambe de bois, il ne saurait marcher au pas des générations nouvelles. » Et il ajoutait, le 9 avril 1838 : « Pour nous, Français, esclaves des mots, une grande chose est faite : la séparation de deux grands mots qui semblaient inséparables : le trône et l'autel [1]. »

Ces idées n'étaient pas seulement accueillies par des jeunes gens prompts à répudier le passé et à s'engouer des nouveautés. Elles faisaient sentir leur influence sur la masse du clergé. Celui-ci, non content de demeurer plus que jamais en dehors des partis d'opposition [2], se montrait mieux disposé envers la monarchie nouvelle. Le temps affaiblissait ses regrets. La conduite du pouvoir dissipait ses méfiances. L'abbé Dupanloup, que des sympathies et des relations personnelles rattachaient cependant plutôt au monde légitimiste, a raconté, quelques années plus tard, comment, à l'époque dont nous nous occupons, le clergé s'était rapproché du gouvernement : « En 1830, disait-il, nous nous sommes tus, nous avons attendu, mais nous ne nous sommes pas éloignés. Les funestes événements de l'année suivante, si douloureux pour la religion, ne nous firent même pas sortir de cette réserve ; nous laissâmes faire le temps, et, sous son influence, on ne peut nier qu'en 1837, un rapprochement notable ne se fût opéré. » Il rappelait « cette bonne volonté qui, pendant sept ou huit années, était allée au-devant du gouvernement », ces sentiments qui étaient devenus « de l'affection et du

---

[1] *Passim* dans la *Correspondance d'Ozanam*.
[2] Le 7 octobre 1837, à l'occasion des élections générales, l'évêque du Puy écrivait aux prêtres de son diocèse : « Si vous êtes jaloux de conserver la paix de votre âme, l'affection et l'estime de vos ouailles, éloignez-vous des élections. Mettez une garde sur vos lèvres, pour ne pas dire un seul mot de blâme ou d'approbation sur les vues des candidats. » Il invitait même les prêtres électeurs à ne pas user de leur droit : « Votre politique n'est pas de ce monde », leur disait-il.

dévouement ». Il invoquait, du reste, avec confiance, à l'appui de son témoignage, ceux des ministres des cultes, dont plusieurs étaient arrivés avec de graves préventions, mais qui tous « avaient avoué que leurs relations avec le clergé les avaient détrompés et leur avaient laissé les plus heureux souvenirs ». C'est que, disait-il, si le clergé « n'aime pas, ne doit pas aimer les révolutions, il les accepte cependant, à mesure qu'elles se dépouillent de leur caractère »; les faits qui en sont issus « se régularisent pour lui, à mesure qu'il s'améliorent [1] ». Ce changement se manifestait même dans le Midi, où cependant les sentiments légitimistes étaient plus ardents et plus accoutumés à se confondre avec les convictions religieuses. En 1839, le duc d'Orléans, faisant un voyage dans cette région, était frappé des dispositions favorables qu'il rencontrait chez les prêtres. « Le parti légitimiste s'écroule de toutes parts, écrivait-il; le clergé commence à l'abandonner. J'ai tâché de lui faire faire un pas de plus vers nous; quelques faveurs, accordées avec discernement aux prêtres et aux églises, achèveront la scission. » Peu de jours après, il signalait encore « l'empressement marqué du clergé » à son égard [2]. Les Jésuites eux-mêmes tenaient à ce qu'on ne les crût pas associés à l'opposition royaliste. Il a été déjà question de la note que le P. Guidée, provincial, avait rédigée, en novembre 1838, pour être mise sous les yeux du Roi et des ministres [3]. Cette note faisait valoir que les Jésuites « enseignaient la soumission au pouvoir établi », puis elle ajoutait : « Plus d'une fois depuis 1830, la modération de leur langage et la justice qu'ils rendaient hautement aux intentions bienveillantes et aux actes émanés du pouvoir en faveur de la religion, ont étonné des esprits exaltés ou prévenus et les ont ramenés à des sentiments de paix et d'union. » Le P. Guidée rappelait que « les feuilles les plus malveillantes » n'avaient « jamais pu adresser à l'abbé de Ravignan un seul reproche

---

[1] L'abbé Dupanloup, *Première Lettre à M. le duc de Broglie*.
[2] Lettres du duc d'Orléans au maréchal Soult, alors président du conseil, en date du 17 septembre et du 13 novembre 1839. (*Documents inédits.*)
[3] Cf. plus haut, p. 435.

sur des tendances politiques ». « Ses confrères, disait-il, n'ont ni une autre pensée, ni un autre langage que le sien [1]. »

Ce n'était pas de Rome que le clergé français aurait reçu le conseil de se montrer hostile à la monarchie de Juillet. Nous avons eu déjà occasion de noter, au lendemain de la révolution, la modération conciliante de la papauté [2]. Depuis lors, les bons procédés du gouvernement, dans les choses religieuses, avaient été accueillis, par le chef de l'Église, avec une sincère reconnaissance. Grégoire XVI, monté, en 1831, sur le trône pontifical, désapprouvait les ecclésiastiques qui gardaient, par esprit de parti, une attitude d'opposition. De ce nombre était l'archevêque de Paris, Mgr de Quélen. Attaché déjà aux Bourbons de la branche aînée, par ses sentiments personnels comme par les traditions de sa vieille race bretonne, les événements n'avaient pas dû lui enseigner l'amour du régime inauguré en 1830. Chassé de son palais deux fois saccagé par l'émeute, obligé de se cacher pendant plusieurs mois, condamné à entendre de sa retraite crier, dans la rue, les titres ignobles et obscènes des pamphlets dirigés contre lui, il en voulait au gouvernement de ne l'avoir pas protégé aux jours de violences ; il lui en voulait plus encore de n'avoir pas, une fois la paix rétablie, réparé l'attentat dont il avait été victime, d'avoir paru au contraire le sanctionner, en refusant de lui rendre son palais épiscopal. Ce fut la raison principale de cette attitude froide, dédaigneuse, boudeuse, qu'il devait garder, jusqu'à sa mort, à l'égard de la monarchie nouvelle. L'archevêché et les Tuileries étaient, sinon en guerre ouverte, du moins dans la situation de deux puissances qui ont interrompu leurs relations diplomatiques. Les légitimistes s'attachaient naturellement à donner aux actes ou aux abstentions de l'archevêque le caractère d'une protestation politique, et Mgr de Quélen, qui, comme homme, partageait leurs regrets, leurs répugnances et leurs aspirations, les laissait faire. Cette conduite déplaisait fort au Pape, et son secrétaire d'État, le cardinal Lambruschini, s'expri-

[1] *Vie du R. P. Guidée*, par le R. P. Grandidier, t. I, p. 181 à 185.
[2] Cf. plus haut, t. II, p. 65, 66.

mait sur ce sujet avec une vivacité particulière, étendant son blâme au parti légitimiste tout entier. La désapprobation pontificale ne suffisait pas à vaincre chez le prélat l'obstination du Breton et le point d'honneur du gentilhomme. « D'une parole, on peut me faire changer de sentiments et d'allures, répondait-il, le 9 août 1836, à l'abbé Lacordaire qui lui avait fait connaître le mécontentement du Pape, mais je ne connais que l'obéissance qui soit capable d'opérer cette métamorphose. J'espère être prêt à obéir, lorsqu'on aura commandé, car alors je ne répondrai plus de rien. Toutefois, je ne pense pas qu'on veuille en venir là : ce serait prendre sur soi une grande responsabilité. » Le 20 décembre suivant, il mettait comme condition à sa soumission « qu'on lui permît de rendre publics les ordres du Pape ». Peu après, le 12 février 1837, M. de Montalembert, se trouvant à Rome, était reçu par Grégoire XVI ; l'entretien ayant porté sur Mgr de Quélen : « Je déplore extrêmement, dit le pontife, l'intervention de l'archevêque dans la politique. Le clergé ne doit pas se mêler de la politique. Ce n'est pas ma faute si l'archevêque se conduit ainsi. Le Roi sait, l'ambassadeur sait, et vous saurez aussi que j'ai fait tout ce qui dépendait de moi, pour le rapprocher du gouvernement. L'Église est amie de tous les gouvernements, quelle qu'en soit la forme, pourvu qu'ils n'oppriment pas sa liberté. Je suis très-content de Louis-Philippe ; je voudrais que tous les rois de l'Europe lui ressemblassent [1]. »

Ces dispositions du Saint-Père, bien qu'exprimées dans des conversations intimes, ou traduites par des démarches non publiques, ne laissaient pas cependant que de transpirer. Les journaux légitimistes en étaient fort embarrassés et déclaraient le fait « impossible » [2]. Mais M. de Montalembert, qui savait personnellement à quoi s'en tenir, se jugeait autorisé à invoquer l'exemple et l'autorité du Pape, pour engager les catholiques à accepter, en fait, le régime nouveau, et à rendre justice à ses

---

[1] *Notice sur Montalembert*, par M. Foisset. (*Correspondant* du 10 septembre 1872, p. 813, 814.)

[2] Cf. notamment la *Quotidienne* du 10 au 15 avril 1837.

actes¹. D'ailleurs, le Souverain Pontife n'hésitait pas lui-même à faire connaître au monde entier ses sentiments. En septembre 1838, dans des allocutions et des bulles sur le conflit de la Prusse avec l'archevêque de Cologne et sur l'érection de l'évêché d'Alger, Grégoire XVI établissait un contraste flatteur pour la monarchie de Juillet, entre le chagrin que lui causaient les violences du gouvernement de Berlin et la « consolation spéciale », le « motif de réjouissance » qu'il trouvait dans la conduite de la France. Et, accordant à Louis-Philippe le vieux titre de Roi Très-Chrétien, il se félicitait de son zèle pour la religion catholique (*quod Christianissimi Regis studium in rem catholicam gratum imprimis ac jucundum nobis fuit*). M. de Montalembert s'emparait aussitôt de ces actes pour établir, à l'encontre des feuilles légitimistes, que la Papauté, sans se prononcer sur les questions de droit politique, se montrait pleine de bienveillance et de gratitude pour le gouvernement de 1830².

Il ne dépendait donc pas des catholiques et en particulier du Saint-Siége que la France ne fût définitivement en possession de ce bien, rare et fécond entre tous : la paix religieuse. Le gouvernement, de son côté, paraissait comprendre le prix de cette paix et être disposé à l'assurer au pays. Sans doute, il avait encore quelques progrès à faire, mais il semblait en voie de les réaliser. Ainsi, moins de dix ans après une révolution d'où la monarchie nouvelle paraissait être sortie à l'état d'hostilité ouverte contre le clergé et les catholiques, les relations étaient rétablies sur un pied excellent entre l'État et l'Église, et elles tendaient chaque jour à s'améliorer. Ce n'est pas là l'un des faits les moins étonnants de cette époque, et c'en est certes le plus honorable. Il console un peu des avortements de la politique parlementaire à ce même moment. Chacune des deux parties y avait mis du sien : le pouvoir, en réagissant contre les entraînements qui semblaient la conséquence de son origine ;

---

¹ Article déjà cité plus haut et inséré dans la *France contemporaine* du 15 mai 1838.
² *Des derniers actes du Saint-Siége*, article inséré dans l'*Univers* du 7 octobre 1838.

les catholiques, en répudiant des ressentiments et des méfiances qui eussent pu paraître naturels. Toutes deux en recueillaient le profit : la religion développait merveilleusement ses moyens d'action, gagnait beaucoup d'âmes et acquérait, dans la France nouvelle, un prestige et une popularité qu'elle ne connaissait plus depuis longtemps ; la monarchie trouvait, dans l'honneur de cette union, le plus sûr et le plus prompt moyen de faire oublier sa naissance révolutionnaire, et bénéficiait, pour sa sécurité matérielle et sa dignité morale, de tout ce qu'elle accordait à l'Église, en liberté et en protection.

CHAPITRE X

DIX ANNÉES DE GUERRE AFRICAINE.
1830-1839.

I. La situation dans l'ancienne Régence d'Alger, à la chute de la Restauration. Dispositions du nouveau gouvernement à l'égard de l'entreprise africaine. — II. Le général Clauzel. Il veut établir la domination de la France sur toute la Régence. Expéditions de Médéa. Négociations avec Tunis, désavouées par le gouvernement. Échec du plan du général Clauzel. — III. Le général Berthezène. Sa faiblesse. Expédition peu heureuse à Médéa. Mécontentement de l'armée. — IV. Le général de Rovigo. Langage des ministres sur la question d'Alger. Rigueur malhabile du nouveau commandant à l'égard des indigènes. Prise de Bone par un audacieux coup de main. Mort du duc de Rovigo. — V. Intérim confié au général Voirol. Sa sage administration. Le premier bureau arabe et la Moricière. Occupation de Bougie. — VI. Oran depuis 1830. Les commencements d'Abd-el-Kader. Après avoir essayé de la guerre, le général Desmichels conclut le traité du 26 février 1834. Clauses secrètes sur lesquelles l'émir parvient à obtenir l'apposition du sceau du général. Difficultés qui en résultent. Incroyable engouement du général pour l'émir. — VII. Incertitude des esprits, en France, sur la question algérienne. Commission d'enquête et commission supérieure. L'instinct national est favorable à l'Algérie. Débat parlementaire. Hésitations de la Chambre. Langage vague du ministère. Organisation du gouvernement général des « Possessions françaises dans le nord de l'Afrique ». — VIII. Le général Drouet d'Erlon. Abd-el-Kader affermit son pouvoir et l'étend sur les provinces de Titteri et d'Alger. Faiblesse du gouverneur. Conflit entre le général Trézel et l'émir. Désastre de la Macta. — IX. Le maréchal Clauzel nommé gouverneur. Renforts envoyés en Algérie. Le duc d'Orléans. Victoire de l'Habra et destruction de Mascara. Expédition de Tlemcen. Le maréchal prononce la déchéance du bey de Constantine. Nouvelle expédition à Médéa. Les renforts rentrent en France. Le général d'Arlanges cerné à la Tafna. Il ne reste plus rien des résultats que croyait avoir obtenus le maréchal Clauzel. — X. Victoire de la Sickack. Discussion à la Chambre. Le plan du maréchal Clauzel et les ministères du 22 février et du 6 septembre. Le maréchal se décide à marcher contre Constantine. — XI. L'expédition et son échec. Impression produite en Afrique et en France. — XII. Résolutions prises par le ministère. Le général Damrémont et le général Bugeaud. Traité de la Tafna. Entrevue du général Bugeaud et d'Abd-el-Kader. Le gouvernement ratifie le traité. — XIII. Négociations sans succès avec le bey de Constantine. Une seconde expédition est résolue. La marche. Le siége. L'assaut. La victoire. — XIV. Le plan du maréchal Valée. État des esprits en France. Travaux accomplis dans les provinces d'Oran et d'Alger. La province de Constantine. Rapports avec les indigènes. Création de routes et de villes. Souffrances de l'armée. Établissement de l'évêché d'Alger. Abd-el-Kader organise son empire et prépare la guerre sainte La paix ne peut durer. Conclusion.

I

On se rappelle les pages d'une éloquence douloureusement prophétique par lesquelles M. Prévost-Paradol terminait, au lendemain de Sadowa, son livre de la *France nouvelle* : après avoir énuméré toutes les menaces pesant sur l'avenir de notre pays, après avoir montré l'équilibre, non-seulement de l'Europe, mais du monde entier, se déplaçant chaque jour davantage à notre détriment, et nos ennemis ou nos rivaux, Allemands, Russes, Anglo-Saxons, partout en voie d'accroissement rapide, tandis que nous étions stationnaires ou même en péril de diminuer, le brillant écrivain se demandait, non sans angoisse, s'il ne restait pas quelque chance à la France de se maintenir à son rang. Cette chance existe, répondait-il, chance suprême, qui s'appelle l'Algérie. Et alors, cherchant à deviner les destinées de notre colonie, il saluait avec émotion « cet empire méditerranéen qui, disait-il, ne sera pas seulement une satisfaction pour notre orgueil, mais qui sera certainement, dans l'état futur du monde, la dernière ressource de notre grandeur ». Depuis lors, l'événement n'a que trop confirmé la partie douloureuse de ces prophéties. Mais, à voir le développement qu'a pris l'Algérie dans ces dernières années, les résultats maintenant acquis, les espérances plus belles encore qu'ils autorisent à concevoir, il semble que la partie consolante de ces mêmes prophéties soit également en train de s'accomplir. De là, la curiosité chaque jour plus attentive des patriotes pour tout ce qui concerne la France africaine. Leurs regards, attristés de tant d'autres côtés, se reportent, avec une sorte de complaisance, sur cette terre, qui a pour eux ce charme particulier d'être le seul point où ils se sentent en progrès.

Plus l'Algérie prend ainsi d'importance dans notre vie

nationale, plus nous avons intérêt à connaître son passé et à remonter à son origine. C'est pourquoi, après avoir raconté les événements politiques de la première moitié de la monarchie de Juillet, il convient de s'arrêter un moment et de revenir sur ses pas, pour considérer ce qu'est devenue, pendant ce temps, de 1830 à 1839, l'entreprise militaire commencée par la Restauration dans la Régence d'Alger. Ces dix premières années de la guerre d'Afrique ont été une période de tâtonnements, plus laborieuse que féconde. Pour en bien saisir le caractère, il est nécessaire de pouvoir l'embrasser d'ensemble. Morcelé en fragments que l'on eût rattachés aux parties correspondantes de l'histoire générale, l'exposé de ces campagnes n'aurait pas laissé une impression nette dans l'esprit du lecteur. D'ailleurs, les vicissitudes de la conquête algérienne ont, au début, si peu de rapports avec les évolutions de la politique parlementaire qu'on eût vraiment été embarrassé de rapprocher et de fondre les unes et les autres dans un même récit[1].

Notre première prise de possession de la terre d'Afrique avait précédé seulement de quelques semaines la révolution de Juillet. Ce n'avait été qu'après beaucoup d'hésitations que le gouverne-

---

[1] A ceux qui voudraient trouver de ces événements un exposé plus détaillé et fait à un point de vue plus militaire, je ne puis que recommander le remarquable ouvrage de M. Camille Rousset : *Les Commencements d'une conquête; l'Algérie de 1830 à 1840.* C'est l'histoire, comme sait l'écrire M. Camille Rousset, des guerres soutenues par notre armée en Afrique, après la prise d'Alger. Cet ouvrage m'a beaucoup servi. L'auteur ne s'arrêtera pas en 1840, et dès maintenant il commence à raconter les luttes dirigées par le maréchal Bugeaud et par M. le duc d'Aumale. J'ai tiré aussi grand profit du beau livre des *Campagnes de l'armée d'Afrique*, ouvrage inachevé du duc d'Orléans, publié par ses deux fils, M. le comte de Paris et M. le duc de Chartres; les récits du duc d'Orléans ne commencent qu'en 1835; mais, dans une excellente introduction, M. le duc de Chartres a raconté les campagnes de 1830 à 1835. Je n'oublierai pas non plus un autre opuscule princier qui éclaire une face de cette histoire militaire; je veux parler de la brillante monographie écrite par M. le duc d'Aumale, sur *les Zouaves et les Chasseurs à pied*. Ce n'est pas sans émotion que l'on retrouve, ainsi groupés au premier rang des historiens de nos guerres d'Afrique, les membres de cette royale famille qui a fourni à cette même guerre tant de vaillants et habiles capitaines. Je me reprocherais enfin de ne pas indiquer, parmi les sources où l'on peut utilement puiser, les *Annales algériennes*, de M. Pélissier de Raynaud.

ment de la Restauration, poussé à bout par les outrages répétés du dey d'Alger, s'était enfin décidé, dans les premiers jours de 1830, à châtier ces pirates insolents et cruels qui, depuis si longtemps, bravaient l'Europe chrétienne et désolaient les côtes de la Méditerranée. A en juger par les précédents, l'entreprise ne semblait pas sans difficulté ni péril. Plusieurs fois, diverses puissances, entre autres la France et l'Angleterre, avaient tenté d'agir contre la Régence : elles avaient échoué ou du moins n'avaient remporté que des avantages passagers, parfois même tout à fait illusoires. Habilement préparée par les ministres d'alors, glorieusement conduite par le général de Bourmont qui gagna, en cette occasion, son bâton de maréchal, l'expédition de 1830 fut au contraire couronnée d'un prompt et éclatant succès. L'armée, débarquée le 14 juin, entra dans Alger le 5 juillet. Le dey, acceptant, avec le fatalisme musulman, la décision des armes, se retira à Naples, tandis que les janissaires turcs étaient transportés en Asie Mineure. On se trouvait ainsi avoir non-seulement renversé le souverain, mais supprimé presque complétement la race régnante. En effet, tout le pouvoir avait été jusqu'alors aux mains de l'*Odjak;* on appelait de ce nom la milice turque d'Alger qui se recrutait incessamment parmi les aventuriers ou les malfaiteurs de l'empire ottoman, et qui, malgré son petit nombre, — elle ne comptait guère que quinze mille hommes, — commandait aux trois millions d'habitants de la Régence. Ces habitants étaient de races fort différentes : dans les villes, les Maures et les Juifs adonnés au commerce et habitués à la servilité; dans la campagne, les Arabes nomades et pasteurs, plus fiers, plus guerriers, plus nombreux, mais que des divisions, perfidement entretenues, mettaient à la merci des Turcs; enfin, dans la montagne, les Kabyles sédentaires et agriculteurs, très-belliqueux aussi, ayant conservé une indépendance à peu près complète, ce qui ne les empêchait pas de faire le coup de feu pour le maître d'Alger, quand ils espéraient avoir ainsi part au butin. En triomphant des Turcs, la France avait-elle donc succédé *ipso facto* à leur domination, et la monarchie de Juillet trouvait-elle, dans l'héritage de la Restauration, une conquête toute faite dont elle n'avait plus qu'à recueillir les bénéfices?

Telle n'était pas la situation. D'abord, en supprimant le dey, nous n'avions pas détruit toutes les autorités turques de la Régence. Le dey ne gouvernait directement qu'Alger et ses environs : le reste du territoire était partagé entre trois grands vassaux, turcs également, le bey de Constantine à l'est, le bey de Titteri au sud et le bey d'Oran à l'ouest. Après la prise d'Alger, le premier s'était retiré dans son beylick, d'où il nous bravait impunément ; si les deux autres avaient paru d'abord disposés à reconnaître notre suzeraineté, celui de Titteri n'avait pas tardé à la répudier, et celui d'Oran était sans influence. Eussions-nous d'ailleurs eu raison des beys et fait ainsi disparaître les dernières traces de la domination turque, que nous n'aurions pas été pour cela les maîtres ; restaient les Arabes et les Kabyles. Ni les uns ni les autres ne regrettaient les Turcs que, de tout temps, ils avaient détestés ; seulement leur mépris et leur horreur du *Roumi* étaient plus forts encore. Après avoir aidé à défendre Alger contre les envahisseurs chrétiens, ils s'étaient dispersés, mais sans volonté de se soumettre. Leur état religieux et social était trop inférieur au nôtre pour permettre une assimilation et une fusion ; en même temps, ils avaient, jusque dans leur barbarie, une sorte de fierté dédaigneuse qui les empêchait de subir le prestige du vainqueur et de s'incliner comme le font d'ordinaire les races inférieures devant les races supérieures. Aussi, dès le premier jour, quand, sous la conduite du maréchal de Bourmont, l'armée française voulut faire une sorte de promenade pacifique, hors des murs d'Alger, dans la plaine de la Métidja, elle vit se dresser des ennemis derrière tous les buissons : c'étaient les Arabes et les Kabyles qui commençaient, non plus au service des Turcs, mais pour leur compte, cette terrible guerre de guérillas qui devait durer tant d'années.

Lors de la chute de Charles X, l'autorité de la France n'était donc reconnue, en Afrique, que sur le territoire matériellement occupé par ses troupes, c'est-à-dire seulement dans la ville d'Alger. Un moment, des détachements avaient aussi occupé

Bone et Oran; mais, à la première nouvelle de la révolution et sans attendre les ordres du nouveau gouvernement, le maréchal de Bourmont s'était hâté d'évacuer ces deux dernières villes; il lui avait paru dangereux, dans une telle crise, de laisser l'armée ainsi disséminée. Qu'allait faire la monarchie de Juillet? Voudrait-elle abandonner ou garder cette conquête, et, si elle la gardait, chercherait-elle à l'étendre?

Personne n'eût été alors en état de répondre à ces questions. En admettant que les hommes portés au pouvoir par la révolution fussent disposés à adopter de confiance le plan de leurs prédécesseurs, ils eussent été embarrassés de découvrir quel était ce plan. Le gouvernement de la Restauration s'était lancé dans l'expédition, sans but bien déterminé; cette incertitude tenait à ce qu'il ne poursuivait pas, en cette occasion, l'exécution d'un dessein depuis longtemps conçu par l'ambition nationale, ou la satisfaction d'intérêts commerciaux préexistants; il avait été conduit à agir par une sorte d'accident imprévu, par la nécessité de vider une querelle d'honneur, et aussi, pour une bonne part, par des considérations de politique intérieure et dynastique, par le désir « d'agir sur l'esprit turbulent et léger de la nation française », de lui « rappeler que la gloire militaire survivait à la révolution », et de « faire une utile diversion à la fermentation politique de l'intérieur [1] ». Tout fut admirablement préparé pour assurer le succès; mais, sauf la résolution de détruire la piraterie, ni Charles X ni ses ministres ne s'étaient fait une idée arrêtée du parti qu'ils tireraient de ce succès. Ils avaient agité à l'avance toutes les hypothèses, — entente avec le dey, établissement d'un gouvernement arabe, remise de la Régence à la Turquie, à Mehemet-Ali ou à l'Ordre de Malte, partage avec les autres puissances européennes, enfin création d'une colonie française, — mais sans conclure. Ils attendaient les événements. Tout, d'ailleurs, n'était-il pas inconnu pour eux, dans ce pays jusqu'alors presque entièrement fermé aux Européens, et qu'avaient seuls parcouru quelques

[1] Expressions d'un rapport de M. de Clermont-Tonnerre, ministre de la guerre dans le cabinet de M. de Villèle.

voyageurs oubliés? M. de Polignac s'était borné, dans ses pourparlers avec les autres puissances, à garder soigneusement et fermement pour l'avenir toute sa liberté d'action; vainement l'Angleterre, dont la jalousie était, en cette matière, particulièrement ombrageuse, l'avait-elle pressé, même avec menace, de répudier par avance toute pensée de conquête, il s'était refusé hautement à « prendre aucun engagement contraire à la dignité et à l'intérêt de la France ». Alger entre nos mains, il n'était sans doute plus possible de rester dans le vague; mais la vieille monarchie avait eu à peine le temps de fêter sa victoire. Tombée avant d'avoir pu dire ce qu'elle en ferait, elle laissait à ses successeurs la charge de résoudre le problème.

Le gouvernement issu des journées de Juillet, réduit, dans les premiers temps, à se demander, chaque matin, s'il n'aurait pas à lutter pour l'existence de la société, contre la révolution, et pour l'indépendance de la France, contre la coalition, n'avait guère le loisir de songer à des conquêtes lointaines. Tout contribuait même à lui faire regarder d'un œil peu favorable celle où il se trouvait engagé par le fait du régime déchu. Ces troupes ainsi distraites au delà de la Méditerranée, ne pouvait-il pas, d'une heure à l'autre, en déplorer l'absence dans les rues de Paris ou sur la frontière du Rhin? En poursuivant cette campagne, ne risquait-il pas d'irriter l'Angleterre, alors son unique alliée en face de l'Europe inquiète et malveillante? Ajoutons que l'expédition d'Alger, à la différence de celle de Grèce, avec laquelle elle semblait cependant avoir beaucoup d'analogie, n'avait pas été jusqu'ici populaire; elle avait participé à la suspicion dont était atteint le ministère qui l'avait entreprise, et les libéraux n'y avaient guère vu qu'une manœuvre pour faire diversion aux agitations parlementaires et un préliminaire de coup d'État. De là, pendant les préparatifs de l'expédition, la passion souvent peu patriotique avec laquelle les journaux opposants avaient travaillé à inquiéter l'opinion, à décourager l'armée, prédisant et paraissant presque désirer un échec, contestant jusqu'à la justesse, pourtant trop évidente, de nos griefs contre le dey. Alger pris, on s'était montré moins joyeux de l'honneur fait à nos armes, qu'inquiet du contre-coup qu'il pouvait avoir sur la politique intérieure. Or, ces libéraux qui, dans l'opposition, avaient ainsi combattu la guerre d'Afrique, étaient les mêmes qui, parvenus au pouvoir, avaient à décider dans quelle mesure elle devait être continuée. Bien que les points de vue changent avec les situations, on ne pouvait cependant s'attendre que de telles préventions disparussent du premier coup.

II

Tout d'abord, on ne sembla s'occuper, à Paris, de l'armée d'Afrique, que pour assurer sa soumission au nouvel ordre de choses. On n'était pas, à ce sujet, sans quelque inquiétude ; on n'ignorait pas que le maréchal de Bourmont avait un moment rêvé de ramener son armée en France, pour la mettre aux ordres de Charles X, et qu'il en avait été empêché par le refus de concours de l'amiral Duperré, commandant de la flotte. Le général Clauzel, nommé à sa place, débarqua à Alger, le 2 septembre 1830, en compagnie d'anciens officiers de l'empire, faisant grand apparat de leurs rubans tricolores et ne dissimulant pas leurs méfiances à l'égard de troupes qui venaient de combattre sous la cocarde blanche. La transmission du commandement se fit cependant sans difficulté. Quoique un peu triste et mal à l'aise des suspicions dont elle se voyait l'objet, l'armée n'hésita pas un moment dans son obéissance.

Sur la direction à donner aux opérations militaires, il ne paraît pas que le nouveau général en chef eût reçu des instructions précises. On lui avait seulement recommandé de renvoyer au plus tôt un certain nombre de régiments en France ; mesure qui s'expliquait par l'état de l'Europe, mais qui n'indiquait pas des intentions de conquête en Afrique. Cependant le choix même du général Clauzel ne concordait guère avec une tactique de réserve, sinon de retraite. Entreprenant, ambitieux, patriote, l'imagination remplie des souvenirs de l'épopée impériale, on devait s'attendre que, commandant à Alger, il voudrait y faire grand. Tranchant sans hésitation une question que beaucoup d'esprits n'osaient même pas alors se poser, il estimait que la France était l'héritière du dey et devait, à ce titre, régner sur la Régence entière. A défaut d'une domination directe qu'il ne se sentait pas de force à établir pour le moment, il voulait tout au moins une sorte de suzeraineté et prétendait remplacer les trois beys en fonction par trois autres beys qui recevraient de nous leur investiture et se reconnaîtraient nos vassaux.

Pour commencer la réalisation de ce plan, un arrêté, en date du 15 novembre 1830, prononça la déchéance du bey de Titteri, Moustafa-bou-Mezrag, qui, après avoir protesté de sa soumission au lendemain de la prise d'Alger, nous avait ensuite adressé d'insolents défis et s'était fait le principal instigateur des hostilités dirigées contre nous. Il nomma à sa place un négociant maure d'Alger, Moustafa-ben-Omar, et, pour assurer l'exécution de ces mesures, décida d'entreprendre une expédition contre Médéa, la capitale du beylick. Sur la route à suivre pour atteindre cette ville située derrière la première chaîne de l'Atlas, à vingt-cinq lieues d'Alger, sur le terrain et les populations à traverser, on ne savait à peu près rien. Mis en mouvement le 17 novembre, le corps expéditionnaire, fort de huit mille hommes, traversa d'abord la plaine de la Métidja, et livra un premier combat avant d'entrer dans Blida, où fut laissée une garnison. De là, il gagna l'Atlas et s'engagea dans le chemin qui conduisait au col de Ténia. C'était un sentier escarpé, si étroit que deux hommes pouvaient à peine y marcher de front, souvent coupé par des ravins et dominé par des plateaux qui semblaient inaccessibles. Obligée de s'étendre en une ligne sinueuse d'une lieue de long, la colonne était parvenue à mi-côte, quand les ennemis se montrèrent subitement de tous côtés; sur les flancs, les Arabes et les Kabyles faisaient pleuvoir une grêle de balles, tandis qu'en face, le bey fermait, avec ses janissaires et deux pièces de canon, l'étroite ouverture du col. La lutte fut vive, mais rien ne put tenir contre l'ardeur de nos troupes admirablement enlevées par leurs chefs. Les hauteurs presque à pic furent escaladées, et l'ennemi partout débusqué. Ce brillant combat nous coûta deux cent vingt hommes tués ou blessés. A la descente du col, l'armée ne rencontra que peu de résistance. Le 23 novembre, six jours après son départ d'Alger, elle entrait dans Médéa ; le nouveau bey y fut installé ; Moustafa-bou-Mezrag, découragé, vint lui-même se livrer aux mains de son vainqueur, et les janissaires suivirent son exemple. Il semblait que le succès fût complet. Le général Clauzel, croyant les indigènes à jamais domptés, se voyait déjà maître de toute la Régence. Un de ses officiers d'ordonnance écrivait à Paris : « La France sera contente, j'espère, de cette campagne de sept jours... Il s'agit maintenant d'obtenir le même résultat à Constantine, et l'Afrique est soumise [1]. »

A peine le nouveau bey installé, les difficultés commencèrent. Force fut d'abord de détacher de l'armée douze cents hommes destinés à garder Médéa et à soutenir notre vassal, sans force par lui-même. Il fallut vider presque complétement les gibernes et les caissons pour fournir à cette petite garnison des munitions encore bien insuffisantes. Puis, de crainte d'épuiser les vivres de la place, on se hâta de reprendre le chemin d'Alger. Le retour, qui se fit en quatre jours, fut surveillé, parfois un peu harcelé par les Arabes et les Kabyles, mais sans combat sérieux. Toutefois, à plus d'un signe, le général pouvait voir que les populations n'étaient pas soumises, comme il s'en était d'abord flatté. En repassant à Blida, il trouva les traces sanglantes des combats acharnés que venait d'y soutenir la garnison ; un peu plus loin, entre cette ville et Alger, spectacle plus sinistre et plus horrible encore : c'étaient les cadavres atrocement mutilés de cinquante artilleurs, qu'avec une imprévoyante confiance, il avait voulu envoyer en avant pour chercher des munitions. Le commandant en chef fut si frappé de ces incidents que, renonçant à son premier projet d'établir toute une ligne de postes entre Alger et Médéa, il rappela la brigade laissée au col de Ténia et évacua Blida.

[1] Cité par M. Camille Rousset.

Seulement que devenait alors la petite garnison de Médéa, isolée dans l'intérieur des terres, à vingt-cinq lieues de la côte, sans communications assurées? A peine de retour, le général Clauzel reçut d'elle les plus tristes nouvelles. Le corps expéditionnaire ne l'avait pas quittée depuis vingt-quatre heures, que des nuées de Kabyles étaient venues fondre sur elle. Pendant quatre jours, elle avait subi un furieux assaut qui ne lui avait pas coûté moins de deux cents hommes hors de combat. On ne sait quel eût été le résultat d'une attaque plus prolongée, d'autant que les cartouches commençaient à manquer. Mais, si l'on n'était jamais assuré d'avoir soumis les Arabes et les Kabyles, si, au lendemain d'une défaite, ils reparaissaient plus audacieux sur le chemin même que venait de parcourir l'armée victorieuse, du moins avaient-ils cette faiblesse de ne pouvoir pas tenir longtemps la campagne; ne recevant de personne, ni solde, ni vivres, ni munitions, ils étaient obligés, après quatre ou cinq jours, de rentrer chez eux. Ce fut ce qui se produisit après l'attaque contre Médéa. La garnison y gagna quelque répit, mais, décimée par les combats, épuisée par les maladies, sans vêtements contre le froid devenu rigoureux, sans munitions, presque sans vivres, elle implorait des secours qu'on ne pouvait, sans risquer un désastre, retarder un seul instant. Comment les lui faire parvenir? Impossible de procéder par faibles détachements qui eussent été égorgés comme les cinquante artilleurs envoyés naguère de Blida à Alger, pour y chercher des munitions. Il fallait donc recommencer une nouvelle expédition, en vue de laquelle un corps fut formé, composé de deux brigades. Parti d'Alger, le 7 décembre 1830, ce corps ne rencontra pas d'ennemis sur sa route; mais la mauvaise saison était venue; avec elle, la pluie, la boue, la neige, le vent et un froid tel que les anciens se rappelaient la retraite de Russie. Le soldat eut beaucoup à souffrir; son patient courage triompha de ces obstacles, parfois plus redoutables que les balles arabes. Huit jours après son départ, l'armée rentrait à Alger, ayant renforcé et ravitaillé la garnison de Médéa.

Pendant ce temps, le général Clauzel, tout à l'exécution de

son plan d'ensemble, ne perdait pas de vue les deux provinces de Constantine et d'Oran. Y entreprendre des expéditions comme celle de Médéa, il n'y pouvait songer avec une armée aussi réduite. Il eut recours à la diplomatie. Dès le mois d'octobre 1830, à l'insu de son gouvernement, il s'était mis en rapport avec le bey de Tunis, l'invitant à s'emparer de ces deux provinces, à y installer des beys à lui, sous la seule condition que ceux-ci reconnaîtraient la suzeraineté de la France et lui payeraient tribut. Un accord fut d'abord conclu sur ces bases, pour Constantine; en exécution de cet accord, des arrêtés du 15 et du 16 décembre prononcèrent la déchéance de Hadji-Ahmed, bey en fonction, et nommèrent à sa place Sidi-Moustapha, frère du bey de Tunis. Peu après, une convention analogue fut négociée pour la province d'Oran, dont le général Clauzel avait fait réoccuper la capitale par le général Damrémont. Mais, à peine connus à Paris, ces étranges traités y furent désavoués, moins encore parce qu'ils provoquaient une ingérence étrangère, que parce qu'ils préjugeaient une question sur laquelle le gouvernement du Roi ne s'était pas encore prononcé, celle de savoir quelle durée et quelle étendue aurait la domination de la France en Algérie [1]. Ce ne fut pas le seul coup porté aux entreprises du général Clauzel. Les complications européennes, devenues plus menaçantes encore à la suite de la révolution belge, déterminèrent le rappel en France de la plus grande partie des troupes d'occupation; dix mille hommes seulement devaient rester en Afrique. Il fallut alors évacuer Médéa. La malheureuse garnison de cette place était à ce point affaiblie par les maladies et les privations, qu'une brigade dut s'avancer jusqu'au col de Ténia pour lui tendre la main.

Du plan grandiose du général Clauzel, de ses efforts militaires et diplomatiques il ne restait donc plus rien. Sauf quelques soldats détachés à Oran, l'armée française se trouvait de nouveau concentrée et comme bloquée dans Alger. Les indigènes, plus enhardis par notre retraite qu'ils n'avaient été

[1] Dépêche du général Sébastiani, alors ministre des affaires étrangères, en date du 31 janvier 1831.

intimidés par nos succès passagers, se montraient hostiles et surtout méprisants. Impossible à un Européen de s'éloigner des murs d'Alger. Dans l'intérieur même de la ville qui commençait déjà cependant à se transformer, les *mercanti,* pris de peur, cherchaient quelque navire où se rembarquer. Désavoué par le gouvernement, trompé par l'événement, le général Clauzel ne pouvait plus rester en Algérie. Le 21 février 1831, un ordre aux troupes annonça que l' « armée d'Afrique » n'existerait plus désormais sous ce nom, et serait remplacée par une « division d'occupation ». Ce jour même, le général Berthezène en vint prendre le commandement. Dès le lendemain, le général Clauzel s'embarquait pour la France; son pouvoir n'avait pas duré six mois.

III

Le général Berthezène semblait l'opposé du général Clauzel. Celui-ci avait des plans trop ambitieux, son successeur n'en avait pas du tout. Brave divisionnaire, on ne trouvait en lui ni l'initiative, ni l'envergure d'un général en chef. Il lui eût été difficile, d'ailleurs, avec les moyens si réduits qu'on lui avait laissés, de rien entreprendre d'important. Ne pouvant en imposer aux indigènes, il essaya de les gagner par la douceur. Ces derniers crurent à de la faiblesse et ne s'en montrèrent que plus arrogants.

Les démonstrations militaires du nouveau commandant en chef se bornèrent d'abord à quelques promenades, assez médiocrement conduites, dans la Métidja. Bientôt, cependant, il lui fallut porter son action plus loin. Le bey que le général Clauzel avait installé, bientôt après laissé seul à Médéa, était menacé par le fils de l'ancien bey, et faisait savoir qu'il était perdu si l'on ne venait à son secours. Pour répondre à cet appel, le général se mit en route, le 25 juillet 1831, avec quatre mille cinq cents hommes. A l'aller, aucune difficulté. Mais l'arrivée de l'armée à Médéa, loin d'imposer la soumission, fit éclater la révolte. Toutes les hauteurs voisines apparurent couronnées d'Arabes et de Kabyles. Vainement les Français se portèrent en avant, la masse ennemie recula lentement, pour revenir et se précipiter avec des cris de victoire sur les nôtres, aussitôt qu'elle les vit regagner leurs cantonnements. Le lendemain, elle se montra plus nombreuse et plus menaçante encore. Notre petit corps risquait d'être cerné. Pour comble, par l'imprévoyance du commandement, les vivres et les munitions commençaient à manquer. Force était de rentrer en hâte à Alger. Le bey et ceux des habitants de Médéa qui s'étaient compromis pour notre cause, sans illusion sur le sort qui les attendait après notre départ, demandèrent en grâce à suivre l'armée. On ne put les repousser, et la colonne se trouva ainsi singulièrement allongée et embarrassée. L'ennemi harcela la retraite. Il fallut marcher la nuit, pour gagner sur lui un peu de terrain. A la descente du col de Ténia, l'attaque fut si vive que le désordre se mit dans nos rangs : les soldats, n'écoutant plus la voix des chefs, se pressaient pêle-mêle pour gagner le bout du défilé; certains officiers eux-mêmes perdaient la tête; un moment, on put craindre que l'affaire ne tournât en une épouvantable déroute. Mais le général Berthezène prit un drapeau et vint le planter à l'arrière-garde, en face de l'ennemi; quelques braves se groupèrent autour. De leur côté, le commandant Duvivier et le capitaine de la Moricière, noms déjà populaires et bientôt illustres dans l'armée d'Afrique, tenaient ferme avec leurs hommes qu'ils avaient su préserver de la panique. L'ennemi, d'ailleurs, combattait avec une fantaisie trop désordonnée pour pouvoir profiter de ses avantages. La foule des fuyards eut ainsi le temps de gagner un plateau où elle reforma tant bien que mal ses rangs. Nouvelle alerte et nouvelle confusion plus bas, au passage de la Chiffa. Enfin, le 5 juillet, la petite armée était rentrée à Alger. On avoua cent vingt morts et deux cent soixante-dix blessés. Le public soupçonna, probablement avec raison, que les pertes réelles avaient été plus considérables. En tout cas, l'effet moral fut fâcheux : non-seulement le but de l'expédition était complétement manqué, mais, pour la première fois, l'uniforme français avait reculé devant le burnous.

De Médéa, l'insurrection, encouragée par ce premier succès, gagna l'Atlas, s'étendit dans la Métidja et vint battre les murs d'Alger. Un moment, ce fut comme une poussée formidable pour nous jeter à la mer. La terreur régnait dans la ville. Mais les tribus ne savaient pas agir avec ensemble et persistance. Après plusieurs engagements où nos troupes eurent généralement l'avantage, sans porter toutefois à l'ennemi un coup décisif, cette violente tourmente parut s'apaiser d'elle-même. Suivant leur habitude, les Arabes avaient dû rentrer chez eux, après avoir bataillé pendant quatre ou cinq jours. Nul cependant ne pouvait se flatter qu'ils fussent soumis. Même dans la campagne la plus proche de la ville, toute sécurité avait disparu. Les colons qui s'y étaient établis abandonnaient leurs maisons et leurs plantations. Quant à l'armée française, elle était renfermée dans ses lignes, réduite à la défensive, épuisée de fatigue, décimée par la fièvre, attristée du maigre résultat de ses efforts, en défiance de son chef. Aussi fut-ce sans regret qu'elle le vit, le 26 décembre 1831, après dix mois de commandement, remettre ses pouvoirs au général Savary, duc de Rovigo, qui venait d'être envoyé de Paris pour le remplacer.

IV

Le duc de Rovigo arrivait avec des pouvoirs notablement réduits. Casimir Périer, alors premier ministre, lui avait retiré toute l'administration civile, pour la confier à un fonctionnaire indépendant de l'autorité militaire. Dualité bizarre qui devait engendrer fatalement des conflits, et à laquelle il fallut renoncer au bout de quelques mois. Pour n'être pas heureuse, cette mesure n'en était pas moins la première tentative du pouvoir central en vue d'organiser nos possessions algériennes, le premier indice qu'il se préoccupait d'en tirer parti. Les ministres paraissaient cependant encore fort incertains ou fort embarrassés, quand on leur demandait, dans les Chambres, s'ils étaient résolus à rester en Afrique. « Le gouvernement fera tout ce qu'il doit pour l'honneur ou la dignité de la France [1] », disait le maréchal Soult, qui d'ailleurs voyait cette guerre d'un œil peu favorable. Ou bien encore : « Il ne m'est pas possible de répondre d'une manière péremptoire ; je ne puis pas dire positivement ce qu'il adviendra. Le fait est que nous occupons Alger, et qu'aucune des dispositions du gouvernement ne peut faire présumer qu'il ait l'intention de l'abandonner [2]. » Ce ne fut que devant le mauvais effet produit par cette échappatoire, que Casimir Périer se décida à déclarer que « toutes les précautions étaient prises pour que l'occupation militaire fût forte, pour qu'elle subsistât, dans l'intérêt de l'honneur de la France et dans l'intérêt de l'humanité [3] ». La réserve de ce langage venait moins encore de l'incertitude des résolutions que d'une sorte de prudence diplomatique. On calomniait Louis-Philippe, quand on le soupçonnait de vouloir sacrifier l'Algérie à nos voisins d'outre-Manche ; mais il était vrai que son gouvernement, ayant besoin de l'amitié de l'Angleterre pour faire tête aux puissances continentales, jugeait utile de la ménager. Parler le moins possible de l'Algérie, et attendre patiemment que la jalousie britannique fût amortie par le temps et s'accoutumât au fait accompli, tel était le mot d'ordre donné par M. de Talleyrand, alors ambassadeur à Londres. Les ministres français s'y conformaient ; ils le dépassaient même ; car, s'ils ne parlaient pas de l'Algérie, ils ne semblaient guère y penser davantage.

Ancien ministre de la police sous Napoléon Ier, le duc de Rovigo passait pour être autoritaire, énergique, volontiers implacable, sans répugnance pour l'arbitraire, étranger à toute sentimentalité humanitaire ou libérale. Il s'était donné pour tâche de reprendre l'autorité que son prédécesseur avait laissé perdre. L'un de ses premiers actes fut de faire établir, dans la

---

[1] Séance de la Chambre des pairs du 1er mars 1831.
[2] *Id*. du 20 mars 1832.
[3] *Id*. du 21 mars 1832.

banlieue d'Alger, une série de petits camps retranchés, occupés par des détachements et reliés par une route. Les travaux furent pénibles; pénible aussi fut l'existence dans les camps; il y eut un moment jusqu'à quatre mille malades dans les hôpitaux militaires. Mais la mesure fut efficace, et les abords de la ville retrouvèrent une sécurité relative qu'ils ne connaissaient plus. Le général fut moins heureux dans sa façon de traiter les indigènes. Par réaction contre la mollesse du général Berthezène, il se montra dur, cruel même, tout en n'étant pas plus constant dans ses vues. Il y avait chez lui parti pris de répandre la terreur, plus que souci de faire justice. Les tribus coupables ou seulement suspectes étaient châtiées par le massacre et le pillage. « C'est ainsi qu'agissaient les Turcs », disait-on pour justifier ces procédés. Était-ce pour imiter les Turcs, que le duc de Rovigo faisait juger et exécuter deux chefs arabes, convaincus sans doute de trahison, mais qui ne s'étaient livrés entre ses mains que sur la foi d'un sauf-conduit? Cette perfidie exaspéra les populations plus encore qu'elle ne les intimida. De là, autour même d'Alger, une succession d'alertes, de révoltes, de surprises, de représailles presque également sanglantes et féroces des deux parts : petite guerre continuelle où notre armée se débattait sans avancer.

Sur ce fond un peu triste et monotone, un fait d'armes se détache, à cette époque, avec un éclat singulier; il a pour théâtre non plus la banlieue d'Alger, mais un point éloigné de la côte africaine. La ville de Bone, située dans le beylick de Constantine, près de la frontière de Tunisie, avait été, du temps des deys, le centre des établissements français dans les États barbaresques. Il était donc naturel que l'une des premières mesures du maréchal de Bourmont fût de faire occuper cette ville. Mais, au bout de trois semaines, la garnison française avait été rappelée à Alger. Bone, laissée à elle-même, s'était alors trouvée dans un état de demi-indépendance, en lutte constante contre les Kabyles du voisinage et contre le bey de Constantine. Dans l'été de 1831, se sentant en péril, elle réclama le secours des Français. Le général Berthezène, à la fois tenté et effrayé, s'arrêta, comme tous les esprits irrésolus, à une demi-mesure; il envoya sur les lieux le commandant Huder et le capitaine Bigot avec cent quinze zouaves indigènes. C'était trop ou trop peu. Fêtés plus ou moins sincèrement par les uns, regardés avec ombrage par les autres, les deux officiers français furent bientôt enveloppés par un réseau d'intrigues et de conspirations, puis finalement massacrés avec une partie de leurs zouaves; le reste s'échappa, en gagnant un navire dans la rade. L'un des principaux fauteurs de cette trahison, Ibrahim, ancien bey de Constantine, saisit cette occasion pour s'établir dans la kasba ou citadelle, avec une petite garnison turque.

Plusieurs mois s'écoulèrent; à Alger, on ne paraissait pas songer à châtier ce guet-apens, quand, vers la fin de janvier 1832, Bone, serrée de plus près par Ben-Aïssa, lieutenant du bey de Constantine, se vit de nouveau en danger de succomber. En cette extrémité, les habitants et Ibrahim lui-même se décidèrent à appeler encore les Français à leur aide. Le duc de Rovigo — car c'était lui qui commandait alors — répondit par l'envoi, non plus même d'une centaine d'hommes, mais seulement de deux officiers, le capitaine Yusuf, des chasseurs d'Afrique, et M. d'Armandy, capitaine d'artillerie : ils apportaient des vivres qu'ils ne devaient livrer que par petites fractions, et avaient mission de faire espérer, à bref délai, une assistance plus efficace. Mais Bone était à bout de forces, et quelques jours après l'arrivée de ce secours, le 5 mars 1832, Ben-Aïssa forçait les portes de la ville, toutefois sans s'emparer de la citadelle où Ibrahim tenait encore. Il y avait un grand intérêt français à empêcher qu'une position aussi importante ne tombât aux mains du bey de Constantine. Bien que sans troupes à leur disposition, les deux officiers n'abandonnèrent pas la partie. Tout d'abord, s'interposant entre Ibrahim et Ben-Aïssa, le capitaine d'Armandy obtint une suspension d'armes qui faisait au moins gagner quelques jours. Puis, quand Ben-Aïssa, perdant patience, eut repris les hostilités, et que la citadelle fut sur le point de succomber à son tour, d'Armandy et Yusuf se décidèrent à tenter un coup d'une singulière audace. La nuit du 26 mars, par une corde jetée du haut des murailles, ils se hissent dans la kasba, avec vingt-six matelots et deux officiers de marine empruntés à la goëlette qui les avait amenés d'Alger, imposent leur autorité à la garnison turque, d'abord plus portée à leur faire un mauvais parti qu'à leur obéir, arborent le drapeau de la France aux yeux des assiégeants stupéfaits, et s'apprêtent de leur mieux à repousser leur assaut. A cette vue, Ben-Aïssa, désespérant d'emporter la citadelle ainsi défendue et de se maintenir dans Bone sous le canon français, évacue la ville, après l'avoir pillée, saccagée, brûlée, et avoir forcé les habitants à fuir devant lui. Quoique momentanément en ruine, Bone se trouvait en nos mains. Huit jours après, des renforts arrivaient d'Alger, et, un peu plus tard, un petit corps de troupes était envoyé de Toulon, sous le commandement du général Duzer. Commencée comme une aventure de chevalerie, cette conquête fut conservée et affermie avec une sagesse habile. Au bout de quelque temps, grâce à la fermeté équitable et même généreuse avec laquelle le général Duzer traita les tribus, une paix relative régna aux abords de la ville, et, sur ce point, notre domination ne devait plus jamais être en péril.

Le duc de Rovigo n'avait été pour rien dans ce succès : tout s'était passé en dehors de sa sphère d'action et à peu près à son insu. Du reste, le commandement supérieur à Alger allait, pour la quatrième fois depuis trois ans, changer encore de main. Le 4 mars 1833, le général s'embarquait pour la France, afin d'y faire soigner une affection cancéreuse dont il souffrait à la gorge. Il croyait revenir bientôt en Afrique; mais le mal s'aggrava et l'emporta en quelques semaines.

V

La mort du général de Rovigo forçait le gouvernement à s'occuper des affaires algériennes. Le cabinet du 11 octobre, alors en fonction, n'avait, sur ce sujet, guère plus d'idées arrêtées que ses prédécesseurs. Il proclamait sans doute, dans les Chambres, avec une netteté qui n'était pas sans effaroucher l'Angleterre, que « la France n'était liée, en cette matière, par aucune convention secrète », et qu'elle restait « parfaitement maîtresse de faire d'Alger ce qui paraîtrait conforme à son honneur et à ses intérêts » ; mais, sur la façon d'user de cette liberté d'action, le langage demeurait incertain et vague. Le maréchal Soult, ministre de la guerre, déclarait que le gouvernement n'avait « jusqu'à présent » aucune intention d'évacuer Alger, mais il évitait de se dire décidé à une installation définitive; à plus forte raison ne se prononçait-il pas sur l'étendue à donner à l'occupation. Toutefois il y avait un progrès : si le gouvernement n'avait pas encore d'opinion faite, il commençait à mieux sentir la nécessité de s'en faire une. L'ordre rétabli à l'intérieur, la paix affermie au dehors lui laissaient l'esprit plus libre; il était résolu à en profiter pour examiner à fond la question algérienne et prendre enfin un parti. En attendant, et afin de ne pas préjuger le résultat de cet examen, il ne nomma pas un nouveau commandant en titre, à Alger ; il se borna à proroger les pouvoirs du général Voirol, déjà chargé, pendant la maladie du duc de Rovigo, d'exercer le commandement par intérim. Cet intérim devait durer dix-sept mois, c'est-à-dire plus longtemps que tous les commandements jusqu'alors proclamés définitifs.

Administrateur habile et laborieux, le général Voirol fit faire, pendant ces dix-sept mois, de grands et féconds travaux aux alentours d'Alger : construction d'un réseau de routes, desséchement de marais, établissement de camps retranchés. En même temps, sans retomber dans la faiblesse irrésolue du général Berthezène, il s'attacha à inspirer confiance aux indigènes, à multiplier leurs rapports avec les Européens. Il fut grandement secondé, dans cette œuvre, par le capitaine de la Moricière, qui venait d'être appelé à la tête du premier « bureau arabe ». Ce bureau, à la création duquel on était arrivé, peu à peu, par une série de tâtonnements, avait dans ses attributions la police et l'administration des territoires occupés par les indigènes. Placer ces derniers sous l'autorité de fonctionnaires civils eût été le meilleur moyen de n'obtenir d'eux ni obéissance ni respect ; les laisser à la discrétion des divers commandants de troupes en campagne eut été les soumettre à un pouvoir très-arbitraire et très-changeant. Avec le bureau arabe, l'autorité demeurait aux mains d'un officier, mais cet officier s'était fait administrateur : sorte de transition entre le régime des camps et celui de la cité. En 1833, le bureau arabe n'avait pas encore toute l'importance qu'il prendra avec le temps et qui en fera « la véritable cheville ouvrière de la conquête française [1] » ; toutefois, grâce à l'action personnelle de son premier chef, son rôle était déjà considérable. Mêlé depuis l'origine aux plus rudes combats de l'armée d'Afrique, l'un des créateurs des zouaves, la Moricière avait acquis de la langue, des mœurs et du caractère arabes, une connaissance qu'aucun autre officier ne possédait alors au même degré. Il avait tout pour exercer sur ces populations une action considérable : physionomie ouverte et martiale, œil ardent éclairant un visage bruni par le soleil, belle tournure à cheval, parole vive et soudaine, joyeuse et impétueuse intrépidité qui s'alliait à beaucoup de sang-froid et de finesse, loyauté chevaleresque. Payant volontiers de sa personne, s'amusant même des incidents pittoresques de cette vie si nouvelle, tantôt le chef du bureau arabe donnait ses audiences au pied d'un palmier, en pleine Métidja, tantôt il allait seul trouver à cheval des tribus douteuses, les séduisait par la témérité même de sa confiance, et revenait escorté de leurs cavaliers en grand costume, qui lui donnaient la *fantasia* et faisaient « parler la poudre » en son honneur. Ces succès personnels profitaient à la cause française, et, par moments, on pouvait presque croire accompli un rapprochement qui semblait naguère impossible. Des Européens commençaient à s'établir aux abords d'Alger et se mêlaient aux Arabes dans les marchés de la plaine. Pour la première fois, on voyait des ouvriers indigènes travailler, côte à côte, avec les Français, pour la construction des routes. Mieux encore, des contingents d'Arabes amis

---

[1] *Une réforme administrative en Algérie,* par le prince Albert DE BROGLIE.

faisaient campagne, avec nos troupes, contre les rebelles. Sans doute, malgré ce progrès réel, ce n'était pas encore la paix définitive. Au moment même où l'on croyait tout tranquille, la Métidja redevenait subitement houleuse; le moindre incident ou seulement la fantaisie pillarde de quelque tribu faisait passer partout un souffle de guerre, et force était alors à notre armée de reprendre, autour d'Alger, la série monotone, fatigante et trop souvent stérile de ses promenades militaires et de ses campagnes de détail.

Vers cette même époque, à la fin de septembre 1833, une expédition plus importante fut dirigée directement de Toulon sur une autre partie de la côte algérienne. Il s'agissait de s'emparer de Bougie. Cette ville, située environ à mi-chemin entre Bone et Alger, adossée aux hautes et âpres montagnes de la Kabylie, entourée de populations aussi farouches et aussi inhospitalières que le pays, sans commerce maritime, sans débouchés par terre, ne semblait pas être un des points qu'il était le plus urgent d'occuper. Mais divers incidents avaient, malgré le sentiment contraire du général Voirol, fait décider l'expédition. Les Kabyles opposèrent une résistance acharnée. Il fallut conquérir la ville, maison par maison, jardin par jardin : lutte pénible qui se prolongea pendant sept jours. Ce ne fut pas tout : de nouveaux combats durent ensuite être livrés pour occuper, autour de la ville, les positions où le génie voulait établir des travaux de défense. Nos troupes finirent par l'emporter. Les avantages à recueillir étaient-ils en rapport avec ce grand effort? Ils devaient, en tout cas, se faire beaucoup attendre : pendant longtemps, Bougie, sans cesse attaquée par les populations voisines, sans communication avec les autres points occupés par l'armée française, ne sera pour celle-ci qu'un sanglant et stérile champ de bataille.

VI

L'expédition de Bougie était un incident isolé; les événements qui s'accomplissaient, à cette même époque, dans l'ouest de l'ancienne Régence devaient avoir des conséquences autrement graves sur l'ensemble des affaires algériennes. L'importance politique, commerciale et même historique d'Oran avait, dès le début, attiré l'attention des chefs de l'armée française. Occupée, pendant quelques semaines, en juillet et août 1830, cette ville avait été réoccupée, au mois de décembre de la même année, par ordre du général Clauzel. La faiblesse de la garnison, réduite d'abord à un seul régiment, ne lui avait pas permis, dans les premiers temps, de s'aventurer à quelque distance des murs de la place. Le reste du beylick semblait donc à la disposition du premier qui s'en emparerait. Le sultan de Maroc crut l'occasion bonne pour étendre de ce côté son empire. Ses agents se répandirent par toute la province, excitant les populations contre les Français, leur faisant prendre les armes, levant des impôts, tâchant surtout de s'implanter dans le pays. Les Arabes leur faisaient bon accueil, bien que parfois révoltés de leurs déprédations. Seuls, les Turcs et les Coulouglis[1], demeurés maîtres des citadelles de Tlemcen et de Mostaganem, tenaient les portes de ces places fermées aux Marocains, qui eussent bien voulu se les faire ouvrir par intrigue ou par force. Si peu décidé que fût encore le gouvernement français sur ce qu'il ferait en Algérie, il ne pouvait voir ces menées d'un œil indifférent. A défaut d'action militaire sur les lieux mêmes, il usa du moins de représentations diplomatiques auprès du sultan de Maroc. En mars 1832, un envoyé extraordinaire, appuyé par une escadre, mit en demeure ce prince de rappeler ses agents et de renoncer à toutes ses pré-

---

[1] On appelait ainsi les métis nés de l'union des Turcs et des femmes indigènes.

tentions sur la province d'Oran. Intimidé par cette démarche, le sultan nous donna satisfaction sur ces deux points.

Les Marocains éloignés, il semblait que les Arabes, livrés à eux-mêmes, ne dussent pas être bien redoutables. N'allaient-ils pas retomber dans leur morcellement et leur anarchie traditionnels, et ne verrait-on pas recommencer, entre les diverses tribus, une succession ininterrompue d'attaques, de représailles, de pillages réciproques? Mais les grands de la province, éclairés par leur haine nationale et religieuse contre les roumis, comprirent la nécessité de suppléer à la direction qu'ils ne pouvaient plus attendre du sultan de Maroc. Réunis à Mascara, en avril 1832, ils résolurent à l'unanimité de se donner un chef. Leur choix ne tomba pas sur l'un des membres de l'aristocratie militaire, mais sur un vieux marabout nommé Mahi-ed-Dine, réputé pour sa sainteté et se disant descendant du Prophète. Le chef élu répondit aussitôt à la confiance dont il était l'objet, en appelant les tribus à la guerre contre l'infidèle et en les menant à l'assaut des forts extérieurs d'Oran. Repoussé, il ne se découragea pas, et tenta bientôt après de nouvelles attaques. En même temps, il donnait partout le mot d'ordre d'isoler les Français, de faire le vide et la famine autour d'eux.

Cependant, au bout de quelques mois, Mahi-ed-Dine se rendit compte qu'il était trop vieux pour un tel rôle. En novembre 1832, il réunit les grands auprès de Mascara, et leur fit accepter, à sa place, son plus jeune fils qui venait de se distinguer par son intrépidité, dans les récents combats. C'était un jeune homme de vingt-quatre ans, d'une figure longue et régulière, avec une barbe noire coupée en pointe, un teint pâle et mat, un nez aquilin, et des yeux bleus bordés de longs cils bruns; la main était maigre, nerveuse et remarquablement blanche, le pied très-fin; on n'entendait pas sans en être frappé le timbre sonore et grave de sa voix. Quoique de petite taille, il était vigoureux, infatigable, et gardait toujours une rare dignité de maintien. Deux qualités fort différentes lui donnaient un grand prestige aux yeux des Arabes : il était incomparable cavalier et éloquent à l'égal des premiers orateurs. Ses yeux ordinairement baissés, sa physionomie ascétique, le rigorisme affecté de son costume semblaient plus d'un dévot que d'un guerrier. Des légendes circulaient sur les prédictions de grandeur qui lui auraient été faites lors de son pèlerinage à la Mecque. Il s'appelait Abd-el-Kader.

A peine acclamé par les grands, l'émir — c'est le titre qu'il prit[1] — montra qu'il entendait être non-seulement un chef de combat, mais aussi un chef de gouvernement. Il fit annoncer à toutes les tribus qui n'avaient jamais entendu pareil langage, qu'il allait parcourir le beylick, pour rétablir l'ordre, punir les injustices des forts envers les faibles, percevoir les impôts et former une armée. Sagace et résolu, quelquefois sévère, presque toujours juste, séduisant et imposant, merveilleusement habile à manier les hommes et à remuer les foules, il sut éteindre les rivalités des tribus, désarmer ou dominer les jalousies ombrageuses des grands, faire accepter un joug et une règle à cette race indisciplinée, et révéla, dès le premier jour, sur un théâtre restreint, mais difficile entre tous, les qualités qui distinguent les dominateurs des peuples.

Abd-el-Kader exerçait son pouvoir depuis quelques mois, quand, le 23 avril 1833, le général Desmichels fut appelé à la tête de la division d'Oran; celle-ci venait d'être renforcée et comptait un peu plus de quatre mille hommes. Résolu à sortir de la défensive où l'on s'était renfermé avant lui, le nouveau commandant rencontra dans l'émir un adversaire prompt à relever et même à devancer ses défis. De là, une succession de combats, quelques-uns acharnés et sanglants. Nos soldats, bien conduits par leur chef, finissaient toujours, non sans courir quelquefois de réels dangers, par avoir le dessus; ils étendaient même les possessions françaises par l'occupation de deux points importants de la côte, le port d'Arzeu et la ville de Mostaganem. Mais, au lendemain de chacune de ses défaites, l'infatigable Abd-el-Kader reparaissait suivi d'autres contingents. Tout en nous faisant ainsi tête, il savait contenir, par ses menaces, les

[1] On lui avait d'abord donné le titre de sultan; il préféra celui d'émir, par ménagement pour le sultan de Maroc.

tribus qui paraissaient tentées d'entrer en relation avec nous, et trouvait moyen, par force ou par diplomatie, d'élargir chaque jour davantage le cercle où s'exerçait son autorité.

Pendant que l'émir ne semblait pas souffrir de ses défaites, nous ne gagnions rien à nos victoires; au contraire, elles nous épuisaient : le premier résultat de l'occupation d'Arzeu et de Mostaganem avait été de diminuer la portion mobile de la division, et de rendre plus difficile toute nouvelle opération offensive. De renforts, il ne fallait pas en espérer; le ministère était, dit-on, plutôt enclin à rappeler une partie des troupes. Voyant dès lors que la petite guerre était stérile et la grande impossible, le général Desmichels en vint à se demander s'il ne vaudrait pas mieux essayer de transformer en allié un ennemi si difficile à soumettre. Le revirement de son esprit fut prompt et complet : il se montra bientôt aussi impatient de traiter avec l'émir qu'il l'avait été naguère de le réduire par les armes.

Dès le 6 décembre 1833, il saisit le prétexte d'une demande de restitution de prisonniers, pour faire lui-même des ouvertures de paix et proposer une entrevue à Abd-el-Kader. Ce fut, pour ce dernier, l'occasion de révéler son habileté diplomatique. Tout d'abord, afin de flatter l'orgueil des musulmans et de se grandir à leurs yeux, il s'appliqua à bien mettre en lumière ce fait que la paix était demandée par les chrétiens. Exploitant, avec beaucoup de finesse, l'impatience d'en finir qu'il devinait chez le général, il l'énerva et l'inquiéta par son silence, par ses airs de ne pas comprendre; en même temps il lui faisait parvenir, au moyen de Juifs à sa dévotion, des insinuations qui l'empêchaient de se décourager tout à fait et l'entretenaient dans son dessein. Puis, quand il le crut arrivé à l'état psychologique qu'il désirait, il consentit à entrer en négociations, sans toutefois se prêter à une entrevue directe, ne procédant que par envoyés, et manifestant, dès le début, sous une forme modérée et presque caressante, les plus exorbitantes prétentions.

Le général Desmichels avait informé le ministre de la guerre de son désir de s'entendre avec Abd-el-Kader. L'idée n'était pas pour déplaire à Paris, où l'on cherchait toujours plutôt à limiter qu'à étendre la guerre africaine. Seulement, on comprit tout de suite le danger de trop grandir l'émir, et, après réflexion, le ministre de la guerre expédia à Oran des instructions autorisant à investir Abd-el-Kader du titre de bey et à le laisser commander à plusieurs tribus, mais à la condition qu'il reconnaîtrait la souveraineté de la France, prêterait hommage au Roi, payerait un tribut annuel et enverrait des otages. Avant même que ces instructions fussent arrivées, le général Desmichels, pressé d'en finir et craignant toujours que la paix désirée ne lui échappât, avait consenti à des conditions bien différentes. Dans le traité signé par lui, le 26 février 1834, aucune reconnaissance explicite de la souveraineté de la France, aucune stipulation de tribut. L'article 1ᵉʳ se bornait à dire : « Les hostilités entre les Français et les Arabes cesseront. Le général commandant les troupes françaises et l'émir ne négligeront rien pour faire régner l'union et l'amitié qui doivent exister entre deux peuples que Dieu a destinés à vivre sous la même domination. A cet effet, des représentants de l'émir résideront à Oran, Mostaganem et Arzeu. De même, pour prévenir toute collision entre les Français et les Arabes, des officiers français résideront à Mascara. » L'article 4 stipulait « pleine et entière liberté du commerce ». D'après l'article 5, les déserteurs de l'armée française devaient être ramenés par les Arabes, mais nous nous engagions à livrer à l'émir les malfaiteurs de son territoire qui se réfugieraient sur notre sol. Enfin, l'article 6 obligeait tout Européen voyageant dans l'intérieur des terres à se munir d'un passe-port de l'émir. Vaincus, nous n'eussions pu reconnaître de plus grands avantages à notre adversaire. Ce n'était pas tout. Au cours des négociations, le général Desmichels avait fait remettre à Abd-el-Kader un papier contenant les conditions proposées par la France, telles à peu près qu'elles devaient figurer dans le traité signé quelques jours plus tard; au reçu de cette note, l'émir avait, de son côté, écrit sur un autre papier les conditions qu'il eût désiré voir acceptées, et qui étaient fort différentes, parfois même absolument opposées. L'article 1ᵉʳ de cette contre-note réservait aux Arabes toute liberté pour le commerce de la poudre et des armes. L'article 2 portait : « Le commerce de la Merza-Arzeu sera sous le gouvernement du prince des croyants, comme par le passé et pour toutes les affaires. Les cargaisons ne se feront pas autre part que dans ce port. Quant à Mostaganem et Oran, ils ne recevront que les marchandises nécessaires au besoin de leurs habitants. » L'article 3 stipulait que « le général commandant à Alger n'aurait pas de pouvoir sur les musulmans qui viendraient auprès de lui, avec le consentement de leurs chefs ». Cette note écrite, Abd-el-Kader la confia, avec la note française sur laquelle il avait mis son cachet, à l'habile personnage qu'il chargeait de suivre les négociations. Celui-ci devait rendre aux Français le texte ainsi approuvé de leurs conditions, mais en même temps employer toute son adresse à obtenir que le général Desmichels apposât également son sceau sur la note arabe où l'émir avait formulé d'autres conditions. Le général ne se rendit-il pas compte de ce que renfermait ce papier? crut-il que c'était une pièce sans valeur, intéressante seulement pour l'histoire du traité? se figura-t-il que l'apposition d'un cachet ne valait pas une signature, et ignorait-il que c'était au contraire le seul témoignage d'authenticité admis par les Arabes? ou bien enfin, dans son impatience de conclure, ne regardait-il plus aux concessions? Toujours est-il que l'envoyé de l'émir put rapporter à son maître la note arabe portant l'empreinte d'un sceau français, et mettre ainsi entre ses mains l'instrument d'un traité secret qui aggravait singulièrement les clauses, déjà pourtant fort onéreuses pour nous, du traité apparent. Comme l'a écrit plus tard le général Daumas, c'était « le triomphe complet de l'astuce barbare sur l'ignorance civilisée ».

Pour comble de légèreté, le général Desmichels ne parla pas de cet incident à son gouvernement et ne lui communiqua que le texte du traité proprement dit. Il était déjà assez embarrassé de faire savoir à quel point il s'était écarté, dans ce traité, des conditions prescrites par les instructions du ministre. La première impression à Paris fut en effet défavorable. Cependant on y désirait tellement la pacification, que, malgré tout, le traité fut ratifié. A l'épreuve, d'ailleurs, il parut d'abord produire, en Afrique, d'heureux résultats; les relations se multipliaient entre chrétiens et musulmans; les antipathies s'atténuaient, et l'annonce de la liberté du commerce semblait devoir donner une grande impulsion aux affaires. Mais à peine avait-on commencé à jouir de cette détente que des difficultés s'élevèrent. A Arzeu, des négociants français se trouvèrent en conflit avec les agents d'Abd-el-Kader : les premiers croyant pouvoir invoquer la liberté du commerce stipulée dans le traité public, les seconds défendant le monopole qu'Abd-el-Kader s'était réservé dans sa note secrète. Toujours par application des clauses de cette même note, les représentants de l'émir prétendaient, en pleine ville d'Oran, exercer leur juridiction sur les musulmans. Les Français, qui ignoraient l'existence de ces clauses, ne comprenaient rien à des actes qui leur paraissaient la violation formelle du traité, et adressaient à qui de droit leurs pressantes réclamations. Le général Desmichels, comprenant trop tard dans quel piége il était tombé, mais ne voulant pas livrer le secret de sa faute, ne répondait à toutes les demandes d'explications que par des équivoques et des échappatoires. Du reste, par un étrange amour-propre, loin d'en vouloir à celui qui l'avait dupé, il semblait ne s'en intéresser que davantage à sa fortune. Précisément à cette époque, l'émir courait un grand péril : l'empire qu'il avait cherché à élever était menacé de dissolution par la révolte de l'aristocratie guerrière des tribus; celle-ci, au fond, jalouse de l'ascendant conquis sur toute la nation par un simple fils de marabout, lui reprochait, comme une insulte à la loi du Prophète, la paix conclue avec les chrétiens. Au lieu de profiter d'une occasion si favorable pour ressaisir ce qu'il s'était laissé surprendre, le général Desmichels ne montra qu'un souci : venir au secours de l'émir. Et quand, en juillet 1834, celui-ci eut surmonté cette redoutable crise, à force de courage et d'habileté, le canon d'Oran célébra sa victoire comme une victoire française. Ce ne fut pas encore assez : vers le même temps, Abd-el-Kader, toujours occupé à étendre sa domination, et voulant tâter si le général Voirol ne se montrerait pas, lui aussi, de facile composition, l'informa qu' « après avoir pacifié la partie occidentale de la Régence, il allait porter également l'ordre et la sécurité dans les provinces de Titteri et d'Alger ». Le général, qui était en méfiance, fit répondre à l'émir qu'il le croyait trop sage pour mettre en péril, en sortant du beylick d'Oran, ses relations nouvelles avec la France. Au ton de cette réponse, Abd-el-Kader comprit que, pour le moment, il ne fallait pas pousser plus loin de ce côté; mais, voulant se venger du général Voirol, il l'accusa, auprès du général Desmichels, d'avoir tenu contre ce dernier des propos blessants. Le commandant d'Oran donna dans ce nouveau piége, et, afin de remercier l'émir de son bon procédé, il lui promit de le rendre grand, bien au delà de ses désirs, ajoutant que, pour le faire régner du Maroc à Tunis, il n'attendait que le prochain départ du général Voirol. Abd-el-Kader devait sans doute à son génie la plus grande part de ses étonnants succès; mais n'en était-il pas aussi redevable à l'incroyable aveuglement de l'homme qui représentait alors la France en face de lui?

VII

Pendant que, avec une volonté si nette et si persévérante, Abd-el-Kader élevait contre notre domination en Afrique le plus redoutable obstacle qu'elle dût rencontrer, le gouvernement français en était encore à délibérer sur le point de savoir s'il fallait maintenir cette domination. Une telle incertitude étonne aujourd'hui où nous savons tout ce que l'Algérie renfermait de promesses. Mais il faut se représenter la situation comme elle apparaissait en 1834. Elle n'avait rien d'encourageant. Force était bien de s'avouer qu'après cinq années d'efforts, on n'avait rien gagné : les Arabes se montraient plus réfractaires que jamais à la civilisation chrétienne; l'armée française, toujours à peu près bloquée dans quelques villes de la côte, n'était pas plus avancée qu'au lendemain de la prise d'Alger; les résultats économiques ne semblaient pas moins nuls : ni commerce, ni colonisation, car on ne pouvait appeler de ces noms la spéculation de bas étage qui s'était abattue sur Alger. Apercevait-on quelque indice d'amélioration? Ce n'était pas l'œuvre accomplie, en ce moment même, par Abd-el-Kader, qui allait rendre l'assimilation plus facile ou la résistance moins formidable. Le succès militaire n'était évidemment possible qu'à la condition d'un immense effort, et personne alors n'osait seulement le proposer. Y aurait-il d'ailleurs chance d'être payé de cet effort? Sur ce point, les pronostics des économistes étaient absolument désespérants. A les entendre, aucune possibilité de colonisation, puisque l'ancienne Régence, partout habitée, bien que mal habitée, n'avait pas de terres libres à offrir aux colons, et que la France, de son côté, n'avait pas de colons à exporter; aucun élément de commerce, puisque l'on ne cultivait pas, dans ce pays, les produits ayant fait la fortune des autres colonies, et que le sol était à jamais stérilisé par le détestable régime de la vie nomade et de la propriété collective. Fallait-il donc indéfiniment batailler sans avancer, et continuer à s'imposer une charge sans compensation? Au début de certaines entreprises longues et difficiles, alors surtout que la nation s'y trouve engagée par des événements qu'elle n'a ni prévus ni conduits, il est ainsi des heures obscures où l'on se demande si persister est sagace persévérance ou obstination aveugle; on a peine à discerner s'il s'agit d'une aventure téméraire dans laquelle le courage consiste à s'arrêter, ou bien d'une de ces campagnes laborieuses, mais fécondes, chances offertes par la Providence aux peuples qui savent acheter les avantages de l'avenir par les sacrifices du présent.

C'était, on le sait, pour se réserver le temps d'éclaircir et de résoudre ce problème, qu'en juin 1833, le ministère du 11 octobre n'avait pas nommé de successeur définitif au duc de Rovigo. Dès le mois de juillet, une commission d'enquête, composée de pairs, de députés et d'officiers, avait reçu mission d'étudier, sur les lieux, toutes les questions relatives aux possessions africaines. Pendant trois mois, elle avait parcouru les parties de la Régence occupées par nos troupes, non sans entendre parfois siffler les balles arabes. Les rapports sortis de cette exploration avaient été ensuite soumis, en décembre de la même année, à une commission supérieure de dix-neuf membres, présidée par le duc Decazes et composée également de pairs, de députés et d'officiers. Par dix-sept voix contre deux, celles de deux députés, M. Hippolyte Passy et M. de Sade, la commission avait conclu que « l'honneur et l'intérêt de la France lui commandaient de conserver ses possessions sur la côte septentrionale de l'Afrique ». Tout en « réservant les droits de la France à la souveraineté de la Régence entière », elle déclarait qu'il convenait de « borner, pour le moment, l'occupation militaire aux villes d'Alger et de Bone avec leurs avant-postes, ainsi qu'aux villes d'Oran et de Bougie ». L'armée d'occupation devait être de vingt et un mille hommes, avec des auxiliaires indigènes, ce qui supposait une réduction de dix mille hommes sur le chiffre des troupes alors en Afrique. Les autres conclusions de la commission portaient sur la nomination d'un gouverneur général, d'une commission d'administration, et sur les attributions qu'il convenait de leur conférer.

Cette décision, si longuement et si solennellement préparée, pouvait-elle être enfin considérée comme acquise? Non. Les deux membres de la minorité qui avaient voté, dans la commission supérieure, contre la conservation de nos possessions africaines, prétendaient prendre leur revanche à la Chambre, lors de la discussion des lois de finances. Ils réussirent tout d'abord à faire partager leurs vues à la majorité de la commission du budget. L'un des deux, M. Passy, fut chargé du rapport sur les dépenses du ministère de la guerre, auquel ressortissaient les affaires algériennes. Après y avoir exposé que l'occupation coûtait au moins trente millions par an, et rapportait à peine quinze cent mille francs, il se demandait si l'on trouverait un jour l'équivalent de ces sacrifices : on ne le pourrait qu'à deux conditions, ou la civilisation de la population indigène, ou la colonisation du territoire; M. Passy déclarait l'une et l'autre impossibles : « Nous avons mis fin à la piraterie, concluait-il; il faut assurer la permanence de ce bienfait, mais ne pas se croire obligé à persister dans une conquête onéreuse. »

Ce rapport fit du bruit. La question se trouvait posée devant le public, avec une netteté qu'elle n'avait pas eue jusqu'ici. Les uns prenaient parti dans un sens ou dans l'autre; beaucoup, ignorants ou indécis, cherchaient la lumière ou attendaient une direction. La thèse du rapport fut combattue par la plupart des journaux, entre autres par le *Journal des Débats*, le *Constitutionnel* et le *National*. Elle rencontra plus de faveur dans certaines régions de la bourgeoisie parlementaire. Celle-ci était d'autant plus accessible aux arguments de M. Passy que sa nature la portait peu vers les vastes et hardis desseins, vers les spéculations politiques à longue échéance. Économe et prudente, elle avait les défauts de ses qualités : son économie devenait parfois de la mesquinerie, et sa prudence de la couardise; elle avait la vue courte et le cœur étroit. Si la bourgeoisie était peu favorable à la conquête africaine, celle-ci avait pour elle l'instinct national, puissant, quoique peu raisonné, et en tout cas malaisé à braver. Cet instinct n'avait pas toujours réponse aux objections des économistes, mais il était dominé par cette idée simple qu'un recul serait une diminution de la France; il ignorait ce que serait l'Algérie et à quel type de colonie elle se rattacherait, mais il y pressentait une extension de notre empire et un agrandissement de notre rôle dans le monde.

Telles étaient les idées qui agitaient l'opinion, quand, le 28 avril 1834, s'ouvrit, à la Chambre, la discussion sur les articles du budget de la guerre relatifs à nos possessions africaines : elle se prolongea pendant cinq jours, très-attentivement suivie par le public. Plusieurs orateurs se prononcèrent hautement contre la continuation et même contre la conservation de la conquête. « Je donnerais volontiers Alger pour une bicoque du Rhin », s'écriait M. Passy. M. Dupin fut le plus véhément de tous. A l'entendre, l'occupation d'Alger n'avait servi jusqu'ici qu'aux tripotages les plus suspects, et c'étaient les spéculateurs qui prétendaient obliger le pays à s'armer pour faire valoir leurs spéculations. Il déclarait la colonisation une chose absurde : « Point de colons, disait-il, point de terres à leur concéder, point de garanties surtout à leur promettre. » Et il concluait, aux applaudissements d'une bonne partie de la Chambre : « Réduisons les dépenses à leur plus simple expression, et hâtons le moment de libérer la France d'un fardeau qu'elle ne pourra et qu'elle ne voudra pas porter longtemps. » L'Algérie trouva des avocats nombreux. Bien qu'aucun d'eux n'eût autant que M. Dupin l'oreille de la Chambre, celle-ci ne laissait pas que d'être frappée de ce fait, que tous les membres de la commission d'enquête, ayant, en cette qualité, visité nos possessions d'Afrique, se déclaraient pleins de foi dans leur avenir, même ceux qui, comme M. Laurence, confessaient avoir été d'abord le plus défiants. Ballottés entre ces impressions contraires, les députés manifestaient, par leur attitude même, leur indécision. Tantôt on pouvait les croire entraînés par M. Dupin, dont l'argumentation tout utilitaire répondait à leur nature d'esprit; tantôt ils semblaient ramenés à l'opinion opposée par le témoignage de M. Laurence, ou même vibraient aux sentiments d'honneur qu'invoquait M. de Lamartine. Au gouvernement il appartenait de fixer ces incertitudes; mais lui-même n'avait pas de parti arrêté, et, par un oubli singulier de son rôle, il paraissait plutôt attendre la direction de la Chambre que vouloir lui en donner une. Pendant plusieurs jours, les ministres avaient écouté les orateurs se contredire mutuellement, sans intervenir au débat, et quand le maréchal Soult se décida enfin à paraître à la tribune, ce fut pour tenir cet étrange langage : « La question principale est trop controversée, dans un système comme dans un autre, pour que, au nom du gouvernement, je puisse émettre une opinion. Une grande discussion s'est ouverte, et je ne sais encore de quel côté de la Chambre je pourrais en prendre une. Il ne m'a pas paru qu'elle se fût manifestée de telle sorte que je pusse dire au conseil : Voilà l'opinion de la Chambre, il est à présumer que c'est celle du pays. Dans cet état, je ne crois pas qu'il soit en mon pouvoir d'entrer plus avant dans la discussion. » Néanmoins, en voyant l'impression fâcheuse produite par cette sorte d'abdication, le ministre de la guerre se décida, un peu plus tard, à ajouter cette déclaration : « Il n'est jamais entré dans la pensée du gouvernement d'évacuer la Régence d'Alger. Je répète que c'est la pensée du gouvernement tout entier de conserver Alger et de ne point l'abandonner. » Le débat n'eut aucune conclusion précise. Il était convenu, entre tous ceux qui y avaient pris part, que la question n'était pas mûre pour une solution, qu'on discutait seulement afin de s'éclairer, et que les votes à intervenir sur les crédits n'impliqueraient pas approbation ou rejet des thèses formulées dans le rapport. Toutefois, quand on vit, à l'issue même de cette discussion, une majorité se former pour réduire de 400,000 à 150,000 francs le crédit demandé par le ministre en vue d'un essai de colonisation, on eut l'impression que la Chambre considérait avec peu de faveur l'entreprise algérienne, et que si elle n'osait y renoncer ouvertement, elle était du moins disposée à lui marchander mesquinement les subsides.

Si peu arrêtées que fussent ses idées, le ministère ne pouvait laisser se prolonger indéfiniment l'intérim que remplissait, depuis plus d'un an, le général Voirol. Conformément aux conclusions de la commission supérieure, une ordonnance du 22 juillet 1834 décida qu'un « gouverneur général » serait chargé de l'administration des *Possessions françaises dans le nord de l'Afrique;* — c'est le nom officiel que prenait désormais la partie de la Régence sur laquelle s'exerçait notre domination. La préparation de cette ordonnance avait amené, dans le sein du cabinet, entre M. Guizot et M. Thiers d'une part, et le maréchal Soult d'autre part, un grave conflit dont nous avons déjà eu occasion de parler[1]. Les premiers voulaient un gouverneur civil; le second, comprenant mieux les néces-

---

[1] Cf. t. II, p. 252 à 256.

sités de la situation, se refusait à faire commander trente mille soldats par un fonctionnaire étranger à l'armée. Ce conflit s'était terminé par la retraite du maréchal. Il semblait donc que la cause du gouvernement civil l'eût emporté, et l'on prononçait déjà, pour ce poste, le nom du duc Decazes, président de la récente commission supérieure. Cependant, au dernier moment, un militaire fut choisi, et le dernier de ceux auxquels on aurait pu songer; c'était le vieux général Drouet, comte d'Erlon, âgé de soixante-neuf ans. Une autre ordonnance, du 10 août, régla les divers rouages de l'administration civile au-dessous du gouverneur, et créa toute une hiérarchie judiciaire. Enfin un arrêté ministériel du 1er septembre organisa les municipalités et créa un collége. Toutes ces mesures avaient une apparence d'installation définitive qui corrigeait un peu le fâcheux effet des incertitudes et des équivoques de la discussion parlementaire. Le nouveau gouverneur semblait vouloir confirmer cette impression, quand il disait, dans sa première proclamation aux indigènes : « Le roi des Français, votre seigneur et le mien, m'a confié le gouvernement de vos contrées. Il vous considère comme ses enfants; sa force est immense. Jamais les Français n'abandonneront le sol africain. »

VIII

C'était avec regret qu'Alger avait vu s'éloigner le général Voirol. La conduite de son successeur ne fut pas de nature à diminuer ce regret. Ayant perdu, avec l'âge, beaucoup de sa vigueur de corps et d'esprit, mou et versatile, peu capable d'agir par lui-même et ne sachant pas commander aux autres, passant d'une crédulité qui le rendait dupe de Maures intrigants, à une méfiance qui lui faisait offenser et décourager ses meilleurs officiers, entre autres Duvivier, le général Drouet d'Erlon n'en imposait à personne et mécontentait tout le monde. Le moral de l'armée en souffrait. « Vous ne sauriez vous imaginer, écrivait d'Alger à cette époque un officier de mérite, combien on se chamaille ici, combien on s'y déteste, combien on s'y décrie. Moi qui connais tout le monde et toutes les affaires, et à qui chacun s'ouvre parce que je ne fais que passer, j'ai ramassé, depuis deux jours, plus de propos, plus de plaintes, plus d'accusations de toute nature, que je n'en entendrais en six mois, dans toute autre circonstance[1]. » Les Arabes de la Métidja, enhardis comme toujours par une faiblesse qu'ils avaient vite devinée, se remirent à saccager les fermes et à attaquer les détachements isolés; il fallut, en janvier et en mars 1835, recommencer, contre les tribus coupables, de petites expéditions qui furent à peu près sans résultat.

Ce n'était pas toutefois dans les environs d'Alger que se jouait alors la grosse partie : c'était dans la province d'Oran. Abd-el-Kader avait profité de la sécurité que lui garantissait le traité consenti par le général Desmichels, pour affermir son pouvoir et organiser son gouvernement. Tous les rivaux qui tentaient de s'élever contre lui se voyaient aussitôt pourchassés, vaincus, saisis et punis, avec une énergie foudroyante. Les vieilles inimitiés qui divisaient les tribus étaient étouffées. Un ordre sévère régnait partout. Administrateur improvisé, mais habile, l'émir créait des finances, formait une armée régulière et permanente qu'il faisait exercer par des déserteurs de l'armée française, accumulait des munitions et des armes qu'avec une imprévoyance inouïe nous tirions de nos propres arsenaux pour les remettre à ses agents, et établissait même des fabriques de poudre ou de fusils, dans lesquelles il cherchait à attirer des ouvriers européens. Très-attentif à se tenir au courant des choses de France, il se faisait lire nos journaux, et ceux de nos officiers qui se trouvaient en rapport avec lui avaient peine à satisfaire sa curiosité studieuse; mais, fidèle à son unique pensée, ce qu'il cherchait dans notre civilisation, c'étaient des forces pour nous combattre. Ainsi, des tronçons épars de la race indigène, Abd-el-Kader formait ce qu'on n'avait pas connu avant

---

[1] Cité par M. Camille Rousset.

lui, dans cette région, une nation et un état arabes : « œuvre obscure et ignorée du monde, a écrit le duc d'Orléans, mais qui a exigé peut-être plus de génie que des entreprises dont l'éclat a rempli l'univers[1]. »

Tout l'ancien beylick d'Oran était soumis à Abd-el-Kader, sauf la citadelle de Tlemcen que les Coulouglis se refusaient à lui livrer, et les deux ou trois points de la côte possédés par les Français. Ce domaine ne lui suffisait pas, et il nourrissait toujours le projet d'étendre son pouvoir sur les tribus des provinces de Titteri et d'Alger. Il voulut se rendre compte si le général Drouet d'Erlon serait moins résistant que le général Voirol. L'attitude du gouverneur fut d'abord très-ferme; il déclara hautement qu'Abd-el-Kader serait « traité en ennemi », s'il dépassait le Chélif qui formait la frontière de la province d'Oran. Mais, avant peu, il fut visible, à plus d'un indice, que cette fermeté ne serait pas durable. Ce n'était pas que le général changeât d'avis sur le danger de céder aux prétentions de l'émir : seulement, ne se croyant pas en état de le réduire par la force, il redoutait avant tout une rupture, et, ce qui était le plus fâcheux, le laissait voir. Abd-el-Kader, tenu au courant de cet état d'esprit par le Juif Durand, personnage avisé et retors qui lui servait d'agent, se montra d'autant plus audacieux qu'il croyait pouvoir compter sur plus de faiblesse de la part du gouverneur. Bientôt même, en avril 1835, jugeant n'avoir plus à se gêner, il franchit le Chélif, solennellement escorté des grands qui étaient venus à sa rencontre. Toutes les tribus des provinces d'Alger et de Titteri s'empressèrent à lui faire acte de soumission. Miliana et Médéa reçurent des beys de sa main. Un marabout du désert, sorte de thaumaturge fanatique, accourait du Sahara avec douze cents cavaliers, prêchant la guerre sainte contre les infidèles et leur allié Abd-el-Kader; celui-ci marcha droit sur lui et le mit en déroute. Son succès était complet, et sa domination s'étendait désormais de la frontière du Maroc jusqu'au beylick de Constantine. Son ton se haussant avec sa fortune, ses communications

---

[1] *Campagnes de l'armée d'Afrique*, p. 2.

au général d'Erlon devinrent d'une insolence à peine déguisée. Mais, à Alger, on n'avait qu'une résolution, celle d'éviter à tout prix un conflit qu'on se croyait hors d'état de soutenir. Le gouverneur se borna donc à faire porter, par un de ses officiers d'ordonnance, des propositions d'accommodement qui ne furent même pas discutées. Seulement, avec son adresse accoutumée, Abd-el-Kader s'arrangea pour traîner à sa suite, pendant plusieurs jours, l'envoyé français, qui semblait ainsi n'être venu que pour rendre hommage au nouveau maître des provinces de Titteri et d'Alger. Rien, dans la conduite du général d'Erlon, n'était fait pour contredire cette interprétation. Il faut observer, à sa décharge, que les nouvelles qui arrivaient de Paris ne devaient pas le pousser à affronter un conflit; en effet, le gouvernement, cédant aux exigences de la commission du budget, venait de s'engager à réduire prochainement l'armée d'occupation : au lieu des 31,000 hommes qui étaient alors en Afrique, le budget de 1836 n'en prévoyait que 23,000.

Il était un homme qui ne se résignait pas à laisser le champ libre à Abd-el-Kader : c'était le général Trézel, nommé commandant de la division d'Oran, à la place du général Desmichels. Celui-ci avait été rappelé, le 16 janvier 1835, à la suite d'incidents qui avaient enfin fait la lumière sur son étrange conduite, lors du traité du 26 février 1834. Bien qu'il eût reçu du gouverneur général recommandation « de ne jamais blesser en rien l'émir », le général Trézel se trouva bientôt en difficultés avec lui. Estimant, non sans raison, qu'on lui avait déjà fourni trop largement des armes et des munitions, il s'était refusé à lui en faire une nouvelle livraison. Grande irritation d'Abd-el-Kader, qui voulut se venger en faisant le vide autour des Français, et qui prescrivit aux tribus voisines d'Oran de se retirer dans l'intérieur des terres. Ceci se passait en juin 1835. L'une de ces tribus, celle des Douairs, que cet ordre blessait dans ses intérêts, ne s'y soumit pas et invoqua la protection de la France. Refuser d'entendre cet appel eût été signifier à tous les Arabes que nous abdiquions devant leur nouveau chef; aussi le général Trézel, prenant en main la cause des Douairs, adressa à l'émir des représentations qui furent très-mal reçues. Le gouverneur, épouvanté de voir s'engager un tel conflit, et ne sachant cependant quel parti prendre, se borna à recommander « qu'il ne fût rien fait jusqu'à ce qu'il eût envoyé des ordres ». Mais les événements se précipitèrent, sans égard pour ses hésitations effarées. Abd-el-Kader, résolu à agir de force contre la tribu coupable d'avoir invoqué la protection française, envoya des cavaliers saisir ses chefs, et nous signifia que « sa religion lui défendait de permettre qu'un musulman fût sous la puissance d'un chrétien ». Le défi était formel. Situation singulièrement critique pour le général Trézel : demander des ordres à Alger, il n'en avait pas le temps, et peut-être craignait-il de recevoir, de ce côté, une réponse dont l'honneur français eût à souffrir. Il engagea résolûment sa responsabilité. Sortant en armes d'Oran, il couvrit la tribu menacée et délivra les chefs déjà chargés de fers. C'était la guerre qui commençait.

Jugeant nécessaire de prendre l'offensive, le général Trézel se porte en avant, dans la direction de Mascara. Sur un effectif de sept mille hommes, la division d'Oran n'a pu en fournir, pour cette expédition, que 2,300 : encore sont-ce, pour une notable part, des étrangers, braves sans doute, mais n'ayant pas toute la cohésion et toute la discipline désirables. Un convoi, composé de vingt fourgons et de trop nombreuses voitures de cantiniers, alourdissait la colonne. Abd-el-Kader, de son côté, a tout de suite réuni une dizaine de mille hommes, dont 1,340 réguliers armés de fusils français que nous-mêmes leur avons bénévolement fournis. Le 26 juin, sur les bords du Sig, la petite armée française se heurte à l'ennemi. Le combat, fort acharné, un moment douteux, finit par tourner à notre avantage, grâce surtout à l'énergie du commandement. Mais si les Arabes ont cédé, ils n'ont pas été entamés. La situation du corps expéditionnaire devenait critique. Il se trouvait loin de sa base d'opération, n'ayant que trois jours de vivres, sans espoir de renforts, diminué de plus de deux cent cinquante hommes mis hors de combat, et plus embarrassé que jamais de son convoi sur lequel il a fallu charger les blessés. L'armée d'Abd-el-Kader, au contraire, grossie des contingents nouveaux qui lui arrivent à tous moments, s'élève à plus de seize mille hommes.

Après avoir hésité pendant un jour et fait à l'émir des ouvertures de paix repoussées avec dédain, le général Trézel se décide, le 28 juin, à regagner le port d'Arzeu, le point de nos lignes le plus rapproché : la distance est de dix lieues. Abd-el-Kader, qui, en véritable homme de guerre, a deviné notre intention, envoie d'avance une partie de ses troupes occuper les hauteurs du défilé de la Macta, par lequel devra passer l'armée française. Lui-même suit notre colonne, en la harcelant. Dans la première partie de la route, aucun accident grave. Mais, une fois engagés dans le défilé, nos soldats se voient fusillés de toutes parts. Il est midi; le soleil est de feu, la chaleur accablante. Les détachements, lancés par petits paquets pour débusquer l'ennemi des hauteurs, rencontrent des forces supérieures et sont ramenés dans la vallée. Les Arabes descendent avec eux et pénètrent dans nos rangs. Le trouble se met dans le convoi, qui s'embourbe dans un marais. La petite armée, effarée de se voir coupée, enveloppée par un cercle de feu de plus en plus étroit, se presse en désordre vers l'issue du défilé. Bientôt elle a dépassé le convoi, qui reste figé dans la boue; les conducteurs coupent les traits, abandonnant les blessés, sur lesquels les Arabes se précipitent : le massacre commence aussitôt, et, à travers le bruit de la fusillade, les cris des victimes arrivent jusqu'à la masse confuse des fuyards. Cette masse, incapable, dans son épouvante ahurie, de voir la route par où elle peut s'échapper, tourbillonne sur elle-même. C'est un moment terrible. Officiers et soldats, comme atteints de délire, prononcent des paroles incohérentes; quelques-uns, complétement nus, chantent et dansent, ou se précipitent en riant sur les Arabes; d'autres, subitement aveuglés par le soleil, se jettent dans la rivière. L'armée va-t-elle donc être anéantie tout entière? Heureusement, les soldats français du 66e, les artilleurs, les chasseurs à cheval ne se sont pas débandés. Sous la conduite du général, qui, l'âme déchirée, mais l'esprit libre, se dépense en efforts surhumains, cette poignée de braves se groupe et, entonnant la *Marseillaise*, se dispose à mourir, s'il le faut, pour donner au reste de l'armée le temps de s'échapper ; les canons, qui vomissent la mitraille à bout portant, contiennent un moment les assaillants. Grâce à ce répit, la tête de colonne parvient à sortir du défilé ; les soldats, serrés de moins près et rafraîchis par la brise de mer, reprennent un peu leurs esprits. Les Arabes, d'ailleurs, qui ont fait des pertes énormes, et dont beaucoup se sont arrêtés à piller le convoi ou à couper des têtes, ralentissent leur poursuite, en dépit des excitations d'Abd-el-Kader, qui voudrait obtenir d'eux un suprême effort. Enfin, après dix-sept heures de marche et quatorze de combat, l'armée française parvient sous les murs d'Arzeu. 280 hommes manquent à l'appel ; les blessés qui ont pu revenir avec la colonne sont au nombre de 308 ; un obusier, beaucoup d'armes et presque tout le matériel du convoi ont été perdus.

Blotties sur le rivage, les troupes étaient à ce point démoralisées, que le général Trézel, jugeant impossible de les exposer à de nouveaux combats, fit venir en hâte d'Oran les navires disponibles et y embarqua l'infanterie. La cavalerie se décida, non sans de fâcheuses hésitations, à revenir avec lui par la route de terre. Elle ne fut pas inquiétée dans ce trajet. Les Arabes, gorgés de sang et de butin, s'étaient retirés chez eux. Plus de deux mille, d'ailleurs, avaient péri.

Le général Trézel montra, dans son infortune, une touchante grandeur d'âme. Le jour même où ses troupes rentraient dans Oran, il leur fit lire un ordre où, après avoir rappelé les faits et la perte du convoi, il ajoutait : « Ces circonstances ne peuvent être imputées aux troupes ; toutes ont fait preuve de courage. Qu'on ne charge donc aucun corps du malheur de cette perte, et que l'esprit de concorde ne soit pas troublé parmi nous. Je punirai avec sévérité quiconque, par ses actes ou ses discours, jetterait un blâme injuste sur qui que ce soit, moi excepté. C'est sur le général seul que doit retomber la responsabilité des opérations de guerre qu'il ordonne. » Il écrivait, en même temps, au gouverneur : « J'ai perdu, dans ce fatal combat, des espérances qui me paraissaient raisonnables ; mais il fallait vaincre, pour qu'elles fussent réalisées... Quoi qu'il en soit, je suis oppressé par le poids de la responsabilité que j'ai prise, et me soumettrai sans murmure au blâme et à toute la sévérité que le gouvernement du Roi jugera nécessaire d'exercer à mon égard, espérant qu'il ne refusera pas de récompenser les braves qui se sont distingués dans ces deux combats. Les jours de défaite font reconnaître les hommes fermes, et je ne signalerai que ceux-là aux bontés du Roi. » Cette noble et simple attitude ne désarma pas le gouverneur, qui accabla son lieutenant sous un blâme public et lui enleva aussitôt son commandement. Mais l'opinion réagit contre ces rigueurs : au moment de s'embarquer pour la France, le général vaincu reçut d'Oran et d'Alger les témoignages d'estime les plus honorables. On rendait hommage à la façon dont « il avait voilé les torts de sa troupe, pour attirer toute l'attention et tout le blâme sur ses propres fautes, se faisant anathème pour les péchés de tous ». Ceux mêmes qui critiquaient la conduite des opérations lui savaient gré du sentiment qui l'avait fait agir : « Il était bon, disait l'un d'eux, que quelqu'un résistât enfin au flot, toujours grossissant, des concessions du gouverneur, et protestât tout haut contre le soin qu'il prend d'armer de verges de fer la main qui nous menace[1]. »

IX

A la nouvelle du désastre de la Macta, l'émotion fut très-vive en France : émotion plutôt profitable que nuisible à la cause algérienne. Le sentiment de l'honneur national dissipa beaucoup de petites hésitations, et le cri dominant fut qu'il fallait avant tout venger, contre Abd-el-Kader, l'injure faite aux armes françaises. Le ministère — c'était encore le ministère du 11 octobre, reconstitué sous la présidence du duc de Broglie —

---

[1] Cité par M. Camille Rousset.

s'associa à ce mouvement. Il décida de remplacer le général Drouet d'Erlon, incapable d'une action énergique, et qui, à ce moment même, sous l'influence du Juif Durand, songeait à acheter la paix de l'émir, en livrant les Douairs à sa vengeance. Le choix du nouveau gouverneur général fut très-significatif : une ordonnance du 8 juillet 1835 appela à ce poste le maréchal Clauzel, qui, soit comme chef de l'armée d'Afrique, soit comme député, s'était montré le partisan le plus résolu non-seulement de la conservation de la conquête, mais de la soumission de toute l'ancienne Régence. Sur ce dernier point même, ses idées personnelles dépassaient notablement celles du cabinet, telles que M. Guizot les avait exposées à la tribune, quelques semaines auparavant, dans la discussion annuelle qui s'engageait sur l'Algérie, à l'occasion du budget du ministère de la guerre [1]. Sans doute le ministre s'était prononcé beaucoup plus nettement que ne l'avait fait le maréchal Soult, l'année précédente, pour la conservation de notre conquête africaine; mais il avait ajouté que l'occupation devait être bornée, pour le moment, à la côte; c'était seulement dans l'avenir, et au cas où le développement spontané de la colonisation y obligerait, que M. Guizot avait prévu la possibilité d'une occupation plus étendue. Comment, avec de telles idées, le cabinet choisissait-il le maréchal Clauzel, qui, de plus, était un de ses adversaires politiques? Peut-être, dans l'émotion produite par le revers de nos armes, avait-il voulu, avant tout, présenter à l'armée et aux Arabes un nom qui, à lui seul, témoignât de l'énergie de ses résolutions. L'un des ministres, d'ailleurs, et non le moins agissant, M. Thiers, personnellement porté vers une politique hardie et belliqueuse en Afrique, avait vivement soutenu la candidature du maréchal. Ses collègues, plus prudents ou plus timides, lui cédèrent et crurent se garer contre tout entraînement, par les instructions qu'ils firent donner au nouveau gouverneur : on lui recommandait expressément de « ne rien faire qui donnât lieu de croire à un système d'extension par la voie de la conquête

---

[1] 19-27 mai 1835.

et de la victoire », et on lui « interdisait toute expédition contre les tribus de l'intérieur, à moins qu'elle ne fût commandée par une nécessité évidente ».

Ministres et gouverneur étaient du reste pleinement d'accord sur l'œuvre du moment, qui était la vengeance à tirer de l'échec de la Macta. A cet effet, des renforts composés de quatre régiments d'infanterie et de quatre compagnies du génie furent rassemblés à Toulon, pour être expédiés directement à Oran. Seulement, on avait soin de spécifier que ces renforts n'étaient que temporaires, et que, la campagne faite, ils seraient rappelés en France. Le duc d'Orléans sollicita et obtint, non sans quelque résistance de la part des ministres, de se joindre à cette expédition. C'était la première fois qu'un des princes de la maison de France venait combattre dans les rangs de l'armée d'Afrique. Le fait était considérable; il montrait à nos soldats, et aussi aux Arabes qui avaient pu parfois en douter, que la monarchie de Juillet prenait à cœur la conquête commencée par la Restauration; en même temps, il assurait désormais aux intérêts algériens le plus chaud et le plus puissant des défenseurs.

Le choléra, qui sévissait alors en Afrique, retarda de quelques mois le départ des renforts. Pendant ce temps, le maréchal Clauzel préluda à son opération principale, par quelques coups de main vigoureusement conduits contre les tribus voisines d'Alger. Enfin, le 26 novembre 1835, le corps expéditionnaire, fort de plus de dix mille hommes, quittait les murs d'Oran. Le maréchal était à sa tête et avait à ses côtés le duc d'Orléans. Comme on l'avait vu par les précédentes expéditions, l'une des plus grosses difficultés était le lourd convoi dont l'armée était obligée de se faire suivre, toutes les fois qu'elle s'avançait dans l'intérieur de ce pays sans ressource. On essaya d'employer des chameaux pour une partie des transports : l'épreuve ne devait pas être favorable. L'intention du maréchal était de pousser jusqu'à Mascara, capitale de l'émir et centre de ses établissements. Cette ville était située à une vingtaine de lieues, dans les terres. Après des marches habiles et quelques escarmouches, l'armée française rencontra l'ennemi, le 3 décembre, à l'endroit où l'Habra sort des montagnes. L'émir avait bien choisi son terrain, qui n'était pas sans quelque analogie avec celui de la Macta; mais, cette fois, nous étions en nombre. Après une lutte vive et courte, les Arabes, partout culbutés, furent mis en pleine déroute. Ce brillant succès ne nous coûta qu'une quarantaine d'hommes hors de combat; le duc d'Orléans, qui s'était montré au feu plein de sang-froid, avait été fortement contusionné à la cuisse par le choc d'une balle.

Restait, pour atteindre Mascara, à traverser la montagne : on eut grand'peine à faire passer le convoi. Heureusement, les Arabes ne nous inquiétaient pas. Démoralisés par leur défaite, ils s'étaient dispersés et avaient déposé les armes. Ainsi abandonné, insulté même par les siens, Abd-el-Kader comprit l'impossibilité de défendre sa capitale; il en fit sortir tous les musulmans; mais, avant de se retirer vers le sud, il livra la ville, et les Juifs qui y étaient restés, à ses soldats, qui se vengèrent de leur échec par l'incendie, le pillage et le meurtre. Aussitôt informé de ces faits, le maréchal devança rapidement son armée avec une poignée d'hommes, et entra le premier dans Mascara, qu'il trouva vide et dévastée. C'était un spectacle navrant. Hors d'état d'y laisser garnison, le gouverneur fit sauter la kasba, détruisit par le feu tous les approvisionnements et les établissements de l'émir, entre autres une fabrique d'armes en pleine activité. Quand, après deux jours, l'armée, fort désappointée de sa lugubre et passagère conquête, et déjà menacée d'être à court de vivres, dut se retirer, elle ne laissa derrière elle qu'un immense brasier. Elle ne revenait pas seule : elle traînait une longue et lamentable colonne de Juifs, hommes, femmes, enfants, qui avaient imploré la faveur de s'éloigner sous sa protection. Le retour fut des plus pénibles, non par le fait des Arabes qui ne nous harcelaient qu'à distance, mais par le fait du temps : pluies diluviennes transformant tous les chemins en fondrières, froid glacial, bourrasques, brouillards si épais qu'il fallait battre constamment le tambour pour empêcher les hommes de s'égarer. Malgré l'assistance généreuse que leur prêtaient les soldats, beaucoup de Juifs fugitifs périrent. Pour comble de misère, les chameaux du convoi s'étaient débandés, et les vivres manquaient. Enfin, le 9 décembre, les soldats transis, affamés, exténués, tristes, arrivèrent à Mostaganem. Le 21, tout le corps expéditionnaire était de retour à Oran. Il ramenait l'obusier et les fourgons que les Arabes avaient enlevés au général Trézel.

La brillante victoire de l'Habra avait vengé la Macta. Mais Abd-el-Kader montra qu'il savait aussi bien dominer la mauvaise fortune que tirer parti de la bonne. Après s'être enfermé, pendant quelques jours, au pèlerinage de Kashrou, il sortit de cette retraite, avec un prestige ravivé aux yeux des fervents musulmans. A la tête de ses réguliers et des quelques cavaliers qui lui restaient fidèles, il réoccupa Mascara, que l'incendie n'avait qu'à moitié détruit; puis, se portant sur Tlemcen, qu'il devinait être l'objet des visées du gouverneur, il se mit à la tête des Maures de la ville et serra de près les Coulouglis, qui, depuis six ans, tenaient bon dans la citadelle contre les intrigues et les attaques des Arabes. Le maréchal Clauzel, malgré la fatigue de ses troupes, estima nécessaire de porter un nouveau coup à son indomptable adversaire. Le 8 janvier 1836, à la tête d'une petite armée de sept mille cinq cents hommes, il se mit en route pour Tlemcen, situé à trente-cinq lieues au sud-ouest d'Oran. Arrivé sans difficulté dans cette ville, accueilli avec joie par les Coulouglis, il fit attaquer aussitôt Abd-el-Kader, qui, à la venue des Français, s'était retiré dans les environs. Les troupes de l'émir furent complétement dispersées (15 janvier); lui-même, poursuivi, pendant plusieurs lieues, par un officier de spahis, ne dut son salut qu'à la vitesse de sa monture. A la nuit, absolument seul, sans tente, sans nourriture, sans feu, il fut réduit à dormir sur la terre nue, à côté de son cheval. Cette fois, ne pouvait-on pas se croire débarrassé de lui, au moins pour quelque temps?

En dépit des instructions ministérielles, le maréchal n'avait pas renoncé à ses vues personnelles sur l'extension de l'occupation française; aussi résolut-il de garder Tlemcen, qu'il estimait pouvoir devenir un nouveau centre d'opérations offensives. De plus, pour assurer les communications de cette place avec Oran, il forma le projet d'établir un poste fortifié à l'embouchure de la Tafna, point de la côte le plus rapproché de Tlemcen. Mais quand, le 25 janvier, avec un petit corps de trois mille cinq cents hommes, il se dirigea sur ce point, pour y faire commencer les travaux, il fut tout surpris de se retrouver en face d'Abd-el-Kader. Le même homme, réduit, dix jours auparavant, à fuir seul, nous barrait le chemin à la tête d'une nouvelle armée de dix mille hommes et nous livrait, deux jours de suite, le 26 et le 27 janvier, des combats où nous avions sans doute l'avantage, mais si disputé que le maréchal jugea plus prudent de renoncer, pour le moment, à l'établissement du poste de la Tafna, et qu'il rentra à Tlemcen, non sans être harcelé par les cavaliers de l'émir. Comment expliquer une résurrection si merveilleusement rapide? Après sa défaite du 15, Abd-el-Kader, se voyant abandonné de tous, ne s'était pas abandonné lui-même. Rien à attendre des Arabes dispersés et découragés. Mais le Maroc était proche : appel avait été fait au fanatisme des populations de cet empire; à la voix des marabouts, de nombreux volontaires marocains étaient venus se ranger sous le drapeau de l'ennemi des chrétiens. L'émir était aussi parvenu à soulever les farouches Kabyles qui habitaient les montagnes voisines de la Tafna. C'est avec ces troupes si rapidement improvisées qu'il nous avait vaillamment tenu tête et forcés à rebrousser chemin.

De retour à Tlemcen, le maréchal trouva les habitants de cette ville dans la désolation. Trompé par certains rapports, il les avait frappés d'une contribution tout à fait au-dessus de leurs moyens. Il avait eu le tort plus grand encore de confier la charge de faire rentrer cet impôt à un Juif d'Oran et à un musulman, officier de spahis, dont nous aurons bientôt l'occasion de reparler, le commandant Yusuf. Les collecteurs avaient procédé à la turque, par la bastonnade et la torture; pour comble, les victimes de ces exactions se trouvaient avoir été surtout nos fidèles alliés, les Coulouglis. Le maréchal suspendit cette odieuse perception; mais il en avait été déjà trop fait. Le scandale devait retentir jusqu'en France et fournir matière aux accusations les plus pénibles contre le gouverneur. La Chambre même, pour marquer sa réprobation de cette mesure, votera, en 1837, un crédit de 94,444 francs, destiné au remboursement de ce qui avait été perçu.

Bien qu'il eût échoué dans son projet sur la Tafna, le maréchal n'en persista pas moins à vouloir garder Tlemcen; aussi, en quittant cette ville, y laissa-t-il cinq cents hommes, sous l'énergique commandement du capitaine Cavaignac. Son armée était trop peu nombreuse pour lui permettre d'en détacher une garnison plus considérable. Mais était-ce avec de si faibles moyens que Tlemcen pouvait devenir, comme il l'avait rêvé, un centre d'opérations offensives?

En même temps qu'il menait à fin ces diverses expéditions dans la province d'Oran, le gouverneur se préoccupait de porter son action sur d'autres points de nos possessions africaines. Vainement, de Paris, où l'on était effarouché de lui voir tant entreprendre, le rappelait-on fréquemment à l'observation de ses instructions, et venait-on notamment de lui reprocher de les avoir dépassées en occupant Tlemcen, il n'en poursuivait pas moins son dessein d'étendre la domination de la France sur toute l'ancienne Régence. Certes, s'il était une question qu'il ne parût alors ni urgent ni prudent de soulever, c'était celle du beylick de Constantine. L'ancien bey turc, Ahmed, demeuré en possession depuis la prise d'Alger, despote cruel, mais fatigué par la débauche, s'était résigné à nous voir établis à Bone, vivait avec nous, depuis quelques années, dans un état de trêve tacite, et ne demandait qu'à conserver en paix l'usufruit de son beylick. Mais s'il n'était pas, pour le moment, un voisin incommode et menaçant, il pouvait, en cas d'attaque de notre part, devenir un ennemi redoutable, ou tout au moins difficile à vaincre; son armée était nombreuse, sa capitale presque inexpugnable, et il s'appuyait sur Tunis et la Turquie. Ces considérations n'arrêtèrent pas le maréchal Clauzel; par un arrêté pris à Tlemcen, en février 1836, arrêté que rien n'avait provoqué ni fait prévoir, il nomma **bey de Constantine**, à la place d'Ahmed, ce même **Yusuf** dont nous avons noté l'intervention dans l'affaire de la contribution de Tlemcen. Yusuf avait persuadé au maréchal qu'il pourrait, au moyen de ses intelligences dans la province de Constantine, renverser assez aisément celui dont il prétendait, par un trait de plume, se faire donner la place. Un certain mystère planait sur les origines de ce Yusuf. Était-il, comme on le racontait, de naissance européenne, et avait-il été enlevé tout jeune par des Tunisiens, vendu à leur bey, élevé dans le Bardo et forcé de le quitter à la suite d'une tragique et romanesque aventure? Toujours est-il que, venu à Alger en 1830, il avait plu, dès cette époque, au général Clauzel, qui se l'était attaché comme mameluk. D'une bravoure et d'une audace étonnantes, il avait, depuis lors, conquis par plus d'une action d'éclat, notamment par sa participation à la prise de Bone, le grade de chef d'escadron de spahis. Mais, tout en servant la France, il n'avait pas encore entièrement dépouillé, sur les questions de justice et d'humanité, des idées et des habitudes plus turques que françaises. Avec le temps, la marque de sa première éducation s'effacera; il se convertira au christianisme et deviendra l'un de nos plus brillants généraux. Le maréchal autorisa Yusuf à s'établir à Bone, d'où il devait se mettre en rapport avec les populations qu'il était appelé à gouverner. Un escadron de spahis fut mis à sa disposition, avec permission de lever en outre un corps de mille Turcs. Si confiant qu'il fût en Yusuf, le gouverneur ne pouvait se faire l'illusion qu'une telle entreprise réussit, sans une action plus directe et plus considérable de sa part; mais cette action était renvoyée à une époque ultérieure : pour le moment, il se bornait à engager, de son chef, la politique de la France, se réservant d'arracher plus tard l'autorisation d'engager son armée.

Tout en rêvant de lointaines entreprises, le maréchal s'appliquait à tirer parti, jusqu'au bout, des renforts qu'on lui avait seulement prêtés, et qu'on le pressait de renvoyer en France. Revenu à Alger, il reprit le 30 mars 1836, à la tête d'un corps de sept mille hommes, ce chemin de Médéa, déjà tant de fois ensanglanté. Son dessein était d'arracher à Abd-el-Kader la province de Titteri, en y rétablissant l'autorité du bey nommé par la France. Au passage de l'Atlas, l'armée soutint, pendant plusieurs jours, des combats acharnés contre les Kabyles, et en même temps entreprit, à travers des rochers escarpés, la construction d'une route praticable à l'artillerie. Le soldat avançait, le fusil d'une main, la pioche de l'autre. La montagne fut vaincue comme les Kabyles. Seize kilomètres de route furent construits en cinq jours. Arrivée à Médéa, l'armée installa le bey, le fit reconnaître, lui laissa des fusils et des cartouches, et se remit en route pour Alger, où elle rentra le 9 avril.

C'était la fin de cette série d'opérations. Quelques jours après, les renforts étaient renvoyés en France. Le maréchal lui-même s'embarqua le 14 avril : il allait à Paris, défendre, devant les ministres et devant la Chambre, ses idées sur l'Algérie. Certes, il pouvait se rendre cette justice qu'il n'avait pas perdu son temps, pendant l'hiver qui venait de s'écouler. Malgré la rigueur de la saison, il avait mené à fin trois expéditions importantes, livré de nombreux et rudes combats, tous avec succès. Abd-el-Kader, naguère tout-puissant du Maroc à Constantine, avait vu son prestige atteint, sa capitale brûlée, et son empire sinon détruit, du moins à ce point ébranlé qu'on ne savait par moments ce qu'il en restait. Abandonné de presque tous les Arabes, il n'avait plus guère trouvé à réunir sous ses drapeaux que des Marocains et des Kabyles. La province de Titteri était repassée sous notre autorité. Enfin l'occupation de Tlemcen, le camp projeté à l'embouchure de la Tafna et la route construite dans l'Atlas semblaient devoir nous aider à conserver ces avantages. Les résultats étaient brillants et avaient été rapidement obtenus. Étaient-ils solides et durables? L'événement ne devait pas tarder à répondre à cette question.

Dès le 7 avril 1836, le général d'Arlanges, qui commandait à Oran, était parti de cette ville, avec trois mille cinq cents hommes, pour aller établir à l'embouchure de la Tafna, conformément aux instructions du gouverneur, le camp destiné à assurer les communications et le ravitaillement de Tlemcen. A peine en route, il rencontra Abd-el-Kader qui avait réuni environ douze mille hommes, la plupart fantassins kabyles d'une sauvage bravoure. L'émir se garda de barrer aux Français la route de la Tafna. Seulement, une fois qu'ils y furent arrivés, il les enveloppa sans bruit. Le 27 avril, le général d'Arlanges, qui pressentait le danger et voulait s'en rendre compte, tenta une reconnaissance avec dix-huit cents hommes. Abd-el-Kader commença par se dérober, pour l'attirer loin du camp, puis il se précipita sur lui avec une impétuosité furieuse. Il y eut des heures terribles pendant lesquelles on put croire que la petite colonne, pénétrée de toutes parts par les assaillants qui venaient se faire tuer à la bouche même des canons, écrasée par leur nombre, ne pourrait pas regagner son camp. Elle finit cependant par se frayer un passage; mais elle avait eu trois cents hommes hors de combat, dont le général commandant et son chef d'état-major. D'ailleurs, pour être parvenue à se réfugier derrière ses retranchements, elle n'était pas en brillante position : cernée par les troupes de l'émir, entassée sur une plage aride et déserte, presque sans vivres et sans eau, à la merci des tempêtes qui, en ce moment même, empêchaient les ravitaillements de lui arriver, elle ne pouvait plus songer à porter secours à la petite garnison de Tlemcen, qui, elle aussi, se trouvait prisonnière derrière ses murailles. Ni d'Oran, ni d'Alger, personne n'était en état de venir en aide aux uns ou aux autres; partout on manquait de troupes. Ainsi apparaissait le vice du plan que le maréchal Clauzel avait conçu, sans tenir compte du peu de forces mises à sa disposition.

Le bruit du succès relatif remporté par Abd-el-Kader sur le général d'Arlanges se répandit parmi les Arabes avec la rapidité d'une traînée de poudre, et rendit aussitôt à l'émir le prestige et l'autorité que ses récentes défaites lui avaient fait perdre. Partout les tribus reprirent les armes. De nombreux cavaliers vinrent, jusque sous les murs d'Oran, enlever des troupeaux et assiéger les blockhaus. La province de Titteri se souleva et livra à Abd-el-Kader le bey que nous venions d'installer à Médéa. La Métidja se vit de nouveau livrée aux incursions de tribus pillardes qui s'avancèrent jusqu'au milieu des avant-postes d'Alger. Du fond du désert, des tribus inconnues imploraient l'honneur d'avoir pour sultan celui qui venait de prouver que « si le jour appartenait quelquefois aux chrétiens, le lendemain était toujours aux musulmans ». En même temps, à Bone, Yusuf, loin de nous ouvrir les voies de Constantine, rejetait vers Ahmed, par ses rigueurs, les tribus qui s'étaient, depuis quelques années, rapprochées de nous. Ainsi, le maréchal Clauzel n'était pas parti depuis quelques semaines, que, de toute son œuvre, de son plan vaste et hardi, de ses glorieux combats, des avantages qu'il avait cru obtenir, il ne restait plus rien : rien, si ce n'est le péril couru par les troupes bloquées à Tlemcen et à la Tafna, et une entreprise téméraire, maladroitement engagée dans la province de Constantine.

X

Le cri de détresse des troupes cernées à la Tafna était arrivé jusqu'à Paris. Il n'y avait pas un instant à perdre pour venir à leur secours. Dès la fin de mai 1836, avant même de se prononcer sur le plan d'ensemble que le maréchal Clauzel venait lui soumettre, le gouvernement fit partir de Toulon, à destination directe de la province d'Oran, le général Bugeaud avec trois régiments : c'étaient les débuts du futur vainqueur d'Isly sur cette terre d'Afrique qu'il devait plus tard soumettre. Sa mission, cette fois limitée et passagère, consistait simplement à dégager et à ravitailler le camp de la Tafna et Tlemcen. Débarqué le 4 juin, il montra beaucoup de vigueur et de prestesse. L'un de ses premiers soins avait été de rendre sa colonne plus légère et plus mobile, en supprimant hardiment l'appareil des anciens convois. Au cours des marches et contre-marches auxquelles il dut se livrer entre Oran, la Tafna et Tlemcen, il fut assez heureux pour amener Abd-el-Kader à livrer une bataille rangée, sur les bords de la Sickack (6 juillet 1836). La cavalerie arabe fut mise en déroute, tandis que l'infanterie régulière de l'émir, acculée à un ravin à pic, était littéralement anéantie. Eût-on pu profiter d'une victoire si complète, pour poursuivre et terrasser définitivement Abd-el-Kader? Une telle entreprise dépassait les instructions du général Bugeaud. Celui-ci avait rempli sa tâche, et, dès le 30 juillet, il se rembarquait pour la France, laissant à l'émir, qui s'était retiré aux environs de Mascara, le temps de se remettre, une fois de plus, de ses défaites.

Cette courte expédition n'était qu'un épisode et laissait entière la question de savoir quelle direction serait donnée à notre politique algérienne. Au moment même où le général Bugeaud était entré en campagne, en juin 1836, cette politique avait été, toujours à l'occasion du budget du ministère de la guerre, le sujet d'un nouveau débat parlementaire[1]. La commission, hostile à l'entreprise africaine, n'osait conclure à l'abandonner, mais tâchait de la restreindre et de l'entraver; elle proposait, à cet effet, des réductions considérables, s'élevant à près de trois millions. Ses idées, soutenues avec une grande vivacité par plusieurs orateurs, notamment par M. Duvergier de Hauranne et le comte Jaubert, non moins vivement combattues par M. Thiers, ne furent pas adoptées par la majorité, qui rejeta toutes les réductions. Toutefois que voulait au juste la Chambre? En dehors des idées extrêmes de la commission, elle s'était trouvée en présence, sinon de deux systèmes nettement précisés, du moins de deux tendances différentes : d'une part, M. Thiers, qui, tout en se défendant de suivre une politique de conquête, déclarait l'occupation restreinte un « non-sens » et estimait que le seul moyen d'amener les Arabes à vivre en paix à côté de nous était de leur faire d'abord sentir la force de la France; d'autre part, M. Guizot, qui, tout en déclarant ne pas vouloir plus que M. Thiers une occupation restreinte à quelques points de la côte, craignait que le ministère et surtout le gouverneur général ne fussent « sur la pente » d'une « politique

---

[1] 10 et 11 juin 1836. — Nous avons déjà eu occasion de parler ailleurs de ce débat, qui fut l'une des premières manifestations de l'antagonisme de M. Thiers et de M. Guizot. (Cf. plus haut, p. 24 et 25.)

agitée, guerroyante, jalouse d'aller vite, d'aller loin, d'étendre brusquement la domination française sur toutes les parties de l'ancienne Régence ». Entre les deux, la Chambre ne fut pas appelée à se prononcer, car M. Guizot avait conclu, comme M. Thiers, au vote des crédits; il avait même engagé les députés « à se montrer très-larges sur les moyens qu'on leur demandait, en hommes et en argent, pour faire réussir l'établissement d'Afrique ».

L'orateur doctrinaire ne se trompait pas, en supposant chez le gouvernement une tentation « d'aller vite et loin ». Le maréchal Clauzel lui avait apporté un plan qui consistait à occuper toutes les villes importantes, à établir des postes assurant les communications de ces villes avec la mer, et à construire, dans chaque province, un camp central, dépôt et point de départ des colonnes mobiles chargées de parcourir et de dompter le pays. Pour commencer, il proposait de s'emparer de Constantine et de s'établir en force à Tlemcen. Il affirmait pouvoir suffire à tout avec trente-cinq mille hommes, dont cinq mille indigènes. Dans cette dernière évaluation était l'erreur fatale du plan. On eût pu sans doute, avec un tel effectif, éparpiller de petites garnisons dans les principales villes; mais ces garnisons eussent été aussitôt prisonnières comme celles de Tlemcen. Quant aux colonnes mobiles, vite épuisées, trop faibles pour être partout à la fois, elles n'auraient été maîtresses que là où elles passaient et au moment de leur passage. Le maréchal devait être le premier à ne pas se faire illusion sur l'insuffisance du chiffre qu'il indiquait; mais, sachant les préventions mesquines du monde parlementaire, il offrait, comme l'a écrit finement le duc d'Orléans, « de prendre les opérations au rabais, dans l'espoir de conquérir plus de suffrages, par l'attrait du bon marché ». Procédé fécond en malentendus et en mécomptes, plus propre à compromettre qu'à servir la cause algérienne. Cette cause ne sera vraiment gagnée que le jour où le général Bugeaud aura assez de hardiesse pour demander et assez d'influence pour obtenir un budget de cent millions et une armée de cent mille hommes.

Le système d'occupation générale et immédiate n'eût eu aucune chance d'être adopté par le ministère du 11 octobre; mais, depuis le 22 février 1836, M. Thiers était président du conseil. D'une imagination mobile et facilement aventureuse, très-curieux des choses militaires et impatient d'y mettre la main, fort sensible à tout ce qui intéressait la grandeur nationale, il avait pris feu pour l'Algérie et rêvait d'y laisser une trace profonde et glorieuse de son passage au pouvoir. Il écouta donc, d'une oreille complaisante, les propositions du maréchal Clauzel. Penché sur la carte, il traçait avec lui des plans de campagne, lui faisait dores et déjà espérer les renforts nécessaires, et paraissait disposé à prendre sur soi la responsabilité des entreprises, sauf, après le succès, à demander à la Chambre un bill d'indemnité, qu'il se flattait d'obtenir sans grande difficulté; dans la dernière discussion du budget, la majorité ne s'était-elle pas montrée plus favorable que dans le passé à la conquête algérienne? A cette même époque, informé que la Porte songeait à diriger des forces sur Tunis, pour replacer cette régence sous son autorité directe, comme elle avait déjà fait pour Tripoli l'année précédente, M. Thiers n'hésitait pas à envoyer l'amiral Hugon à la Goulette, avec ordre de s'opposer, par tous les moyens, si besoin était, au débarquement des Turcs. Le maréchal Maison, ministre de la guerre, paraissait, lui aussi, conquis aux idées du gouverneur général. L'approbation du plan soumis par ce dernier, et en particulier de l'expédition projetée contre Constantine, fut-elle donc complète et définitive? On a soutenu plus tard que réserve avait été faite de la décision à prendre en conseil des ministres. Toujours est-il que le maréchal, impatient d'agir, se crut autorisé à aller de l'avant. Dès le 2 août, il envoya à Alger, en les communiquant au ministre de la guerre qui n'y fit pas d'objection, des instructions pour exécuter ce qu'il appelait le « système de domination absolue de l'ex-régence, définitivement adopté, sur sa proposition, par le gouvernement ». Notamment il régla et fit commencer, au su de tous, les mouvements de troupes, préliminaires de l'expédition contre Constantine. Peu après, il partait lui-même pour Alger, où il arriva le 28 août.

Il n'y était pas depuis quelques jours, qu'il apprit la chute de M. Thiers et l'avénement du ministère du 6 septembre. En même temps, le cabinet expirant, qui redoutait d'avoir assumé une trop grosse responsabilité, le faisait avertir, par une dernière dépêche du maréchal Maison, en date du 30 août, que son plan « n'avait pas reçu la sanction définitive du gouvernement »; que « c'était au nouveau cabinet à accorder ou refuser cette sanction, et que, jusque-là, il importait de ne rien engager, de se renfermer dans les limites de l'occupation actuelle, de l'effectif disponible et des crédits législatifs ».

Les ministres du 6 septembre, particulièrement M. Molé et M. Guizot, n'approuvaient pas les idées du maréchal : ils trouvaient son plan téméraire, et, en tout cas, eussent craint, en dépassant les crédits, d'engager leur responsabilité devant la Chambre. Il ne leur échappait pas cependant que la situation n'était plus entière. L'expédition de Constantine avait été annoncée, presque commencée. Reculer, ne serait-ce pas enhardir les Arabes, décourager l'armée d'Afrique, et fournir un grief aux opposants de France? Dans cet embarras, le nouveau cabinet prit cette double décision : d'une part, signifier au gouverneur que son plan général n'était pas accepté; d'autre part, lui permettre l'expédition de Constantine, mais seulement comme une opération spéciale, limitée, à laquelle on se résignait parce qu'elle avait été annoncée; on y mettait d'ailleurs cette condition expresse, qu'elle se ferait avec les moyens alors disponibles en Afrique. Et comme le maréchal, rencontrant déjà, sur place et à l'œuvre, des difficultés plus grandes qu'il ne les avait prévues, réclamait dix mille hommes de renforts, le ministre de la guerre lui opposa un refus absolu, lui faisant observer que les forces qui se trouvaient en Algérie étaient au moins égales à celles que, dans son plan, il avait indiquées comme nécessaires; ajoutant d'ailleurs que l'opération était autorisée, non commandée; que dès lors, s'il croyait n'avoir pas assez de troupes, il devait s'abstenir. Vainement le maréchal renouvela-t-il ses instances pendant tout un mois, le ministère resta sur le terrain où il s'était placé. Et même, comme il supposait que son refus pourrait provoquer la démission du maréchal, il envoya le général Damrémont à Alger, avec mission confidentielle de prendre le gouvernement des possessions africaines, si celui-ci venait à vaquer.

Mais le maréchal Clauzel était de ceux qui n'aiment pas à reculer. Des sentiments mêlés de patriotisme et d'amour-propre le poussaient à s'obstiner dans une entreprise dont il avait été fait si grand bruit. Il avait nommé un bey de Constantine : ne serait-il pas la risée de tous, s'il s'avouait impuissant à le mettre en possession de sa capitale? Ahmed, provoqué par nous, enhardi par nos hésitations, venait de prendre l'offensive et d'attaquer nos avant-postes; l'honneur de la France ne serait-il pas atteint, si l'on paraissait s'arrêter devant lui? D'ailleurs, toujours confiant dans Yusuf, bien que celui-ci n'eût jusqu'alors réussi qu'à nous aliéner des tribus naguère amies, le gouverneur croyait encore à l'influence de son protégé dans la province et même dans la ville de Constantine. A mesure que ce projet d'expédition l'absorbait davantage, son ardente imagination prenait pour des réalités toutes ses espérances. Les faits venaient-ils à l'encontre, il se refusait à les voir, se rabattait sur la foi qu'il disait avoir en « sa bonne étoile ». Il se décida donc à agir quand même, « risquant ce coup désespéré, a écrit le duc d'Orléans, avec l'illusion d'un joueur poussé à bout ». Le ministère s'en rapporta à la décision d'un chef dont l'expérience militaire était reconnue, et, pour mieux marquer sa confiance, il autorisa le jeune duc de Nemours, impatient de suivre l'exemple de son frère aîné, à se joindre, pour cette campagne, à l'état-major du maréchal.

XI

La saison était déjà bien avancée. Avec une hâte fébrile, le gouverneur ramasse dans toutes les garnisons d'Afrique, au risque d'en affaiblir plusieurs d'une façon dangereuse, les éléments de son corps expéditionnaire. Le rendez-vous est à Bone. La tempête, qui souffle furieuse sur la Méditerranée, entrave les transports et les rend plus pénibles. L'armée n'est pas encore au complet dans Bone, que déjà, par l'effet du mauvais temps et de la mauvaise installation, elle est cruellement décimée; plus de deux mille fiévreux gisent sous leurs tentes, à défaut d'hôpitaux assez grands pour les recevoir. En même temps, l'organisation semble faillir par tous les côtés. Les vivres, les voitures, les chevaux manquent. De 1,500 mulets que Yusuf s'est engagé à faire fournir par les tribus, on n'en a reçu que 450. Ces contre-temps ne sont-ils pas comme autant d'avertissements de renoncer à une entreprise téméraire? Mais le maréchal Clauzel se roidit contre les obstacles : chaque mécompte lui paraît un défi qu'il est intéressé d'honneur à relever, et il ne s'en montre que plus impatient de trouver dans l'action une diversion à ces sujets d'alarmes. Enfin, le 9 novembre, ordre est donné à l'avant-garde de se mettre en route. L'armée compte 8,700 hommes, dont 1,500 de troupes indigènes. En fait d'artillerie, seulement quelques pièces de campagne, chichement approvisionnées : aucun matériel de siége; on s'attend à entrer dans Constantine comme naguère dans Mascara ou Tlemcen. Le convoi, absolument insuffisant pour une opération un peu longue, est cependant trop lourd pour une armée qui voudrait marcher vite. Le soldat, qui va avoir à fournir une longue marche, plie sous le poids de soixante cartouches et de sept jours de vivres. Malgré tout, le départ est joyeux. Chacun est content de quitter un campement empesté. Le soleil a reparu. Le commandant en chef a fait partager sa confiance ou, pour mieux dire, ses illusions à ses soldats. Ceux-ci croient, comme lui, aux promesses de Yusuf, et se figurent n'entreprendre qu'une promenade militaire. Ne voit-on pas dans l'état-major de nombreux amateurs, parmi lesquels des pairs et des députés, qui sont venus se joindre à cette sorte de partie de plaisir?

De Bone à Constantine, il y a quarante lieues. On n'a même pas fait reconnaître d'avance la route. A peine a-t-on marché vingt-quatre heures que les difficultés surgissent. L'ennemi ne se montre pas; il s'est retiré dans l'intérieur. Mais la pluie recommence, ramenant avec elle la fièvre. Un violent orage disperse le troupeau sur lequel on comptait pour avoir de la viande fraîche. Les conducteurs arabes désertent avec leurs mulets. Si insuffisants que soient déjà les munitions et le matériel, force est d'en laisser une partie, qu'on n'a plus le moyen de transporter. Quant aux indigènes qui devaient, selon Yusuf, venir se joindre à nous aussitôt que nous agirions, il n'y en a pas la moindre trace. Il est encore temps de s'arrêter, ne serait-ce que pour reconstituer le convoi. C'est le vœu secret de plus d'un officier. Le maréchal décide au contraire de pousser le plus rapidement possible vers Constantine. Mais comment marcher vite, sans route, sur un sol détrempé, inégal, coupé par des rivières débordées ou par des ravins profonds aux flancs desquels le génie doit creuser des rampes? On avance cependant; le temps est devenu moins mauvais. On arrive ainsi au pied de pentes abruptes qui sont comme les degrés d'un escalier taillé dans l'Atlas. La montée est très-difficile. Parvenue péniblement au sommet, l'armée débouche sur des plateaux tourmentés, nus, sans un arbre; elle y trouve la pluie, la neige, la grêle, le froid, la bise, et pas un morceau de bois pour faire cuire les aliments ou sécher les habits : un immense marais de fange glaciale où il semble parfois qu'elle va s'engloutir. Le jour, on ne voit pas clair. La nuit surtout est atroce, nuit dans la boue, sans abri et sans feu. Des cadavres de soldats gelés marquent la place des bivacs. Cette fois encore, l'Afrique réveille chez quelques-uns les souvenirs de la campagne de Russie[1]. La marche sur ces plateaux continue pendant trois longues journées. Au cours de la dernière, les soldats traversent un torrent de neige fondue, en ayant de l'eau jusqu'aux aisselles. Enfin, le 21 novembre, onze jours après que l'avant-garde a quitté Bone, l'armée, épuisée, se trouve en face de Constantine. Est-ce la fin de ses souffrances?

[1] « Nous fûmes exposés là, a dit le maréchal Clauzel dans son rapport, à toutes les rigueurs d'un hiver de Saint-Pétersbourg, en même temps que les terres entièrement défoncées représentaient aux vieux officiers les boues de Varsovie. »

Le maréchal, qui se sent arrivé à l'heure décisive, se porte vivement en avant, avec son état-major : il a hâte de savoir si les portes s'ouvriront devant lui. La ville est là, suspendue sur son rocher, entourée de trois côtés par un ravin à pic. Tout y semble d'abord silencieux et immobile. Mais bientôt retentit un coup de canon; le drapeau rouge est arboré. A ce signal, tout s'anime; les combattants courent aux remparts, tandis que le peuple répond aux prières du muezzin. Ce coup de canon a aussi pour effet de dissiper l'illusion qui a si longtemps égaré l'imagination du gouverneur. Reste la réalité : cette réalité, c'est une ville de vingt-cinq mille âmes, dans une position formidable, avec de bonnes murailles, une garnison de trois mille braves soldats, une population fanatique, et, au dehors, le bey lui-même tenant la campagne, à la tête d'une nombreuse cavalerie; c'est aussi, devant cette ville, l'armée française épuisée, n'ayant guère plus de trois mille hommes en état de combattre, sans artillerie de siége, et menacée d'être bientôt à court de vivres et de munitions.

Impuissant soit à bloquer la place, soit à faire brèche, soit seulement à attendre les événements, le maréchal ne veut pas toutefois s'avouer vaincu, sans tenter un coup de main. Deux jours sont employés à le préparer, prolongeant d'autant les cruelles souffrances de l'armée. L'ennemi, loin d'être intimidé, nous attaque sans cesse, de l'intérieur de la ville comme de la campagne : en réalité nous sommes les assiégés. Néanmoins, il est un autre ennemi plus redoutable et plus meurtrier : c'est le froid glacial, la pluie, la neige, et cette boue hideuse qui a, en quelque sorte, répandu sa lugubre teinte sur tout, hommes, animaux, choses, où tout glisse et s'enfonce, et d'où l'on ne parvient pas à tirer nos quelques canons de campagne pour les mettre en batterie aux endroits favorables. En même temps, un déplorable événement augmente encore le dénûment de l'armée. Le convoi, embourbé, était demeuré un peu en arrière. Les soldats de l'escorte, qui ont horriblement souffert, se mutinent et défoncent les tonneaux d'eau-de-vie, pour oublier, dans une dernière ivresse, la mort qui les menace. Rendus ainsi incapables de se défendre, ils tombent sous les coups des Arabes, qui pillent ou détruisent tous les approvisionnements.

Enfin l'heure du dernier effort a sonné : dans la nuit du 23 au 24 novembre, à minuit, des attaques simultanées sont tentées contre deux portes de la ville, celle d'El-Kantara et celle de Coudiat-Ati. Vigoureusement poussées, elles coûtent la vie à beaucoup de braves; le général Trézel, l'intrépide vaincu de la Macta, qui commandait l'une des divisions de l'armée, tombe grièvement blessé. Mais, sur les deux points, les assaillants sont repoussés. A trois heures de la nuit, le feu avait cessé, tout était rentré dans le silence, quand le signal accoutumé de la dernière prière nocturne part du minaret de la principale mosquée : des versets du Koran, lancés dans les airs, sont répétés sur les remparts par des milliers de voix fermes, calmes, assurées [1].

Tout espoir d'entrer dans Constantine était définitivement perdu. Il ne reste plus qu'à sauver, s'il est encore possible, les débris de l'armée. Sans perdre une minute, le maréchal donne ordre aux corps dispersés autour de la ville de se concentrer, avant le jour, sur le plateau de Mansoura, pour commencer une retraite devenue inévitable. Les soldats découragés, inquiets, se hâtent avec confusion; des caissons, deux obusiers, le matériel du génie et aussi, ce qu'il est plus douloureux d'avouer, des voitures de blessés, sont abandonnés. Au jour, la concentration n'était pas terminée, et l'ennemi, averti de ce qui se passe, accourt de la ville et de la campagne. Heureusement, à l'extrême arrière-garde est un bataillon du 2ᵉ léger, sous les ordres du commandant Changarnier : ne se laissant pas un moment gagner par la précipitation générale, reculant lentement, faisant face à toutes les attaques, revenant même parfois sur ses pas pour recueillir des détachements oubliés, il contient les Arabes. Vers onze heures du matin, la situation devient singulièrement périlleuse : la nombreuse cavalerie d'Ahmed s'est réunie en une seule masse, pour écraser nos troupes encore

---

[1] Récit d'un témoin, cité par M. Guizot, dans ses *Mémoires*.

en désordre. Si cette attaque réussit, c'est la destruction de l'armée française. A cette vue, Changarnier arrête sa petite troupe, fait former le carré, puis d'une voix calme et ferme : « Mes amis, regardez ces gens-là, ils sont six mille, et vous êtes trois cents ; vous voyez bien que la partie est égale. Vive le Roi ! et attention à mon commandement ! » Les cavaliers arabes, attendus à vingt pas, sont reçus par un feu de deux rangs qui couvre le sol de cadavres ; étonnés et troublés, ils se replient en grande hâte. La poursuite n'est pas arrêtée, mais elle est ralentie. Le soir, quand le bataillon du 2° léger va prendre sa place au bivac, il est applaudi par les autres corps.

Pour avoir échappé à ce premier péril, l'armée n'est pas hors d'affaire. A ces soldats exténués, découragés, à court de vivres et de munitions, obligés de porter à bras leurs malades et leurs blessés, il faut demander une marche de quarante lieues, par une saison rigoureuse, à travers un pays dont on ne connaît que trop les difficultés, en présence d'un ennemi enhardi par nos revers. Alors apparaissent les fortes qualités militaires du maréchal Clauzel. Cette armée qu'il a compromise par sa témérité, il va la sauver par son sang-froid. L'activité résolue du chef rétablit et maintient l'ordre dans la colonne de retraite, en même temps que sa fermeté d'âme et de visage relève les cœurs abattus. A ses côtés, le duc de Nemours, dont le calme courage ne se dément pas un instant, s'applique à soutenir et à soulager le soldat. Pendant cinq jours, l'armée marche rapidement, restant parfois en route dix-huit heures de suite, repoussant les attaques des Arabes ou des Kabyles, et ne se laissant jamais entamer. Le temps est devenu meilleur ; seulement les vivres font défaut. A chaque pas, le nombre des malades augmente ; pas de voitures pour les transporter ; beaucoup se traînent péniblement, appuyés sur le bras d'un camarade, ou sont chargés sur les chevaux des chasseurs qui suivent à pied. Mais la charité est impuissante à soulager tant de misères. Plus d'un soldat épuisé s'affaisse sur le sol, et, s'enveloppant la tête, attend avec une sombre résignation la mort qu'il va bientôt recevoir des rôdeurs ennemis. Enfin, le 1ᵉʳ décembre, ce qui reste de l'armée arrive sous les murs de Bone; elle avait quitté Constantine le 24 novembre. On évalua à près de trois mille le nombre des hommes qui périrent, soit pendant l'expédition, soit surtout dans les hôpitaux où ils entrèrent à leur retour.

Cet échec, le plus grave que nous eussions encore subi et même que nous dussions jamais subir en Afrique, eut un retentissement immense chez les Arabes et les Kabyles. Partout nos ennemis en furent aussitôt singulièrement grandis. Pendant qu'Ahmed rentrait en triomphateur dans sa capitale encore ornée de sept cents têtes de chrétiens, et recevait du sultan, comme un hommage à sa victoire, le titre de pacha, le contre-coup de cet événement se faisait sentir dans les parties les plus éloignées de la Régence. On eût dit qu'Abd-el-Kader venait de prendre une complète revanche de sa défaite de la Sickack; son autorité s'étendait, plus incontestée que jamais, jusqu'aux portes d'Alger : Blida lui payait tribut; et telle était la situation de la division d'Oran, qu'impuissante à ravitailler la garnison bloquée et affamée de Tlemcen, elle était réduite à demander à l'émir de faire lui-même ce ravitaillement, et, en échange de ce service, lui livrait du soufre, de l'acier et des prisonniers, c'est-à-dire autant de moyens de nous combattre.

En France, l'émotion fut profonde, mêlée d'une douloureuse surprise. On ne comprenait pas comment une expédition, annoncée depuis longtemps et préparée à loisir, avait pu être entreprise dans des conditions si défectueuses, comment une armée commandée par un maréchal de France, ayant un fils du Roi dans ses rangs, avait été exposée à reculer devant des Arabes, et avait failli être entièrement détruite par eux. Les passions politiques s'emparèrent de cette émotion pour en tirer parti; à gauche, on accusa le ministère d'avoir, par indifférence pour la grandeur nationale, refusé au maréchal les moyens nécessaires; les conservateurs répondirent en mettant en cause l'égoïsme ambitieux du gouverneur général et la légèreté téméraire du ministre du 22 février. Quant au maréchal, moins noblement inspiré que ne l'avait été le général Trézel après le désastre de la Macta, il se jeta à corps perdu dans ces querelles, comme s'il croyait faire oublier ses propres fautes par l'amertume de ses récriminations. Discussions pénibles, qui n'étaient qu'une tristesse et une humiliation de plus pour les vrais patriotes.

XII

De l'échec de Constantine, le ministère — c'était encore le ministère du 6 septembre — tira deux conclusions qu'il éprouvait quelque embarras à concilier. Il comprenait que la politique et l'honneur l'obligeaient à obtenir une réparation de l'échec subi par nos armes ; mais, en même temps, il se sentait confirmé dans son opposition aux idées et aux pratiques du maréchal Clauzel, dans sa préférence pour une occupation restreinte et pacifique. Tout d'abord, il voulut avoir à Alger un homme dont les idées ne fussent plus en désaccord avec les siennes. Le maréchal se vit donc retirer son commandement, ce qui éveilla chez lui les plus âpres ressentiments. Une ordonnance du 12 février 1837 nomma à sa place le général Damrémont, de renom moins éclatant, mais esprit sûr, calme et droit. Envoyé naguère en Algérie avec une mission confidentielle, il avait eu occasion de se former des idées sur la conduite à suivre en ce pays et de les faire connaître au ministère [1] ; avant même que le désastre de Constantine eût mis en si triste lumière les défauts de la politique suivie par le maréchal Clauzel, il l'avait jugée déraisonnable, coûteuse, stérile et périlleuse; aussi en avait-il préconisé une toute différente, qui pouvait se résumer ainsi : choisir certains points importants, de préférence sur la côte; s'y établir fortement, en faire une véritable terre française; de là,

[1] Cf. dans les pièces justificatives des *Mémoires de M. Guizot* (t. IV, p. 428 et suiv.), une longue lettre, en date du 10 décembre 1836, écrite par le général Damrémont à M. Guizot.

nouer des relations amicales et commerciales avec les indigènes, qui seraient amenés peu à peu à se rapprocher de nous et à s'imprégner de notre civilisation.

Les instructions données au nouveau gouverneur étaient pleinement conformes à ses idées personnelles. « Le but que le gouvernement se propose, lui disait-on en substance, n'est pas la domination absolue, ni l'occupation effective de la Régence. Ce que la France a surtout en vue, c'est son établissement maritime, c'est la sécurité et l'extension de son commerce, c'est l'accroissement de son influence dans la Méditerranée. La guerre est un obstacle à tous ces résultats. Le gouvernement ne l'accepte que comme une nécessité dont il désire, dont il croit pouvoir hâter le terme. La France a surtout intérêt à être maîtresse du littoral. Les principaux points à occuper sont : Alger, Bone et Oran, avec leurs territoires. Le reste doit être abandonné à des chefs indigènes. La pacification est désormais l'objet principal à atteindre. La guerre n'est que le moyen de l'obtenir aux conditions les plus avantageuses, moyen auquel il ne faut avoir recours qu'à la dernière extrémité. » Voilà pour la conduite générale. En ce qui touchait la vengeance à tirer de l'échec de Constantine, le gouvernement eût été heureux de ne pas recommencer une seconde expédition qui lui semblait peu en harmonie avec son système ; il était d'ailleurs, non sans raison, plus préoccupé d'Abd-el-Kader que d'Ahmed. Aussi invitait-il le gouverneur à tâcher d'obtenir à l'amiable une satisfaction qui nous dispensât de recourir aux armes. Si cette satisfaction était refusée, le ministère, malgré ses répugnances, n'hésitait pas, et il déclarait que la France irait dicter ses conditions dans le palais même d'Ahmed. Seulement, il estimait prudent de ne pas se mettre à la fois sur les bras le bey de Constantine et l'émir de Mascara. Avant donc d'agir contre le premier, il fallait se débarrasser du second, soit en l'écrasant par la guerre, soit en le désarmant par la paix. Cette partie de la tâche était spécialement confiée au général Bugeaud, nommé à Oran avec des pouvoirs qui le rendaient presque indépendant du gouverneur général. De ses instructions il résultait que, tout en le laissant maître d'atteindre son but par la guerre ou par la paix, on attendait de lui plutôt la paix. Il était autorisé à l'acheter par de grandes concessions : non-seulement on lui permettait, mais on lui prescrivait d'abandonner Tlemcen et la Tafna; toutefois il devait obtenir de l'émir la reconnaissance de notre souveraineté, le payement d'un tribut, et lui imposer le Chélif pour frontière, c'est-à-dire le renfermer dans la province d'Oran. En même temps qu'il donnait ces instructions au général Damrémont et au général Bugeaud, le gouvernement, pour les mettre à même de les exécuter, élevait de trente et un mille hommes à quarante-trois mille l'effectif de l'armée d'occupation.

En répudiant le système du maréchal Clauzel, le ministère savait être d'accord avec le sentiment de la Chambre. Quelques semaines après la nomination du nouveau gouverneur, une loi de crédits supplémentaires fut l'occasion d'un débat sur les affaires d'Afrique. Le rapport déposé par M. Janvier le 22 mars 1837 était un réquisitoire sévère contre la conduite du maréchal et contre l'appui que lui avait donné le ministère du 22 février; il y dénonçait une déviation de la politique jusqu'alors approuvée par le Parlement. La discussion qui s'ouvrit un mois plus tard fut très-vive. Le maréchal Clauzel se défendit aigrement; M. Thiers intervint avec plus de réserve. Mais le sentiment de la majorité n'était pas avec eux; il était plutôt avec M. Molé et M. Guizot, préconisant l' « occupation limitée et pacifique »; M. Guizot avait soin, à la vérité, d'ajouter qu'il demandait une « occupation limitée non pas seulement à trois ou quatre ports dans lesquels on serait enfermé, mais à des parties de territoire autour des principaux points ». Ce sentiment de la Chambre était si manifeste que M. Thiers, n'osant l'affronter, niait que la question fût posée entre deux systèmes opposés, celui de l'occupation restreinte et celui de l'occupation complète; il se défendait, pour son compte, de vouloir la seconde, et proclamait que « si on lui assurait Oran, Alger, Bone, avec une certaine étendue de territoire autour et des relations pacifiques avec les tribus, il trouverait cela excellent »; la seule question, à l'entendre, était de savoir si, une fois la guerre engagée, il fallait ou non la faire « prompte et énergique ». Vers la même époque, le rapport de la commission du budget se prononçait nettement pour l'occupation limitée, et prétendait même, en conséquence, réduire, pour 1838, le chiffre de l'armée d'Afrique à vingt-trois mille hommes.

Le nouveau gouverneur général et le nouveau commandant d'Oran arrivèrent en Afrique, à peu près ensemble, en mars et avril 1837. Le premier se trouva tout de suite aux prises avec plusieurs tribus voisines de la Métidja qu'Abd-el-Kader avait fait soulever, pour occuper la division d'Alger et l'empêcher de seconder le général Bugeaud. Quant à celui-ci, après quelques semaines employées en préparatifs militaires et en ébauches de négociation, il entra en campagne. Il s'aperçut bien vite qu'Abd-el-Kader était devenu trop fort et resté trop insaisissable pour être abattu d'un seul coup [1], ainsi que l'exigeait l'action projetée contre Constantine. D'ailleurs, sa petite armée, à peine en mouvement, se voyait presque dans l'impossibilité d'agir par le mauvais état des mulets qu'on lui avait expédiés précipitamment de France. Il en conclut à l'urgence de traiter. Ses instructions ne tendaient-elles pas plus à la paix qu'à la guerre? Un tel parti lui coûtait moins qu'on n'aurait pu le croire. Non qu'il ne fût déjà le vigoureux soldat qu'on verra plus tard à l'œuvre sur cette terre d'Afrique; seulement, en 1837, il ne pensait pas de l'entreprise algérienne ce qu'il en pensera en 1840. Mal vue par des parlementaires et des économistes, cette entreprise n'était pas alors mieux jugée par certains officiers; le général Bugeaud était du nombre, comme le maréchal Soult et plusieurs autres. Déjà, l'année précédente, dans les lettres que,

---

[1] « J'ai calculé, écrivait le général à un de ses amis, que quelques brillants combats n'avanceraient pas la question, parce que nous n'étions pas préparés pour occuper et soumettre le pays; qu'après deux ou trois mois de courses pénibles, après avoir brûlé force moissons, après avoir jeté 1,200 ou 1,500 hommes dans les hôpitaux, il faudrait rentrer et chercher de nouveau à traiter, et se contenter d'une paix à peu de chose près semblable à celle que je pensais faire avant tous ces désastres. » (*Le Maréchal Bugeaud*, par le comte D'IDEVILLE, t. II, p. 82.)

de la province d'Oran, il écrivait au ministre de la guerre, il mettait en doute si l'on conserverait « cette fâcheuse conquête », et il ajoutait : « Je suis très-convaincu que l'on peut soumettre le pays, pour un temps du moins, avec beaucoup d'activité et de dépense, mais je ne crois pas du tout que l'on soit récompensé des frais et du sang versé [1]. »

Une fois décidé à traiter, le général Bugeaud ne traîna pas les choses en longueur. Des ouvertures furent faites à l'émir. Celui-ci exigea tout de suite beaucoup plus que ne prévoyaient les instructions ministérielles. Le général, après avoir consulté ses officiers, prit sur lui de céder. En quelques jours, tout fut réglé. Le pouvoir de l'émir était reconnu non-seulement sur la province d'Oran, où nous abandonnions Tlemcen et la Tafna, mais sur toute celle de Titteri et sur la plus grande partie de celle d'Alger, y compris le port de Cherchell qui donnait accès à la mer. La France « se réservait », dans la province d'Oran, Mostaganem, Mazagran et leurs territoires, Oran, Arzeu, plus une bande de terrain le long du rivage, de la Macta à l'Oued-Malah ; dans la province d'Alger, un territoire borné à l'ouest par la Chiffa, et au sud par la première crête du petit Atlas. Sans doute, par l'article premier, « l'émir reconnaissait la souveraineté de la France en Afrique », et, pour les parties soumises à son autorité, l'article 3 se servait de cette expression : « l'émir *administrera* la province de … » ; mais on avait renoncé, devant sa résistance, à exiger de lui aucun tribut ; de plus, les autres clauses sur l'extradition des criminels, l'établissement des agents consulaires, etc., paraissaient considérer les deux parties comme traitant d'égal à égal. L'article 4 stipulait que « l'émir n'aurait aucune autorité sur les musulmans qui voudraient habiter le territoire réservé à la France » ; cette réserve n'avait pas été obtenue sans peine. Par contre, nous n'avions rien stipulé en faveur des tribus qui avaient encouru la colère d'Abd-el-Kader, en se mettant sous notre protection et en combattant à nos côtés.

---

[1] Lettres des 24 et 29 juin 1836. (D'Ideville, t. II, p. 28 et 34.)

Pour consentir des conditions qui faisaient à ce point reculer la France et grandir son plus redoutable adversaire, il fallait que le général Bugeaud se crût obligé, par ses instructions et par les circonstances, à traiter à tout prix. Cette explication même ne suffit pas : il convient d'y joindre les illusions que s'était faite le général sur le caractère chevaleresque de l'émir et sur les profits de son alliance. « Je trouvais des avantages à lui céder plus de territoire, écrivait-il à M. Molé, parce qu'il nous offrait plus de garanties de sécurité et plus d'avantages commerciaux que des beys sans influence que l'on voudrait établir entre lui et nous. » Il disait aussi : « La connaissance que j'ai acquise du caractère religieux et sincère de l'émir, comme de sa puissance sur les Arabes, me donne la conviction profonde que toutes les conditions seront parfaitement exécutées ; je me rends son garant, et je prouve la foi que j'ai dans sa parole, par la grande responsabilité que j'assume sur ma tête. » Ajoutons enfin que le vaillant et rude soldat n'était pas de taille à lutter, sur le terrain diplomatique, avec le souple et rusé Arabe ; il en avait un peu le sentiment : « Je ne crois pas, écrivait-il encore à M. Molé, qu'il y ait au monde rien de plus difficile que de traiter avec les Arabes. Il est bien plus aisé de les vaincre en un jour d'action [1]. »

Le traité fut signé au camp de la Tafna, le 30 mai 1837. Le général Bugeaud fit proposer, pour le lendemain, une entrevue à l'émir, qui l'accepta. Le rendez-vous était à neuf heures du matin, dans une vallée située à trois lieues du camp. Le général y arrive, à l'heure fixée, avec une partie de son armée ; mais il n'y trouve pas Abd-el-Kader. Toute la matinée s'écoule dans cette attente. Vers deux heures, accourent des émissaires qui expliquent le retard par toutes sortes de mauvaises raisons. Enfin, à cinq heures, un autre messager vient annoncer que l'émir est à une courte distance, et qu'en s'avançant un peu, on le rencontrera. Tout à son impatience, le général laisse ses troupes et suit le messager avec son état-major. Mais il marche ainsi plus

---

[1] D'Ideville, t. II, p. 62, 63 et 72.

d'une heure, sans rencontrer personne. Quand enfin il découvre les Arabes, il est, depuis longtemps, hors de vue de sa propre armée. Sur les pentes de collines qui forment comme un immense amphithéâtre d'une demi-lieue de développement, sont massés dix mille cavaliers ; au centre, un groupe de deux cents chefs, fastueusement vêtus et équipés ; devant eux, Abd-el-Kader enveloppé dans un burnous d'étoffe grossière, monté sur un magnifique cheval noir qu'il manie avec dextérité, entouré d'hommes à pied qui tiennent la bride et les étriers. En face de cette imposante mise en scène, la petite troupe des Français, à laquelle se sont mêlés des fonctionnaires civils d'une tenue peu militaire, avait maigre apparence et semblait quelque députation venant rendre hommage à un vainqueur. C'est bien ce que voulait l'astucieux émir. Le général Bugeaud a trop tard le sentiment du piége où il s'est laissé choir. « Je trouve indécent, de la part de ton chef, dit-il à un des envoyés arabes, de me faire attendre si longtemps et de me faire venir si loin. » Mais s'il recule, on croira qu'il a peur de se trouver presque seul au milieu de cette multitude. Il met donc son cheval au galop, joint Abd-el-Kader et lui propose de mettre pied à terre pour causer plus à l'aise. L'émir descend de son cheval, et a soin de s'asseoir le premier, laissant debout, devant lui, le général, qui n'a plus qu'à s'asseoir à son tour. Après un entretien qui dure quarante minutes environ, le général se lève : l'émir restait assis. « Il est convenable que tu te lèves avec moi », lui fait dire le général, et le saisissant, en souriant, par la main, il l'enlève facilement de terre[1]. Abd-el-Kader prend le parti de sourire aussi. D'ailleurs, en dépit de ce dernier incident, il est arrivé à ses fins. Devant ses sujets rassemblés en foule pour jouir de ce spectacle, il s'est donné les apparences de la supériorité sur le chef des chrétiens. C'était beaucoup pour des populations très-attentives à ces questions de cérémonial. Aussi, quand

---

[1] « Il n'est pas très-lourd », a dit plus tard le général, en racontant cet incident à la tribune. Dès le lendemain de la scène, il écrivait à M. Molé : « Sa main, qui est jolie, m'a paru faible ; je sentais que je l'aurais brisée dans la mienne. » Le général était de taille athlétique ; Abd-el-Kader, au contraire, était petit.

l'émir rejoint son armée, une joyeuse et triomphante clameur s'élève de ses rangs et se mêle au fracas d'un long coup de tonnerre qui éclate au même moment. L'état-major français lui-même s'arrête, saisi par la grandeur de la scène. Quelques semaines plus tard, devant tous les chefs arabes de nouveau réunis, Abd-el-Kader complétait son triomphe, en se faisant introniser solennellement dans cette ville de Tlemcen qu'il avait si longtemps convoitée et que les Français venaient de lui livrer.

Les conditions du traité ne laissèrent pas que de causer en France un pénible étonnement. C'était fournir à l'opposition un grief qu'elle se donna de garde de négliger; la presse de gauche fit même d'autant plus de bruit de cette affaire qu'elle n'aimait pas le général Bugeaud, qui d'ailleurs le lui rendait bien. Malgré ces attaques, malgré les critiques plus sérieuses du général Damrémont, le ministère se décida à ratifier le traité. Il eut occasion de s'en expliquer dans la Chambre, à propos du budget : M. Mauguin avait violemment blâmé « cette transaction honteuse, où l'on avait vu un général français aller devancer l'Arabe jusque dans sa tente, et lui donner ainsi le droit de dire à ses hordes que la France s'était humiliée devant lui »; M. Molé répondit en opposant, une fois de plus, le système de l'occupation restreinte qui était le sien, à celui de la conquête absolue et de l'occupation générale dont il déclarait ne vouloir jamais être l'exécuteur : le traité était l'application du premier système. « Nous vous avions dit, ajouta le président du conseil, que le but de la guerre serait la paix. En effet, nous avions cru qu'il faudrait l'acheter avec l'argent de la France et le sang de ses enfants. Mais il s'est trouvé, en Afrique, un général patriote qui, placé à la tête de la plus belle division qu'un officier français pût commander, aimant la guerre et sachant la faire, a préféré l'intérêt de son pays à tout. Ce général a compris qu'il pouvait faire, dès à présent, une paix qu'il avait cru d'abord devoir être le but et le prix de la victoire, et il s'est efforcé de la négocier. Je l'en ai loué, Messieurs, et pour ma part, je me suis associé à la responsabilité qu'il prenait. » La majorité parut témoigner, par son attitude, que ce langage répondait à ses sentiments [1].

XIII

La paix conclue avec Abd-el-Kader avait du moins cet avantage qu'elle nous permettait de concentrer tous nos efforts du côté de Constantine. Dès le 23 juillet 1837, le général Damrémont se transporte à Bone. Les instructions du ministère étaient de tâcher d'abord d'obtenir satisfaction, sans recourir aux armes. « Jusqu'au dernier moment, écrivait M. Molé, la paix plutôt que la guerre. » Le gouverneur s'y conformait d'autant plus volontiers, que l'intérêt politique ne lui paraissait pas être d'abaisser ou de détruire le seul rival possible de l'émir. Des ouvertures sont donc faites à Ahmed : on lui demande de se reconnaître vassal de la France, à laquelle il payera tribut, et dont il fera flotter le pavillon au-dessus du sien, dans les occasions solennelles. Le bey semble d'abord se prêter aux négociations ; mais c'est pour nous endormir et gagner la mauvaise saison. Au fond, malgré sa couardise personnelle, il est résolu à résister ; l'expérience de l'année précédente lui donne confiance ; il

---

[1] Cette affaire devait avoir un épilogue très-pénible pour le général Bugeaud. Le traité de la Tafna contenait un article secret, aux termes duquel l'émir s'engageait à verser 180,000 francs au général. M. Molé, consulté, avait paru d'abord autoriser la stipulation de ce « cadeau de chancellerie » que le général voulait employer à récompenser les officiers de son entourage et à subventionner les chemins vicinaux de son département. Le conseil des ministres, avec raison plus sévère, refusa d'approuver cette clause, qui ne fut pas exécutée. En cette circonstance, le général s'était, sans intention mauvaise, conformé à certaines habitudes prises par les généraux de l'Empire, et il ne s'était pas rendu compte que ces pratiques n'étaient plus de mise. L'année suivante, au cours d'un procès fait à un général de Brossard, pour faits d'indélicatesse découverts et dénoncés par le général Bugeaud, l'article secret du traité de la Tafna fut révélé par la défense, et ce même général Bugeaud, appelé comme témoin à s'expliquer, le fit avec un emportement si maladroit qu'il paraissait s'être mis en posture d'accusé. La presse opposante se jeta avec passion sur ce scandale, qui alimenta pendant longtemps sa polémique. Le général en souffrit beaucoup, et ses amis en furent fort embarrassés.

compte sur des secours que la Porte doit lui faire parvenir par Tunis; enfin l'exemple d'Abd-el-Kader n'est-il pas là pour lui faire croire qu'on a profit à nous tenir tête? Aussi, quand le général Damrémont, las de ses réponses dilatoires, le met en demeure de choisir entre la soumission et la guerre, il lève le masque et se prononce pour la guerre. Force est bien alors au ministère d'ordonner l'expédition.

Déjà le mois de septembre est entamé : on approche de l'automne qui nous a été une première fois si fatal, et cependant nous sommes loin d'être prêts. Sans doute Guelma a été fortement occupé, et un camp établi à Medjez-Amar, au passage de la Seybouse, pour rapprocher de Constantine notre base d'opération : mais combien d'autres préparatifs ont été négligés, parce que l'on comptait sur une solution pacifique! On est loin d'avoir rassemblé ce qu'il faut d'hommes et de matériel. Pour rattraper le temps perdu, tous, ministre, gouverneur, agents divers, déploient, en France comme en Afrique, une activité fiévreuse. En même temps, une escadre vient s'embosser devant Tunis et barre le chemin aux secours envoyés par les Turcs. Mais à chaque pas on se trouve ralenti ou empêché par quelque obstacle. La fièvre sévit au camp de Medjez-Amar. Bientôt, c'est le choléra qui éclate, décimant les troupes, à mesure qu'elles arrivent, et entravant les transports par les exigences de la police sanitaire; 2,400 malades encombrent les hôpitaux de Bone. Il n'est pas jusqu'à la peste qui ne nous menace par Tunis. Enfin divers signes annoncent le commencement de la saison des pluies. La préparation est encore bien imparfaite, mais l'attente est pleine de périls. Le général Damrémont se décide donc à jouer la partie avec les moyens dont il dispose. L'ordre de départ est donné pour le 1er octobre 1837.

Le corps expéditionnaire compte environ dix mille combattants. L'artillerie, dont le rôle doit être capital, comprend 16 pièces de campagne et 17 de siége, dont 4 canons de vingt-quatre. La cavalerie est peu nombreuse. Chaque fantassin porte, outre huit jours de vivres et 60 cartouches, un fagot et un grand bâton tenu à la main, pouvant servir à faire cuire trois fois la soupe. Les divers services sont loin d'être au complet : les vivres ne sont assurés que pour deux semaines; chaque canon n'est approvisionné qu'à deux cents coups et même moins; les jours et les boulets sont comptés. Mais si le matériel laisse à désirer, le moral est excellent. Il y a là des officiers d'élite et aussi beaucoup de vieux soldats d'Afrique, mêlés à de jeunes volontaires pleins d'ardeur. Chacun a brigué l'honneur de prendre part à cette expédition; noble émulation dont l'exemple était donné sur les marches du trône. Dès l'origine, le duc d'Orléans avait sollicité le commandement de l'entreprise; le duc de Nemours de son côté avait fait valoir qu'ayant assisté au revers, il avait droit d'être à la revanche; enfin le prince de Joinville, alors sur l'escadre envoyée à Tunis, comptait bien s'en échapper à temps, pour être aussi de la fête. Les ministres ne laissaient pas que d'être embarrassés de ces jeunes ardeurs. Quand la vie du Roi était, chaque jour, menacée par des assassins, fallait-il laisser s'exposer, à la fois, les trois princes en état de porter les armes? Dans la difficulté de choisir entre eux, il fut décidé qu'aucun d'eux ne ferait partie de l'expédition. A cette nouvelle, le duc d'Orléans accourt, se plaint au Roi, fait valoir auprès des ministres le droit d'un prince de risquer sa vie pour l'honneur du drapeau, et obtient, après une discussion de cinq heures, qu'on lui rende sa place au combat. Bientôt cependant, devant la tristesse de son frère cadet, il lui cède généreusement cette place si enviée[1]. Le duc de Nemours est donc mis à la tête

[1] Sur le moment même, le duc d'Orléans a raconté cet incident au général Damrémont, dans une lettre qui fait singulièrement honneur à son caractère et à son cœur. Après avoir exposé comment il avait arraché le consentement du Roi, le prince fait discrètement allusion au chagrin et aux plaintes de son frère, au « désespoir » de son père et de sa famille; il rapporte comment devant cette preuve que « son départ compromettait l'union de sa famille, il était tombé dans un état d'angoisse inexprimable », et s'était décidé à remettre au duc de Nemours cette lettre pour le Roi : « Sire, j'ai reçu de votre main la plus grande faveur que je puisse espérer pour ma carrière; votre bonté m'est acquise. Plus elle a été grande, plus vous m'avez sacrifié vos scrupules, plus les miens s'élèvent, et j'éprouve maintenant, au-dessus du désir de mon propre avancement, le besoin de ne pas augmenter votre inquiétude et peut-être votre danger, et de ne pas fausser mes rapports avec mon frère Nemours. Vous consentirez que ce soit à moi qu'il doive le pas que je vous demande de lui faire faire, comme c'est à vous seul que j'ai voulu devoir le commandement de l'expédition de Constantine:

d'une des quatre brigades; les trois autres sont sous les ordres du général Trézel, du général Rulhière et du colonel Combes. Le commandement supérieur appartient au gouverneur, le général Damrémont. Pour diriger l'artillerie, on est allé chercher dans sa retraite le général Valée, le « premier artilleur de l'Europe », dit le duc d'Orléans; il venait faire sa dix-septième campagne et son vingt-deuxième siége, se mettant avec abnégation sous les ordres d'un commandant en chef qui n'était que capitaine quand lui-même avait déjà ses épaulettes de général. A la tête du génie, était le général Rohault de Fleury. Tous, officiers et soldats, sont pleins d'entrain, sentant la difficulté, mais aussi l'importance et, pour ainsi dire, la solen-

J'y renonce pour que Nemours fasse la campagne. Dieu seul et moi saurons jamais ce que, depuis trente heures d'angoisses, ce sacrifice m'a coûté. Le monde dira que j'ai reculé devant le commandement de l'expédition, que j'ai été fort attrapé qu'on me l'ait accordé, et que, sous un faux prétexte de générosité, je me suis exempté de la corvée. Je supporterai cette cruelle humiliation avec la liberté de cœur et d'esprit d'un homme résigné à perdre un immense avantage personnel, si, à ce prix, il assure l'union de sa famille, le repos de son père qu'il sait être cruellement troublé, et s'il calme le cœur de sa mère... Je trouverai quelque consolation à ma tristesse si, dans la fermeté et le sang-froid avec lequel je supporterai tout, jusqu'aux propos qui viendront empoisonner cette blessure, vous voyez une garantie de ce que j'eusse fait dans la mission que vous m'aviez confiée. Mon frère Nemours ignore totalement ce que je vous écris; j'ai voulu que ce fût vous qui le lui apprissiez, Sire, et je vous demande de permettre que lui et moi nous gardions le silence sur ce qui s'est passé entre nous... » Le jeune prince terminait ainsi sa lettre au général Damrémont : « Maintenant, je succombe presque sous le poids de mon chagrin; car je n'ai pas changé d'opinion sur les IMMENSES avantages personnels que m'offrait le commandement de l'expédition, et je ne serai probablement récompensé d'un sacrifice qui laissera des traces profondes dans ma vie, que par la croyance généralement répandue que j'ai reculé, que je sais montrer de l'ardeur de loin, mais que quand il faut quitter ma patrie je n'y suis plus, que je suis un cheval qui piaffe sur place, qui hennit, mais qui n'avance pas! Je supporterai cette odieuse situation et je m'appuierai sur l'estime de ceux qui ont lu dans mon cœur et jugé les nobles motifs qui m'ont guidé. Puis, par mon travail et mon énergie, je reconquerrai peut-être dans plusieurs années d'efforts ce que j'aurais pu acquérir d'une seule fois... — *Dix heures du soir.* Je reçois la réponse du Roi. Mon premier soin est de vous recommander mon frère. Vous le connaissez déjà, vous serez content de lui, et ce sera mettre quelque baume sur mes plaies que de le placer dans les situations les plus propres à ce qu'il se distingue et à ce qu'il prouve ce qu'il y a en lui. Vous me connaissez assez pour savoir qu'aucun sentiment d'envie ne trouve place dans mon cœur, et je me hâte d'aller au-devant de cette pensée : je vous souhaite toute la gloire possible... » (*L'Algérie de 1830 à 1840*, par M. Camille Rousset, t. II, p. 230 à 241.)

nité patriotique de la mission dont ils se trouvent chargés. Ce n'est pas seulement la France qui attend d'eux une revanche nécessaire à l'honneur de ses armes ; c'est l'Europe, rendue attentive par le douloureux retentissement du désastre de l'année précédente, qui a envoyé ses officiers pour assister à cette seconde expédition, et qui se dispose à mesurer, d'après cette épreuve, l'énergie militaire dont la France est encore capable.

La première journée de marche est difficile. Il faut gravir des pentes rapides. La pluie tombe. Les voitures n'avancent qu'avec peine sur un sol détrempé. Le général Valée est vu à pied, un fouet à la main, excitant les attelages. Heureusement, le mauvais temps ne dure pas, et les journées suivantes sont moins pénibles. Le convoi, bien que ne contenant pas même le nécessaire, avait une lieue et demie de long : on conçoit l'effet que pourrait produire, sur une colonne ainsi allongée, une attaque des Arabes ; mais ceux-ci, qui comptent nous voir échouer encore devant les murs de Constantine, n'inquiètent pas notre marche et travaillent seulement à nous rendre la retraite impossible, en détruisant toutes les ressources du pays. Vers la fin, arrivés à ces plateaux où leurs devanciers ont tant souffert l'année précédente, nos soldats retrouvent la pluie, la boue, et aussi les lugubres vestiges du désastre qu'ils viennent venger : ici, les débris du convoi pillé par les Arabes ; plus loin, les ossements blanchis de Français décapités.

Le 6 octobre au soir, l'armée se trouve en face de Constantine. Sur les remparts, sur les toits, autour d'immenses bannières rouges, se presse une population nombreuse qui accompagne de ses cris de guerre le fracas du canon. Tout annonce la résolution d'une défense énergique. Depuis l'année précédente, la place est devenue plus formidable encore ; les points reconnus faibles ont été fortifiés. La garnison, commandée par le brave Ben-Aïssa, est composée de soldats turcs et kabyles, et renforcée par une milice urbaine. Soixante-trois bouches à feu sont servies par des canonniers recrutés, un à un, pour leur adresse. Au dehors, Ahmed, qui a préféré prudemment ne pas s'enfermer dans la ville, tient la campagne avec dix mille cavaliers. Pour triompher de tels obstacles, quels sont nos moyens? Nous avons moins de soldats, moins de canons que l'ennemi. Une chose nous manque plus encore que le nombre, c'est le temps; la limite de nos approvisionnements nous place dans cette alternative, ou de vaincre en quelques jours strictement comptés, ou de périr. Et puis le mauvais temps est venu, la pluie glaciale, les bourrasques et la boue. Presque tous les chevaux succombent. La fièvre et la dyssenterie sévissent parmi les soldats. Les difficultés sont telles que quelques-uns parlent de retraite; la question est débattue dans une sorte de conseil de guerre; l'avis qui prévaut est que l'honneur ne permet pas de reculer.

Les commandants ont vite reconnu que le seul point attaquable est Coudiat-Aty, sorte d'isthme par lequel l'îlot rocheux de Constantine communique avec les plateaux environnants. Pour gagner du temps, on supprime les gradations et les précautions d'usage : les batteries sont placées tout de suite aux distances où l'on n'arrive d'ordinaire qu'à la fin d'un siége; on exécute de plein jour des travaux qui en d'autres circonstances eussent été faits de nuit. Le roc ou la boue liquide ne permettent pas d'établir des abris; peu importe, on avance à découvert. Les travailleurs, pour ne pas interrompre leur besogne, se laissent fusiller sans riposter. Les gros canons, qu'il faut traîner dans la boue, sur des pentes abruptes, à travers des torrents grossis, s'embourbent, se renversent; les soldats les tirent ou les relèvent, sous le feu de l'ennemi. Pendant ce temps, sorties impétueuses et acharnées de la garnison, attaques répétées de l'armée du dehors; mais tout est repoussé.

Le 11, après quatre jours de ces efforts surhumains, les batteries de brèche sont installées. L'heure est grave : il n'y a que deux cents coups à tirer par pièce. Sera-ce assez pour ouvrir un accès dans la place? Tout d'abord, les boulets semblent sans effet sur l'épaisse muraille. L'armée regarde, silencieuse et inquiète. Enfin, un coup d'obusier, pointé par le général Valée, détermine un commencement d'éboulement. Les soldats saluent d'un cri de joie ce qui leur promet un prochain assaut. Toutefois, avant de recourir à ce moyen extrême, le général Damrémont fait proposer aux assiégés une capitulation. « Si les chrétiens manquent de poudre, répond-on à notre parlementaire, nous leur en enverrons; s'ils n'ont plus de biscuit, nous partagerons le nôtre avec eux; mais tant qu'un de nous sera vivant, ils ne prendront pas Constantine. » — « Voilà de braves gens, s'écrie le général Damrémont en recevant cette réponse; eh bien, l'affaire n'en sera que plus glorieuse pour nous. »

Le 12, nouvelle batterie de brèche, plus rapprochée du rempart. En s'y rendant avec le duc de Nemours, le général en chef suivait un chemin exposé au feu de la place. Un premier boulet passe sur sa tête. Comme on l'engage à hâter le pas . « C'est égal », répond-il. Au même moment, ricoche un autre boulet qui le tue. A côté de lui, le général Perrégaux, son chef d'état-major général, est aussi frappé mortellement d'une balle. La funèbre nouvelle se répand aussitôt : l'armée est douloureusement émue; mais elle a confiance dans le général Valée, appelé, par ancienneté de grade, à remplacer le général Damrémont.

Dans la soirée du 12, la brèche est reconnue praticable et l'assaut annoncé pour le lendemain matin, vendredi 13. L'avis est reçu avec transport par le soldat. C'est la fin de ses souffrances; il n'ignore pas que l'affaire sera chaude et rude; il sait aussi que l'artillerie a dépensé tous ses boulets, que les vivres sont presque épuisés, et qu'un échec serait un désastre; mais il est résolu à vaincre. Tous les corps se disputent l'honneur de monter à la brèche. Il faut que le général en chef forme trois colonnes d'assaut, où les divers régiments sont représentés. Le général Valée fait appeler La Moricière, qui doit commander la première colonne. « — Colonel, lui dit-il, êtes-vous bien sûr que la colonne que vous commanderez sera énergique jusqu'à la fin? — Oui, mon général, j'en réponds! — Êtes-vous bien sûr que toute votre colonne fera le trajet de la batterie à la brèche sans tirailler et sans s'arrêter? — Oui, mon général, pas un homme ne s'arrêtera, pas un coup de fusil ne sera tiré. — Combien pensez-vous que vous perdrez d'hommes dans le trajet? — La colonne sera forte de quatre cent cinquante hommes. J'ai calculé cette nuit qu'il ne se tirait pas en avant de la brèche plus de quatre cents coups par minute; le quinzième au plus des coups pourront porter; je ne perdrai pas plus de vingt-cinq à trente hommes. — Une fois sur la brèche, vous avez calculé quelles seront vos pertes? — Cela dépendra des obstacles que nous rencontrerons. L'assiégé aura dans ce moment-là un grand avantage sur nous; la moitié de la colonne sera vraisemblablement détruite. — Pensez-vous que, cette moitié étant détruite, l'autre moitié ne fléchira pas? — Mon général, les trois quarts seraient-ils tués, fussé-je tué moi-même, tant qu'il restera un officier debout, la poignée d'hommes qui ne sera pas tombée pénétrera dans la place et saura s'y maintenir. — En êtes-vous sûr, colonel? — Oui, mon général. — Réfléchissez, colonel. — J'ai réfléchi, mon général, et je réponds de l'affaire sur ma tête. — C'est bien, colonel; rappelez-vous et faites comprendre à vos officiers que demain, si nous ne sommes pas maîtres de la ville à dix heures, à midi nous sommes en retraite. — Mon général, demain à dix heures nous serons maîtres de la ville ou morts. La retraite est impossible; la première colonne d'assaut du moins n'en sera pas[1]. » De leur côté, les défenseurs de Constantine, nullement découragés, préparent la défense, élèvent des barricades, crénellent les maisons; puis, ce travail fait, immobiles à leur poste, ils passent la nuit en prière; pendant ce temps, dans l'intérieur de la ville, les vieillards, les femmes, les enfants, réunis sur les places publiques, répondent en chœur aux chants des muezzins.

Le lendemain matin, 13 octobre, la pluie a cessé, le soleil brille. « Enfoncé Mahomet! Jésus-Christ prend la semaine! » s'écrie le troupier français. On tire les derniers boulets, et la première colonne, La Moricière en tête, s'élance sur la brèche, atteint le sommet en quelques instants et y plante le drapeau tricolore. Mais, le rempart franchi, loin de pouvoir pénétrer dans la ville, nos soldats se trouvent arrêtés dans un chaos, sans

---

[1] *L'Algérie de 1830 à 1840*, par Camille Rousset, t. II, p. 281 à 283.

issue, de constructions et de ruines informes; fusillés de toutes parts, ils n'avancent qu'à coups de hache et de marteau. On se bat à terre, on se bat dans les maisons, on se bat jusque sur les toits. Cette terrible lutte durait depuis quelque temps, et la petite troupe progressait lentement, quand, sous ses pieds, se produit une explosion formidable, renversant et détruisant tout dans un vaste rayon. C'est un magasin à poudre qui vient de sauter. Beaucoup des assaillants, dont presque tous les officiers de la première colonne, sont écrasés ou mutilés : la Moricière gît par terre, blessé et aveuglé. Les soldats qui sont parvenus à se tirer des décombres, la figure brûlée, sans cheveux, dégouttants de sang, les vêtements en lambeaux et les chairs pantelantes, se précipitent vers la brèche, criant à leurs camarades de la seconde colonne qui arrivent : « Sauvez-vous, sauvez-vous ! nous sommes perdus, tout est miné ! » A cette vue, à ces cris, les nouveaux venus s'arrêtent hésitants. C'est l'instant critique. Le colonel Combes, le chef de bataillon Bedeau, le capitaine de Saint-Arnaud et d'autres braves agitent leurs épées et s'élancent, en poussant de toutes leurs forces le cri : « En avant, en avant ! » Les soldats entraînés les suivent, se précipitent à leur tour dans l'effroyable cratère, et reprennent l'attaque, en passant sur les cadavres défigurés de leurs camarades. Les Turcs et les Kabyles, qui résistent, pied à pied, avec un grand courage, sont contraints de reculer. Ils ne le font pas sans nous tuer beaucoup de monde. Le colonel Combes est atteint de deux balles en pleine poitrine; il donne ses derniers ordres et, toujours debout, vient faire son rapport au général Valée. « Ceux qui ne sont pas blessés mortellement, ajoute-t-il, pourront se réjouir d'un aussi beau succès; pour moi, je suis heureux d'avoir encore pu faire quelque chose pour le Roi et pour la France. — Mais vous, colonel, s'écrie le duc de Nemours, vous êtes donc blessé? — Non, Monseigneur, je suis mort. » Puis il se livre aux mains des chirurgiens; deux jours après il était mort.

Cependant les Français continuent à arriver dans la ville, par petits paquets, afin d'éviter l'encombrement. Le général

Rulhière prend la direction de l'attaque, pour lui donner de l'ensemble. Notre succès se dessine de plus en plus. Il était près de dix heures, et ce terrible combat avait commencé à sept heures. L'un des acteurs de ce drame, le capitaine de Saint-Arnaud, écrivait, le lendemain, à son frère : « Figure-toi tout ce qu'il y a de plus épouvantable au monde, de l'avis même des vieux guerriers de l'empire : une résistance admirable; des hommes qu'il fallait tuer deux fois; une ville prise à la baïonnette sous un feu écrasant, maison par maison, rue par rue, et ce massacre, de part et d'autre, durant trois heures[1]. » Enfin l'héroïque obstination de nos soldats l'emporte. Des hommes sans armes, portant un papier blanc au bout d'un bâton, se présentent au général Rulhière : c'est la ville qui se rend; la résistance est brisée. A ce même moment, beaucoup d'habitants, fuyant épouvantés, cherchent à s'échapper de la ville par le ravin à pic qui l'entoure; ces malheureux se poussent les uns les autres, et tombent, en une effroyable cascade humaine, au fond du gouffre : plus de deux cents cadavres s'y écrasent, après avoir laissé des lambeaux de chair aux aspérités du roc. Cependant le combat a cessé partout. Les vainqueurs couronnent les toits des édifices et, se tournant vers leurs camarades demeurés en dehors des murailles, leur annoncent le succès par un long cri de : Vive le Roi! Le général en chef vient occuper le palais du bey, avec le duc de Nemours, et donne l'ordre d'arrêter partout le pillage. Du haut d'une colline, Ahmed a regardé l'assaut : à la vue du drapeau tricolore qui flotte sur la kasba, il sent que tout est perdu, verse des larmes, pousse des imprécations, et s'enfuit vers les monts Aurès, suivi seulement de quelques cavaliers.

Nous sommes maîtres de Constantine. Qu'en faire? L'abandonner? on n'y peut songer après avoir eu tant de mal à s'en emparer. La garder? Mais comment laisser à la garnison les vivres et les munitions nécessaires, alors que l'armée n'en a pas pour elle-même et qu'elle n'a plus de chevaux pour en-

---

[1] *Lettres du maréchal de Saint-Arnaud*, t. I. Lettre du 14 octobre 1837.

envoyer chercher à Medjez-Amar? D'ailleurs, eût-on approvisionné une première fois cette garnison, comment la ravitailler ensuite? Ne sera-ce pas un autre Tlemcen, plus éloigné encore de la côte? La sage politique du général Valée trouve tout de suite la meilleure solution. Il s'applique, par sa modération équitable, à rassurer et à gagner les indigènes, et obtient d'eux ce que la victoire elle-même ne suffit pas à procurer en Algérie, des vivres. Trente et un chefs des tribus voisines viennent faire leur soumission et offrir leurs services. En même temps, le 17 octobre, l'armée, victorieuse, mais épuisée, a le bonheur d'ouvrir les portes de Constantine à une petite colonne française, escortant un convoi de ravitaillement : cette colonne était partie de Medjez-Amar, aussitôt après l'arrivée de renforts envoyés de France. Dans ses rangs, se trouvait le jeune prince de Joinville, inconsolable de n'avoir pu prendre part à l'assaut, mais devant trouver bientôt sa revanche au Mexique. Dès lors, le général Valée peut revenir à Bone; il laisse à Constantine une garnison de deux mille cinq cents hommes, approvisionnée pour cinq mois, et — ce qui vaut mieux encore — en bons rapports avec les populations du voisinage. Ahmed d'ailleurs n'a rien d'un Abd-el-Kader.

Le retour s'accomplit au milieu de populations soumises, sans obstacles, mais non sans souffrances. L'armée traîne un long et douloureux convoi de malades et de blessés. La pluie tombe; le choléra sévit, et chaque bivac est marqué par de vastes fosses remplies de cadavres. Les vautours et les lions suivent la colonne, dans l'attente de leur funèbre pâture. Le duc de Nemours, qui a sollicité pour sa brigade l'honneur de former l'arrière-garde, est admirable de sollicitude compatissante et d'active fermeté. Enfin, le 3 novembre, un peu plus d'un mois après son départ, l'armée se retrouve sous les murs de Bone. Les rapports officiels accusent cinq cent quarante-quatre blessés et cent cinquante-trois tués : parmi ces derniers, sont le général en chef et son chef d'état-major [1].

---

[1] On remarqua la proportion considérable des officiers frappés. Dans l'assaut, notamment, ils figurèrent pour un quart, et les sous-officiers pour un autre quart.

La France entière salua avec une émotion joyeuse l'exploit de cette petite armée, dont le général Valée, vétéran des guerres de l'empire, pouvait dire qu'elle « venait d'égaler ce qu'il avait vu de plus beau dans sa longue carrière ». Et le Roi ajoutait, du haut du trône : « La victoire a plus fait quelquefois pour la puissance de la France, jamais elle n'a élevé plus haut la gloire et l'honneur de ses armes. » On oubliait, dans la fierté de ce lustre nouveau, et la tristesse de l'échec de l'année précédente, et la déception toute récente du traité de la Tafna. Le général Valée reçut le bâton de maréchal et le titre de gouverneur général. Le corps du général Damrémont, rapporté en France, y fut reçu avec les honneurs militaires et inhumé à l'hôtel des Invalides.

XIV

Le traité de la Tafna, d'une part, l'écrasement du bey de Constantine, d'autre part, procurèrent à nos possessions africaines une paix relative qui devait durer jusque vers la fin de 1839. Ces deux années ne furent pas cependant, pour l'armée française, une époque de repos et d'inaction. Le maréchal Valée résolut d'employer le loisir que lui laissait la paix, à s'établir fortement dans le territoire réservé à la France. Sur les moyens à employer, il s'était fait un système. En parcourant l'Algérie, il avait remarqué qu'un seul conquérant avait laissé sa marque, imprimée en caractères ineffaçables, sur ce sol tant de fois dévasté; c'était le peuple romain. Ne retrouvait-on pas cette marque dans les restes de villes et de routes qui avaient tant de fois étonné nos soldats au milieu d'un pays devenu presque désert? Le maréchal estima que, pour dominer des populations peu changées depuis Jugurtha, il fallait procéder à la romaine, créer aussi des routes et des villes, le plus souvent aux mêmes endroits, et y employer les bras de nos soldats transformés en nouveaux légionnaires. Le gouverneur exposait en ces termes son plan au président du conseil : « Je veux que la France refasse l'Afrique romaine. Tant que la confiance du Roi me maintiendra dans le poste que j'occupe, je m'efforcerai de créer des villes, d'ouvrir des voies de communication. Sous mes ordres, l'armée ne parcourra pas à l'aventure les provinces africaines, sans laisser plus de traces, après elle, que n'en laissent les bateaux à vapeur de la Méditerranée. J'irai lentement, mais je ne reculerai jamais. Partout où je poserai le pied de la France, je formerai des établissements durables. Les villes qui existent encore, je les agrandirai. Je leur donnerai une prospérité inconnue sur cette terre, depuis bien des siècles, et, si la Providence me donne le temps d'accomplir cette œuvre, je laisserai sur le sol africain des traces profondes de mon passage [1]. »

Pour livrer ce nouveau genre de combats, le maréchal Valée disposait d'environ quarante-cinq mille hommes. Le gouvernement, en dépit des promesses de réduction faites naguère aux commissions du budget, consentait à laisser l'armée au chiffre qu'elle avait atteint lors de l'expédition de Constantine. Il eût hésité à mécontenter le maréchal, qui, de manières assez rudes avec tout le monde, ne ménageait pas les ministres et semblait toujours prêt à leur mettre le marché à la main, au cas où il n'eût pas obtenu d'eux ce dont il croyait avoir besoin. A cette époque, d'ailleurs, la Chambre, sans avoir encore dépouillé toutes ses préventions, était devenue moins parcimonieuse. On put s'en apercevoir, en juin 1838, lors de la discussion du budget : le ministère proposait, pour l'Afrique, une augmentation de crédits de près de neuf millions ; malgré les vives attaques de MM. Duvergier de Hauranne, Jaubert et Desjobert, ces crédits furent votés à une grande majorité. Vers la même époque, M. Jouffroy publiait, sous ce titre : *De la politique de la France en Afrique,* une étude remarquable qui montrait ce qu'étaient devenues, sur cette question, les idées de la partie la plus éclairée du monde parlementaire. Après avoir proclamé que « l'Afrique était, en ce moment, la plus grande affaire de la France », il

---

[1] Éloge du maréchal Valée, prononcé à la Chambre des pairs par le comte Molé, dans la séance du 5 août 1847.

constatait que la question de la conservation de la conquête avait été définitivement tranchée par l'instinct national, malgré l'hésitation des Chambres. « Aujourd'hui, disait-il, ce jugement est accepté. Chambres et cabinet, tous s'y résignent, et ceux qui ont le plus hautement conseillé l'abandon de l'Afrique n'en demandent plus maintenant que l'occupation prudente et limitée. » Non sans doute que l'auteur se fît illusion sur les difficultés que devaient présenter la soumission et la pacification de ce pays : « Il est possible, disait-il, qu'un demi-siècle n'en voie pas la fin ; il y faudra chaque année des hommes et des millions. » Mais l'œuvre lui paraissait valoir ces efforts et ces sacrifices. « Dire qu'Alger est une colonie, ajoutait-il, c'est mal parler ; Alger est un empire, un empire en Afrique, un empire sur la Méditerranée, un empire à deux journées de Toulon. Or quand la Providence fait tomber un empire entre les mains d'une nation puissante, ou le cœur de cette nation ne bat plus, et ses destinées sur la terre sont accomplies, ou elle sent la grandeur du don qui lui est fait, et le témoigne en le gardant. La France a noblement subi cette épreuve ; à l'enthousiasme avec lequel elle a accepté sa conquête, à la fermeté avec laquelle elle l'a défendue, on a vu que son rôle en ce monde n'était pas fini [1]. »

Dans la province d'Oran, nos possessions étaient à ce point réduites, que l'initiative du maréchal Valée ne trouva guère à s'y exercer. Il se borna à faire construire une belle route, taillée en corniche et en galerie, d'Oran au fort de Mers-el-Kébir. Il y avait plus à faire dans la province d'Alger : la partie de cette province laissée entre nos mains fut transformée en une sorte de vaste place d'armes propre à l'offensive comme à la défensive, avec poste central, villes fortifiées aux coins, camps dans les intervalles, routes rayonnant dans toutes les directions et chemin de ceinture. Ces travaux, qui comprenaient la construction de cent lieues de voie carrossable, le dessèchement de marais étendus, l'établissement de onze camps retranchés, la fortification de deux villes, furent conduits avec l'esprit de

---

[1] *Revue des Deux Mondes*, 1er juin 1838.

méthode, la forte impulsion, la volonté persévérante et souvent même un peu obstinée qui distinguaient le maréchal : ils furent terminés en deux ans. Peut-être n'étaient-ils pas aussi bien adaptés à la guerre d'Afrique, qu'ils l'eussent été à une guerre européenne : mais ils avaient, en tout cas, je ne sais quoi de solide, de durable, de définitif, contrastant heureusement avec le provisoire hésitant qui, depuis 1830, avait marqué presque toutes nos entreprises en Afrique.

Dans la province de Constantine, l'œuvre à accomplir était considérable et malaisée. Il ne s'agissait plus d'établir fortement un petit État européen à côté d'un grand État arabe ; il s'agissait de gouverner directement un vaste territoire et une nombreuse population musulmane. Si l'armée française se contentait d'occuper la capitale, si aucun pouvoir ne succédait à celui du bey dans le reste de la province, l'indépendance des tribus dégénérerait en anarchie, et l'anarchie ouvrirait la voie à Abd-el-Kader. Celui-ci comptait sur cet héritage et le guettait. Or, le maréchal était bien résolu à tromper son ambition. Il entendait que la France ne se laisserait pas jouer comme dans les autres parties de la Régence, qu'elle seule aurait le profit de sa difficile victoire et régnerait là où avait régné Ahmed. Comment, avec une armée très-restreinte, soumettre et dominer un territoire qui avait une largeur de cent lieues et une profondeur sans limites ? Le maréchal résolut ce problème, en se servant des cadres de la société arabe. Dans toute la partie de la province où il n'établissait pas d'autorités françaises, il laissa les tribus s'administrer comme du temps des beys ; elles payaient un impôt débattu et convenu avec nous, recevaient de nos mains leurs kaïds, faisaient certaines corvées en temps de paix, et fournissaient un contingent de soldats en cas de guerre. La seule différence avec les Turcs était que nous ne vendions pas le titre de kaïd au plus offrant, et que nous tachions d'empêcher les malversations et les abus de pouvoir des magistrats indigènes. Dans l'écrit déjà cité, où il exposait ses projets de travaux, le maréchal disait encore : « Quant aux populations indigènes, je veux les gouverner, et non les piller. J'appellerai autour de moi l'aristocratie territoriale et religieuse. Je ferai comprendre aux chefs des familles puissantes que, sous la protection de la France, ils jouiront paisiblement de la part d'influence qui leur appartient, qu'ils posséderont en toute sécurité les biens que leur ont légués leurs pères. Je les placerai toujours sous la main puissante du commandant de la province. Ils commanderont aux tribus, mais l'autorité française veillera sur eux et présentera constamment la France aux Arabes comme protégeant et maintenant les droits de tous. » Grâce à l'application de ce programme, l'administration de la province fut promptement organisée. L'impôt s'y percevait sans résistance. Les chefs arabes, frappés de la force dont nous avions fait preuve en nous emparant de Constantine, et de la modération avec laquelle, après la victoire, nous respections leur organisation sociale, reconnaissaient et secondaient notre pouvoir, administraient en notre nom, combattaient même dans nos rangs. Au nombre de ces grands devenus ainsi nos auxiliaires, étaient Ben-Aïssa, l'ancien lieutenant du bey, l'intrépide défenseur de sa capitale; Ben-Gana, le descendant des chérifs du désert; El-Mokrani, le plus noble entre les nobles, et beaucoup d'autres; alliés sauvages sans doute, et dont l'un, par exemple, envoyait, à titre d'hommage, au commandant français, cinq cents paires d'oreilles humaines et son sabre ébréché à force d'avoir frappé nos ennemis. Sous ce régime, la province de Constantine n'échappa point à toute révolte. Dans quelques parties du territoire, l'organisation n'était guère que nominale; les Kabyles surtout, dont l'indépendance était particulièrement farouche, firent plus d'une fois parler la poudre. Mais ce ne furent que des troubles locaux et passagers; rien qui ressemblait à la guerre de race et de religion que nous avions à soutenir, depuis tant d'années, dans l'ouest de l'ancienne Régence.

En même temps que le maréchal organisait le gouvernement de la province avec le concours des chefs indigènes, fidèle à son système, il travaillait, par des créations de routes, de villes et de camps retranchés, à donner à ce gouvernement une assiette forte et indestructible. C'était la même œuvre qu'autour d'Alger. Seulement, dans la province de Constantine, la difficulté était bien autre, à cause de l'étendue du territoire. Il y eut sans doute de fausses démarches, une trop grande dispersion des efforts, une multiplication fâcheuse des petits postes, appâts offerts aux convoitises pillardes d'une population turbulente ; mais, malgré tout, de grandes et utiles choses furent accomplies, toutes avec ce caractère de durée et de solidité romaines, qui était comme la marque des œuvres du maréchal. Tels furent la route directe de Constantine à la côte, et, au débouché de cette route sur la mer, la résurrection de Stora et celle de Rusicada, baptisée désormais Philippeville ; l'occupation du port de Djidjelli, peu fructueuse, il est vrai, pour le moment ; la route de Constantine à Milah et à Sétif, et les importants établissements militaires créés sur ces deux points ; enfin les efforts persévérants, hardis, pour trouver et ouvrir une route reliant, par l'intérieur des terres, Constantine et Alger ; le maréchal attachait à cette route une importance capitale ; il y voyait un moyen de donner à nos possessions si réduites de la province d'Alger un point d'appui et une force de résistance contre les États de l'émir qui les pressaient au sud et à l'ouest.

Cette vie de travaux, que le soldat acceptait avec une courageuse abnégation, était moins glorieuse pour lui, mais non moins pénible ni moins meurtrière que les combats. Chaque coup de pioche dans une terre fermée depuis tant de siècles aux rayons du soleil, en dégageait des miasmes souvent mortels. Tel régiment, le 11ᵉ de ligne, fut empoisonné tout entier et détruit par les desséchements de Bouffarik ; dans les garnisons de certains camps de la province d'Alger, ceux de l'Arrach et de l'Arba, tous les hommes sans exception tombèrent malades, et le plus grand nombre périrent. Pendant l'été de 1839, la division d'Alger comptait 2,000 hommes hors d'état de faire leur service et 1,000 convalescents. La division de Constantine pâtit plus encore, moins par les petits combats qu'elle eut à livrer, que par l'excès des marches et des travaux, par la multiplicité des points entre lesquels il lui fallait entretenir des communications. Pour comble de souffrances, dans plusieurs des camps où les troupes étaient éparpillées, les malades n'avaient pour toute ambulance que des baraques en planches disjointes ou de vieilles tentes mal closes ; parfois ni médecins, ni médicaments ; pas même de paille ni d'eau. « Mais que pouvez-vous donc faire ici? » demandait un général, en entrant dans un de ces réduits infects qu'il se refusait à prendre pour un hôpital. « Nous mourons, mon général », répondit simplement un des malades [1]. Les deux campagnes de 1838 et 1839 ne coûtèrent pas moins de six mille morts à l'armée d'occupation.

Les constructions de routes n'étaient pas les seules mesures par lesquelles le gouvernement manifestait alors sa volonté de s'installer définitivement en Afrique. En 1838, il obtint du Pape la création d'un évêché à Alger, et un prêtre zélé du diocèse de Bordeaux, l'abbé Dupuch, fut appelé à ce poste. A l'origine, les Français s'étaient conduits, en Algérie, à peu près comme s'ils n'avaient pas de culte. Le 1ᵉʳ mai 1831, jour de la fête du Roi, une messe militaire, célébrée après la revue des troupes, dans une pauvre petite chapelle, avait été remarquée des Arabes, comme étant le premier hommage à Dieu, auquel se fussent associés leurs conquérants. Quand le nouvel évêque débarqua, en 1838, il ne trouva à Alger qu'une seule église, desservie par un seul prêtre, dépourvue des objets nécessaires au culte, et un établissement de Sœurs ; à Oran, un prêtre âgé et épuisé, succombant à la tâche ; à Bone, une chapelle misérable, un prêtre zélé, mais sans ressource, et le commencement d'une communauté de Sœurs : rien autre dans toutes nos possessions. Il y avait dans cette absence de religion une indifférence explicable par l'état des esprits après 1830, et aussi la crainte d'irriter le sentiment musulman. Crainte mal fondée, car il résulte de tous les témoignages que les Arabes étaient étonnés de notre impiété, et qu'elle nous diminuait à leurs yeux. « Vous êtes des chiens ; vous ne priez jamais Dieu », disait Abd-el-Kader à l'un de ses prisonniers. Comme l'a très-bien observé M. Camille Rousset, ces hommes

---

[1] J'emprunte cette anecdote au livre de M. le duc d'Orléans. Le jeune prince devait être, peu après, témoin de ces misères, et la « violente amour » qu'il portait au soldat français ne lui permettait pas d'en parler sans une émotion indignée.

« qui allaient à la mosquée ne pouvaient pas comprendre que des chrétiens n'allassent pas à l'église ». Quand, en 1832, on se décida à affecter l'une des mosquées d'Alger au service du culte catholique, « cette mesure, rapporte l'auteur des *Annales algériennes*, choqua beaucoup moins les musulmans qu'on aurait pu le croire, car notre indifférence religieuse était ce qui les blessait le plus; ils furent bien aises de voir que nous consentions enfin à prier Dieu ». Le ministère Molé fut donc heureusement inspiré, quand, obéissant à une pensée analogue à celle qui lui avait fait rouvrir Saint-Germain l'Auxerrois et rétablir le crucifix des cours d'assises, il installa le premier évêque d'Alger et assura ainsi à notre colonie le bienfait d'une action religieuse qui lui avait jusqu'alors complétement manqué.

Pendant ce temps, que devenait Abd-el-Kader? Il profitait de la paix pour consolider son empire. Tout ce qui lui portait ombrage, tout ce qui pouvait devenir un foyer de révolte ou seulement d'indépendance, il le supprimait. Les Turcs et les Coulouglis qui restaient encore à Tlemcen, à Médéa, à Miliana, furent égorgés par ses ordres et sous ses yeux. Apprenait-il qu'il y avait, dans quelque oasis lointaine, un marabout en passe, par son prestige, de devenir un rival, il marchait contre lui, et pour en avoir raison, il s'acharnait, en plein désert, à un siége qui ne durait pas moins de six mois. Il n'était pas homme à se contenter de détruire. Avec la triple autorité d'un prophète, d'un prince et d'un général, il compléta l'organisation, déjà commencée par lui, de l'État et de la société arabes. Dans cette œuvre, où il apportait l'instinct supérieur du gouvernement et une rare intelligence des conditions propres à la race qu'il commandait, tout convergeait vers un seul but : la guerre sainte contre les chrétiens. L'État qu'il créait était un camp; la société qu'il constituait, une armée. S'il travaillait à dépeupler les villes, s'il achevait par exemple de démolir les restes de Tlemcen, c'était pour que les Arabes fussent moins accessibles aux séductions de la civilisation européenne, et aussi pour que, devenus plus nomades, ils fussent plus insaisissables à l'ennemi, plus aptes au genre de guerre qu'il avait deviné être seul efficace contre une armée européenne. En même temps qu'il veillait à ce que chaque musulman eût un fusil et pût, au premier appel, se transformer en soldat, il augmentait et exerçait ses troupes régulières, instrument de son pouvoir pendant la paix, noyau solide autour duquel, en cas de guerre, devaient se grouper les éléments plus inconsistants fournis par la levée des tribus. Les établissements de tous genres, manufactures d'armes, manutentions, ateliers d'équipements, arsenaux, que nous avions trouvés ébauchés à Mascara, et que nous avions alors détruits, l'émir les reconstruisit, accrus et perfectionnés, à quarante lieues plus loin dans le sud, au milieu de montagnes qu'il pouvait supposer être hors de notre portée. Il usait, du reste, des relations créées par le traité, pour se faire fournir par nous des quantités considérables d'armes, de plomb, de poudre, ou pour se faire prêter des contre-maîtres et des ingénieurs. Soigneux ainsi d'accumuler le matériel de la guerre prochaine, il l'était plus encore d'y préparer le moral de son peuple : il exerçait lui-même, avec une activité passionnée, l'apostolat du fanatisme ; changeant de cheval dans chaque tribu, il parcourait d'énormes distances avec une rapidité inouïe, se montrait presque au même moment sur les points les plus éloignés, produisait sur ses fidèles ébahis l'effet d'une sorte d'apparition surnaturelle, et soufflait dans tous les cœurs le feu de la haine contre le chrétien.

Tout en réclamant l'exécution du traité dans les clauses qui lui profitaient, Abd-el-Kader ne se faisait pas scrupule de violer celles qui le gênaient. Il retenait, par les mesures les plus rigoureuses, les musulmans disposés à émigrer sur notre territoire, attirait de force à lui les tribus établies dans nos lignes, monopolisait entre ses mains le commerce indigène, et, pendant qu'il se faisait fournir par nous de la poudre et des armes, défendait, sous peine de mort, à ses sujets de nous vendre les chevaux dont nous manquions. Le maréchal n'avait pas d'illusion sur la durée de la paix ; mais, tout entier à son œuvre d'installation et d'organisation, il ne croyait pas de notre intérêt de hâter la rupture : ce sentiment lui faisait fermer les yeux sur toutes ces infractions au traité. Enhardi, l'émir le prenait sur un ton hautain et insolent, toutes les fois qu'il avait une communication à nous faire. La situation du capitaine Daumas, notre consul à Mascara, devenait intolérable; pas de jour où il n'assistât à quelque violation des engagements pris envers nous, où il n'eût à subir quelque impertinence, quelque marque de dédain.

Incapable de se renfermer dans les limites du domaine, pourtant si étendu, qui lui avait été concédé, Abd-el-Kader faisait des pointes jusque dans les environs de Bougie, pour fanatiser contre nous les Kabyles. Il aspirait surtout à étendre son pouvoir dans la province de Constantine : c'était alors sa principale ambition. Profitant d'une obscurité du traité, il tâcha d'abord de se glisser entre cette province et le petit territoire que nous occupions autour d'Alger : il eût ainsi intercepté toute communication entre ces deux parties de nos possessions. Si longanime que fût le gouverneur, il voulut s'opposer à cette prétention. De là, des négociations, des contestations, dans lesquelles l'émir se montra chaque jour plus intraitable, plus arrogant, plus menaçant; il essaya même, sans succès, à la vérité, de traiter, pardessus la tête du maréchal, avec le gouvernement de Paris. Ce n'étaient pas seulement les abords de la province de Constantine qu'il songeait à occuper; il ne laissait pas échapper une occasion de pénétrer dans la province elle-même. Peu après la prise de sa capitale, Ahmed, ayant réuni quelques troupes, avait attaqué, dans Biskra, à l'extrême sud de son ancien beylick, un chef arabe, rallié aux Français; ce chef avait sollicité notre secours. Ne l'ayant pas obtenu, il demanda aide à Abd-el-Kader, qui s'empressa d'envoyer quelques-uns de ses lieutenants; les troupes d'Ahmed furent battues. Ce fut le dernier coup porté au bey, dès lors réduit à mener une vie vagabonde sur les frontières de Tunis. Mais nous n'eussions certes pas gagné au change, à le voir remplacé par Abd-el-Kader. Les partisans de l'émir cherchaient, en même temps, à s'établir dans la Medjana, autre partie de la province. Pour arrêter ces diverses invasions, force fut de livrer une série de petits combats, dans lesquels la division de Constantine fut vaillamment secondée par ses auxiliaires indigènes.

Malgré tout, le traité n'était pas ouvertement rompu, la paix subsistait encore ; mais il eût fallu être bien aveugle pour croire à sa durée. Des symptômes chaque jour plus graves révélaient la fermentation des passions arabes ; des pillards s'infiltraient de nouveau dans nos lignes, tandis que les indigènes, restés sur notre sol ou enrôlés dans nos rangs, semblaient contraints à la désertion ou à la trahison par un pouvoir invisible. L'air se remplissait de menaces mystérieuses. Les esprits réfléchis et clairvoyants ne s'y trompaient pas. Un officier, déjà honorablement connu pour sa défense de Tlemcen, le commandant Eugène Cavaignac, publiait alors, sous ce titre : *De la Régence d'Alger, notes sur l'occupation,* un livre où il annonçait la rupture inévitable. Il devenait en effet manifeste que la coexistence pacifique d'une colonie française et d'un empire arabe était un rêve irréalisable. Il n'y avait pas place pour les deux, en Algérie. Ou bien les Français seraient jetés à la mer, ou ils détruiraient le pouvoir qu'ils avaient eux-mêmes tant contribué à élever. Alternative redoutable qui ne devait être tranchée qu'après une nouvelle guerre, plus longue et plus rude encore que les précédentes.

Si donc on jetait les yeux, en 1839, sur nos possessions africaines, on n'avait pas l'impression d'une œuvre terminée ou en voie de l'être. Les dix années qui venaient de s'écouler semblaient même avoir été presque entièrement dépensées en tâtonnements, en efforts inconsistants et trop souvent stériles. Sauf dans la province de Constantine, notre domination avait peu gagné, depuis la prise d'Alger. Cependant, à bien regarder cette période, il est quelque chose qui frappe plus encore qu'une si longue incertitude : c'est la permanence de cette volonté anonyme, inconsciente, non raisonnée, plus instinct encore que volonté, qui redressait, suppléait et dominait toutes les erreurs du commandement militaire, toutes les négligences du gouvernement, toutes les hostilités du Parlement. On ne savait trop où était cet instinct, d'où il venait, comment il se manifestait, quel pouvoir il avait à sa disposition, et cependant personne ne songeait à en contester l'existence, nul n'osait le braver, et, tôt ou tard, chacun finissait par lui céder. Lui seul était résolu et persévérant, dans une question où presque tous hésitaient et variaient. C'est lui qui voulait garder la conquête, quand les hommes d'État auraient été tentés de l'abandonner; c'est lui qui poussait à l'étendre, alors que les pouvoirs publics se flattaient de la limiter. Lutte de tous les jours, quoique le plus souvent invisible, et dans laquelle, plus encore que dans les combats d'Afrique, se décidait le sort de notre future colonie. Et c'est parce que cet instinct finissait en somme par avoir toujours le dessus, parce que les résistances rencontrées par lui allaient s'affaiblissant, qu'on peut, malgré tout, sortir de l'histoire de ces premières années avec une impression de confiance. On sent que le jour, maintenant prochain, où la cause de la conquête aura été définitivement gagnée, en France, auprès des pouvoirs publics et de l'opinion dirigeante, le jour où l'on cessera de lui marchander les hommes et l'argent, ce ne sera plus qu'une question de temps de vaincre, en Algérie, les Arabes.

D'ailleurs, à ne regarder même que cette Algérie et l'œuvre militaire qui s'y est accomplie pendant cette première période, il ne serait pas juste de ne voir que les fautes commises. Il faut voir aussi ce qui s'y est dépensé de courage, d'énergie, d'abnégation, au grand honneur et au grand profit moral de notre pays. Dans la longue paix, bienfaisante par tant de côtés, où l'Europe se reposait de l'effroyable secousse du commencement du siècle, c'était seulement en ce coin de l'Afrique que se conservait et se développait, pour la race française, le levain des vertus militaires. Or, si ce levain est précieux à toute époque, n'est-il pas particulièrement nécessaire, de notre temps, pour empêcher l'amollissement et l'aplatissement, conséquences naturelles d'une civilisation matérialiste et d'un État démocratique? Là aussi se formait, mieux qu'elle n'eût pu le faire à la caserne, l'armée nouvelle dont la France aurait tôt ou tard besoin : sorte d'école, où cette armée apprenait, sinon toute la guerre, du moins une partie de la guerre, où s'exerçaient notamment l'initiative de l'officier et la valeur individuelle du soldat. Les hommes sortaient de cette épreuve singulièrement trempés. Cette éducation se faisait sous l'autorité des derniers représentants d'une autre époque guerrière. Comme on l'a justement remarqué, les premières campagnes d'Afrique ont été le « lien entre deux générations militaires [1] » : d'une part, la génération de l'Empire, représentée par ceux qui commandaient en chef, qu'ils s'appelassent Clauzel, Damrémont, Valée ou même Bugeaud ; d'autre part, la nouvelle génération, dont les ordres du jour des deux expéditions de Constantine pourraient être comme le livre d'or : ordres du jour où l'on retrouve, entre beaucoup d'autres, les noms des lieutenants-colonels Duvivier et de la Moricière, des commandants Changarnier et Bedeau, des capitaines Niel, de Mac Mahon, Canrobert, de Saint-Arnaud. Le seul rapprochement de ces noms anciens et nouveaux ne suffit-il pas à montrer qu'il y avait là autre chose qu'une conquête plus ou moins heureusement conduite, et que cette guerre, en dehors même de ses résultats matériels et immédiats, marquait une date importante dans l'histoire de l'armée française ?

[1] *Avant-propos*, écrit par M. le comte de Paris, en tête du livre du duc d'Orléans sur les *Campagnes de l'armée d'Afrique*.

FIN.

TABLE DES MATIÈRES

LIVRE III

LA CRISE DU GOUVERNEMENT PARLEMENTAIRE
(1836-1839)

                                                                Pages.

CHAPITRE PREMIER. — LE PREMIER MINISTÈRE DE M. THIERS, LA POLITIQUE INTÉRIEURE. (22 février — 6 septembre 1836.). **1**

I. Une ère nouvelle. Que va faire M. Thiers? Attente curieuse et inquiète. Dispositions des divers groupes. Tactique du président du conseil. **1**

II. Gages alternativement donnés aux conservateurs et à la gauche. Déclaration du ministère. Discussion sur les fonds secrets. Attitude expectante et bienveillante de l'ancienne opposition. **9**

III. Irritation des doctrinaires. Les ardents engagent quelques escarmouches à la tribune. M. Guizot est plus réservé. Les doctrinaires, dans leur opposition, ne sont pas suivis par une partie des conservateurs. Dislocation de la vieille majorité. **20**

IV. M. Thiers esquive la conversion des rentes. Lois utiles. Tarifs de douane. Le budget. Succès personnel et infatuation du président du conseil. **28**

V. Attentat d'Alibaud. La société des *Familles*. Blanqui et Barbès. Leur condamnation. La suppression de la revue du 28 juillet. Effet produit. Discrédit de la politique de concession. **34**

CHAPITRE II. — LE PREMIER MINISTÈRE DE M. THIERS, LA POLITIQUE EXTÉRIEURE. (22 février — 6 septembre 1836.). **48**

I. Le gouvernement se rapproche des puissances continentales. M. Thiers veut « faire du cardinal Fleury ». Satisfaction des trois puissances. Mécontentement de l'Angleterre. **48**

II. Occupation de Cracovie. Attitude conciliante de M. Thiers. . . .   **56**

III. Le contre-coup de la révolution de 1830, en Suisse. L'agitation pour la réforme fédérale. La question des réfugiés. La politique du gouvernement français se modifie peu à peu. Démarches comminatoires de M. Thiers. La Suisse cède. Son irritation. Affaire Conseil. **59**

IV. M. Thiers repousse l'intervention en Espagne. Il propose le mariage d'Isabelle et de don Carlos. Éloge fait, à Berlin et à Vienne, du roi Louis-Philippe. **69**

V. Pourquoi M. Thiers se rapprochait-il des puissances continentales?

Le duc d'Orléans. On désire, aux Tuileries, un mariage avec l'archiduchesse Thérèse. Résistance à Vienne. M. Thiers se flatte d'enlever le mariage. Voyage du duc d'Orléans et du duc de Nemours. Leur succès à Berlin et à Vienne. Pourparlers relatifs au mariage avec l'archiduc Charles et M. de Metternich. Les princes à Milan. L'effet de l'attentat d'Alibaud. Derniers efforts de M. Thiers. Refus de l'archiduc Charles. Le roi de Prusse propose la princesse Hélène de Mecklembourg-Schwerin............................ 74

VI. M. Thiers veut se venger. Il revient à l'idée d'une intervention en Espagne. Le Roi consent à l'organisation d'une légion étrangère. Désaccord entre le Roi et son ministre. Ce désaccord s'aggrave après l'insurrection de la Granja. Démission du ministère. Effet produit à l'étranger et en France........................... 98

CHAPITRE III. — L'ALLIANCE ET LA BROUILLE DE M. MOLÉ ET DE M. GUIZOT. (6 septembre 1836 — 15 avril 1837.)................ 110
I. M. Molé. Son passé. Ses qualités et ses défauts......... 110
II. M. Molé demande le concours de M. Guizot. Raisons qui pouvaient faire hésiter ce dernier. Le duc de Broglie. M. Guizot se contente du ministère de l'instruction publique. Part faite à ses amis. Composition défectueuse du cabinet....................... 114
III. Premières mesures à l'intérieur et à l'extérieur. Affaires d'Espagne et de Suisse................................ 121
IV. Le prince Louis Bonaparte. Attentat de Strasbourg. Impression produite. Le prince est embarqué pour l'Amérique. Ses complices sont déférés au jury................................ 125
V. Charles X à Prague. Les royalistes et le vieux roi. Mort de Charles X à Goritz. Situation du duc d'Angoulême et du duc de Bordeaux.. 134
VI. Les partis se préparent à la session. M. Thiers et le centre gauche. Ses rapports avec le duc de Broglie. Échec des armes françaises devant Constantine........................... 141
VII. Ouverture de la session. Attentat de Meunier. L'Adresse. Débat sur l'Espagne et l'affaire Conseil.................. 146
VIII. État moral de la majorité. Difficultés entre M. Molé et M. Guizot. Attitude de l'opposition en face de cette dissension........ 150
IX. Acquittement des complices du prince Louis. Le ministère présente en même temps des lois pénales et des lois de dotation. Opposition très-vive. Rejet de la loi de disjonction................. 156
X. Le ministère se roidit, mais est gravement atteint. Agitation contre l'apanage. Rupture entre M. Molé et M. Guizot.......... 163
XI. La crise ministérielle. M. Guizot tente sans succès de rétablir le ministère du 11 octobre. Malaise produit par la prolongation de la crise. Le Roi s'adresse en même temps à M. Molé et à M. Guizot. Il préfère la combinaison proposée par M. Molé. Le ministère du 15 avril. Sa faiblesse. Les reproches faits au Roi, à ce propos, sont-ils fondés?................................ 166

CHAPITRE IV. — L'AMNISTIE ET LE MARIAGE DU DUC D'ORLÉANS. (1837.).. 176
I. Le nouveau ministère ne paraît pas viable. Sa déclaration. Ce qu'il fait des projets de loi attaqués. Débat sur les fonds secrets. M. Guizot et M. Odilon Barrot. M. Thiers protége M. Molé. Lois d'affaires. Mauvaise situation du ministère et de la Chambre....... 176
II. Négociations pour le mariage du duc d'Orléans avec la princesse

TABLE DES MATIÈRES.

Pages.

Hélène de Mecklembourg-Schwerin. Intervention du roi de Prusse. La princesse Hélène. Le blocus matrimonial est forcé.. 189

III. L'amnistie. Accueil fait à cette mesure. L'église Saint-Germain l'Auxerrois est rendue au culte. 195

IV. Arrivée de la princesse Hélène en France. Le mariage à Fontainebleau. Les fêtes de Paris. Inauguration du musée de Versailles. . . 198

V. Caractère de ces fêtes. Impression d'apaisement et de confiance. Témoignages contemporains. Satisfaction de M. Molé et du Roi. . . 204

VI. M. Molé obtient du Roi la dissolution de la Chambre. La bataille électorale. Les républicains et la gauche. Les légitimistes. Attitude peu nette du ministère. On lui reproche de jouer double jeu. Résultats du scrutin. M. Molé n'a pas atteint son but. 210

CHAPITRE V. — LES PRÉLIMINAIRES DE LA COALITION. (1838.). 218

I. Ouverture de la session. Animation de M. Thiers. M. Guizot repousse les avances du chef du centre gauche. Débat de l'Adresse. Il déplaît à M. Molé d'être protégé par les doctrinaires. 218

II. Nouvelles avances de M. Thiers aux doctrinaires. Accueil qui y est fait. Discussion sur les fonds secrets. Hésitations et insuccès de M. Guizot. Les fonds secrets à la Chambre des pairs. 224

III. Irritation des conservateurs contre les doctrinaires. Tactique de M. Molé. Il parvient à détacher certains partisans de M. Guizot ou de M. Thiers, mais n'arrive pas à se former une majorité solide. . . 231

IV. L'œuvre législative. Les chemins de fer. La conversion. Défaut d'autorité du cabinet 238

V. M. Molé a personnellement grandi. Appui que lui donne Louis-Philippe. Le public jouit du calme matériel. Les sociétés secrètes. Prospérité financière. Le pays est de plus en plus étranger et indifférent aux agitations du monde politique. Naissance du comte de Paris.. 241

VI. A défaut des chefs, les états-majors continuent la coalition. M. Duvergier de Hauranne. Il cherche un terrain d'attaque où les coalisés puissent se rencontrer. Ses articles de la *Revue française*. Sa brochure. Polémiques qui en résultent. 254

CHAPITRE VI. — LA POLITIQUE ÉTRANGÈRE PENDANT LE MINISTÈRE DE M. MOLÉ. (1837-1838.). 268

I. Affaires d'Espagne. M. de Metternich et Louis-Philippe. Malgré quelques difficultés, bons rapports avec les puissances continentales. 268

II. Humeur et mauvais procédés de l'Angleterre. A Paris et à Londres, protestations en faveur du maintien de l'alliance. Le maréchal Soult au couronnement de la reine Victoria. Accalmie générale en Europe. 275

III. Le gouvernement français demande à la Suisse l'expulsion du prince Louis Bonaparte. Excitation des esprits. Le prince se retire en Angleterre. 282

IV. L'Autriche annonce qu'elle va évacuer les Légations. Obligation qui en résulte, pour la France, d'évacuer Ancône. Le Roi et M. Molé n'hésitent pas. Antécédents de la question. Raisons de justice et de politique qui militent pour l'évacuation. Comment elle s'opère.. 288

V. Le roi de Hollande adhère aux vingt-quatre articles et en demande l'exécution. Soulèvement des esprits, en Belgique, à la pensée de restituer le Luxembourg. Dispositions des puissances. Que pouvait faire la France? Difficultés qu'elle rencontre à Londres et à Bruxelles. Décision de la conférence. La Belgique finit par se soumettre. Les trois affaires de Suisse, d'Italie et de Belgique sont exploitées par l'opposition 297

VI. Action maritime en Amérique, spécialement contre le Mexique. Succès des armes françaises. Fermeté du ministère dans ses rapports avec les puissances. Affaire de Cracovie. Conclusion sur la politique extérieure de M. Molé. 306

CHAPITRE VII. — LA COALITION (Décembre 1838 — mars 1839.). . . . 314

I. M. Thiers et M. Guizot à la veille de la session. Discours du trône. Nomination du bureau et de la commission de l'Adresse. Débat à la Chambre des pairs. 314

II. La rédaction de l'Adresse. M. Dupin. Attitude des ministériels. Les deux armées en présence. 318

III. La première journée du débat. MM. Guizot, Molé, Thiers. Le second jour. La discussion générale se ranime le troisième et le quatrième jour. M. de Lamartine. Premier vote donnant une petite majorité au ministère. Effet produit hors de la Chambre. 324

IV. Débat sur les affaires de Belgique, de Suisse et d'Ancône. Votes favorables au cabinet. Continuation de la discussion sur la politique étrangère. MM. Berryer, Guizot, Thiers. Succès de l'opposition. Le lendemain, le ministère reprend l'avantage. 332

V. Débat sur le paragraphe relatif au refus de concours. Le ministère l'emporte. Vote sur l'ensemble. 221 contre 208. Talent et passion dépensés dans cette lutte. Qualités inattendues déployées par M. Molé. 338

VI. Le ministère donne sa démission. Appel fait, sans succès, au maréchal Soult. M. Molé reprend sa démission et fait prononcer la dissolution. Préparatifs de combat des deux côtés. Dangereux griefs développés par l'opposition. Manifestes de MM. Guizot, Thiers et O. Barrot. La presse s'attaque directement au Roi. Les journaux ministériels. Malaise général. Effet produit hors de France. Illusions du gouvernement. Victoire électorale de la coalition. 343

CHAPITRE VIII. — L'INTERRÈGNE MINISTÉRIEL. (8 mars — 12 mai 1839.). . 360

I. Le maréchal Soult est chargé de former un cabinet. Il tente de faire le ministère de grande coalition. Les coalisés ne parviennent pas à s'entendre. 360

II. Le maréchal essaye de constituer un ministère de centre gauche. Tout échoue au dernier moment. Le duc de Broglie cherche à rapprocher M. Thiers et M. Guizot. Son insuccès. 366

III. Les uns s'en prennent à M. Thiers, les autres à Louis-Philippe. Injustice des reproches faits au Roi. Sa conduite en cette crise. Constitution d'un ministère provisoire. 372

IV. Désordres à l'ouverture de la session. M. Guizot se rapproche des conservateurs. M. Passy candidat des conservateurs à la présidence de la Chambre. Il l'emporte sur M. O. Barrot. Nouvel échec d'une combinaison centre gauche. 377

V. Malaise général. Explications à la Chambre. M. Passy, chargé de faire un cabinet, échoue au dernier moment, par le fait de M. Dupin. Autres tentatives sans succès. Une proposition d'Adresse au Roi est prise en considération par la Chambre. 381

TABLE DES MATIÈRES.

Pages.

VI. L'émeute du 12 mai. Elle est promptement vaincue. Le Roi et le maréchal Soult profitent de l'émotion pour former le ministère. . . . 388

VII. La coalition a manqué son but. Le mal qu'elle a fait au dedans et au dehors. Coup porté à la royauté, aux institutions parlementaires. Tristesse découragée des contemporains. 392

CHAPITRE IX. — LES PROGRÈS DE LA PAIX RELIGIEUSE. (1836 — 1839.). . . . 399

I. La réaction religieuse. Lacordaire quitte la chaire de Notre-Dame. Le P. de Ravignan. 399

II. Vocation monastique de Lacordaire. Mémoire pour le rétablissement en France des Frères Prêcheurs. Prise d'habit de Lacordaire et de ses compagnons 404

III. Montalembert et sainte Élisabeth. Le jeune pair, champion des catholiques dans la Chambre haute. Ses premiers discours. 408

IV. Attitude du gouvernement en face du réveil religieux. Le crédit pour les cardinaux. Le monopole de l'Université et le régime des petits séminaires. Le projet de M. Guizot sur l'enseignement secondaire. Le rapport de M. Saint-Marc Girardin. Les évêques et la question des petits séminaires. La discussion. Vote de l'amendement Vatout. Le débat sur les petits séminaires. La loi, votée par la Chambre des députés, n'est pas portée à la Chambre des pairs. Réouverture de Saint-Germain l'Auxerrois et autres mesures dans le même esprit. 413

V. Protestation de l'archevêque de Paris contre l'aliénation des terrains de l'archevêché, et appel comme d'abus. Débat à la Chambre des pairs. Mgr de Quélen et le fronton du Panthéon. 427

VI. Les journaux de la coalition dénoncent les empiétements du clergé. Articles de M. Guizot sur la question religieuse. Mesures favorables à la religion, prises par le gouvernement. Dissolution de l'Institut des hautes études, établi par les Jésuites à Saint-Acheul. Appel comme d'abus contre l'évêque de Clermont, pour refus de sépulture religieuse à M. de Montlosier. M. Cousin dénonce, à la Chambre des pairs, la « renaissance de la domination ecclésiastique ». M. Isambert à la Chambre des députés. 431

VII. Les catholiques et le gouvernement de Juillet. Sentiments et conduite de M. de Montalembert, de Lacordaire, d'Ozanam. Le clergé se rapproche de la monarchie nouvelle. Attitude du Pape. Progrès faits vers l'accord de l'Église et de l'État. 441

CHAPITRE X. — DIX ANNÉES DE GUERRE AFRICAINE. (1830-1839.). 452

I. La situation dans l'ancienne Régence d'Alger, à la chute de la Restauration. Dispositions du nouveau gouverneur à l'égard de l'entreprise africaine. 453

II. Le général Clauzel. Il veut établir la domination de la France sur toute la Régence. Expéditions de Médéa. Négociations avec Tunis, désavouées par le gouvernement. Échec du plan du général Clauzel. 459

III. Le général Berthezène. Sa faiblesse. Expédition peu heureuse à Médéa. Mécontentement de l'armée. 464

IV. Le général de Rovigo. Langage des ministres sur la question d'Alger. Rigueur malhabile du nouveau commandant à l'égard des indigènes. Prise de Bone par un audacieux coup de main. Mort du duc de Rovigo. 466

TABLE DES MATIÈRES.

Pages.

V. Intérim confié au général Voirol. Sa sage administration. Le premier bureau arabe et la Moricière. Occupation de Bougie... 470

VI. Oran depuis 1830. Les commencements d'Abd-el-Kader. Après avoir essayé de la guerre, le général Desmichels conclut le traité du 26 février 1834. Clauses secrètes sur lesquelles l'émir parvient à obtenir l'apposition du sceau du général. Difficultés qui en résultent. Incroyable engouement du général pour l'émir........ 474

VII. Incertitude des esprits en France sur la question algérienne. Commission d'enquête et commission supérieure. L'instinct national est favorable à l'Algérie. Débat parlementaire. Hésitation de la Chambre. Langage vague du ministère. Organisation du gouvernement général des « Possessions françaises dans le nord de l'Afrique »... 481

VIII. Le général Drouet d'Erlon. Abd-el-Kader affermit son pouvoir et l'étend sur les provinces de Titteri et d'Alger. Faiblesse du gouvernement. Conflit entre le général Trézel et l'émir. Désastre de la Macta............. 487

IX. Le maréchal Clauzel nommé gouverneur. Renforts envoyés en Algérie. Le duc d'Orléans. Victoire de l'Habra et destruction de Mascara. Expédition de Tlemcen. Le maréchal prononce la déchéance du bey de Constantine. Nouvelle expédition à Médéa. Les renforts rentrent en France. Le général d'Arlanges cerné à la Tafna. Il ne reste plus rien des résultats que croyait avoir obtenus le maréchal Clauzel............. 494

X. Victoire de la Sickack. Discussion à la Chambre. Le plan du maréchal Clauzel et les ministères du 22 février et du 6 septembre. Le maréchal se décide à marcher contre Constantine......... 504

XI. L'expédition et son échec. Impression produite en Afrique et en France............. 509

XII. Résolutions prises par le ministère. Le général Damrémont et le général Bugeaud. Traité de la Tafna. Entrevue du général Bugeaud et d'Abd-el-Kader. Le gouvernement ratifie le traité....... 516

XIII. Négociations sans succès avec le bey de Constantine. Une seconde expédition est résolue. La marche. Le siège. L'assaut. La victoire. 524

XIV. Le plan du maréchal Valée. État des esprits en France. Travaux accomplis dans les provinces d'Oran et d'Alger. La province de Constantine. Rapports avec les indigènes. Création de routes et de villes. Souffrances de l'armée. Création de l'évêché d'Alger. Abd-el-Kader organise son empire et prépare la guerre sainte. La paix ne peut durer. Conclusion............. 535

FIN DE LA TABLE DES MATIÈRES.